公共管理与政治学系列

政策科学

——公共政策分析导论

（第二版）

陈振明 主编

中国人民大学出版社
·北京·

出版说明

公共管理与政治学系列

公共管理和政治学是当代社会科学及管理科学的两大学科，也是与社会经济发展密切相关、应用性前景十分广阔的领域；而 MPA（公共管理硕士）与 MBA（工商管理硕士）、JD 或 JM（法律硕士）一起构成了当代大学文科职业研究生教育的三大支柱。

20 世纪 80 年代中期，我国恢复了政治学与公共行政学的教学与研究。经过近 20 年的发展，目前这两个学科在我国社会科学和管理科学的研究与教学中均占有重要的一席之地。特别是 90 年代末以来，随着我国市场经济体制的建立和政治—行政体制改革的深化，公共管理一级学科的设置和我国公共管理硕士（MPA）专业学位研究生教育的启动，以及高校公共管理和政治学本科专业的大量开设，公共管理以及政治学学科业已成为当代中国社会科学和管理科学领域研究及教学的一个充满生机活力和具有远大前景的学科。近期国内的许多大学都把公共管理与政治学以及 MPA 教育作为社会科学及管理科学的一个重点发展领域，纷纷成立政治与公共管理领域的学院，就充分说明了这一点。

厦门大学政治学与行政学系以及 MPA 教育中心是我国公共管理和政治学人才培养的重要基地之一，该系的公共管理、政治学的学科发展具备了相当的规模与优势，1998—1999 年，我社出版了由厦门大学陈振明教授主编的"公共管理与政策分析丛书"（MPA Series），这是我国首批出版的直接面向公共管理以及 MPA 教育的教学参考书，该丛书因其知识创新力度大、贴近我国公共管理实际而受到了学术界的好评，被当做公共行政学知识体系以及公共管理学的开创性著作。该丛书出版后多次重印，被多方引证和广泛使用，获得了多项省部级优秀科研和教学成果奖，取得了很好的经济和社会效益。

但是，由于当时的条件所限，该丛书作为公共管理创新研究的初步尝试，有一定的局限性，且出书种类不多；同时，该丛书问世的四五年来正是我国公共管理学科的理论与实践迅速发展的时期，公共管理的学术研究、知识应用和教育培训都取得了显著进展，特别是大量新文献的涌现（例如，我社推出"公共行政与公共管理经典译丛"），展示了当代西方公共管理学科的新视野、新途径、新理论及新成就，故此，我们认为，该丛书的某些观点和材料已过时。这就需要对该丛书加以修订和扩充。

有鉴于此，我社决定约请陈振明教授担任主编，将"公共管理与政策分析丛书"（MPA Series）改版和扩充，更名为"公共管理与政治学系列"。一方面，新的系列丛书将在保留公共管理领域原有的《公共管理学》和《政策科学》这两种书目并加以修订的同时，增加一些反映公共管理理论和实践发展的新选题；另一方面，增加与公共管理密切相关的政治学领域的若干选题。这套丛书将陆续出版，它既可以作为公共管理和政治学各专业的本科生和研究生，特别是 MPA 学生的教材，也可以作为公务员培训的教学参考书，还可以作为其他希望增长公共管理和政治学领域知识的读者的一般性读物。

中国人民大学出版社

2003 年 4 月

前　言

本书是《政策科学》(中国人民大学出版社，1998年版）的新版（第二版)。1998年，在完成“国家教委面向21世纪课程改革计划项目”——“政策科学的教学内容研究”的科研任务，并总结多年的教学与研究经验的基础上，我们编写出版了《政策科学》一书。该书有其特色和优点，出版五年来多次重印，被广泛地使用和引证，尤其是被许多高校用作本科生和研究生的教材或教学参考书，并获得了多项省部级优秀教学或科研奖。简言之，《政策科学》获得了学界的好评和较好的社会效益。

但是，受当时政策科学发展状况尤其是资料条件和研究水平的限制，该书的内容和体系都有明显的不足和缺漏。同时，《政策科学》问世至今已经过去了五年，这五年正是我国政策科学学科的教学和科研迅猛发展的时期，涌现了大量的新文献，许多高校、党校和行政学院纷纷设立相关专业，开设这门课程，并积累起更丰富的教学经验，使得该书已落后于政策科学迅速发展的形势，这就需要对该书加以修订、扩充和改版。

这次修订是在《政策科学》（第一版）和《公共政策分析》（陈振明编著，全国 MPA 专业学位核心课程教学大纲，中国人民大学出版社，2002 年版）的基础上进行的。新版除保留了《政策科学》（第一版）的原有主题外，做了大幅度扩充（增加了 6 个新主题），并对原有的相当部分章节加以大改甚至重写。本书的修订仍然遵循如下三个原则：一是以马克思主义经典作家以及毛泽东、邓小平的政策和策略理论作为指导；二是注意引进、消化和吸收当代国外的政策科学的研究成果，特别是注意跟踪当代西方政策科学发展的最新趋势，借鉴和吸收其最新的理论与方法成果；三是立足于国情，紧密结合当前我国的政策实践，以我国的政策系统、政策过程以及政策实践作为研究对象，并注意总结具有中国特色的政策实践经验。

本书为公共管理、政治学等学科及专业的研究生（特别是 MPA 学员）和本科生的"政策科学"（"公共政策分析"）课程提供了一个基本的教学框架。它由 3 篇 16 章组成——包括绪论、政策系统篇（4 章）、政策过程篇（5 章）、分析方法篇（5 章）和结论，另加参考文献。由于涉及的主题内容多且广泛，任课教师可以根据授课对象、课程性质和教学时数等方面的实际情况进行适当的选择与增删。

本书修订的任务主要由陈振明教授完成，厦门大学政治学与行政学系 2002—2003 学年度研究生"政策科学研究"课程班（由 2002 级各专业的研究生及进修教师组成）的学生参加了本书的研讨和修订工作，他们的参与为陈振明的全面修订奠定了前期的基础。参与各专题研讨和修订的学生分别是：第二章：王传国、林桢、马元富；第三章：张宏平、郑建艇、何林生；第四章：卢霞 、储亚萍、王余；第五章：许艳、黄文江、吴法；第六章：时磊、王哲、唐桦；第七章：王传国、顾丽春、张燕君；第八章：陈樱花、林巧凤；第九章：卢琼莹、孙慧英、朱海光；第十章：张娜、曹文杰、金剑锋；第十一章：林洁榕、林炜臻、李洁琼；第十二章：许建民、曾泽川、黄文菊；第十三章：贾玉洁、王娟 、洪薇、林姗姗；第十四章：徐志甫、李洁、杨国永；第十五章：刘智勇、欧阳君君、吴盛光；第十六章：唐文玉、谭英俊、张腾。

另外，还必须说明的是，参加《政策科学》第一版编写的作者除了陈振明（担任主编，并撰写该书的大部分内容）之外，还有骆沙舟、陈加刚、黄斌、李刚、陈炳辉、李孟怡、叶树福、林平、朱仁显、邓卫文、虞维华、黄新华、江秀平、陈孔嘉等，新版保留了旧版相关章节的某些内容。没有他们先前的工作，也许就没有今天这个新版。

本书的修订受到教育部“高等学校优秀青年教师教学科研奖励计划”的资助，新版的问世得到了中国人民大学出版社的大力支持。在本书编写和修订的过程中，我们参阅了大量中外文的文献，吸收了许多中外学者的研究成果；也利用了主编本人的相关著作，特别是《公共政策分析》和《政策分析方法》（讲义，厦门大学政治学与行政学系 1998 年编印）等书的相关资料。在此，对所有为本书的修订和出版做出贡献的人士，表示衷心的感谢！并诚望读者们一如既往，继续批评指正！

编著者

2003 年 5 月 5 日

目　　录

公共管理与政治学系列

第一章　绪论：政策科学的"研究纲领" ……（1）
第一节　政策科学的兴起 ……………………（2）
一、政策研究溯源 ……………………（2）
二、政策科学运动 ……………………（5）
三、从政策科学到政策分析 ………（11）
第二节　什么是政策科学 ………………（14）
一、政策科学的概念 ………………（14）
二、政策科学的学科性质 …………（17）
三、政策科学的研究范围 …………（19）
四、政策科学的研究途径 …………（19）
五、政策科学的划界 ………………（24）
第三节　中国政策科学的建构 …………（31）
一、中国政策科学发展的现状 ……（31）
二、中国政策科学研究的取向 ……（36）

三、中国政策科学理论体系的建构 …………………（39）

上篇　政策系统

第二章　政策与政策系统 ……………………………………（47）
第一节　政策的内容与实质 ………………………………（47）
一、政策的概念 ……………………………………（48）
二、政策的本质 ……………………………………（50）
三、政策的基本功能 ………………………………（52）
四、政策的分类 ……………………………………（54）
第二节　政策系统的构成 …………………………………（55）
一、“主体”和“客体”的概念 ……………………（56）
二、政策主体 ………………………………………（56）
三、政策客体 ………………………………………（57）
四、政策环境 ………………………………………（60）
第三节　政策系统的运行 …………………………………（70）
一、政策主体、客体与环境的相互关系 ……………（70）
二、政策子系统的划分 ……………………………（71）
三、政策系统运行的各个环节 ………………………（77）
第三章　政策活动者 ………………………………………（84）
第一节　官方的政策活动者 ………………………………（84）
一、立法机关 ………………………………………（85）
二、行政机关 ………………………………………（86）
三、执政党 …………………………………………（88）
四、司法机关 ………………………………………（90）
第二节　非官方的政策活动者 ……………………………（91）
一、利益团体 ………………………………………（91）
二、公民（选民） …………………………………（96）
三、大众传播媒介 …………………………………（99）
第三节　现代政策研究组织 ……………………………（100）

一、现代政策研究组织的形成、特征和类型 ……… (101)
二、现代政策研究组织的体制、地位与功能 ……… (105)
三、现代政策研究组织的研究方法和手段 ………… (113)
四、中国政策研究组织的现状与改革 ……………… (115)
第四章　公共决策体制 ……………………………… (130)
第一节　公共决策体制概述 ………………………… (131)
一、公共决策体制的构成 …………………………… (131)
二、公共决策体制的结构 …………………………… (132)
三、决策权力 ………………………………………… (134)
第二节　公共决策体制的类型 ……………………… (138)
一、公共决策体制的分类 …………………………… (139)
二、议会制 …………………………………………… (141)
三、独裁制 …………………………………………… (143)
四、人民代表大会制 ………………………………… (146)
第三节　现代公共决策方式 ………………………… (149)
一、投票规则 ………………………………………… (149)
二、投票规则中的悖论 ……………………………… (153)
三、过半数规则的变异形式 ………………………… (157)
四、决策方式的改进 ………………………………… (158)
第五章　政策工具 …………………………………… (164)
第一节　政策工具概述 ……………………………… (164)
一、政策工具研究的兴起 …………………………… (165)
二、政策工具的内涵与分类 ………………………… (166)
三、政策工具研究的途径 …………………………… (170)
四、政策工具研究的主题与走向 …………………… (171)
第二节　基本的政策工具 …………………………… (174)
一、市场化工具 ……………………………………… (174)
二、工商管理技术 …………………………………… (180)
三、社会化手段 ……………………………………… (186)
第三节　政策工具的选择 …………………………… (189)
一、政策执行中工具选择的重要性 ………………… (189)

二、影响政策工具选择的因素 ……………………… (190)
三、选择政策工具的方法 ……………………… (195)

中篇　政策过程

第六章　政策制定 ……………………… (207)
第一节　政策议程 ……………………… (207)
一、政策议程的种类 ……………………… (208)
二、建立政策议程的途径 ……………………… (211)
三、建立政策议程的策略 ……………………… (215)
四、建立政策议程的模型 ……………………… (217)
第二节　方案规划 ……………………… (218)
一、方案规划的含义 ……………………… (218)
二、方案规划的原则 ……………………… (220)
三、方案规划的程序 ……………………… (222)
第三节　政策合法化 ……………………… (222)
一、政策合法化的概念与作用 ……………………… (223)
二、政策合法化的主体及其权限 ……………………… (229)
三、政策合法化的程序 ……………………… (231)
四、政策法律化 ……………………… (237)
第四节　中国政策制定过程的特点与经验 ……………………… (239)
一、中国政策制定过程的特点 ……………………… (239)
二、中国政策制定的原则性要求 ……………………… (242)
三、政策制定的公众参与和群众路线 ……………………… (243)
四、“摸着石子过河”的政策制定模式 ……………………… (245)
第七章　政策执行 ……………………… (252)
第一节　政策执行概述 ……………………… (252)
一、政策执行的研究 ……………………… (253)
二、政策执行的含义 ……………………… (257)
三、政策执行在政策过程中的地位与作用 ……………………… (258)

第二节 政策执行的过程与手段 …………………… (259)
一、政策执行过程的诸环节 …………………… (260)
二、政策执行的基本手段 …………………… (264)
第三节 创造性执行政策的问题 …………………… (267)
一、原则性与灵活性相统一的要求 …………………… (267)
二、政策变通 …………………… (270)
三、“上有政策、下有对策”现象剖析 …………………… (273)
第四节 影响政策有效执行的因素 …………………… (276)
一、政策执行的若干理论模式 …………………… (277)
二、影响政策有效执行的诸因素 …………………… (280)
第五节 具有中国特色的政策执行的基本经验 …………………… (287)
一、注重政策宣传 …………………… (287)
二、重视政策实验 …………………… (289)
三、强制执行与说服教育相统一的执行手段 …………………… (292)
四、抓中心工作、以点带面的领导方法 …………………… (294)
第八章 政策评估 …………………… (300)
第一节 政策评估概述 …………………… (300)
一、政策评估的概念 …………………… (301)
二、政策评估的类型 …………………… (302)
三、政策评估的标准 …………………… (304)
四、政策评估的意义 …………………… (306)
第二节 政策评估的过程和模式 …………………… (308)
一、政策评估过程的三个阶段 …………………… (308)
二、政策评估的八种模式 …………………… (310)
三、政策失败的一般原因 …………………… (318)
第三节 推进中国政策评估事业的思考 …………………… (322)
一、政策评估面临的困难 …………………… (322)
二、我国政策评估的现状 …………………… (325)
三、发展我国政策评估事业的思考 …………………… (329)
第九章 政策监控 …………………… (336)
第一节 政策监控概述 …………………… (336)

一、政策监控的含义 …………………………………… (337)
二、政策监控的分类 …………………………………… (338)
三、政策监控的作用 …………………………………… (339)
第二节　政策监控的功能活动 ……………………………… (342)
一、政策监督 ………………………………………… (342)
二、政策控制 ………………………………………… (346)
三、政策调整 ………………………………………… (349)
第三节　中外政策监控机制的比较 ………………………… (352)
一、政策监控机制的构成 ……………………………… (353)
二、西方政策监控机制的若干特点 …………………… (360)
三、我国的政策监控机制 ……………………………… (365)
四、完善我国政策监控机制的若干思考 ……………… (372)
第十章　政策终结与周期 …………………………………… (380)
第一节　政策终结 ………………………………………… (380)
一、政策终结概述 …………………………………… (381)
二、政策终结的原因、类型与方式 …………………… (385)
三、政策终结的障碍 ………………………………… (388)
四、政策终结的策略 ………………………………… (392)
第二节　政策周期 ………………………………………… (396)
一、政策周期的内涵 ………………………………… (396)
二、研究政策周期的意义 ……………………………… (398)
三、政治—经济周期 ………………………………… (400)
四、我国的政策周期及其特点 ………………………… (401)
第三节　政策变化 ………………………………………… (405)
一、政策变化的两种基本模式 ………………………… (405)
二、常规的政策变化和政策风格 ……………………… (407)
三、政策发展中的“范式”变化 ……………………… (409)

下篇 政策分析方法

第十一章 政策分析的步骤与方法…………………………… (419)
第一节 政策分析的过程框架及步骤…………………… (420)
一、政策分析的基本因素…………………………… (420)
二、政策分析的过程框架…………………………… (421)
三、理性过程模型的基础及其局限性……………… (423)
第二节 政策问题界定的方法………………………… (424)
一、政策问题界定的概念…………………………… (424)
二、政策问题的性质………………………………… (425)
三、政策问题界定的过程…………………………… (426)
四、政策问题界定的方法…………………………… (428)
第三节 目标确立的方法……………………………… (433)
一、澄清政策目标在政策分析中的地位和作用…… (434)
二、澄清和确定政策目标的困难…………………… (434)
三、澄清和确定目标的途径与方法………………… (436)
第四节 方案搜寻的方法……………………………… (438)
一、备选方案的必要性与来源……………………… (438)
二、备选方案产生的步骤与方法…………………… (440)
三、若干应注意的事项……………………………… (446)
第五节 结果预测的方法……………………………… (446)
一、政策分析中的预测……………………………… (447)
二、外推预测的方法………………………………… (449)
三、理论预测的方法………………………………… (451)
四、直觉预测的方法………………………………… (452)
第六节 方案比较的方法……………………………… (454)
一、方案比较中的绩效标准………………………… (454)
二、确定绩效标准的活动及其困难………………… (455)
三、方案比较的内容与方法………………………… (456)

第七节　效果评估的方法 …………………………… (460)
一、政策效果的概念 …………………………… (461)
二、政策效果的类型 …………………………… (461)
三、评估标准 …………………………… (463)
四、效果评估的方法 …………………………… (464)
第十二章　系统分析方法 …………………………… (471)
第一节　系统分析概述 …………………………… (471)
一、系统分析的形成与发展 …………………………… (472)
二、系统分析、运筹学与政策科学的关系 ………… (473)
三、什么是系统分析 …………………………… (474)
四、系统分析的特征 …………………………… (477)
五、系统分析的基本原则 …………………………… (478)
六、系统分析的作用与局限性 …………………………… (480)
第二节　系统分析的内容 …………………………… (481)
一、整体分析 …………………………… (481)
二、结构分析 …………………………… (482)
三、逻辑分析 …………………………… (485)
四、环境分析 …………………………… (485)
第三节　系统分析中的定量技术和定性方法 ………… (486)
一、系统分析中的定量技术 …………………………… (487)
二、系统分析中的定性方法 …………………………… (501)
第十三章　公共政策的经济学分析 …………………………… (507)
第一节　政策分析的经济学基础 …………………………… (507)
一、经济学的定义 …………………………… (508)
二、经济学的分类 …………………………… (508)
三、经济学与政策分析的相关性 …………………………… (511)
第二节　政策研究的经济学途径 …………………………… (515)
一、政策研究的经济学途径的内容 …………………………… (515)
二、经济学的基本假定和概念 …………………………… (521)
三、几种主要的经济学分析框架 …………………………… (524)
第三节　公共选择理论 …………………………… (526)

一、公共选择理论的界定 …………………………………… (526)
二、公共选择理论的兴起 …………………………………… (527)
三、公共选择理论的主题和方法 …………………………… (531)
四、对公共选择理论的评价 ………………………………… (534)
第四节 政策分析中的经济学方法 ………………………………… (536)
一、成本—效益分析方法 …………………………………… (536)
二、成本—效能分析方法 …………………………………… (545)
三、公共定价法 ……………………………………………… (546)
第十四章 公共政策的伦理学分析 ……………………………………… (558)
第一节 政策分析的伦理学基础 ………………………………… (558)
一、伦理学及其分支 ………………………………………… (560)
二、政策分析与伦理学的相关性 …………………………… (563)
三、价值、价值观和政策价值观 …………………………… (565)
第二节 政策研究中的价值分析 ………………………………… (573)
一、公共政策价值分析的兴起 ……………………………… (573)
二、什么是价值分析 ………………………………………… (574)
三、价值分析的标准与原则 ………………………………… (575)
四、价值分析的方法 ………………………………………… (578)
五、价值分析的难点问题 …………………………………… (581)
第三节 政策分析的职业伦理 …………………………………… (582)
一、政策分析职业伦理的特殊性 …………………………… (583)
二、政策分析职业伦理的不同观点 ………………………… (585)
三、政策分析职业伦理的基本内容 ………………………… (586)
四、加强我国政策分析的职业伦理建设 …………………… (589)
第十五章 政策分析中的创造性思维 …………………………………… (593)
第一节 理性、有限理性和渐进主义 …………………………… (594)
一、理性和有限理性 ………………………………………… (594)
二、渐进主义 ………………………………………………… (599)
三、理性分析方法的作用及其局限性 ……………………… (602)
第二节 创造性思维的特征和作用 ……………………………… (604)
一、创造性思维的内涵 ……………………………………… (604)

二、创造性思维的表现形式 …………………………（607）
三、创造性思维在政策分析中的作用 ………………（610）
四、创造性思维的培养 ……………………………（612）
第三节　创造性思维的方法 …………………………（615）
一、专家预测法 ……………………………………（615）
二、德尔菲法 ………………………………………（619）
三、脚本写作 ………………………………………（623）
四、运筹博弈 ………………………………………（626）
第十六章　结论：走向公共决策的科学化、民主化和法制化 ……………………………………………（633）
一、市场经济与公共决策 …………………………（634）
二、我国公共决策的现状 …………………………（638）
三、推进我国公共决策的科学化、民主化和法制化 ……………………………………………（642）

参考文献 ……………………………………………（654）

第一章

绪论：政策科学的“研究纲领”

政策科学（公共政策分析）是第二次世界大战后首先在美国兴起的一个跨学科、综合性的新研究领域，它的出现被誉为当代西方社会科学发展过程中的一次“科学革命”（德洛尔、里夫林语）、当代西方政治学的一次“最重大的突破”（冯贝米语）以及“当代公共行政学的最重要的发展”（罗迪语）。从20世纪40年代末50年代初开始，美国的大学和思想库的一些学者因社会科学进步的“内力”和当代社会发展需要的“外力”的推动，致力于一个以人类社会的基本问题尤其是公共政策问题为对象的新学科的研究，开创了社会科学中的政策研究方向。到了60年代末70年代初，这种新的研究方向或途径迅速发展并体制化，最终导致了一个相对独立的政策科学领域的出现。70年代以后，政策科学的进展以及它对各国政府的政策制定和社会发展所产生的积极影响，使得它成为各国学界和政界共同关注的学科，成为当代社会科学中的一个重要的、富有成果和充满活力的新研究领域。有些西方学者（如拉纳）认为政策科学构成当代社会科学的核心，有的西方政治学者和行政学者则主张用它取代传统的政治学和公共行政学的研究。由此足见政策科学在当代西方社会科学尤其是政治学和行政学中的显赫地位。那么，究竟什么是政策科学？它是如何形成和发展起来的？什么是政策科学研究的范式？中国的政策科学学科应如何建立？在绪论中，我们将对这些问题进行简要的考察与分析。

第一节　政策科学的兴起

政策科学及政策分析经历了漫长的历史演化，它的源头可以追溯到人类文明之初，而作为一门相对独立的研究领域的政策科学及政策分析的出现则是 20 世纪四五十年代的事。如果以拉纳（Daniel Lerner）和拉斯韦尔（Haroad D. Lasswell）主编的《政策科学：范围和方法的最近发展》（1951）一书出版作为其诞生标志的话，则现代政策科学及政策分析也有半个世纪的发展历史了。而从拉斯韦尔和德洛尔（Y. Dror）等人对一个跨学科的、综合性的全新政策科学的界定到另一些学者对作为一门应用性社会科学学科的政策分析的强调，则反映了这个研究领域的理论发展及“范式”的变化。

一、政策研究溯源

按照政策科学奠基人拉斯韦尔的观点，政策科学所关注的是政策相关知识，即公共决策过程知识和公共决策过程中的知识。由此定义来看，可以说政策科学源远流长，几乎与人类文明同样古老。随着文明的出现尤其是阶级和国家的产生，就需要处理公共的或社会问题，就必须有政策研究活动，用相应的研究程序和方法，产生政策相关知识。随着人类社会的发展，作为一种专门化活动的政策研究以及研究者的角色地位，政策相关知识产生的程序和方法就会发生相应的变化。

当人类文明进化到这样的阶段，即人类开始自觉地反思知识与行动的关系，追求政策相关知识的时候，政策科学及政策分析就发端了。拉斯韦尔认为，分析公共政策的专门程序的出现"与文明相对突然地从自发的部落或氏族社会中的出现"和"世界历史中城市文明的扩展和分化有关"。[①] 在古代文明发祥地，我们可以找到政策研究的最初尝试。产生于公元前21世纪的汉谟拉比法典（Hommurabian Code）可能是已知最早的与公共政策有关的文献。它涉及司法程序、财产权、贸易和商业、家庭和婚姻关系以及公共责任等等。在古希腊，有一个"智者"阶层，他们中的许多人充当统治者的"智囊"（柏拉图曾是西西里统治者的顾问，亚里士多德是亚历山大的私人教师），我们在西方的圣哲贤人的哲学和政治学著作中可以找到大量的有关政策和政府管理的论述。在古代中国，"士"阶层的出现很早，他们中的许多人是辅助统治者审时度势、选择时机、进行政策咨询的谋士。上可追溯到夏商之家臣，西周之命士；春秋战国时期群雄争霸，有识之士挟术怀策周游列国。《战国策》专门记述了这些策士们的言行，可以说是人类历史上第一部较为完整的政策研究及咨询的著作；诸子百家的著作也包含了大量的政策研究的思想和经验。中华民族为人类留下了丰富的政策思想遗产。

中世纪的城市文明的分化和扩展产生了一种方便于专门知识发展的职业化结构，政策相关知识及这种知识的产生者的角色在缓慢地发生演化，封建统治者召集各种专家来提供公共领域的政策建议，特别是那些统治者自己难以做出决策的领域。根据马克斯·韦伯（Max Weber）的说法，这些领域主要是财政、战争和法律。[②]中世纪政策相关知识的产生者的角色已经分化，主要的团体是专家官员或韦伯所称的"职业政治家"，教会牧师包括基督教徒、婆罗门教徒和佛教徒等，他们是专门知识的生产和传播的主要团体，大学教师是中世纪新出现的知识分子群体，大学培养出来的法官以及人文主义的文学家等在政策制定中的作用也相当突出。

当然，在古代和中世纪产生政策相关知识的程序和方法基本上是不科学的。他们主要依赖于神秘的手段或宗教仪式来预见未来。但这样的程序

① Harold D. Lasswell, A Pre-view of Policy Sciences. New York: Elsevier Inc., 1971, pp. 9, 13.

② Max Weber, Politics as a Vocation, in Max Weber: Essays in Sociology. ed. by Hars C. Gerth and C. Wright Mills. New York: Oxford university Press, 1946, p. 88.

部分地依赖于经验获得的证据，政策建议最终也要由实际的证据来检验，因此，早期的政策研究者或咨询者的权威部分地依赖于他们的建议是否取得了好的政策结果，而不是依赖于产生这种知识的程序。

到了近代，随着工业革命的来临和经验研究的成长，政策研究或政策相关知识的产生逐步变成一种相对自主的、由它自己的特殊程序所指导的活动，并逐步建立在系统的经验数据的基础上。在19世纪，应用社会科学作为了解和控制社会复杂性的手段成长起来，先是以统计学和人口统计学的形式，后又以经济学、社会学、政治学和行政学的形式确立起来。因此，这一时期政策研究中新的东西是理解社会及其问题的程序或方法上的变化，神秘主义、魔术和神圣的东西让位于科学，这反映了经验的、定量的科学方法的成长。这种方法论上的变化并不仅仅是经验科学发展及对经验主义承诺的结果，而且也是人类社会由农业文明向工业文明过渡的必然产物。新方法的应用的主要目的并不是取得科学真理，而是统治者要利用科研产品来控制和管理社会。

进入20世纪，政策研究领域出现了一个明显的变化，即主要的社会科学学科如经济学、社会学、政治学及行政学的职业化。如果说19世纪产生政策相关知识的团体主要是银行家、工业家、记者以及统计学会的学者的话，那么20世纪则主要是大学教授尤其是社会科学学者了。这些教授学者从事专门的教学研究，他们也为政府提供有关政策制定和行政管理的建议。就其背景、经验和动机而言，他们是社会科学职业化的成员。职业的社会科学家，对政策制定的实践产生越来越重要的影响。在美国，社会科学家在威尔逊政府和胡佛政府开始产生积极影响，然而，他们向政府部门的大量流动是在罗斯福的“新政”时期，在这一时期建立起许多新的政府机构，其成员大部分由社会科学家担任。第二次世界大战及战后的调整给社会科学家们提供了证明他们在解决社会问题中的价值的机会。①

必须特别指出的是，在19世纪和20世纪上半期，在拉斯韦尔提倡政策科学之前，社会科学特别是经济学、社会学、政治学领域已经积累起相当丰富的政策研究理论和方法。例如，在经济学领域，经济政策的研究早

---

① William N. Dunn, Public policy Analysis (2nd ed.). Englewood Cliffs: Prentice-Hall, 1994, pp. 43-45.

就倍受重视，英国古典政治经济学带有明显的经济政策研究的性质，涉及经济领域中公共政策制定原则和政策建议及其选择问题；20 世纪 30 年代出现的凯恩斯理论是为经济政策服务的；身为计量经济学奠基人之一的 J. 丁伯根把计量经济学的理论和方法用于经济政策研究。可以说，在政策科学形成之前，经济学关于经济政策的研究已取得长足的发展，其内容包括政策制定原则、政策评价标准、政策目标体系、政策工具的选择等等。又如在社会学领域，西方社会学家也很早就展开了对社会政策的研究，1873 年德国成立了社会政策学会；日本在明治三十年（1897 年）也成立了社会政策学会；英国也有社会政策研究传统，尤其是在社会政策理论的研究上颇有建树。在一般的社会理论的研究上，马克斯·韦伯、卡尔·曼海姆和早期的法兰克福学派的著作中，可以发现政策科学理论的先导。韦伯的《社会科学中知识的客观性和社会政策》（1904）和《伦理中立性的意义》等著作包含了对政策分析方法论尤其是事实与价值关系问题的论述；曼海姆的《意识形态和乌托邦：知识社会学导论》（1929）和《重建时代的人和社会》（1940）涉及社会组织、知识的决定因素及应用结果，包括为计划者和政策制定者产生专门的知识形式；而产生于 20 世纪二三十年代的法兰克福学派对社会批判理论的论述与拉斯韦尔后来对政策科学的规定有着惊人的相似之处。①

总之，政策科学并不是突然降生的，它经历了漫长的历史孕育时期。古代和中世纪的政策研究思想和经验是政策科学的早期思想源泉，近现代经验研究的成长、应用社会科学的成长及其职业化是政策科学发展中的重要事件，而近现代社会科学对政策研究理论和方法的讨论则构成当代政策科学的先导。随着第二次世界大战后社会政治、经济和科技的发展，最终导致政策科学的诞生。

二、政策科学运动

1951 年，斯坦福大学出版社出版了由拉纳和拉斯韦尔主编的《政策

① William N. Dunn, public Policy Analysis. p. 46；陈振明：《论法兰克福学派社会批判理论的形成与特征》，载《社会学研究》，1990（6）。

科学：范围和方法的最近发展》一书，这被人们当作现代政策科学诞生的标志。此后，在美国兴起了一场旷日持久的“政策科学运动”。

现代政策科学是当代社会政治、经济和科学技术高度发展的必然产物，它的产生也与其诞生地美国特殊的社会发展状况相关。德洛尔认为，现代政策科学的发展是众多因素相互作用的结果，这些因素包括思想库的成熟，人们对重大决策问题兴趣的增加，公众对科学能够解决政策难题的信仰，政策制定者日益增长的需要，以及经济学的示范性影响等。克朗（R. M. Krone）认为，政策科学兴起的主要原因是：公众对一些特殊的政策问题如战争、种族冲突、环境污染、交通等的关切日益增长以及不满政府对这些问题的处理质量；大学生对学院式的课程设置不满以及对内外政策问题的兴趣的增长；公众对自然科学处理社会问题的无能为力的状况的日益不满；处理危机的决策要求等。邓恩等人认为，政策科学发展主要是当代社会问题的复杂化以及为处理这些问题的政府组织扩展的结果。

拉斯韦尔被誉为“现代政策科学的创立者”。他在《政策科学》一书中，首次对政策的对象、性质和发展方向做出规定，奠定了政策科学的基础。拉斯韦尔提倡政策科学的一个基本原因是他对当时社会科学的零碎的专门化的不满和担忧。在他看来，哲学、自然科学和社会科学的专门化是不可避免的，但这种专门化的结果却是科学（理论）与实践的脱离。他认为，政策科学或社会科学中的政策方向可以超越社会科学的零碎的专门化，确立起一种全新的统一的社会科学。政策科学将与过去决裂，它不是那种第二次世界大战时期在华盛顿特区中所分化出来的应用社会科学，也不是社会科学家的活动主义；相反，政策科学将致力于一般选择理论的研究，时下局部的问题并不是政策科学主要关心的问题。这种以理论为方向的政策科学与在第二次世界大战期间流行起来的那种作为政府“婢女”的实际政策分析的传统是不同的。尽管这种实际的分析是政策科学的组成部分，但是拉斯韦尔基本上把政策科学看作某种不同于应用社会科学的东西。他认为，政策科学将关心“社会中人的基本问题”，它将采取一种全球观点，强调政策的历史脉络，强调对变化、创新和革命的研究。

在拉斯韦尔看来，政策科学具有以下几个基本特征：（1）政策科学是关于民主主义的学问，它涉及个人的选择，必须以民主体制作为前提；

(2) 政策科学的目标是追求政策的“合理性”，它必须使用数学公式和实证数据建立起可检验的经验理论；(3) 政策科学是一门对于时间和空间都非常敏感的学问，即它所选择的政策分析模型必须在时间和空间上加以明确的记录；(4) 政策科学具有跨学科的特性，它要依靠政治学、社会学、心理学等学科的知识来确立自己崭新的学术体系；(5) 政策科学是一门需要学者和政府官员共同研究的学问，后者的实践经验对于政策科学的发展具有重大意义；(6) 政策科学必须具有“发展建构”的概念，它以社会的变化为研究对象，所以必须建立起动态模型。①

在后来的著作中，拉斯韦尔继续致力于政策科学的研究。在《政治科学的未来》(1963) 一书中，他将政策科学看作重建政治科学的主要方向，呼吁政治科学家致力于这方面的研究，特别是集中关注政策制定中选择理论的研究，更多地关注政策和社会问题。他说：“政策科学要面对未来，就必须采取这样一种明确的立场，即以知识和政策的高层次上的思想和组织的创造性整合作为重要的出发点。必须认识到各种不同研究途径的有效协调已经为政治科学家提供了一种过去只是部分地被利用了的机会，即取得一种一致的看法——建立一门以社会中人的生活的更大问题为方向的解决问题的学科。”②

在《政策科学展望》(1971) 一书中，他对政策科学作了进一步的讨论，将政策科学定义为对政策制定过程的知识和政策制定过程中的知识的研究，而将政策科学家定义为那些关注掌握公共和市政秩序的脉络中开明决策相关技巧的人。③ 在这里，他强调了政策分析中技巧的重要性，而关于历史的、跨文化的、多元方法的“脉络”的论述则体现出他对过去的政策科学概念的更深刻的承诺。

在《决策过程》等论著中，拉斯韦尔对政策过程进行探索，并把注意力集中在政策过程中的各种功能活动上，提出了包含七个因素，即情报、建议、规定、行使、运用、评价和终止在内的“功能过程理论”。④

---

① Daniel Lerner and Harold D. Lasswell, The Policy Sciences: Recent Development in Scope and Method. Stanford, CA: Stanford University Press, 1951, pp. 3-15.

② Harold D. Lasswell, The Future of Political Science. New York: Atherton, 1963, pp. 38-39.

③ Harold D. Lasswell, A Pre-view of Policy Sciences. New York: Elsevier Inc., p. 13.

④ 参见 J. E. 安德森：《公共决策》，27 页，北京，华夏出版社，1990。

拉斯韦尔的政策科学理论构成政策科学发展的第一个里程碑，指明了社会科学中的政策科学方向，深刻地影响了后来美国的“政策科学运动”。许多学者特别是Y．德洛尔等人直接沿着拉斯韦尔所规定的作为一门全新的、综合的统一社会科学的政策科学方向前进；而另一些学者则吸收了拉斯韦尔的有关政策科学的思想，致力于作为一门应用社会科学学科的政策分析的研究。这两个方面合流构成当代美国的政策科学运动。

德洛尔是现代政策科学发展上的另一个关键人物。他在1968—1971年短短的几年里，出版了政策科学的“三部曲”：《公共政策制定检讨》(1968)、《政策科学构想》(1971)、《政策科学进展》(1971)。在这些著作中，他继承和发展了拉斯韦尔的政策科学理论，对政策科学的对象、性质、理论和方法等问题作了进一步具体而详尽的论证，使政策科学的“范式”趋于完善，从而形成了拉斯韦尔-德洛尔的政策科学传统。德洛尔将政策的出现看作是一场“科学革命”，认为与传统的常规科学相比，政策科学有一系列的创新。政策科学的基本“范式”有14项，主要有①：

(1) 政策科学所主要关心的是理解和改善全社会的发展方向，因此，它主要关注全社会的指导系统，特别是政策制定系统及产生更好的政策，它直接关注的并不是具体政策问题，而是改进了的政策制定系统的方法和知识。

(2) 政策科学所研究的是公共政策制定的宏观层次，即地方的、全国的和跨国的政策制定系统。政策制定系统的次级因素因其在政策系统中的作用而构成政策科学的主题。所以，政策科学处理个人的、团体的和组织的决策过程，并从公共政策制定的观点上看待它们。然而，政策科学与公共政策制定密切相连。

(3) 政策科学在传统的学科特别是行为科学和管理科学之间架起桥梁。政策科学必须整合来自各种学科的知识，构成一个集中关注政策制定的跨学科。它以行为科学和管理科学的融合为基础，但也吸收来自其他相关学科的知识因素。政策科学一方面包含着多元的因素，另一方面又是基本统一的。

---

① Yehezkel Dror, Design for Policy Sciences. New York: Elsevier Inc., 1971, pp. 50-53; Ventures in Policy Sciences. New York: Elsevier Inc., 1971, pp. 3-4.

(4) 政策科学在通常纯粹的研究和应用的研究之间架起了桥梁。在政策科学中，这两种研究的整合是通过接受政策制定的改进作为最终目标而取得的。因此，真实世界构成政策科学的主要实验室，而大部分抽象的政策科学理论的最终检验是看他们是否对政策制定的改进有所贡献。然而，政策科学的发展在相当的程度上还是要依赖于抽象理论的建构。

(5) 政策科学除了使用常规的研究方法外，还将不证自明的知识和个人的经验当作重要的知识来源，努力提炼政策实践者不证自明的知识，并将高水平的政策制定者吸收进来，作为政策科学建设的合作者，这是政策科学区别于当代常规科学（包括行为科学和管理科学）的一个重要的特征。

(6) 与当代常规科学一样，政策科学关心工具规范的知识。但是政策科学对于“价值中立的科学”的困难是敏感的。它试图通过探索价值内涵、价值一致性、价值成本和价值承诺的行为基础而对价值选择做出贡献。因为政策科学突破了当代科学与伦理学、价值哲学的严格界限，并将建立一种可操作性的价值理论作为政策科学的一部分。

(7) 有组织的创造性构成政策科学各部分的一个重要因素。因此，鼓励和刺激有组织的创造性乃是政策科学的一个主题和重要的方法论。

(8) 政策科学对于时间非常敏感，它将现在看作过去和未来之间的桥梁。因此，它拒绝当代科学尤其是行为科学和管理科学的非历史的方法。它既强调历史的发展，又强调未来的方面，以此作为改善了的政策制定的脉络。

(9) 政策科学对于变化的过程和动态的情境十分敏感。对于社会转变的条件以及指导变化的政策制定的强烈关注构成政策科学的基本模式、概念和方法论的前提条件。

(10) 政策科学涉及系统化的知识和结构化的合理性对公共政策制定的贡献，但是政策科学明显地认识到超理性过程（如创造性、直觉、魅力和价值判断）和非理性过程（如深层动机）的重要作用。为更好地制定政策而探索改善这些过程的方法是政策科学的一个整合部分。

此外，政策科学的“范式”还有：政策科学既修正已被接受的科学原则和基本方法论，又将它们扩展到已被接受的科学研究的界限之外；政策科学要成为自觉的社会科学，它寻求自己的范式、假定和理论；政策科学为它自己在实际政策制定中的日益增加的应用和职业化而奋斗；政策科学尽管有种种的创新，但它属于科学的事实，并为科学的传统（如实证和有效性）而努力。

显然，德洛尔的政策科学“范式”是拉斯韦尔的政策科学理论的发展和完善，构成政策科学发展史上又一里程碑。拉斯韦尔-德洛尔的政策科学传统是美国政策科学运动的主导“范式”之一，为许多政策科学研究者所赞同和遵守。但是，另一方面，由于拉斯韦尔和德洛尔提倡的跨学科、综合性的全新的政策科学过于宏伟博大，没有明确的边界条件，几乎成为一个凌驾于所有社会科学之上的科学（统一的社会科学），这是一种需要长期奋斗的理想，难以在短期内取得全面突破，它遭到一些社会科学家的批评（如有的学者批评政策科学不是科学，而是意识形态）。

另一些研究者则吸收拉斯韦尔和德洛尔的政策科学理论的因素，朝着作为一门应用的社会科学学科的政策分析的方向前进，这种政策分析的趋势在20世纪六七十年代政策科学运动中广为流行，大有超越政策科学之势。针对这一情况，德洛尔在1986年出版的著作《逆境中的政策制定》中检查了政策科学距当时近二三十年的发展，提出政策科学需要在14个方面加以突破，包括提供关于政策制定和政策科学的哲学和智力的理解；增加历史和比较的观点；真实地处理政策实际；寻求宏观理论；政策范式批判；探讨宏观政策创新；研究政策制定和统治设计；考虑改善政策制定的途径；探索政策制定的输入方式；加强学科基础；开发多维方法论、方法和技术；等等。①

到了70年代中期，拉斯韦尔所倡导的政策科学或社会科学的政策方向在美国已基本体制化了。每个社会科学学科都建立了特殊的、与政策研究相关的组织，如“政策研究组织”（政治科学）、“社会问题研究协会”（社会学）、“社会问题的心理学研究协会”（心理学）。这种体制化在80年代更进了一步，出现了多学科的职业学会，如“公共政策和管理学会”（政治科学和经济学）、“社会经济学会”（社会学和经济学），这两个学会每年都举行正规的年会，前者还创办了《政策分析与管理》杂志，它

① Y. Dror, Policymaking Under Adversity. Transaction, Inc., New Brunswick, New Jersey, 1986, pp. 219-240.

将以前出版的两个刊物《公共政策》和《政策分析》合并，该杂志扩展并深化了70年代和80年代初建立的主流政策科学杂志如《政策科学》、《政策研究》、《政策研究评论》的研究内容。除了这些杂志以外，还有数百种涉及具体政策领域研究的刊物。在教育培训方面，70年代各主要的大学已相继建立政策科学或政策分析的硕士和博士学位授予点；现在大部分研究性大学设有公共政策研究生院、研究所或研究中心，它们与几千个非大学的政策研究组织一起被列在《学会百科全书》上，这些组织大部分是在1950年以后建立起来的。政策科学的职业化也有相当的规模，政策分析家已成为一种官方的职业描述，而进行政策分析的专门单位已在联邦政府、各州和一些市建立起来，特殊的政策研究团体如“全国市长协会”、“全国城市联盟”等已发展起来。在20世纪后半期，政策科学及政策分析作为一个知识型产业迅速发展起来。

三、从政策科学到政策分析

在拉斯韦尔-德洛尔的政策科学传统中，政策分析只是政策科学的一个组成部分。然而，正是这个以量化分析为主导的政策分析领域在政策科学运动中得到迅速的发展。这导致了许多学者离开拉斯韦尔-德洛尔的传统，转而提倡作为一个应用社会科学学科的独立的政策分析。这种由政策科学到政策分析的转变有其历史根据。第二次世界大战后政策科学诞生的最大推动力并非来自社会科学家，而是来自运筹学家、系统分析家和应用数学家，运筹学、管理科学和系统分析的定量方法及技术的发展实际上构成政策科学特别是政策分析的方法论的基础。此外，这种转变也与兰德公司一类的思想库的示范性影响以及私人基金会对应用社会科学领域的支持有关。其实，如果这种朝着政策分析的新方向只是给政策科学传统加上对检验备选方案的严格程序的话，那么，这种转变也可以看作对已经确立起来的政策科学传统的一种一致的和潜在的有用补充。

在20世纪五六十年代乃至整个70年代的政策科学运动中，政策分析的成长最引人注目，尤其突出的是政策分析的途径或方法的争论。按照一些西方学者的看法，这种争论是围绕“全面的”（synoptic）途径与“反全面的”（anti-synoptic）途径而展开的。全面的途径即综合理性模式，它以系统分析为缩影①，而反全面传统的途径则是强调综合理性的局限性或不可能性。② 这两种观点提供了当代政策分析不同途径的鲜明对照，特别是它们构成政策分析的经验分析方向和新多元主义（Neo-Pluralism）方向的区别。

在50年代，这两种途径的各自理论前提可以概括如下：纯粹的全面理性模式的特征是，以认同系统分析作为元理论，以统计经验主义作为方法论和以价值的最大化作决策标准；而纯粹的反全面途径的特征是，以认同多元主义作为元理论，脉络背景（contextual）和案例分析作为方法论和以社会合理性（利益的整合）作为决策标准。反全面的观点迅速在一般政治科学领域取得支配地位，而综合传统在公共行政学领域更有活力。

尽管全面理性传统在政治科学领域并不占有优势，但它受到了一些有力的因素的支持。首先，它耸立于政治科学和社会科学的行为主义革命的巅峰之上，强调交叉学科研究，集中关注定量精确性和以系统的经验理论为特征。③ 其次，它保留了梅里安（Charles E. Merriam）所提倡的全国计划观点及拉斯韦尔的政策科学的科学主义因素。相反，60年代的社会气候却导致了对多元主义的强烈批评，例如，罗威（T. Lowi）对多元主义的批判就受到这种气候的影响。④

60年代以后，全面理性传统变得更复杂和成熟。它的倡导者和支持者一方面力求避免纯粹理性综合模式的一些不切实际的假定，另一方面坚持计划的观点，并严厉批评渐进主义和多元主义，力求发展出一种复杂的或折中的模式，如埃泽奥尼（A. Etzioni）的混合扫描模式（1968），德洛尔的优化模式（1968）。经济学家使用经验方法论的成功进一步加强了全面理性传统的力量，其顶峰是肯尼迪、约翰逊政府时代所采纳的项目—计

---

① D. Easton, The Political System: An Inquiry into the State of Political Science. New York: Knopt, 1953.

② H. A. Simon, "Comments On the Theory of Organizations". American Political Science Review, 1952, 46 (4), pp. 1130-1139.

③ A. Ranny (ed.), Essays on the Behavioral Study of Politics. Urbana, IL: University of Illinois Press, 1962.

④ T. Lowi, "The Public Philosophy : Interest Group Liberalism". American Political Science Review, 1967 61 (1), pp. 5-24.

划—预算系统（PPBS）。尽管这一系统后来被废除了，但是成本—效益分析及其他项目评估方法在政府部门的政策分析中得到广泛的使用。

作为全面理性传统的对立面，反全面理性传统也为一些有力的因素所支持。反全面理性传统除了在批评综合理性的不可能性这一点外，并没有太多的共识，它并没有形成统一的智力运动。如果说全面理性传统依赖于拉斯韦尔的政策科学中的科学主义因素的话，那么，反全面理性传统则依赖于拉斯韦尔的政策科学中的人文主义的因素。1952 年《公共行政学评论》主编沃尔多（Dwight Waldo）在《民主的行政学理论的发展》一文中批评将“效率”作为行政管理分析中的一个价值中立的标准，认为那种价值中立的科学的政策评估是一种逃避更基本价值的、使人误入歧途的企图。1953 年，达尔和林德布洛姆（Robert A. Dahl and Charles E. Lindblom）在《政治、经济和福利》一书中，对全面理性模式进行了更强有力的批评，并提出了“渐进主义”的政策分析模式。他们的观点受到了一系列有影响的公共决策的经验研究的支持。① 这些经验研究力图证明：尽管决策者可以在大学被授以全面理性方法，然而他们在实践中所采用的是渐进主义、党派相互调适和明显的渐进凑合。林德布洛姆后来不断发展和完善他的渐进主义理论，并与其他学者展开了激烈的争论。可以说，理性途径和渐进主义之争构成了 20 世纪六七十年代政策分析领域的最主要的论争之一。

应该指出，渐进主义不过是多元主义在政策分析的一个变种。正如达尔所指出的，多元主义后来变成政治科学中关于美国政治过程的居支配地位的解释框架。由于政治科学主要倾向于因果描述，而政策分析倾向于规范，并且因为多元主义/渐进主义在描述方面所规范的以前只是政治学家所处理的领域，也来自于政治学家将这种理论的研究视为摆脱美国公共行政学危机的出路，而其直接的理论先导则是达尔和林德布洛姆在《政治、经济和福利》一书中将市场价格作为决策机制的说明。

我们已经概述了政策科学及政策分析的历史演化。到此，我们可以得出这样几个基本结论：第一，政策科学源远流长，在当代政策科学出现以前，政策科学经历了漫长的孕育时期。第二，从历史上看，政策研究的主要目的是为政策制定者提供政策相关知识或信息，以使他们做出决策。因

① Robert D. Dahl, Who Govern? New Heaven, CT: Yale University Press, 1961.

此，从一开始，政策科学就具有明确的实践方向。第三，政策科学的理论、方法和技术在历史上发生过明显的改变。随着近代经验研究的成长，政策科学才变成由自己特殊程序所指导的活动，在20世纪，定量分析方法不断成长，五六十年代之后，政策科学的重心向政策分析倾斜，则反映了这一研究领域的范式转变。第四，政策科学及政策分析的进化是伴随着社会经济、政治和文化的变迁而发生的，古代和中世纪政策研究角色的分化和专门化与城市文明的产生、发展及复杂化有关；近代政策科学研究程序的改变则与工业革命、启蒙运动和实验自然科学的产生密切相关；当代政策科学的产生和发展则特别反映了第二次世界大战后人类所面临的复杂问题及政府组织的迅速成长。

第二节　什么是政策科学

什么是政策科学？如何看待它的研究对象、学科性质和研究范围以及研究方法？这是政策科学的最基本的问题之一。本节所要探讨的就是这方面的问题。

一、政策科学的概念

“政策科学”（policy sciences）、“政策分析”（policy analysis）、“公共政策（学）”（public policy）和“政策研究”是几个经常用来表示这一学科领域的术语。在西方文献中，这些术语有时被当作同义词而加以交替使用，有时则被有区别地加以界定。一般认为，“政策科学”概念是美国政治科学家拉斯韦尔首先提出的。早在1943年的一个备忘录中，他就提到了“政策科学”的概念，而正式提出这个概念则是1950年他与卡普兰（A. Kaplan）合著的《权力和社会：政治研究的框架》一书。① 1951年，

① Ronald D. Brunner, “The policy Movement as a Policy Problem”. in Advances in Policy Studies Since 1950, Vol. 10, Policy Studies Annual Review. Eds. By William N. Dunn and Rita Mae Kelly (New Brunswick, NJ: Transaction Books, 1991), p. 189, note 2.

他在与拉纳合编的《政策科学：范围和方法的最近发展》一书中，对政策科学的对象、性质和研究任务等作了较具体的规定。"政策分析"一词则是美国经济学家林德布洛姆首先使用的，他在1958年发表了《政策分析》一文，用"政策分析"表示一种将定性与定量相结合的渐进比较分析的类型。①

政策科学以社会政治生活中的政策领域，即现实的政策实践、政策系统及政策过程作为研究对象，它的基本目标是端正人类社会发展方向，改善公共决策系统，提高公共政策制定质量。因此，政策科学有自己相对独立的研究领域，这是作为一个独立学科的政策科学形成和发展的基本前提。

按照拉斯韦尔的界定，政策科学是"以制定政策规划和政策备选方案为焦点，运用新的方法对未来的趋势进行分析的学问"②。

德洛尔认为，政策科学或政策研究的核心是把政策制定作为研究和改革的对象，包括政策制定的一般过程，以及具体的政策问题和领域；政策研究的性质、范围、内容和任务是理解政策如何演变，在总体上特别是在具体政策上改进政策制定过程。③

S. S. 那格尔(Stuart S. Nagel)说："政策研究可以总的定义为：为解决各种具体社会问题而以对不同的公共政策的性质、原因及效果的研究。"④

克朗认为，政策科学是通过定性和定量的方法，探求对人类系统的了解与改进，它的研究焦点之一是政策制定系统。⑤

奎德（Edward S. Quade）认为，"政策分析是应用研究的一种形式，用来获得对社会技术问题的更深刻的理解，并提出更好的解决办法。政策分析试图利用现代科学技术去解决社会问题，寻求可行的行动过程，产生信息，排列有利证据，并推导出这些行动过程的可能结果，其目的是帮助

---

① Charles E. Lindblom，"Policy Analysis". American Economic Review 48，No. 3，Jun. 1985，pp. 298－312.

② Daniel Lerner and Harold D. Lasswell，The Policy Sciences：Recent Development in the Scope and Method，Standford，CA：Standford University Press，1951，pp. Ⅷ-XI.

③ 参见 S. S. 那格尔主编：《政策研究百科全书》，7页，北京，科学技术文献出版社，1990。

④ 同上书，1页。

⑤ 参见 R. M. 克朗：《系统分析和政策科学》，28～29页，北京，商务印书馆，1987。

决策者选择最优的行动方案。”①

邓恩（William N. Dunn）则认为，“政策分析是一种应用性的社会科学学科，它使用各种研究和论证方法，产生并转变政策相关信息，以便政治组织解决政策问题。”②

我国的政策科学学者给政策科学或政策学下过一些定义，可以概括为这样四种基本看法：一是认为政策科学主要研究政策制定的理论和方法，是研究如何制定正确政策、避免错误政策的学科领域；二是认为政策科学是关于制定政策方案、规划政策的实施、评价政策的结果、预测政策的方向的一门学科；三是认为政策科学是研究政策的属性及特点、政策制定和执行规律的科学；四是从广义和狭义两个方面界定政策科学，认为广义的政策科学是对不同的公共政策的性质、原因和结果进行的研究；狭义的政策研究可以界定为对目标、方案及社会效果之间的相互关系的研究。

由上述这些定义可以看出，国内外学者对政策科学的界定有所不同，但一般都承认政策科学以政策系统及政策过程作为研究对象。这正是政策科学成为一个相对独立学科的关键条件。根据唯物辩证法和科学哲学的观点，任何一门学科都以客观世界的某一类事物、现象及其过程作为自己的研究对象，它要揭示这一类事物或现象及其过程的本质联系和规律性，并通过概念、命题、原理和方法在思维中加以再现，形成学科理论体系。尽管一些传统的社会科学学科如政治学、经济学和社会学已涉及政策系统及政策过程问题，但它们并未将政策系统及其过程作为专门、惟一的研究领域，并未对此加以系统、全面和具体的研究。只有政策科学才做到了这一点。政策科学以人类社会的政策系统及政策过程作为专门的研究对象，它既要研究政策的本质、原因和结果，注重内容分析；又要研究政策系统及政策过程（包括政策的制定、执行、评估等环节），注重系统过程分析。

因此，可以一般地将政策科学定义为“一个综合地运用各种知识和方法来研究政策系统和政策过程，探求公共政策的实质、原因和结果的学科”，它的目的是提供政策相关知识，改善公共决策系统，提高公共政策

---

① E. S. Quade, Analysis For Public Decision (3rd ed.). New York: Elsevier Science Publishing Co., Inc. 1989, pp. 4-5.

② William N. Dunn, Public Policy Analysis: An Introduction. Englewood Cliff: Prentice-Hall, 1981, p. Ⅸ; Policy Analysis: Perspectives, Concepts and Methods, JAI Press, Inc., 1986, p. XⅢ.

质量。

二、政策科学的学科性质

政策科学作为一个全新的、独立的学科，有如下四个基本特征：

（1）政策科学是一个综合性、跨学科的新研究领域。政策科学不是现有的某一学科的更新，而是一个全新的跨学科研究领域，具有综合、交叉的特点。它的产生和发展需要以大量的知识和方法为基础，几乎所有迄今为止人类所创造的科学知识和方法都可以运用于政策研究之中。政策科学正是在吸收其他学科尤其是政治学、经济学、社会学、管理学、心理学、哲学、统计学、运筹学、系统分析等学科的知识和方法的基础上，形成和发展起来的。另一方面，政策科学并不是由这些学科的知识和方法的拼凑堆积而成的，而是在新的学术框架中将种种知识和方法有机地结合起来。与各种常规社会科学学科相比，政策科学实现了范式转换，形成了一系列的新范式。它将科学知识尤其是社会科学知识与公共决策过程密切联系起来，提倡以问题为中心，而不是以学科为中心的研究方法，政策科学的倡导者们力求指出当代社会科学尤其是管理科学和行为科学的褊狭性，提出一门能把各种知识和方法直接运用于改进公共决策系统，提高政策质量的新学科，因而各种学科的理论和方法在政策科学的新框架中获得了新的意义。同时，正因为政策科学的这种全新综合的特征，使得它本身具有社会科学或元社会科学的某些意义，即它的理论和方法具有一般方法论的某些特点。

（2）政策科学是一门以行动为取向的学科，体现着理论与实践的统一。按照政策科学的奠基人的观点，政策科学是一门行动取向的学科，它是适应人类利用已有的知识和方法去改进政策制定系统，提高政策质量的需要而产生的。政策科学的奠基者们发现，以往的大部分科学知识尤其是应用社会科学研究并没有对政策系统的改进和政策质量的提高产生应有的积极影响。因为尽管它们有时也提出政策建议，但这些建议往往因不切实际或缺乏政治可行性而被否决。政策科学的研究对象是政策实践或实际的政策过程，它的目的和功能是提供政策相关知识，为政策实践服务。因此，政策科学不是纯理论科学或基础研究，而是一门应用性较强的学科，可以说体现了理论与实践的高度统一。政策科学既在实践中产生，又在实践中得到应用和发展。它要指导执政党或国家的各项政策的制定、执行和评估的实践活动；它以实践定向，以发现和解决社会的政策问题为宗旨，为实践服务；而政策实践则为政策科学提出需要解决的问题，提供经验教训，检验和发展政策科学理论。

（3）政策科学不仅是一门描述性学科，而且是一门规范性学科。事实和价值的分离或追求价值中立性曾在相当长的时期被当作经验科学的目标，这实际上是实证主义不切实际的科学理想。如果说经验自然科学及传统的社会科学并不是真正价值中立的话，那么，政策科学则明确地以价值为取向。政策科学可以说是对一般选择理论的研究，而选择则以价值（观）作为基础。因此，它不仅关心事实，而且更关心价值和行动；它不仅是描述的，而且也是规范的。说它是描述的，是因为它同样追求有关公共政策的性质、原因和结果的知识；说它是规范的，是因为它重视价值取向和价值评价，它的一个重要目标是创造和批评有关的公共政策价值的知识主张，或推荐应该采取的行动过程。政策科学的规范或价值批评的方面可以由这样一点来加以说明，即政策科学相关知识包含了具有价值特征的因变项（目的）和自变项（手段）的互动；这些变项的选择往往涉及在健康、财富、安全、和平、正义、平等和自由一类的价值中做出取舍。选择哪一个价值，并不仅仅是一个技术判断问题，而且往往需要伦理推导。因此，公共政策价值观或公共政策与伦理的关系问题在政策科学中占有极为重要的地位。

（4）政策科学是软科学的一个重要分支。所谓的软科学是指那些以阐明现代社会复杂的课题为目的，应用各种相关学科的理论和方法，对包括人和社会在内的广泛对象进行跨学科研究的知识领域。从 20 世纪初开始尤其是第二次世界大战结束以后，出现了一系列新兴软科学学科，包括人工智能、战略研究、系统分析、未来研究、科学学、决策学、领导科学等。在国外，有一个更正式的名称来指称这一类知识，即广义的管理科学（狭义的管理科学指运筹学）。政策科学已成为软科学的一个重要分支，甚至可以说是当代软科学的核心。软科学已经经历了较长的历史发展，在它发展的不同阶段呈现出不同的特点，并具有不同的重点。按照我国一些学者的说法，软科学在 50 年代的重点是科学学尤其是科学社会学的研究；

60 年代的重点是运筹学；70 年代的重点是未来学及预测学；到了 80 年代，其重点已经转向政策科学了。政策科学实际上是构成决策科学化和民主化的主要支持学科，它在解决政策问题和促进社会发展方面的重要作用正被越来越多的人所认识。

三、政策科学的研究范围

政策科学涉及的范围十分广泛，目前尚难以划出准确的边界。它的主要研究内容包括政策系统、决策体制及政策过程、政策分析方法和技术、政策思维、政策价值观、未来研究、政策战略（元政策研究）、政策规划、重大工程项目的论证与评估、从大政方针到各层次、各部门的具体政策研究等等。

按照克朗的说法，政策科学把如下五个方面的内容作为研究的重点：(1) 政策战略；(2) 政策分析；(3) 政策制定系统的改进；(4) 评估；(5) 政策科学的进展。①

德洛尔则认为，政策科学的核心部分是认识和端正社会发展方面，把不同层次（跨国的、全国的、地区的）政策制定系统的改进作为追求的目标，同时也作为自己研究成果的手段。在他看来，政策科学的主要焦点有：(1) 政策分析；(2) 备选方案创新；(3) 重大政策（基本政策）；(4) 评估和反馈；(5) 重大政策的改进等。② 他在20世纪80年代又把改善政策制定系统及政策制定研究与统治方式、政府中决策系统研究结合起来，特别是在探索逆境中的政策制定，高层政策推理，超优政策分析方面取得了新的进展，这丰富了宏观政策理论的研究，拓宽了政策科学的研究领域。

四、政策科学的研究途径

政策科学是一个跨学科、综合性的研究领域，它可以有不同的研究途

---

① 参见 R. M. 克朗：《系统分析和政策科学》，28～29 页。

② Y. Dror, Ventures in Policy Sciences. Elesvier Inc., 1971, p. 14.

径、方法或观点。首先，政策科学可以从不同的社会科学学科的框架中加以研究，在西方（美国）政策科学的发展中，形成了几种较有影响的学科途径，即政治学途径、经济学途径和社会心理学途径。其次，可以从某些社会科学的理论、假设或模型出发来研究公共政策及其过程，由此形成的研究途径更是多种多样（这正是下面要讨论的问题）。研究途径和方法的不同，导致对公共政策的性质、原因和结果以及公共决策系统及其运行做出不同的描述或解释，从而形成不同的政策科学理论。

1．政治学的研究途径

托马斯·戴伊（Thomas R. Dye）在《理解公共政策》这一论著中概括了政策科学或公共政策研究的八种模型或途径，即制度模型、过程模型、集团模型、精英模型、渐进模型、对策模型、系统模型和理性模型。安德森（James E. Anderson）在《公共决策》一书中则将西方政策科学的研究方法或观点归分为五种理论，即政治系统论、团体理论、杰出人物（精英）理论、功能过程理论、制度化理论。下面，我们根据戴伊和安德森等人的论述，着重介绍五种途径，即系统途径、过程途径、团体途径、精英途径和制度途径。

（1）系统途径。这种途径是由戴维·伊斯顿（David Easton）等人提出的。它从系统论的角度来研究公共政策问题，将公共政策看作对周围环境所提出的要求的反应。或者说，将公共政策看作是政治系统的输出。系统途径可以用图表示如下（图1—1）。

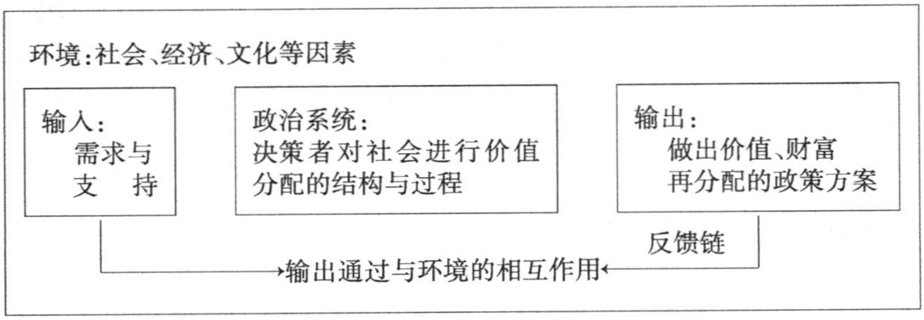

图1—1　系统途径模型

系统途径注重环境与政治系统的相互作用和社会反映，环境由政治系统以外的各种状况和条件所构成；需求是指个人或团体为了满足自己的要求和利益而向政治系统提出的采取行动的主张；支持是指个人或团体接受选举结果、遵守法规、纳税并赞同政府采取的干预行动；需求和支持都是在环境作用下社会政治集团对公共政策的反映，两者一起构成系统的输入。政治系统是指具有相关互联的结构和过程，并进行社会价值财富分配的组织；系统的输出则是指政治系统根据社会的需求与支持（输入）做出价值财富再分配的政策方案。反馈这一概念则意味着公共政策（输出）可能改变环境，改变环境提出的要求，以及改变政治系统的自身特点。政策输出可能会产生新的要求，而这种新的要求将进一步导致政策输出。在这种循环反复中，公共政策源源不断地产生。

(2) 过程途径。这种途径的要点是将政策看作一种政治行为或政治行动，通过政治与政策的关系对政策的政治行为进行阶段性或程序化研究，这显然是行为主义政治学观点在公共政策研究上的反映。第二次世界大战后，行为主义政治学对选举者、利益集团、立法者、总统、官僚机构、法院以及其他政治角色的行为进行研究，目的是试图发现一个统一的行为模式或称行为过程。一些政治学家力图根据各种政治活动与政策的关系，来划分各阶段，其大致的步骤是：分析问题、确认目标、规划方案、合法化、政策执行、政策评估等（拉斯韦尔则提出了一种所谓的功能过程论，这种功能活动包括了情报、建议、规定、行使、运用、评价、终止七个环节）。这样，政策过程被视为由一系列的政治活动所构成。根据政策过程的每一步骤的特点，对政策加以分析，从而发现政策是如何形成的以及决策应当如何做出。

(3) 团体途径。这种途径将公共政策看作利益集团之间相互作用、相互斗争以及彼此协商、定约和妥协的产物。团体理论是美国政治学的主导理论（实际上也是多元主义的理论基础）。它认为，利益团体的相互作用和争斗是政治生活的主要行为。一个利益集团是由某些具有共同的立场、观点、态度和利益的个人所构成的集合体或组织，它向其他社会团体表明自己的主张，并向政府反映它的利益和要求。这样，利益集团便成为一种政治组织，个人只有通过这种组织才能在政治生活中变得重要起来，它架通了个人与政府之间联系的桥梁。因此，政治实际上就是各种利益集团之间的斗争，政治系统通过各种手段（如确立集团之间的游戏规则、协调各种冲突的利益、以公共政策加以干预等）来处理各种利益集团之间的关系。

团体理论的主旨是将所有重大的政治活动都描述为利益集团及政治组织之间的相互争斗，政策制定被视为一种处理来自各利益集团压力的活动，政策则是这些利益团体之间的斗争、妥协的结果。政策研究的团体途径认为，在任何时候，公共政策都是占支配地位的团体的利益的反映，一个团体的势力或影响力取决于它的人数、财产、组织化程度、领袖能力、内聚力以及与决策者联系的密切程度等。利益集团的影响力的改变都可能引起政策上的变化，随着各利益团体影响力的消长，政策将变得有利于那些影响力增强的团体，而不利于影响力削弱的团体。

（4）精英途径。这是由戴伊和汤姆逊等人提出的一种途径。它认为公共政策是那些居统治地位的领袖人物的偏好和价值观的反映。政治学中的精英理论的要点是：

1）社会总是划分成有权势的少数人和无权力的多数人，社会资源分配是由前者所掌握的；2）少数人并不代表被统治的大众，精英是不平等地从上层社会中挑选出来的；3）非精英者向精英位置的移动是缓慢的，并且可以保持稳定而避免发生革命；4）精英们在社会系统中的基本价值行为和维护社会系统方面具有较为一致的看法；5）政策所反映的是精英的价值取向而非群众的要求，政策的变化是渐进而非革命的；6）活跃的精英很少受麻木不仁的群众的影响，他们对群众的影响力远远大于群众对他们的影响力。

公共政策研究的精英途径从政治学精英理论出发，认为政策反映的是精英的偏好、价值观和利益，而不是群众的要求；政策的变化或完善实际上是精英们的价值观变化的结果；群众对于政策是麻木不仁的，不知情的；实际的舆论导向是领袖或精英们左右群众对政策问题的意见，而不是相反。因此，政策实际上变成领袖的按自己的偏好作选择，而政府不过是执行领袖们做出选择的机构；政策是自上而下由领袖提出并加以执行，而不是自下而上产生于群众的要求。

（5）制度途径。这种途径将政策看作政府机构或体制的产出。国家或政府机构历来是政治学研究的焦点，传统政治学则以政府机构（立法机关、行政机构和法院以及政党等）作为主要的研究对象。政策是由政府机构制定并加以实施的，一项政策方案若不被政府所采纳和执行，就不能成为政策。政府机构赋予政策以如下三个特征：合法化、普遍性和强制性。这正是公共政策区别于其他社会团体或组织的规章制度或个人决策的根本之点。

由于公共政策与政府的制度或机构、体制所存在的这种密切关系，我们可以从制度的侧面来研究政策问题。制度或体制是个人或组织的结构化行为方式；或者说，一个制度是一整套长期存在的人类行为的规范化模式。正是各机构在行为模式上的不同，才把立法、行政和司法这些政府机关区别开来。政府的制度或体制对公共决策过程及政策的内容会产生重要的影响。规则和结构（即制度）安排所产生的影响往往并不是中立的，相反，它们经常对一部分人有利，而对另一部分人不利；对某些政策结果有利，而对另一些结果不利。总而言之，不同的政府制度、结构或体制可能产生非常不同的政策后果。因此，我们可以研究制度安排及机构设置和政策内容之间的关系，并将这些关系放到可比较的系统的规范中加以调查研究。

2. 经济学的研究途径

经济学途径历来是政策分析或政策研究的一个主导途径。它采用经济学的理论假定、概念框架、分析方法及技术来看待公共政策问题。在当代政策分析学科中，最有影响的经济学途径是福利经济学理论、公共选择理论和新制度学派（准确地说，后两种途径是“新政治经济学”的途径）。

（1）福利经济学。福利经济学也许是被最广泛地运用于公共政策研究的途径。它认为，应该通过市场机制，依靠个人而做出大部分的社会决策。然而，市场是有缺陷的，它并不能总是有效地分配资源，或者说，不能加总个人的效用最大化行为而最优化全体社会福利。在存在市场失灵的情况下，必须依靠政府来补充或取代市场机制。

从这种假定出发，福利经济学家发展出一种关于公共政策制定的理论，认为政府有责任纠正市场失灵，因为最优化的社会结果并不是由纯粹的个人决策所产生的，面临着行动要求的政府必须首先确定市场失灵是否正在引起社会问题。如果确定需要政府干预，那么，关键是要发现最有效的干预办法（即政策手段），而最有效的方法是成本最低的方法，并且用来确定它的分析技术是成本—效益分析。

（2）公共选择理论。公共选择理论是 20 世纪 70 年代发展起来的一种“新政治经济学”或“政治的经济学”理论，80 年代以后被广泛地应用于公共管理和公共政策领域。公共选择理论将“经济人”假说、交换范式和方法论个人主义应用到政治和公共政策领域。作为一种公共政策的研究途径，公共选择理论假定：政治行动者个人（不管是决策者还是投票者）都被自利的动机所引导而选择一项对其最有利的行动方案。

由这一假定出发，公共选择理论得出了一系列关于公共政策及其过程的理论解释。根据这种途径，投票者更像是一个消费者；压力团体可以看作政治消费者协会或有时作为合作者；政党变成企业家——他们提出有竞争性的一揽子服务和税收计划来交换选票；政治宣传等于商业广告；政府机构就是公共公司——它们依靠动员和获得充分的政治支持以掩盖成本。

（3）新制度主义。新制度主义或新制度学派（有时也称为“新组织经济学”）是一种新的、影响在不断加强的公共政策研究途径。它强调制度在政治生活中的决定性作用，认为制度自身是人类设计的产物，是工具性指向的个人的合目的的结果；制度之所以在社会中存在，是因为它们可以克服社会组织中的信息障碍和减少交易成本；在社会中，两种能最小化交易成本的组织是市场和等级制（官僚制）；作为持续不断的正式或非正式的规则，制度规定行为角色、约束行为和形成期望，因而它们不仅增加或减少交易成本，而且也形成偏好。

政策科学的新制度主义途径认为，制度结构是社会和政治生活的基本建筑材料，个人的偏好、能力和基本的认同以这些体制结构作为条件；历史发展是路径依赖，一旦做出某种选择，它便限制了未来的可能性；决策者在特定时期可利用的选择范围是那些早期确定了的制度性能的函数。依照这种分析途径，并不是制度引起行动，而是它们通过形成问题的解释和可能的解决方案，通过限制解决方案和选择以及它们被执行的方式而影响行动。

五、政策科学的划界

所谓的“划界”指的是科学与非科学之间、与科学中的各个学科之间的分界。我们为政策科学划界，也就是要说明政策科学与相邻的各个学科的关系。虽然政策科学综合地运用了人类已经积累起来的各种科学知识及科学方法来研究政策问题，具有跨学科的性质，但是，它作为一个相对独立的学科，与其他学科之间又存在着一定的界限。在这里，我们着重说明它与一些相邻学科的关系。

1. 政策科学与政治学

在所有的社会科学学科中，政治学与政策科学（公共政策研究）有着最密切的关系，政策制定最终是一种政治事务，而政治过程是政策科学的一个方面或维度。政治学研究的是政治系统，主要涉及权力的建立和运用的制度和行为。传统政治学所着重关注的是政治制度和政治结构方面，而行为主义政治学是为克服传统方法的局限性而产生的，它重点是对个人和政治组织的行为进行经验性的描述研究；后行为主义则希望在保留这种研究的基础上，力求将政策过程和行为的描述性研究与公共政策的内容结合起来。行为主义及后行为主义的政治学的出现是政策科学产生与发展的一个重要原因。从某种意义上讲，政策科学是政治学的一个重要组成部分，甚至可以说是政治学的一个核心分支。因为政治学主要研究政治行为及政治过程，而这种行为或过程在现实政治实践中主要表现为政策过程，即政策的制定、执行和评估等。可见，政策科学与政治学的关系是相当密切的，可以视为部分与整体的关系。

美国政策学家那格尔在《政治科学和公共政策》一文中曾比较详尽地分析了政治科学的各个分支（政治哲学、公共行政、比较政府、国际关系等）对公共政策的研究所产生的影响和作用。他认为政治学对政策分析的主要贡献在于：（1）关心政治可行性，即提出更可能被采纳的政策建议，或至少评估采纳的可能性；（2）关心行政可行性，以便政策能被较好地执行，而不发生灾难和混乱；（3）关心某些被经济学家和其他政策分析者所忽视了的价值因素，如公众参与、过程程序等；（4）强调某些主题，如政府体制改革、国际关系和公民的自由等。他也指出了政治学在政策分析中的局限性，主要有：（1）缺乏成熟的方法论；（2）集中关注某些实质问题，而相对忽略了另外一些实质问题；（3）过分关注政策过程，而对政策效果研究不足。①

---

① Stuart S. Nagel, Political Science and Public Policy, in Georg J. Mceall and Georg H. Weber (eds.), Social Science and Public Policy: The Roles of Academic Diciplines in Policy Analysis. N. Y., Port Washington: Associated Faculty Press, 1984.

但是，另一方面，政策科学与政治学又存在差别。政策科学运用现代科学知识及方法研究政策过程，它对政策问题的研究更具体、全面和专门化。它要详细分析政策的制定、执行、评估的过程、理论和方法，重视政策的影响、效果以及政策的控制、变更和终结等等。政治学除了一般地研究政策问题外，还研究其他大量重大问题，如阶级、国家、政党、政治体制或结构、民主等等。同时，政策科学作为一种方法可以运用于包括政治学在内的所有社会科学领域。那格尔认为，政策科学介于传统政治学与行为政策学之间。他说，过去大多数政治学家一般不关心具体政策，如环境、贫困、犯罪等方面的政策，政策研究在这一点上与政治学不同；政策研究与政治学的区别还表现在，前者强调政策及其影响之间的关系，而后者强调政府的结构、作用和行为；传统政治学关心政策之间的矛盾和规范评价，这与政策研究相近；政策研究在运用定量方法上与行为政治学相近。因此，政策研究恰恰处在传统政治学和行为政治学之间。①

2．政策科学与经济学

政策科学与经济学之间的关系极为密切。这不仅在于我们已说过的经济学在经济政策方面的研究起源很早，为政策科学的发展做出了贡献，而且在于经济学途径历来是政策研究或政策分析的一个主导途径，以及经济学和政策科学的研究有重合或一致之处。

按照许多经济学家的观点，经济学是一门研究人类经济行为尤其是经济选择行为以及经济政策的学科。有的经济学家干脆认为，经济问题就其本性来说是选择问题，而除非有稀缺性，否则，选择是不必要的。我国有的学者由此认为，从某种意义上讲，政策科学包括了一切经济学。经济学研究如何扩展一个国家或地区的经济，使其经济能力达到最大，而政策科学研究如何最佳地利用这些经济能力，以达到社会效益最优。政策科学研究的是如何配置一个国家或地区在其管理权限内的经济能力，而使社会需求的满足达到最大。这一点是政策科学与其他经济学的根本区别；同时，政策科学与经济学的区别还在于政策科学并不具体地研究各种经济现象及经济行为，这属于经济学各学科的研究对象。

我们可以更深入地探讨政策科学与经济学的联系。经济学的一种常见

---

① 参见S. S. 那格尔主编：《政策研究百科全书》，1页。

的分类方法是将它划分为宏观经济学和微观经济学，前者研究总体或集合经济并检查如通货膨胀和失业一类的政策问题，后者考察作为消费者的个人和公司在市场中的行为。微观经济学在许多方面属于选择的科学，大部分政策制定者更清楚经济学家所提出的政策建议。但现在微观经济学家日益参与公共政策事务。经济学有许多分支学科（范围从公共财政学到发展经济学），但在这些分支学科中的主要区别还是涉及微观途径和宏观途径的区别。另一种常见的分类方法是将经济学分为理论经济学和应用经济学。前者使用数学工具，发展出非常复杂的经济行为模式；后者则用数学和统计学方法去检验理论。无论如何，经济学是社会科学中量化和形式化程度最高的学科。另外，在经济学的发展中，出现了各种各样的学派（如当代的新凯恩斯主义、货币主义、供应学派、公共选择学派、激进政治经济学派等），它们有不同的理论和意识形态见解，因而也就有不同的政策主张。应该说，考察政策制定者所面临的选择对经济学的各种理论的发展是必要和有用的。

经济学与公共政策研究的联系的原因在于，公共政策一般都具有经济的方面（如利益和成本），经济分析和经济学家作为政策选择的分析者是必不可少和富有成效的。经济学并不直接分析政策推论，但它给经济学家一系列分析政策过程的工具和提供分析问题的视野或框架，即提供了研究公共政策的途径。在西方政策科学的发展过程中，经济学途径一直是一种主导途径，其影响和成果不亚于政策研究的政治学途径。

经济学的许多分支学科都有很长的将研究成果应用到政策问题的传统。例如，工业组织、农业经济、经济发展、公共财政和国际贸易是一些有政策取向研究的领域。因此，尽管在当代对公共政策研究的兴趣不断加强，但无论如何经济学家对政策感兴趣决不是新鲜事。另外，当代经济科学中出现的新分支——经济政策学在某种程度上也可以说是政策科学和经济学相结合的产物，它是当代政策科学的一个有机组成部分。无论是在国外，还是在国内，已有大量的经济政策学的著作问世，最早较系统论述这一学科的著作可能首推 J. 丁伯根的《经济政策理论》（1952）和《经济政策：原理与设计》（1956）（后者的中译本由商务印书馆于 1988 年出版）。

3. 政策科学与社会学

社会学是一个什么样的学科？社会学家们并没有提出一个被大家普遍

接受的定义，因为它缺少一种能把它的主题加以明确界定而使它成为一门经验的社会科学的统一理论。大部分社会学家可能同意，他们的主题来自于组织化社会生活中的事实，但这种规定太一般化，不能把社会学与其他社会科学学科区分开来。除非社会学家力图将社会概括为一个社会系统，而不是社会的某些方面（如政治、经济），这种最一般意义上的社会学，就是它的奠基人奥古斯特·孔德（August Comte）所宣称的那样，是“科学的女王”。我们可以认为，社会学研究社会现象、社会生活和各种实际的社会问题，它的任务是指出各种社会形态的构造及产生过程，认识人类行为的变化。社会学的内容相当广泛，并且其中都具有政策方面的含义。因此，“从最广泛的意义上说，社会学既是一门特殊的社会科学，又是一门政策科学”①。

社会学与政策科学的联系以及它对政策科学发展的贡献是多方面的，主要有：

（1）社会学研究日益关注社会政策的制定和执行过程。社会学家对政策过程的研究更多地集中在对某些特殊的过程和实践做出解释的宏观模式上，而不太注意决策如何做出的微观模式。他们的宏观模式力求解释某些特殊的社会控制形式是如何形成的以及为什么形成、当代社会的功能一类的问题。他们关注的是回溯性地解释为什么有某项政策、法案出台以及为何出现某些管理效果。

（2）某些社会学的领域致力于对解决特定社会问题的政策的研究，这往往是解释性的，且以微观的模式为基础。例如，社会学者提出了一些微观解释模式（如人口增长预测、生育控制、防止犯罪和社会流动等方面的模式）来分析相关的社会问题，并提出对策。按照有的西方学者的意见，社会学与政策科学的关系主要表现在它对社会问题、越轨行为、犯罪和社会变迁所特有的学科的兴趣上；社会学中的政策研究几乎都是描述性的，而不是规范性的，而且主要集中在政策过程，而不是政策内容上。

（3）社会学在评估研究上对政策科学的发展也做出了贡献，尽管社会科学的其他学科也同样在这方面有所贡献，但社会学提出了一些独特的

---

① Albert J. Reigg, Jr., Sociology and Public Policy. In Social Science and Public Policy: The Roles of Academic Disciplines in Policy Analysis. op. cit., p. 20.

评估方法或模式，他们的日常评估工作是在自然的社会状况下进行的，而且他们更重视政策或项目失败的组织原因的分析。

（4）社会学领域中出现了“社会政策（学）”的专门领域，它既是社会学的一个分支，也是政策科学的有机组成部分。

然而，社会学与政策科学的区别或界限是明显的。社会政策问题的研究仅仅是社会学家工作的一个部分，甚至是次要的部分，他们的主要工作是描述和解释社会现象及过程，形成可检验的理论（尽管这种理论对社会问题的解决是有用的，但社会学家并不把提出解决社会问题的方案或行动过程看作其分内之事）；社会学家的确研究大量社会问题，但他们的研究目的与政策分析者的研究目的是不一样的。社会问题解决有两种意义：一种是科学研究途径——问题如何解决是在科学理论中被处理的，主要是关心问题的解释是否正确；另一种是工程学途径——如何在实践中使问题朝着人们期待的方向发展，控制并解决问题。社会学家是前一种角色，政策分析家是后一种角色。社会学家之所以同意一种走向社会政策分析的立场，只是因为他们相信，社会学理论不是或不应是经济学意义上的那种以政策为方向的理论。社会学所提出的重大理论（如社会福利最大化理论）几乎都没有明确的政策取向；一些社会学大师如马克斯·韦伯把科学和政治看作两种根本不同的职业，并且将政策分析看作对社会科学中争取倾向性和客观性的一种干扰。

5. 政策科学与其他学科

政策科学与管理科学。广义的管理科学（包括公共行政学在内）努力确立和应用一般的“管理原则”。这些原则都是建立在对一系列大规模组织内的管理过程、管理动态和管理活动进行分析的基础上。管理科学的理论核心是改进管理决策。狭义的管理科学是运用科学方法尤其是从管理者的角度对组织的效用所进行的估算的学问或方法论。美国政策科学家爱德华·S·奎德对系统分析、运筹学和政策分析的关系作了如下的论述：“运筹学要帮助人们把事情办得更好；系统分析也试图做到这一点，另外，它要把事情办得更好而且更便宜；政策分析试图做到系统分析所要求的一切，此外它还要求把事情办得更公道。因此，系统分析可以看做包括了运筹学再加上经济的考虑以及对目标与手段的相互作用的研究。政策分析可以被视为包括了系统分析，但加上政策的分配性影响。政策分析更加重视执行以及对政治和组织方面的考虑。”奎德还说：“政策分析在很大程度上是作为系统分析的扩充而发展起来的，而系统分析又是运筹学的扩展。因此，可以将系统分析看作政策分析的一种不完全的或专门的形式。”①

政策科学与法学。法学以法律为研究对象，法律构成了一类非常重要的公共政策文件，因此两者的关系是密切的，政策和法律在性质、作用、方式等方面有相似、相近或相同之处。法学极大地影响着法规在立法者中间的表述，它还直接地控制各案件诉讼的过程，法律辩护为其他领域提供标准的实用辩护模型，因而对政策制定有贡献。不过，法学研究的方法论和法律实施的方法论不能说是科学的，所以，它对政策科学的贡献就很有限了。法律研究主要是进行文档分析，目的是澄清公共政策的历史形成、明显的意图和后来的法律说明。运用法律来影响社会变革会遇到重重阻力。政策科学与法学的研究内容和角度有区别，似乎可以说，政策科学研究的内容更广泛，涉及许多法律以外的规范或工作准则。

政策科学与哲学。哲学曾经是“科学的科学”，现有的各种科学学科都是从哲学母体中分离出来的。哲学对政策科学有着重要的影响，它对政策科学的贡献比任何一门自然科学或社会科学都要深刻。哲学为政策科学提供概念框架和一般方法论基础。西方政策科学在其发展过程中借用了逻辑实证主义及其他科学哲学概念。作为哲学重要分支的逻辑学为政策科学提供基本的理论模型和研究工具（公理系统、推理规则等），社会哲学为政策分析提供了某些有效的规范性原理；而伦理学则提供了政策价值分析的基本原理和方法（例如罗尔斯的《正义论》成了西方政策科学中的价值分析的重要理论基础）。一般而言，哲学构成政策科学的世界观及一般方法论基础。

政策科学与自然科学。自然科学的各门学科所研究的是自然现象及其规律，这种现象不同于政策制定中所呈现的复杂的社会动态关系。自然科学的各门学科对政策研究的贡献主要是通过创造工程学的各个专业、城市规划及医学等基础研究和应用研究的成果来间接体现的，即创造知识和为

---

① E. S. Quade, Analysis for Public Decision (Third edition). New York: Elsevier Science Publishing Co., Inc., 1989, p. 27.

新技术提供理论基础，为各种具体政策提供知识基础。数学则为广泛的政策科学提供基本的理论模型和定量研究工具，它的作用类似于逻辑学。

第三节　中国政策科学的建构

20 世纪 70 年代末 80 年代初，伴随着改革开放的伟大历史脚步，西方政策科学传入我国。起初，一些高校学者和实际部门的政策研究者注意到了国外社会科学中的这个新领域，着手进行介绍、引进和初步的研究工作；80 年代中期，特别是 1986 年，万里在全国软科学工作座谈会上做了《决策民主化科学化是政治体制改革的一个重要课题》的报告，明确提出要做“政策研究”这一重大课题，促使我国的政策科学研究逐步走上正轨；进入 90 年代，我国政策科学发展的重要性和迫切性被越来越多的人所认识，政策科学的研究与教学逐步体制化，它作为我国社会科学研究的新兴领域的地位得以确立。那么，我国政策科学发展的现状如何？它的研究任务及取向是什么？应如何建立具有中国特色的政策科学理论体系？本节探讨这些问题。

一、中国政策科学发展的现状

1. 中国政策科学发展的成就

经过学界与政界 20 多年的共同努力，我国的政策科学从无到有，迅速发展，无论是学术研究及学科建设方面，还是在人才培养和知识应用方面都取得了显著的成就。这主要表现在如下几个方面：

（1）学术研究取得了积极成果，初步建立起中国政策科学的理论框架。20 多年来特别是近 10 年来，一批政策科学的国家级、省级课题得以完成，在国外政策科学理论和方法成果的评介、引进和消化，马克思主义经典作家以及毛泽东邓小平的政策和策略理论的研究，中国政策系统及其运行，中国政策实践经验的总结以及中国优秀的政策遗产的继承，当代中国及世界现实政策问题的研究等方面都取得了明显的进展。政策科学的基本概念、理论和方法的探索已见成效，初步确立起中国政策科学的基本理论框架。这一理论框架有两种表现形式：一是围绕政策系统及其运行这一核心，既研究公共政策的实质、原因和结果，又研究政策过程，尤其是通过政策过程的各个基本环节或功能活动（制定、执行、评估、监控和终结等）的研究，建构政策科学的知识体系；二是采取板块式的体系，将政策科学的知识分为基本理论、现实政策和分析方法三大块。20 多年来，我国政策科学的研究取得显著成果，出版了一批论著或译著。国外政策科学的一些代表性论著有了中译本，包括林德布洛姆的《政策制定过程》、安德森的《公共决策》、那格尔主编的《政策研究百科全书》、德洛尔的《逆境中的政策制定》等；国内学者也出版了 30 余部政策科学的专著或教材，代表性的著作有张金马主编的《政策科学导论》、陈庆云编著的《公共政策分析》、陈振明主编的《公共管理与政策分析丛书》（包括《政策科学》、《公共政策》等）。学者们还在国内外各种刊物包括《中国社会科学》、《政治学研究》、《中国行政管理》等在内的权威刊物上发表了大量的学术论文。近 10 年来，政策科学领域的文献不断增加，这从一个侧面说明它是一个迅速发展、充满活力的新学科领域。

（2）学术交流日趋活跃，学科制度化建设初具规模。20 世纪 80 年代末以来，中国政策科学的学术交流逐渐活跃起来，一大批国外著名的政策科学家来华讲学，例如那格尔、德洛尔、弗莱什曼等人曾到中国人民大学、中国社会科学院、国务院发展研究中心作政策科学或政策分析的学术讲座或主持研讨班；一批在国外学习政策科学的学生和访问学者相继回国服务（其中不乏取得英美等国的公共政策博士或硕士学位者），他们带回了国外政策科学发展的大量新信息；一些高校、科研机构、行政学院以及政策研究部门与国外大学的公共政策学院或思想库建立了正式或非正式的学术交流关系，使中国的政策科学发展日益与国外接轨，有力地推动了中国政策科学的国际化与规范化。国内政策科学界的学术交流也相当活跃，在 90 年代，全国性的政策科学研讨会就召开了五次，分别是 1991 年 8 月在长春召开的第一次研讨会，主题是如何创立中国特色的政策科学；1992 年 10 月在山东曲阜召开的全国政策科学研究会成立大会暨理论研讨会；1994 年 6 月在哈尔滨召开的第三次研讨会，主题是社会主义市场经济与决策的科学化民主化问题；1996 年 11 月在浙江临安召开的第四次研讨会，主题是政策科学发展的回顾与展望尤其是如何深化政策研究问题；

1999年10月在苏州召开的“全国政策科学研究会第二次代表大会暨理论研讨会”。现在，全国政策科学研究会每年都召开年会。与此同时，政策科学的学科制度化建设也初具规模（学科的制度化建设是指学术团体、基金来源、出版发行渠道、教育培训、职业化、图书馆收藏目录的确立等方面的建设）。例如，在学术团体方面，已成立了两个全国性的研究组织：一个是1992年成立的全国政策科学研究会（挂靠中国行政管理学会；前任会长为吴明愉，现任会长为武树帜）；另一个是1994年成立的中国政策科学学会（挂靠国务院发展研究中心，会长为马洪）。有些省（直辖市）也相应成立了政策科学的研究会或学会。在基金来源方面，从“七五”开始，国家、各省（直辖市）和大学、科研机构的科研基金就将政策科学或政策分析的课题列入资助范围［中华社科基金，国家教委（教育部）在“七五”、“八五”和“九五”规划中，曾多次设立了这方面的重点课题］；各级政府部门则更多地资助实际政策问题的研究。在出版渠道方面，尽管目前全国没有政策科学或政策分析的正式专门杂志，但各种综合性社会科学期刊都乐意接受这方面的稿件；各出版社也愿意接受这个领域的书稿（近期公共政策与公共管理成为一个出版热点）。

（3）政策科学逐步在高校扎根，人才培养的形势喜人。近10年来，政策科学的教育培训迅速发展，它在大学、党校和行政学院的教学与研究中逐步扎根，成为本科生、研究生以及干部培训的一个重要的学科领域。许多党校、高校和行政学院相继开设政策科学方面的单科或系列课程，党校在这方面起步较早（这与党校早就开设“形势与政策”教育课程有关）；综合性大学紧随其后，但实力更强（前几年，厦门大学和北京大学等校在政治学与行政学系中成立公共政策教研室；近期，中山大学和北京大学等校则成立了公共政策系）；行政学院目前加大了引入政策科学研究与教学的力度，大有后来居上之势（例如，国家行政学院目前给予政策科学以高度重视）。在研究生教育方面的情况更是令人乐观。20世纪90年代初、中期，我国的名牌大学开始了政策分析的硕士生教育，厦门大学和北京大学分别于1993年、1994年在行政学硕士点中设立政策分析方向，培养中国的MPP（Master of Public Policy，公共政策硕士）。此后不少综合性大学也在政治学、行政学、经济学和社会学等学科专业中设立政策分析或公共政策方向（最近，中山大学和西北大学等校开设了公共政策本科专业）。政策分析的博士生教育也开始起步，1998 年起，国家设立了第一、第二、第三批行政管理的博士点（中国人民大学、复旦大学、中山大学、北京大学、清华大学和厦门大学等），这些博士点都有政策科学的内容：或者设立公共政策分析方向，或者开设政策科学研究的课程，或者将政策科学作为入学考试的科目；有的大学（例如南京大学和东北大学）则在政治学、科技哲学等学科专业的博士点中设立公共政策分析方向。特别值得一提的是，2001 年国务院学位委员会批准设立公共管理硕士（MPA）专业学位（这一学位的另一个名称就是 MPP），在该专业学位中，公共政策及行政管理是其最基本的学科基础。可以预料，MPA 专业学位教育的开办，将极大地推动政策科学的教学与研究的发展，在政策科学学科发展的历史上产生重要而深远的影响。

（4）政策科学知识的应用已经起步，政策科学的产业化的广阔前景开始展现。在知识应用以及产业化方面，政策科学以及政策分析的成果开始被应用到改革开放和经济建设的政策决策以及重大工程项目的研究与论证之中，在推进公共决策的科学化民主化方面起着越来越重要的作用；作为政策科学最纯粹的组织体现的思想库或智囊团在我国开始发育并发挥作用。一些官方的或民间的政策研究机构相继建立，特别是不少综合性大学以及社科院，纷纷成立公共政策研究中心（研究所）或发展研究院一类的政策参谋咨询机构；政策科学或政策分析作为咨询业的学科基础和人才培训基地的作用开始为人们所认识（这既是社会经济发展需要的推动，也是国外著名思想库或大型咨询公司成功的示范性影响所致）。简言之，政策科学的产业化前景看好。

2. 中国政策科学研究存在的主要问题

我国政策科学的研究与教学起步不久，水平不高，仍有不少问题需要解决，有不少薄弱环节亟待加强。这主要表现在：

（1）政策科学的宣传普及工作做得不够，政策科学的学术价值和实践价值特别是它可以作为决策科学民主化的主要支撑学科，它对社会经济的巨大促进作用并未被人们所充分认识。与传统的人文社会科学不同，政策科学不是一门纯基础研究，而是一门实践性应用性很强的学科，对政策科学的形成和发展以及应用做出最大贡献的，并不是大学的学者，而是思想库的专家，它的发展靠学者、专家和官员的共同努力。政府官员对这个学科重要性的认识，政府部门积极主动地应用政策科学知识，是政策科学发展的一个基本条件。而由于政策科学的宣传普及工作的薄弱，至今许多官员和学者不知政策科学为何物（从事实际政策研究者中对政策科学的无知也并不是个别情况），更谈不上对它的重视和应用了。因此，如果没有政府的高度重视，没有官员与实际的政策分析专家的参与，单靠大学学者的力量，要搞好政策科学的研究，推动政策科学的突破是不可设想的。

（2）政策科学的学术研究水平不高，学科的基础不牢，研究人员的整体素质不容乐观。学术界对于西方政策科学的引进、消化和吸收的工作做得不够，缺乏对西方政策科学理论和方法的系统了解以及对它的最新趋势的跟踪研究，深入的批判消化和吸收工作更无从谈起；许多政策科学的基本理论问题并未得到深入系统的探讨，在政策科学的研究对象、性质、范围和方法，政策科学的学科体系及其构成，政策内容的分析和政策过程的研究，马克思主义经典作家以及毛泽东邓小平政策策略理论的研究，中国政策系统及其运行，古今中外的政策研究经验以及具有中国特色的政策实践经验的总结与提炼等方面都需进一步加强，特别是在形成有中国特色的政策科学概念、理论和方法上仍需下大功夫。中国政策科学的学科分化程度较低，政策科学的分支学科尚未建立起来，政策分析方法和技术的探索、开发和引进做得不够（分析方法、技术尤其是定量分析手段缺乏，是目前政策科学发展中存在的一个突出问题）；与政策科学相关的学科尤其是经济学、政治学、社会学的理论基础的探索未深入展开。所有这些问题使得中国政策科学的学术研究水平不高，学科的基础不牢。因此，尽管国内已有几十本政策科学的论著问世，但能真正融贯中西、特色鲜明、学术水准上档次的成果并不多见［其中存在的突出问题是：或者是对西方东西的编译（加上简单的评论），或者把政策科学写成“形势与政策教育”一类的教材］。此外，政策科学的研究者的整体素质欠佳。尽管目前研究队伍有所扩大，但缺乏政策科学研究所需要的综合知识结构以及政策分析所需要的方法论素养者为数不少，这将严重地制约中国政策科学的进一步突破与发展。

（3）政策科学的制度化或学科的组织化建设存在诸多困难和问题。迄今为止，国内的大学或社科院系统中，并未形成独立的、成规模的公共政策学院或政策科学研究所，许多建立起来的政策研究中心是虚的，而不是实的；在专业设置上刚设置了本科生专业，但尚没有独立的研究生学位点专业（研究生专业目录名称上迄今为止仍没有“政策分析”）；政策科学的基金来源不仅渠道有限，而且资助的课题数量少，资助的力度太小；学术著作的出版遇到了出版资金和发行量不足的问题；目前仍没有全国性的政策科学或政策分析的专门学术杂志(现有的《新政策》仅仅是《中国行政管理》杂志的增刊),缺乏学术交流的专门园地(与国外相比,差距很大)。

（4）对现实政策问题的研究不深，政策科学的应用性、现实性未能充分体现。政策科学的强大生命力在于它紧密地面向实践，它来源于实践，又为实践服务。为实际政策问题的解决提供政策相关知识，为这些问题的解决提供理论指导，是政策科学的基本功能和目的，而目前中国政策科学的研究与政策实践有些脱节：搞政策科学研究的注重学术，轻视应用；而从事实际政策制定和执行的官员只重视经验实践，忽视理论。因而目前中国政策的应用性不高、现实性不强。

二、中国政策科学研究的取向

新世纪之初的中国政策科学正处于发展的关键时刻，处于突破的前夜。我国改革开放和现代化建设事业尤其是市场经济的发展和政治、行政体制改革的深化，对公共政策或政策科学的研究提出了更高的要求。我国公共决策的科学化民主化以及依法行政、依法治国、建立社会主义法治国家更需要政策、法律的相关知识，这也为政策科学的发展提供了极好的发展机遇。新形势要求我们迅速改变政策科学的研究与教学比较落后、水平不高的局面，克服目前政策科学发展中存在的问题与困难，迅速提高我国政策科学的研究及教学水平，以适应迅速变化着的公共管理实践的需要，迎接新世纪的挑战。为此，我们提出如下几个研究方向：

1. 紧密跟踪国外政策科学发展的最新趋势，大胆借鉴其新理论和新方法成果

20 世纪 70 年代以后的西方政策科学研究取得新的进展，出现了一系列的新趋势，如对政策过程研究的重心由政策制定转向政策执行和评估，学科的主要基础由政治学转向经济学，政策科学学科的分化尤其是比较公共政策和政策伦理学（政策价值观研究）等分支的出现，政策科学作为一门统一的社会科学的范式受到作为一门应用性社会科学的政策分析范式的挑战，政策科学与公共行政学（公共政策与行政管理）的合流等。当前，必须特别注意政策科学与行政学及公共管理学的关系问题，把政策科学研究放在公共部门管理（尤其是行政管理）学科发展的背景与趋势中去考虑。从公共管理学科的视野看，60 年代末 70 年代初政策科学是作为传统公共行政学的替代途径或范式而出现的，在七八十年代它成为公共部门管理尤其是政府管理研究的主导范式；80 年代末 90 年代初兴起的“新公共管理”范式融合了政策科学和公共行政学的一些基本理论因素，并迅速成长，大有取代政策科学而成为公共部门管理研究主流的势头。现在，政策科学既是一个独立的研究领域，又是公共管理学的一个重要组成部分或一种研究途径。了解政策科学的这一历史脉络，将它放在公共管理学发展的背景与趋势上来加以考虑，有助于开阔政策科学研究的视野，拓展政策科学研究的主题，也有助于政策科学更好地为现实的公共管理的实践服务（在这一意义上说，政策科学也必须与时俱进）。

2. 大力加强政策科学的基本理论和方法论研究，迅速提高中国政策科学的学术水平

与传统的社会科学的各学科（如政治学、经济学、社会学等）相比，政策科学具有更广泛的学术框架，它提倡以问题为中心而不是以学科为中心的知识产生方式，围绕政策问题的解决而整合来自各种学科的知识和方法（特别是政治学、经济学、社会学、管理学、心理学、哲学、数学、统计学、运筹学、未来学和系统分析等学科的知识和方法）。因此，21 世纪的中国政策科学界必须下大力气加强对基本理论和方法的探索，进行知识创新，提高自身的学术水平。当务之急是要特别重视作为当代政策科学的主要理论基础的经济学的研究，并加强政策研究或政策分析方法，尤其是定量方法及技术的开发。如果说 70 年代以前政策科学更多地是依靠政治学途径的话，那么 70 年代以后，它更多地依赖于经济学途径。任何公共政策都有经济的方面，而经济政策又是公共政策的一个主要部分，因而运用经济学的假定、理论和方法来研究公共政策问题的重要性和适用性是不言而喻的（公共选择理论的兴起及成功充分说明了这一点）；而经济学在公共政策研究中的地位和作用是目前我国政策科学界重视不够的一个问题。因此，必须加以重视并深入研究。同时，目前我国政策科学研究中明显地存在着一种定性多、定量少的倾向，定量分析方法及技术严重缺乏。须知，没有定量分析手段，就没有政策科学以及政策分析，该学科在很大程度上是建立在运筹学、统计学、线性规划、损益分析和系统分析方法成熟的基础之上的。21 世纪的中国政策科学必须在研究方法尤其是定量分析技术的开发上下苦功，否则就难以取得突破。

3. 全面展开对政策科学分支领域的探索，建立健全中国政策科学的学科体系

国外政策科学在其形成与发展的半个世纪的历程中，形成了众多的主题领域或分支。“政策科学”作为学科领域的总名称，包含有政策科学总论、政策分析方法、公共政策（本国公共政策研究）、政策过程、政策工具、比较公共政策、政策伦理学（政策价值观或公共政策与伦理关系研究）、战略研究、未来研究以及公共选择、经济政策学、社会政策学等分支；甚至对公共决策过程的基本环节或功能活动的分别研究也形成专门的分支，如政策战略（元政策）研究、政策规划研究、政策执行研究、政策评估研究等。而在我国，政策科学的学科分化程度相当低，基本上停留在政策科学的一般理论和方法（总论）的研究上，大部分分支学科并未分化、成型。大部分高校、党校和行政学院为学生开出的政策科学课程也只有“政策科学原理（或导论）”一门。因此，针对这一缺陷，21 世纪的中国政策科学必须全面展开对政策科学的各分支领域（特别是政策分析方法、公共政策、比较公共政策、政策工具、政策伦理学和公共选择理论）的研究，加强学科分化步伐，建立健全中国政策科学的学科体系。

4. 立足于对中国现实政策问题的调查研究，增强中国政策科学的应用性、现实性和本土化

政策科学的研究对象是政策实践、政策系统及其运行，它以行动取向，体现理论与实践的有机统一，它的目的和功能是提供政策相关知识，为现实政策实践服务。一方面，政策科学反映了人类公共决策过程的本质或规律性，因而它的许多理论和方法带有客观真理性和普遍适应性，即政策科学具有一般的国际规范；另一方面，政策科学以各国具体的政策实践为基础，它要反映各国具体的政策系统、过程与经验，因而各国的政策科学具有自己的特色，即政策科学必须本土化。因此，21 世纪的中国政策科学必须处理好规范化（国际化）与本土化（特色）、主观性和客观性、价值与真理之间的关系，在充分注意国际规范，吸收国外政策科学研究的积极成果的基础上，立足于对中国政策实践及现实政策问题（尤其是改革开放和市场经济发展中的重大政策问题）的研究，加强政策相关知识在政府决策过程中的应用，发挥政策科学理论在政策实践中的指导作用，凸显中国政策科学的应用性、现实性和本土化。

三、中国政策科学理论体系的建构

1．科学理论体系构造的一般方法

从科学方法论的角度说，有各种各样的构造理论体系的方法，一个学科理论体系构造采用何种方法主要取决于两点：一是该学科的研究对象；二是该学科的成熟程度。可供选择的主要方法则有如下几种：

（1）演绎方法。这是成熟学科体系建构的常用方法之一，它的要点就是依据演绎推理，从公理、公设、原理或基本概念出发，推导出定理、规则及其他概念，形成有机的推理系统。数学的许多分支（如几何学）、数理逻辑及理论物理等学科就是通过演绎方法建立起来的。用这种方法建立起来的理论体系最严密，其科学性、形式化程度最高。

（2）逻辑与历史一致的方法。这种方法强调学科概念理论的逻辑发展顺序与历史发展相一致，即要求在逻辑范畴体系中反映该领域认识发展的历史。哲学史和科学史的学科体系的安排一般采用这种方法。因为人的认识总是逐步深化、无限发展的，在哲学史和科学史上，初始学派及代表人物的基本观点总是比较简单、片面和抽象的，越往后越复杂、全面和深刻，通过范畴的发展可以看到认识的历史发展。自然科学的一些学科也采用这种方法，如力学理论体系就是一例，它从静力学到动力学的发展以及其中概念、定理、原理的发展，基本上与人类对力学领域认识的实际发展历史相一致。

（3）从抽象上升到具体的方法。这种方法首先叙述那些最简单的、内容比较贫乏的抽象规定，作为该学科的理论出发点，然后，使这些最一般的定义和原理在整个叙述过程中不断深化和丰富，同时又以越来越具体的内容加以充实，直到这一学科的研究对象得到完整的阐述为止。马克思的政治经济学（《资本论》）是应用从抽象上升到具体的原则和方法的光辉典范。

（4）外在的编排方法。这往往是那些不成熟的学科所采用的方法。这种方法一般是把同类的东西放在一起，把简单的东西放在复杂的东西之前以及出于其他方面的考虑，概念和理论未作任何推演和论证，而做出规定和划分就构成学科体系的框架。用这种方法构建起来的理论体系没有多少内在联系。黑格尔曾经形象地批评这种方法是把长短不一的木棍捆在一起。

2. 政策科学理论体系的构造方法

由于政策科学尚不成熟，尚难以采用演绎方法和从抽象上升到具体的方法，也不宜单独使用逻辑与历史一致的方法，更不应该采取外在编排的方法。根据目前政策科学发展的状况以及我国的具体情况，可以采用系统发生论方法，即把系统论和过程论的方法结合起来。从系统论的角度，将政策看作是一个由政策主体、政策客体和政策环境所组成的系统，将政策系统看作一个发生和发展的过程。具体说，表现为由政策制定、执行、评估、监控和终结等一系列阶段或环节所组成的过程。通过这种系统发生论方法，揭示政策系统及其运行的特性和规律，政策的起源、本质和功能，政策过程的各个阶段或环节，政策思维方法论及价值观等问题（着眼点是现实政策系统和政策过程），从而形成政策科学的理论体系。

采用系统发生的方法，就是要通过概念、理论将政策系统及其发生、发展过程在思维中再现出来，在概念理论的演进中把握政策的现实过程。由此观之，系统发生的方法既包含了系统论及发生学的因素，又包含了逻辑与历史一致方法的因素。

3. 中国政策科学的理论体系（本书的理论框架）

本书将主要根据系统发生方法，并考虑目前教学体系的现实需要来确立政策科学的理论体系，它包括如下几个部分：

（1）绪论。在这部分将讨论政策科学“研究纲领”，包括政策科学的兴起，政策科学的“范式”（即政策科学的对象、性质、范围和方法），中国政策科学学科的建构等主题。

（2）政策系统篇。这一部分包括政策与政策系统、政策行动者、公共决策体制和公共政策工具四个主题。涉及公共政策的内容与实质，政策系统的构成及其划分，官方的和非官方的政策行动者以及思想库，公共决策体制的构成，中外公共决策体制的比较，现代公共决策方式，各种类型的政策工具等内容。

(3) 政策过程篇。这一部分包括政策过程的概念框架、政策制定、政策执行、政策评估与监控、政策终结和周期等五个主题。涉及政策过程研究的各种途径，政策过程的各个基本阶段，中西方政策过程的差别，具有中国特色的政策制定与执行的基本经验等内容。

(4) 政策分析方法篇。这部分涉及政策分析的过程及步骤，政策分析的各种模式、方法和技术。包括政策分析过程的基本框架、政策分析过程各种常用的方法、公共政策的经济学分析、公共政策的伦理学分析、系统分析方法和创造性思维方法等内容。

(5) 结论。总结全书，讨论如何改善公共决策系统，提高公共政策质量，即市场经济条件下公共决策的科学化、民主化和法制化问题。

我们希望通过这样一个理论框架，将目前国内外政策分析的研究成果吸收于其中，使之既作为政策分析学科的理论体系，也作为学科的教学体系。

案例

葛洲坝工程决策及其实施的曲折历程①

1970年12月30日，中国第一大江上的第一大坝——葛洲坝工程，举世罕见的仅仅依据一个规划性的文件，采取"边施工、边勘测、边设计"的"三边"方针，就轰轰烈烈、匆匆忙忙上马了。

时隔20多年后，原水电部部长、现任全国政协副主席钱正英在接受记者采访时，谈到这段历史仍心有余悸："1970年10月我到阿尔巴尼亚出访两个月。走前葛洲坝工程不要说完整的设计，连正式报告还没写呢，回来却已一炮开工了。记得我刚回到部里，连水电部军管会主任张文碧都对我说：'钱正英，你什么事都别管了，赶快到葛洲坝去！简直是胡闹，他们已放炮动工了！'"

当时惟一敢于挺身而出，后来又力挽狂澜、鼎力挽救了工程的原长江流域规划办公室（简称"长办"）主任林一山对记者说："我不是那种说

① 资料来源：陈可雄：《葛洲坝工程的决策内幕》，载《新华文摘》，1993 (2)。

中央错了，以证明自己正确的人。但葛洲坝工程一上马，我就知道它注定要失败！”

修建葛洲坝工程的构想，最初是作为三峡水利枢纽的配套工程提出的。1959年，长江流域规划办公室的科研人员完成了选择葛洲坝上游40公里处的三斗坪作为坝址，修建三峡水利枢纽的全部设计。考虑到三斗坪建坝后，三峡电站在枯水调峰运行时泄量的时多时少，会使下游河段内的水位忽高忽低、给航运带来不利，所以要修建葛洲坝反调节航运梯级，同时接住长江这40公里的水头发电。总工程师、中国水利大将林一山认为，先建三峡工程，或者至多两者同时建，三峡水库拦蓄了长江洪水和全部泥沙，葛洲坝工程不仅成本小，技术问题也简单多了。不上三峡工程而先建葛洲坝就违反了长江水利基建的程序。先于三峡建设的葛洲坝工程，将要独立地承担长江上游的全部洪水和泥沙，不仅不必要地增加资金成本，而且造成技术困难，这是万万行不通的。

大坝施工近乎是闹剧式地进行的。中央文件原想由武汉军区、湖北革委会主持，并由国务院各个部委组成坚强的施工指挥部。但真正执行起来与中央指示不符合，工程指挥部全由武汉军区司令员、副司令员等没有搞过水利的外行人员担任指挥部的各个主要领导职务。指挥部一律按团队建制，且团、连长都由军队干部担任（当时认为穿便衣的不能领导穿军装的）。施工队以新兵为主，原来的8 000名技术老工人被解散，有的被分配去喂猪。施工不按基建规程办事。当时，“长办”的大多数高级工程师还被关押在“牛棚”，即使在施工现场，也大都有职无权。指挥部命令破除大体积混凝土搅拌夹冰（水泥的生化热需要发散）的制度，即“不准吃冰棒”，质量控制又不严（为了“一打三反”的方便，领导变来变去，且干部官僚主义严重，极少去现场），造成已浇铸的数万立方米的坝体到处是裂缝、蜂窝、狗洞；工地还发起“千人设计，万人审查”的运动，设计人员“奉命设计”，只绘图，不签名（有的说签了字是名利思想，有的因图纸是按领导干部意图画的，不愿签名），还要到一个个席棚去征求民工的意见，结果施工近一年，设计还没有定案。

葛洲坝工程除了施工混乱外，更主要的是几个关键性的重大技术问题没有解决。第一，长江从南津关出峡后，突然90度向南急转，原河宽由300米骤然展至2 100米，河床由海平面以下40米陡然上升为海拔30米，呈现出泡水、漩涡、剪刀水等各种极其复杂的流态，同时长江每年要下泄5亿多吨泥沙，工程如何顺应河势，开出两条人工航道保证通航，又不被泥沙淤积？种种模型试验都失败了。第二，葛洲坝基础是建在粘土岩和砂岩夹层上的，含有粘土岩软弱夹层54层，其中部分已经泥化，建坝后泥化夹层会不会恶化，造成坝体滑移？没有可靠的依据。第三，由于没有先建三峡工程拦截洪水，使原来设计只要抗1万到2万水头的葛洲坝，一下升至要独立抗11万立方米/秒的水头，大坝建筑物如何合理安置，以对洪水消能防冲，也没有成形的设计。

大坝工程采取“三边”方针带来了三大恶果：质量差（两年共浇铸混凝土10.52万立方米，不合格的炸掉了1.62万立方米），进度慢，浪费大（设计还没搞出来，已花费人民币2亿6千万元）。葛洲坝工地的种种问题，通过各种渠道反映到国务院。1972年4月，周恩来总理在机场送走锡兰总理班夫人，对钱正英说：“葛洲坝是我的一块心病。”同年10月，又发生了长江干道碍航，交通部向中央写了报告。11月，国务院决定紧急召开葛洲坝工程汇报会，一连开了三次，都由周恩来亲自主持。关键时刻，周恩来等国家领导人及时觉察，抓住工程建设的要害问题重新决策，并成立了以林一山为首的葛洲坝工程技术委员会，该委员会经过五天讨论，写出《关于修改葛洲坝工程设计问题的报告》，决定停工两年，重新设计。

1973—1982年，几乎双目失明的林一山主持了10次技术委员会会议，协调了一个像小“联合国”的9人8方的关系，作出了一系列重大决策，才使工程一步步走出低谷。在此期间，林一山和“长办”的得力干将和助手魏廷铮、张魁元、文伏波等完成了近乎天才的设计。挖掉葛洲坝以理顺河势；选定“两翼一体”的枢纽建筑物布置；筑两道超长防淤堤实现“静水通航，动水冲沙”；利用尾岩抗力固定坝体；采用大单宽流量泄水闸消能防冲；特别是据理力争取消了原设计大坝的5孔泄水闸，添置4台12.5万千瓦发电机组，使葛洲坝装机容量由221.5万千瓦一跃为271.5万千瓦，增加发电能力50万千瓦。

1974年10月，葛洲坝工地复工（此时已花费4亿元）。至1981年1月大江胜利截流，同年7月第一号机组终于并网发电。此后，到1988年底安装完全部机组，工程一直顺利进行。1989年岁尾国家作最后竣工验收，核定工程总投资为48.48亿元。总之，在走过一段曲折、艰难的历程之后，葛洲坝工程终于有了一个较圆满的结局。

思考题

1．什么是政策科学？如何看待它的学科性质？

2．如何评价公共政策研究的两种基本范式？

3．简述公共政策研究的政治学途径与经济学途径的内容及作用。

4．试分析政策科学与政治学和经济学之间的关系。

5．结合案例，论述决策科学化民主化的极端重要性以及研究政策科学的现实意义。

上篇

政策系统

- 政策与政策系统
- 政策活动者
- 公共决策体制
- 政策工具

第二章

政策与政策系统

政策系统是由政策主体、政策客体及其与政策环境相互作用而构成的社会政治系统。政策系统是政策运行的载体，是政策过程展开的基础，对政策系统的研究是进一步研究政策过程的前提和出发点。为了更好地把握政策系统，必须先了解政策内涵、特征与实质等基本问题。

第一节 政策的内容与实质

政策的内容与实质是政策科学的一个基本主题，是政策科学研究公共政策的性质、原因和结果的最重要的内容。对政策内容与实质的研究也就是对政策的特征、起源、本质、功能、类型和结构等问题的研究。

一、政策的概念

我们研究政策科学时，首先遇到的就是什么是政策，政策的特征如何，政策与法律、政策与理论之间存在着什么样的关系等问题。

“政策”是现代社会生活中使用得非常广泛的概念之一。但无论是在日常生活，还是在学术领域中，人们对它的含义并没有一致的界定，歧义颇多。我们先来看看一些国内外学者的定义。

1. 西方学者的定义

公共行政学的首创者之一，美国学者伍德罗·威尔逊（Woodrow Wilson）认为，政策是由政治家即具有立法权者制定的而由行政人员执行的法律和法规。①

美籍加拿大学者戴维·伊斯顿（David Easton）认为，“政策是对全社会的价值做权威性的分配”②。

政策科学主要的倡导者和创立者，哈罗德·拉斯韦尔与亚伯拉罕·卡普兰认为，政策是“一种含有目标、价值与策略的大型计划”③。

罗伯特·艾斯顿（Robert Eyestone）认为，政策就是“政府机构和它周围环境之间的关系”④。

托马斯·戴伊（Thomas R. Dye）认为，“凡是政府决定做的或不做的事情就是公共政策”⑤。

詹姆斯·安德森（James E. Anderson）认为，“政策是一个有目的的活动过程，而这些活动是由一个或一批行为者，为处理某一问题或有关事务而采取的”；“公共政策是由政府机关或政府官员制定的政策”⑥。

卡尔·弗里德里希（Carl J. Friedrich）认为，政策是“在某一特定的

---

① 转引自伍启元：《公共政策》，4页，香港，商务印书馆，1989。

② D. Easton, The Political System. New York: Kropf, 1953,. p. 129.

③ H. D. Lasswell and A. Kaplan, Power and Society. New Haven, Yale University Press, 1970. p. 71.

④ R. Eyestone, The Threads of Public Policy: A Study in Policy Leadership. Indianapolis: Bobbs-Merril, 1971. p. 18.

⑤ Thomas R. Dye, Understanding Public Policy (6th ed.), Englewood Cliffs, N. J.: Prentice-Hall Inc., 1987. p. 2.

⑥ [美] 詹姆斯·E·安德森：《公共决策》，4页。

环境下，个人、团体或政府有计划的活动过程，提出政策的用意就是利用时机、克服障碍，以实现某个既定的目标，或达到某一既定的目的”①。

由于西方著名学者的“政策”定义分别是从某一方面来论述的，因而不可避免地带有片面性的倾向。威尔逊将政策界定为“法律和法规”，排除了政府的大型计划、政府首脑的指示报告、会议决议文件和政府某种特定意图等政策范围；他还将政策制定、执行者限定为政治家和行政人员，缩小了政策制定与执行者的主体范围。伊斯顿强调政策的“价值分配”功能，把指导行动的准则等同于行动本身。拉斯韦尔和卡普兰认为政策是一种“大型计划”，犯了同威尔逊一样的错误，“计划”可以是政策，但政策并不局限于计划或方案，计划只是政策的一个子类；艾斯顿和戴伊或者从生态学的角度论述政策，或者是仅强调政府的主导地位。安德森和弗里德里希相对来说较全面，并强调政策是一个“活动过程”。

但是，西方学者的政策内涵表述，基本上概括了它的主要含义：(1) 政策是由政府或其他权威人士所制定的计划和规划；(2) 政策是一系列活动组成的过程；(3) 政策具有明确的目的、目标或方向，不是自发或盲目性的行为；(4) 政策是对社会所做的权威性价值分配。

2. 我国学者关于“政策”的定义

《政策科学》(孙光)：“政策是国家和政党为了实现一定的总目标而确定的行动准则，它表现为对人们的利益进行分配和调节的政治措施和复杂过程”。

《政策学研究》(王福生)：政策可以解释为“人们为实现某一目标而确定的行为准则和谋略”，“简言之，政策就是治党治国的规则和方略”。

《政策科学导论》(张金马主编)：“党和政府用以规范、引导有关机构团体和个人行为的准则或指南。其表现形式有法律、规章、行政命令、政府首脑的书面或口头声明和指示以及行动计划与策略等”。

《公共政策》(林水波、张世贤)：公共政策是指“政府选择作为或不作为的行为”(这类似于戴伊的政策定义)。

《公共政策》(伍启元)：“公共政策是政府所采取对公私行动的指引”。

综合我国学者的分析，可以看出，大陆学者过于强调政党和政府的政

① Carl J. Friedrich, Man and His Government. New York: McGraw-Hill, 1963, p. 79.

策主体地位，忽略了社会政治团体的主体性；过于强调政策的目标取向而忽略了政策的过程特点。台湾学者的研究在一定程度上忽略了政党占主导地位的国家政策过程，忽视了对政党的指导作用的强调。

中外学者都力图给政策下一个恰当的定义，但由于角度不同及利益取向的差异，各有优劣。我们认为：政策是国家机关、政党及其他政治团体在特定时期为实现或服务于一定社会政治、经济、文化目标所采取的政治行为或规定的行为准则，它是一系列谋略、法令、措施、办法、方法、条例等的总称。

3. 正确把握“政策”的内涵

我们可以从如下的几方面来把握“政策”的内涵：

第一，政策主体。任何政策都有特定的主体，即国家权威机构、政党及其他政治集团、团体。政策体现了政策主体的意志，它与个人、企业等所做出的决定不同，具有法定的权威性。

第二，目标取向。一定的政策总是要实现一定的目标，具有明确的方向性。同时，政策又在特定的历史时期内起作用，具有时效性，政策不是无意识或偶然性的行为，目标指向明确。

第三，活动过程。政策是主体服务于特定目标而采取的一系列活动，是与谋略、措施、办法、规定密切相关的一系列政治行为。毛泽东同志指出：“政策是革命政党一切实际行动的出发点，并且表现于行动的过程和归宿。一个革命政党的任何行动都是实行政策，不是实行正确的政策，就是实行错误的政策；不是自觉地，就是盲目地实行某种政策。”①

第四，行为规范。政策是一种行为准则或行为规范，政策总有具体的作用对象或客体，它规定对象应做什么和不应做什么；规定哪些行为受鼓励，哪些行为被禁止。政策规定常带有强制性，它必须为政策对象所遵守。行为规范和准则使政策具有可操作性，从而实现特定的社会目标。

二、政策的本质

政策的制定、执行及其执行的结果都是为了解决一定的社会问题，调

---

① 《毛泽东选集》，2版，第4卷，1286页，北京，人民出版社，1991。

整社会利益关系。政策的本质集中表现在三个方面：政策集中反映或体现统治阶级的意志和愿望，是执政党、国家或政府进行政治控制或阶级统治的工具或手段；政策作为执政党、国家或政府的公共管理的工具或手段，服务于社会经济的发展和文化的进步；政策作为分配或调整各种利益关系的工具或手段，是各种利益关系的调节器。

1. 政策是阶级意志、利益的集中体现和表达

政策的本质首先表现在它是一定社会阶级意志和利益的集中体现。在阶级社会中，不同性质的国家政权和代表不同阶级、阶层利益的政党及其他政治组织，面对的是各种各样、错综复杂又千变万化的社会问题。为了解决这些社会问题，它们就必须制定自己的政策；而任何政策的制定和执行都是以维护本阶级的政治、经济利益为宗旨的。

政策在一定程度上表示着阶级力量的变化。由于政策是阶级利益的集中体现，所以任何阶级、国家在制定自己的政策时，首先考虑的是如何维护自己的经济利益，如何巩固自己的政治地位，如何削弱敌对阶级的力量，剥夺敌对阶级的政治经济权益，这是制定和执行政策的根本出发点。但是，任何阶级在制定和维护政策时，又不能不考虑到现实的阶级关系、现实政治力量的对比。一定的阶级为了本阶级的长远的整体的利益，往往会在眼前的、局部的利益方面向敌对阶级做出某种让步和妥协。政策在一定程度上便成了各阶级政治力量对比变化的晴雨表。

政策体现了阶级的意志、利益，不同历史阶段的不同统治阶级，其政策的本质有明显区别，但都是为着巩固其统治、进行政治管理的基本工具。

2. 政策服务于社会经济的发展

政策服务于社会经济的发展，政策的这种本质是由国家职能的两重性所决定的。国家作为阶级统治的工具，除了维护其统治的政治职能外，还有维护其统治的社会经济职能。作为其意志与利益的直接体现的政策及法律当然也带有这样的特性。国家负有管理社会事务方面的职能，作为阶级统治的工具，国家总是力图把阶级矛盾控制在秩序的范围内，努力造成相对稳定的政治局面。这样，国家往往根据统治阶级的需要，组织社会经济活动，发展科技文化事业，管理某些社会公共事务，从而使国家履行管理社会事务方面的职能。这种职能必然通过国家政策体现出来，使政策在执行过程中，通过对各种社会资源的利用，对各种社会潜能的挖掘，在总体上实现政策目标的同时，推动社会经济文化的发展。例如，在20世纪30年代的大萧条时期，美国“罗斯福新政”既要缓解经济危机，维护统治，又要促进社会平衡协调发展。大量公共工程的建设，减少了失业人口，刺激了消费，使美国经济逐渐回升，走出低谷，从而促成了美国社会的再次繁荣。我国“西部大开发”的战略决策指出，必须缩小地区间差异，促进整体协调发展，保证社会的稳定和发展。

3. 政策是各种利益关系的调节器

政策的核心就是要解决社会利益分配的问题，所有政策最终都表现为对社会利益关系的处理。在对社会利益分配的理解上，应该是既全面又重点突出。首先，政策的本质表现在它是一定社会阶级意志和利益的集中体现，政策所要调控的各种社会利益关系实际上是阶级关系的表现形式。其次，政策对社会利益关系的分配又是一种反映全体社会成员利益（从根本上说是服务于统治阶级的整体和长远的利益，服务于政府整体目标的需要）的全社会利益的综合性分配。最后，“公共政策对利益的分配，是一个动态的过程。这种过程大致经历四个环节：利益选择、利益综合、利益分配与利益落实。”①

三、政策的基本功能

所谓政策功能，简单地说就是政策所能发挥的功效和作用，它通过政策的地位、结构、作用表现出来，它总是在与某种社会目标的联系中得到判定。政策的基本功能包括：导向功能、控制功能、协调功能和象征功能。

1. 导向功能

政策的导向功能是指政策引导人们的行为或事物的发展朝着政策制定者所期望的方向发展。政策导向功能所包含的一项重要内容是规定目标、确定方向。规定目标就是把整个社会生活（包括政治生活、经济生活、文化生活等）中表现出的复杂的、多面的、相互冲突的、漫无目标的潮

① 陈庆云：《公共政策分析》，9页，北京，中国经济出版社，1996。

流，纳入明晰的、单面的、统一的、目标明确的轨道，使社会有序地发展。政策导向功能的另一项重要内容是教育指导、统一认识、协调行动、因势利导。任何政策，不仅要告诉人们什么是该做的，什么是不该做的，而且还要使人们明白，为什么要这样做而不那样做，怎样才能做得更好。在现实社会生活中，突出表现导向功能的政策有很多，如改革开放初期，党和国家制定的“让一部分人先富起来”的政策，引导成千上万的城乡居民走上了致富的道路。

2. 控制功能

政策的控制功能是指政策对社会中人们的行为或事物的发展起到制约或促进作用。政策的出台都是为了解决一定的社会问题或是为了预防特定社会问题的发生；政策制定者在政策上对所希望发生的行为予以鼓励，对不希望发生的行为予以惩罚，从而实现对社会的控制。政策的控制功能有直接控制和间接控制两种形式。实施政策的控制功能应特别注意对“度”的把握，这就要求注意发挥信息反馈系统的作用，及时动作，适时调整控制的方向和力度，使政策保持在发挥积极作用的状态上。政策控制功能的典型例子是我国实行的计划生育政策，它通过政策的控制功能把我国的人口总量和增长率控制在一个与我国经济和社会发展相适应的水平上。

3. 协调功能

国家的管理活动是一个复杂的系统过程，其中有许多利益关系需要协调，以保证整个国家社会生活的和谐进行。这些关系主要包括社会政治组织（如各党派、各社会团体）之间的关系，各种政治权力关系（如各国家机关之间的关系，地方政府与中央政府的关系等），各种经济关系（如生产与消费，消费与积累，国家、集体与个人三者利益关系，各经济法人之间及其与国家的关系），各民族之间的关系等。显然，这些性质各异、错综复杂的关系，是不能靠长官意志或个人权威来协调的，而必须靠正确的政策。比如“长期共存、互相监督、肝胆相照、荣辱与共”，就是协调执政的共产党与各民主党派之间关系的基本政策；实行民族区域自治，坚持民族平等，民族团结和各民族共同繁荣的政策，反对大汉族主义和地方民族主义，是我国协调各民族关系的基本政策。

4. 象征功能

政策的象征功能是指政策仅具有符号意义，不产生实质性后果，主要发挥象征性作用。象征性功能不在于政策的实际作用，或者说制定者对它的期望并非如物质性政策那样，经过各个环节的实施，产生明显的实际效用。它仅仅在于影响公众的看法、观念或思想意识。例如在我国推广使用普通话的政策。我国地域广阔、方言众多的国情决定了这项政策仅具有象征性的意义。但是，这项政策的意义就在于它具备的象征功能表达了人们应当以此为努力方向的目标趋势。

四、政策的分类

政策所涉及的范围十分广泛，内容异常丰富，表现形式也多种多样。按照不同的标准和依据，可以对政策进行不同类别的划分。在政策科学研究中，不同的分类方法便于从不同的角度来考察各种政策，各有其意义。在此着重介绍三种最基本的分类方法。

1. 分配性政策、调节性政策、自我调节性政策和再分配性政策

从协调方式的角度看，按照政策对社会和人们之间关系的影响不同，可以将公共政策划分为分配性政策、调节性政策、自我调节性政策和再分配性政策。分配性政策涉及将服务和利益分配给人口中特定部分的个人、团体、公司和社会，如九年制义务教育政策；调节性政策与将限制与约束加之于个人和团体的行动有关，它减少那些受调节者的自由和权利，如征收个人收入所得税政策；自我调节性政策涉及对某一事物或团体的限制或控制，它与调节性政策的不同之处在于它不是别的团体强加的，而是受调节的团体主动要求，并作为保护和促进自我利益的手段而出现的，如货币发行政策；再分配性政策涉及政府在社会各阶级（层）或团体中进行有意识的财富、收入、财产或权利的转移分配，如城市居民最低生活保障政策。

2. 总政策、基本政策和具体政策

从纵向的角度看，按照政策空间层次的不同，可以将公共政策划分为总政策、基本政策和具体政策。总政策是一个国家或地区带有全局性、根本性，决定社会发展基本方向的政策，如我国以经济建设为中心，坚持四项基本原则，坚持改革开放的总路线就是总政策。基本政策是次于总政策而在社会生活的各个领域、部门或方面起主导作用的实质性政策，一般也将基本政策称为基本国策。它通常是对关系国家全局利益的某一领域、某一部门、某一方面的工作所规定的主要目标和任务，如人口与计划生育政策是我国的一项基本国策。具体政策是实现基本政策的手段，或者说是基本政策的具体规定，是为落实基本政策而制定的具体实施细则，如我国实施的积极财政政策。

3. 政治政策、经济政策、社会政策和文化政策

从横向角度看，按照政策所涉及的社会生活领域的不同，可以将公共政策划分为政治政策、经济政策、社会政策和文化政策。政治政策就是政府在处理政治问题或调整政治关系方面所采取的行动或规定的行为规范，如政党政策、民族政策和外交政策等。经济政策是政府处理经济问题或调整人们的经济利益关系的手段，如财政政策、货币政策和产业政策等。在一个社会中，人们的经济活动几乎涉及人们生活的方方面面，因此，经济政策是国家管理活动的最重要政策类型之一。社会政策是指政府用来处理狭义的社会问题所采取的行动或行为规范，它以社会问题为对象，目的是解决社会问题，提高人民生活，增进社会利益，谋求社会秩序平衡发展。社会政策包括人口政策、环保政策、治安政策、社会保障政策等。文化政策是国家在一定时期的总目标下，为了促进和调节科学技术以及文教事业的发展而制定的基本准则和规范，它包括科技政策、教育政策、卫生政策等。

第二节 政策系统的构成

政策系统是公共政策运行的载体，是政策过程展开的基础。按照某些西方学者的观点，政策系统是“政策制定过程所包含的一整套相互联系的因素，包括公共机构、政策制度、政府官僚机构以及社会总体的法律和价值观。”① 我们对政策系统作了颇为不同的理解，将它界定为由政策主体、政策客体及其与政策环境相互作用而构成的社会政治系统。从系统发生论的途径看，政策系统是政策科学研究的一项重要内容，是研究政策过

① E. R. 克鲁斯克等主编：《公共政策辞典》，26页，上海，上海远东出版社，1992。

程的前提或出发点。政策系统内部各因素的联系是否得当，直接影响到政策的运行是否顺畅，并决定政策效果的好坏。

一、“主体”和“客体”的概念

“主体”和“客体”是政策科学的两个基本概念，它们反映着政策现实的社会构成及其相互关系，具有广泛而丰富的内容。“主体”、“客体”原是一对哲学范畴。从近代开始，人们日益运用这对范畴来刻画人类的认识活动和实践活动。

就其本来的哲学认识论的含义而言，“主体”是指积极活动的、具有意识的、能动性的人；“客体”则是指人的认识和实践的对象，即客观世界（自然和社会）。在马克思主义哲学诞生以前，哲学家们主要局限于从认识论的范围来说明主体与客体的关系，即把主体、客体仅仅理解为一种认识关系。马克思主义哲学对主体、客体及其相互关系做出了科学、全面的说明，并赋予其崭新的内容。马克思主义经典作家不仅将主体客体关系看作是一种认识关系，而且更重要地把它们看作是一种实践关系；他们对主体客体的关系做出了历史唯物主义的说明，并阐明了主体客体关系的全部辩证法。这为我们规定和分析政策系统及政策过程中的主体客体及其相互关系提供了理论出发点和方法论指导。

在当代，“主体”和“客体”这对范畴已被人们运用到一些社会科学的学科尤其是管理理论中。按照目前我国管理学界的一般看法，管理主体是指拥有一定权力、从事管理活动的人和组织。同时，在现代条件下，管理主体也包括管理资金、管理设备、管理信息等物的因素。管理客体则是指主体行为的承受者，包括人员（被管理者）、资金、物资、设备、信息、时间等因素。在政策科学领域，政策的主体、客体与哲学和管理中的主体客体概念有联系，但又存在着差别，它们体现着政策实践的特殊性。

二、政策主体

政策主体（政策活动者）一般可以界定为直接或间接地参与政策制定、执行、评估和监控的个人、团体或组织。但是，由于各国社会政治制度、经济发展状况和文化传统等方面的不同，各国的政策过程存在着差别，因此政策主体的构成及其作用方式也有所不同。

安德森在《公共政策》一书中将政策制定分为官方和非官方两大类：官方的政策制定者是指那些具有合法权威去制定公共政策的人们，包括立法者、行政官员、行政管理人员和司法人员；非官方的政策制定的人或组织，包括利益团体、政党和作为个人的公民。①

琼斯（Charles O. Jones）和马瑟斯（Dieter Metthes）在《政策形成》一文中分析了政策提案的来源，将政策提案者（即政策制定者）分为政府内部和政府外部两大类。政府内部的提案者包括：行政长官（总统、州长、市长等）、官僚、咨询者、研究机构、议员及其助手；政府外部的提案者包括：利益团体和协会、委托人团体、公民团体、政治党派和传播媒介等。②

罗杰·希尔斯曼（Roger Hilsman）在《美国是如何治理的》一书中则将美国的政策制定者分为直接的政策制定者和社会力量两种，前者包括总统和行政系统中同国家安全有关的机构如国务院、国防部、中央情报局的首脑、国会议员和司法部门等；后者主要包括政党和利益集团等。③

关于政策主体的构成因素，我们将在下一章进行详细讨论。

三、政策客体

政策客体指的是政策所发生作用的对象，包括政策所要处理的社会问题（事）和所要发生作用的社会成员（人）两个方面。政策最基本的特征就是充当人们处理社会问题，进行社会控制以及调整人们之间关系特别是利益关系的工具或手段。

1. 社会问题

从事的角度看，公共政策所要处理的是社会问题、公共问题或政策问题。严格地说，这三个概念是有区别的，社会问题是外延最广的概念；社

① 参见［美］詹姆斯·E·安德森：《公共政策》，44～58页。

② 参见S. S. 那格尔主编：《政策研究百科全书》（“政策形成”一章）。

③ 参见［美］希尔斯曼：《美国是如何治理的》，1页，北京，商务印书馆，1986。

会问题的一部分涉及社会上相当部分人或影响较大，那么，这部分问题就是公共问题；政府所面临的公共问题很多，只有少数能被政府摆上议事日程，并加以处理，这些被处理的问题就是政策问题。为了叙述方便，我们将这三个概念混用。

什么是社会问题？按照马奇（James G. March）和西蒙（Herbert A. Simon）的说法，（社会）问题就是要达到的状态与观察到的状态之间的距离。从唯物辩证法的观点看，社会问题也就是各种各样需要解决的社会矛盾。安德森则认为，政策问题可以定义为某种条件或环境，这种条件和环境引起社会上某一部分人的需要或不满足，并为此寻求援助或补偿。社会上存在着各种各样的问题，只有那些促使人们去行动的问题才是政策问题。也就是说，如果问题没有得到表达，就不可能构成政策问题。在琼斯看来，社会问题可以定义为产生“一些人的需要、挫折或不满足，由本人所认定，或被他人所认定，而寻求解决方法”的环境或状况。

由此可见，社会问题以及政策问题不仅仅是一种客观的存在状况，而且也是人们主观构造的产物。它是被人们感知、觉察到的状况，是由于价值、规范和利益冲突引起的，需要加以解决的状况。因此，一种社会状况构成社会问题或政策问题与否，问题的严重性程度如何是与人的主观判断密切相关的。

社会问题数量庞大，种类繁多，而且各种问题相互交织在一起，因此，如何加以分类也是一个值得注意的问题。罗威（T. Lowi）根据受问题影响的人数多少及其相互关系，将问题分为分配性的（distributive）、调节性的（regulative）和再分配性的（redistributive）三种；邓恩按问题的特性，将政策问题分为三类，即结构良好问题（well-structrured problem）、结构适中问题（moderately-structured problem）和结构不良问题（ill-structured problem）。有的学者把社会问题或政策问题划分为实质性的和程序性的两种。实质性问题涉及人类活动所产生的实际后果（如言论自由、环境污染等）；程序性问题则与政府如何组织和如何采取行动有关。还有一种划分方法是将社会问题按问题的起因（origin）划分为内政问题和外交问题，其中内政问题包括教育、税收、犯罪、交通和福利等问题。

可以从通俗的角度来划分社会政策问题，即按社会生活领域的不同将政策问题分为政治、经济、社会（狭义）和文化等领域的问题：1）政治领域的问题，包括政治体制、机构、外交、军事、行政、人事、民族、阶级等方面的问题；2）经济领域的问题：如生产、流通、分配、消费等生产过程各环节的问题，或财政、金融、产业等方面的问题；3）社会领域的问题：如环保、人口、治安、福利、保障等方面的问题；4）文化领域的问题：包括科技、文教、体育、卫生等方面的问题。

显然，社会问题或政策问题的划分与政策的分类是一致的，用于处理特定领域问题的措施或办法就构成该领域的政策，如用来处理政治、经济、社会和文化领域的问题的措施或办法就分别是政治政策、经济政策、社会政策和文化政策。

2. 目标团体

从人的角度看，政策所发生作用的对象是社会成员，这些受规范、制约的社会成员称为目标团体。政策有大有小，它们发生作用的范围不同，因而所要影响或调节、控制的社会成员及其行为的范围不同。党和国家的总政策和基本政策发生作用的范围最广，它们所涉及的几乎是所有的社会成员；而特殊政府部门或地方政府的政策法规发生作用的范围较窄，它们所涉及的仅仅是部分成员、某一阶层、某一行业或某一部门的就业者或某个地区的居民。

政策所要调整或规范的是人的行为以及人与人之间的关系尤其是利益关系。它们鼓励人们去从事某些活动，而禁止人们去从事另一些活动，引导人们朝向政府所期望的目标前进。人们在社会生产和生活中存在着各式各样的、错综复杂的关系，而其中最基本的是利益关系。社会成员及其形成的利益团体在社会的生产和生活中所处的地位不同，社会分工不同，因而必定产生各种不同层次、不同性质的利益要求。这些利益和要求相互影响、交流、撞击，就形成了各种利益关系。因此，党和国家的政策要指导人们处理好全社会成员的利益与各种利益团体的利益之间的关系，解决人与人、人与团体、团体与团体之间的利益冲突，建立起一个有利于维护安定团结，促进生产力发展的利益格局。在这种格局中，国家、集体和个人三者的利益之间，整体利益与局部利益之间，长远利益与局部利益之间都能有效地协调起来。

政策客体的识别具有不可忽视的重要意义。了解政策所发生作用的问题的性质和特点，了解政策涉及的社会成员（目标群体）的需要、利益和心态，有助于制定出适应具体情况，能被人民群众所普遍接受或能被多数人所理解的政策，有助于政策的顺利执行，充分发挥政策的作用，取得预期的政策结果。

四、政策环境

所谓政策环境就是指影响政策产生、存在和发展的一切因素的总和。戴维·伊斯顿在《政治生活的系统分析》一书中将政策环境分为社会内部环境和社会外部环境两个部分。社会内部环境包括生态系统、生物系统、个人系统以及社会系统；社会外部环境是某社会本身以外的系统，它们是国际社会的功能部分，或者我们可以将其描述为“超社会”、“超系统”环境。① 在这里，我们采用较为容易接受的环境划分方法：将其划分为自然环境和社会环境两大部分。自然环境主要指一国的地理位置、面积大小、气候条件、山川河流、矿产资源等，自然环境是人类赖以生存的场所和创造文明的自然前提，对一国的内外政策具有影响或制约作用。社会环境主要包括政治状况、经济状况、文化状况、教育状况、法律状况、人口状况、科技状况等等，它对公共政策有着更为直接而重要的影响。

1. 社会经济状况

社会经济状况或发展水平是一国或地区的公共决策的最重要的依据。政府要想制定出合理的政策方案，并使它取得预期效果，首要的和根本的一条是从本国或本地的实际情况尤其是社会经济发展的现实出发。任何超越或落后于社会经济发展水平的政策最终注定是要失败的。

首先，社会经济状况是一国或地区的政府制定政策的基本出发点。一个国家或地区的社会经济条件如何，处于何种发展阶段上，综合实力如何，是一国或地区政府的公共决策必须首先加以考虑的。正确的或合理的政策必须符合社会经济发展的实际，这似乎是不言而喻的。然而，这一点却往往被人们所忽略。我国在这一点上有着正反两个方面的经验与教训。20 世纪 50 年代末到党的十一届三中全会以前的近 20 年时间里，我国之

① 参见［美］戴维·伊斯顿：《政治生活的系统分析》，26～27 页，北京，华夏出版社，1999。

所以出现了一系列政策失误，如“大跃进”、人民公社化、鼓励人口增长、“文化大革命”以及“以阶级斗争为纲”等，一个重要的原因，就是没有正确认识这段时期的国情尤其是社会经济发展的状况，忽视了我国尚处于社会主义初级阶段这一基本事实，脱离实际，超越社会发展阶段，搞“穷过渡”、“超英赶美”、“跑步进入共产主义”，给国民经济和社会发展带来了不可弥补的损失。相反，十一届三中全会以后，党和国家之所以能制定并执行一系列正确、合理的政策，尤其是实行改革开放和以经济建设为中心的路线、方针和一系列经济社会政策，在很大程度上是由于对我国国情尤其是社会经济发展状况做出正确的估计，从实际出发、实事求是地制定各项方针、政策，这些路线、方针和政策极大地促进了我国社会经济的发展。

其次，经济实力是政策制定和实施的基本物质条件。政策过程作为上层领域里的政治活动，不仅有其经济的根本动因，而且这一过程本身，一般也必须在与国家或地区的经济整体发展相一致的前提下，才能获得贯彻实施所需的财力、物力等各种经济资源的充分支持。也就是说，国家或地区一定的经济实力是政策制定和实施的基本物质条件，它影响着国家的基本政策倾向和政策实施效率。因此，政策制定必须基于经济实力允许的范围，并在保留一定余地的情况下，对政策过程以经济上的支持，并由此决定了政策的可行性和有效性。否则，如果超越经济实力，过多投入财力、物力，出现经济资源中的资本沉积，一旦环境形势有所变化，便难以向新的政策过渡，或在一定程度上排除了政策替代的机会。

最后，社会物质经济利益的分配调节，是一定历史时期政策体系，特别是大量经济社会政策得以确定的主要根据。在社会生活各个领域里，人们之间的交往所发生的各种关系中，经济利益是最为基本的关系。由于人们在社会生产生活中，对生产资料占有的差异、所处的经济地位以及职业、身份、收入、居住区域的不同，首先表现为对经济生活和各种经济条件需求的不同，由此直接决定了人们在社会经济中经济利益的不同及矛盾的发生，进而引发和加深了人们在政治、思想、文化生活中的其他利益需求的差别和对立。于是，植根于社会经济关系中的或受其制约的诸多矛盾的存在与解决，便成为大量经济社会政策的启动之源。所以，社会特定经济状况以及对它的分配与矛盾关系的调节，是一定历史时期政策体系的目标和大量经济社会政策得以确立的主要依据。

2. 制度或体制条件

政策总是在一定的经济和文化体制或制度下制定和实施的。对于经济发展来说，制度是至关重要的，因为“制度提供了一种经济的刺激与结构，随着该结构的演进，它规划了经济朝着增长、停滞或朝着衰退变化的方向”①。科斯（Ronald Coase）还进一步指出，“没有恰当的制度，任何有意义的市场经济都是不可能的。”②

那么，何为制度呢？诺思（Douglass C. North）给制度下的定义是：“制度是一系列被制定出来的规则、守法程序和行为的道德伦理规范，它旨在约束追求主体福利最大化或效用最大化的利益的个人行为”③。

显然，经济学家是从广义上理解制度——制度是正式或非正式的人类社会运行规则。我们倾向使用“体制”这一术语。所谓体制，是国家机关、企事业单位的机构设置、隶属关系和权责划分等方面的体系和制度的总称。体制或制度为公共政策提供了外部组织环境。

政策过程的状况如何，在很大程度上受制于现实体制。因此，政策的制定或实施，都与体制息息相关。体制类型多种多样：政治体制、法律体制、经济体制、文化体制、教育体制、科技体制等，尤其以政治体制、法律体制和经济体制最为重要。

政治体制是指以政治权力的运作为核心的政治设置的综合。它可以细分为领导体制、组织体制、行政管理体制、干部人事体制等。政治体制为公共决策过程提供外部政治组织环境，它决定或影响着政治过程。不同政体的公共决策内容和方式可以说有天壤之别。

法律体制是指以宪法为核心内容的法律体系，不仅包括国内法，还包括在国家立法机关获得批准通过的国际法、国际公约等。法律为人们的活动创造一种可预见的环境，并提供了解决各种争端的程序，也可以将政府组织和官员置于其监督之下，使机构不至于过分膨胀。在所有的制度环境中，科斯最看重法律体系的作用。“除非是法律确认的权利调整，否则通

① Douglass C. North “Institutional” Journal of Economic Review, September, 1992.

② Ronald Coase, “The Institutional Structure of Production”, American Economic Review, September, 1992.

③ ［美］道格拉斯·诺思：《经济史中的结构与变迁》，225～226页，上海，上海三联书店，1991。

过转移和合并权利达到同样后果的市场费用如此之高，以至于最佳的权利配置以及由此带来的更高的产值也许永远不会实现。”① 在整个法律体系中，宪法作为国家根本大法，是最重要的制度安排，构成了制度稳定的基础并令其变迁减缓。爱尔斯特（J. Elster）生动地指出：“宪制之所以对于经济发展十分重要，是因为它增进了稳定性、责任感和可信度的价值。用比喻的话来说，宪制部分地充当了飞轮的作用。”②

经济体制是经济政策为核心内容的公共政策形成的组织环境，它规定了国家经济政策的基本倾向和特点。经济体制由经济制度决定并反映其要求，经济制度即占统治地位的生产关系的总和，包括生产关系采取的具体形式、经济管理制度与方法、组织形式等。经济制度最重要之处在于对财产权利加以明确界定，并给予充分保护。这是人们从事经济活动的动力，是市场得以运行的前提，也是公共政策制定和运行的平台。

体制或制度条件对公共政策系统及其过程的影响主要表现在如下几个方面：首先，体制在政策制定过程中起着十分重要的作用。显然，体制并非对任何政策建议都能接受。它对于政策形成的制约首先表现在某项政策是否可行；即使具有可行性，并得到确定，其实现过程也受到体制的制约。如下级制定的政策，是否可行，受体制制约的一个首要因素就是上级政府所赋予的管理权限。政策的制定机关涉及各个部门、各个层次，它们之间横亘着一条条组织界线，各自所要解决的问题以及关心的利益不同，使得政策制定过程成为一个复杂的利益、权力划分的过程。制定政策的机构不仅为整体经济和社会利益服务，它还有着自身系统的利益要求。于是，各自为政、政出多门便时有发生。各单位内部组织机构之间的关系以及政策在该组织所辖范围中所处的地位和决策程序的科学化程度等，也是影响政策制定的因素。由此可见，要想改变政策的制定过程，就要改变政策制定系统内部的机构设置，就要协调各组织之间的利益，调解在政策问题上发生的冲突。由专家和政府官员制定政策，并与各利益集团进行协商、谈判和讨价还价，已成为西方国家政策形成过程的主要特征。长期以

① ［美］科斯等：《财产权利和制度变迁——产权学派与新制度学派译文集》，20页，上海，上海三联书店，1994。

② 谭崇台主编：《发展经济学的新发展》，武汉，武汉大学出版社，1999。

来，我国的政策形成过程往往是先由有关的职能部门提出意见，然后由领导决定，其中缺少带有统揽全局性质的研究和咨询环节，因而政策失误的可能性较大。实践证明，政策失误不是某一个机构或某一个人的问题，根本的还是体制问题。

其次，一项政策的决策，往往是在多个方案中选择的，选择的结果与体制密切相关。作为决策者，必须考虑到政策的执行及其所要达到的预期目标。这就必须考虑到各执行机关与决策机关的关系及它们的管理权限、部门利益等，即体制制约着政策的选择，体制上容纳的可能性决定了政策选择的结果。在现行体制下可行的政策往往容易被选择；相反，与现行体制相抵触的政策往往被搁置。

再次，体制的习惯势力的大小和所占优势的程度，影响着人们对各种社会利益和社会问题的认识和表达以及这些利益和问题得到正确解决的机会。显然，如果代表旧体制的习惯势力占优势，则很难推出改革的新政策。由此可见，政策取向选择的往往正是决定于政策制定机关各种权力关系的结构情况即体制状况。随着民主机制的加强，政策选择问题上的争执和分歧将愈来愈明显，很难制定意见一致的政策，更需要探讨日渐增多的体制对政策选择的制约因素。体制是影响政策选择结果的主要因素之一。如一些西方国家，对政策起制约作用的因素有联邦制、议会程序、联邦法院、政府机关制定政策的政治—行政模式。即使政权更迭，也很难改变行政机构的惰性和过去养成的习惯。体制上的限制和惰性使得政策不可能发生迅速的实质性的变化。一些重大的政策的变革不光是某政党和政府按照自己的意愿和思想做出的选择，而且必须伴随体制上的变革才有可能实现。

最后，体制制约着政策的执行。如果政出多门，政策上出现不一致，那么，政策很难得以真正贯彻。建国以来，党和国家提出许多正确的指导具体工作的方针政策，但由于体制的原因，不少难以有统一的认识，因此没有得到顺利的实施。体制是否具有贯彻执行某一政策的能力，也直接影响到政策的执行。如 20 世纪 70 年代的联邦德国同瑞典同样实施一项积极的劳动力市场政策，瑞典的劳动力管理部门能和雇主、工会以及培训机构建立高效率的联系和协作网，30 多年来一直发挥作用。而在联邦德国，这方面的工作相对差一些。当危机来临时，瑞典劳动部门为 40% 的劳动力提供了培训和就业机会；而联邦德国虽有相同的计划，提供的机会却少得多。

政策方案与执行机构的利益是否协调也在很大程度上影响政策的执行。当二者利益一致时，政策执行机构的积极性就高，政策执行就会很顺利；相反，政策的推行就会受阻，政策难以落实。如1985年关于科技体制改革的决定中，允许科技人员在完成本职工作和不侵犯本单位技术权益、经济利益的情况下，增加其劳动收入，这是合理的政策。但由于涉及一些单位的利益，有关人员在执行这些政策时往往采取消极态度。

旧体制还制约着新政策的执行。新的重大政策的执行，必须有与之配套的新体制。如我国经济领域中的开放政策的执行，必须有开放的经济体制与之相适应。因为只有一个开放的体制才能促进我国与世界各国在经济管理、技术、人才等方面进行广泛的交流。相反，若固守过去那种封闭式的体制，各项对外开放政策则难以畅通地贯彻。如我国制定了一系列吸引外资的优惠政策，但有些在现行体制中运行得步履维艰，在有的地方甚至根本实施不了。

3. 政治文化

美国学者阿尔蒙德将政治文化定义为“是一个民族在特定时期流行的一套政治态度、信仰和感情”①。而另一美国学者派伊（L. W. Pye）则将政治文化定义为“赋予政治过程内容和形式的知识、情感和价值观的总和”②。

在此，我们将政治文化定义为：政治文化是人类政治生活中的主观意识范畴，是人们对有关政治方面的信仰、理论、感情、情绪、评价和态度等历史和现实的总和。政治文化主要包括三个层次：政治意识、政治价值观和政治理想等。

（1）政治意识。政治意识有两种形态，一种是内在的心理形态，一种是外在的文化形态。政治意识的心理形态是其文化形态的基础和内化，政治意识的文化形态是对其心理形态的升华和外化。首先，政治心理是一种潜在的社会力量，它通过一定社会实践主体起作用。人们对政治的态

① ［美］G. A. 阿尔蒙德、G. B. 小鲍威尔：《比较政治学：体系、过程和政策》，29页，上海，上海译文出版社，1987。

② L. Pye，“Political Culture” in S. Lipset（ed），The Encyclopedia of Democracy. London and New York：Routledge，1995，pp. 965－969.

度、情绪、动机等心理态势，直接影响到人们的政治行为。因此，现代社会政策的制定往往十分重视对社会政治心理的了解和分析。一定的社会政治心理状况是一定的社会政治经济形势的晴雨表。占主导地位的社会政治心理，诸如社会情绪、社会思潮、公众的社会舆论等，往往是某种社会变革、政治和经济危机的预兆。这种预兆显示出社会上一定的阶级或统治集团的政治要求和思想倾向，因而是制定政策的一种重要依据。其次，文化形态的政治意识对政策过程直接发生影响的是政治理论和政治意识形态。政治理论是政策的行动指南，政策是在特定的理论指导下做出的，没有理论指导的政策，是没有政治方向的政策。政治意识形态是一定阶级及其政党对政治现实、政治关系、政治发展的认识和理解，集中表达了政治主体的根本利益和愿望。贯彻和维护本阶级、本民族的根本利益和愿望，是任何一个阶级及其政党采取任何一个政治行动的出发点和归宿。因此，反映和表达阶级及其政党根本利益和愿望的政治意识形态就成了政策的价值取向和行动准则。

（2）政治价值观。政治价值观是政治意识形态的核心内容，是政治主体对客观存在的政治价值关系、政治价值创造活动等的反映。政治价值观一经形成，就以相对定型的观念模式存在，规范和约束政治主体的政治行为，规定政策实践的指向。政治价值观从不同的方面对政策主体提出各种标准以影响政策。至于哪一种政治价值观能占主导地位，成为政策标准，则由政策主体根据决策过程中的政治情势和所在组织的纪律状况决定。政治价值观对政策的具体影响主要表现在以下三个方面：一是影响政策目标的确定和方案的制定。在政策过程中，政策主体总要以一定的价值观和价值尺度去认识和衡量政策问题，认识要解决的政策问题所面临的各种利害关系，从而形成解决问题的价值取向、政策的目标和方案。由于政治价值观不同，对同一政策问题的解决会形成迥然相异的政策方案。二是影响对政策方案的评价。政策方案的分析和评估，在一定意义上也就是用特定的政治评价标准和价值尺度对政策方案进行价值分析并做出价值判断；评价标准不同，对方案利弊得失的评价也不同。三是影响方案的选择。政治价值观能影响政策主体对政治价值的创造和选择活动，政策主体对某种方案的政治价值属性持肯定态度，就会选择这一方案；否则，就会放弃该方案。

（3）政治理想。政治理想是政治主体对政治体系、政治活动和政治发展所寄予的希望和对未来的设计。政治理想在政治社会化的作用下转化为政治信仰，成为政治社会的定向因素和精神支柱，从而规定了政策的动机、基本目标、基本方向和指导原则。人们可能将物质福利、安全、民主、自由作为政治理想来加以追求。然而，对于理想社会的实现，是福利平等还是机会均等却有不同看法，对社会福利的分配方式也产生分歧。例如不同社会对私有财富和公有财产的观念迥异。一个多世纪以来，共产党人开展武装斗争、进行社会主义革命和社会主义建设等一系列重大的政治决策就是在实现人类最美好的社会——消灭私有制、实现人的自由而全面发展的共产主义社会的理想目标的指导下做出的。

4. 国际环境

全球化是当代世界的一大趋势。这种趋势在20世纪90年代清楚地显露出来。前任联合国秘书长加利在1992年联合国日的致辞中宣称：“第一个真正的全球化时代已经到来”；著名的美国未来学家奈斯比特也认为，进入90年代，“全球一体化的新时代已经开始”，未来的世界是“一个不断增进彼此联系的世界”。我国知名学者李慎之将全球化看作21世纪的大趋势，并指出：“全球化是已经开始的过程，是已经出现的大趋势，任何看不到这个趋势的研究都是盲目的；任何违反这个大趋势的决策都是错误的”①。

所谓的全球化是指世界各个分散的部分或因素形成紧密联系的世界性网络；它是一种客观的历史进程，即某种不依各国的具体环境、地域、制度、意识形态发展模式等为转移的趋势，其基本内容是各国（地区）的经济、政治、军事、科技和文化等方面密切联系和相互作用。世界各个部分迈向了马克思所说的“相互依赖和相互作用”越来越紧密的新时代。

全球化趋势最明显地表现在经济方面。在21世纪，各国或地区之间的经济联系日益紧密，国际分工和相互依赖关系不断加强，各国或地区之间商品、资金、科技成果和人员等的交流正在急剧扩大；技术、通讯、运输、贸易的全球化趋势越来越突出；在这种全球化过程中形成了一些超国家范围和区域性经济集团，如欧盟、北美自由贸易区（NAFTA）和亚太

---

① 李慎之：《开展全球化研究》，载《世界知识》，1994（2）。

经济合作会议（APEC）等。彼得·德鲁克在《新现实——走向21世纪》一书中把全球化的经济（世界性经济）表现归纳为七个方面。[①]

全球化的进程也明显地体现在政治、科技和文化等方面。在政治上，政府组织以及非政府组织（前者如联合国、世贸组织、世界银行，后者如国际奥委会、国际红十字会、绿色和平组织）的作用在加强；国际干预不断扩大（如联合国安理会采取的维和行动增加，世界银行和国际货币基金组织愈来愈明显地干预各国经济），国与国之间的争端、国际冲突、全球性的问题（尤其是环境问题）日益依赖各国的合作及国际干预去解决；民族国家的作用受到了限制，国家主权受到了严峻挑战，这重新引起了人们对世界政府的联想，而且近年来在西方，民族国家消亡的理论大行其道。在文化及科技方面也体现出全球化趋势。如文化、学术交流扩大，各种文化相互冲撞、融合、研究项目和研讨会的国际化，流行音乐、大众娱乐、商业文化的全球化扩展，等等。

当代世界的另外一个基本趋势是市场化。20世纪末期世界出现的一个重大历史事件是占世界人口三分之一的计划经济国家向市场经济的转轨（1996年世界银行发展报告就是以此作为主题的，题目是《转轨：从计划到市场》），这使得市场经济体制成为全球的压倒性经济体制。市场化的浪潮席卷整个世界，它以前所未有的强大的力量冲垮一切僵化过时的体制，整合、改造和重塑地球上的生产、经营、流通、消费诸方式。在这种市场化浪潮中，各国（地区）的经济主体（企业或公司）同时研究、开发和销售同类科技产品，一种新产品如果适合市场需要，就会在全世界迅速推广，多用途家电、电脑、电视等的研制就是如此。

信息化是当代世界的第三个基本趋势。“信息社会”、“信息时代”是人们早已熟悉的概念，然而，在20世纪70年代以前，也许只有少数发达工业国家（如美国）开始步入信息社会，进入八九十年代，信息化的浪潮席卷全球，通信技术（通信卫星、光缆、传真机和数字化通信技术）和计算机技术的迅速发展，为21世纪全世界的“信息化时代”的到来奠定了坚实的基础。有学者认为，当今世界正在经历一场以信息社会为特征

① 参见［美］彼得·德鲁克：《新现实——走向21世纪》，95～96页，北京，中国经济出版社，1993。

的产业革命；这场革命使世界经济从工业化阶段进入信息化阶段，知识和信息的制造、加工、传播和应用成为新经济增长最重要的源泉；知识和信息的获取、加工和处理将逐渐成为生产和工作的主要活动。

当代世界的全球化、市场化和信息化的趋势对一国或地区的公共政策产生了极为深刻的影响。世界经济一体化及区域化，使得各国或地区在制定经济社会政策时，无时无刻都必须考虑世界经济局势的发展变化。国际组织的存在和作用使得民族国家在某些政策领域丧失了部分决策权。国际组织似乎承担了一种广泛的道义职责，人们希望它们处理或解决各国之间、甚至各国内部因某种原因而无法解决的问题（如一个贫困国家处于经济困境时，它可能立即请求世界银行或国际货币基金组织援助）。不少发展中国家觉得，只要加入了关贸总协定（世界贸易组织），国家经济发展就有了保障；国际组织（尤其是政府间组织）能把各国政府要员召集在一起，确定共同国际议题，引起世界舆论重视并使国际社会采取一致行动（1992 年在巴西里约热内卢召开的世界环境保护和发展问题的各国首脑会议便是一例）。国际组织的规章、决议以及国际协定也对各国的政策制定具有明显的制约、甚至决定的作用。《联合国宪章》、联合国安理会的决议可能成为许多国家或地区的政策制定的一个依据，在当代，大多数国家或地区不敢把这些决议、协定当儿戏。加入关贸总协定（世贸组织）必须遵守其“透明条款”；申请世界银行和国际货币基金组织的援助必须符合其“申报规定”；请求国际原子能机构给予技术指导必须受其“检查”的约束。这就使相关国家或地区的经济政策、甚至经济体制受到制约或影响。国际组织还直接或间接地参与一国或地区的公共政策的制定与执行。例如，国际货币基金组织不仅仅监督国际货币体系，而且直接影响各国的公共决策：鼓励巴西等拉美国家制定和实施经济稳定计划；监督东欧各国尤其是波兰的预算制定；研究一些东亚国家在市场化进程中出现的问题，并提出改进建议；批评某些发展中国家的军事政策，要求其削减军火开支……如此等等。另外，跨国公司对各国的政策尤其是经济政策的制定和执行的影响也日益增强，它们甚至可以左右一些国家的经济命运。

总之，在当代，国际环境成为各国公共决策的一个重要变数，离开国际环境，无视国际经济、政治、科技文化的发展趋势的公共政策，要取得预期结果是不可想象的。

第三节　政策系统的运行

从系统发生论的观点出发，我们可以把公共政策看作政策主体、客体与环境相互作用的产物。政策系统的运行实质上就是政策主体、客体与环境相互作用的过程，它是由信息、咨询、决断、执行和监控等子系统所构成的一个有机大系统。它的实际运行则表现为政策制定、执行、评估、监控和终结等环节所组成的活动过程。

一、政策主体、客体与环境的相互关系

政策系统是由政策主体、客体及其与环境之间的相互作用所构成的大系统，政策主体、政策客体、政策环境三者之间存在着相互依赖和相互作用的关系。

1. 政策主体与客体的关系

当某一政策系统建立起来时，政策主体和政策客体就成为该系统两个相互依存、不可分离的组成部分。政策主体与政策客体相互依存，每一方的存在都以另一方的存在为前提；政策客体的种类、性质、内容、规模不同，政策主体也就各有所异；随着历史条件的变化，政策客体在政策过程中的地位和作用也发生变化，最终必然导致政策主体的职能也发生变化。同时，政策主体与客体之间是相互影响、相互作用的。政策客体不仅影响政策主体的性质和规模，而且制约着它的结构、功能和活动方式。可以说，有什么样性质的政策主体，也就有什么样的政策主体的活动方式。但是，政策主体在政策客体面前不是消极、被动、无所作为的，而是积极、主动、在整个政策过程中起主导作用的。它们之间的这种相互影响和相互作用的关系在社会管理中非常明显。这意味着，任何政策目标的实现，都取决于政策主体与政策客体之间的协调，尤其是政策主体要不断提高政策水平，掌握现代政策理论与技术，并且深入实际，了解客体的真实情况，以利于政策的科学制定和良性运行。

2. 政策主体与政策环境的关系

政策主体首先要实事求是地认识环境、把握环境，并了解它的各种优势和弊端，并据此预测某项政策实施的可行性和政策运行过程中可能遇到的各种问题。这其中包含的哲学含义是：政策主体在政策系统的运行过程中应当充分发挥自己的主观能动性和主体作用，但必须以尊重政策环境的实际情况为基本前提。否则，不仅政策在一开始制定时就是错误的，而且，即使政策方案是正确的，也会因在执行过程中受阻而无法达到政策目标，与预期的政策效果相差甚远，甚至背道而驰。这就要求政策主体在认识和把握政策环境的情况下，尊重和适应政策环境的实际状况。如我国建立社会主义市场经济体制的有关政策的制定，必须从我国的国情出发，并符合当代世界的发展潮流；其中尤为重要的是认识我国目前的经济状况、管理体制和政治文化等诸方面因素的优势和不利之处，使这些政策能相互配套、相互协调地运行，从而保证我国经济与社会的良性运行和高速发展。

3. 政策客体与政策环境的关系

政策客体与政策环境二者是高度融合在一起并相互转化的。政策客体受到来自政策主体及其制定的政策作用之后，显现取得的政策效果。这些政策效果即政策的预期目标，有些是有形的，有些是无形的，它们往往构成政策环境的一部分，重新回到政策系统中，并对政策系统的运行过程产生影响。如国家的货币政策，假设国家的经济运行中出现了投资过热，投资规模超过了一定的限度，中央银行就会采取高利率的货币政策，迫使投资减少，有效地控制投资规模，这种货币政策的效果就会成为其他经济政策制定和运行过程中的环境因素。另一方面，政策环境也在一定的条件下成为政策客体。如管理体制是政策环境，当政府针对管理体制中的弊端采取一系列的改革政策时，管理体制就成为政策客体。由此可见，政策客体与政策环境在一定条件下是能够相互转化的。

二、政策子系统的划分

现代化、科学化的公共决策系统（政策系统）是由信息、咨询（参谋）、决断、执行和监控等子系统所构成的大系统。政策过程及其各项功能活动是由这些子系统共同完成的，这些子系统各有分工、相互独立，又密切配合、协同一致，促使政策大系统得以顺利运行。

1. 信息子系统

信息子系统由掌握信息技术的专门人才所组成，从事信息的收集、整理、贮存和传递等活动，为公共决策提供信息资料。从某种意义上说，公共决策过程也就是信息的流动与转换的过程，而信息原则是公共决策的基本原则，信息是政策制定、执行、评估和监控的依据，没有信息，这些活动就无法展开。现代社会是信息社会，信息化已成为当代全球的一大趋势，公共决策中的传统的手工处理资料的方式已经过时，因而产生了现代化的信息科学以及信息技术，产生了拥有现代化的先进设备和现代化的管理方式的信息子系统。信息子系统在政策过程中具有重要的地位和作用，它是政策系统的神经系统，为政策制定、执行、评估和监控及时地提供各种准确、适用的信息。

信息子系统在公共决策活动中的主要作用是：（1）信息的收集。原始资料的收集是信息处理过程的基础，只有在获得大量的原始资料基础上，才能保证信息的完整性和真实性，从而准确地反映客观的情况。所以，信息子系统就必须通过各种手段和途径，千方百计地收集内部和外部的有关资料。（2）信息的加工处理。获取信息的目的是为了政策过程的需要，信息子系统提供的信息是制定政策的依据，因此必须准确适用。而收集的原始资料往往太多太杂，其间也难免掺进失真的信息，因此在取得大量的原始资料之后，必须对这些资料进行严格的分析、整理，这就是信息的加工处理。它包括了三个方面的工作：一是纯化——通过整理加工，去粗存精，去伪存真，剔除错误的、多余的资料；二是归类——将最初收集的杂乱无章的原始资料，按照政策制定的需要，进行分筛或合并的处理；三是存贮——把那些经过加工、整理的信息，按照一定的分类编序贮存起来，以备检索、使用。（3）信息的传递。信息是为公共决策服务的，因此必须把各种信息及时地传递到决策者的手里。信息的传递有两个基本要求：一是要迅速，在现代社会的竞争中，谁先获得信息谁就可能获得主动、取得优势；二是要准确，必须防止信息在传递的过程中损失、失真，使用的术语要准确、清晰。

信息子系统要为公共决策提供准确、及时和适用的信息，为政策过程服务，保证制定出合理的政策并加以有效的执行，以达到预期目标。这就要求一种高效运转的信息系统。目前我国各级公共决策系统中的信息子系统已经基本形成，但是还很不完善，信息处理的技术、方法和手段还比较落后，在信息处理上存在着慢、粗、乱的问题。所谓慢，就是对实际变化的情况反映不及时；所谓粗，就是反映实际情况的信息比较粗略，不精确；所谓乱，就是缺乏科学地管理信息的方法，信息的管理混乱。这就难以保证公共决策对信息的要求，从而影响公共决策的科学化。随着我国向信息社会迈进，公共决策对信息的要求越来越高，因此必须不断地加强和改善信息子系统，以适应日益复杂的公共决策的需要。

2. 咨询子系统

咨询子系统又称参谋子系统或智囊子系统，它是由现代政策研究组织（思想库）以及各种专家、学者组成的子系统。它集中专家们的集体智慧，运用科学的方法和技术，为公共决策提供方案和其他方面的咨询服务。咨询子系统是现代化的公共决策系统的一个重要组成部分，它参与公共决策活动，在其中发挥着参谋咨询的重要作用，保证公共决策科学化、民主化。

咨询子系统在政策制定活动中的主要作用是：（1）政策问题分析。咨询子系统的成员运用现代科学知识、方法及技术，对政策的有关问题进行分析。（2）政策未来预测。科学的预测是正确制定政策的基本前提之一，咨询子系统的成员具备这方面的专门知识和技术，能够对事物的未来发展状况做出比较准确的估计。（3）方案设计及论证。政策方案设计论证是一项技术性很强的工作，通常要由咨询子系统来从事这项工作。（4）其他政策相关问题的咨询。咨询是智囊团的主导功能，智囊团可以根据对有关政策问题的客观分析，主动向政策制定部门提出自己的意见，也可以应政策制定部门的请求，参加有关问题的“会诊”，提出意见和建议。（5）参与政策评估并反馈信息。在政策过程中，咨询子系统参与政策评估，并起到信息反馈系统的作用，尤其是分析政策实施中的问题，并提出对策，及时提供给政策制定部门，以便修正原有政策中的某些问题，使政策更加完善。

在现代公共决策系统中，咨询子系统占有重要的地位、起到重要的作用，充分发挥这个子系统的作用，是公共决策科学化、民主化的一个重要条件。缺乏成熟的信息子系统是目前我国公共决策系统中存在的一个不足。

3. 决断子系统

决断子系统也称中枢子系统，它由拥有决策权力的高层领导者组成。决断子系统在整个公共决策系统中居于核心地位，是公共决策活动的组织者，又是政策的最终决定者，领导公共决策活动的全过程。

决断子系统具有权威性和主导性两个特点。决断子系统在公共决策活动中，享有拍板定案的权力，即具有最终决策权力，因而具有权威性；决断子系统作为政策系统的核心，主导公共决策活动的全过程，因而具有主导性。

决断子系统在公共决策过程中的主要作用是：（1）提出有关的政策课题。公共决策的活动是从政策问题的分析开始的，提出有关的政策课题是决断子系统的主要职责之一。决断子系统必须能够从纷繁复杂的社会问题中，分清轻重缓急，抓住需要及时解决的关键问题，以便制定解决问题的决策。（2）考虑政策目标的确立。政策目标的正确与否直接关系到公共决策活动的成败，确定正确的政策目标是解决政策问题的重要一步。（3）组织政策方案的设计。政策方案的设计是一项科学性、技术性很强的工作，通常应当由咨询子系统来承担，但是必须由决断子系统来组织，根据政策课题的需要，挑选熟悉这一问题的专家，组成高水平的咨询子系统，并为他们的设计工作创造优越的环境和条件。（4）负责政策的最终决定。对政策的最终决定是决断子系统在公共决策活动中的最重要的职责。决断子系统必须具有决断的能力和魄力，能够高瞻远瞩，综合权衡，做出正确的决策。

“谋”与“断”是公共决策过程中的两种不同的职能。决断子系统和咨询子系统的关系，是“多谋”与“善断”的关系，二者相辅相成而非相互取代。决断子系统就要充分地利用咨询子系统的长处，充分发挥该系统的参谋咨询作用。在公共决策过程中，必须保证咨询子系统的独立研究，让专家们独立、客观地分析问题，得出科学的结论，并让他们充分地发表自己的意见和建议，决不允许出现决断子系统已经做出结论，而只让咨询子系统论证这种结论的正确性的情况。另一方面，决断子系统又不能让咨询子系统代替自己决定政策，不能完全为咨询子系统的意见所左右。

这是因为，公共决策从本质上说是一种政治决策，而且其中包括了无法计量的价值问题，因而无法仅仅依靠咨询子系统的知识、技术来衡量，而更需要决断子系统的决断；更主要的原因是咨询子系统对政策问题及方案的分析论证，往往是从理想条件出发的，而现实并非那么理想，决断子系统需要更多地考虑现实的条件，综合权衡，做出正确的政策决定。

4. 执行子系统

执行子系统是由政策执行组织及其人员特别是政府行政机关和行政人员所构成的。它是政策系统的有机组成部分，其主要职责是将政策方案（理想）转变为政策效果（现实）。

执行子系统具有现实性、综合性、具体性和灵活性的特点。所谓现实性，是指执行子系统能够将政策方案转变为政策效益；所谓综合性，是指政策执行是个复杂的活动过程，牵涉到许多动态的因素，必须采取种种措施和行动。所谓具体性，是指执行子系统必须将政策目标加以分解，使其具体化，把执行任务落实到具体的单位和个人；所谓灵活性，是指执行子系统所遇到的是复杂多变的情况，新问题、新矛盾随时会发生。因此，执行子系统必须具有灵活性。

执行子系统在公共决策活动中的作用是：（1）为政策方案或项目的执行做好准备。为保证方案的顺利实施，在具体实施前，执行子系统必须制定出周密、严谨的具体实施计划或行动细则。要建立一定的机构和进行人员配备，为政策方案转化为具体的执行活动提供组织保障；要进行必要的宣传活动，把政策方案的目的、意义和具体要求向执行者讲清楚；要进行必要的物质准备，包括执行过程中所需要的各种器具和装备。为此，要编制预算，落实经费。（2）从事指挥、沟通、协调等方面的活动。指挥就是执行子系统运用组织权责，发挥领导权威，推动下属为实现既定政策目标而努力的过程；沟通就是执行子系统中的各级组织及人员进行信息交流和传递的过程，是对于政策目标及其相关问题获得统一认识的方法和程序；协调就是执行子系统为了顺利实现政策目标而谋求自身统一和谐、谋求自身各相关要素匹配调剂、协作分工的一种行为方式。（3）分析和总结执行情况。在完成执行任务之后，执行机关和人员必须把执行工作放在原政策方案的价值指标或标准上，进行全面、细致的衡量，进行实事求是的评定，总结经验和教训。

5. 监控子系统

监控子系统是整个政策系统的一个有机组成部分，它是体制内和体制外的有关部门、单位和个人所组成的一个子系统，相对独立于信息、咨询、决断、执行等子系统，其地位较为特殊。它的作用贯穿于整个公共决策过程尤其是政策执行的过程之中，目的是使政策目标得以顺利实施，避免政策的变形走样，保持政策的权威性和严肃性。

监控子系统在政策执行过程中的主要作用在于：（1）确立政策执行的准绳和规则，提供检查执行情况的依据。因此，一项公共政策由谁来执行，怎么执行，执行到什么程度，监控子系统对此必须有明确的规定。（2）监控政策执行情况。监控政策执行情况是监控子系统最基本的职责之一。主要监控执行者是否执行以及执行得如何，对不执行或执行不力者，予以纠正或处罚。（3）反馈政策执行情况。政策问题及其环境不可能是一成不变的，因此，必须及时将政策执行情况及环境条件变化的信息反馈给决断子系统，以便决断子系统根据新的情况，对政策进行修订、完善或终结。

监控子系统是公共决策科学化、民主化和法制化的一个重要保障，它的发展与功能的充分发挥有助于制定并执行好合理的政策，至少可以减少政策的失误，避免出现灾难性的后果。监控子系统的不完善是目前我国公共决策系统中存在的另一个明显的缺陷。

公共决策系统或政策系统正是由信息、咨询、决断、执行和监控等子系统相互联系、相互依存、相互作用而构成的一个大系统。在这些子系统中，决断子系统是政策系统的核心，具有权威性和主导性的特点。再好的方案不经过决断子系统是不可能转化为政策的。决断子系统根据信息系统、咨询系统提供的信息和预选方案，做出正确的判断和决策，并由总体设计部门做出切合实际的规划和计划。信息子系统是公共决策系统的一个基础。公共决策的过程就是信息的输入、转换和输出的过程，即从信息系统那里输入决策所需要的信息，掌握人民大众对政策的要求和意见，形成政策问题，经过研究、咨询之后制定、出台政策，通过政策实施把信息输送出去，再将其作用结果反馈回来，并据此调整和完善政策，对它的要求是客观、准确而又及时。咨询子系统是公共决策子系统的另一个基础部分，它参与政策的制定，主要是根据客观实际，参照历史经验和未来预测结果，以系统内外的各种信息为基础，对决策问题提出科学的依据和可行的方案，供决策系统参考，对其要求是客观准确，并富于科学性和创造性。政策系统的良性运行对决断子系统的要求是：决策正确合理，规划周密可行。执行子系统贯彻决断子系统的指令，实行科学、高效的管理。它是政策系统运行的实践环节，其作用是使条文上的政策转化为改造客观世界的活动，实现政策目标。因此，它是政策主体与客体相互作用中最具有直接性的环节，对它的要求是执行坚决有力、科学高效。监控子系统主要是负责监督政策的制定和实施，以控制政策失误，确保围绕着政策目标执行政策，保证政策的权威性和严肃性。它还应灵敏地反映出执行结果与目标之间的差异，并及时向信息系统提供信息，使决策能得到及时调整，提高效率。对它的要求是：真实无误，及时迅速。公共决策子系统的运行正是在这些系统的相互联系、相互作用的基础上展开的。

三、政策系统运行的各个环节

政策主体、客体与环境以及政策系统的各个子系统之间相互联系和相互作用，使得政策系统呈现为一个动态的运行过程。从系统论的观点看，政策系统的运行表现为一个系统的不断输入、转换、输出的过程。首先，政策环境把种种要求和支持传导给政策主体，从而输入政策系统。这里所谓要求，是指个人和团体为了满足自己的利益而向政策系统提出采取行动的主张；所谓支持，是指团体和个人遵守选举结果、交纳税收、服从法律以及接受权威性的政策系统为满足要求而做出的决定或采取的行动。这些要求和支持通过政策系统内部转换，变成政策方案输出，作用于环境，引起环境变化，产生新的要求；而这种新的要求反馈到政治系统，进一步导致政策输出。在这种循环往复中，政策便源源不断地产生，政策系统的运行得以持续进行。

政策系统的运行表现为各个阶段或者环节，或者说它是由一系列的功能活动所组成的一个过程。关于这个过程究竟由多少个阶段、环节或功能活动组成，政策科学家们有不同的说法。德洛尔在《公共政策制定检讨》一书中，将政策过程或者政策系统的运行分为 4 个阶段 18 个环节，即：（1）元政策制定阶段——即对制定政策的政策进行分析，包括处理价值，处理实在，处理问题，调查、处理和开发资源，设计、评估与重新设计政策系统，确认问题、价值和资源，决定政策战略等七个环节；（2）政策制定阶段——包括资源的细分，按优先顺序建立操作目标，按优先顺序确立其他一系列主要的价值，准备一组方案，比较各种方案的预测结果，并选择最好的一个，评估这个最优的方案并确定其好坏等七个环节；（3）后政策制定阶段——包括发起政策执行，政策的实际执行，执行后的评估三个环节；（4）反馈阶段——多层面联结所有阶段的交流与反馈。①

拉斯韦尔在《决策过程》一书中将政策分为七个功能活动环节，即情报、建议、规定、行使、运用、评价、终止。②

安德森在《公共决策》一书中将政策过程的功能活动划分为如下五个范畴：问题的形成、政策方案的制定、政策方案的通过、政策的实施、政策的评价。③

琼斯在《公共政策研究导论》一书中，将政策系统运行看作是由如下11个功能活动环节或阶段所构成的过程，即感知/定义、汇集或累加、组织、表述、确立议程、方案形成、合法化、预算、执行、评估、调整/终结。④

参考国外学者的看法，结合我国政策实践的情况，我们将政策系统的运行看作是由政策制定、政策执行、政策评估、政策监控和政策终结等环节所组成的过程，这些环节构成了一个政策周期。

（1）政策制定——从发现问题到政策方案出台的一系列的功能活动过程，包括建立议程、界定问题、设计方案、预测结果、比较和抉择方案以及方案的合法化等环节。

（2）政策执行——政策方案付诸实践、解决实际政策问题的过程，也就是将政策理想变为政策现实的过程，包括组织和物质准备、政策分

---

① Yehezkel Dror, Public Policymaking Reexamined. Scranton. Pennsylvania: Chadler Publishing Company. 1968, pp. 312-318.

② Harold D. Lasswell, The Decision Process. College Park, Md.: Bureau of Governmental Research, University of Maryland, 1956.

③ 参见［美］詹姆斯·E·安德森：《公共决策》，31页。

④ Charles O. Jones, An Introduction to the Study of Public Policy (3rd., Ed.). Monterey, California: Brooks/ Cole Publishing Company, 1984, pp. 27-29.

解、政策宣传、政策实验以及指挥、沟通、协调等的功能环节。

（3）政策评估——依据一定的标准和程序，对政策的效果做出判断，确定某项政策的效果、效益以及优劣，并弄清该政策为什么能取得成功，或者为什么导致失败。

（4）政策监控——为达到政策方案的预期目标，避免政策失误对政策过程尤其是执行阶段的监控，以保证政策的权威性和严肃性，包括监督、控制和调整等功能活动环节。

（5）政策终结——即在政策实施并加以认真评估之后，发现该政策的使命已经完成，成为多余、不必要或不起作用，采用措施予以结束的过程或行为。

对于政策过程的这些环节或阶段，我们将在“政策过程篇”中分别进行详细的探讨。

案例

广州抗击不明病毒①

源头与传播

2003年2月8日，农历正月初八，一条消息悄悄地在人群中蔓延——“广州发生致命流感”。它以手机短信和口耳相授等形式传播。

“死亡”的字眼加剧了人们的恐惧。找熟人打听成为广州人对不明病毒的第一反应。广东移动几日来的短信息流量数据统计：8日，4 000万条；9日，4 100万条；10日，4 500万条。

在数十小时里，广州的城市生态，发生了微妙的变化。

从2月8日晚间到2月9日，一些网站上开始出现可怕的字眼：禽流感，炭疽……

到网络上找原因，成了不少广州人的第二选择。

同时，广州各大医院继续传出消息：中山大学附属某医院呼吸内科全科多名医生被病人传染，目前睡觉均戴口罩；中山三院呼吸内科主任因被

① 资料来源：《南方周末》，2003-02-13。

患者感染，被隔离治疗。使医生都倒下的病毒是什么？如何防治？

人们期待着广播电视和报纸上能够告诉他们一个权威的说法，但是没有发现。

一时间，大半个广州都动起来了。“买药了吗”和“买醋了吗”成了广州人的见面语。

2月10日上午10时44分，广东创建大药房。7分钟里，前后28个人前来买药，而这些药早在两个钟头前就卖完了。当天夜里9时，位于番禺区的广州碧桂园，人们不让药房关门，宁愿连夜排队等候店家到他处调药。此时板蓝根已由平时的一包6.5元涨至20元。各种抗生素“只能等待明天了”。据说可以预防流感的白醋甚至被商人炒到了100元一瓶。

显然，这样的局势不能持续下去，必须有权威的声音扫清传言。

政府的声音

2月11日上午10时30分，广州市政府召开针对此事的新闻发布会，广州市副市长、市委副秘书长和市卫生局局长在场回答。

广州市卫生局局长黄炯烈说，一种病毒引起了“非典型肺炎”，目前病原鉴定工作尚未作出确切的定论，但可以排除传言中所说的鼠疫和炭疽。黄向社会承诺：广州市有能力和水平、有足够的经验维护病人安全。该病在广州市已发生了一个多月的时间。从死亡人数和总体发病人数来看，相对于广州地区1 000多万人口，其实比例很小。

当天下午4时30分，广东省卫生厅也相应召开新闻发布会，卫生厅厅长黄庆道介绍此病情势：

全省的21个地级市中，有6个城市（佛山、河源、江门、中山、深圳、广州）发生这种病情。从2002年11月6日到今年2月9日，总共有305例，其中佛山19例，江门15例，河源11例，广州226例，中山28例，深圳6例。医务人员感染发病的有105例。黄庆道说，到目前为止，还没有特效药可以治疗，临床上采纳的主要是对症治疗，现在源头和病因还没有分离出来，专家称病毒的感染可能性极大，在接受的41份病例中只有10例是变异病毒抗体呈阳性。黄庆道说禽流感也可排除。

此次非典型肺炎的特征是家族性、散发型，医务人员的发病率比较高，其中多数是因为未及时采取保护性措施。专家认为还可能看到发病的情况，现在只是初步遏制。

至于为何现在才公布病情，黄庆道解释说是因为非典型性肺炎并未纳入法定报告传染病之列。美国每年得非典型性肺炎的人有560万，住院治疗的有170万，总死亡率为5%，住院的死亡率占13%，其中很多的病原体都没有找出。

中国工程院院士、著名呼吸内科专家钟南山认为，从目前病人的临床状况来看，很像是由病毒引起的肺炎，但是目前还没有证据表明是什么病毒引起的。虽然症状也是高烧、全身酸痛，但是和感冒引起的肺炎是不同的。首先是它引起的机会比较多，另外如果病情没有得到控制，恶化较快，比一般感冒引起的肺炎要严重。

呼吸病专家黄文杰认为此种病毒的潜伏期最短的时间为2到4天左右，长一点为11天左右，只要通风条件良好，病原体达不到一定的浓度，一般不会传染。公共场所也是不会传染的，不必要戴口罩。

上午的新闻发布会通过电视直播，使人们对非典型肺炎的认识逐渐清晰起来，他们看到自己选举出来的市长和高级公务员面对镜头，消解了几天来盘桓在他们心头的阴影。

2月11日晚7时，五羊新城一家客家菜餐厅，稀稀落落的食客散坐其中，显得十分冷清。不远处，原来门庭若市的按摩院也门可罗雀。

另一方面，原来高价的白醋已经没那么热销了，而药店门口的长队伍此时自动消失。

但一位医学专家说："这3天的时间被传言占领，政府尽管做得很不错，毕竟在和病毒争夺控制公民意识走向和活动权的斗争中，失去了3天宝贵的时间。"

一位医学博士说，1 000多万人口的城市，不发生疫情不可能。我们希望，不管病毒用什么的方式和面孔出现，没有恐慌，没有迟滞。"即使消灭不了它，我们可以以最小的代价打败它。"

媒体评说：恐慌止于公开

在广州市政府和广东省卫生厅11日分别召开新闻发布会之后，在不到一周时间里迅速弥漫到广东全省甚至波及湘、赣、浙、琼、港、澳的病毒恐慌，终于在一夜间趋向平息。

惊魂初定之余，面对11日前后的巨大反差，人们不由得出结论：是到了应该重新审视媒体的角色与功用的时候了。细想本次大面积恐慌事件，有人将其视为“谣言”惑世引起。但从政府公布的情况来看，所谓“谣言”并非纯属子虚乌有，有传染病在局部流行这一基本事实是成立的，只是因为缺乏权威的资讯，从而导致信息在传播过程中发生了某种变形和扭曲。而普通民众对所谓“谣言”的接受与传播，也不应受到指责，因为这里所谓“谣言”的内容攸关生命，而生命权早已成为举世公认的最基本的、最首要的人权。

然而，恐慌毕竟是在失真信息的传播下，在多年来罕见的范围内发生了。因此，对恐慌发生原因的追究，便具有了重要的指标性意义。在我们看来，“谣言”之所以四起，恰恰是因为媒体和政府权威声音的缺席所致。

稍微回顾一下历史便可看出，媒体之所以诞生，其根本原因正在于公众对于外在信息的巨大需求。因为时间和空间的限制，每个个体或群体对于信息的掌握都是单一的、片面的，所以，他们需要专门的媒介来承担沟通和传递公共信息的职责。

正是在此需求下，作为公众内部以及公众与政府之间的交流平台的媒体，才自然而然地产生并日益发展壮大起来。

但是，长期以来，有些地方、有些官员忽视了媒体拥有代替民众获取必要信息并传播的职能，按照某种“惯例”，阻止某些信息的传播，媒体不能行使正常职能，甚至动辄得咎。在此背景下，一旦有什么大事发生，公众既不能从政府那里获得消息，也不能从媒体上看到，即使看到了，也只是语焉不详，或欲言又止。

正是因为对媒体此种职能的忽略，一些“谣言”或所谓的“谣言”得以轻而易举地赢得市场。传播学的研究表明，诸如“谣言”、“小道消息”、“传言”之类，往往是在权威的信息得不到通畅的表达途径时才得以大行其道的，而防止之道则在于公开。

此次广东病毒传言的起落，也证明了传播学的这一研究结果。广东省在恐慌发生3天后，即比较及时地向新闻界公布了一些权威资讯，而广东媒体也以其强烈的社会责任感、百折不挠的毅力，向公众尽可能地提供了最全面的资讯。事实证明，公开不仅没有使天下大乱，反使所谓的“谣言”得以迅速平息。

一年半以前，在震惊全国的“南丹事件”被媒体揭露后，《人民日报》曾以罕见的姿态设想了如果媒体缺席的后果；一年半以后，广东省政府较为及时地响应民意，充分利用和肯定媒体传播重要信息的职责，使一场社会恐慌迅速得到平抑。人们期待着有关方面进一步总结和完善危机应对和处理机制，进一步认识和明确媒体的职能与功用，使本次事件成为中国今后类似事件处理的一个转折点和范例。

思考题

1. 什么是公共政策？
2. 简述政策的本质与功能。
3. 解释政策系统、政策主体和政策客体概念。
4. 试比较各种政策分类方法的优劣。
5. 现代公共决策系统由哪些子系统构成？它们的关系如何？
6. 结合全球化趋势以及我国加入 WTO 的现实，论述政策环境的重要性。
7. 在上述案例中，面对不明病毒传播的危机，广州市的政策系统尤其是信息子系统是如何做出反应的？从中应吸取什么经验教训？

第三章

政策活动者

政策活动者即政策主体。在前一章，我们已将政策主体（政策活动者）界定为直接或间接地参与政策制定、执行、评估和监控的个人、团体或组织。由于各国的社会政治制度、经济发展状况、文化传统等方面的不同，各国的政策过程存在着差别，因此，政策活动者或政策主体的构成因素及其作用方式也有所不同。

第一节　官方的政策活动者

官方的政策活动者是指政治体制内的、行使公共权力的政策过程的参与者，一般包括国家机构、执政党、政治家和官员。下面介绍官方的政策活动者构成及其行为，并对西方与我国的官方政策活动者的差别略加比较。

一、立法机关

立法机关在西方指国会、议会、代表会议一类的国家权力机构，在我国则是指全国及地方各级的人民代表大会及其常务委员会。立法机关是政策主体的一个最重要的构成因素，它的主要任务是立法，即履行制定法律和政策这一政治系统中的主要职责。

按照安德森等人的说法，在西方，尤其是美国，立法机关通常能够在独立决策的意义上行使立法权。例如，在国会中，常设委员会对提交的法案常常拥有生杀大权，它们甚至可以不顾议会的大多数成员的反对而行事。通常，关于税收、人权、福利和劳动关系等方面的政策在很大程度上是由国会制定的。然而我们却不能因此认为立法机关具有真正完全独立的决策功能。例如，在国防和外交政策的制定方面，总统拥有比国会更大的权力，国会要服从总统的领导。各州的立法机关的作用常常因为牵涉到的问题性质的不同而不同。许多州的立法机关由于其职责有限，“非专业化”的成员和辅助人员不力，因而常常不能对复杂和技术性很强的决策采取行动，它们只是简单地通过其他部门所赞成的法案。

在我国，人民代表大会是权力机关和立法机关，它是我国政策制定及立法的主要机关，也是政策执行和监控的制约机构。就其法律地位来说，人民代表大会的地位是至高无上的。宪法规定，中华人民共和国的一切权力属于人民，人民行使国家权力的机关是全国人民代表大会和地方各级人民代表大会。人民代表大会作为国家最高的权力机关，有着两个重要的职能：一是把执政党即中国共产党对国家和社会的政治领导及其政治路线、政治纲领、政治意志以国家法律的形式体现出来，使其成为国家的意志——国家权力的灵魂；二是建立政府权力体系——国家行政机关、司法机关等。就全国人民代表大会来说，它享有最高立法权、最高任免权、最高决策权、最高监督权；它不仅有权选举、决定和任免中央人民政府以及其他国家机关的最高领导人，而且有权审查和批准国家的预算和预算执行情况的报告；监督包括国务院在内的最高国家机关的工作，听取国务院的工作报告，对国务院及其各部委提出质询等。人民代表大会所制定的政策具有这样两个基本特征：（1）权威性——它们是经过法定的程序制定的，是一般的大政方针，因而具有权威性；（2）强制性——它们以国家强制力作为后盾，必须得到坚决执行。

那么，立法者或政治家在政策过程尤其是政策制定中的行为是什么样的呢？对这个问题，西方公共选择理论有所讨论。该理论分析了西方代议民主制条件下立法或政治家的行为特征及模式，并指出，政治家或立法者在政策过程中是以“经济人”的面目出现的——即追求自身利益的最大化，这种最大化的利益表现为在选举中当选或再次当选。所以政治家的行为是为了在选举中获得更多的选票或支持率。而为了获得选民的支持就必须许诺制定并执行某些能够给选民带来利益的政策或提供更多的公共服务。例如，政治家向某个阶层或集团的选民许诺实施某项有利于他们的政策，并宣传要从该政策中获益，就必须支持他（们）当选。政治家在公共政策及项目的拨款预算中，也往往支持最大化的预算方案，以便有更多的资金来回报支持他们的选民；他们对实施某项政策的费用一般都采取暧昧的态度，因为政策费用总是由纳税者（选民）负担的，如果负担太重，可能降低支持率。因此，政治家总是设法让选民弄不清真实的政策费用负担。公共选择理论家揭示了西方政治体制下的立法者或政治家的利己本性，粉碎了西方政治家为公共利益服务的神话。但他们试图将西方代议民主制之下的政治家的行为模式推广，使之成为一种普遍的模式则是错误的。

二、行政机关

行政机关及其官员是政策主体的一个重要组成部分，尤其是在当代，行政权力扩张，出现了“行政国家”或“以行政为中心”的趋势，行政机关在政策过程中的地位和作用就显得更加突出了。

在西方，特别是美国，无论是政策的制定，还是政策的执行，政府的效能从根本上说取决于行政领导尤其是总统。总统在进行立法和政策领导方面的权威大大加强，国会的立法往往将重大的决策权授予总统。特别在决策权难以分散的国防和外交领域，总统拥有的合法权力和行动自由比在内政方面所拥有的权力和自由要大得多。美国的外交政策主要是总统领导和行动的产物。当然，国会并非一定要采取总统提出的任何政策建议，这些建议可能被拒绝，也可能被修改。行政机构在政策过程中的作用巨大，这不仅在于行政机构是政策执行的主导机构，而且在于它日益参与政策制定的事务。行政部门自己可以制定某些法规或政策（尤其是行政法规），而且可以使别的国家机关制定的法律或政策不起作用。此外，在英美等西方国家，行政部门还是立法或政策建议的重要来源，它们不仅积极提交法案，而且主动进行游说，向立法机关施加压力，以让他们采纳有关的建议。

按照德洛尔的说法，在一些发展中国家（如伊朗、泰国和加纳）中，行政部门在政策制定过程中所拥有的权力和影响，甚至比发达国家的行政部门所拥有的权力和影响还要大。

德洛尔对此的解释是："发展中国家存在的政策问题少，因而大部分政策问题能够进入内阁的议事日程；发展中国家并未形成专业的文官制度，所以行政部门在绝大多数的公共政策的制定中起着更大的作用；发展中国家的权力更加集中，因此，政治的行政部门不必在建立联盟的前提下就能对更多的问题达成政策"①。

在我国，政府作为管理机关，是政策主体的一个重要组成部分。宪法规定，中华人民共和国国务院即中央人民政府，是最高权力机关的执行机关，是最高国家行政执行机关，而地方各级人民政府是地方各级权力机关的执行机关。国务院享有行政立法权、提案权、监督权、人事权以及全国人大及其常委会所授予的其他方面的职权。它统一领导全国行政机关的工作，统一领导全国的内政、外交事务，主要内容有：编制并执行国民经济和社会发展计划以及国家预算，领导和管理经济工作和城市建设，领导和管理教育、科学、文化、卫生、体育和计划生育工作，领导和管理国防与外交事务等。县级以上的地方各级人民政府享有执行权、制令权、管理权和监督权以及中央政府给予地方的其他权限，它的管理权限是全面领导本行政区域内的经济文化建设和各项行政事务。政府机关不仅是政策执行的主要机构，而且它有权根据基本国策制定出具体的政策法规。政府部门制定出的政策具有如下两个特征：（1）具体性——行政机关制定的政策绝

① Yehezkel Dror, Public Policymaking Reexamined. Scranton, Pennsylvania: Chandler, 1968, p. 118.

大部分是党和国家权力机关政策的具体化，它们要体现党和国家权力机关所制定出的政策的基本精神；（2）补充性——对党和国家权力机关政策所没有涉及的领域，行政机关有权制定出一些补充性的政策规定，以防止出现政策空白。

关于行政官员在政策过程中的行为，公共选择学者也做出了分析。他们认为，尽管行政官员与政治家不同，不是由选民选出的，而是由行政机关任命的，但是这些官员同样按照“经济人”假设行事，即追求自己利益的最大化，他们在公共行为的动机中包含了自利的动机。按照小尼斯卡宁（W. A. Niskanen, Jr.）的说法：一个官员可能追求如下的目标：“薪金、职务津贴、公共声誉、权力、任免权、机构的产生、容易改变事物，容易管理机构”①。为了达到这些目标，就必须扩大自己所属的行政部门的规模，由此可以提高影响，增加晋升的机会，而最终这一切都必须靠预算的最大化来实现，即通过尽可能多地增加预算，来扩大机构，增加公共服务，其结果则是公共物品及服务超过社会的需求，导致政府扩张（机构膨胀）、财政赤字严重。② 这可以说是西方国家政府官员的动机和行为的真实的写照。尽管公共选择理论关于政府官员在政策过程中的行为模式不适用于描述我国社会主义条件下的政府官员的行为，但它提醒我们，必须注意政府官员在政策过程中存在自利动机，防止公共政策被当作官员牟取私利的工具，而最终损害公共利益。

三、执政党

政党尤其是执政党是政策主体中的一种核心力量。公共政策在很大程度上可以视为执政党的政策。现代国家的政治统治大都通过政党政治的途径来实现。在现代社会中，政党常常履行着某种“利益聚合”的功能，即政党努力将利益集团特定的要求转变为一般的可供选择的政策方案。西方国家一般都采用两党制或多党制，而在我国则采用中国共产党领导下的多

---

① W. A. Niskanen, Bureaucracy and Representative Government, Chicago: Aldine-Atherton, 1971. p. 38.

② 关于这个问题的详细讨论，可以参阅 Dennis C. Mueller, Public Choice Ⅱ, Cambridge: Cambridge University Press, 1989, pp. 247－276。

党合作制，因而中西方的政党在政策过程中的地位和作用是相当不同的。

在西方两党制或多党制条件下，政党首先与权力而不是与政策相联系。也就是说，政党的主张转变为国家或政府的公共政策是靠选举来实现的，只有在大选中获胜、取得政权的政党才能成为直接的政策制定者，把它的纲领、主张转变为公共政策。在实行两党制的国家（如美国和英国），政党希望获取更多选民支持的愿望，迫使两党在它们的“一揽子”的政策意见中体现更多选民的利益和要求，并尽量避免与势力强大的社会阶层或利益团体的利益与要求相左。在美国，民主党（其支持者大多来自于大城市、工人、少数民族及其他种族团体）和共和党（其支持者大多来自于乡村、小城镇、郊区、新教徒、工商业经营者和专业人员）的基本信念是相同的，都主张私有财产神圣不可侵犯、市场经济体制、个人自由、多数决议和法制，它们在重大的外交国防的方针政策立场上也大致相同。但是，两党在福利计划、劳工立法、工商管理、公共水电工程、公共住宅和农副产品价格补贴等政策问题上经常发生争吵。假如这种政策倾向的确存在，而且国会议员的投票通常与本党的政策立场一致，那么，哪个政党控制国会或在总统选举中获胜，对政策就会有重要影响。在多党制国家（如法国），政党所履行的利益聚合的功能相对小一些，在政策制定的过程中，政党更多的是充当各种特定利益的经纪人而非倡导者的角色。①

在我国，中国共产党是全国人民的领导核心，它在政策的制定、执行、评估和监控中起着主导作用。作为执政党，它代表着广大人民群众的根本利益和普遍意志。尽管党和政府在政策过程中指导思想和工作相一致，但是，它们的职能和起作用的方式是不同的。中国共产党在政策过程中的主要作用是政治领导和向国家机关尤其是政府部门推荐重要干部。党对国家事务实行政治领导的主要方式是：使党的主张经法定的程序变成国家的意志，通过党组织的活动和党员的模范带头作用，带动广大人民群众，实现党的路线、方针和政策。因此，政策方面的领导是党的政治领导的主要内容。中国共产党制定出具有综合指导性和根本性的总政策。说党的政策具有综合指导性，是因为这些政策具有总体性并涉及政治、经济、社会和文化生活的各个方面，其表现形式是党的纲领、路线、方针；说党

① 参见［美］詹姆斯·E·安德森：《公共决策》，54～55页。

的政策具有根本性，是因为党通过自己制定的政策，掌握国家和社会生活总的发展方向，社会各阶层的活动都要受之制约。

在我国实行的共产党领导的多党合作制度下，各民主党派是参政党，而不是在野党。与这一政党制度相适应，我国实行政治协商的政治制度，人民政协是国家机构的有机组成部分。政协以及各民主党派在我国的政策过程中发挥着重要的作用，不仅直接参与国家重大政策的讨论与决定，而且经常大量地进行调查研究，提出政策建议，进行政策监督和评价，充分发挥参政议政的功能。因此，政协及各民主党派也构成我国政策主体不可或缺的部分。

政党在政策过程中的行为类似于政治家的行为，实际上，政治家是政党的代表。在西方，各政党在选举中通过某些政策承诺来获得更多选民的支持，以确保本政党当选。在许多情况下，这种迎合（部分）选民需要的政策倾向导致了“短视效应”，即追求近期目标而牺牲长远利益。这是政策失误以及政府失败的一个重要根源。公共选择理论的奠基人布坎南（James. M. Buchanan）曾分析了这一问题。他指出，政党及其候选人为了赢得选民的支持而尽量迎合选民的胃口，回避选民不喜欢的政策。例如，在繁荣时期，为抑制通货膨胀而实行增税和削减公共开支容易引起选民的反对；在萧条时期，需要增加公共开支，而且由于靠发行公债的赤字预算来筹资，选民意识不到税收增加的负担，因而易受选民的欢迎。这些政策的实施，能在短期内使选民满意，使政党及其候选人得到更多的支持，但从长期看则是有害的，导致赤字增长，诱发通货膨胀。西方的经济学家和政治学家们通过研究发现了这样一个带有规律性的现象，即在大选临近时，执政党一般会采取扩张性的财政或货币政策来降低失业率，以获得更多的选票，保证执政或连任；而在选举后为了克服扩张性政策的不良后果（如通货膨胀），执政党又会采取紧缩性的财政、货币政策，以抑制通货膨胀。政党的这种策略使经济出现波动，这就是所谓的“政治经济周期”。

四、司法机关

作为国家或政府组成部分的司法机关，在公共决策过程中也占有重要的一席之地，它也是政策主体的构成因素之一。例如，在美国，司法机关

（法院）能通过司法审查权和法令解释权而对公共政策的性质和内容产生很大影响；通过判例对经济政策（财产所有权、合同、企业、劳动关系等）和社会政策（如福利政策、基础设施建设等）产生影响。法院不仅参与政策制定，而且在其中扮演重要角色，它不仅规定政府不能做什么，而且规定政府应该采取何种行动以符合宪法和法律的要求。在我国，司法机关也在政策过程中起到某些类似的作用，它也是我国政策主体的一个有机组成部分。

从上面的分析中可以看出，中西方的官方政策主体的内容、地位和作用具有某些质的区别。主要区别在于：在我国，无论是中国共产党还是国家机关，都是广大人民群众的根本利益的真实代表；而西方的国家机器及执政党是资产阶级以及利益集团的代言人。中西方政党在政策过程中的地位和作用以及发挥作用的方式也是明显不同的。在我国，中国共产党直接对政策过程起核心领导作用，其他民主党派也积极参与政策过程之中；而在西方，政党必须通过竞选执政之后才能对国家或政府政策产生决定性的影响。

第二节 非官方的政策活动者①

非官方的政策活动者是指政治体制外的、不直接行使公共权力的政策过程的参与者，主要包括利益团体、公民（选民）、大众传播媒介以及思想库等。下面介绍利益团体、公民（选民）、大众传媒这三种非官方的政策活动者的政策参与行为和方式（思想库留待下一节讨论）。

一、利益团体

当某个群体提出一项政治要求时，政治过程就开始了。这种提出要求的过程称为利益表达，利益表达的主体称为利益集团。按照美国政治学家阿尔蒙德的定义，所谓利益集团，就是指“因兴趣或利益而联系在一起，

① 本节初稿由进修生郑建艇完成。

并意识到这些共同利益的人的组合”①。我国经济学家厉以宁在《转型发展理论》中说：“利益集团是一个不明确的概念，它是以经济利益目的相联系的一种无形组织。所谓利益集团是指这样一些人，他们彼此认同，有着共同或基本一致的社会、政治、经济利益的目的。因此他们往往有共同的主张和愿望，使自己的利益得以维持或扩大。”由此可见，利益团体是基于某种共同价值、共同利益、共同态度或者是某种职业和行业而形成的正式、非正式团体和群体等社会组织。其目的在于建立、维持、增进共同利益和共同态度所蕴涵的行为模式；其职责是履行利益聚合功能，以保障或增进其成员的利益作为最高目标。

利益集团最早出现于18世纪末的北美13州。其后，英国、法国也相继出现了利益集团，但数量不多，对政治过程的影响也非常有限。19世纪中叶，随着产业革命的兴起和市场经济的发展，社会利益出现巨大的分化。利益分化造成的矛盾和对立促使利益性质相同且处于同一利益水平上的人们，在明确的利益意识的驱使下结成了一定的利益团体，各种利益集团便发展了起来。进入20世纪，尤其是第二次世界大战后，由于在古典自由主义时代的国家基本上处于“守夜人”的状态，但随着市场经济的发展，市场自身的缺陷表现得愈来愈明显，于是出自政府的各种干预政策便纷纷出台，从而不断地加强政府在经济领域中的作用。在这种情况下，影响政府政策就成为追求利益的各种利益集团表达和获得利益的重要途径。利益集团在西方各国大量涌现，已经引起学者的普遍关注。

在各种利益集团中，有的有一定的组织形式，有的则没有什么组织形式，只是具有共同利益的个人，正式或非正式地结合成某一团体，主要是便于向政府反映和提出他们的要求，这是今日世界多数国家政策生活的主要特征之一。利益团体广泛存在，数量众多，种类繁杂，形式各异，它们的利益要求也各不相同，有的要求对社会价值和资源重新分配，有的要求维持现状和既得利益。前者趋向革新，后者趋向保守。通常它们不具有典型的浓厚的政治色彩，但却往往是政府和公民之间联系的重要桥梁。各种利益团体参与和影响政策制定的形成过程，成为非官方政策主体的最重要构成因素之一，它们在公共决策过程中起着显著作用。这是现代国家政治

① ［美］G. A. 阿尔蒙德、G. B. 小鲍威尔：《比较政治学：体系、过程和政策》，200页。

体制的一个显著特征。

公共选择理论认为，利益团体的行为动机及原则也是按“经济人”假设行事的，即追求自身利益的最大化。而公共政策制定，实际上是对社会价值和资源（利益）的调整和重新分配。政策不是针对一个人的，而是针对社会全体成员，或是针对一类人、一群人（某一社会阶级、阶层、集团、群体等）。然而，社会却没有完全一致的价值和利益存在，只有团体与个人的价值和利益存在。

政策制定中引起利益团体间的冲突是常见的。因为国家的资源和政府所能动员的资源是有限的，无法满足所有利益团体的要求。一种利益的增加必然会导致另一种利益的减少。于是国家在制定政策时，必然涉及各种利益团体的价值和利益。在调整和重新分配的过程中，往往使原有的利益团体之间的利益平衡遭到破坏，从而直接引发它们之间的利益冲突。当某项政策对某团体有利，对另一团体可能不利甚至有害时，会引起不同的反应。受益者会采取某种行动去维护支持对自己有利的政策；受损者则会以某种方式去反对或改变对自己不利的政策。

在这种情况下，政策制定者就必须运用政策来协调和解决这种冲突，理顺各利益团体间的关系。否则，政策制定难以顺利进行，即使制定出来了，也会因有各种阻力而难以贯彻执行。任何一种政策，如能使大多数团体感到可以接受，就表示了某种均衡状态。这时，政策就成为大多数利益团体的一种协调和妥协的产物，也是竞争和斗争的产物。如果团体的影响力发生变化，均衡被打破，又会进入新一轮争取均衡的竞争和斗争。由此，公共决策从某种角度上可以看作是利益团体之间的互动、争斗、妥协和缔约的过程。

利益团体影响政策制定的方式（即如何表达自身利益的方式）是多种多样的。而如何表达利益的问题，实际上就是一个政治参与的问题。在一般情况下，通过本团体在各种代表机构中的代表人物，就某个政策问题向政府陈述意见，提出建议或提案；或者通过社会舆论表达本团体对某个问题的观点和见解，力图说服政府采纳；或者对社会规范价值重新加以界定；也可以用现有法规、制度上的规定表明自己的立场。在某种特殊、紧急的情况下，也可能由一个团体单独或几个团体联合向政府施加某种压力。当然，影响政策制定的形式和方法，会因时、因地、因问题、因环境而不同。利益团体对政策制定影响力的大小，取决于团体自身所处的社会地位、成员多少、声望大小、财力厚薄、组织强弱、领导力高低、内部凝聚力状况以及运用策略的情形等诸多因素。

利益团体影响公共决策的方式主要有游说、宣传、捐款、抗议等等。以美国为例，美国国会、行政当局和利益团体之间存在着一个非正式的"铁三角"。利益集团影响政府的方法主要有两种。一是游说（又称院外活动），就是利益团体的代表向国会议员、政府官员进行有针对性的说服工作，希望他们支持本集团所希望的政策，并借助媒体，使得一项具体政策被通过或被拒绝。游说本身并没有什么不好，因为它是民主过程的灵魂，它让政府官员知道不同利益团体和选民的利益与要求。美国政府的游说通常分为两种。一种是内部游说，它较为传统，一般通过游说人和国会议员或行政当局官员的私下接触，金钱是游说成功的保证。另一种是外部游说，也称为"草根性"游说。它是指许多组织调动自己的会员在华盛顿以外来唤起或影响大众，通过向议员写信、发电报、利用当地媒体宣传自己的主张等方式，从外部对议员们产生压力。二是政治捐款，即利益团体通过捐款给议员候选人，支持国会议员和总统当选，换取他们以其职务上的权限来回馈捐款团体。也就是说，用金钱购买对立法的影响力。

快速发展的信息时代尤其是互联网的出现，使美国的游说活动又出现了新的特点，越来越多的利益团体开始在网上活动，互联网成为利益团体游说的便捷而又成本低廉的工具。许多单一目标的游说组织通常只有几个人和一台电脑，但他们可以通过互联网跨越国界，宣传自己的主张，招揽同情者，结识盟友，向政府和地方议员施加压力。

利益团体对于公共决策有其积极的作用。托克维尔和达尔关于现代民主的"社会制衡"思想强调：一个由各种独立的、自主的社团组成的多元社会，可以对权利构成一种"社会的制约"。启蒙思想家梁启超说过："道莫善于群"（这里的"群"，就是利益团体）。也就是说，每一阶层或层次的社会成员往往有共同的经济利益和政治利益，而维护自己利益的最好方法就是这一阶层的社会成员能组织起来，以组织的形式和组织的力量同其他社会阶层发生各种联系。其组织形式越完善，组织力量越强大，其利益保护就越有效。

以日本农协为例。众所周知，日本的制造业从对美国的出口中赚了大钱，并留下了巨额贸易顺差，从而导致美国要求日本进一步开放农产品市场，要求日本农产品实现贸易的自由化，但日本政府始终抵抗美国方面的一波又一波的长达二十余年的贸易自由化“轰炸”。其主要因素是日本的农民利益团体——全日农协联盟（NOKYO）的抗争。这个团体有800万成员，对日本政府的农业政策的决策过程具有广泛的权利，因领导提高粮食价格战、保护家畜和为柑橘生产者反对自由进口农产品而享有极高的政治声誉。1982年8月和1983年1月，在美国总统里根访问日本前，各合作社同盟前后资助了20次大规模的群众集会，反对农业政策自由化和扩大农产品进口指标。由于全日农协联盟十分强大，任何涉及农业贸易自由化的问题都会自然转化为日本的重大政治问题。从这个事例可以看出日本的执政党及其政府受制于利益团体的程度。

全日农协联盟在此提供了一个在多元社会条件下，利益集团作为社会政治行动的基本单位之一，影响社会基本政治秩序的典型例子。这种利益集团往往集中了个体的需求，形成集团利益并以集体的形式表现出来，于是形成政治力量，也就是政治压力。在参与政治高层方面，利益集团推举自己的代表参政议政，它们充当利益集团的喉舌并为其争取利益，团体则作为这些代表的支持系统，起着协商立场、组织资源的作用。利益团体监督着公共权威，以便阻止它们的越权行为。利益集团还提供了公民参与政治的渠道，使得它们的权利成为有影响力的、受到承认和保护的东西。

我国在计划经济时代，由于缺乏一个外在于国家权威的自治的社会领域生存发展的资源空间，也就没有利益集团成长的基本条件。20多年的改革开放使我国的社会基础发生了深刻的变革，随着社会主义市场经济体制的建立和完善以及利益多元化格局的形成和发展，作为社会活动领域的利益集团已经进入成长的轨道，并从政治领域（国家）中分离出来，成为一种重要的社会力量，它将对政府的公共决策产生日益重要的影响。如何建立和完善利益集团成长的法律制度环境，理顺政府改革与社会组织发展的互动关系，以及如何充分发挥利益集团在权利制约、增强公民的公民意识、满足社会多元化需求等方面的积极作用，尽量限制其消极作用，将是我国公共决策过程中必须面对和加以认真处理的新问题。

二、公民（选民）

公民或选民是政策主体的一个重要的组成部分，或者说是一种最广泛的非官方政策主体。公民是指具有某国国籍并依照该国宪章享有权利和义务的个人。公民表明一个人对国家的隶属关系，既包括统治者，也包括被统治者。在当代，公民的含义更多地表达了法制和民主社会的基本准则。

公民作为一种政治身份，最早出现于希腊城邦政治结构之中。希腊文的“公民”（polites）一词就由城邦（polis）一词而来。所谓公民观念，主要是指公民对自己的身份和政治角色及由此而来的权利义务的认知。公民身份最主要的标志是他们享有政治权利。亚里士多德认为，完整意义上的公民是有权参加议事和审判职能的人。公民的身份就意味着参政的权利。公民独享的政治自由指在公共生活或政治生活领域的自主与自治，它的含义接近于近代的民主权利。亚里士多德强调政治家所治理的人是“自由的人”，他们所执掌的权威为“平等的自由人”之间所托付的权威。在托马斯的“公民资格”概念中，公民身份是对平等的描述，其权利与义务在一定程度之内保持平衡，且这一平等主要是程序性的。巴巴利特在《公民资格》一书中将公民资格和社会阶级联系起来，论述了公民资格的发展与社会制度、社会过程以及社会阶级的关系。总之，从公民资格概念的内涵及其发展中，公民的概念从来就是一个反对特权，要求平等权利的产物，其蕴涵着民主的价值，是权利和义务的共同体。

法学家们给出的关于公民的政治权力的通行定义是：“公民依法享有参与国家政治生活、管理国家以及在政治中表达个人见解和意见的权利。”① 政治学家将政治权利定义为：“参与政府管理与影响公共政策之权利”② 或“社会成员实现利益分配的资格”③。即公民参与并影响公共政策从而得以享受在政治生活领域作为自决、自主的存在的权利。就其形式而言，公民政治权利是公民参与并影响政治生活的权利。“参与并影响”

① 许崇德主编：《中华法学大辞典》（宪法学卷），788页，北京，中国检察出版社，1995。

② 林嘉诚、朱浤源编著：《政治学辞典》，279页，台北，五南图书出版公司，1990。

③ 王浦劬主编：《政治学基础》，104、303页，北京，北京大学出版社，1995。

界定了公民与公共政策的关系，表明公民并不是被排斥于政策制定之外，而是可以参与政策制定并形成对政治生活的影响。在现代民主社会中，公民通过各种政治参与途径，去影响或制约政府的公共政策的制定和执行。公民不仅是政策主体的构成因素，而且也是政策发生作用的对象即政策客体。同时，民主和法制的精神赋予公民在政策合法化中的主体地位，从政策科学的角度来讲，公民的主体地位应该体现在政策过程的起点至终点的全过程。

在现代民主国家中，公民决定或影响政府公共决策的主要途径有：（1）以国家主人或主权者的身份，对某些重大政策问题直接行使主权，如对宪法的修订、领导人的选举、基本国策或重要的地方性政策采取直接投票的方式来加以决定；（2）用间接或代议的方式，选出自己的代表制定或修改并执行公共政策；（3）使用各种威胁性方式（如请愿、示威游行、罢工、罢课等）去反对某些政策，迫使政府将问题提上议事日程；（4）通过参加利益集团，借助团体的力量去影响政策，或通过制造舆论或游说的方式去影响政策；（5）对政府通过并实施的政策采取合作或不合作的态度，以此影响政策结果等。

公众在公共政策制定中的地位不容忽视，这是因为政党和政府制定的政策所要解决的社会公共问题都与公众的利益密切相关。在大多数现代国家里，特别是人口众多和地域辽阔的国家中，公众不容易直接对中央政府的决策发表意见，但可在地方政府的政策制定中发挥更重要和更直接的影响作用。有许多政策只有依靠公众的合作与参与才能得以贯彻执行，如环境保护、社区发展、社会治安等方面的政策，若没有公众的支持，即使政策制定出来了，贯彻执行仍相当困难。要保证政策有较高的支持度，就不能忽视政策制定中的公众的有效介入。

在西方，公民的确有时可以通过上述途径去影响政府的决策。但是，在西方代议制民主制度下，公民的政治参与及对公共政策的影响是有限的，甚至是微不足道的。其最大的弱点为大部分的立法人员皆欠缺有关的专业知识，故他们在行使职权时，往往发生力不从心的现象。调查表明，当选民对竞选公职的候选人投票时，他们很少受政策考虑的影响。公共选择理论家们从“经济人”假设出发，认为政治领域中的选民和经济领域中的消费者的动机是一样的，即出于自我利益的最大化原则，他们在政治领域中的投票行为取决于投票获得的收益和投票所支出的费用之比。选民所期待的收益取决于他们对自己所希望的政策得到实施的期望值，即只有自己所支持的候选人当选时才能使希望的政策得到实施。

在我国社会主义民主政治制度下，人民群众是国家的主人，他们在决策过程中起着重大作用。党和政府通过各种渠道，尤其是通过“从群众中来，到群众中去”的路线，让人民群众参与公共事物的管理以及公共决策活动，参与政策的制定、执行、评估和监控。党和国家的各项政策实质上反映了广大人民群众的根本利益，是他们的意志和要求的集中体现。不可否认，我们的社会主义制度为公民合法的政治权益提供了充分保障，也为我国的民主建设提供了坚实的基础和广阔的空间。但我们也应看到，现实中的民主化程度并不尽如人意，其结果也难以达到预期目的。

首先，即使公民能够参与制定或选择政策方案，也只是意味着公民的科学合理的建议有被采纳的可能。至于这些建议能否或在多大程度上在选定的政策方案中得以体现，广大公民一般是难以知晓的，除非等到正式的政策公布之后，而此时公民也只能是被动地接受，难有否定或修改该政策的可能。

其次，一些领导干部与政策制定人员由于自身的政策科学知识、民主意识的缺乏，在审议和选择政策方案等环节上常常漠视有关法律法规的精神、政策制定程序和公民的政治权益，凭经验人为地制定出一些既无科学依据、又严重脱离社会现实的政策；至于一些党政领导为了自身所谓的“政绩”，或出于个人的偏好，更是不管政策是否切实可行，是否损害公民利益，就强行实施一些易于“建功立业”的政策；而一些下属人员为了维护或谋取个人的利益，或为了与领导保持一致，也常违反政策制定的有关规则，使得科学的民主集中制蜕变成领导人“说了算”；而领导者又常以集体决策为由推卸了本该承担的责任。同时，这种现象又助长了这些领导人滥用职权、不负责任的决策作风。

再次，曾经备受人们看重的政策研究机构在体制和一些领导干部决策作风的影响下逐渐蜕变为起草文件和报告的秘书班子，其日常工作就是做一些领导人的“命题作文”，或尽力论证领导者的个人意见，以便使那些主观色彩很浓的政策披上“科学”与“合法”的外衣。但是，如果我们无论在理论上还是在实践中，都承认公民在政策合法化中的主体地位，鼓励公民积极参与政策合法化，一改过去“谋”与“断”一步到位的政策制定模式为“谋”与“断”的适当反复，就不仅能增强公民的政治参与意识和主人翁的责任感，而且对那些违反民主精神的政策方案与个别领导的决策随意性、官僚主义、搞“政绩”工程等作风起到一定的监督与制约作用。

最后，由于政策执行在很大程度上取决于政策对象的合作程度，因此，作为政策对象的重要组成部分，公民参与政策制定合法化将明显增加政策的透明度，有利于他们对政策的认可和接受，实现公民参与政策制定合法化的目的，也自然有利于之后的政策执行。

三、大众传播媒介

大众传媒系指在传播路线上用机器做居间以传达信息的报纸、书籍、杂志、电影、广播、电视、因特网等诸形式。① 决策中的信息总要借助于一定的媒体才能传播，大众媒体则是现代社会最为普遍的信息传播载体。大众传媒对全世界的政治、经济、文化正产生着越来越大、越来越广泛的影响。以至于在西方有人将大众传媒称作是与立法权、行政权、司法权并列的“第四种权力”。

以大众传媒作为主要研究对象的传播学自20世纪初建立以来，在西方国家的发展十分迅速，出现了威尔伯·施拉姆、哈罗德·拉斯韦尔和申农等在传播学领域做出杰出贡献的著名学者。他们当中如哈罗德·拉斯韦尔不仅作为传播学理论的奠基人，更是著名的政治学家。大众传播媒介对政策制定的作用极为显著。传播学的奠基人之一，美国传播学家施拉姆指出：“媒介很少能劝说人怎么想，却能成功地劝说人想什么。”② 20世纪70年代的美国著名记者西奥多·怀特也曾提出媒介“安排公众议程”说。拉斯韦尔则认为政治传播就是“运用实义的符号，以控制人们的集体态度”③。如1985年，正是由于日本新闻界披露了“里库路特行贿受贿”案丑闻，而导致当时的日本首相宇野下台，内阁倒闭。当时的评论说：新闻

① 参见沙莲香：《传播学》，115页，北京，中国人民大学出版社，1990。

② ［美］威尔伯·施拉姆、威廉·波特：《传播学概论》，276~277页，北京，新华出版社，1984。

③ 宋定国：《新编政治学》，294页，北京，中国人民公安大学出版社，1990。

传播媒介的作用更像是政治的火钳，它所起的作用已不完全像新闻事业。事实上，从大众传播媒介产生开始，它就与社会政治形成了互动的紧密关系，是实现政治社会化的主要手段。通过大众传媒的影响所形成的政治舆论是不可低估的政治力量，历史上每一种新媒介的诞生，都给社会政治文化带来革命性的巨大冲击。如15世纪活字印刷在欧洲的出现，推动和促进了文艺复兴和宗教改革；19世纪的电报、铁路与高速印刷的发明，导致了寡头政治的倾覆，从而产生了民主政治；1950年，电视在美国促成了民权革命。在当今信息社会，大众传媒对政府的公共决策有着重要的影响，有时甚至是决定性的影响。它们的主要作用是传播信息、引导舆论、交流思想和传播知识，是政府、政党和其他利益团体的宣传工具。

关于大众传媒对政策制定的影响与作用具体体现在：大众传媒能及时反映社会所发生的公共问题，同时，其传播的信息是对政策信息和政策问题进行选择、整理、淘汰、处理，经过层层加工和筛选后，再提供给公众的。它建构的“第二现实”影响受众对问题内容及其性质的认知和态度，进而影响着政策议程的建立。由于大众传播的直接性、迅速性和广泛性，它能为政策制定创造良好的公众支持的环境，从而扩大政策诉求群体，提高政策问题的认知程度。大众传媒的“焦点效应”，可以形成强烈的政策舆论压力，促使决策系统接受来自公众的愿望和要求。大众传媒是连接政府与社会的桥梁和中介，可以扩大公众对政策制定的参与程度，使分散的公众公开表达自己的诉求，是实现决策科学化和民主化的重要载体。

第三节　现代政策研究组织[①]

现代政策研究组织又叫“思想库”（think tank）、“脑库”（brain tank），是政策主体的一个重要组成部分。它在当代政策研究中起着重要作用，有学者称“思想库是现代国家决策链条中不可缺少的一环”。可以毫不夸张地说，没有思想库卓有成效的研究，西方发达国家的政府就会在公共政策上束手无策。在美国，有一种流行的说法，即思想库的研究成

① 进修生何林生参与了本节第四目的写作。

果，决定着美国人从摇篮到坟墓的一生。思想库已成为现代公共决策一个不可或缺的组成部分，思想库的成熟程度是衡量一个国家公共决策水平高低的重要尺度。

一、现代政策研究组织的形成、特征和类型

很难给现代政策研究组织下一个准确的定义。日本学者增田米二曾说，脑库是以开发大型科学（如开发宇宙和海洋）和开发社会（如防治公害，城市建设）等更加综合性的技术和系统为对象的研究咨询机构，它强调设计未来，跨学科研究和系统分析方法。我们可以一般地将现代政策研究组织看作是由各种专家、学者组成的跨学科的综合性政策研究和政策咨询组织，其主要的工作是进行综合性政策理论研究、政策规划、政策设计、政策分析、政策评估等，帮助政府部门和机构进行决策，以提高公共政策质量。

1. 现代政策研究组织的形成

现代政策研究组织是时代发展的产物，它是第一次世界大战后在美国首先出现的。最早的思想库有胡佛战争、革命与和平研究所（1919）、对外关系委员会（1921）、布鲁金斯学会（1927）等。这一时期政策研究组织数量有限，组织不严密，研究方法不发达，研究领域比较狭窄，尚未法制化、制度化，没有形成一整套完整的组织体系和规范程序。它们还没有被社会和政府要员所广泛承认。

现代政策研究组织（思想库）的大量涌现是第二次世界大战之后的事。当代思想库具有独特而合理的组织结构和运行方式；它们开发了许多新的研究方法，形成了各学科综合性研究，推动人类的政策研究从个体走向群体，从偶然走向必然。当代西方较有影响的思想库有：美国企业公共政策研究所（1943）、兰德公司（1948）、斯坦福国际咨询研究所（1946）、巴特尔纪念研究所（1955）、乔治城大学战略和国际问题研究中心（1962）、野村综合研究所（1965）、国际应用系统分析研究所（1966）、伦敦国际战略研究所（1958）、法国经济和社会委员会（1946）、加拿大公共政策研究所（1972）等。

思想库是现代社会发展的产物。现代西方国家的经济起飞、科技发

展，为思想库的发展提供了活跃的环境，而思想库反过来推动着西方国家社会、政治、经济的发展。科学决策离不开科学的咨询，公共决策者和决策研究相分离已成为一种趋势，思想库正是代表着决策研究者的崛起。思想库是由各种专家、学者进行跨学科的综合性政策研究和政策咨询的组织，它提高了政府部门的政策质量，为社会提供信息、技术、思想观念服务，超越了单纯学术研究和应用研究的纯粹科研层次，最终丰富和发展了现代国家的多样化、科学化和合理化决策。

2. 现代政策研究组织的特征

作为政策主体的一个重要组成部分，现代政策研究组织（思想库）有如下几个基本特征：

（1）以改进政策制定为目标。这是现代政策研究组织的宗旨和首要特征，无论哪种类型的思想库，都把改进政策制定作为最终目标，它的一切活动都围绕着这一目标开展。虽然它提供服务也收取报酬，但不以营利为目的，只是为了维持组织的继续运转，为研究工作提供更好的环境和条件。它的目标始终是改进有关机构和部门的政策制定，促进决策科学化、民主化。

（2）研究人员构成的多学科性。现代政策研究组织面对的是各种各样复杂的问题，具有高度综合性特征，涉及众多学科领域和社会生活的各方面。显然，要探索解决一系列极为复杂的问题，仅靠单一学科的知识、方法是难以奏效的。作为现代社会发展的产物，政策研究组织广泛采用了跨学科、跨部门的研究方法。例如，兰德公司的研究人员中，配备了工程技术、物理学、计算机、数学、统计学、经济学、医学、教育、法律、社会学、心理学和政策分析学家。在开展课题研究时，有关各个学科的专家组合在一起，开展协作，起到互相补充、拓宽思路的作用。

（3）从事政策研究和咨询的相对独立性。古代智囊人物凭个人智慧和学识为某个官僚贵族私人服务，他们之间的关系是人身依附，是士为知己者用的关系。而现代政策研究组织的研究活动，是在尊重科学和实践基础上，从实际出发，依靠科学实验和论证，做出科学的结论。他们的成果不是为了去支持、论证有关的政策或计划。兰德公司鼓励调研人员不受委托者的影响，不被任何框框所束缚，弘扬科学精神和个性，即使与委托者或权威者的意见大相径庭也无妨。大多数的现代政策研究组织是有自主权的机构，具有独立的或相对独立的研究环境和条件。它们接受委托，进行研究活动，有时甚至不了解委托单位的初始意见。这就能够比较客观地研究问题。布鲁金斯学会为了保持独立性，曾强烈表示不受理资助研究以外的任何研究，并规定了接受政府资助的限度控制在总收入的20%以内。可以说，独立自主的研究是现代政策研究组织取得成功的一个重要条件。

（4）运用现代科学理论和先进技术手段。现代政策研究组织的诞生和发展以科学方法的发展为背景。尤其是系统论、信息论、控制论、耗散结构论等，为现代政策组织提供了行之有效的研究方法及手段。其科学性、实用性和有效性在政策研究中屡屡得到验证。思想库创造的一些理论和方法，也不断发挥巨大作用，如乔治城大学战略和国际问题研究中心提出估计世界各国实力的"战略发展趋势理论"；斯坦福国际咨询研究所的"趋势估计与监视计划"，借以跟踪不断发展的形势；兰德公司创造的系统分析、德尔菲法等方法，奠定了政策研究方法的基础。此外，在研究过程中，思想库还广泛借助电子计算机、现代通信手段，建立模拟模型和数据库，建立决策支持系统，有效地提高了政策研究组织研究成果的可靠性、可行性，缩短了决策过程，使决策更加科学、合理。

3. 现代政策研究组织的类型

政策科学的应用性特点，决定了思想库是学术部门和实际部门的有机结合，各个思想库的服务对象、研究领域和所起的作用不同。可以将思想库分为如下几种类型。

（1）官方思想库。这类思想库通常隶属于不同国家或地区的政府及其职能部门，带有明确的官方色彩，反映了政府一定的态度、立场和感兴趣的问题。它们直接研究政策问题，为决策提供咨询。官方思想库有几种次属类型：一是最高行政长官的研究咨询机构。它们由最高行政长官的办事机构和专门委员会组成。比如美国总统科学咨询委员会、荷兰政策科学评议会、日本审议会、法国总统府中的总秘书处等。这种机构与最高决策者保持密切联系，及时提供各方面的情报和资料，提供各种备选方案，作为政策制定者决策的依据与参考，对最高决策者起着巨大的影响作用。二是相对独立的研究咨询机构。它们与行政系统关系密切，成员由政府任命，但又保持自己相对独立的组织体系和研究方法。如法国的经济和社会委员会，荷兰的国务会议和社会经济理事会。这类思想库在西方政治生活中地位重要，对国家的立法、行政和司法都有很大影响。如法国的经济和社会委员会素有“第三议会”之称。三是部门的咨询机构。它们为各部门提供研究咨询服务，其形式多样，层次分明，构成一个相互关联、各司其职的系统。例如，日本政府各部都有相当数量的审议会作为咨询机构。通产省设有 3 个审议会，厚生省设有 21 个审议会，它们对专题进行研究，提出各种方案，供各部门决策选用。

（2）半官方思想库。西方国家为了让专家们能在民间的环境中工作，使其智慧为政府部门服务，通过各种途径和方式，建立了许多半官方思想库。一是政府通过投资和资助重点研究领域和方向，把它们纳入为政府服务的轨道。如作为日本“脑库总管”的综合研究开发机构的重要任务就是根据日本政府的需要拟定研究课题，分配给有关民间研究机构，并提供充足的资金保证。德国基尔世界经济研究所一半以上的经费由政府提供。西方政府正是通过资金上的援助与这些思想库建立了长期的、稳定的、密切的合作关系。二是政府通过和思想库签订合同，建立相互依存的关系。如斯坦福国际咨询研究所总收入的 70% 来自政府和军方的合同收入，它是主要为政府和军方服务的半官方研究咨询机构。三是与政府部门对口挂钩的思想库。虽然政府对这一类思想库的资助只占很小一部分，但它们与政府部门对口挂钩，直接为对口的政府部门提供研究咨询服务。因此，它们实际上也是半官方的研究咨询机构。如美国对外关系委员会（与国务院对口挂钩）、经济发展委员会（与商务部对口挂钩）、税务基金会（与财政部对口挂钩）。

（3）民间思想库。民间思想库是由民间发起，得到基金会和企业资助，为国家机构及其长官服务的政策研究机构，如美国现代问题研究所、美国企业公共政策研究所、外交政策研究所等。民间思想库是思想库的典型形式，其最大特点是独立性和客观性。它们熟悉技术方法，不为个人意志所左右，直接体察民情，既超脱又接近实际，研究成果更具客观性、正确性、全局性、有效性。民间思想库有两大优势：一是由于民间政策研究组织有一定社会性，在获取真实信息方面有较多优势和有利条件，可以克服行政性研究机构在搜集真实政策信息上的局限性；二是可以保持政策研究的连续性和系统性，克服行政性研究机构因领导人更迭和领导注意力转移而影响政策研究课题和条件的弊端，有利于提高决策的透明度、开放度与民众参与度，对社会政治经济的稳定有积极意义。民间思想库对公共决策的作用巨大。如20世纪60—70年代，美国布鲁金斯学会出版的《制定国家优先项目》(每年1卷)，由布鲁金斯学会的学者评价总统的全部规划，提出各种可供选择的方案，并对不同于总统设想的各种替代方案可能产生的影响做出评估，对政府的公共政策施加了很大的影响。①

(4) 跨国思想库。这是由世界各国科学家、经济学家、企业家、政策科学家组成的，以研究人类全球问题为主的思想库。首先，这类思想库研究的是在规模上具有全球性，在性质上涉及全人类的利益，在解决时需要世界各国协同努力、采取共同对策的问题。其次，它们经常与一些国家的政府首脑和著名政治家举行联席会议，共同磋商、讨论问题。最后，它们努力促进各国成员之间的交流，交流解决各国所面临的问题的经验与方法，探讨各种专业知识的综合方法。例如，著名的跨国思想库罗马俱乐部，其研究报告始终广泛地吸引着世界各国政府，并引发了20世纪70年代以来在西方世界中占有重要地位的社会运动——生态和环境保护运动。跨国思想库以研究课题的魅力和不为任何国家、政党利益服务，只关心全人类的利益和人类未来的宗旨，发挥着其他思想库所难以发挥的作用，影响着人类的明天。

二、现代政策研究组织的体制、地位与功能

现代政策研究组织（思想库）有独特的组织体制以及研究方式，它在当代公共决策系统和过程中占有重要的地位，发挥着无可替代的功能。

1. 现代政策研究组织的体制

现代思想库为了自身的生存和正常运转，建立起了一整套卓有成效的组织体制及领导机构。思想库一般采用理事会领导下的经理负责制。大都设有一个理事会或顾问委员会，由政界要人、学术专家、著名律师以及对政治问题感兴趣的大公司经理组成。他们决定着思想库的事业计划、人事安排、大政方针及管理方面的重大事项，行使思想库的最高决策权。由董

① 参见［美］伦纳德·西尔克等：《美国的权势集团》，第五章，北京，商务印书馆，1994。

事会任命的经理负责思想库内部的事务及具体研究计划、财务管理。经理任命研究所所长，在所长下分设管理各项工作的副所长，协助所长工作。例如，兰德公司的决策机构是理事会，有理事近30人，其中1/3为政府官员，1/3为企业界人士，1/3为本公司成员。公司设总裁、副总裁，主持日常工作。内部组织有三大系统，一是“学部系统”，专管研究人员；二是“计划系统”，专管研究项目；三是研究生院，负责培养人才。当然，各个思想库内部的机构设置依人数多少、规模大小而不同。

各个思想库各有特色和绝招，研究体制有分有合，不断变化，形成了以专业为核心的研究单位和以任务为核心的研究小组交叉运行模式。具体的运行模式还必须根据机构特点、研究任务的性质等方面加以确定，机构服从专题，经常变化。最有代表性的是兰德公司发明的“矩阵制”和巴特尔研究所采用的“研究项目组”制。其要点是研究人员平时各守自己的研究阵地，遇有重大研究项目时，根据课题所需要的专业知识，从不同部门抽调人员，组成跨学科的研究班子，集体攻关。这样，部门和研究项目小组便相互交叉，构成一种矩阵。这种研究体制兼收了直线主管组织和横线协作组织的长处，有利于整个组织的有效管理，又符合思想库的研究需要多学科专业人员共同协作的特点，因此是一种较理想的研究体制。另外，一些典型的思想库一般采用金字塔型的直线结构。

总之，高效率的组织机构，精干的研究班子，确定专题以后系统深入的研究，人员的流动及学术互补构成了思想库的研究特色。就像发明“思想库”这一术语的H. 德罗阿博士在访问日本综合开发机构时指出的：“思想库的特点在于应由各学科领域的专家组成，能处理多领域、跨学科的问题，并具备新的研究方法。”

2. 现代政策研究组织的地位

从广义上讲，美国内外政策的制定，大体上可以说有两个过程：前一个过程是思想库对重大问题进行系统的政策研究和设计，后一个过程是联邦政府根据需要，按法定程序制定有关的法令。这两个过程决定了美国的重大方针、政策，成为美国社会中重要的决策方式。因此，我们说，思想库总是站在制定国家政策的最前沿，政府依靠来自思想库的建议。就像格兰特基金会的道格拉斯·邦德博士所说：“思想库所能起的最好作用，是发现某些有可能以后为政府所采用的思想，并使之实现……政府受着社会和政治危机的掣肘，以致不能把精力和财力用于培育新的思想、资助新的创造发明，思想库的任务就是要坚定地追求自己的目标，并为较长远的目的而牺牲眼前的目标。”我们从美国政策制定过程的实际状况来探讨思想库在决策中的地位。先看看图 3—1。①

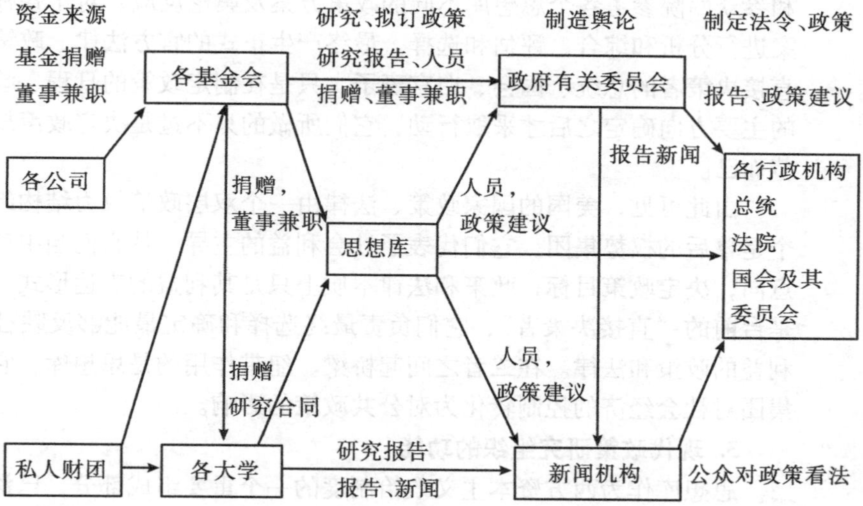

图 3—1　思想库在美国政策制定过程中的地位

从图中我们可以看出：第一，企业和私人财团为政策的研究、规划和发展提供了资金来源，有人称之为“种子钱”。第二，基金会是财团和知识界的主要纽带，将权势集团的政治意图或政策目标与经费一起投向有关的政策规划、咨询机构，分析社会问题，确定全国性问题的轻重缓急，以及探明新的政策方向，有人称这个阶段为播种阶段，因为它包含着信息和能量。第三，思想库在整个政策制定过程中起着核心协调作用。它们把企业、金融机构、政界人物、律师事务所、高级知识分子、新闻机构等各个方面的代表结合在一起，力求就正在研究中的全国性问题应采取什么行动达成一致意见，然后对这些粗线条的政治意见、政策目标进行严格科学意义上的研究论证，使之转化为可操作的具体方案。例如，“美国外交关系

① 参见［美］托马斯·戴伊：《谁掌管美国》，261 页，北京，世界知识出版社，1980。

委员会”在计划第二次世界大战后出现的三个主要国际性机构，即国际货币基金组织、世界银行和联合国中扮演了关键的角色。第四，思想库在制定出政策方案之后，一方面将它分发到新闻媒体和大众传播机构，在舆论上做准备；另一方面将各种政策方案提交政府及立法机构。第五，政府和参众两院参考各个思想库不同的政策方案及舆论反应，对于各种政策方案进行分析和综合、评估和选择，最终产生正式的官方法律、政策。作为直接决策者的总统、国会、白宫班子，只是在制定政策的日程、政策变动的主要方向确定之后才采取行动，它们所做的只不过是决定政策规划的细节而已。

由此可见，美国的国家政策、法律由一个双层政治权力结构组成。一个是幕后的权势集团，它们代表了社会利益的主导，从它们当中产生政策意向，决定政策目标，政策和法律本质上只是其利益的表达形式。另一个是台前的“直接决策者”，它们负责最终选择和确定最能够反映社会主体利益的政策和法律。在二者之间起桥梁、纽带作用的是思想库，它把权势集团对社会经济的控制转化为对公共政策的影响。

3. 现代政策研究组织的功能

思想库作为西方资本主义政治制度的一个重要组成部分，已深入西方社会政治生活的各个方面、各个领域，在政治运行过程中起着十分重要的作用，是西方公共决策不可缺少的有力助手。其最主要的职能就是为统治者服务，一方面直接填补掌权者的职责与实际能力之间的差距，另一方面间接起到政府职能作用，为政府机构的有效运行服务。

（1）提供政策建议，充当咨询参政机构。那格尔认为：“思想库是产生可靠的、可以被有关部门接受的政策研究成果的主要机构。”① 在公共政策制定过程中，思想库起着承上启下的作用，是联结权势集团和直接决策者的中介，起到了使政治系统与社会广泛联结的作用。首先，由于思想库的存在及其中介活动，使得权势集团能够进行有效的利益表达，把手中的经济资源转化为政治权力。思想库作为一种咨询系统，为权势集团提供沟通信息、集中意见、进行表达的系统功能。它们帮助解决冲突，促进机构之间的合作，成为权势集团代言人，向政府提出政策建议。其次，思想

① ［美］S. S. 那格尔主编：《政策研究百科全书》，10页。

库将权势集团的意志，通过专家运用科学工具和广泛论证、归纳而变成具体的政策方案，源源不断地输向“直接决策者”，而政府与国会就是在这些方案中进行选择。正如那格尔所言：“尽管在原则上那些处在最高层次上的人有权正式决策，但实际上往往只是批准专家提供的方案。”最后，通过政策大辩论形成主流政策建议。美国主要的经济和政治力量几乎都有为它们服务的思想库。从政治立场上看，思想库大体可以分为自由的和保守的两派，但它们都强调独立研究，即使是同一倾向的思想库，也各有各的主张，常常会在同一问题上提出不同以至对立的政策方案，进行政策大辩论，起互相补充和制约作用。这种辩论有助于政策方案的衡量和选择，有助于在权势人物之间形成一种主流看法，避免一种看法和主张的局限性。

美国布鲁金斯学会的克米特·戈登认为：“政策研究的决策是在个人和机构的复杂网络中传输传递的，而正是通过这些个人和机构的相互作用，最终形成决定……研究是传送到这一网络的动力，如果研究的论述不充分，那么这种动力将很快消失，如果很充分——符合准确、及时、清楚和实用这些标准，那么其观点将在整个网络里产生互动……动议权对促进作出重要决策起着关键作用。”① 许多思想库绝不是为研究而研究，它们有着明确目的：为政府和国会提供政策选择，力争尽快使研究成果变成政府行动。正如乔治城大学战略和国际研究中心创始人布希尔所说：“在过去的二十多年中，战略和国际研究中心很明显地帮助了政府政策的形成。”

（2）提供学术思想，充当认识机构。思想库的任务不仅在于提出具体的政策方案，而且在于发现和传播短期内不会成为政策的学术思想，坚定不移地追求长远的目标，而不是眼前利益，它关心的不仅是国家、民族、人类的现在，而且着眼于未来，注重发掘社会发展的新思想，寻找社会发展的潮流，并使决策者逐渐接受这些思想，这是思想库的活力所在。首先，提出代表某个权势集团的未来政策思想。思想库的影响不仅在于它的知识，而且还在于它是“政治性的”。就如传统基金会会长埃德温·福伊尔纳所说，保守思想库的任务在于创造20世纪80年代以后能真正体现美国社会价值的保守观念，而传统基金会就是这场静悄悄的革命的先锋。

① ［美］伦纳德·西尔克等：《美国的权势集团》，261页。

美国遗产基金会的一位人士也说，他们是保守主义革命的思想突击队。其次，提出关于人类未来的新思想，及时敲响人类社会所面临问题的警钟。思想库决策研究和决策咨询都具有强烈的未来研究倾向，对未来的探索是现代思想库区别于一般研究机构的主要标志之一。比如，乔治城大学的战略和国际研究中心从战略角度出发，对世界经济和能源以及科技和通信信息等项目的研究，侧重于“预测未来”，它多年前曾提出这样一个论断：20 世纪 70 年代的能源和 80 年代的信息是各国政府面临的突出问题，还提出“信息就是力量”的口号。这些论断已被证明或正在被实践所证明，对各国政府的决策起着指导性、方向性作用。

（3）提供政策结果信息，充当评估机构。思想库一般注重评估政府各种政策和计划，在政治生活中起着一种“社会医师”的作用。比如：日本综合研究所在日本国内就有“诊断社会机能的医生”之美称。思想库通过对政策进行检查、评估和衡量，来评判政府政策的利弊得失，是否有效运转，是否符合政策制定规则，是否影响或改变了政治体系所面临的政策问题。从中不断地寻找和发现存在的问题，提出解决问题的方案，从而影响政府政策实施的持续时间和范围，改进了政策的实施战略和程序、强化政府施政能量。这也是思想库活力所在，是它生存下去和获得资助的必不可少的条件，要取得资助，就要别出心裁地提出新思想，供人们选择；而要有新思想就必须去发现问题，寻找问题。许多政策问题正是在这种良性循环的机制下不断产生出来的。

不管出自怎样的动机和动力，思想库作为政策的评价者和“社会医师”，诊断社会问题，发现病状，寻找原因，预测后果，开出药方，使社会问题得到研究，具有积极意义。第一，有利于决策科学化。思想库的评价可以超越少数政策制定者的有限见识，独立地、客观地而且更为广泛地对政策进行评价和鉴定，它综合各个方面对政策的态度、倾向，及时提出对政策的修正、补充，甚至推翻政策，有效地改进了政策制定目标，促进政策科学化和社会改进。第二，有利于决策民主化。广大专家、学者参与对政策的评估，可以看作是他们的一项基本民主权利，通过政策评估，促进政府决策行为的民主化。

（4）向政府输送官员和专家，充当人才的交流、储备机构。思想库是知识界精英荟萃之地，由各方面一流的专家学者组成，它的存在表现了现代西方社会的知识界利用智力资源干预和介入社会政治生活的倾向。兰德公司资深研究员 K. 索罗门指出，研究人员参加政府使其研究成果直接为制定政策服务是思想库影响决策最大的方面。美国当代问题研究所则宣称："思想库不光是思想"。

第一，思想库的这种作用直接表现在把思想库的专家安排到政府重要岗位。不管是民主党还是共和党执政，思想库对政府都很有影响。不论谁当总统，他都必须聘请思想库中那些"深思熟虑"的人来管理政府。就像美国学者伦纳德·西尔克所说："华盛顿卫队换岗，就是对一位新总统来说，提携那些支持总统任职目标的杰出思想库成员，同时又把他们的对手从前一届政府中辞掉，送回思想库中去。"① 据统计，美国政府中约有1/3 以上的高级官员来自著名的思想库。例如美国前总统乔治·布什就是对外关系协会、美国企业协会的成员。企业研究所 30 多名高级研究员中有一半在政府中担任过要职。

第二，思想库专家直接参与政策制定工作。在美国，由于政治家缺乏一定的技术、时间和精力来解决涉及核能、环境保护、职业安全、通讯、平等就业一类的复杂问题，给专家在政策制定中起作用创造了机会。专家拥有丰富的知识，掌握着先进的技术方法，面对大量的动态信息和瞬息万变的复杂的社会问题，优化组合的专家团体以高智能和整体结构发挥最佳功能，提供最优化选择，其研究成果常常成为提案的基础。正如那格尔所说："问题越复杂就越要求专家分析，社会及经济计划的扩展就是如此，我们已经看到官僚机构使用的顾问团体越来越多，这种变化和问题的复杂性有关，立法者通过给行政官员授权来推卸责任，行政官员又把一部分责任推给顾问。"这说明专家、学者已经成为最基本的政策制定者，他们不再是社会舞台上冷静的观察者，而成了政治舞台上强有力的参与者，发挥着越来越大的作用。由于专家参与政府，一方面可以使政策方案更合理，另一方面也强化了公众对一项政策的心理感受。

第三，参与竞选，影响公共政策制定。思想库活动是西方民主参与制的一种形式。有许多人就是从参与政策研究机构的活动开始继而参与政治活动的。思想库成员依靠自己对政治过程的了解和专门的分析技能来参与

① ［美］伦纳德·西尔克等：《美国的权势集团》，267 页。

竞选或支持候选人，他们把自己的个性和价值观融入政治过程之中，帮助候选人制定政策和策略。乔纳森·奥尔特说过，政治顾问凭借他们的权利正在成为重要的政治精英。他们形成一种重要的政治势力，决定竞选过程甚至通过与当选者的关系影响公共政策的制定，不再是简单地受人使唤。他们通过赢得选举而实现自己的政治目标。比如，三边委员会主要成员、国际关系问题专家布热津斯基曾帮助过包括休伯特·汉弗莱、伯奇·贝赫、爱德华·M·肯尼迪、亨利·杰克逊、沃尔特·蒙代尔和吉米·卡特在内的许多著名人物，卡特当选总统后，他被任命为国家安全顾问，对中东问题的和平解决起了决定性作用。

（5）制造舆论、传播观点，充当宣传机构。大众传播媒介的发展，使社会成了一个开放的系统。通过大众传播媒介，社会的各种问题和信息，就能及时地得到反映和传播。由于每个社会成员都有自己特殊的生活环境和问题，政策往往是不被理解的。而一项政策要有效执行，就必须被理解，要让公众信服政策制定的指导思想。一些政策无效并不是政策本身问题，而是观念和大众认同的问题。美国政策科学学者叶海卡·德洛尔指出，公众作为影响政策制定与执行的重要因素参与了政策运行的全过程，并扮演了重要角色；公众对政策的反应与教育程度、价值观念、政策科学知识有关，为了使政策能收到预期效果，促进公众行为的良性转化，为克服逆境创造条件，对公众进行政策启蒙教育就成为一项基本工作。教育方式有二：一是进行广泛持久的政策科学知识普及教育；二是利用大众传播媒介对各项政策进行宣传教育。

现代思想库起着把政府的基本政策传播给大众，把各界的观念传播给决策者的作用。它们十分重视利用舆论工具来扩大自己的影响。第一，每当国内发生重大政治问题时，它们就在电台和电视台上介绍背景、分析原因、提出对策，掀起一个个浪潮，借以引起公众和舆论的关注，启发人们的兴趣，从而达到宣传效果，以左右决策。比如，美国企业研究所将每月一次的“AEZ 公共政策讨论会”录像、录音，然后在美国的 200 个电视台和 400 个广播电台播放。又如美国对外关系协会以“重大决定提纲”为中心的外交政策讨论，参加者多达 20 余万人。第二，大量出版丛书、专题著作和刊物，宣传自己的研究成果，影响人们的思想观念。由于思想库研究成果新颖、独特，对人们的思想起着潜移默化的影响，改变着人们对某个问题的态度，从而形成一股力量影响决策层。比如，美国企业研究所每年的出版物达110种，布鲁金斯学会每年的出版物达84种，这两个思想库都有专门的出版发行人员，采取推销和捐赠相结合的办法尽力使其研究成果传播到最广泛的社会领域。兰德公司每年发送给政府、大学、社会团体以及企业的出版物超过30万册。第三，组织名目繁多的会议和讲座。企业研究所平均每周都有一两次这类活动，每年12月份举行一次为期10天的年会，参加者达上千人，有官员、学者、企业家、记者等。布鲁金斯学会专门设立一个"高级研究计划部"，每年邀请500名左右的政府高级官员与学者、议员、企业家讨论政府面临的问题。第四，派学者走出大门，到社会上演讲。思想库和政府、国会都有密切联系，经常参加国会的各种论证活动，用以宣传自己的观点和主张，并经常和政党相呼应，从而参与某些立法过程。另外，经常到大公司、企业和大学讲课，也是一种常见的动员舆论的方式。

三、现代政策研究组织的研究方法和手段

现代思想库与古代智囊人物的一个重要区别是凭借现代科学理论和先进技术，而不是只凭个人经验、知识和能力进行经验推理和判断。现代思想库在群体活动中，运用反映最新科学技术水平的大型实验设备，利用一整套科学的方法，在获取并及时处理大量信息基础上进行研究。这些方法和设备是政策研究的物质基础。思想库向政策制定者提供有足够依据的政策建议，使决策得到改进。为此，它们不断地探索着各种科学的研究方法。

那格尔认为，思想库的重要作用就是"发展了政策研究的方法论，特别是论证性方法，如系统分析和其他政策分析法"，包括决策理论、可行性研究、预测技术、调查研究、PPBS、成本效益分析等方法。这些方法与技术为思想库形成自己的特色奠定了基础，促进政策科学的发展。在那格尔看来，思想库的出现促使人们逐渐把政策分析看作科学研究的一部分，承认它符合科学方法论的规则和程序，具有潜在的"确定性"，使我们完全开始把科学知识和社会政策联系在一起，认为社会政策是经得起科学定理的考验的。这说明思想库创造的方法的科学性、实用性和有效性，

它们在政策研究和政策咨询中不断得到验证，大大提高了研究结论的可靠性。思想库在研究方法上特别注意强调如下几个方面：

（1）促使研究人员熟悉“反向学科”的思维方式或核心思想。所谓“反向学科”就是在基本规律和对现实世界的看法等方面与其所学专业完全不同的学科。譬如，应当促使经济学家吸收一些心理学和哲学知识，历史学家学习一些决策科学的基本模型等等。

（2）鼓励研究人员从整个社会的宏观角度出发，理解政策制定过程，把自己的专题研究同全面形势结合起来，拓宽研究思路，并通过一定时间在政府部门工作，到其他国家供职，理论和应用研究交叉进行等方式，来拓宽视野和专业知识。

（3）经常对实际运用中行之有效的方法论加以总结，鼓励优秀的研究人员总结其智慧成果，特别是在研究报告中加进方法论方面的内容，加以推广。

（4）鼓励创新，不断构建新的方法论。鼓励大胆冲破传统束缚，破除迷信，发挥创造精神，把历史知识和比较知识作为当代政策研究的基础背景，以排除方法作为优化模型和“择优”模型的补充。

（5）仍然肯定经验和推理的作用，重视人的因素，认为政策研究最终要靠“人的头脑”，计算机只是手段和工具。比如伦敦国际战略研究所强调他们的研究工作方法是“一支笔、一张纸和一个脑袋”。

同时，思想库也非常注重运用电子计算机、缩微胶片、光盘和全息图片、数据库等强有力的工具。这些工具对现代思想库产生了深远的影响，主要表现在：首先，将这些工具用于思想库的科学管理，诸如人事、资金、课题和专家咨询系统之中。其次，将这些工具用于思想库的研究和咨询，诸如大量计算、建立模型等之中。最后，这些工具本身的开发应用也是思想库的重要研究领域。

总之，思想库是西方政治生活的一个缩影和重要组成部分，是政策科学的发源地和主要研究机构，它对社会的影响不可低估，它是决策过程不可缺少的环节；它的出现在一定程度上带来了社会管理上的规范性，减少了决策的主观随意性，增加了科学性。虽然意识形态不同，但思想库中一些带有规律性的东西和研究方法，对我国公共决策科学化、民主化有一定的借鉴和参考意义。

四、中国政策研究组织的现状与改革

现在，我们回过头来看中国政策研究组织的情况。先介绍中国政策研究组织的类型，对它的现状做出评价，再讨论它的改革与发展问题。

1. 中国政策研究组织的类型

现代政策研究组织是人类决策活动进入新的历史阶段的直接产物，它主要在西方国家发展起来。我国只是到了20世纪80年代初，随着历史经验的总结和现代化建设的需要以及决策科学化、民主化的要求，才逐步发展起来。目前，政策研究组织已成为我国现代决策系统的重要组成部分。现有的政策研究组织大体可分以下五种类型：

（1）隶属于党委或政府部门的纯行政性政策研究组织。如中共中央政策研究室、国务院发展中心、国家发改委信息中心以及隶属各省（自治区、直辖市）市、县的政策研究室和发展研究中心。它们主要对国家和各地的政治、经济、科技、教育政策进行可行性、战略性、综合性和长远性研究以及对未来社会发展进行预测分析。其职能是为党政决策部门提供政策方案，并且帮助决策部门选择方案。主要特点是对实际情况比较了解，获取信息的渠道比较广，消息比较灵通，贴近决策实际，成果进入决策机会多，人、财、物比较充足。

（2）行政性和学术性相结合的政策研究组织。如中国人民银行金融研究所，原国家体改委经济体制改革研究所等。这些机构具有资料全面、理论基础较扎实，利用所隶属部门的有利条件，较容易取得信息，较好地做到理论和实际相结合，制定政策方案实用性强，成果在本部门处于领先地位，对政策的制定和运行影响大等特点。

（3）中科院、社科院及高校下设的相应系、所、室等学术性政策研究组织。如中国社会科学院金融研究中心，中国人民大学软科学研究所、复旦大学发展研究院等。这类机构具有学科广，人才多，专业知识扎实，基础资料比较系统，不受行政组织的束缚，研究与教学并重，研究与人才培养并重等特点。

（4）企业、公司、个人创办的政策研究所、咨询公司、研究会等民间政策研究组织。如中国管理科学研究院、深圳综合开发研究院等。这类机构具有独立性强，不受行政机制的制约，熟悉技术方法，直接体察民情民意，效率高等特点。

（5）由前政府官员组成的咨询小组、委员会等政策研究组织。如原来的中央顾问委员会、对外友协、上海“开发浦东”咨询小组等。其特点是对行政运行机制非常熟悉，经验丰富，可以直接参与决策。

目前，我国政策研究机构已扩大到各个层次和领域，集中了一大批多学科的专家、学者和前官员，形成了高智力的研究群体。这些组织的发展和壮大，标志着决策科学化、民主化的意识在我国逐步由上而下得到普及，有效地展示了知识分子和人民群众对不同层次的领导决策活动的参与，为实现决策科学化、民主化提供了机构保证。

2. 中国政策研究组织的现状

中国政策研究组织为我国的改革开放和现代化建设做出了积极贡献。主要表现在：第一，研究长远发展战略，确定发展目标，为改革和建设指明方向。例如，国务院发展研究中心牵头完成的《2000 年的中国》研究课题，对中国未来发展、有利条件、制约因素、总体战略和具体对策提交了研究结果，为中国的改革和发展进行了科学论证。该项研究提出的发展战略和上百条政策建议，成为制定“七五”规划的主要参考文件。第二，为决策者提供具体的政策措施和建议。如，原国家计委经济研究中心提出的《九十年代发展农业的对策》、《理顺煤炭价格》、《控制消费需求增长过程，改善国民收入分配格局》等报告，在实际工作中产生了重大影响。第三，对个案进行论证和分析，提供科学依据。如《三峡工程综合评价》、《宝钢长江引水工程可行性咨询报告》等。第四，随着改革开放的进一步深化和全球经济一体化的趋势越来越明显，我国的各级决策中枢也越来越认识到决策科学化、民主化的重要性。如 2003 年初，广东省政府组织了 11 个课题向全社会公开招标，这 11 个课题涵盖了当前广东省政治、经济、社会等领域需要解决的一些重大问题，而这在广东省政府的历史上是从未有过的。①

但是，由于受各种因素的干扰和制约，我国的政策研究组织在很多方面还存在较大的问题。一方面，体制内的政策研究组织存在功能“虚化”

① 参见《省市新首脑的“经济主张”》，载《中国经营报》，2003-03-03。

的问题；另一方面，体制外，尤其是民营政策研究组织作用小、发展慢。当前一些地方存在的行政效率低下、一些重大项目建设的决策失误以及政策制定和执行的随意性与非程序化等一系列问题，都与我国决策体制的不合理、忽视政策咨询参谋作用有很大关系。我国的政策研究组织尤其是那些官方组织，普遍存在行政性太强而自主独立性和学术性偏弱的弊端。这些组织往往是作为党和政府的职能部门来设置的，其内部组织结构、工作方式、工作条件和管理方式与其他一般职能部门并无不同，大量的行政性和事务性工作占据了日常工作的大部分。这种体制容易导致条块分割、各自为政、行政干扰以及成为领导人的“秘书班子”等问题。有的政策研究组织在研究中习惯于贯彻领导的观点，主要工作就是为领导人起草文稿，却提不出什么有价值的创见；有部分政策研究机构缺乏开拓性和创新性。这样，政策研究就失去了应有的客观性、公正性和科学性，政策研究组织对领导决策的影响甚微，智囊作用很难充分发挥出来，而这样的决策也就很难谈得上是科学的决策了。

改革开放以来，我国政策研究组织的人员素质虽然有了一定程度的提高，但仍存在不少问题：政策研究咨询的参谋作用受到不同程度的歧视和弱化，研究人员的年龄和知识结构很不合理，知识老化现象比较突出；在研究方法和研究手段方面，我国的大部分政策研究组织所采用的基本上还是一些原始传统和简单的研究方法，政策分析能力弱，研究水平和研究成果还停留在较低的水平上，已远远不适应现代社会的需要；另外，不少地方政策研究组织工作环境较差、地位待遇不高，以及研究成果不受重视、研究缺乏独立自主性等，也挫伤了部分政策研究人员的积极性和创造性，导致政策研究组织往往难以吸引并留住优秀人才。

3. 中国政策研究组织改革与发展的思考

江泽民同志在十六大报告中明确指出，要改革完善我国的决策机制，推进决策的科学化民主化。① 针对政策研究组织目前存在的问题，以及改革开放和社会主义市场经济发展对决策科学化、民主化和法制化所提出的更高要求，我们必须下大力气，采取各种对策，推进政策研究组织的改革

① 参见江泽民：《全面建设小康社会——开创中国特色社会主义事业新局面》，北京，人民出版社，2002。

与发展。

（1）大力发展民间政策研究组织，充分发挥其参谋咨询作用。民间政策研究组织具有选题自由、研究面宽、联系广泛、不受政治可行性的局限、能超脱政府及其职能部门之外的特点和优点，是公共决策科学化、民主化的重要一环。因此，必须下大力气，建立和发展民间政策研究组织。第一，要把研究和决策两个职能区别开来。民间政策研究组织应具有在法律允许范围内自由研究政策问题的权利，而党政领导机关的职能主要是决策。第二，动员专家、学者、离职、退休政府官员，建立、参加民间政策研究组织，政府通过鉴定合同，委托研究，实行有偿服务。第三，健全社会化的政策信息中心及其覆盖全社会的信息网络。第四，建立起民间政策研究组织与决策子系统和官方政策研究组织的制度化联系，建立起强大的决策咨询后盾。第五，要在制度上将专家咨询纳入决策程序，重大决策要做到先咨询后决策，建立规范的重大行政决策公开咨询机制，特别是引入行政听证制度。

要通过民间政策研究组织的发展，广泛集中民智，转变传统的决策观念。对于一些重大的决策来说，政府不妨把一些相关课题向全社会公开招标，通过“利用”或“购买”获得需要的各种方案，择优选用。所谓“利用”，就是尽可能有效地利用下属政策研究机构，由它们围绕决策目标进行调查研究，提出决策方案。所谓“购买”，就是拿出钱来，委托社会上的专家、咨询系统进行专题研究，提出决策方案。①

（2）创造条件，确保政策研究工作的相对独立性。为保证决策研究和决策咨询的科学性，保证研究成果质量，必须进行相对独立的研究，这是西方思想库的一个成功的经验。在西方发达国家，不管是官方还是民间的政策研究组织，绝大部分都是自由接受委托，独立进行研究，一般不受他人的约束和限制，独立进行研究，像兰德公司就提出以“不为任何个人或权势集团服务”为自己的宗旨，故能比较客观、公正、中立、准确地进行各项咨询研究。因此，要想充分发挥政策研究组织的参谋智囊作用，真正实现决策的民主化与科学化，就必须认真采取切实有效的措施，减少行政干预，千方百计保证政策研究组织的研究活动的相对自主权和独立

① 参见宁骚等主编：《现代化与政府科学决策》，56页，北京，经济科学出版社，2000。

性。政策研究组织在为决策咨询时，“谋”和“断”之间是一种基于合同的平等互利的合作伙伴关系，彼此的权利和义务都应该由合同加以明确规定，不能去琢磨委托者的意图而投其所好，也不能为已有的决策作论证，更不能因名人的言论而改变自己的主张，要通过不同观点和学派的自由争论取得最佳方案，发扬实事求是的治学精神，为了保证研究工作的独立性和自主性，还应该拒绝接受一些附有不适当条件的研究合同或捐款。

为此，首先，要从法律上对政策研究组织的地位、性质、作用、经费来源做出明确规定。其次，要在政策研究组织内部实行高度分权体制，研究人员不受政策研究组织内部的行政约束和思想约束，所有成员一律平等，创造一个百花齐放、百家争鸣的学术环境，保证研究人员以自主方式，自由而开阔地思维，多角度地进行独立研究，具有课题选择、分析问题角度、研究方法选择和价值判断的独立性；享有设计和评估各种备选方案的自由，可以重新界定政策问题，怀疑已被接受的政策范式；要保证研究工作不唯上、不唯书、不唯传统，不先入为主，不搞奉命论证、“御用咨询”，不为“长官意志”所左右，不诠释“指示精神”。再次，研究成果要具有独立性。研究成果的价值不以是否为政府所采纳为标志，除事关国家安全、稳定等不宜公开的材料外，研究机构可以通过发行出版物，举办报告会、研讨会形式，广泛向社会公众及政府公布其研究成果，传播信息，反映社会舆论。同时，汇集各界人士的思想、建议，共同为建设繁荣、富强的国家献计献策，并向民众进行政策教育，启迪民智，实现决策民主化。最后，允许行政人员和领导唱对台戏，分清政策研究组织和秘书班子的不同性质，在发挥研究人员智能作用上，不能采取“少数服从多数”的做法。

(3) 加强政策研究机构总体设计和协调，正确处理好决策者与政策研究组织的关系。各级决策中枢必须从思想上高度重视现代政策研究组织在现代公共决策体制中的重要作用，进一步加强和完善各级各类政策研究组织，整合体制内政策研究组织的力量，该撤的撤、该并的并，切实提高工作效率。为克服各自为政、各为其主、力量分散、低水平重复、缺乏总体规划协调的弊端，必须结合我国实际，在各省设立“脑库”总管，担负起综合协调、组织指导工作，发挥不同层次政策研究组织的不同作用，让它们各有侧重，各有特色、互相补充；另一方面，加强横向、纵向联系，互通信息，交流出版成果，合作开展成员的培训和兼职，共同举办研讨班、培训班，就共同感兴趣的问题成立研究小组，交流管理经验等等。

科学的决策必须有科学的政策研究，但政策研究只能帮助领导决策，而不能替代领导决策。因为定性定量的问题专家可以通过技术手段分析，而一些无法计量比较、随机因素多的问题，就只能由决策者根据经验和见识，经过周密思考，做出判断和决策。同时，政策研究组织是按严格科学方法与程序制订方案，而决策的本质因素往往不是技术的而是政治的，有些问题由于社会现象的随机性，产生了人们对事物认识的不确定性，就需要决策者根据实际，凭胆识和判断进行决策。因此，领导者一方面要紧紧依靠政策研究组织，另一方面，又不能为政策研究组织所左右，以政策研究组织研究结果代替“决策”。“谋”和“断”两种职能应相对分开，不能混淆。

（4）借鉴国外政策分析的先进技术，改进我国政策研究的方法及手段。现代政策研究组织与古代智囊人物的一个重要区别是凭借现代科学理论和先进技术，而不是凭借个人经验、知识和能力进行经验推理和判断。为此，不管是体制内还是体制外的政策研究组织，都应该不断地探索各种科学的研究方法，大胆借鉴国外政策分析的先进方法、手段和技术；同时要进一步加强对公共决策、政策研究的基础理论及方法论的研究，并不断提高学术水平，为出高质量的政策研究成果提供理论基础和方法保障。

西方思想库所创造和运用的一整套政策分析的方法和技术，大大提高了研究结论的可靠性，这对我们有一定的借鉴意义。我们应抛弃、克服政工式的论证和“先成绩，后不足，再建议”的八股式研究，消化吸收先进的理论和方法，从我国实际出发，把一些被实践证明为行之有效的研究方法，如价值分析、制度分析、比较分析、计算机模拟等同我国传统的“解剖麻雀”、“摸着石头过河”、“先试验、后推广”等研究方法结合起来，通过定性与定量分析，深刻认识事物的关系和本质，并根据分析结果，提出多种解决方案，推动规划、预测、论证和决策向科学化、精确化发展。

（5）加强培训，提高政策研究组织和研究人员的整体素质和研究水平。精干的研究队伍，合理的、科学的知识结构是思想库成功的基础，兰德公司把成功的首要因素，归功于公司富有创造精神的成员。可以说，现代思想库整体知识结构和个体知识结构的优化和协调，是最大限度地发挥其创造性和社会功能的保证。因此，首先，必须优化我国政策研究组织整体知识结构，根据研究需要，形成不同知识优势的个体合理配置，机构应由包括自然科学家、社会科学家、工程技术人员、政策分析专家和有丰富政府工作经验的人员组成。其次，必须提高研究人员个体素质，包括提高政治素质——只有讲政治，才能统揽全局，保证正确的政治方向；提高文化、业务素质——做到精博结合，研究人员要头脑清楚、灵活，有独立分析、判断问题和解决问题能力以及运用先进科技手段，科学理论能力。最后，要使人才合理流动、更新，保持研究队伍的年轻化和知识、信息的流动，增强活力。

政策研究咨询是一项知识含量非常高的职业，人才素质的高低直接关乎组织的命运。作为现代政策研究组织，在录用人员时，要求学术造诣和实践经验并重，选拔那些博中有专、专博相济的复合型人才，不断优化梯队结构和知识结构，要求研究人员具有团队精神，愿意献身于解决实际问题，具备服从科学的精神和追寻真理的品质等。政策研究组织还要不断强化人员的培训与交流，积极与高校合作，采取委托培养等方式，把一些有潜质的人员送到高校去进修等，加快知识更新的速度，培养非凡的洞察能力、合作能力和专业转变能力，要尽可能创造各种条件，让研究人员经常与决策机构和相关人员多接触，有助于全面了解决策的具体过程。同时，对每个研究人员都要制订严格的考核、晋升和淘汰制度。在利用和转化专家咨询成果时，要正确处理决策者与专家咨询之间的关系，防止和克服两种错误倾向：一种是把专家咨询成果搁置一边，装门面、做样子、为咨询而咨询的形式主义；另一种是照搬照抄专家咨询成果，把专家咨询成果当作决策本身，成为专家咨询成果的“收发室”的教条主义①，真正做到多“谋”善“断”。

总之，我国政策研究组织已经有了长足的发展，并在政治、经济、文化生活各个领域日益发挥着重要作用，但由于种种因素的制约，其功能尚未充分发挥。必须共同努力，建立起一个比较完备的、符合我国国情的政策研究组织系统。

---

① 参见宁骚等主编：《现代化与政府科学决策》，111页。

案例

一、美对华应采取“遏制接触政策”[1]

——美国兰德公司分析家向政府建议

美国兰德公司9月10日发表一份新闻公报，题为：兰德公司分析家们敦促美国在对华政策问题上做出重大改变。

兰德公司的一些分析家对华盛顿长期以来实行的对华接触政策提出批评，同时也对许多对此政策持批评态度的人所赞成的遏制政策予以摒弃，他们今天敦促实行一项新的对华政策，并且称之为“遏制接触政策”，目的在于既能维持合作关系，又能抵御将来中国对美国的利益和目标形成的挑战。

这项提议出现在《美国与崛起的中国：战略和军事影响》的报告之中，这是一份内容广泛的报告，既探讨了影响中国国家安全行为的种种决定因素，又提供了对于中国军事现代化努力的最新估计，还研究了美国的政策选择。这份分析报告建立在历时两年，专门为美国空军而进行的调查研究的基础之上，主其事者是兰德公司的高级战略家，负责政策计划的前国防部副部长帮办蔡迈·哈利勒扎德。

这份报告指出，北京正在朝着“提高综合力”的既定目标前进，这是一个长期的目标，而不是一时的应急之需。尽管从一些世界水平来看，中国的军队在一些领域中，包括导弹、光学、激光和核武器，还远远落在后面，但是，中国认识到它们的弱点，国防开支正在不断增加。这份报告估计，与1991年相比，1998年的预算实际增加了54%。

鉴于美国的防务努力没有出现重大的减少，在今后的半个世纪里中国不可能在世界上与美国的力量分庭抗礼，平起平坐。不过，分析家们认为，如果中国自己的国防建设按照目前的速度进行，那么，在15年~20年内，中国可能成为“一个可怕的、多方面的地区强国”。到那时，中国就有能力争夺对东亚的海洋和空域的控制，在战场上投入各种各样的远程武器，对美国在信息领域的支配地位构成挑战，同时给美国本土造成一种

---

① 资料来源：《参考消息》，1999-09-22。

加大了的战略核威胁。

这些都表明，中国可能成为一个咄咄逼人的竞争对手，不过，其他可能出现的情况，比如中国的民主化或者对国际标准的适应，或者国际经济利益的不断加强，可能产生一种更加积极的结果。考虑到风险很大，而且前途难以预料，美国应该如何同中国打交道？

这份分析报告指出，布什和克林顿政府实行的接触政策存在三个缺陷。首先，结果“不如宣传的那个样子”——接触政策没有能够阻止中国研制化学和生物武器（尽管中国是禁止这些武器的条约的签字国），也没有能够阻止中国向巴基斯坦和伊朗提供导弹。其次，如果中国表现不好，这种政策没有提供一个反应的基础。最后，这种政策建立在一种假设的基础之上，即帮助中国发展经济和技术，最终将产生合作性的行为表现。如果这种假设错误，接触只会帮助中国成为一个威胁更大的对手。简而言之，接触并不能说明必须采取哪些措施才能保护美国的利益。

不过，一种试图遏制中国，降低中国力量发展速度的政策也不合适。首先，这样需要在国内取得一定程度的一致意见和动员，在国外取得一定程度的盟友的支持，这些要求不切实际。

这样将会丢掉接触政策带来的对于中国政策的影响。最为重要的一点是，这是一种宿命论的政策，一种自身可能成为事实的预言，中国现在还无法在东亚处于支配地位，这种结果并非远远不可避免，遏制政策忽略了这样一种可能性，即美中关系可能会以一种令人满意的方式发展。

在这些作者们看来，现在所需要的是一个超越两种战略的“第三条道路”。他们提出的政策将“一如既往地吸纳中国进入当今的国际体系，同时，既要准备可能对这种体系形成挑战，又要设法说服中国领导阶层：这种挑战很难构成，执行起来极其危险”。这样做的目的是：“突出中国阶层面临的基本选择，指出其他选择都会面临严峻的形势”。

“遏制接触政策”应该——

△继续奉行接触政策，但是其程度应该有所减轻，华盛顿应该保持与中国的经济、政治和文化关系，寻求加强军队与军队之间的关系，同时强调互惠原则。但是，美国不应太多地顾及中国人在人权问题上的敏感态度，应该对出口关键军事物资的中国企业实施制裁。

△避免任何直接帮助中国发展军事力量的事情，尤其是尖端的武器和

技术。我们将敦促美国的朋友和盟国也如法炮制，最为明显的一个手段就是通过加强出口控制，限制最为危险的系统的出口。

△加强美国同其他东亚国家的关系、努力改善它们之间的关系和军事合作。具体说来包括努力拓宽日本和韩国之间的军事关系，加强东盟国家之间以及它们与美国之间的政治、军事合作，鼓励日本和俄罗斯之间重建友好关系。

△既不鼓励也不逼迫台湾与大陆实行统一。根据“遏制接触政策”，“只要中国将来的道路仍然前途不明，维持现状符合美国的利益”。如果中国成为一个友好的民主国家，美国的政策可能会更加赞同实现统一。“另一方面，如果中国变成一个敌对国家，美国可能采取一种支持台湾事实上独立的政策”。

在结尾处，这份报告对上升之中的中国力量对美国整体军事，尤其是空军，可能产生的影响进行了长长的一段分析。将来需要做的事情包括：防御弹道导弹和巡航导弹；制定在核武器、化学武器和生物武器威胁之下的行动新概念；增加接近东南亚设施的机会；一如既往地接近日本和韩国的设施；着重强调远程武器系统的重要性。

分析家们警告说，美国还必须准备对付中国利用突然袭击造成既成事实的军事主张。这种倾向在台湾海峡目前的紧张局势中可能非常适用。

二、美应对中国实行有限接触政策

——美国布鲁金斯学会政策分析家贝茨·吉尔的建议①

布鲁金斯学会对外政策研究高级研究员、布鲁金斯东北亚政策研究中心主任贝茨·吉尔在美国《外交》杂志7—8月合刊中的《有限接触》一文中指出：美国新的对华政策在今后与北京的关系问题上应包含更多的现实政策，既非全方位的遏制战略，亦非热情地拥抱，而是冷静的接触与回避共存，即有限的接触，克林顿总统最近关于中国问题的讲话是在正确方向上迈出的一步。

① 资料来源：《参考消息》，1999-09-22。

确定对华政策

1998年6月美中首脑会晤一年后，双方关系的发展艰难前行，几乎到了停滞状态，朱镕基总理最近的美国之行受到“核间谍案”和侵犯人权问题传言的干扰，未能就中国加入世界贸易组织（WTO）达成协议。双边年贸易逆顺差达600亿美元，而且在继续增长；1999年中国可能会成为美国最大的逆差贸易伙伴，1989年“天安门危机”的悲剧记忆仍挥之不去。意外轰炸中国驻贝尔格莱德使馆事件导致已经被激怒的中国反对美国领导的对南斯拉夫采取的行动。最糟糕的是，笼罩在华盛顿对华政策问题上的高度党派化的气氛扰乱了对稳定这一重要而动荡的关系生死攸关的清醒冷静的思考。相反地，两国的联系所包含的不过是机械的谈判和微观的问题。双方一年前刚刚宣布的“建设性战略伙伴关系”究竟怎么了？

就美国而言，改善与中国的关系取决于两个因素：与中国就战略利益和分歧达成谅解，国内支持这一谅解的共识。这两个因素均未得到应有的持续正常的重视。这两个支柱至少已有十年，甚至更长时间不见踪影了，冷战结束十年后，世界进入了一个更加复杂的国际时代，美国再也承受不起任凭对华政策自由发展了。

共同基础

即便是在双边关系陷入困境的时候，美国与中国也有一系列共同的经济、安全和政治目标，至少，两国应避免可能导致冲突的战略误解，应当协同努力，加强稳定，鼓励经济发展。

中国所盼望的是一个有益于它进行迫切需要的社会和经济发展的国内等地区和平环境。美国最有资格给予或拒绝这种企盼，美国可以影响石油供应，鼓励南亚采取核克制态度，帮助亚洲重新激活经济，限制朝鲜搞边缘政策。鉴于美国的财富和经验，美国有能力向中国提供某些最直接的援助，帮助它实现政治和经济自由，实行法治，并使它的金融体制从不稳定和不负责任走向比较稳定和负责任。但是，美国也有能力在贸易谈判中对中国施加压力。

另一方面，中国具有最大的潜力，支持或干扰美国在东亚的利益。

中国和美国都希望俄罗斯妥善处理骚乱，希望日本继续维护该地区的稳定。此外，在促进全球秩序和经济发展的机构中，如果中国具有较大的利害关系，美国与中国都将受益。作为全球安全协议的签约国，华盛顿和北京在保证条约得到实施的问题上享有共同利益。一言以蔽之，如果中国不仅接受国际惯例，而且参与制定，监督和确保它们得到实施，那将有利于美国。

意识形态的巨大差异

虽然存在这些共同关心的利益，但是美国与中国在许多问题上的观点存在根本性分歧，如全球化、民主化、国家与公民的关系以及人道主义干预等，尽管这些意见分歧不应夸大，但也不能忽视。

就经济方面而言，中国面临的困难基本上源于对全球化和开放市场的好处存在根本性的模糊认识，共产党领导人担心美国搞经济、政治和文化垄断，特别是中国正处于市场经济过渡期，容易受到冲击，这些观点在慢慢减弱，但是由于朱在访美期间未能就中国加入世贸组织达成协议，那些观点可能又有加强。

虽然美国与中国在某些安全问题上进行合作是可能的，但是双方在未来世界秩序的结构问题上看法不同，北京坚决反对它所认为的华盛顿令人担忧的倾向于单方面采取行动的趋势。与许多其他国家一样，中国不支持美国领导的对热点地区的干预，比如科索沃和伊拉克，并对美国可能在朝鲜采取军事行动表示严重关注。美国通过武器销售和政治承诺支持台湾是双方关系不断紧张的一个根源，中国 1998 年 7 月发表的国防白皮书毫不遮掩地多次影射美国，认为霸权主义和强权政治仍然是世界和平与稳定的主要威胁：认为冷战式的思维仍然盛行；认为扩大军事集团和加强联盟力量加剧了国际安全的不稳定性。

北约轰炸中国驻贝尔格莱德使馆更激怒了中国对于它所认为的美国任意采取单方面政策的长期以来处于一触即发状态的愤慨，这一悲剧性事件说明了美国的垄断地位，突出了中国的相对弱小，违反了中国长期强烈坚持的不干预别国内部事务的原则。

因此，即使能够克服轰炸使馆造成的直接影响，这一事件也必将长期痛苦地留在记忆中；直至未来，并将贯穿美中关系。

前　进

鉴于双方这些共同的利益和利益冲突，美国显然既不能鼓吹与中国的战略伙伴关系，也不能一笔勾销接触政策，说它不灵，真正需要的是为美中关系制定比较精细、现实和路线明确的规划图，具有中短期指导方针和适度可行的目标，取得明显进展对于稳定双边关系和美国国内支持美国与中国保持联系的选民情绪都有很大作用。

鉴于轰炸使馆事件造成的有害氛围，华盛顿必须致力于可以实现的与北京关系的三个具体目标；接纳中国加入世贸组织，维护朝鲜的稳定，促进中国进一步取得社会和政治自由。尽管其他问题也可以讨论，但是华盛顿不能指望取得立竿见影的变化。同时，如果克林顿政府确想看到美中关系取得进展，它必须把国内更多的政治资本用于争取广泛的公众支持。

在经济和贸易领域，政府应致力于与中国就其加入世贸组织达成公平的、商业上确实可行的协议。一旦达成协议，下一步的任务就是与北京合作，全面实施中国承担的世贸组织义务，确保台湾随后尽快加入。

其他经济问题将长期存在，应当是解决加入世贸组织问题后要认真讨论的主题所在，随着中国加入世贸组织，它要承担义务，重新处理双边贸易赤字问题将是自然而然的事情，但是，两国间基本的贸易失衡现象决定了美国对华贸易赤字不大可能大幅下降。

至于眼前的安全问题，华盛顿和北京应加强努力，保证朝鲜半岛的稳定，这种联手外交努力应包括：解决平壤的核武器计划问题，说服朝鲜停止继续导弹试验并协调人道主义救助行动。

在其他安全领域，将出现较大的长期困难。美国开始与东亚的其他国家合作，进行战区导弹防御系统研制，北京越来越视之为有政治企图，目的是在长期范围内对抗和遏制中国。

台北是导致华盛顿与北京产生分歧的最重要的安全问题。虽然克林顿总统一年前公开声明华盛顿长期以来的立场，即对台湾实行“三不政策”，可是中国认为美国与台湾的关系在逐渐加强。北京认为这种事态发展违反了美国的承诺，通过鼓励台湾顽抗到底，妨碍了两岸的最终统一，但是，美中25年前达成谅解所依据的状况基础正在消退，华盛顿和北京必须开创性地思维，找到更合适的解决办法。对美国而言，这意味着坚决澄清美国为台湾提供防御保护的义务，以及美国在和平解决两岸分歧方面的重要利益，这个争执最有可能引起美国与中国之间爆发战争，双方必须耐心努力，避免这一后果。

明年这一年，美国和中国可以加大刚刚起步的努力，提高中国的政治自由度。特别是在实行法治和基层选举方面。对人权的狭义理解忽视了中国的重大变化。

美国应认识到：改变这个地区是个长期的过程，人权方面遇到的挫折不应妨碍其他方面的进步。

作好准备

正如尼克松总统以来每位总统所发现的那样，美中关系需要不断的关怀和施肥，不仅是建设双边关系，而且要鼓励公众支持它，美国的决策者必须更加努力地工作，促成国内对稳定的美中关系形成强大的共识。

最重要的公开性外交途径之一就是中美之间举行定期的、制度化的高级会晤。美国总统下一次访问中国最早也要到2001年。两国应把一年一次的首脑会晤当作一个惯例。而不是意外的外交收获——“战略伙伴关系”的表现形式，如果总统级首脑会晤难以进行，其他正常的渠道就应跟上。

第二，建立共识要求国会与政府在对华政策方面进行更多的磋商，双方可以通过加强在更大问题上的交流来加强相互信任，比如搞好军队与军队之间的关系，保证涉及核实验室的科技交流的安全性，加强美国控制对华敏感技术出口的能力，政府和国会应更好地协调政策，互相明确切实可行的预期希望，当然，在有害的政治氛围中寻求国内支持较稳定的美中关系是困难的，华盛顿通过的大部分对华政策不是出击性的进攻，就是胆怯的控制危害性措施，即便是从国内政治角度出发，这也很难说是合理的，而在美国重大利益面临威胁时，这完全是不负责任的，在对华政策上，出于政治原因的短期，而且是存有分歧的决策削弱了华盛顿有效地与北京打交道的能力。

美国领导人在美国利益及美中关系的强弱问题上必须讲实话，讲真话，至少，新的对华政策在今后与北京的关系问题上应包含更多的现实政策，既非全方位的遏制战略，亦非热情地拥抱，而是冷静的接触与回避共存，即有限的接触，克林顿总统最近关于中国问题的讲话是在正确方向上迈出的一步。

如果美国的利益得到强烈而一贯的表述，美国的政策不仅公开承认美国与中国共同关心的问题，而且承认其战略分歧，那么接触的信心将增强，更多的国内选民将支持接触政策。此外，中国领导人将比以往更准确地理解美国对接触政策的局限看法。这种策略不应过分夸大中国的实力——这是一种太常见的倾向，不仅在国内存有分歧，而且等于承认了中国在外交争端中可以利用的心理优势。

十多年来，事实证明，美国对对华政策取得成功的两个关键因素——与中国就战略利益和分歧达成谅解，取得国内支持这种谅解的共识——飘忽不定，在美国，这要归咎于政治局限、政策动向以及最近出现的不切实际的期望。但是，中国的政治、经济和军事发展日益显著，美国的对外政策领导人必须尽快稳定对华政策并争取国内较广泛的共识，中国有句谚语：千里之行，始于足下，美国应当有一个美好的开端，并越来越好。

思考题

1. 简述官方政策活动者的政策角色及其相互关系。
2. 如何看待非官方政策主体尤其是公民在政策过程中的地位与作用？
3. 试比较中西方政策活动者的政策角色及发挥作用方式的异同。
4. 为什么说思想库是现代公共决策链条中不可缺少的一环？
5. 联系实际，论述如何发展与完善我国的政策研究组织。
6. 分析上述两个案例，指出兰德公司与布鲁金斯学会的政策分析家所提出的美国对华政策建议的联系和差别，以及它们对美国现实对华政策的影响。

第四章

公共决策体制

公共决策体制是决策权力分配的制度和决策程序、规则、方式等的总称。公共决策体制不是自然而然生成的，而是人为设计的产物。人们设计决策体制的目的是为了使决策活动更加规范、决策成本更加低廉、决策方案更加可行、决策成效更令人满意。由于决策体制深深地打上了人类行为的烙印，公共决策体制因社会政治、经济、文化、历史条件的差异以及决策主体、决策组织的差异而不同。各种不同的公共决策体制，其权力的分配总是以维护一定的政治统治为核心的，其决策程序、原则也总是采取最有利于统治的方式。人类的政治—行政行为，实际上也是公共决策行为。正如著名的行政学家赫伯特·西蒙所言：决策是行政的心脏。因此，在一定意义上说，公共决策体制就是政治—行政体制。

第一节 公共决策体制概述

要深入了解决策体制，必须先解剖决策体制的各个组成部分及其联系方式。在这一节中，我们将介绍公共决策体制的构成和类型，分析理解决策体制的“钥匙”——决策权力，并介绍中西方公共决策权力的分配和运作方式。

一、公共决策体制的构成

公共决策体制是公共决策组织的核心部分。因此，要了解公共决策体制必须先从什么是组织谈起。组织在人类社会的发展历史中起着决定性的作用。在现代社会中，人们更是以“组织人”的面貌参与社会生活。何谓组织？我们认为，组织是指一定的社会环境中，人们通过相互交往而形成的具有共同心理意识，并为了实现某一特定目标而按一定方式联合起来的有机整体。决策组织就是具备决策权力，从事决策活动的组织。

因此，公共组织的一般构成因素有：（1）人。人员是决策组织的核心。（2）财。包括维持组织存在所需的经费、决策活动的开支等。（3）物。包括组织赖以存在的物质载体，如场地、房屋、办公用品、通信器材等。（4）机构设置。指承载决策权力的一系列特定的机构的确定。（5）职位设置。指一定机构内职位、职级、职数、职责的确定。（6）权力与职权。权力指影响他人的能力，通常来自个人本身的综合条件，职权则指被组织承认的权力，它主要来自组织的确认，与职位紧密相连。（7）权责划分。指决策组织中各个部门、层次、成员之间若干从属、并列等相互关系的确认。（8）团体意识。指组织成员共同拥有的统一的思想意志及心理认识。（9）组织目标。指组织成员认为可以追求达到的某种未实现的状态或条件。组织往往都是为实现某个目标而建立起来的。（10）规章制度。包括控制组织构建、运行程序的各种法律规范、规章、各项工作制度。（11）技术。不仅指决策过程中所采用的科学和技艺，也指包括决策原则、方式在内的所谓“政治技术”。（12）信息。信息传递是各决策组织及组织内部相互协调的途径和方式，决策过程本身也是一个信息收集、整理、制造、传递、反馈的过程。（13）组织设计。这里的设计主要指构造、创新组织结构过程中的分化与整合工作，而不是指这一过程的结果，即组织的现有形式。组织设计在公共决策体制构成诸因素中是最为复杂的部分。

公共决策体制是决策权力的分配、决策的程序、规则和方式的总和，其主要的构成因素有：（1）决策权力。决策体制通常在两个不同的方面对分享和行使权力尤为关键，一是选举（的范围），二是反对的自由（即“那些最接近政府实际决策过程的人必须在无操纵的选举中竞争选票的程度，在这个过程中，那些反对政府行为的人也能按平等的条件竞争”）。①（2）决策程序。指由前后相继的步骤、环节与活动所构成的决策形成过程。（3）决策规则和方式。韦伯斯特说，规则是“指导行为、行动的规定指南……是一种规定”。这里，我们认为决策规则和方式是政策形成所遵循的原则和采取的投票方式。一个“有效率的决策能否出台不是取决于经济学家和政治家的智慧，而是取决于决策规则”②。

不同的公共决策体制所遵循的决策规则和方式具有一定的共性，如理性和科学，但总的说来，公共决策体制是与政治体制密切相连的，尤其表现在其决策权力的分配制度上。科学合理的公共决策体制为公共决策职能的实现提供有力的组织保证和制度保证，在决策中规范决策活动，降低决策成本，使决策方案科学、可行。因此，公共决策体制在公共政策研究中具有重要的作用。

二、公共决策体制的结构

组织理论认为，结构是使组织实现其目标的基本管理工具，是组织躯体的骨架，它可表现为工作分工的几何图式及其等级上的排列。③

---

① 参见罗伯特·A·达尔：《现代政治分析》，上海，上海译文出版社，1987。

② ［澳］休·史卓顿、莱昂内尔·奥查德：《公共物品、公共企业和公共选择》，9页，北京，经济科学出版社，2000。

③ 参见鲁品越编译：《社会组织学》，10～11页，北京，中国人民大学出版社，1989。

对公共决策体制的结构划分，自古至今具有不同的标准及不同的划分类型。如韦伯的科层式结构，泰勒（F. Tylor）的“功能性工头制”发展起来的功能化结构、矩阵结构等，同时还有学者从系统论的观点出发来划分组织结构。这里，我们把结构理解为各种构成因素的联系方式，因此，可以根据管理层次和管理幅度的不同，将决策体制划分为纵向结构和横向结构。

1. 纵向结构

各级决策组织之间构成领导与被领导的主从关系，这个排列组合方式即为决策体制的纵向结构。纵向结构的层次视不同的体制需要而定，如我国行政决策体系的纵向结构就有国务院—直辖市政府—区政府与国务院—省政府—市政府—县政府—乡政府等不同层次的划分。在纵向结构中，层级越高，决策权限越大，决策的法律效力也就越大。

管理层次与管理幅度的变化决定着决策体制“形状”的变化。管理层次多而管理幅度小，其纵向结构就呈尖型形态。在这种尖型形态的纵向结构中，权力集中，控制有力，便于决策的统一执行，但不利于发挥下级决策组织的创造性；管理层次少而管理幅度大，其纵向结构就呈扁型形态。这种扁型形态的纵向结构便于下级决策组织因地制宜，发挥创造性，但是由于分权过大，可能导致政令不行，削弱最高决策的权威性。

2. 横向结构

同级政策组织之间，构成平等合作与协商关系，这种排列组合方式即为决策体制的横向结构。

横向结构中的决策组织间不存在领导与被领导的隶属关系，而是一种平等并列的关系，它们在公共决策体制中履行各自独立的职能时，既互相独立又互相协调，既相互制约又相互作用。通常，横向结构中的决策组织按决策权范围或功能来划分，可分为决策指挥部门、参谋咨询部门、执行部门、监督反馈部门等。我国国务院内设的外交部、国防部、劳动与社会保障部、教育部等部门划分就是一种横向结构划分。横向结构设置有利于决策的全面化、科学化，但同时也可能因各决策组织之间相互配合失调而出现决策混乱、互相扯皮。

随着社会化大生产的发展，在政治体制改革的背景下，我国的公共决策体制在结构上也进行了一定的调整，其变化及趋势主要表现在：

（1）在横向结构上，一方面越来越趋向于决策与执行的相对分离。执行部门对于政策的执行具有了一定的自主性和灵活性，提高了工作效率和质量，能更好地应对复杂多变的外部环境，而决策部门则可以从日常事务中解脱出来，着重于全局性、宏观性的政策制定，并对政策执行过程进行有效的评估和监控。另一方面，在“谋”与“断”的分工中，作为“谋”的信息咨询部门和政策分析部门越来越受到重视。随着信息社会的发展，社会问题的日益复杂化，作为决策的上层部门越来越需要并依赖信息咨询部门和政策分析部门为其提供各种信息资料及分析数据和各种意见方案，这是现代决策高效率、科学化的必然要求和趋势。同时，这种作为“谋”的信息咨询部门和政策分析部门将越来越独立于“断”的决策部门而将更好地发挥其作用。

（2）在纵向结构上，分权成为体制改革的又一重要趋向。在市场化条件下，中央将在一定权限内给予地方更多的自主权，以使地方对本地区进行因地制宜的管理。中央将加强宏观政策的制定以提高宏观调控能力，在此基础上，地方获得更多的决策权。值得一提的是，在这一过程中，针对我国的改革现实，中央的权威不应削弱而应加强。分权的趋势使得上级部门的管理层次相对减小而管理幅度相对增大。因此，我国以往公共决策体制的尖型纵向结构将在一定程度上向扁型的纵向结构发展。

三、决策权力

决策权力是公共决策体制中的基本因素之一。有人将政策看作是通过人们“彼此行使权力或影响力的复杂的过程被制定出来的”①。日本学者大岳秀夫将政治过程理解为两种并不对立的模型，即政策过程模型和权力过程模型。实际上就某个政治过程而言，政策过程模型和权力过程模型是相互独立的两个方面，但两者又往往是融合在一起的，这两个过程在时空上具有一致性。因此，首先掌握决策权力及其分配运作是我们更深入地认识决策体制的一把“钥匙”。

---

① ［美］查尔斯·林德布洛姆：《决策过程》，47页，上海，上海译文出版社，1988。

1. 决策权力及其种类

权力通常可以被认为是一个人将自己的意志施加于他人意志之上，影响他人，获得他们服从的能力，也就是主体对他人或客体的一种控制力、制约力和影响力；权力过程是指“某个特定行为者以各种争论、政策为手段，维持和扩张自己的权力、影响力的过程”①。决策权力则是指决策主体在决策过程中对他人的控制力、制约力和影响力。

为了保证决策权力能够令人满意地到达权力客体，决策者（权力主体）不得不采用各种手段来控制自己的决策权力。最常见的手段是：（1）说服：包括欺骗性的说服和基于对预期真实分析之上的说服；（2）威胁：对权力作用对象至少意味着某种利益的净损失；（3）交换：交换的基础是双方均能受益，互惠、金钱收买等都是交换的方式；（4）施用权威：施用权威的前提是权力作用对象对权威的认可，并由此产生命令服从的关系。可以说，决策权力的运行和作用是一个动态的过程。决策权力本身需要不断地充实基础、补充能量。只有这样，权力运作才能长期维持。

决策权力角逐的中心问题是利益，这种利益可能是物质的，也可能是非物质性的（意识形态的），或者两者兼而有之。对权力的追求实质上就是对利益的追求，可以说，利益是权力的原动力。利益影响着公共权力的各个层次，在决策权力中表现为三个方面：

首先，公共决策权力的产生和维护以利益关系为基础。按照政治学的相关理论，公共权力的产生和存在是为了协调社会中各种不同利益之间的关系，解决各种利益之间的冲突。在现实中，公共决策权力与利益之间是互动的关系。利益的维护和发展需要借助公共决策权力的权威性来实现，而公共决策权力的权威性又来自社会公众的认可，必须通过增进公众利益，为公众利益服务来巩固和增强权力的合法性。

其次，公共决策权力的运行实质上就是各种利益相互博弈的过程。决策权力运行的过程就是各种利益之间互相讨价还价的过程，这种情况发生在体制外利益团体与决策者之间、利益团体之间，也发生在体制内各决策主体之间。它们都可以归结为个人利益、团体利益和公共利益之间相互博弈的过程。因此，最终以正式规则形式出现的决策并不是最优决策，而是

① ［日］大岳秀夫：《政策过程》，124～125页，北京，经济日报出版社，1992。

在综合了各种利益要求的基础上形成的满意决策。

最后，公共决策权力体制因利益关系的改变而改变。随着经济、政治、文化等社会环境的变化，社会利益结构也必然发生改变，新的矛盾和冲突也随之而生，这要求公共决策权力体制做出相应的反应，改变既定的权力安排，通过权力体制的重组和创新，解决新问题可能带来的新的冲突，保持社会的稳定，以维护自身的合法性。当决策权力无法协调这些新情况时，改变现行决策体制的要求将带来更大的压力和挑战。

根据公共决策权力的实际运作，决策权力可以分为正式的决策权力和非正式的决策权力，或者说是权威的决策权力和非权威的决策权力。有些政策活动者（如立法机关、行政机关、司法机关和执政党）拥有一种制定公共政策的合法权力，这种决策权力受到国家强制力的保障，可以合法地使用暴力。因此，它们拥有的决策权力就称为是正式的决策权力或权威的决策权力。而利益团体、公民、大众传播媒介等政策活动者，在宪法上不拥有合法的决策权力，但它们又是作为一个重要的甚至是决定性因素参与到政策活动中，对公共决策产生重要的影响，从这方面可以说，它们拥有一种非正式的决策权力或非权威的决策权力。无论是在西方还是在我国，随着社会的进步和人们参政意识的增强，非正式的决策权力或非权威的决策权力在公共决策体制中将越来越受到重视，在公共决策过程中将发挥越来越重要的作用。

2. 中西方公共决策权力的分配及运作

公共决策权力的分配制度是公共决策体制中最重要的因素之一。在公共决策体制中，对决策起决定性影响的因素即为最高决策权力的归属。最高决策权意味着权威和服从，而这正构成了决策体制的基本框架。公共决策权力的分配在很大程度上反映了相应的政治体制的特征。应该说，由于各国的社会政治制度、经济发展状况、文化传统等方面的不同，各国的决策权力分配制度存在着差异，决策权力在公共决策活动中的运作也有所不同。

（1）西方公共决策权力的分配及运作。美国学者安德森在《公共决策》一书中将公共政策主体分为官方的和非官方的两大类。官方的政策主体包括立法机关、行政机关、行政管理机构和法院。可以说，他们拥有正式的或权威的公共决策权力。非官方的政策主体包括利益团体、在野党和作为个人的公民，他们拥有非正式的或非权威的公共决策权力。在西方，各个国家拥有大致相同的公共决策主体，这些决策主体在公共决策活动中所起的作用和产生的影响是不同的，而同样的决策主体在不同体制下所拥有的权力和影响也不尽相同。西方国家公共决策权力的分配及运作因其体制差异而形式各异，在有些国家，议会处于公共决策体制的中心地位；在有些国家，政府是公共决策体制的核心；在有些国家，国家元首拥有实权，在公共决策过程中发挥着主导作用（在另一些国家，国家元首仅仅作为国家的象征，在公共决策中很少起实质性的作用）。

以美国为例，在官方的政策主体中，作为行政机关的总统拥有广泛的实质性的公共决策权力，其在进行立法领导方面的权威已经确立并被人们所认可。他所拥有的合法权力和行动自由比他在内政方面拥有的权力和自由要大；而作为立法机关的国会的作用相对有限，国会的立法往往将重大的决策权授予总统。美国的法院所拥有的公共决策权力比其他西方国家要大得多，它"常常能通过司法审查权和提交给它们的法令解释对公共政策的性质和内容产生很大的影响"①。美国的行政管理机构即政策的实施机构拥有一定程度的实质的决策权力，它可以制定某一法律或政策，也可以使别的部门制定的某一法律和政策失效。同时，它还是立法建议的重要来源之一。在非官方的政策主体中，美国的利益团体无论在发展规模还是在对政策决策的作用和影响上都是其他国家所无法相比的。在美国，任命联邦最高法院大法官和其他联邦法院法官，须正式得到美国律师协会的认可。而与其他各国一样，在美国，作为个人的公民在决策权力的分配中也处于相对弱势的地位，他们对公共决策的参与往往通过利益团体来表达，公民拥有一些直接的决策权，但这些都是相当有限的，其作用也微乎其微。

西方公共决策权力的分配突出体现在拥有非正式的或非权威的决策权力的政党上。通常来说，西方国家的宪法没有赋予政党甚至执政党做出具有强制力的政策决定的合法权力，在公共决策过程中，"政党更多的是作为各种特定利益的经纪人而非倡导者存在"。"政党常常履行着某种'利益聚合'的功能，即政党努力将利益团体特定的要求变为一般的可供选

① ［美］詹姆斯·E·安德森：《公共决策》，50页。

择的政策方案”①。然而，在西方，政党活动还是通过种种途径渗透在公共决策的整个过程中。一方面，在政策制定中，力量强大的政党往往通过控制立法机构的多数，把政党的政策和主张上升为整个政治共同体的法律，操纵或主导政策制定过程。而少数党或反对党则通过各种手段影响政策制定过程，使多数党不得不或多或少地考虑它们的主张。另一方面，在政策执行中，政党通过控制和影响行政机构来实现对政策执行过程的控制和影响，在各国，其途径是不同的。如在美国，政党通过获取总统选举的胜利来控制行政机构，从而获得行政大权。

（2）我国公共决策权力的分配及运作。中国共产党的宗旨、路线、方针和政策都代表着中国最广大人民的根本利益，体现了中国现代化的进步要求，在各个历史时期主导着中国政治的走向，具有深厚的社会基础和民意基础。因此，中国共产党在我国既是执政党，也是领导党，党在国家决策体制中起着政治领导的指导作用。这就决定了我国公共决策权力分配制度中不同于西方其他国家的最大特征。同时，我国的其他八个民主党派作为参政党，而不是在野党，对我国的公共决策也产生重要的影响，是决策权力分配制度中一个不可或缺的部分。

在我国，利益团体和作为个人的公民拥有非正式的或非权威的公共决策权力。各利益团体在其所联系的领域对公共政策施加影响，作为个人的公民通过参加利益团体或直接参与决策过程，表达自己的意愿。与西方相比，我国人民群众所拥有的非正式决策权力，在实质上更加真实、广泛和协调。由于传统的全能政治的影响，我国利益团体所拥有的决策权力可以说未能发挥其实质作用，随着社会主义市场经济体制的建立和完善，利益多元化格局的出现，利益团体的壮大和发展以及在公共决策中充分发挥其决策权力，它们发挥实质作用将成为必然的趋势。

第二节　公共决策体制的类型

在本节中，我们将先介绍公共决策体制的几种分类，然后介绍当今国外

① ［美］詹姆斯·E·安德森：《公共决策》，55页。

的两种主要的公共决策体制(议会制和独裁制),最后介绍我国的公共决策体制,即人民代表大会制,目的在于在相互比较中,加深对各种决策体制的理解和认识。

一、公共决策体制的分类

可以从不同的角度对公共决策体制加以分类,各种划分方法大都是围绕决策权力进行的。按照掌握最高决策权的人数可以划分为首长制和委员会制;按照决策权力使用的特点可以划分为集权制和分权制;如果以历史为线索,以最高决策权力的归属不同,可以对历史上出现的公共决策体制作一个总括性的分类。

1. 首长制和委员会制

首长制又称一长制或独任制,是指最高决策权归某个人单独掌握的一种决策体制。首长制的历史悠久,从古代的神权制、君主制到第二次世界大战时期的法西斯独裁制,都是国家的各种大权集中于宗教领袖、君主或国家元首。在现代总统制国家,如美国,行政权由总统掌握,这也是一种首长制。委员会制(又称合议制)是指最高决策权由委员会集体行使、集体负责的一种决策体制。瑞士是实行委员会制的国家。

首长制和委员会制各有利弊。首长制可以做到决策权集中,决策果断、迅速、高效,但容易导致个人专断,滥用决策权,以及由于个人能力问题而出现的重大决策失误。委员会制可以集思广益,考虑周密、分工合作,发挥群体的力量进行决策,增进决策的科学性和民主性,但容易导致决策缓慢,办事拖拉,无人负责,效率不高。

2. 集权制和分权制

集权制是指决策权集中于上级机关,下级机关没有或很少有自主权,只能根据上级指令行事的决策体制;分权制是指下级机关在其管辖范围内有自主权,上级机关无权加以干涉的一种决策体制。

集权制和分权制也各有利弊。集权制的优点是制定政策时,能够统筹全局、协调各方,政策执行通畅高效;缺点是容易导致上级机关独断专行,不考虑下级机关的实际情况,决策实行“一刀切”,束缚下级机关的积极性,也不利于政策的执行。分权制可以发挥下级机关的积极性,使下级机关因时、因地制宜地制定政策；缺点是各政策机关之间容易产生冲突，各行其是，协调困难。

3. 历史上出现的基本决策类型

在人类历史上，最高决策权的归属大致经历了由人到神、再到王、再到人的过程，不同的决策权归属产生了不同的决策体制。为了比较方便，我们将古今中外出现过的主要决策类型列成下表。①

表4—1　历史上出现的公共决策体制类型

类型		最高决策权归属	最高决策者（集体/个人）	主要存在时期	主要存在地点	主要决策方式
原始民主制		氏族等原始组织全体成员	全体会议（集体）	原始社会时期，现代	各原始氏族部落，古埃及等	合议
神权制		神	僧侣、宗教领袖（个人）	古代、现代	现代海湾伊斯兰教国家（如伊朗）	独裁
君权制		神或专制君主	由宗教或传统产生的皇帝（个人）	古代、近现代	中国封建王权国家，现代君主国家（如沙特）	独裁
议会制	总统—议会制	名义上是“人民”，实际上是资产阶级统治	议会（集体）总统（个人）	近代、现代	美国等	合议、三权分立制
	内阁—议会制		议会（集体）		英国等	
	委员会—议会制		议会（集体）		瑞士等	
人民代表大会制		人民	全国人民代表大会（集体）	现代	中国	合议、民主集中制
法西斯制		法西斯国家	政党领袖、国家元首（个人）	20世纪20—40年代	意大利法西斯国家、德国法西斯国家	独裁
军人独裁制		神或君主或人民，实际上是独裁者个人	军队首领（集体或个人）	自古至今	各军人专政国家	独裁

① 参见伍启元：《公共政策》，217页。

上面几种划分方法对公共决策体制作了一般的划分，这些分类方法可以使我们了解曾经出现过的决策体制类型，比较各种决策体制的优缺点。现今世界中主要存在三种决策体制，即国外的议会制、独裁制和我国的人民代表大会制。下面分别介绍这三种决策体制。

二、议会制

当今资本主义国家普遍实行议会制。议会制最早在“议会之母”的英国确立，它否定了君主专制的决策制度，是历史的一大进步。随着资产阶级革命在欧美的展开，议会制度相继在各国建立，并不断完善和发展。议会制建立在西方的人民主权论和代议制理论的基础上，其基本模式是：由人民选举出他们信任的议员，由议员代表人民做出公共决策，维护人民的利益。

议会制的组织结构历史上曾经出现过一院制、两院制、三院制、四院制等几种类型。如最初法国的议会由贵族、教士和平民组成三院，最初瑞典的议会由贵族、教士、市民和农民组成四院。当今世界主要有一院制和两院制。实行一院制的国家主要是一些幅员小的国家，如丹麦、芬兰、冰岛、以色列、卢森堡、新西兰、挪威和瑞典等。这些国家只设一院而不设两院，“因为这些国家中政治权力平衡问题的解决，不像大国那么复杂，公共决策相对简单”①。

实行两院制的国家主要有美国、英国、法国、德国、意大利、澳大利、加拿大、日本等。两院分为上院和下院（或参议院和众议院），有共同的权力和各自的特权，相互制衡，防止权力被独掌。下院制定的政策，往往要经过上院的认可，以对下院进行制衡。尽管两院制可能导致复杂烦琐、拖延不决和更高的代价，但两院制反映了在议会及其内部需要有一种内部机制的愿望，分权制衡可以避免重大决策的失误。所以，大多数发达资本主义国家采用两院制。

议会制是普遍存在于资本主义世界的决策体制，但由于各国国情不同，历史文化传统不同，各国的议会制也不完全相同，有如下几种基本形式。

---

① 田穗生、陈延庆：《各国议会制度概况》，1页，长春，吉林人民出版社，1991。

1. 总统—议会制

这种体制有几个特点：第一，总统既是国家元首，又是政府首脑，对一切行政事务有决定权，不受议会约束；第二，总统与议会分别由选民选出，各自对选民负责；第三，政府由总统组织，政府成员不能兼任国会议员，不得参与议会议案表决；第四，议会有权弹劾总统，但总统无权解散议会；第五，总统对议会通过的公共政策方案有否决权，议会通过的公共政策方案要经总统批准才能生效；第六，总统隶属的政党未必就是议会多数党；第七，总统的某些决策权受议会制约。

实行总统—议会制的国家主要有美国、芬兰、法国、墨西哥、阿根廷等国家，以美国最为典型。

2. 内阁—议会制

这种决策体制的特点是：第一，国家行政权属于内阁，国家元首是虚设的；第二，议会是国家的最高权力中心，内阁由议会产生，对议会负责，受议会监督；第三，国家元首颁布的法令必须经内阁总理签署才行；第四，内阁所作的重大决策必须取得议会多数支持；第五，议会可以对内阁提出不信任案，内阁也可以要求国家元首解散议会；第六，内阁总理为议会多数党领袖，内阁由多数党组建。

实行这种体制的国家主要有英国、德国、意大利、日本、澳大利亚、奥地利、比利时、加拿大、丹麦、新西兰、以色列等。

3. 委员会—议会制

该决策体制的主要特点是：第一，议会是最高权力机关，不仅具有立法权，而且具有行政权；第二，委员会领导日常行政事务，但委员会只是议会的一个执行机关，委员会成员可以为议会的最后决策提供咨询；第三，委员会不能解散议会，议会也不能解散委员会；第四，委员会所作的决策，须经委员会集体讨论通过；第五，委员会主席或副主席的权限与委员会其他成员是一致的；第六，委员会委员的选任不受党派关系的约束。

实行这一体制的国家主要是瑞士联邦。

议会制代替封建君主制是一大历史进步，在一定程度上促进了资本主义的发展。它提倡主权在民、分权制衡，用制度规范去避免决策失误，是最适合于资本主义的决策体制。但它没有真正实现主权在民，因为它的另一基石——代议制民主存在缺陷。

西方代议制民主的模式是公民选出议员，由议员代表人民参与政策制定，维护人民的利益。代议制民主也引进了直接民主的某些形式。在特定情况下，公民可以直接选出政治领导人或对公共决策进行投票。这固然有利于公民对政府的决策进行监督，维护其权利不受侵犯，但“直接民主要求尽可能多的人尽可能高度的参与，而参加的人越多，每个人的作用就越少，多数人比少数人易操纵”①。公民所掌握的信息与政府及官员所掌握的信息是不对称的，政府可能误导公民，使公民赞成对他们自身不利的决策。另外，直接民主成本高、风险大，除非是事关重大而又无严格时间限制的决策，否则，一般不宜使用。

间接民主模式“大大扩展了公民参与政治生活的空间，成功地解决了民主在现代社会和大国所面临的难题”②。但资产阶级启蒙思想家卢梭认为，“正如主权是不能转让的，同理，主权也是不能被代表的。”③ 就是说，权力可以转移，但意志不可以转移。议员可以代表人民行使权力，不一定能代表人民的意志。尽管在选举前，候选人向选民许下种种诺言，但是一旦选举成功，这些议员不大可能忠实地代表人民的利益，他们成为政府中拿薪水的人员，不受选民的控制。在各种利益集团的游说和劝说下，议员纷纷成为各种利益集团、不同资产阶级派别的代言人。议员、政府官员和利益集团相互勾结，相互利用，为各自的利益结成“铁三角”，最终损害选民的利益。所以，西方的代议制民主并没有真正实现主权在民，只是“每隔几年决定一次究竟由统治阶级中的什么人在议会里镇压人民、压迫人民”④。

三、独裁制

在民主有了高度发展的今天，世界上还有一些国家实行独裁制，国家的决策权由君主、宗教领袖或其他权威人物掌握。权威人物不是由人民选

---

① 刘军宁、王焱：《直接民主与间接民主》，41页，北京，生活·读书·新知三联书店，1998。
② 刘军宁、王焱：《直接民主与间接民主》，46页。
③ ［法］卢梭：《社会契约论》，125页，北京，商务印书馆，1980。
④ 《列宁选集》，第3卷，150页，北京，人民出版社，1995。

出或议会选出，而是由继承、政变的方式产生。独裁制在海湾地区国家中较常见。独裁制有三种类型：

1. 宗教领袖型

伊朗伊斯兰共和国是宗教领袖制的典型。1978—1979 年，伊朗宗教领袖阿亚图拉·霍梅尼领导人民推翻了在伊朗延续了近3 000年的君主制，建立了伊斯兰共和国，实行宗教领袖统治。霍梅尼被封为终身“法吉赫”。他不是政府的一部分，不担任任何职务。他超然于三权之上，但却对整个国家的政教事务起领导作用。“虽然伊朗也效法西方资本主义国家的‘三权分立’原则，规定立法、行政、司法三权相互独立，但立法权属于真主，没有宗教领袖组成的监护委员会，议会没有合法性，共和国总统是继领袖以后的国家最高领导人，法官也必须通晓教义和法官业务。虽然伊斯兰宪法规定总统是负责协调三权的国家元首，但伊朗并不是一个总统制的国家，而是一个宗教领袖制国家。”①

值得一提的是，自 1989 年宗教领袖霍梅尼去世后，伊朗的神权体制有了一些发展和变化。总统的权力大大加强，政府逐渐成为国家的最高权力中心，宗教对政治的影响渐小，世俗的政治势力相对上升。这是因为发展经济，推动国家的现代化，不能仅仅依靠神权的力量，还必须依靠世俗的力量。

2. 君主亲政型

君主亲政不同于君主立宪制。在前者中君主的权力不受限制，君主既当朝，又执政，属于传统的君主专制体制；而在后者中，君主的权力受到宪法或其他机构的制约，君主是“虚位”的，有名无权。海湾地区的君主制大多是君主亲政型。

沙特阿拉伯是海湾地区最大的君主国，也是典型的君主亲政的国家。在 18 世纪，第一个沙特国建立，沙特家族同宗教改革家瓦哈卜及其后裔谢赫家族建立了宗教—政治同盟，遇到难题同他们商量，征求意见，但决定权在国王。如遇统治危机和王位争执等难题，王族的成员或高级成员也会出来干预，国王的权力虽有所限制，但国家的最高权力仍集中于国王一人。国王是国家元首、家族族长、宗教领袖，“国王通过他的家族牢固地

① 刘竟、安维华：《现代海湾国家政治体制研究》，276 页，北京，中国社会科学出版社，1994。

控制着相当于内阁的王室长老委员会，并以政治联姻的形式来密切家族与教派首领的关系，实现政教合一，以真主的名义确认了统治家族和家族统治的合法性。”①

海湾地区的阿曼是君主亲政的另一个典型。阿曼的政治体制同沙特阿拉伯大体相同，国家的立法、行政大权均由国王掌握，王族成员担任政府重要职位，国家的重大决策问题由王族及国王来决定。

3. 军人独裁型

20世纪五六十年代以来，在非洲和拉美等地区，军事政变此起彼伏。例如，到80年代末为止，非洲共发生了120多起军事政变，成功的大约72起，有29个国家先后经历了一次或多次政变。军人独裁成为全世界范围内常见的现象。军队首领发动政变，获得政权后，有的镇压反对派，加强专制统治；也有的引进“民主”政体，实行大选，结果多是军人首领成为总统，在“民主”外衣的掩盖下，军人统治的合法性得到增强。

不改变军人统治方式，增强专制统治的如前尼日利亚参谋长易卜拉欣·巴班吉达。“他曾发动或参与发动三次军事政变，被国际舆论戏称为‘国王的制造者’。1983年12月他辅佐布哈里发动军事政变，推翻了沙加里文官政府，后巴班吉达与布哈里意见分歧，矛盾尖锐化。巴班吉达与1985年8月发动政变，推翻了布哈里政权，成立以自己为首的军政权，自任总统，并兼任武装部队执委会（全国最高权力机构）、全国州务委员会、全国委员会三个委员会的主席。他取消原最高司令部总参谋部，其职责由总参谋长和参谋长联席会议两大机构承担，总统拥有调动军队、任命主要官员及采取任何重大的经济措施的权力，从而集政治、经济、人事大权于一身。他一直统治到1993年。”②

加纳在1966年2月成立军政权，于1968年8月宣布还政于民，公布宪法并举行大选。③

从经济学的角度来分析，考察一种决策体制是否优越，首先要看决策成本的高低。决策成本有两种，即外部成本与决策成本。外部成本是指在

---

① 曲洪：《当代中东政治伊斯兰：观察与思考》，171页，北京，中国社会科学出版社，2001。

② 陆庭恩、刘静：《非洲民族主义政党和政党制度》，236页，上海，华东师范大学出版社，1997。

③ 参见同上书，234页。

决策中由于其他人的行动而使单个参与者预期个人所承担的成本，也就是一项决策方案的实施将给那些偏好与之不一致的人所带来的损害。这种成本是由于集体的内部强制性而施加给某个参与者的。决策成本是指单个参与者为了使集体决策得到所需的同意人数而耗费的时间与精力。

从决策成本来看，独裁制可以做到决策迅速，省时、省钱，决策成本最低。但从外部成本来看，独裁制的决策成本是最高的，因为它以权威人物或少数人的意志代替了全体人民的意志。决策是否科学、合理，还要取决于独裁者个人的素质状况。独裁者个人素质高，则决策的效率相对也高。例如，阿曼国王卡布斯苏丹早年到英国学习，意识到阿曼与外部世界的差距。“他认为父亲不会对阿曼进行改革，也意识到阿曼人民的不满情绪在增长，所以采取果断措施，罢黜父亲。执政后，卡布斯苏丹采取了一系列社会改革和发展经济的措施，使阿曼成为‘发展中国家的典范’。”① 所以，对于独裁制的决策效率，人们还难以定论。有一点是值得肯定的，独裁制违背了民主价值，与人们向往的自由、平等、公正等价值观相背离，是一种文明程度较低的决策体制。但它能在现代社会中广泛存在，这不能不引起人们的关注和思考。

四、人民代表大会制

我国的人民代表大会制属于民主集中制决策体制的一种。它属于代议制民主决策体制的范畴，但又不同于三权鼎立基础上的西方议会制。

人民代表大会制主要包括以下几个方面内容：第一，各级人大都由民主选举产生，对人民负责，受人民监督；第二，各级人大及其常委会集体行使权力，严格按照民主集中制的原则行使职权；第三，国家行政机关、司法机关都由人大产生，对它负责，受它监督；第四，在中央的统一领导下，发挥地方的积极性；第五，在少数民族聚居的地方实行区域自治，香港、澳门和将统一的台湾实行高度自治。

人民代表大会制的重要特点就是，国家的行政机关、法院和检察院都是由各级人民代表大会选举产生，并受其监督，对其负责；另一个特点就

① 刘竟、安维华：《现代海湾国家政治体制研究》，194 页。

是中国共产党在人民代表大会制中发挥领导作用，党的决策在中国公共决策体制中具有重要意义。这体现在：（1）国家的一切重大问题都由党首先提出建议，再由人民代表大会讨论决定；（2）党向国家机关推荐干部，并由人民代表大会表决。此外，我国的人民代表大会制还与政治协商会议相结合，发挥民主党派参政议政的作用。

作为民主集中制的一种表现形式，人民代表大会制具有许多优点。民主集中制坚持群众路线，从群众中来，到群众中去，反映人民群众的利益要求，使决策的外部成本降低；决策中坚持“少数服从多数”原则，克服西方代议制民主中讨价还价、议而不决的难题，降低决策成本，提高决策效率；人民代表大会制又考虑到我国政治制度的实质和社会主义条件下公共决策的特点，贯彻了马克思主义思想路线和党的群众路线，是符合我国国情的决策体制。邓小平说，民主集中制是“最合理最便利的制度”。

人民代表大会制较之西方的代议制决策体制有很大的优越性。它是在马克思主义关于代议制理论的指导下建立的，旨在摒弃“清谈馆”式的议会，把人民代表大会变成真实的、握有实际权力的机构，真正实现人民的权利，所以，它是一种理想的决策体制。但在现实中，其运行又不是完美的。特别是在社会主义市场经济条件下，利益日益分散化，公民政治参与性增强，决策过程更加复杂化，决策的科学化和民主化也更为重要。目前，人民代表大会制还不够完善。

因此，为推进公共决策的科学化、民主化，促进我国市场经济的发展，必须进一步改革和完善人民代表大会制。

第一，理顺党和人民代表大会的关系，实现党通过人民代表大会管理国家事务。[①] 如前所述，党与人民代表大会作为我国公共决策的两个重要机构，其相互关系如何直接关系到我国公共决策的水平。党通过人民代表大会管理国家事务，就是党把人民代表大会当作主要活动场所，派优秀的干部到人民代表大会工作，相当一部分还可以在党和人民代表大会兼职。党不能直接对人民代表大会下命令，而是采取议案的形式，通过人民代表大会，使其主张变成法律。人民代表大会对党提出的议案进行审议、表

① 参见蔡定剑、王晨光：《人民代表大会二十年发展与改革》，408页，北京，中国检察出版社，2001。

决，无疑将会增进决策的科学化和民主化。另外，党虽然不直接管理国家事务，但通过人民代表大会仍然能够实施对国家的领导，而人民代表大会也发挥了其最高权力机构的作用。

党通过人民代表大会管理国家事务这种做法，甘肃省白银市早在20世纪80年代就进行了组织上的探索。“1985年白银市召开第三届人民代表大会。鉴于深化改革的需要和干部队伍的实际状况，根据省委的要求，白银市实行主要负责同志身兼二职，既担任市委书记，又被提名为市人大常委会主任，市委的其他主要负责人也都被提名为市人大常委会组成人员。市委和市人大常委会在权能上分开，在职能上独立。”① 他们的实践结果证明这种做法利大于弊，是可行的。目前，这种做法正在全国各地推广。在新一轮省（市）人大选举中，除书记是中央政治局常委的，一般都是由书记兼任人大常委会主任。

第二，改革和完善选举制度，提高人民代表素质，优化委员会成员结构。一是在改革选举制度过程中，应进一步扩大直接选举的范围，使公民的权利得到保障，政府的权力得到制约，从而优化公共决策，避免决策失误；二是必须逐渐缩小城乡代表所代表人口数量的差别，实现公共决策的公正和公平；三是提高人大代表的素质，保证人民代表能真正反映人民的呼声，实现公共决策增进公共利益的目的；四是优化人大常委会组成人员。“人大常委会的组成人员应是社会各界的代表，代表人民的利益，是人民的精英，而不是政治精英。”②

第三，加强人大的监督工作，发挥其“钢印"的作用。人大的工作主要是立法和监督，而人们普遍不满的是监督工作。人民代表大会监督不力主要是因为宪法只规定了人民代表大会的监督权，而没有具体的实施细则和操作程序。目前，全国许多地方人民代表大会已经制定了有关人民代表大会监督的政策法律，各界都在期盼全国统一的监督法的出台。但我们不能把所有的希望都寄托在一部监督法上，因为，“宪法已经赋予人大足够的权力，只要善于运用听取报告、调查、质询、特定问题调查等权力，

① 参见蔡定剑、王晨光：《人民代表大会二十年发展与改革》，411页。

② 《南方周末》，2003-02-27。

人大的监督工作有广阔的天地。"[1] 加强人大的监督作用，还要从以上两个方面做起。理顺党和人民代表大会的关系，提高代表的素质，这是加强人民代表大会监督的基础和保障。

我们已介绍了当今世界三种主要的决策体制——议会制、独裁制和人民代表大会制。议会制是资本主义国家普遍实行的决策体制，其基本原则是"三权分立"，由于各国国情不同，议会制又可以分为总统—议会制、内阁—议会制和委员会—议会制；独裁制也是一种较常见的决策体制，当今世界存在三种类型的独裁制，即宗教领袖型、君主亲政型和军人独裁型，独裁制是反民主的，其原则是独断专制；人民代表大会制是有中国特色的决策体制，它真正实现了主权在民，是一种优越于资本主义议会制的决策体制。但人民代表大会制也不是完美无缺的，坚持人民代表大会制，就必须进一步改革和完善人民代表大会制。

第三节　现代公共决策方式

公共政策所指向的是一系列的公共问题，这类问题涉及公共利益，无法仅靠市场中个别人的行为得以解决，因此，公共政策的形成过程就是一个"公共选择"（public choice）的过程。本节将讨论几种主要决策方式（投票规则）。

一、投票规则

1. 全体一致规则

所谓全体一致规则（unanimity rule），是指所有投票人都对某项表决的方案投赞成票，一致同意的规则。在现实中，我们不难见到全体一致规则的例子，如联合国安理会常任理事国形成决议时，一个基本条件就是要中、美、俄、英、法五国一致同意。

全体一致规则主要有以下特征：（1）一票否决。决策人形式上都平

---

① 蔡定剑、王晨光：《人民代表大会二十年发展与改革》，276页。

等地享有决策权，任何一个否决行动，对决策方案能否最终通过具有决定性的意义；（2）“帕累托最优”。全体一致规则是肯定导向“帕累托最优”的惟一投票准则。[①] 所有决策人都能用自己的投票行为而获益，或者说，决策人中至少没有人因此而利益受损。

全体一致规则尽管蕴涵着导向“帕累托最优”的诱人之处，但这并不是应用最为广泛的方式，因为全体一致规则具有以下两个明显的缺点：

（1）决策成本过高。要求社会成员寻求共同的满意选择，需要耗费大量时间，这在人们的偏好各异的大社会中尤其如此。[②] 为寻找出一个符合“帕累托最优”的决策结果，社会成员在时间上的损失也许远超过他们从中获得的收益。[③] 这一弱点与参与决策的人数成正比，如果人数足够庞大，按全体一致规则不可能达成集体决策。所以，在不能肯定集体决策的结果是否能给自己带来损失的前提下，人们很可能更愿意接受其他投票规则而不愿为达到充分的全体一致去耗费时间。因此，这一规则仅仅在较小范围内的集体行动中才有可能被采用。

（2）鼓励“策略行为”。在全体一致规则的条件下，每位决策参与者都享有决策的否决权，因此，这一规则会鼓励人们运用“策略行为”来争取自己所偏好的方案的胜出。其中，较为常见的是以下两种形式：

第一，讨价还价。现实中人们的兴趣爱好、利益预期是多种多样的，人们为了达到某一个大家都满意、互不损害对方利益的“最优”方案，不得不进行再三的讨价还价，一次性协商极少能解决问题。我们假定，甲、乙两人在全体一致条件下通过了 A 政策，各自获得收益为 M_1 和 M_2，此时 $M_1 = M_2$，M_1、M_2 皆大于零。但是，由于甲是一个理性的自利者，他可能为了使 $M_1 > M_2 > 0$，从而以否决 A（即让甲、乙皆无所收益）来迫使乙让步，并对政策 A 做出了有利于甲的修改。反之，乙也可能为使 $M_2 > M_1 > 0$，做出与甲类似的举动。这样，双方将会把精力放在试探对方虚实上，不断进行讨价还价，最终的选择结果就取决于两人讨价还价能力的强弱。[④]

---

① 参见［美］丹尼斯·缪勒：《公共选择》，25 页，北京，商务印书馆，1992。

② 参见［美］丹尼斯·缪勒：《公共选择》，25 页。

③④ 参见同上书，26 页。

第二，弃权。在这里，需要纠正一个普遍的错觉——全体一致规则至少有一个优点，可以避免“搭便车”现象。“搭便车”一般是指不承担公共活动的成本，却享受公共活动收益的行为。有人认为，在全体一致条件下，由于每位决策参与者都清楚他人也平等享有对决策的否决权，任何“搭便车”行为都可能招致他人反对而使公共决策方案告吹，因此，每人在为方案讨价还价时都会顾及他人利益。但是，上述分析显然排斥了这样一种可能性：即决策者可能根据自己对政策结果的预期，“冒险”认定政策结果合乎自己的要求，采取诸如“弃权”这样不明显阻挠决策的行为，从而避免应承担的公共活动成本，而享受公共活动收益。这种情况在多人决策中尤为常见。显然，这也是一种“策略行为”，它表明全体一致规则并不能真实反映投票人的意愿。

2. 过半数规则

所谓过半数规则（majority rule），是指对一项表决方案，需要超过二分之一的投票人赞同方才通过的规则。

过半数规则在现代社会中是应用最广泛的决策方式。既然全体一致规则因众人偏好的差异而难以普遍应用，那么只能退而求其次，采用多数票制，以最大限度地照顾公众利益。多数票制一般可分为简单多数和过半数两种方式。简单多数指在多个方案中，哪一个方案获取的赞同票多，哪一个就获得通过。由于简单多数只能反映“小多数”人的意愿，因此人们在实践中，逐渐选择能反映“大多数”人意愿的过半数方式。

过半数规则的例子在我们身边举不胜举，在此不加赘言。与全体一致规则相比，过半数规则的特征是：（1）决策效率高。决策过程中无需人人都投赞成票，只要有超过半数的赞成票，决策方案就能通过；（2）“少数服从多数”。“按过半数投票规则进行集体选择过程的本质，即少数投票者被迫参与他们不能阻止也不能对其所引起的损害要求补偿的那些活动。”① 过半数规则要求公共行动方案对全体参与者都具有强制性，即占少数的反对者必须服从占多数的支持者所做出的抉择。

过半数规则在现实中应用广泛，但究竟过半数的人占全体成员的百分

① 参见［美］布坎南、塔洛克：《同意的计算——立宪民主的逻辑基础》，95页，北京，中国社会科学出版社，2000。

之多少才是最恰当的，是51%还是60%、70%、80%？人们根据不同的实际需要，制定了多种规则，如2/3票制、3/5票制等等。标准的多样化也说明，过半数规则本身还存在一些缺陷，须在实践中加以修正。

（1）“多数剥削少数”①。按多数规则选择出的每一项集体行动方案都具有内在的强制性。因为最终的集体决策是按多数人的意愿决定的，而决策的结果又要求全体成员服从，这就意味着多数人把自己的意愿强加给少数人。最终集体决策结果所体现的是多数人的利益，属于少数人的利益被忽略了。这种不公平和对民主制原则的违反，并不因为受害的是少数，罪恶就少一些。因为每个人如不和其他人同等重要就不存在平等的选举权。② 显然，在多数规则下，少数人没有权利。而从经济学的视角分析，“少数服从多数”还要冒净收益小于净损失的风险。

（2）决策结果未必可靠。最著名的例子是，乌克兰在1991年3月的全民公决中，70.2%赞成维持前苏联联邦体制，不赞成独立；同年12月的全民公决，90.3%的人却转过来支持乌克兰的独立。布坎南说：“在集体选择上，个人可能知道他自己偏好的选择对象是什么，但是他不知道其他一些人将怎样进行选择，从而不知道他们会怎样投票的。”③ 在多数票规则下，“个人行为与结果之间并不存在联系，而各备选方案的机会成本的估计又必然很困难，因此集体决策基本上是不负责任的。”④ 由于单个参与者的选择行为在多数票规则中无足轻重，从而无形中助长了选民不重视选举权的行为，甚至轻易放弃表决权。当这种倾向为多数人所有时，压力集团（利益集团）便会应运而生。压力集团以较小的代价（如花费一定金钱）收买一些可能弃权的选民，让他们按压力集团的意愿来投票，结果是政策取向更加偏离大众的利益。

（3）投票悖论。在对过半数规则研究的过程中，学者们发现了一个非常重要的现象，即采用过半数规则时，投票过程的次序至关重要，不同的次序会产生不同的选择结果，各种政策方案都有可能被通过，这种现象

---

① ［美］曼瑟尔·奥尔斯：《集体行动的逻辑》，29页，上海，上海三联书店，上海人民出版社，2000。

② 参见［英］J.S.密尔：《代议制政府》，103页，北京，商务印书馆，1982。

③ ［美］布坎南：《自由、市场和国家》，239页，北京，北京经济学院出版社，1988。

④ 同上书，240页。

叫做“循环”（cycling）或投票悖论（the paradox of voting）。这表明即使按多数规则进行投票而选择出来的集体决策，也可能对多数不利。

多年来，学者们一直为投票悖论所困扰，希望能够寻求到一个打破悖论的途径。然而，成功的可能性被阿罗悖论彻底地消灭了。关于过半数规则的两大悖论，我们在下面专门讨论。

二、投票规则中的悖论

尽管过半数规则是现代社会中应用最为广泛的决策方式，但至今人们仍然无法打破两大悖论。

1. 投票悖论

在只存在两个备选方案时，多数票规则是有效的；而当面对三个或更多个的备选方案时，多数票规则便会显得不那么有效，通常会出现循环投票现象。即，在多数票规则下，可能没有稳定一致的均衡结果，而是在各种选择中循环。这种现象被称作投票悖论或孔多塞悖论（Condorcet's Paradox）。

我们用下面的例子来说明投票悖论。

假定有三个投票者（甲、乙、丙）在三种备选方案（A、B、C）中进行选择。三人对方案的偏好如下：

甲：A > B > C

乙：B > C > A

丙：C > A > B（符号“>”表示“偏好大于”）

按照过半数规则，三人中只要有两人以上选择某方案，该方案就能通过。如果我们确定的投票次序为先从 A、B 中选择出一个方案，再与 C 比较，最后再来确定谁通过，那么，就先比较 A、B 而言，偏好可简化为：

甲：A > B

乙：B > A

丙：A > B

结果肯定是 A 被选中，再将 A 与 C 相比，此时偏好表示为：

甲：A > C

乙：C > A

丙：C > A

因而，最终的结果是 C 被选中。

如果我们改变投票次序，先在 A 与 C 中选，再与 B 进行比较，那么，结果肯定是 B 被选中。如果先在 B 和 C 中选，再与 A 进行比较，那么，结果是 A 被选中。

三种不同的选择次序导致了三种不同的集体选择结果，集体对三个方案的偏好最后可表示为：

A > B > C > A

"对立的投票能够导致一种无止境的循环。过半数规则在非武断方式下不能选择出获胜一方。"[①] 这样，确定投票程序的权力常常就是决定投票结果的权力：由"循环"带来的选择结果的不确定性，成为潜伏在过半数规则中的一种危险因素。

"循环"能否消除？公共选择的一个重要发现是：当投票者的偏好都是"单峰值性偏好"（single-peaked preference）时，"循环"就会消失。所谓"单峰值"，顾名思义就是偏好只有一个峰值，在峰顶（最优偏好）的两边，对其他备选方案的偏好持续下降。如果我们将前述的甲、乙、丙三人的偏好用图形表示出来后，就会发现甲、乙的偏好图形只有一个"峰顶"，是"单峰值偏好"，而丙有两个"峰顶"，就成为"双峰值偏好"，如图 4—1 所示。

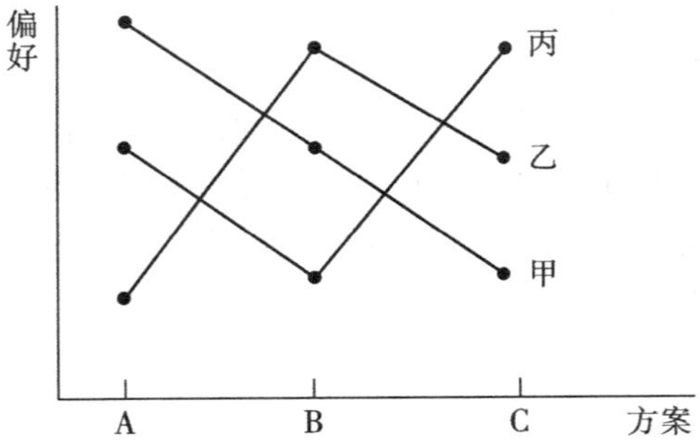

图 4—1 双峰值偏好

① 转引自［美］丹尼斯·缪勒：《公共选择》，40 页。

如果丙的偏好也变成“单峰值”，即C ＞ B ＞ A，那么，根据我们前述的推论逻辑，结果始终都是B，“循环”消失了。人们进一步研究发现，在投票人偏好皆为“单峰值”的条件下，过半数规则会产生一个均衡的结果，像前面的例子中结果始终是B。此时，均衡点正是中间投票者的峰值偏好。也就是说，在公共选择中，中间投票者的偏好是决定因素。我们可以根据丙为单峰值偏好的条件对图4—1进行修正，会发现对甲、乙而言，B为次好的方案，而对丙而言是最好的方案，最终结果是甲、乙、丙都选择B，乙就是起关键作用的“中间投票者”。如图4—2所示。

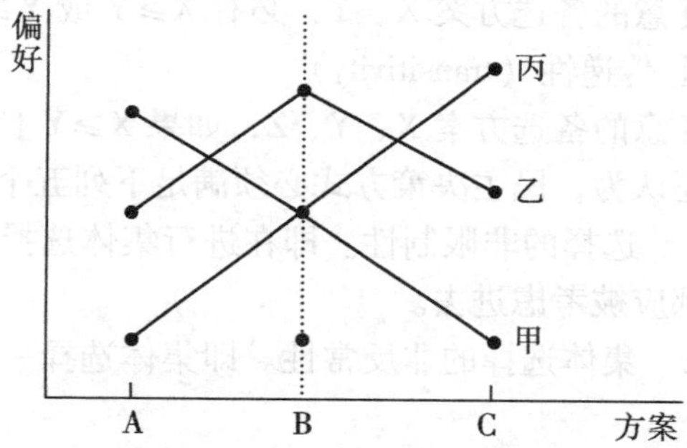

图4—2 单峰值偏好

因此，当选民的偏好存在多峰偏好时，选民可以通过改变自己的偏好来操纵投票结果。这也是公共选择学者们所关注的“中位选民（中间投票者）”。

如果说布莱克的发现导致了限制投票者偏好的话，那么“阿罗不可能定理”无疑给民主决策体制以致命的一击。

2. 阿罗悖论

既然多数票规则往往导致投票悖论，那么，是否存在一种政治机制或社会决策规则，能够消除这种投票悖论现象呢？美国斯坦福大学教授肯尼斯·阿罗对此进行了研究，他得出的结论是：“如果我们排除了人际效用的可比性，而且在一个相当广的范围内对任何个人偏好排序集合都有定义，那么把个人偏好总合为社会偏好的最理想的方法，要么是强加的，要么是独裁的。"①

阿罗的意思是说，不可能存在一种社会选择机制，能够使个人偏好通过多数票规则转换为社会偏好。阿罗的这个结论后来被称为"阿罗不可能定理"（Arrow's impossible theorem），又称作"阿罗悖论"（Arrow Paradox）。

阿罗的结论建立在社会选择的两个公理与民主决策方式所需满足的五个条件之上。

阿罗提出的社会选择的两个公理是：

公理Ⅰ 连贯性（connectedness）

对于任意的备选方案 X、Y，必有 X≥Y 或 Y≥X。

公理Ⅱ 传递性（transitivity）

对于任意的备选方案 X、Y、Z，如果 X≥Y 且 Y≥Z，则 X≥Z。②

阿罗还认为，民主决策方式必须满足下列五个条件：

条件 1 选择的非限制性。即在进行集体选择时，所有可能的个人偏好的组合都应被考虑进去。

条件 2 集体选择的非反常性。即集体选择一致地、不偏不倚地反映个人选择。

条件 3 不相关方案的独立性。即选择应限制在独立于其他方案的某一套方案中。

条件 4 公民的至上性。即集体决策不能局限于精英决策。

条件 5 非独裁性。即个人和团体都不能将他们的偏好强加于他人，从而决定集体决策的结果。③

阿罗认为，任何投票规则和选择程序必须同时满足上述两个公理和五个条件，才能把个人偏好次序转换成社会偏好次序或集体偏好次序；但是事实上，它们不可能同时得到满足。因此，不存在一种可能把个人偏好总合为理想的社会偏好的政治机制或集体决策体制。

---

① K. J. Arrow, Social Chioce and Individual Values, New Haven, CT: Yale University Press. 1963, p. 59.

② 参见［美］肯尼斯·约瑟夫·阿罗：《社会选择：个性与多准则》，25～26 页，北京，首都经济贸易大学出版社，2000

③ ［美］威廉·N·邓恩：《公共政策分析导论（第二版）》，303 页，北京，中国人民大学出版社，2002。

阿罗把他的结论表述为"一般可能性定理"："如果存在至少三个备选方案，社会成员可以自主地按任何方式对它们进行排序，那么满足条件2和条件3的社会福利函数以及由此产生的满足公理Ⅰ和公理Ⅱ的社会排序一定是强加的或者是独裁的。"

"一般可能性定理"说明了，"如果关于个人排序的特性事先不作任何假设，那么没有一种投票方式能够解决前一部分所讨论的投票悖论。不管是复数投票，还是比例代表制投票，也不管投票的方法多么复杂，同样都不能解决投票悖论。类似的，市场机制也不能产生合理的社会选择。"①面对投票悖论，民主瘫痪了。

为了摆脱投票悖论并使得多数票规则在多个方案的情况下仍然适用，学者找到的方法就是修改阿罗的假设条件，不再遵循"无限制区域"，对选民的偏好（多峰偏好）进行限制。一旦这种对偏好的限制付诸实施，投票悖论隐含的意义就暴露无遗：限制投票偏好，运用多数投票规则，得出一个均衡的结果，实质上是多数人对少数人的暴政，是民主的暴政。对少数人而言，他们的投票自由受到限制，投票意愿不是为了选择他们认为的最佳方案，投票变成了为了产生一个投票结果而进行的活动。

三、过半数规则的变异形式

过半数规则是应用最为广泛的规则，受到人们的重视。多年来，人们也提出了一些过半数规则的变异形式。②

我们先来假定，需要从一张 M 个候选人组成的名单中选出一个人（$M>3$）。那么，较为简单的过半数规则及其变异形式的选择过程为：

过半数规则：选出得到超过半数票的第一位候选人。

占多数规则：选出得到票数最多的一位候选人。

孔多塞标准（Conderct criterion）：选出在运用过半数规则的成对比较选择中击败所有人的候选人。

博尔达计数（Borda rule）：按照投票者的偏好程度的排序来给 M 个

① K. J. Arrow, Social Chioce and Individual Values, p. 58, New Haven CT: Yale University Press, 1963.

② 参见［美］丹尼斯·缪勒：《公共选择》，58～65 页。

提案中的每一个打分，分值从 1 到 M，即被投票者列为第一位的提案得到 M 分，列第二名的提案得 $M-1$ 分，被投票者地位在最后一位的提案得 1 分，把所有投票者的每个提案的分数分别加起来，宣布得最高分的提案为获胜者。

淘汰投票（exhaustive voting）：要求每一个投票者标明在 M 个候选人组成的名单中他认为最差的候选人，把被最多投票者认为最差的候选人从名单上删掉，再要求每个投票者标明在剩下的候选人组成的名单中他认为最差的候选人，从名单中删掉。重复这个过程直至只剩下一个候选人，这个候选人便是获胜者。

赞成投票（approval voting）：在由 M 个人组成的候选人名单中，每个投票者对所有他赞同的候选人投一票，得票数最多的候选人为获胜者。

过半数规则的变异形式还有一些较为复杂的形式，我们在下面加以讨论。

四、决策方式的改进

现有的决策方式或投票方式是有缺陷的，如何改进这些政治或民主的技术？西方学者就这一问题做了不少探讨。在这里，我们先介绍公共选择学者提出的建议，再探讨我国的民主集中制这种决策方式的改进。

1. 公共选择学者论投票方式的改进

布坎南与另一位著名的公共选择理论家塔洛克（R. D. Tullock）在他们 1962 年合著的《同意的计算》（*The Calculus of Consent*）中认为，在公共选择中，由于他人的行为而使选择结果偏离了单个投票者的预期，而集体选择的内在强制性又迫使投票者接受这个结果，结果与预期的差就是这个投票者必须承担的外部成本。对单个投票者而言，如果他认为某项方案合乎自己的利益，他可能会为了这项方案最终得以通过而去说服他人，直至得到所需的同意人数规模，那么他在这当中所耗费的时间、精力等，就构成他的决策成本。因此，当人们选择投票方式和规则时，就会选择那种给自己带来的外部成本与决策成本都最小的方式和规则，以实现自身利益的最大化。

围绕个人效用最大化这个主题，公共选择学者们设计了多种决策方式，这些模式被认为更能准确显示投票者的偏好，有利于克服“策略行为”造成的外部成本与决策成本过高的缺点，这里着重介绍需求显示过程和投否决票两种。

（1）需求显示过程（demand-revealing process）。需求显示过程的实质是通过对个人征收某种税收的方法来促使个人真实显示他对公共物品的需求，从而确定给投票者带来最多好处的方案。这一方案从 20 世纪 70 年代中期起，引起了人们浓厚的兴趣。

我们用一个例子来说明需求显示过程是如何进行的。①

假定现在有 A、B、C 三人要对两个方案进行选择。首先，要求三位投票者将他们预期从偏好的方案中得到的好处用货币量表示出来。假设 A 偏好 P，并将从 P 中获取 30 美元的收益；C 也偏好 P，他可以得到 20 美元的收益；B 偏好 S，并且 S 获胜他将获得 40 美元的收益，见表 4—2。

表 4—2　需求显示过程例证表　单位：美元

方案 / 投票者	P	S	税收
A	30		20
B		40	0
C	20		10
总额	50	40	30

列出收益表后，再将这些量化的收益相加，看哪一个方案代表的价值量最多，就通过哪个方案。P 因为总价值最多（50 美元）而被选中。

但是，这样做我们尚不能保证 A、B、C 三人所公布的预期值是真实的，还必须用税收加以约束。计算税收的方法是：先算出只有其他人参与时各方案的价值总额，找出当选的方案，然后再加进投票者自己表示的货币量，看集体选择结构是否因此发生变化。如果不会，他就不用交税；如果会，

① 参见［美］丹尼斯·缪勒：《公共选择》，70～81 页。

他就得交相当于没有他参与投票时另一个方案获胜的预期净收益的税额。

例如，假设 A 没参加投票，那么 S 的总额是 40 美元，P 是 20 美元，S 当选。A 应缴纳的税额就为 S 获胜时净收益 40 - 20 = 20（美元）。B 的投票行为不影响结果，因而不用交税。C 的投票行为也会改变选择结果，C 的税额为 40 - 30 = 10（美元）。

实行税收制度后，A 所表示的从 P 中得到的收益值等于或大于 21 美元时，将使集体选择结果为 P，那么他的税收值不变。如果他表示的收益小于 20 美元，S 将当选，A 此时可以不付税。但他预期从中得到的 30 美元收益也将同时化为乌有。在这种机制下，投票者产生了真实显示其偏好的动力，他不愿过高显示他的偏好，因为这样一来他就得冒税收大于实际收益的风险；他也不愿过低显示其偏好，因为这样一来他就得冒得不到任何好处的风险。

由此可见，需求显示过程的最大优点就是鼓励投票者真实表达自己偏好，从而避免人为增加决策成本，提高了决策效率。

（2）投否决票（voting by veto）。投否决票就是让所有投票者都提出自己认可的方案，然后汇总，再随机地将这些方案排序，让投票者从全部方案中否决一个，最后剩下的方案当选。

投否决票方式特别针对全体一致的方式的某些缺点加以改进。由于参与者有机会表达自己的偏好，又有权力否决自己不喜欢的方案，因此，参与者提出方案时需积极考虑他人利益，以避免自己所偏好的方案遭受被否决的命运。在这种方式下，投票人之间的“策略行为”相对会少得多，自己的意愿表达会更真实。

投否决票方式实施起来会受到一定限制，这就是投票者的意愿、旨趣的方向必须大体一致，否则可能所有方案都遭否决。例如数名投票者对将某笔资金用于改善生活条件进行表决：如果大家都认为应该用来建造蔬菜基地，以丰富“菜篮子”，那么至于是建土豆基地，还是青菜基地，或是西红柿基地，或是混合蔬菜基地，通过投否决票最终有望达成某项协议；但是如果有人认为改善生活条件重要的不是菜篮子，而是要有田径场，或是影剧院，或是公园，那么最终可能所有提案都行不通。

2. 作为一种决策方式的民主集中制的完善

在我国，决策方式的改进应主要集中在对民主集中制的坚持、发展与完善上。尽管民主集中制的决策原则和方式在我国公共决策中已经起到了重大作用，但是随着我国社会主义市场经济的发展，我国公共决策出现一些新变化，如政府公共决策的范围缩小，公共决策对象的各种利益关系更加复杂，公共决策的主体呈多元化趋势，公共决策过程更加错综复杂。因此，在社会主义市场经济条件下，必须进一步坚持和完善民主集中制。可以采取如下几种措施。

首先，必须充分发扬社会主义民主，民主集中制的首要前提是必须充分发扬民主，只有在充分发扬民主的基础上才具有正确的集中。在以往计划经济条件下，我们在处理民主与集中关系问题上存在的明显不足是过分强调集中，而对民主重视不够，这就难以充分调动广大人民群众积极参与公共决策和公共事务管理的积极性，难以在决策子系统中造成一种自由讨论、竞争的气氛。针对这种情况以及市场经济条件下对决策民主化提出的更高要求，要坚持和完善民主集中制这种决策原则及方式，必须首先充分发扬社会主义民主，广开公民参与公共决策渠道，在全社会营造良好的决策气氛；在公共决策的决断子系统中充分发扬民主，形成良好的公共决策小环境；充分发挥民间（体制外）的政策研究咨询组织（智囊团、思想库）的作用。

其次，借鉴现代决策科学的理论及方法，实现民主集中制决策体制及其运作的科学化、现代化。我们党在长期的公共决策实践中，积累了按照民主集中制原则进行决策的丰富经验，如实事求是、调查研究、从广大人民群众的根本利益出发、从群众中来到群众中去、少数服从多数的原则等等。但是在坚持民主集中制决策的以往实践中，我们的经验成分多，现代科学的理论、方法的运用偏少，未能真正形成科学的公共决策系统，也尚未实现公共决策过程的程序化。针对这种情况，必须将民主集中制的优良传统与现代决策科学的理论和方法有机结合起来，建立健全现代公共决策系统，创造真正发挥民主集中制原则作用的体制条件，改善和优化公共决策系统的运作，实现公共决策过程的程序化。

最后，加强法制建设，建立健全执行民主集中制决策体制及原则的各项规章制度。要保证民主集中制这种决策体制及原则的有效执行，实现公共决策科学化民主化，必须加强法制建设，建立和健全与民主集中制相适应的规章制度，以法制的形式规范决策行为。例如，必须完善集体领导和个人分工负责相结合的制度。在公共政策中，凡是涉及本地区（单位和部门）改革开放、经济建设和社会发展带有方向性、全局性、长远性、关键性的重大问题，必须通过集体讨论决策，同时，又必须分工负责，做到分工明确、职责分明、有职有权，领导成员敢于负责，大胆工作，不断创新。

案例

岳阳选举出波折　市长二选才通过

据《潇湘晨报》报道，2003 年 1 月 1 日下午，湖南省岳阳市召开第五届人民代表大会第一次会议第三次全体会议。会议选举产生了新一届岳阳市人大常委会主任、副主任、秘书长，选举产生了新一届岳阳市人民政府副市长、岳阳市中级人民法院院长、岳阳市人民检察院检察长和岳阳市五届人大常委会委员，在这一次选举中，岳阳市市长没有产生。在昨晚的第二次选举中罗碧升当选市长。

岳阳市召开第五届人民代表大会第一次会议第三次全体会议应到岳阳市人大代表 432 人，实到 431 人，符合法定人数。下午 3 时 20 分，选举正式开始。6 时 40 分选举揭晓。大会执行主席宣布了新一届岳阳市人大常委会主任、市人大常委会副主任、秘书长、市五届人大常委会委员名单，同时宣布了新当选的岳阳市人民政府副市长、岳阳市中级人民法院院长、岳阳市人民检察院检察长名单。

大会执行主席宣布的选举结果中惟独没有岳阳市市长当选人的名单。据参加岳阳市第五届人民代表大会第一次会议第三次全体会议的相关人士透露，上届岳阳市市长罗碧升是这次选举中惟一的市长候选人。在选举中，罗碧升的票数未能过半。

昨晚，岳阳市第五届人民代表大会第一次会议再次举行全体会议，会议以无记名投票的方式选举罗碧升同志为岳阳市市长。

昨晚 7 时，岳阳市人大代表依次走向投票箱，投下了自己神圣的一票。本次大会应到代表 432 人，实到代表 416 人，符合法定人数。共发出选票 416 张，收回 416 张，其中有效票 415 张，废票 1 张。晚上 8 时 10

分，本次大会根据大会选举得票情况，宣布市长候选人罗碧升得选票335张，超过半数。按照中华人民共和国《地方组织法》和本次大会选举办法的规定，候选人获得全体代表过半数赞成票始得当选，罗碧升当选为岳阳市市长。

思考题

1. 什么是公共决策体制？它有哪些构成因素？

2. 公共决策体制有哪些基本类型？

3. 试比较人民代表大会制、议会制、独裁制三种决策体制的异同。

4. 为什么说民主集中制优于一般的代议民主制？

5. 从理论与实践结合上论述市场经济条件下如何完善作为决策方式的民主集中制？

6. 你是如何看待“岳阳选举出波折　市长二选才通过”这一案例的？该案例说明了什么问题？

第五章

政策工具

政策工具是政府治理的手段和途径，是政策目标与结果之间的桥梁。在执行政策时，选用何种政策工具以及用哪一种标准来评价该政策工具的效果，对政府能否达成既定政策目标具有决定性影响。从这个意义上说，政策工具研究是十分必要的。然而，目前国内的政策工具研究还处于起步阶段，许多重大问题的研究才刚刚开始。本章将对政策工具的几个基本理论问题加以探讨。

第一节 政策工具概述

当我们研究政策工具时，首先会碰到这样一些问题，比如什么是政策工具，政策工具研究从何时开始以及政策工具该怎样分类等等。对于这些问题，从现有的文献中可以查出相当多的资料，然而却找不到一个统一的答案。下面，我们先从政策工具研究的状况谈起。

一、政策工具研究的兴起

对政策工具的研究有着很长的历史，可以说政策研究一开始就伴随着对政策工具的研究。目前，学术界对政策工具的重视源于政府对自身行动及其影响的关注。对政策工具的兴趣的增加使得政策制定者们开始根据目标和手段之间的联系来思考，这种转变被看成是第二次世界大战后政府治理的最为重要的进步之一。

政策工具研究最早起源于社会科学领域，当初的研究主要集中于一点，即个人或公共组织通过什么样的方式和途径来有目的地影响和作用于社会进步。此后，大量的假设和提问都是以这一点作为基础的。工具研究并不必然地只与一个单一的学科相联系，相反，它存在于社会科学的不同领域。在经济学领域，工具途径已经流行了相当长时间，为了达到既定的经济利益，工资、价格以及社会福利政策在传统上一直就被当成工具来使用。在政治学领域，达尔和林德布洛姆在《政治、经济和福利》（1953）中已论及政策工具的基本原理，在此之后，政治学中的政策工具研究沿着两个不同的方向发展—— 一是注重对工具的政治属性的研究，它以政治文化及意识形态的研究为基础；另一个发展方向是沿袭结构—功能传统，力求通过对工具的研究来确定公共政策功能。法学领域同样包含着工具研究途径，20世纪初，庞德（Pond）就提出过法律是一种社会控制工具的观点；公共行政学研究的发展也同样为工具途径的产生和发展做出了贡献。

20世纪80年代以后，在政策科学及公共行政学领域，出现了不少关于政策工具方面的论著。其中，在80年代最有影响的著作可能要算胡德（C. Hood）的《政府工具》（1983，1986）；在90年代，最有影响的著作可能要算彼得斯和尼斯潘（B. Guy Peters and Frans K. M. van Nispen）主编的《公共政策工具》（1998）一书（该书是1992年春在荷兰鹿特丹大学举行的政策工具研讨会的论文集，较全面地反映了当时政策工具研究的状况，是一本很好的参考书）。

最近几年，政策工具研究开始盛行，在公共管理领域出现了众多的政策工具研究，这些研究大部分是在德国、荷兰和美国进行的。那么，是什么推动了工具研究的盛行呢?

首先，它是理论与实践相结合的产物。大学学者与政策工具领域的实践者（实际操作者）保持密切的联系，比如说高校法律学者同时也参与实际生活中法律的制定、执行、评估以及终结等过程。这种学术与实践的密切结合刺激了更多的学者投身于解决实际社会问题，因此，推动了对政策工具的研究。

其次，这是政策执行的现实需要。近代以来，政策执行难度和复杂性程度的大大提高以及政府职能的扩张，导致对政府管理相关知识的需求增大，这就要求对政策问题做更多的科学与实证分析和研究。由于政策工具研究致力于如何把一个简单但却难以回答的社会问题解决好，因此，根据政策目标和途径来进行思考使政策工具研究为公共管理做出了实际贡献。

最后，工具研究途径的倡导者长期以来得到政治和意识形态方面的支持。对福利国家的某些政府部门的不满使人们对政策失败的分析予以更多的关注。20 世纪 80 年代初，荷兰的吉尔霍德（Geelhoed）委员会得出结论：政策工具知识的缺乏和不足是导致政策失败的重要原因。因此，解决政策失败问题的关键在于建立和发展一门政策工具理论并将它付诸实践。

二、政策工具的内涵与分类

1. 政策工具的内涵

对于什么是政策工具，由于研究者们的理解角度不同，所以给出的定义也就各不相同。有学者把政策工具定义为“影响政策过程以达到既定目的的任何事物”，或“一个行动者能够使用或潜在地加以使用，以便达成一个或更多的目的的任何事物”；也有学者通过分类或列出几组具体工具来对政策工具进行描述。这些观点都把工具看成是拥有某些共同特征的活动，例如一项计划、一条法令。还有学者认为政策工具只具有正式（官方）和合法性特征，如尼达姆（D. Barrie Needham）的定义就是“相对于公共主体的可用的具有合法性的治理”①，许多坚持工具的正式特征的学者都赞成这个定义。然而，显而易见的是，政策工具不仅仅具有正式特征，现实中还存在着大量非正式的政策工具。

得到广泛认同的观点是把政策工具看成一种“客体”，如胡德就认为“工具”概念可以通过将其区分为“客体”和“活动”而得到更明晰的理解。② 首先，工具可以被当作是“客体”，尤其是在法律文献中，人们把法律和行政法规说成是工具，它指的是形成法律和法规的一整套命令和规则。其次，工具也可以被当作一种“活动”，如里格林（Arthur B. Ringeling）就把工具概念描述成为：“致力于影响和支配社会进步的具有共同特性的政策活动的集合”③。然而，这种区分定义法却在一定程度上模糊了“政策”和“工具”这两个概念之间的界限。如果说政策是“与某一社会问题相联系的行动或行为”，那么，政策工具又是什么呢？因此，人们更倾向于把政策工具看作是“客体”。不幸的是，这种定义在将其具体化时却存在着困难。

另外，欧文·E·休斯在《公共管理导论》一书中将政策工具定义为：“政府的行为方式，以及通过某种途径用以调节政府行为的机制”④。我国学者张成福的定义则是：“政府将其实质目标转化为具体行动的路径和机制”⑤。

要界定什么是政策工具，必须弄清楚几点。首先，政策工具存在的理由是为了实现政策目标，它是作为目标和结果之间的桥梁而存在的。其次，政策工具仅仅是手段，而不是目的本身。“条条大路通罗马”，政策工具的范围相当广泛，对其的选择也有相当大的灵活性。最后，政策工具的主体不仅仅是政府，其他主体也可以拥有自己的政策工具。

综上所述，我们将政策工具定义为：人们为解决某一社会问题或达成一定的政策目标而采用的具体手段和方式。

---

① D. Barrie Needham, Choosing the Right Policy Instruments, an Investigation of Two Types of Instruments, Physical and Financial, and a Study of Their Application to Local Problems of Unemployment. Aldershot: Gower, 1982.

② C. Hood, The Tools of Government, London: Macmillan, 1983.

③ B. Guy Peters and Frans K. M. van Nispen (eds.), Public Policy Instruments. Northampton: Edward Elgar Publishing. Inc., 1998, p. 14.

④ ［澳］欧文·E·休斯：《公共管理导论（第二版）》，99页，北京，中国人民大学出版社，2001。

⑤ 张成福、党秀云：《公共管理学》，62页，北京，中国人民大学出版社，2001。

2. 政策工具的分类

在很长一段时间里，政策工具的分类主要依据工具特性来进行。为了形成一种明确的分类，人们已经投入了不少的时间和精力。然而，现有的分类都不怎么让人满意，没有一种分类能够对政策工具做全面穷尽的介绍。由于分类标准不统一，学者们对工具分类也都各持己见。

荷兰经济学家科臣（E. S. Kirschen）最早试图对政策工具加以分类，他着重研究这样的问题，即是否存在着一系列的执行经济政策以获得最优化结果的工具。他整理出 64 种一般化的工具，但并未加以系统化的分类，也没有对这些工具的起源和影响加以理论化探讨。

美国政治学家罗威、达尔和林德布洛姆等人也做过类似的研究，但他们倾向于将这些工具归入一个宽泛的分类框架中，如将工具分为规制性工具和非规制性工具两类。萨尔蒙推进了他们的讨论，增加了开支性工具和非开支性工具两种类型。

著名政策分析家狄龙（Van der Doelen）将政策工具划分为法律工具、经济工具和交流工具三类，每组工具都有其变种，可以限制和扩展其影响行动者行为的可能性。另一种更新近的三分法是将政策工具分为管制性工具、财政激励工具和信息转移工具。

胡德提出了一种系统化的分类框架。他认为，所有政策工具都使用下列四种广泛的“政府资源”之一，即政府通过使用其所拥有的信息、权威、财力和可利用的正式组织来处理公共问题。

麦克唐纳和艾莫尔（L. M. McDonell and R. F. Elmore）根据所要获得的目标将政策工具分为四类，即命令性工具、激励性工具、能力建设工具和系统变化工具。

英格拉姆（H. M. Ingram）等人也做出了一个类似的分类，将政策工具分为激励工具、能力建设工具、符号和规劝工具、学习工具四类。

加拿大公共政策学者霍莱特和拉梅什（M. Howlett and M. Ramesh）在《公共政策研究》（1995）一书中，根据政策工具的强制性程度来分类。他们将政策工具分为自愿性工具（非强制性工具）、强制性工具和混合性工具三类。① 与其

---

① Michael Howlett and M. Ramesh, Studying Public Policy: Policy Cycles and Policy Subsystems. Oxford University, 1995, p. 85.

他分类方法相比，他们的分类框架更具解释力、更合理。

欧文·E·休斯在《公共管理导论》一书中认为绝大多数的政府干预往往可以通过四方面的经济手段得以实现，它们是：(1) 供应，即政府通过财政预算提供商品和服务；(2) 补贴，它事实上是供应的一种补充手段，政府正是通过这种方式来资助私人经济领域的某些个人，生产政府需要的商品和服务；(3) 生产，指政府生产在市场上出售的商品和服务；(4) 管制，指政府运用国家强制力批准或禁止私人经济领域的某种活动。①

林德和彼得斯认为政策工具是多元的，他们列出了以下的工具：命令条款、财政补助、管制规定、征税、劝戒、权威、契约。②

张成福在《公共管理学》中，按政府介入的程度对政策工具进行了分类，它们是：政府部门直接提供财货与服务、政府部门委托其他部门提供、签约外包、补助或补贴、抵用券、经营特许权、政府贩售特定服务、自我协助、志愿服务和市场运作。③

我们将政策工具分为三大类，即市场化工具、工商管理技术和社会化手段。市场化工具指的是，政府利用市场这一资源有效配置的机制，来达到提供公共物品和服务的目的的具体方式，民营化、用者付费、管制与放松管制、合同外包、内部市场等都可以用来帮助政府达成政策目标。作为政策工具，工商管理技术是把企业的管理理念和方式借鉴到公共部门中来，吸取有效经验达成政府的政策目标，它包括战略管理技术、绩效管理技术、顾客导向技术、目标管理技术、全面质量管理技术、标杆管理技术和企业流程再造技术等。社会化手段是指政府更多地利用社会资源，在一种互动的基础上来实现政策目标，如社区治理、个人与家庭、志愿者组织、公私伙伴关系等（在下一节中，我们将对这三种工具加以论述）。

分类法的形成最初被看成是对工具理论的一个较早的贡献。到目前为止，对政策工具分类的研究成果可说是相当丰硕的。尽管如此，我们还是不得不承认，可为工具理论奠定基本构架的令人信服的分类似乎并不存在。众多的问题对分类法的发展造成了阻碍：首先，这些分类都不是穷尽

---

① 参见欧文·E·休斯：《公共管理导论》，98页。

② S. Linder, and B. Guy Peters, 'The Study of Public Policy Instrument', Policy Current, 1992, Vol. 2, No. 2.

③ 参见张成福、党秀云：《公共管理学》，62页。

的，现有的许多分类都没有看到非正式工具的重要性；其次，大多数分类并没有相互区别，相互间并不具有排他性，研究中存在着灰色地带；最后，分类的另一个障碍就是工具被看成是静态的，主体使用工具就好像是工匠使用锤子，经过一定时间之后就形成了习惯，工具的微小变化被忽略，对工具的观念却依然一成不变。

三、政策工具研究的途径

国外政策工具的研究已形成了多种途径，根据前述《公共政策工具》一书的说法，主要有如下四种基本途径：

1. 工具主义

这种途径又称古典途径。它认为，人们知道一种特殊的工具，了解其内在的作用机制；这种工具的效果已被证明或具有十分的现实性；人们在大部分可预测的环境中可以期待其产生效果；并且，恰当的工具可以将政策失败转变为政策成功。因此，政策工具研究应弄清工具的属性与特点，以便辨别、提炼少数具有普遍适用性的工具，扩大其应用范围。

工具主义认为工具的属性本身就构造了政策过程，即工具使用及其效果的好坏是由政策工具的特性预先决定了的，政策失败是由于所选择的政策工具存在着缺陷，这是一种工具至上主义。这种途径假定，人们可以通过对各种工具进行逐一的经验研究从而形成对各种工具及其应用的解释；而且经过一定时间的研究，可望形成一整套工具理论以及确定有关工具的各项原则。

2. 过程主义

这种途径的支持者并不承认存在着超出特殊具体问题之外的工具。他们认为，各种工具之间有着重要的差别，没有哪一种或哪一类的工具具有普遍的适用性；恰当的工具并不是抽象计算的产物，而仅仅是一种在动态适应过程中的试探性解决办法；工具的恰当与否是因具体情况而定的。因此，过程主义者所强调的是工具发展的重复性过程，而不是工具的特性。

3. 权变主义

这种途径又称政策工具的背景研究途径。它所持的是传统的社会计划观点，认为工具选择的根据是：工具的绩效特征是如何满足某种特殊问题背景的需要的。一旦政策的目标或目的明晰化了，那么，直截了当的事情就是要去工具箱中找出最适应的工具。因此，工具的研究既要注意弄清解决问题的特定要求，又要注意选出最适合这种要求的工具。

权变主义途径试图通过同时考察工具本身的特性和工具的应用背景来解释工具的应用过程，这种途径与古典途径的区别在于它认为工具的使用过程及其效果不仅由工具的特性决定，而且由工具应用的环境或背景（包括执行组织、目标团体及其他利益相关组织和人员等等）所决定。这种途径注意到了工具使用过程中环境因素的作用。在这里，那种无所不能的工具至上主义受到了挑战。

4. 建构主义

这种途径比权变主义前进了一步。它认为，要了解特定工具被采用的脉络背景的特殊性，就必须了解这些工具的主观意义。在这里，主观意义既表示非工具性的方面（如符号的或伦理的内涵），又表示那些意义和解释被价值和感知所中介的工具性特征。依这种途径，并不存在关于工具及其特征的客观现实，相反，工具代表了一种建构了的实践形式，其意义和合法性被不断地加以建构和再建构。

建构主义研究途径在修正工具地位方面走得很远。它认为政策工具在政策系统、决策领域和执行过程中并不起决定性作用，而仅仅是决定政策过程的众多因素之一。这样一来，工具主义特征完全消失了。在这里，研究重心发生了转移，人们关心的不再是"工具"，取而代之的是政策系统、政策网络、决策系统和执行过程。

通过对这四种研究途径的介绍，我们可以看出，"政策工具"似乎正在逐步变得越来越自我否定，从第一个途径到第四个途径的演变使得政策工具的"工具性"特征的重要性被降到如此低的程度，以至于给人们造成这样一种印象，似乎工具理论不再适用了。虽然实际情况还没有这么严重，但是这种研究途径的变化却在一定程度上反映了政策工具的研究走向及其发展过程中面临的威胁。

四、政策工具研究的主题与走向

1. 政策工具研究的主题

政策工具研究实际上就是一些问题的集合，这些问题就是关于如何将政策意向转变为管理行为。以往的研究表明，该领域并不存在着单一的中心主题，而是存在着一系列相互关联的研究主题，下面我们简要介绍几个重要的主题。

（1）政策工具的应用。评价工具的效力是古典研究途径中最重要的问题之一，虽然在目前的研究中，效力仍然具有重要性，但它却日渐失去了往日的地位，人们逐渐将注意力转移到了政策工具的具体应用过程中。在这里，关注的焦点集中在：哪些主体参与了工具的应用过程，这些主体对于各个过程的影响及其程度，以及各参与者之间的协调与合作等等问题。对政策工具主体的研究是对效果视角的补充，这一转变体现了人们对第四种研究途径的兴趣的日益增长。

（2）“新工具”。近年来，人们开始关注“新工具”的运用，休普（P. L. Hupe）在其著作中提到了“后现代工具”；有学者［如布鲁金（J. A. De Bruijn）和赫尔霍夫（E. F. Ten Heurelhof）］提出了“第二代工具”的概念。政策执行者也呼吁采用新工具，对新工具的引进可以看作是对社会经济发展的一种回应。虽然新的政策工具常常与旧的政策工具相提并论，但其着重点已经不再是政府统治的单方性，研究更多地聚焦于治理的双边性甚至是多边性。同时，新工具的提倡伴随着对旧工具的批判，如传统意义上的管制就被认为是过时的。另外，新工具中的“新”并非绝对化，旧工具也可以用新策略来实施。

（3）偶发性事件。古典途径的一个隐含假设就是“社会过程在一定程度上是可以控制的”，但事实上并非总是如此。在政策执行过程中，人们往往会碰到一些非预期状况或突发性事件，这种偶然性因素是不可忽视的。政策工具研究过度强调“工具”、“政策”和“社会问题”等概念，忽视了偶发性事件对政策工具应用过程的可能性影响。

（4）政策网络。政策工具并非自行生效的，它要发挥作用必须借助组织的努力，而且不仅仅局限于政府组织的执行活动。近些年来，人们对政策执行网络中的各种主体进行研究。库尔瓦斯（E. Koolhuas）提到了目标团体中的权威人物的影响以及政策工具施行者与其他主体间的互动；赫林（E. H. Hlijn）指出组织文化和官员所承受的压力对政策工具产生的影响；阿伦森（M. J. Arentsen）则指出政策工具执行领域以外的主体也具有一定影响。不同的研究表明，探寻政策网络的性质，对于研究政策工具及其功效将是一个良好的开端。

(5) 工具的动态性。政策工具并非一经选定就永远不变，它必须不断地调整以满足社会经济发展的需要。在执行过程中，它会随着时间推移而发生改变，即使它们本身不变，主体运用它们的方式、策略以及目标团体为了逃避该工具的影响而采取的策略都有可能发生改变。此外，一种模式并不能适应各种不同的情况。因此，需要对工具的多样性和动态性做更多的研究。神经机械学为研究工具的易变性提供了研究框架，另一种有益的研究则是把工具的实施看成是一个学习的过程。

(6) 工具的优化组合。古典研究途径的支持者们提倡一种“纯”工具研究和将“纯化”的工具应用实践。他们认为对各种具体工具的研究应分别独立地进行，人们应该要么使用这种工具，要么使用那种工具，工具的组合运用是导致政策失败的原因。然而，要对各种工具做非常明确的区分显然是不可能的，目前的分类法还做不到这一点。现在，人们认为，工具的同时并且协调的运用更符合现实社会经济发展的需要，工具的优化组合可以取长补短，避免单个工具应用的片面性。

2. 政策工具研究的走向

随着政策工具研究的发展，这个领域也逐渐出现了一些新的变化，这些新变化反映出工具研究范围的转变和扩展。转变是指工具适用的环境及其背景受到更多的关注。从古典途径向建构主义途径的转变，使得政策工具研究从微观层面上升到中观层面，即走向网络研究，并且其研究重点也发生了转移；扩展是指这个领域内出现了许多新的理论，如网络理论、执行理论和学习理论等等。同时，通过介绍新工具和工具应用新策略而充实了整个工具研究，为其理论发展与实际应用做出了极大贡献。这两个变化从某种程度上扩大了政策工具研究的范围，但同时也削弱了工具本身的重要性，因为政策工具逐渐被看成是影响政策产出的变量之一。政策工具研究从最初的强调工具本身到注重环境的影响，再到认为工具只是影响政策的因素之一，这个过程显示出了对政策工具本身的威胁。

3. 政策工具研究的成就与不足

工具研究对政策科学的直接作用也许是微小的，但其间接影响却是不容忽视的。它使得政策制定者们开始改变思考方式，同时也促进了政策制定者之间以及制定者和分析家之间的相互交流。它紧跟政策实践的发展，为实际操作提供方法论，成为政策执行实践与理论之间的桥梁。

虽然研究是颇有成效的，但却并不能掩盖其不足。除了分类法方面的缺陷外，研究还存在着理论上的片面性。第一，研究片面地集中于环境和经济政策领域；第二，研究片面地关注于工具的运用，而实际上，工具选择的过程及历史同样有助于解释其功能；第三，目前的理论对工具应用的环境的复杂性重视不够。另外，对政策工具研究的另一个批判是针对该领域的一个隐喻，即把工具比作工匠手中的锤子或钳子，这种隐喻看起来似乎很形象、很合理，但它实际上却是对我们的一种误导：它容易让我们把工具看成是中立的手段而忽视其政治性；容易让人们把效力看成是评价工具的惟一标准（事实上，政府评价工具还需要考虑别的价值标准）；它还给人们一种错觉，即政策制定者控制着工具，而实际上，他们并不能做到这一点，对工具的控制受着诸多方面的限制。

现在，政策工具领域仍然存在着大量的问题需要我们进一步探讨，对于很多问题，至今仍然没有统一的答案。例如，政策工具应怎样分类；在评价某一具体工具时，应采用何种评价标准；在理解工具在政策过程中的角色时，是工具自身的属性重要呢，还是工具选择的过程重要。对于诸如此类的问题，人们还远没有达成共识。因此，虽然政策工具的研究已起步，但仍然有很多工作要做。

第二节　基本的政策工具

在这一节中，我们将分别讨论市场化工具、工商管理技术和社会化手段这三类基本的政策工具。

一、市场化工具

1. 民营化

广义而言，民营化可以界定为更多依靠民间机构，更少依赖政府来满足公众的需求。[1] 它往往指所有权的转移，将“原先由政府控制或拥有的职能交由企业私方承包或出售给私方”[2]，通过市场的作用，依靠市场的力量来提高生产力，搞活国有企业。其中最典型的做法是国有公司一半以上的股票出售给私人或全部直截了当地出售国有或国有企业。民营化的实质就是通过市场机制合理配置资源，使资源能够流向使用效率更高的部门。民营化并非为了弥补政府的预算缺口，而是要实现对公共部门资源的再分配。

民营化可以通过多种途径来完成：（1）把政府机构利用它的雇员直接提供的职能以合同的方式承包出去；（2）出卖政府资产和垄断权，把国有企业转让给私人部门和企业，例如电信系统；（3）在某一公共问题上，政府和私人部门共同合作，并明确各自的角色；（4）鼓励某些特定的私人部门行为，一个例子就是纽约市通过税收减免计划来改善城市的居住条件，通过免除资产税（地产税），市政府鼓励私人房主和承包商承担起维护低收入群体的居住条件的责任。

作为一种政策工具，民营化的优点是：可以促进管理者降低成本，提高质量；民营化是一种新的管理形式和技术，同时也是获得资金的新来源；通过减少政府的直接行为，公共管理者可以专注于政策制定。但是，民营化的弊端也是显而易见的：政府丧失了对实施公共政策的公共物品和服务提供的直接控制；由于民营化，政府在经济发展方面的功能和角色有所消退；对私人部门的控制不容易做到等。

2. 用者付费

用者付费是指政府对某种物品、服务或行为确定“价格”，由使用者或行为者支付这种费用，其主要目的是想通过付费把价格机制引入公共服务中来。用者付费经常被用于控制负的外部性，特别是控制污染的领域，它也被用于城市交通控制。

例如，我国将对排污费的征收、管理、使用范围等进行改革。改革后，排污费将作为对环境造成的损害的补偿费用，逐渐提高征收标准，最终使之高于污染治理的成本，促使排污者治理污染。英国、美国等国在很

---

① E. S. Savas, Privatization, The Key to Better Govenrnent. Chatham, NJ: Chatham House, 1987.

② ［美］斯蒂夫·H·汉克主编：《私有化与发展》，1页，北京，中国社会科学出版社，1989。

多服务领域（除了一些如教育、卫生和社会服务领域之外）都采取用者付费制。

作为政策工具，用者付费是一种灵活的工具，它的主要优点是：第一，能够克服免费提供公共服务所导致的资源的不合理配置和浪费；第二，不会像无偿提供公共服务那样导致无目的的补贴和资助，避免对社会公平造成损害；第三，通过付费制，价格可以真正起到信号灯的作用，从而使市场机制在公共服务领域得以良好运用；第四，客观上，通过付费制也可以增加政府的财政收入，缓和政府的财政危机。其主要缺点是：收费水平难以准确确定；在得到一种最优化的收费标准的过程中，资源有可能误置；不能作为处理危机的工具；管理成本高且繁杂。

3. 管制与放松管制

根据里根（M. Reagan）的说法：管制是一种活动过程，在这种活动过程中，政府对个人和机构提出要求或规定某些活动，并经历一种持续的行政管理过程（一般是通过特别指定的管理机构来完成这项工作）。管制是由政府做出的，它们必须为目标团体及个人所遵守、服从，不遵守或不服从将受到惩罚。

大部分管制通过行政法规来进行（有时管制实际上就是一般的法律），并由政府部门或特别的机构（如美国的独立管制委员会）来管理。管制采取了不同的形式，如规章、标准、许可、禁止、法律秩序和执行程序等等。政府管制遍及社会生活的许多领域，尤其是物品和服务的价格和标准等方面。

放松管制就是在市场机制可以发挥作用的行业完全或部分取消对价格和市场进入的管制，使企业在制定价格和选择产品上有更多的自主权。其基本的观念是“政府无效率的主要原因是对管理层进行干预控制的内部管制的数量太多……基本的假设是，如果公共组织能够清除戒律，它就能更加具有灵活性和效率”①。它与管制一样，是“一种政府与其公民之间特殊的关系”。具体做法包括：（1）放松对定价权的管制，放宽或取消最低限价和最高限价；（2）逐步减少价格管制所涵盖的产品的范围；

① ［美］盖·彼得斯：《欧洲的行政现代化：一种北美视角的分析》，见：《国外行政改革评述》，70页，北京，国家行政学院出版社，1996。

（3）放宽或取消进入市场的规制等。

放松管制在北美的行政改革中比较盛行。放松管制包括放松市场管制、社会管制和行业管制等，其重点是放松市场管制。它在20世纪70年代成为经济理论界的热门话题，80年代形成高峰并扩展到各个领域。但放松管制并不是不要政府的干预，只是要减少政府不必要的干预与控制。

管制所需的信息较少，较容易实施和管理，成本较低，效果具有直接性，更适应于作为处理危机的工具。但是管制会限制自愿性和私人活动，可能导致经济上的无效率，不利于革新和技术进步，导致过于刻板而缺乏灵活性等。放松管制可以使服务多样化，通过削减行政费用来减轻国民负担，并且在宏观上由于减低收费水平和使服务多样化扩大了需求和投资，从而使经济增长率得到提高。① 但是不易操作，会遭到既得利益集团的反对。

4. 合同外包

合同外包也称合同出租、竞争招标，指的是政府确定某种公共服务项目的数量和质量标准，对外承包给私营企业或非营利机构，中标的承包商按照与政府签订的合同提供公共服务，政府用财政拨款购买承包商的公共产品和劳务。它以合同双方当事人协商一致为前提，变过去单方面的强制行为为一种双方合意的行为。政府与其他组织一样都以平等主体的身份进入市场。政府的职责是确定需要什么，然后依照所签订的合同监督绩效，而不是靠强迫。

政府可以通过与营利性民间组织签订关于物品和服务的承包合同的形式来实现某一活动。在合同承包形式中，政府的理想角色是：（1）评估公共物品和服务的需求状况；（2）向私营部门购买物品和服务来提供给公众；（3）检测和评估所购买的物品和服务。

合同外包制非常普遍。在英国，竞争性合同外包（招标）是对某些地方政府服务的强制性要求。在美国，地方政府的200多项服务由合同承包商提供。不论哪个政党上台执政，合同外包方式在州和地方政府都急剧增长。② 政府和私人组织签订直接面向公众的“产出”服务合同，如垃圾

① 参见［日］植草益：《微观规制经济学》，184页，北京，中国发展出版社，1992。

② E. S. Savas, Privatization, the Key to Better Government. Chatham, NJ: Chatham House, 1987.

收集、救护车服务、路灯维修、马路维修和多样化的社会服务，其中大多数社会服务是由非营利组织提供的。政府也可以通过签订合同来获取多种多样的“投入（input）”服务，即面向政府部门的辅助服务，如人员监护、秘书工作、计算中心管理、内部车辆维修、培训等等。

公共服务合同外包的一种特殊形式是：政府保留设施和资产的所有权，让私人企业去经营。供水系统、废水处理厂、资源回收工厂、垃圾填埋场、医院和会议中心等都可以采取这种形式，以求达到更高的效率。这和租赁有所不同，因为私营企业不能将所租用的资产用于自己的其他业务，而只是代表政府从事经营并从政府获取相应的报酬。

合同外包的有效实施需要一些具体条件：（1）工作任务要清楚界定；（2）存在潜在的竞争，能够创造竞争气氛；（3）政府能够监测承包商的工作绩效；（4）承包的条件和具体要求在合同文本中明确规定并确保落实。

合同外包被视为既提高服务水平又缩小政府规模的重要途径，是降低成本、节约开支的有效手段。作为一种政策工具，合同外包可以利用竞争力量给无效率的生产者施加压力，提高生产率；能够摆脱政治因素的不当干预和影响，提高管理水平；可以把通常模糊不清的政府服务成本以承包价格的形式明确化，有助于强化管理。但是，承包权的授予上可能存在腐败和寻租行为；可能形成对承包商的依赖，承包企业雇员罢工、怠工和企业破产会使公众利益受到损害。

5. 分权与权力下放

实行分权与权力下放的主要目的是要通过公共组织决策和执行的分离来赋予执行者更大的自主权，使被授予权力的下级组织成为独立的单位，能够自己控制自己的预算，自由地与其他组织进行竞争，而政治家只是确立目标并对绩效进行有效控制。分权与权力下放既涉及中央—地方关系，又涉及中央政府部门内部上下级关系。后一方面最典型的是英国的“下一步行动方案”（The Next Steps）和新西兰的公司化改革。

分权往往体现了决策与执行分离，它超越了层级节制的传统集权模式，实行参与管理，分散部门权力，组织结构扁平化，层级简化，致力于公共人力资源的开发和培训，使之有能力开展创造性的工作，实现了上下级关系由直接隶属到契约关系的转变和上级对下级的控制由着眼于工作流程到着眼于工作效果的转变。

分权的一种方式是通过财政分权来实现。这种方式在英国得到广泛的应用，英国财政部于1982年公布的财政管理新方案，主要特征就是采用财政分权的方式。① 分权的另一种方式是通过建立内部代理机构来实现。这些代理机构享有更大的自主权，在决策和执行上更为灵活。与财政分权相比，这种形式下等级官僚组织链条被打破得更彻底。

作为一种政策工具，分权与权力下放给下级组织和人员以自主权，有利于发挥它们的积极性和创造力，可以在决策和执行两者之间达到制衡。但是，在市场经济转型中，不能一味追求分权，分权与权力下放是有底线的，超过这个底线，分权就会变成分裂，分权不当会导致权力分散，造成新的集权，从而造成腐败。分权还必须考虑下层组织的承受能力。

6. 内部市场

它的最大特点是将提供公共物品和服务的政府部门人为地划分为生产者和购买者两方，这样在政府组织内部就产生了"生产者"和"消费者"两个角色。一个政府可以雇佣或付费给其他政府以要求提供公共服务。小的社区可以从一些专门化的政府单位购买图书馆、娱乐设施或消防服务，这些单位由该地区的政府部门共同组织并向政府部门提供服务。公共服务提供的内部市场方式相当普遍，在社会服务提供中的运用最为普遍。②

内部市场在英国行政改革中得到广泛应用，并成为英国行政改革的一大特点。例如，从1992年开始，英国政府把原来给医院的大部分款项拨给家庭医生。医院的手术和住院服务明码标价，形成医疗服务的内部市场。家庭医生与病人协商选择医院，然后从自己的预算中向医院交付手术费和住院费。在不影响公民免费医疗权利的前提下，这一改革不仅彻底改变了医院效率越高越容易亏损的局面，而且迫使各医院提高质量，降低价格，为吸引更多的"顾客"而开展激烈的竞争。

内部市场的实现需要具备三个要素：（1）要明确划分生产者和消费者；（2）内部市场的主体在内部签订准合同和商业契约，并在此基础上运作；（3）建立一定的付费制度和会计制度作为保障。

---

① 参见周志忍：《英国行政改革与西方行政管理新趋势》，载《北京大学学报》，1994（5），52页。

② Rowan Miranda and Karlyn Anderson, Alternative Service Delivery in Local Government (1982-1992). In Municipal Year Book (1994), Washington, D.C.: International City Management Association, 1994, pp. 26-35.

内部市场是公共管理改革的一个新思想，很有创新性。但是，运作起来需要许多条件来支持，需要政府形成一种契约意识和平等的竞争环境、高素质的管理人员和完备的信息管理系统。

7. 产权交易

财产权指的是“一系列用来确定每个人相对于稀缺资源使用时的地位和经济社会关系”①，它由使用权、收益权、决策权和让渡权等组成。产权交易基于这样的假定：市场通常是最有效的配置工具，政府通过产权拍卖，在没有市场的公共物品和服务领域建立起市场。政府通过一定数量的为消费者指定的资源和可转移的产权而建立起市场，这可以创造人为的稀缺，并让价格机制起作用。

这种政策工具使用的一个典型例子是污染防治。许多国家采用了这种工具来控制有害污染物的排放。基本思路是：政府确定可以进入市场的污染物的量，并定期拍卖可利用的释放数量的产权。我国已开始了这方面的试点（太原市的控制二氧化硫排放量就采取了这种办法）。另一个典型的例子是控制城市道路机动车数量的做法，如出租车牌照的拍卖。

产权交易的最大优点是创造了市场，将竞争机制引入公共物品和服务的提供，并且，它是一种具有灵活性的工具。其最大的缺点是鼓励投机行为甚至产生欺诈行为，同时，它也是一种不公平的工具。

当然，各国在公共管理中应用的市场化工具远不仅限于这几种，凡是在某一方面具有明显市场特征（如价格、利润、私有产权、金钱诱因、自由化等）的方式、方法和手段，都是市场机制的反映，都可以视为市场化工具。

二、工商管理技术

1. 战略管理技术

战略管理最初源于军队的“决策过程”（decision-making processes），在这个过程中，主要包含着为了某一最后结果而作的大量准备工作。战略管理的核心是广泛的参与。

---

① 卢现祥：《西方新制度经济学》，174 页，北京，中国发展出版社，1996。

战略分析（strategic analysis）、战略选择（strategic choice）和战略执行（strategic implementation）三部分构成战略管理的核心框架。这三者之间的相互作用形成战略。其中，“战略分析”解决政策的定位问题，某一项政策所要解决的问题是什么，它面临什么样的外部环境。“战略选择”对可能的行动进行评估并形成选择方案。“战略执行”将战略推向实施。①

公共部门的战略管理是一个使组织和领导者能够通过资源分配和工作分工来达到组织目标的过程。布赖森（John Bryson）等人所下的定义是：“设计一系列的程序和工具来帮助领导者和管理者明白，他们的组织应该如何做才能生存和发展。”② 大多数学者赞同这一观点，但他们同时也认为，战略管理最大的价值在于它能使组织的使命（mission）、目标（goals）和方法（means）连接起来，并利用可获取的资源来实现目标。

作为一种政策工具，战略管理提供了一种全面、综合的组织观念，可以实现重心从即时的工作任务向组织整体目标、产出和影响的转变，更好地实现对组织资源和目标的控制。但是，它需要花费大量的管理性时间和分析性资源，同时，战略管理不仅要让人明白组织要做什么，还要说明组织不做什么，对于公共部门来说，这可能产生政治上的困境，因为它可能激起反对派和利益团体的反对。

2. 绩效管理技术

绩效管理是指为了达成组织的目标，通过持续开放的沟通过程，形成组织目标所预期的利益和产出，并推动团队和个人做出有利于目标达成的行为。③ 绩效管理是一个完整的过程，绩效管理的过程通常被看作一个循环。这个循环的周期通常分为四个步骤，即绩效计划、绩效实施与管理、绩效评估、绩效反馈面谈等。

所谓政府绩效管理，就是通常说的“政绩考察”和“政绩评估”，即“看政绩用干部”的管理制度。上级领导部门通过对下属机关的业绩考核，确定和判断该部门的工作优劣情况，并以此作为从该部门选拔人才的基础。

---

① 参见王革非：《战略管理方法》，8 页，北京，经济管理出版社，2002。

② J. M. Bryson, W. D. Reering, Strategic Planning: Options For the Public Sector. In J. L. Perry (ed.), Handbook of Public Administration. San Francisco: Jossy-Bass Publishers, 1996, p. 479.

③ 参见武欣编著：《绩效管理实务手册》，13 页，北京，机械工业出版社，2001。

绩效管理的目的并不是纯粹为了进行对个人绩效的评估而设计的，它更深层的目的是为了有效推进个人的行为表现，引导组织全体人员从个人开始，以至个别部门或事业部，共同朝着组织整体战略目标迈进。其优点是：它与每个人的切身利益密切相关，可以充分激发个人的积极性和主动性，尤其是地方政府，管理的事务多是比较具体、可量化的工作，故而绩效管理的成效更是立竿见影。不足之处在于：绩效指标的量化比较难，其可行性也有待检验，绩效的基本资料来源是否可靠也会在很大程度影响管理的成效。

3. 顾客导向技术

公共部门管理以顾客满意为导向最初是从企业管理中借鉴过来的，其基本取向是：（1）以顾客为中心，即从顾客的角度出发开展活动和提供服务；（2）以追求顾客满意为基本精神；（3）以社会和顾客的期待为理想目标。这些基本取向被发达国家引入政府公共部门的管理中。

“新公共行政学”的代表人物弗雷德里克森认为，在组织形态的设计上，要坚持顾客导向，即将公众——公共行政服务对象的需求作为组织存在和发展的前提。以奥斯本为代表的“企业家政府”理论强调，引入竞争机制，树立“顾客”意识，制定“顾客”驱使政府的制度，使政府自觉地为“顾客”服务。

在当代，政府活动已不是简单的公共物品和服务的提供，而是必须及时了解公众需求并设法满足，即从“供应顾客”到“创造顾客”的转变。所以，顾客导向的政府无论是进行公共物品和服务的创新，还是制度创新和管理创新，都必须立足于“顾客”。

相对于政府而言的“顾客”，一是指公共物品和服务的最终使用者；二是指相对意义上的“顾客”，即公共物品和服务供给过程中的参与者。顾客导向的技术是“倒金字塔式”的方式，政府关注的是“顾客”即公众的需要，提供“回应性”服务。政府的一切职能、行为和改革等都要围绕“顾客”来展开，以“顾客”满意作为政府机构的考察量度。

作为一种政策工具，顾客导向技术要求公共机构像管理其他资源那样对“顾客”进行管理，做到“顾客”至上，民众优先，了解“顾客”，针对“顾客”的需求生产和提供公共物品和服务，以“顾客”价值作为政策的基点，注重与“顾客”互动、沟通，依据收集到的“顾客”相关信息改善行政机关的产品和服务，为“顾客”创造利益和价值。

4. 目标管理技术

政府中的目标管理就是通过预先设计的政府工作目标，激励和引导政府部门和公务人员的管理行为，并对这种行为实施控制，最终实现政府工作目标的管理方式。通过目标管理，把发展和改革的总体目标，转化为政府工作目标，协调发展，突出政府工作重点。

作为一种政策工具，目标管理在公共部门中的应用要求按照统一、效能的原则，将竞争机制引入公共管理活动，落实公共管理系统工作责任制，促进公共部门转变作风，克服官僚主义，提高工作效率，按照职能和目标逐步理顺公共部门的权限和职责，把各部门、各单位的思想和行动统一到实现预定目标上来。通过目标管理的导向和协同作用，加强政府工作的横向联系，减少内耗，以获取更好的整体功能和管理绩效。

目标管理的优点是：可以调动每一个雇员的积极性，提高公共部门的工作效率；把总目标分解下达各部门，可以增强部门间的沟通协调，保证政令畅通，从而强化行政权威。缺点在于：目标体系的构建、公共管理目标的量化和可行存在技术难题；目标管理的双向沟通等均与员工素质有极大关联，尤其是在公共组织中，创造一种上下级共同议事、平等相待的氛围，无疑对上级和下属的素质都有特殊要求。

5. 全面质量管理技术

20 世纪 50 年代，美国通用电气公司的费根堡姆和质量管理专家朱兰提出了“全面质量管理（total quality management，TQM）”概念。其基本含义是：（1）单靠数理统计方法来控制生产是不够的，还要有组织管理工作；（2）产品质量是在质量螺旋前进中形成的，包括市场调查、设计、生产、检验、销售等等；（3）质量不能脱离成本。当然，这三个方面无论是从时间上还是内容上看，都应当是一个相互联系、发展与提高的过程。[①] TQM 主要包括以下几项业务活动：（1）与你的供应商协作，确保生产过程使用的供应品是根据你的需要而设计的；（2）坚持不懈地进行员工工作过程分析，改进工作，减少工作过程中无谓的重复；（3）与顾

① 参见［美］史蒂文·科恩、罗纳德·布兰德：《政府全面质量管理：实践指南》，2 页，北京，中国人民大学出版社，2002。

客密切交流，明确和理解他们的要求及对质量的评定。

作为一种政策工具，全面质量管理技术就是将产品生产的全面质量管理的基本观念、工作原则、运作模式应用于政府机构之中，使政府机构提供的公共物品和服务全面优质、高效。旧有的官僚体制——通晓规章制度，能在制度限定内完成工作任务，并且不惹麻烦——已经证明是低效率的了，而在TQM体制下，顾客与质量才是最有价值的。一个高效率的公共管理人员，他会以某些更简单、更快捷、更经济的方法来完成工作，理解规章，并且，在其限定范围内工作已经不那么重要了，采用这些规章并为改进质量而改变工作程序更具有价值。

全面质量管理技术的优点是：促使政府学会如何利用现有的资源配置取得更多的成果，改进政府所提供的服务的质量；激发员工的积极性，赋予他们一些权利，激励他们取得更大的成功。但是，它也存在一些难题：全面质量管理是一种新的思维方法，人们无法一下改变原有的工作方式——官僚作风；只有机构人员有这种意愿，全面质量管理才能起作用，但人们接受新知识、变革工作方式的能力各不相同，且绝对是有限的，所以需要勇气和决心。

6. 标杆管理技术

标杆管理技术是一个甄别和引进最佳实践，以提高绩效的过程——包括那些使标杆管理具有独特性和有别于程序改进活动的主要理念，使之尽可能包含在我们探求最佳实践将碰到的各种活动和目标中。①

标杆是一种业绩标准，这种标准可能是组织为达到某个目标或期望的业绩水准，或出于其他各种原因而订立的。标杆管理是一个帮助机构发现其他组织更高绩效水平的过程，并尽量了解它们是如何达到那种水准的，以便产生那种水准的做法和程序得以应用到自己的组织机构中来。威廉·盖伊（William Gay）称标杆管理是“消费者给公共部门的报告”。他说，标杆给市民——消费者提供精确的可靠的信息，通过这些信息，可以建立标准，做出比较和评判绩效。

应当注意，标杆管理并不是简单地抄袭其他组织的做法，它是组织机

① 参见［美］帕特里夏·基利等：《公共部门标杆管理：突破政府绩效的瓶颈》，7页，北京，中国人民大学出版社，2002。

构之间合作的过程。具有匹配性（例如相同或类似的工作条件和工作要求）的组织机构（包括公共机构及私营部门）之间，应该采取对革新和新思想的开放态度，彼此合作、信息分享，相互了解对方是如何实施某项具体程序，并借鉴到自己的组织机构中来。

作为一种政策工具，标杆管理可以激励公共部门组织进行改变，积极采纳私营部门优秀的工作和管理程序；可以促成合作，使职能各不相同的部门聚合在一起，一旦一个机构与外部合作伙伴就标杆管理开展合作，那么各类公共部门、私营机构和其他参与此项目的组织就成为了合作关系。它主要的不足是：实施标杆管理的组织与其合作伙伴之间的相似度不易达成；一个组织的行政主管和标杆管理小组为了引入最佳实践所做出的努力和对革新的态度，很大程度限制了标杆管理的成功；尚有大量的准备工作要做，如文化方面、运作方面、技术方面等的准备。

7. 企业流程再造技术

企业再造是 20 世纪 80 年代初在美国出现的。其创始人汉默（Michael Hammer）和钱皮（Janes Champy）在《企业再造——经营革命宣言》一书中所下的定义是：再造是对公司的流程、组织结构和文化等进行彻底的、急剧的重塑，以达到绩效的飞跃。①

根据美国公共行政学会（National Academy of Public Administration）1994 年的报告，再造技术可以在政府部门很好地适用。这份报告称，在 1993—1994 年间，有 44 个公共机构通过再造获得成功。根据 NAPA 的报告，“政府流程再造是一个激进的改进方式，它在政治视角内严肃地重新思考和重新设计组织的任务、提供公共物品和服务的过程，并通过不断评估和调整行为方式来取得最佳行为。它是过程管理模式的关键组成。”②

作为一种政策工具，流程再造技术可以提高提供公共物品和服务的效率和质量；帮助组织应对风险和变化；是一种鼓励个人创造性的新途径，使组织能够在国际竞争和日新月异的变革中生存。但是，必须付出一定的代价：公共部门的成本难以量化，所以难以评估提高服务和降低成本的比

① M. Hammer, and J. Champy, The Reengineering the Corporation: A Manifesto for Business Revolution. New York: Harper Collins, 1994, p. 31.

② National Academy of Public Administration, Reengineering for Results: Keys to Successful Government Experience. Washington, D. C.: NAPA, 1997, p. 7.

例关系；相对于企业而言，在政府机构中打破部门界限和壁垒的难度更大。

当然，还存在着其他企业化管理技术的政策工具，如公司化、企业基金、种子基金、内部企业化管理等，我们在此不一一加以阐述。

三、社会化手段

1. 社区治理

有一位政府官员说："加强社区建设……是重要课题。随着社会主义市场经济体制的逐步建立和完善，从政府和企业分离出来的社会职能，大部分需要依托城市社区来承担。同时，下岗失业人员一部分滞留在社区，流动人员大量涌入社区，城市老龄化和贫困人口等问题，都需要尽快发展和完善基层社区的功能，向以社区为依托的新的管理、保障和服务方式转变。"①

在我国大力发展社区建设和社区服务的实践中，社区治理是一种重要的政策工具。开发和利用社区文化资源、人力资源等，在社区内通过建立各种敬老院、福利院、康复中心、医疗站、托儿所、幼儿园等设施，对老年人、儿童和残疾人等实行社区照顾；组织社区居民不定期地参加保护社区环境的清洁卫生工作，美化居住环境；加强社区治安管理等。

社区治理的优点在于：不花或者很少花政府的钱；调动公民的积极参与，受到广泛的支持和欢迎。但是，社区治理往往只能作为一种辅助工具来使用。

2. 个人与家庭

在任何社会中，家庭和个人都提供了无数的物品与服务，政府也往往有意识地扩展它们在达成政策目标上的作用，尤其是在提倡"小政府，大社会"的当今现实状况中。

安装警报器预防火灾、锁上房门防止偷盗等是最早的也是最基本的个人服务方式。人们自己包扎伤口或者自己存钱以保证退休后的生活，都是个人服务行为。

---

① 马仲良、罗晓路主编：《中国社区建设》，载《北京社会科学》，1999增刊。

作为一个服务单位，家庭是人们在住房、健康、教育、福利和养老等方面最古老也最有效的服务部门，它为其成员提供了广泛而又重要的服务。在美国，每8个就业人员中大约有1个直接照顾老年父母，这个比例预计还会增长。①

作为一种政策工具，个人与家庭可以做好政府无法做或做不好的许多事情，减轻政府的负担。但是，它也同样只能作为一种辅助工具来使用。

3. 志愿者服务

作为一种政策工具，志愿者组织的活动不受国家强制力和经济利益分配的约束。志愿者组织提供某些社会服务。例如，慈善机构为穷人提供医疗保健、教育和食品；志愿者团体提供诸如海滩和公园的公益服务等。

在传统社会里，志愿者或非营利组织就提供了大量的社会服务，尤其是从事公益事业，现代福利国家的出现曾一度降低了它们的重要程度。但是，在当代社会中，它们仍然被广泛地当作一种处理社会问题的重要手段。在我国，随着政府职能的转变，志愿者或非营利组织作为一种政策工具的地位和作用也将日益重要。

志愿服务的最大优点是创新，即创造性地迅速确认并满足需求的能力（例如，在救灾方面，志愿者组织的行动往往比政府快）。由志愿者提供社会服务还可以减少对政府行动的需要或减轻政府的负担。但是，其应用范围有限，大量的经济与社会问题不能通过这种手段来处理；志愿者组织容易蜕化成准官僚机构，从而降低它的效能和效益。

4. 公私伙伴关系

我们可以从三个层面来使用公私伙伴关系：首先，广义上指公共部门和私营部门共同参与生产与提供物品和服务的任何安排；其次，它指一些复杂的、多方参与的并被民营化了的基础设施项目；最后，它指企业、社会组织或个人和地方政府为改善城市状况而进行的一种正式合作。②

为了满足人们的需求和促进经济的发展，政府部门正在努力寻求资金进行基础设施建设。在基础设施领域中公私合作的发展，为政府提供了一

---

① Sue Shellenbarger, "More Children Start Making Plans Early to Care for Elders," Wall Street Journal, July 8, 1998.

② Perry Davis (ed.), Public-Private Partnerships: Improving Urban Life, Proceedings of the Academy of Political Science, Volume 36, Number 2 (1986).

个解决之道。

公私合作伙伴关系在实践中有几种典型的形式：（1）租赁/购买—建设—经营（LBO/BBO）——民营企业从政府手中租用或收购基础设施，在特许权下改造、扩建并经营该基础设施；它可以根据特许权向用户收取费用，同时向政府交纳一定的特许费。（2）建设—转让—经营（BTO）——民营企业投资兴建新的基础设施，建成后把所有权移交给公共部门，然后可以经营该基础设施20年~40年，在此期间内向用户收取费用。BOT与BTO类似，不同在于：基础设施的所有权在民营部门经营20年~40年后才转移给公共部门。（3）建设—拥有—经营（BOO）——民营部门在永久性的特许权下，投资兴建，拥有并经营基础设施。

在各种公私伙伴关系的形式中，民营部门可以是企业、咨询者以及专家的集合，包括设计工程师、建筑公司、银行家、律师、设备制造商、科研技术单位、房地产开发商等等。

作为一种政策工具，公私伙伴关系可以利用民间资本市场弥补政府资源的不足，帮助政府发展基础设施；民间投资者和有经验的商业借贷者的参与，有助于更好地保证一个项目在技术上和财政上的可行性，分担一些本来由公共部门承担的风险；在开展合作项目中，民营部门可以促进技术转让，并为政府部门培训人才。但是，公私伙伴关系有多种形式，每一种形式都十分复杂，需要公共部门和私营部门双方具备相当的专业知识才能成功。竞争是一个关键性的因素，但在这些形式中引入竞争却需要高超的技能，如何适当而合理地分担风险也是必须考虑的问题。

5. 公众参与及听证会

政府决策民主化要求增强政府决策的透明度，建立公众参与的制度，赋予公众在国家决策上的发言权，公众依照法律赋予的民主权利，通过各种形式反映社会生活中的各种问题，提出各方面的建议。①

公众参与是衡量现代社会民主化程度和水平的一项重要指标，它的具体形式很多，包括直接选举和全民公决，还包括公共决策听证会。其中，公共决策中的听证制度是现代民主社会普遍推行的用于保证各方利益主体平等参与公共决策过程，最终实现决策民主化、公开化、科学化和公正的

① 参见李荣华：《听政程序与行政决策民主化》，载《中国行政管理》，1999（8）。

一种重要制度安排。

听证渊源于英美普通法的听取两方面意见之法理，最初仅用于司法权的行使，作为司法审判活动的必经程序，谓之“司法听证”。后来随着司法听证的广泛应用和不断发展而移植到决策领域，形成“决策听证制度”。决策听证是指在政府决策过程中，听取有关专家学者的意见，特别是听取与该决策有利害关系的当事人的意见，它把科学引入决策过程中，运用民主和科学的方法，把决策变成集思广益的、有科学根据的、有制度保证的过程。

作为一种政策工具，听证会提高了决策的民主化和科学化，扩大决策参与，增加决策的透明度和公开性。但是，作为一项全新的工具和制度，它在我国应该有一个逐步推广的过程。我国现在尚不具备将所有的政府决策都纳入听证程序的经济实力，民主和法律观念也有待提高。

第三节　政策工具的选择

政策工具选择是政策工具研究中的一个重要组成部分，是工具执行和工具效果研究之外的一个重要方面。在这一节中，我们主要讨论政策工具选择的重要性、影响工具选择的因素及如何进行工具选择三个问题。

一、政策执行中工具选择的重要性

政策工具是用来达成政策目标的手段。政策目标主要是在政策制定阶段确立的，因此政策工具选择主要发生在政策执行阶段。政策工具选择在政策执行中占据着重要地位，这主要表现在以下三个方面：

1. 政策工具是实现政策目标的基本途径

政府为了有效地管理国家和社会事务，必须根据社会政治、经济、文化发展的需要和态势，针对现实中的重大政策问题，确定正确的政策目标。而政策目标要变成现实，必须以各种政策工具作为媒介。没有有效的政策工具，政策目标也就实现不了。所以说，选择有效的政策工具是实现政策目标的基本途径。

2. 政策执行本身就是政策工具选择的过程

政策执行是一个复杂的过程，它包含了一些基本环节或一系列的功能活动，而这些活动的完成必须依靠一些必要的执行手段（即政策工具）。在特定背景下，一些工具会比另一些工具更有效；而一种工具失效后，就要转用其他工具。所以，政策执行活动作为一个动态过程，就其本质而言就是一个针对具体情况对各种执行工具不断做出选择的过程。

3. 工具选择是政策成功与否的关键

政策是主体服务于特定目标而采取的一系列活动，在这一系列活动中，政策工具的选择是关键。工具为这些活动提供了路径，路径选择正确与否自然是政策成功与否的关键。有学者认为，自20世纪70年代以后，西方国家面临的政府危机，主要就是在工具的层面上产生的，即传统的政策工具失灵。“今天我们政府失败的主要之处，不在目的而在手段。”① 当代西方政府改革运动正是致力于政策工具的重新选择而获得了成功。可见，能否选择恰当的工具是政策成功与否的关键。

二、影响政策工具选择的因素

关于政策工具选择的影响因素，西方学者做出了不同的分析，他们各自强调影响工具选择的某一或某些方面的因素，甚至将某一影响因素推崇到极致而忽略其他因素。综合西方学者的分析，并结合我国的实际情况，我们将影响政策工具选择的因素归纳为政策目标、工具的特性、工具应用的背景、以前的工具选择和意识形态五个方面。

1. 政策目标

政策目标是政策制定者希望通过政策实施所达到的效果。政策目标来自政策问题，只有首先对问题进行诊断之后，才能找到一个全面的解决办法，选择有效的政策工具。政策目标为政策工具规定了方向，为判断政策工具的有效性提供了评判标准。在进行政策工具选择时，关于政策目标要

---

① ［美］戴维·奥斯本、特德·盖布勒：《改革政府——企业精神如何改革着公营部门》，46页，上海，上海译文出版社，1996。

考虑以下几点：

首先，如果目标是单一的，就要明确目标是什么。目标不明确所带来的工具选择失误是政策实践中经常出现的问题。过去我国在执行“林业禁伐政策”时，单纯强调“禁伐”而忽视“林业资源的保护”，没有注意纠正不当使用和不可持续地利用天然林的错误做法。“森林禁伐”是一种管制工具，往往是为了集中解决由于管理不善所造成的一些后果，而这种工具并不能有效地达成“林业资源保护”的目标。

其次，如果目标是多重的，就要明确目标构成。因为政策所要解决的常常是比较复杂的问题，因而政策目标往往不是单一的，而是多重目标的有机结合；有些目标甚至是相互冲突的，反映不同的利益诉求。复杂的目标体系为政策工具选择提出了挑战。例如，有些目标仅具有象征性意义，并不具备实质性后果，不是为了解决问题，而仅在于影响公众的看法、观念或思想意识。这样，所选择的工具并不会达成实质性后果。这种工具只是给行动者一些信号，政府在认真考虑这件事情，准备采取一些行动，而实际上，政府在很长一段时间内并没有做什么事情。①

最后，政策工具在执行一段时间后，要考虑政策目标是否已发生转变。如果目标已经转变，就要考虑达成目标的工具是否还有存在的理由，是否需要选择新的工具。实践中经常出现的问题就是，目标已经改变，工具却因其具有惯性而长期存在。人们批评工具主义忽视目标和工具之间的动态联系，目标被认为是一劳永逸的。但是如果目标已经过时，用它来评价工具的有效性就没有意义了。如果在政策变化前后使用同样的工具，那么政策改变几乎没什么意义。一方面，它会传达错误信息即政策是成功的；另一方面，它会掩盖政策失误这一事实。②

工具主义的研究途径致力于目标理性，认为手段是依据目标做出选择的，并主张目标和手段关系的最优化。③ 而事实上，目标只是影响工具选择的一个因素，此外还受其他因素影响，所以在实践中往往很难实现最优选择，只能作为一个努力的方向。

---

① B. Guy Peters and Frans K. M. van Nispen, Public Policy Instruments. Edward Elgar, 1998, p. 210.

② 同上书，p. 61.

③ 同上书，p. 208.

2. 工具的特性

每种工具都有其特征、适用范围及优劣。每种工具的倡导者都想让人们相信他们偏爱的工具是管理者的灵丹妙药。事实上，每种工具都有其适用范围，都有其价值，但不能包医百病。①

每种工具有其自身优缺点。以对污染的治理为例，减少污染有多种手段。过去常见的办法是"管制"，这一工具有直接性和更易见效的优点；但它会扭曲自愿性和私人活动，导致经济上的无效率，不利于革新和技术进步，并且无法完全解决经济增长所带来的环境污染问题。现在，一些国家采用"污染许可权交易"这一工具，即某工厂只要能成功地把污染量降低至标准以下，就可以获得"降低污染信用额度"，将其卖给其他工厂，来支付其污染量超过最低标准的部分。这一工具的优点是使一些能够用最低成本来降低污染量的工厂，有经济诱因去降低污染。而大部分降低污染排放的工作，都由执行时最有效率的工厂来完成，整个社会将以最低的社会成本，达成环境品质标准。这即是经济学家所谓用人类理性自利的天性来达成公共目标。但这一工具也有缺陷：它强调经济理性，却减弱了某些工厂保护环境的自觉性。所以选择工具时要将其优缺点都考虑在内，以避免工具的滥用。

同时，不同工具有不同的适用范围，被用于解决不同的问题，运用于不同的组织环境。如战略规划最适于处理外部问题；流程再造适合处理大规模的内部问题；全面质量管理适合处理小规模的内部问题。有时，流程再造会成为一种灾难，破坏组织内的功能系统，将组织置换成一个不能运作的系统；有时候政治状况不允许政府组织运用标杆管理；在一个没有实施战略规划的组织，全面质量管理会导致以更有效的方式做错误的事情。② 这些都是选择政策工具时应该考虑的因素。

工具主义途径认为每种工具均有其子程序、主要的活动、实施中的问题及影响，主张通过对每种工具进行经验研究来解释工具的运用③，并认为许多工具构成一个工具箱，在仔细研究影响和环境的需求后，就可以做出选择。④ 这就是说，工具主义往往把注意力放在目标和手段的联系上，

---

① Steven Cohen and William Eimicke, Tools for Innovators, San Francisco: Jossey-Bass Publishers, 1998, p. 6.

② B. Guy Peters and Frans K. M. van Nispen, Polic Policy Instruments, Edward Elgar, 1998, p. 15.

③ 同上书，p. 46.

④ 同上书，p. 205.

而忽略了工具应用的背景。①

3. 工具应用的背景

工具实施的背景因素包括执行组织、目标团体、其他工具及政策领域的其他因素。

（1）执行组织。某个工具的实施会对执行组织产生正面的或负面的影响，在选择政策工具时，执行组织会考虑这些影响。如果某个政策工具能使执行机构受益，执行机构就会积极支持该项政策工具；如果某种工具的选择会降低执行机构的地位，改变组织结构，影响组织成员的利益，这种工具就会受到抵制。虽然某种工具就实现目标而言是更有效的工具，但执行机构也会抵制它。我国政府在改革过程中就会遇到这样的问题。政府为了更好地实现政策目标，倾向于使用更有效的政策工具。但一些新的政策工具意味着政府向市场和社会放权，对原来执行该工具的政府机构来说，这意味着机构的裁减，权力的丧失。因此，这些工具的选择常常受到政府执行机构的阻挠，但这些工具却会受到私营组织和民间团体的欢迎。

（2）目标团体。目标团体是政策直接作用、影响的对象，因此政策工具的实施对目标团体有直接影响；而不同的政策工具会对目标团体产生不同的影响。目标团体会抵制对自身不利的政策工具，使其无法开展；同时会通过各种手段使对自身有利的政策工具继续下去。政策主体在进行政策选择时，迫于目标团体的压力，往往会考虑工具的可行性和可接受性，选择具有较少可行性和较高可接受性的工具。

（3）其他工具。工具并不是孤立地发挥作用的，不同工具间会相互关联，相互影响，甚至相互冲突。因此，一些西方学者强调工具的整合研究，以避免单一工具研究的片面性。

（4）政策领域的其他因素。除了上述的环境因素外，政策领域的其他因素也会影响工具选择。例如，近年来不可预知的环境变化越来越多地受到西方学者的关注。

古典研究途径假定社会过程在某种程度上是可控的；而过程主义研究途径崇尚背景因素，分析家们不再关注“工具”，而是强调政策系统、政

① B. Guy Peters and Frans K. M. van Nispen, Polic Policy Instruments, Edward Elgar, 1998, p. 16.

策制定的活动及政策执行过程。[1] 可以说，工具实施的背景或环境是一个重要的影响因素，在某些情况下工具的产生和问题的实质没有关系，而是和背景密切相关。

4. 以前的工具选择

关于这方面的影响，建构主义的论述最为充分。建构主义认为，工具选择不仅与工具的有效性相关，而且确立政策工具的“正当过程”在评价政策工具时也发挥重要作用。在这一过程中，工具被赋予了组织的价值。

建构主义认为，工具被选择的内涵表现在如下三个方面：第一，建构主义把过去也考虑进来，工具在运用一段时间后被内化于组织之中。这意味着政策工具选择不是自由选择，也不是自我利益的较量过程；改变工具不仅要求扩充工具箱，而且需要改变组织的文化。第二，建构主义认为，工具的选择代表一种递增的发展，涉入其中的个体行动者决定和控制它的能力很小。新工具的主要组成部分出现在旧的范式中，这意味着旧的范式依然有影响。旧的范式会破坏新工具的实际意义。第三，行动者在选择政策工具时不仅考虑其效果，而且受传统、路线和特定的思考和行动方式支配。所以，其焦点集中在工具的形成过程，而不是工具的效果。尽管某种政策工具并不被认为是达成既定目标的最有效的工具，但是，这一工具却依然被频繁地使用，因为行动者能够达成一致，使冲突最小化。

总的来说，政策工具的选择受到先前工具选择的限制，因此，工具选择依赖于一定路线。由于这种工具是在过去选择的，要转换成其他工具就会很难（因为已经积累了相关经验，并且目标团体信任它）。这种工具在经过一段时间后已经成了一种路线，背离它会付出额外的努力和代价。从纵向看，这种工具已内化为组织的执行路线，可选择的其他政策工具根本不被考虑；从横向看，它和其他工具或执行活动交织在一起。[2] 这种影响在我国政策实践中也有所体现，组织路线往往限制了对新工具的使用。

建构主义途径对组织路线的强调有助于消除这样一种错误的认识，即认为选择政策工具就是从工具箱中拿出其中的一件，并且依据权变规则就能设计出所需的工具；行动者调适自己的行为以适应环境，工具的选择被看作是

---

① B. Guy Peters and Frans K. M. van Nispen, Polic Policy Instruments, Edward Elgar, 1998, p. 16.

② 同上书，p. 63.

工具和环境的匹配；当环境激励和政策工具改变时，机构结构也会改变。①

5. 意识形态

工具选择还受意识形态的影响。意识形态是一个信仰的体系，它为既存或构想中的社会解释并辩护的政治秩序，并且为实现其秩序提供策略。② 不同的意识形态倾向于使用不同的政策工具。

在西方国家中，政策工具的选择有着明显的意识形态特征。例如，在20世纪80年代以后，西方国家出现的市场化运动强调公共服务的民营化和市场机制，强调放松管制，各种市场化工具的运用都反映了亲市场的意识形态倾向。亲市场而远政府，可以看作是"新公共管理"关于政府治理工具选择主张的基本特征。正是由于这一特征，"新公共管理"被戴上了"市场主义"的帽子，成为人们批判的靶子。

西方社会在政府改革运动中运用的政策工具，为我们在新形势下治理工具的选择和创新提供了有用的借鉴。但作为一种带有很强的地域特征和浓厚意识形态色彩的"新公共管理"，其自身也存在一定的局限性。在借鉴时，要注意吸收其中的合理性的成分，尤其是其技术层面的东西。但是，工具、技术层面的东西也受到意识形态"刚性"的限制。政策工具的选择在很大程度上会受意识形态影响。市场化工具、工商管理工具和社会化工具这三类工具在我国的应用就受到我们现有意识形态的影响。我国政府为了更有效地管理公共事务，也在逐步尝试选择多种工具，但是由于意识形态的影响，这些工具在实践运作过程中总是显得很谨慎。所以，我们需要进行意识形态创新，倡导一种直接面向民众的更切实际的价值观念。

以上是影响工具选择的五种主要因素。认识这些影响因素，有利于分析存在的问题，更好地做出工具选择，实现政府治理目标，从而最大限度地满足人民的利益诉求。

三、选择政策工具的方法

以下我们将通过两个案例（案例附于本章章末），来具体说明政府在

① B. Guy Peters and Frans K. M. van Nispen, Public Policy Instruments, Edward Elgar, 1998, p. 65.

② 参见彭怀恩：《政治学的世界》，43页，台北，风云论坛出版社，1993。

政策执行中是如何选择政策工具的。

1. “苏州市政府通过‘变更产权’保护古建筑”的案例分析①

苏州市政府过去在古建筑保护方面采用的是“直接提供”这一传统工具，即由政府出资并承担维护和修缮责任。因为政府无力保护所有古建筑，而古建筑又有市场需求，苏州市政府开始尝试“变更产权”这一新工具，即出售部分古建筑，由私人来承担保护古建筑的责任。苏州市政府还通过《苏州市古建筑保护条例》以法律的形式将这种新方式固定下来并加以规范。但这一政策工具最终因与国家法律相冲突而被迫放弃。我们用上述的理论框架做简要的分析。

第一，影响工具选择的一个重要因素是政策目标。苏州市政府出台政策的目标是保护古建筑。古建筑作为历史文化遗产，有着重要的观赏价值和文化价值，而苏州市大量的古建筑却因政府无力保护，面临着坍塌和毁损的威胁。苏州市政府意识到这一点，并深知保护古建筑的迫切性和深远意义。由此看来，苏州市政府的目的是明确的。

第二，工具自身特征是影响工具选择的又一个重要因素。“变更产权”能解决“直接提供”运用中存在的问题，其优势体现在：一是产权私有后，业主成了古建筑保护的实体，减轻了政府负担。苏州市内古建筑数量众多，完成修缮任务耗资巨大，单靠政府拨款往往难以保证。市场中的交易者是理性的“经济人”，在实现古建筑效用最大化的同时，为了维持其价值，自然会承担起古建筑维护、修缮的义务。这些单个的个体具备维护、修缮古建筑的经济实力，能解决政府集中维护带来的资金不足问题。二是政府可以将从中获得的资金，投入其他古建筑的修缮工作。通过出售古建筑，政府可以从中获得可观的收入，而这些收入拓宽了政府的资金来源，弥补了政府资金不足。三是“变更产权”可以克服政府“直接提供”效率低下的弊端。政府承担古建筑修缮任务，周期长，效率低下。需要保护的古建筑不在少数，而政府或是因为缺乏相应信息渠道无法获知其价值，或是知道其价值却由于官僚作风而延误了保护。市场中的竞争机制有利信息渠道的畅通。有意购买古建筑者会采取积极的方式，从各个渠道及时获取信息，发现古建筑的价值，将其控制保护起来，避免了政府因

① 资料来源：《苏州日报》，2002-08-16；《三联生活周刊》，2002-12-05。

信息渠道不畅通、行动迟缓给古建筑带来灾难性的命运。

"变更产权"也有缺陷，主要表现在：首先是开发和保护的矛盾。私人购买古建筑是为了一定用途的。不管是居住还是商用，都存在能否使古建筑维持原样的问题。古建筑看着好看，但其内部结构未必符合现代需求。多数古建筑楼梯窄而陡，上下不方便；古建筑规定不能使用明火；更有许多小巷深处的老宅，汽车无法直达。在这种情况下，如何能不违背政府保护古建筑的初衷，使老宅保持原样呢？其次，产权私有化后会产生公平方面的问题。古建筑作为历史文化遗产，应该为社会成员所共同享有。古建筑私有后，是否就不再对外开放，古建筑的交流和传递是否会受到影响？如果是这样的话，其他公民就被剥夺了与古建筑的购买者共同欣赏人类文化遗产的权利。

"变更产权"的这些优势和缺陷都在苏州市政府的考虑范围之内。在"变更产权"试行一段时间后，苏州市政府通过了《苏州市古建筑保护条例》，对这种市场化行为加以"管制"。

第三，工具选择受政策目标和工具自身特征以外因素的影响。令苏州市文保单位尴尬的是，《中华人民共和国文物保护法》修正案在《苏州市古建筑保护条例》颁布一个月后姗姗来迟。尽管修正案放松了对私人收藏文物的流通许可，但仍明确规定，国有文物单位和未被列入文物保护单位的古建筑不得转让和抵押。苏州市政府必须服从国家大法，根据文物保护法修改《苏州市古建筑保护条例》，并继续探索新的保护方式。

苏州市政府在选择政策工具时，考虑到了传统工具即"直接提供"运用过程中存在的问题，也考虑到了新工具即"变更产权"的优势和缺陷，希望将"直接提供"、"变更产权"及"管制"工具结合起来，克服单一工具的不足，从而更有效地达成"古建筑保护"目标。而其失败又使我们看到，工具选择能否成功不仅取决于目标和工具能否匹配，而且取决于许多复杂因素尤其是不可预知的因素的影响。

2."纽约市公园与娱乐管理局实施'全面质量管理'技术"的案例分析①

纽约市公园与娱乐管理局（The New York Department of Parks and Rec-

① Steven Cohen and William Eimicke, Tools for Innovators. San Francisco: Jossey-Bass Publishers, 1998, pp. 115–143.

reation）的主要任务是负责城市公共活动场所（包括公园、沙滩、操场、娱乐设施、广场等）的清洁和安全工作，并增进居民在健康和娱乐方面的兴趣。该部门面临着如何以较少的资源提高服务绩效的问题。在前期，该部门推出“全面质量管理”这一重要举措并取得了一定成效。但是到后期，因为领导人变更而放弃该工具，改用其他工具。我们也用上述的理论框架做简要的分析。

第一，公园与娱乐管理局的目标是在面临预算削减的情况下，继续维持庞大复杂的服务系统。该局面临的问题是减少的预算和增加的顾客需求。市民将娱乐资源看作是重要的基础设施，因此，公众对该部门的重要性是认同的。但是在采用何种方式实现其使命，及该城市应投入多少资源去实施其计划上却很难达成共识，为设施维护和运作投入的预算从1994年到1995年削减了4.8%。因此该局的目标是以最小的成本达成目标。

第二，公园与娱乐管理局在前期采用的最重要的一项政策工具是“全面质量管理”。“全面质量管理”有以下三个核心理念：（1）工作过程中的配备必须为特定目标设计；（2）分析职员的工作程序，以进行路线化的组织运作并减少过程变动；（3）加强与顾客的联系，从而了解顾客的需求并且明确他们对服务质量的界定。实践证明，“全面质量管理”是一种有效的工具。有关分析显示了该局实施“全面质量管理”所获得的财政和运作收益。启动费用是22.3万美元，平均每个项目2.3万美元，总共节省了71.15万美元，平均每个项目一年节约7.1万美元。这个数字不包括间接和长期收益，只是每个项目每年直接节约的费用。

第三，公园与娱乐管理局在运用“全面质量管理”技术时考虑到组织路线的影响。在任何环境下产生真正的组织变化是困难的，工人们会对一系列的管理时尚产生怀疑。因此该局的策略是将“全面质量管理”逐步介绍到组织中，即顾问团训练高层管理者，让他们接受“全面质量管理”的核心理念，将“全面质量管理”观念逐步灌输给组织成员。这种训练提供了“全面质量管理”的理念和建立“全面质量管理”的策略。虽然存在一些问题，但这些举措使“全面质量管理”在实施的最初阶段获得了相当的成功。

第四，公园与娱乐管理局在后期因环境改变而放弃“全面质量管理”

工具。“全面质量管理”强调主要领导者的作用，这在政府部门是一个挑战。委任的领导人经常会落选，继任者都想证明他们的工作较之前任有所改进，于是常常会抛弃其前任的管理方法。在“全面质量管理”执行五年后，情况出现了变化，以前的官员落选了。新任官员就任后，只把“全面质量管理”看作是前任遗留下来的东西，其大部分成员也没有完全理解或赞成TQM哲学。尽管同样面临着削减的预算和庞大的服务系统的问题，但该局却没有沿用前期采取的工具，而是采用“私有化”、“绩效管理”等手段。

在该案例中，尽管“全面质量管理”这一工具与该局以“较少的成本维持庞大的服务系统”的目标是匹配的，而且该局在运用“全面质量管理”这一新工具时也考虑到组织路线的影响并采取了一定策略以减少推行该工具的阻力，从而使该工具在经过一段时间尝试后被证明是达成目标的有效工具，但最终却因为领导人的变更而被抛弃。可见，决策者选择政策工具并不完全是理性的，这个案例的意义在于展现了政策工具选择面临的政治压力。

通过以上两个案例的分析，可以看到现实中的政策工具选择是一个非常复杂的过程，各种因素都会起到影响和制约作用。

案 例

一、建筑保护能否走市场化道路?①

苏州市拥有各级文物保护单位140处，控制保护古建筑200处，总建筑面积达33.8万平方米。但有不少古建筑常年失修，濒临坍塌，需尽快实施抢救性保护措施。控保建筑的保护不尽如人意，尤其作为江南传统建筑的典型代表，苏州在中国建筑史上有十分重要的地位，占文物古建筑总量50%以上的民居建筑部分，长期以来只偶有零打碎敲的修修补补。

原因很简单：缺钱。

① 资料来源：《苏州日报》2002-08-16；《三联生活周刊》，2002-12-05。

市房管部门公房管理处的一位负责人举了一个例子。一处1 000多平方米的古建筑，较好地修复保护每平方米约需1 000元，就是100万元；这还不算搬迁费用，在居民杂居的古宅中，每搬迁一户面积在四五十平方米的住户要10万元。但事实上，房管部门根本拿不出这笔钱。根据1993年后的房租标准，每平方米使用面积的租金为0.70元，1 000平方米为700元，连发公房管理员的工资都不够。

探索市场化运作方式此时被提出来似乎有些“水到渠成”的感觉。好处很明显，售出的古建筑，业主自己会维修，而从中获得的资金可投入其他古建筑的维修保护。

老宅上市，该怎么卖？

市场对新推出的老宅反响颇佳。据了解，对古建筑有意者主要是海外华人，还有在苏有业务的南方企业，或是居住用，或是做办公场所。还有不少房地产商人也瞄准这一块想做投资。

有需求并不等于万事大吉。老房子看着好看，住着未必舒服，如楼梯窄而陡，上下不方便；古建筑中还有规定不能用明火，但若要居住其间，厨房禁火让人难以适应；更有许多小巷深处的老宅，汽车无法直达。

在古建筑定价上也颇费斟酌，太高则门槛过高，吓退客户，太低则有国有资产流失之虞。

古建筑不能一卖了之，问题还在接踵而来。

“不是卖，是保护”，在接受采访时，文物管理委员会办公室的有关负责人一再强调这一点，这种坚持中，隐含着某种担心——保护与开发站在不同角度上，会有矛盾。

走向市场的古建筑，不能否认是一个商品。但正因为是古建筑，不是普通商品，不能像甩包袱，卖完算数。将开发与保护联结起来的是“有效保护”，让控保建筑“活”起来。扔在那里，不拆，让其自然坍塌，并非有效保护。找一个合适的主人，能对其负责、保养，不失为一种办法。

由此，双向选择在交易中显得特别重要。业主在选古建筑，“我们也在选业主”，这位负责人说，买主要有对古建筑的热爱，有保护的责任感，有一定的文化素质。

但是一个亟须填补的空白是对古宅出售之后，业主成了保护的责任主体，该如何维修养护才算妥当？当发现业主不能尽其保护之责时，政府部门是否有权强制回购？这些目前都尚无细则可循。

还有人担心，售出的古建筑成为私宅后，是否就不再对外界开放，古建筑文化的交流与传递会否受到影响？

千头万绪，最后还得归结到有关法律法规的健全。对古建筑保护中遇到的新情况、新问题，还须制定相应政策来处理。据悉，目前有关苏州市古建筑的保护条例，已进入人大审议程序，人们期待着面前的问题能有好答案。

10月23日，江苏省九届人大常委会第32次会议通过《苏州市古建筑保护条例》，其中第十五条规定："鼓励国内外组织和个人购买或者租用古建筑"；第八条规定："古建筑保护管理责任人应当履行下列职责：1. 按照古建筑保护的要求进行日常养护、维修；2. 落实防火防盗等安全措施；3. 接受文物行政主管部门有关古建筑保护的业务指导和培训。"12月3日，私人可购买苏州古建筑的政策已紧急叫停，原因是它与新近通过的《中华人民共和国文物保护法》相抵触。

苏州文化局文物处潘处长在向记者解释《苏州古建筑保护条例》时说："《条例》的设想是反映了对古民居不仅要控制，而且要维修保护的要求，把维修、改造和日常保护性措施都纳入规范化管理，并确定法律保护的责任人。"但令苏州文保单位感到尴尬的是，《中华人民共和国文物保护法》修订案在《苏州古建筑保护条例》颁布后一个月姗姗来迟，尽管修订案放松了对私人收藏文物的流通许可，但仍明确规定，国有文物保护单位和未列入文物保护单位的古建筑不得转让和抵押。

"两者确实有不一致的地方。"潘处长说，"我们的考虑主要是结合苏州的实际情况，苏州地面古建筑数量仅次于北京，政府财政有限，发动社会力量参与古建筑保护是一条新思路。而且苏州作为经济发达地区，存在这样的社会需求。文物本身不可再生，也许私人买下不是最理想的方式，但总比看着文物自然损坏要好。""对古建业主我们有严格规定，例如不能对古建布局、结构和装修进行改变，不得改换现代材料门窗，电线线路也要规范。《条例》对违反者都有明确的处罚规定。"潘处长最后说，"小法必须服从大法，我们将根据国家文物保护法修改《苏州古建筑保护条例》，继续探索新的保护方式。"

二、纽约市公园及娱乐局实施“全面质量管理”技术①

纽约市公园及娱乐局的主要任务是负责城市公共活动场所（包括公园、沙滩、操场、娱乐设施、广场等）的清洁和安全工作，并增进居民在健康和休闲方面的兴趣。

市民将娱乐资源看作是重要的基础设施，因此公众对该部门的重要性是认同的。但是在采用何种方式实现其使命，及该城市应投入多少资源去实施其计划却很难达成共识。该部门面临的矛盾是管理巨大的系统和较少可利用的资源。和美国的其他城市相比，纽约市的计划是庞大的。该部门将绝大部分资源投入现有设施维护和运作，尽管为设施维护和运作投入的预算从1994年到1995年削减了4.8%。

为了对付预算削减，并能维持庞大复杂的公园系统，该部门的策略包括：与预算和管理办公室展开强硬的幕后斗争，以恢复一些已削减的预算；发展公司伙伴关系以取得更多的资源等等。除了这些策略，该组织采纳了全面质量管理技术，以求“花更少的钱干更多的事”。

全面质量管理有以下三个核心理念：（1）工作过程中的配备必须为特定目标设计；（2）分析职员的工作程序，以进行路线化的组织运作并减少过程变动；（3）加强与顾客的联系，从而了解顾客的需求并且明确他们对服务质量的界定。

在任何环境下产生真正的组织变化是困难的，工人们会对一系列的管理时尚产生怀疑。因此，该部门的策略是将全面质量管理逐步介绍到组织中，即顾问团训练高层管理者让他们接受全面质量管理的核心理念，将全面质量管理观念逐步灌输给组织成员。这种训练提供了全面质量管理的概念，选择质量改进项目和目标团队的方法，管理质量团队和建立全面质量管理组织的策略。虽然存在问题，但这些举措使全面质量管理在实施的最初阶段获得了相当的成功。

有关分析显示了该部门实施全面质量管理所获得的财政和运作收益。

① Steven Cohen and William Eimicke, Tools for Innovators. San Francisco: Jossey-Bass Publishers, 1998, pp. 115 –143.

启动费用是22.3万美元，平均每个项目2.3万美元。总共节省了71.15万美元，平均每个项目每年节约7.1万美元。这个数字不包括间接和长期收益，只是每个项目每年直接节约的费用。

在全面质量管理技术执行五年后，情况出现了变化。

该部门是政治任命的。以前的官员落选了，新一任官员就任后，TQM执行计划被搁浅了。新上任的负责人将其前任确立的全面质量管理技术看作是他能够忽略的其前任的优势。大部分成员没有完全理解或赞成TQM哲学，认为只是前任遗留下来的东西。但是新任官员同样面临着削减的预算和庞大的服务系统的问题，但却没有沿用前任采取的工具，其采用的是私有化、绩效管理等手段。

思考题

1. 简述政策工具的兴起及其原因。
2. 政策工具研究有哪些基本途径？
3. 简述主要的市场化工具、工商管理技术和社会化手段的内容、特点和优缺点。
4. 根据我国转轨时期的政策实践，论述政策工具选择的重大现实意义。
5. 结合上述案例，说明在政策执行实践中如何进行政策工具的选择。

中篇

政策过程

- 政策制定
- 政策执行
- 政策评估
- 政策监控
- 政策终结与周期

第六章

政策制定

政策制定（policy-making）是政策过程的首要阶段，是政策科学的核心主题。何谓政策制定？政策科学文献有广义的和狭义的两种理解。有些政策科学家如德洛尔将政策制定理解为整个政策过程，把政策执行、政策评估等环节称为后政策制定阶段。大多数政策科学家则对政策制定作了狭义的理解，即把它理解为政策形成（policy formation）或政策规划（policy formulation），指从问题界定到方案抉择以及合法化的过程。我们从后一种意义上来理解政策制定。本章将讨论政策制定过程的各阶段、环节或功能活动。

第一节 政策议程

政策制定是一个复杂的活动过程，它由一系列功能活动或环节所构成。安德森认为政策形成涉及三个方面的问题：公共问题是怎样引起决策者注意的；解决特定问题的政策意见是怎样形成的；某一建议是怎样从相互匹敌的可供选择的政策方案中被选中的。① 查尔斯·琼斯和迪特·马瑟斯在《政策形成》一文中认为，政策形成包括了这样一些问题：政策问题来自何方？如何分清轻重缓急？问题怎样随时间变化？什么人与提案的形成有关？他们怎么做？如何支持提案？体制对方案的形成有何影响？出现了什么跨体制因素促成方案发展？等等。② 由此可见，政策制定过程包含了议程设立、方案规划和方案的合法化等功能活动环节或阶段，而设立议程是政策制定过程中起始阶段的功能活动。

一、政策议程的种类

政策议程实际上也就是政治组织尤其是国家（政府）确定政策的轻重缓急。社会向政府提出了大量的需要采取行动的要求，而在这成千上万的要求中，只有少数受到政策制定者的注意，被决策者所关注并感到必须加以处理而提上议事日程。科布和爱尔德将政策议程定义为："那些被决策者选中或决策者感到必须对之采取行动的要求构成了政策议程"。我国学者张金马给政策议程下了这样的定义："政策议程就是将政策问题纳入政治或政策机构的行动计划的过程，它提供了一条政策问题进入政策过程的渠道和一些需要给予考虑的事项。"③ 由此可见，政策议程就是将政策问题提上政府议事日程，纳入决策领域的过程。

将一个政策问题提到政府机构的议程之上是解决该问题的关键一步。一个公共问题或社会问题只有以一定的形式，经过一定的渠道进入政策过程，成为决策者研究和分析的对象，才能成为政策问题，这个问题也只有通过政策过程才能得到解决或处理。政策议程的形成过程，也就是问题有望获得解决的过程，就是人民群众反映和表达自己的愿望和要求，促使政策制定者制定政策予以满足的过程，也是政府或执政党集中与综合所代表

① 参见［美］詹姆斯·E·安德森：《公共决策》，65页。

② 参见［美］S.S. 那格尔主编：《政策研究百科全书》，94页。

③ 张金马主编：《政策科学导论》，146页。

的阶级、阶层和集团的利益，并通过政策制定予以体现的过程。

在政治系统中存在多种政策议程，可以从不同的角度对它们加以分类。琼斯在《公共政策研究导论》一书中，从政策活动的功能方面将政策议程分为如下四类：（1）为使问题得到积极的和严肃的研究和认可而提出的问题确认议程；（2）能确定从问题进展到发现解决办法的提案议程；（3）协议或讨价还价的议程，使提案得到支持并能积极和严肃地发展；（4）持续议程，使问题得到持续的检验。① 科布和爱尔德区分了两种基本的议程，即系统议程和政府议程②；张金马主编的《政策科学导论》一书将政策议程分为公众议程和正式议程两种类型。③ 我们认为科布和爱尔德的分类方法比较合理，下面简要介绍这两种议程。

1. 系统议程

科布和爱尔德认为，系统议程是由那些被政治社区的成员普遍认为值得公众注意，并由与现存政府权威中的立法范围内的事务相关的一切问题组成。系统议程本质上属于讨论议程，表现为众说纷纭的情形。可以从大众传播媒介甚至从平时的谈话中了解人们对国家大事和各种社会问题的意见。但这并不是说问题就进入了系统议程，因为还未受到党和政府的关注，问题基本上还处于一种社会广泛的讨论当中。但恰恰由于这种社会的广泛讨论，才形成了一股强大的社会力量，使政策制定者注意和认识到这些问题，经过政策分析把它列入自己的议事日程。这是政策议程的第一个阶段。

一个问题要想成为或达到系统议程的程度，必须具备以下三个条件：（1）该问题必须在社会上广泛流传并受到广泛注意，或者至少必须为公众所感觉。（2）大多数人都认为有采取行动的必要。（3）公众普遍认为，这个问题是某个政府机关权限范围内的事务，而且应当给予适当的关注。

2. 政府议程

科布和爱尔德认为，政府议程是由那些引起公共官员密切而又积极关注的问题组成的。政府议程是行动的程序，是决策机关和人员对有关问

---

① Charles O. Jones, An Introduction to the Study of Public Policy (2nd ed.). North Scituate. Mass: Duxbury, 1977. pp. 40-41.

② 参见［美］詹姆斯·E·安德森：《公共决策》，69 页。

③ 参见张金马主编：《政策科学导论》，146 页。

题，依照特定程序予以解决的实际活动过程。它比系统的程序更具体、更明确。例如，大街上的犯罪活动尽管属于系统议程的范围，但政府将面临更为具体的意见去处理这方面的问题。

科布和爱尔德又将政府议程的项目区分为旧的事项和新的事项两类。旧的事项是那些以某种常规的形式出现在政策议程上的事项。例如，公务人员工资的增加、社会保障的增加以及预算拨款。官员们对这些问题较为熟识，而且处理这些问题的方案在一定程度上也已成型。新的事项是由于特定的情景和事件而产生的，也可能因社会上越来越多的人要求政府对某些问题采取行动而引起。旧的事项被认为常常能从决策者那里获取处理的优先权；决策者总是发现自己的时间有限和政策议程安排得满满的；考虑到旧议程的重要性和官员们对之更为熟悉，决策者认为应对它们予以更多的注意。当然，作为新的事项提上政策议程的问题，随着时间的推移，也会变成旧的事项，环境污染问题和越南战争问题便是最好的说明。

国内有学者认为，按照其建立过程中各项功能活动的先后次序，政府议程可分为四种类型：（1）界定议程，由一些经过积极而且认真研究的项目所组成；（2）规划议程，由一些已达到规划阶段的项目所组成；（3）磋商议程，根据每一规划方案的利害得失，与政策相关的人彼此之间进行磋商；（4）循环议程，已进入正式议程的每一方案，都要不断接受检验，加以修正。[①] 按照这种分类，政府议程是政策议程的第二个阶段。

3. 两种议程的区别

系统议程和政府议程是政策议程的两个不同阶段，二者有着本质区别。系统议程一般由一些较抽象的项目所组成，其概念和范围都很模糊，仅是发现问题，提出问题，它可以不提出政策方案或解决办法。政府议程则较系统议程来得特定而且具体，它是对政策问题进行界定或陈述的阶段。问题经过一定的描述，为决策系统正式接受，并采取具体方案试图解决的时候，系统议程就转入政府议程。例如，交通堵塞严重影响了人们的生活，成为群众议论和关注的话题，但这一阶段还只属于系统议程，等到政府觉察到这一问题的严重性，针对这一问题采取一些具体措施，如控制私人轿车拥有量，减少车流量；加强道路基础设施建设，拓宽路面等等，

① 参见张金马主编：《政策科学导论》，147 页。

这时系统议程就成为了政府议程。

在一般情况下，一个政策问题提出的过程是这样的：某一社会问题进入系统议程，然后再进入政府议程，最后成为政策问题。但实际上，很多问题可能不经过系统议程而直接进入政府议事日程。因为政策决策者可能根据自己对社会发展变化的研究分析，主动寻找问题，把它列入自己的议事日程。当然，一个问题即使能够顺利进入政府议程，最后也会出现不同的结果。例如，可能经过决策者的研究很快制定出相应的政策；也可能由于渠道不畅、机构重叠、行动不力、效率低下，而作不出任何决定。

已成为系统议程的问题并不一定能成为政府议程的问题。同样，提上政府议程的问题，也并不一定是系统议程的问题。有时，一个政策问题在群众中已引起普遍关注和讨论，甚至专家学者和研究机构已对它加以探讨，但执政党和政府并没有把它列入政府议程，有时甚至会采取措施阻止其进入政府议程。在现实生活中，也可以看到，在全国和地方的人民代表大会和政治协商会议上，各级人大代表或政协委员就人民群众普遍关心的问题提出的许多议案、意见和建议，并非都能列入政府议程。出现这种情况有多种原因：或是问题本身的性质、规模和影响尚未达到应该或能够解决的程度，或是问题的表达方式和途径不符合既定的组织体制和工作程序，或是政府决策者判断失误（如人口问题），或是问题涉及决策者本身的利益等等。有时也会出现一个政策问题已经列入政府议程，但群众还没有注意到的情况。例如，党和国家领导人以及专家学者预见到某些政策问题、某种危机或突发事件的影响等等。

二、建立政策议程的途径

政府所面临的社会问题非常多，有些社会问题能够顺利进入政策议程，而另一些则难以进入，甚至完全被排除在政策议程之外。那么，社会问题究竟如何才能进入政策议程呢？是通过什么途径和渠道进入政策议程的呢？

安德森认为问题是通过如下途径或方式进入政府议事日程的：（1）政治领导人；（2）危机或者引人注目的事件；（3）抗议活动；

（4）大众传播媒介。① 科布和爱尔德则认为，建立政策议程的途径可以分为内部和外部途径，其中内部途径为：（1）自然大灾难；（2）不可预测的人为事件；（3）技术变革；（4）民权抗议；（5）工会罢工；（6）生态变化。外部途径为：（1）战争行为；（2）武器技术革新；（3）国际冲突；（4）世界联盟变化。在琼斯看来，社会问题进入政策议程的途径有：（1）政治运动；（2）对大量人员造成威胁的事件；（3）大规模的宣传；（4）个人的努力；（5）先前政策的应用。② 琼斯和马瑟斯在《政策形成》一文中将这些观点概括成表6—1③：

表6—1

安德森（《公共决策》）	科布和爱尔德（《美国政治中的参与：确定议程的动因》）		琼斯（《公共政策研究导论》）
1. 政治领导人 2. 危机/引人注目的事件 3. 抗议活动 4. 大众传播媒介	内部： 1. 自然大灾难 2. 人为事件 3. 技术变革 4. 民权抗议 5. 工会罢工 6. 生态变化	外部： 1. 战争行为 2. 武器技术革新 3. 国际冲突 4. 世界联盟变化	1. 政治运动 2. 对大量人员造成威胁的事件 3. 大规模的宣传 4. 个人的努力 5. 先前政策的应用

社会问题要进入政策议程，既要有能够发现问题的观察机制，又要有在公众与政府、上级与下级之间存在良好的沟通机制。因此，我们认为，社会问题进入政策议程的主要途径有如下几种：

1. 政治领袖

政治领袖是决定政策议程的一个重要因素，"无论是出于政治优先权的考虑，还是因为对公众利益的关切，或者两者兼而有之，政治领导人可能会密切关注某些特定的问题，将它们告之公众，并提出解决这些问题的方案"④。例如，1956年1月中共中央召开的知识分子问题会议，由于受到国家领导人的重视，而将解决知识分子的问题纳入了政府议程。1974

① 参见［美］詹姆斯·E·安德森：《公共决策》，72页。

② Charles O. Jones, An Introduction to the Study of Public Policy (2nd ed.). North Scituate., Mass: Duxbury, 1977, pp. 40-41.

③ 参见［美］S. S. 那格尔主编：《政策研究百科全书》，97页。

④ ［美］詹姆斯·E·安德森：《公共决策》，72页。

年尼克松政府关于放松《清洁空气法案》中某些污染控制标准的建议，便直接地提上了国会的议程。杰克·沃克在研究了美国参议院政策议程确立之后指出：参议院有一些“活跃的立法者，他们受推动社会变革的愿望和渴望获取改革者声望的迫切心情所驱动，探究那些可能成为参议院决策议程上的新事项的问题”①。

2. 政治组织

政治组织是形成政策议程的基本条件。政策问题是涉及国家和社会全局的大事情，关系到人们的切身利益，因而政策议程的形成往往是一个复杂的过程。通常情况下，单靠个人的力量是难以实现的，必须借助一定的组织形式（如政党、政治团体和社会组织等）。在我国，这些政治组织主要是政府、政党、工会、妇联和青年组织。通过组织来集中、归纳和反映其所代表的集团的利益、要求和呼声，使之列入政策议程，以政策的形式予以满足，是这些组织的主要职能。一个社会问题一旦被某个政治组织提出来，就比较容易引起政府和全社会的关注，从而被列入政策议程。例如，近年来，我国的各民主党派积极开展特定专题和区域发展规划的调查研究活动，就大政方针和建设、改革的重大问题出谋划策，提出意见和建议，这些意见和建议被列入政策议程的可能性程度高。

3. 代议制

这是形成政策议程的一个基本途径。代议制是人民群众通过选举产生代表，组成代表大会和议会（国会）等，反映各自所代表的利益、愿望和要求，就有关社会问题形成各种议案、提案、建议等，以引起政府关注或要求政府列入议程。当然，政府采纳提案是有条件的，通常是根据问题的重要性、迫切性以及解决问题的可能性和价值判断决定取舍的。在多数国家中，代议制是建立政策议程的最主要、最正式的途径。人民代表大会制是我国的根本政治制度，也是广大人民群众参政议政的基本形式。不少有关国计民生、经济和社会发展的重大问题就是首先由人大代表或其常委提出来，而后纳入政府议程的。

4. 选举制

这是和代议制相配套的一种民主制度。社会主义的选举制度是社会主

---

① 转引自［美］詹姆斯·E·安德森：《公共决策》，72页。

义民主政治中公民表达自己意愿的重要途径。选举制度一般用于选举立法机关的代表和政务类公务员，用于对重大决策的投票表决，对选举的代表和公务员进行监督和制约。选举的过程实际上是选举人对自己的利益和意愿的一种选择，是对决策者的一种选择，也是对政策的一种选择。

5. 行政人员

国家行政机关的工作人员在执行政策以及处理公务的过程中，因其接触范围较广，掌握信息较多，对群众在生产和生活中遇到的实际问题也就比较了解。他们常常能在无意中发现与原有政策相关的新问题，认识到如果不解决这些新问题，就将妨碍原有政策的执行，或者对整个国家和社会公共利益产生不良影响，因而将之列入政策议程。例如，在对国有企业实行股份制改革过程中，某些企业国有资产流失严重，引起了主管部门的重视，从而将这一问题列入政策议程。

6. 利益集团

戴维·杜鲁门在《政府过程》一书中认为，各种利益团体寻求着某种合理的平衡状态，如果某一事务威胁这种合理的平衡，那么，它们便会做出反应。当某一团体的平衡被严重破坏时，各种各样的行为就会出现。如果这种破坏不是太大，那么，团体的领导人将努力使先前的平衡得到恢复……这种努力将使团体求助于政府成为必要。如果破坏达到足以使平衡瓦解的程度，则有可能导致其他的行为。利益集团是在政治共同体中具有特殊利益的团体，它们在政治生活中的一个主要目的就是影响决策过程，以便实现自己的目的和主张。各种利益集团就与自己利益相关的问题，单独地或联合其他团体向政府提出要求，并通过游说、宣传、助选、抗议和施加压力等手段迫使政府将其列入政策议程。

7. 专家学者

在各自的研究领域中，专家学者通过对课题的分析，能够发现某些重要问题，并能凭其专业优势和特长，运用科学理论和分析技术，对社会发展的趋势和进程进行科学预测。一旦取得对经济建设和社会发展产生巨大和深远影响的成果，也能通过各种渠道，将其列入政策议程。如《2000年的中国》的总结报告，为我国制定“七五”计划提供了不少重要建议。

8. 公众

公众在生产和日常生活中，对于某些影响或损害其权益的问题不满，一般通过各种渠道，向政府反映，以求得到解决。在某些情况下，如果问题得不到解决，群众还会采取一些威胁性的方式（如游行、示威、抗议、罢工、暴乱等），向政府施加压力，迫使政府采取行动解决问题。

9. 大众传播媒介

大众传播媒介被誉为“第四种力量”，具有信息量大、涉及面广、影响力强和传播迅速等特点，能形成强大的舆论压力，从而促使政策议程的建立。有的社会问题可能会引起新闻媒介的注意，通过新闻媒介的报道，它们可能成为政策议程上的事务。例如，贫困地区儿童失学的问题，通过新闻媒介的披露，引起强烈的社会反响和政府的高度重视，从而促进了“希望工程”的出台和实施。

10. 危机和突发事件

1958 年，当苏联第一颗人造地球卫星发射时，美国政府匆忙将航天技术发展问题迅速提上政策议程（我国“神舟四号”载人飞船实验成功，也引起了美国政府的恐慌）。小煤矿爆炸的事情在我国经常出现，这促使政府将关闭小煤矿问题提上政策议程，并对之采取行动。突发事件会让相关问题的解决变得迫切，促使这一问题被提上政策议程。

三、建立政策议程的策略

政府是如何在大量的社会问题中选出一部分，将之提上议事议程的？或者说，是什么原因使它们被政府注意，并试图去解决？通常有如下四种形式：

1. 社会中部分团体或者个体主动，政府只是有限介入

这大致有四个原因：（1）政府基本上不知道这些问题的存在，尽管现代政府承担的职能在膨胀，政府管辖的范围在扩大，政府也力图通过各种现代科学技术手段，及时获取社会的各种信息，但毕竟这一努力的结果是十分有限的。（2）政府知道问题的存在，但没有权力去处理。现代政府是个有限的政府，不是具有处理一切问题权力的万能政府。特别对地方政府来说，因上下、左右各种关系的制约，更难于及时处理被认为应该解决的问题。（3）政府知道问题的存在，也有权力去处理，但无能力处理。政府的一切介入行为都需要消耗资源。更重要的是一旦要解决这些问题，其消耗的公共资源更大。能不能有足够资源作保证，政府必须考虑到。（4）政府知道问题的存在，也有权力与能力处理，但不能马上列入政府的议事日程，政府处理问题有轻重缓急的安排。

2. 政府主动介入发现和解决问题，社会中的团体或个人只是有限介入

政府主动发现并解决问题有下列几种情况：（1）对于保护环境这一类带有全局性的问题，政府会从更高的层次上关心并加以解决。对部分社会团体或个人来说，更多关心的是眼前与局部利益。（2）对于弱势群体，他们特别需要政府的主动关心。政府的政策制定者可能会主动发现他们，也有可能十分偶然地主动关心这一问题。（3）对于在各种利益冲突中始终处于主导地位的那一类人，为了防止他们歪曲事实，或是蓄意制造混乱，政府需要主动干预，保护冲突中的受害者。（4）出于保护自身利益的需要，政府需要主动发现问题。

此外，在确定议程中，还应注意时间与问题焦点的变化。一旦问题的焦点成为政府决策关注的问题，在经过一段时间后，可能会发生变化。当新事件发生并改变了优先顺序时，某些问题焦点在政策制定者眼中的地位就会改变；在公众中也一样，这说明了问题焦点随时间的变化也可能发生变化。例如，在美国，20 世纪 60 年代末 70 年代初，外交政策问题焦点在政府议程中的地位很高（主要与越南战争有关）；而在此以后，国内问题如通货膨胀、环境污染、失业、能源短缺等问题则成为焦点。在我国，过渡时期前后问题的焦点、改革开放前后的问题焦点同样发生了重大变化。例如改革开放以前是以阶级斗争、政治斗争、意识形态领域为焦点，而改革开放之后，则以经济建设为中心。

3. 政府及社会团体与个人都主动

这主要有两种情况：一是政府希望解决的问题与公众要求解决的问题完全一致或基本一致，这时能相当迅速地进行政策问题的构建并顺利地列入议程。二是政府希望解决的问题与公众要求解决的问题完全相反或基本相反。双方的主动行为成了尖锐的冲突行为。由于对事件与环境的理解上，双方产生了差异，而这种差异又会派生出其他各种相关问题，进一步加深了矛盾与冲突。

4. 政府与个人、团体都不主动介入

这种类型从理论上似乎是存在的，但在实践中并不多见。“可能是由于受某一事件影响的人没有可利用的方法，也可能由于缺乏能向政府提出请求的组织，或者干脆是由于和其他公共问题相比较，缺乏引起政府注意的竞争力。也可能私人团体或政策制定者都尽力避免确认这种问题。”①

四、建立政策议程的模型

美国学者罗杰·W·科布在《比较政治过程的议程制定》一文中，根据政策问题的提出者在议程中的不同作用以及扩散其影响力的范围、方向和程序，把政策议程的模型划分为三种类型，即外在提出模型、动员模型、内在提出模型。②

1．外在提出模型

外在提出模型适用于以下情况：（1）政策问题的察觉和提出者是执政党和政府系统以外的个人或社会团体；（2）它表达或提出了某个要求；（3）企图把问题扩散到社会上其他的团体之中，使该问题获得系统议程的地位；（4）给决策者以足够的影响力，使问题能够进入正式议程，以引起决策者的慎重考虑。

根据这种模型建立的政策议程一般需要经历较长的时间，但是政策问题列入正式议程的议事地位，并不意味着就是政府的最后决定，更不能说明实际执行的政策就是提出者最初所要求的。相反，提出者的要求可能被完全否定，或者至少经过大幅度修正。

2．动员模型

政策议程的动员模型所描述的主要是政治领袖自己提出政策问题，并把它列入政策议程的过程。当政府宣布一个新政策时，就等于将这个问题列入了正式议程，而且它也可能就是政府的最后决定。在此，政策已被决定，之所以还要建立政策议程，是为了寻求社会大众的理解和支持，以便更好地贯彻实施政策。动员模型旨在说明决策者为了执行行政命令，如何将问题从正式议程扩散公众议程的意图。

---

① ［美］S. S. 那格尔主编：《政策研究百科全书》，96页。

② 参见罗杰·W·科布：《比较政治过程的议程制定》，转引自张金马主编：《政策科学导论》，154页。

3．内在提出模型

内在提出模型的主要内容是：（1）政策建议或政策方案起源于执政党和政府内部的某个单位，或者起源于接近执政党和政府的某个团体；（2）问题扩散的对象是与这个团体或单位有关的团体或单位，而不是一般公众；（3）问题扩散的目的是形成足够的压力或影响，促使政策制定者将问题列入正式议程。在整个议程建立和政策形成的过程中，社会大众的直接参与不多，这是因为提出者不希望把问题列入公众议程中，而希望凭借自身的力量直接将问题纳入正式议程。

以上模型是政策议程三种最典型的模型。在实际政策议程建立过程中，它们往往会形成各种各样的组合。例如，一个问题可能由三个模型中任何一个模型提出，然后进入决策核心；在第二个阶段可能通过动员模型或内在提出模型，由高层次的议程再扩散到低层次的议程。研究任何一个政策议程建立的过程，都需要具体问题具体分析，寻求政策议程的不同途径。

第二节　方案规划

方案规划（formulation）是政策制定过程中一个最重要的环节。政策问题一旦被提上议事日程，接着就进入分析研究并提出解决办法即方案规划阶段。

一、方案规划的含义

什么是方案规划？我们先来看看有关教科书的定义。

《公共政策》（朱志宏）："方案规划，即是发展一套处理公共问题的行动方针，其主要目的，是在使应该解决、能够解决的问题，以最有效的方法解决之。"①

《公共政策》（林水波、张世贤）：方案规划"是一个针对未来，为能

① 朱志宏：《公共政策》，132页，台北，三民书局，1995。

付诸行动以解决公共问题，发展中肯并且可以接受的方案的动态过程”①。

《政策科学导论》（张金马主编）：方案规划“指的是为解决某个政策问题而提出一系列可接受的方案或计划，并进而制定出政策的过程”②。

《公共决策》（安德森）：方案规划“涉及与解决公共问题有关的并能被接受的各种行动方案的提出”③。

我们认为，所谓方案规划，指的是对政策问题的分析研究并提出相应的解决办法或方案的活动过程，它包括问题界定、目标确立、方案设计、后果预测、方案抉择五个环节。

方案计划有如下几个特征：

第一，方案规划的目的是为了解决既定的政策问题。方案规划的基本任务就是运用分析或研究手段找到问题解决的可操作的方案。政策问题的客观存在是方案规划的前提和基础。问题的确认是方案规划活动的出发点。方案规划是针对特定问题而展开的，问题的性质、范围和程度等决定了方案规划的主要内容。

第二，方案规划的基本内容是方案设计和方案择优。政策方案的设计是针对要解决的政策问题，运用各种定性与定量的分析手段与方法，设计出一系列可供选择的方案。方案择优就是通过系统的分析、比较和可行性论证，在多个备选方案中确定一个能最大限度地实现既定目标的方案（或方案组合）的过程。方案设计时要关注政策目标，目标明确与否直接影响方案的质量，甚至影响到有效的执行与合理的评估。方案的评估与择优要关注方案的可行性（政治、经济、技术、行政、法律等可行性）论证，充分估计主客观需要与可能，兼顾未来因素对政策的影响，使之建立在充分可行的基础上。

第三，方案规划既是一种研究活动，又是一种政治行为。方案规划是一系列复杂的活动过程。一方面，方案规划要借助专家学者的力量，遵循科学的原则、手段与方法，来展开问题界定、目标确立、方案设计、

① 林水波、张世贤：《公共政策》，143页，台北，五南图书出版公司，1995。

② 张金马主编：《政策科学导论》，156页。

③ ［美］詹姆斯·E·安德森：《公共决策》，79页。

后果预测、方案抉择等一系列活动。另一方面，由于政策涉及人们之间利益的调节和分配，规划过程中众多参与者因其利益、价值观和信仰不同而相互影响、相互制约，呈现出错综复杂的特点。方案规划实际上也就是政府和非政府行为者之间的一种互动过程，而政策就是这种互动的结果。

二、方案规划的原则

政策方案的规划必须遵循如下六条原则：

1. 信息完备原则

信息是方案规划的基础和依据。方案规划实际上就是一个与政策有关的信息的输入——处理（规划方案）——输出的过程。信息的搜集、加工和处理，贯穿于方案规划的整个过程。无论是问题界定、目标确立，还是方案设计、方案择优或者是方案实施过程中的补充、修正或调整，都必须建立在全面、准确的信息资料基础上。政策的科学性是与信息的全面性、真实性成正比的。信息越全面、准确，方案规划就越具有科学性。现代社会是信息社会，信息在政策制定中的地位越来越重要。充分、及时而准确地占有信息，是方案规划活动成功的根本保证。20 世纪 70 年代中期，我国的“川气出川”工程计划就是因为掌握的信息不真实、不完整，最后不了了之，给国家造成了巨大的损失。

2. 系统协调原则

任何事物都处于普遍联系之中，不仅政策本身可以看成是一个系统，而且它也不是孤立存在的，总是与其他政策相联系，处于一个政策体系之中。在方案规划时，要从系统论的观点出发，进行综合的分析，将整体利益与局部利益相结合，内部条件与外部条件相结合，眼前利益与长远利益相结合，主要目标与次要目标相结合。要注意各项政策之间的相互联系、相互影响、相互制约关系，既要考虑到不同层次政策之间的纵向协调，又要考虑到相同层次政策之间的横向协调，从而使各项政策成为一个有机整体，相互支持，协调配套，以产生尽可能好的整体效应。现实生活中，新政策与老政策“打架”，此政策与彼政策“撞车”，小政策与大政策抵触等现象屡见不鲜，就是方案规划缺乏系统性的明显例证。

3. 科学预测原则

预测是方案规划的前提，也是方案规划过程中一个必不可少的环节。方案规划是面向未来的，是在事情发生之前的一种预先分析和选择，故具有明显的预测性。简而言之，预测就是由过去和现在推知未来，由已知推知未知。对事物未来的发展趋势及其结果的正确与否做出判断，在很大程度上决定着政策的成败。没有预测或预测不科学，必将导致盲目或错误的决策。所谓科学预测，就是在正确的理论指导下，按照科学的原则、程序和方法对未来情况进行估计的活动。随着现代科技进步和经济的高速发展，社会生活日益纷繁复杂、变化莫测，方案规划中只有运用科学预测，对于未来条件变化、方案执行结果及其影响等方面进行预测分析，才有可能制定出正确的政策，避免决策失误。我国“八五”计划的实施之所以取得重大成就，就是因为它是建立在对未来经济和社会发展趋势的科学预测的基础上。

4. 现实可行原则

政策总是要付诸实施的，要实施就得具备实施的现实条件，即具有可行性。而政策问题的决策，包含了诸多复杂的因素，只有通过综合的全面的可行性分析，才能得出方案是否可行的结论。为此，要充分占有各方面的实际材料，根据现有人力、物力、财力、时间等主客观条件以及发展过程中的种种变化，对方案进行政治、经济、技术、文化、伦理等方面的可行性分析，从而使方案建立在牢固的现实条件的基础上，使方案的实施具有可操作性并有成功的最大可能。否则，无视现实条件与可能，即使再好的政策也会因无法实施而缺乏实际价值。过去我们在重大工程项目决策中，有的项目不了解市场需求就盲目上马，造成产品积压以及社会劳动和资金的浪费；有的项目原料、燃料、水电供应、交通设施等条件没落实，建成后无法正常投产；有的项目布局不合理，造成长期亏损等等，这都是我们应引以为戒的。

5. 民主参与原则

民主的内涵与实质是权力的分享。我国是社会主义国家，人民是国家的主人，让他们充分参与管理国家事务和社会公共生活是社会主义民主的本质要求。方案规划中的民主原则首先就体现在政策是否能真正反映人民的要求和愿望，是否能最终使群众获得利益和实惠。坚持民主原则，还要求政策能保证人民在国家政治、经济、文化生活等各个领域中，享有同等的权利和利益分配；保证广大群众直接参政议政，在参与政策制定的各个活动环节中，充分发挥主人翁的作用。特别是要重视发挥专家智囊团的作用。现代政策制定的一个重要特点就是“谋”与“断”的相对分离，科学的知识与方法已成为方案规划时不可或缺的要素。学有专长者，往往能在方案规划中担任主动积极的角色，以其客观的立场、学术的眼光、科学的手段与方法，对政策问题详细探讨，并提出合理建议。他们不仅为领导决策提供了充分的理论基础，也使得政策的精确度大大提高，对于促进决策的科学化、民主化，具有十分重要的意义。

6. 稳定可调原则

政策作为一种社会生活的指导原则，要有一定的连续性和稳定性，要考虑与原有政策的衔接或过渡，避免朝令夕改，大起大落，影响社会稳定。但是，任何方案规划系统又都是一个开放的系统，总是与外界环境处于不断的物质、能量和信息的交换之中。环境变化了，政策也必须随之做出相应的调整与变动。现代社会经济文化交流愈益频繁，各种社会现象之间的联系也愈益紧密。一个问题的决策，往往涉及众多的相关问题。一个细节的疏忽，往往造成重大的影响。因此，在方案规划时要从长远出发，给政策留有余地，具有适当的可以调节的弹性，并根据对未来情况做出的预测，准备好应变措施。特别要注意执行过程中的信息反馈，一旦发现政策与客观情况不相适应，就应及时调整。

三、方案规划的程序

从程序上讲，方案规划包含问题界定、目标确立、方案设计、后果预测和方案抉择五个相互关联又相互区别的阶段或环节（这个问题将在第十一章“政策分析的步骤和方法”中加以讨论）。

第三节　政策合法化

在对政策方案做出抉择之后，必须将该方案合法化成为真正具有权威性的政策，使之能得到有效的执行，这就是政策合法化问题。政策合法化是政策制定的一个必要环节，内容广泛，是目前国内政策科学文献探讨得相当不够的一个问题。

一、政策合法化的概念与作用

为了更好地理解政策合法化的主体、程序等问题，有必要先从合法化和政策合法化的概念及作用谈起。

1．“合法性”与“合法化”概念

合法性与合法化是两个密切相关的概念。“合法性”（legitimacy）的形容词“legitimate”（合法的或具有合法性的）有七个基本的含义：（1）根据法律的、符合法律的；（2）合法婚姻所生的；（3）以继承权的原则为依据的；（4）与既定的规章、原则、标准相一致的；（5）符合推理规则的、有逻辑的，并因而有效力的；（6）正当的（justified）；（7）正常的或通常类型的。概括地说，“合法性”表明某一事物具有被承认、被认可、被接受的基础，至于具体的基础是什么（如某种习惯、某条法律、某种主张、某一权威），则要看实际情境而定。

“合法性”概念有广义和狭义之分。广义的合法性概念被用于讨论社会的秩序、规范[①]或规范系统[②]；狭义的合法性概念被用于理解国家的统治类型或政治秩序。广义的合法性概念涉及比法律、政治更广泛的社会领域，并且潜含着广泛的社会适用性。韦伯所谓的合法秩序（a legitimate order）是由道德、宗教、习惯、惯例和法律等构成的。[③] 合法性是指符合某些规则，而法律只是其中一种比较特殊的规则。因此，合法性的基础可以是法律程序，也可以是一定的社会价值或共同体所沿袭的各种先例。一个组织是否具有合法性，那就取决于它能否经受某种合法秩序所包含的有效规则的检验。关于狭义的合法性概念，20 世纪初，韦伯曾提出了合法统治的三个类型（合理型、传统型、魅力型）的经典理论，此后哈贝马

---

① 参见［德］韦伯：《论经济与社会中的法律》，5～11 页，北京，中国大百科全书出版社，1998。

② 参见［德］哈贝马斯：《现代国家中的合法化问题》，见：《交往与社会进化》，183～213 页，重庆，重庆出版社，1989。

③ 参见莱因斯坦：《导论》，见：韦伯：《论经济与社会中的法律》，38 页。

斯又对这一理论做了进一步的研究。他对狭义的合法性有一个简明的解释：合法性意味着某种政治秩序被认可的价值以及事实上的被承认。① 统治能够得到被统治者的承认，是因为统治得以建立的规则或基础是被统治者接受乃至认可、同意的。由此可见，合法性概念无论在广义还是在狭义的用法中都包含着同一要旨：由于被判断或被相信符合某种规则而被承认或被接受。合法的统治体现的是公民对政府或群众对政党的承认，是一种"下"对"上"的承认。

与合法性相伴生的一个概念是"合法化"（legitimation）。它的最基本的意思是：显示、证明或宣称是合法的、适当的或正当的，以获得承认或授权。韦伯的合法性概念本身就包含着一方对合法性的宣称和另一方对合法性的相信。因此"合法化"本身就可以从"合法性"引申出来。"合法性"表示的是与特定规范一致的属性，似乎在表明一种客观性。"合法化"表示的是主动建立与特定规范的联系的过程，明显在强调一种主观性。合法化可以理解为在合法性可能被否定的情况下对合法性的维护②，也即合法化是指合法性的客观基础被质疑的时候，为达成关于合法性的某种共识的努力。

2. 什么是政策合法化

尽管政策合法化（legitimation）是西方政策科学家讨论政策制定过程的一个重要方面，但是他们却很少给政策合法化下严格的定义。从字面上看，合法化（legitimate）作为动词，意为"使具有合法性，给予法律力量，使具有权威性、核准或批准"。德国著名学者哈贝马斯认为，合法性（化）是指一种政治秩序被认可的价值，这一概念与政治秩序相关，只能运用于政治领域，"只有政治秩序才拥有或丧失合法性，只有它们才需要合法化。"③ 美国政策科学家琼斯在《公共政策研究导论》中说，对于任何一个政治系统而言，至少可以辨别出两种合法化：第一种是那种使政治过程包括批准解决公共问题的特定建议过程的合法化；第二种包括那些政府项目被批准的特殊过程。前者可称为合法化，后者可称为批准。④ 托马

① 参见［德］哈贝马斯：《交往与社会进化》，184 页。

② 参见同上书，184～186 页。

③ ［德］哈贝马斯：《交往与社会进化》，184～185 页。

④ Charles O. Jones, An Introduction to the Study of Public Policy (3rd ed.). Monterey, California: Brooks/Cole Publishing Company. 1988. pp. 110-111.

斯·戴伊在《理解公共政策》一书中把政策合法化分解为三个功能活动，即选择一项政策建议，为这项建议建立政治上的支持，将它作为一项法规加以颁布。① 倒是我国大陆和台湾的学者力求给政策合法化下较严格的定义。兹举几例：

朱志宏："政策合法化（policy legitimation），就是赢得多数立法人员对政策方案的支持。在美国，政策合法化的过程，就是政策方案经参、众两院多数议员同意，并经总统签署的一个行为过程"。"合法化的定义是：'遵循一般所认知的原则或一般所接受的准则。'"②

张金马："通常，公共政策要具有合法性，必须经过一个合法化过程，这种使政策具有约束性或合法性的过程可以是一套法律规定的程序，也可以是一套习惯性程序，甚至可以是遵照领袖人物的指示。……无论哪种程序，只要人民认可、接受，都可使政策具有合法性。""政策合法化是指经政策规划得到的政策方案上升为法律或获得合法地位的过程。它由国家有关的政权机关依据法定权限和程序所实施的一系列立法活动与审查活动所构成。"③

兰秉洁等：政策合法化"就是通过法定程序，提交有关机关讨论通过，并以公报、决定、决议等形式向全社会发布，使政策决定取得公认的合法地位和全国人民的认可、接受和遵照执行的效力"④。

彭和平："政策合法化的过程是使各种拟议中的政策方案获得合法地位、具有社会权威性和约束性的过程，它包括政策法律化、政策法规化和政策社会化三个方面。这三个方面的相互结合使公共政策体系成为一个有机的整体。……政策法律化是使公共政策取得法律形式、具有法律效力的过程。它主要是在国家立法机关的权力和活动范围内进行的。……政策法规化的过程是政府通过制定行政法规推行各种政策进行管理的过程。它主要是在政府的活动范围内而不是在立法机关的活动范围内进行。……政策社会化是公共政策成为人们普遍遵循的非法律化的社会规范的过程。政策

① Thomas R. Dye, Understanding Public Policy (6th ed.). Englewood Cliffs. N. J.: Prentice-Hall Inc., 1987. p. 24.

② 朱志宏：《公共政策》，184 页、223 页。

③ 张金马主编：《政策科学导论》，23 页、172 页。

④ 兰秉洁、刁田丁：《政策学》，127 页，北京，中国统计出版社，1994。

社会化主要是在执政党或政治团体的活动范围内进行的，并且有一套拟定草案、党内外征求意见、中央正式会议审议通过、正式公布的严格程序。"①

综观以上定义或解释，可以看出，除对政策合法化的目的认识比较一致外，对于其他一些问题如政策合法化的主体、对象范围、所适用的程序或采取的活动，理解差异很大，有些解释本身前后也欠一致。

我们认为，所谓的政策合法化是指法定主体为使政策方案获得合法地位而依照法定权限和程序所实施的一系列审查、通过、批准、签署和颁布政策的行为过程。这个概念的外延和内涵可以从如下几个方面来把握：

（1）所有的政策，包括中央政策和地方政策、法律和其他形式的政策，都有其合法化的过程。这是当前我国政策合法化研究中值得注意的一个问题。政策合法化并不仅限于中央政策或全国性政策的合法化，也不等同于政策法律化。地方政策也要合法化，政策法律化只不过是政策合法化的一种重要而又特殊的形式。研究政策合法化，既要研究法律，更要研究其他形式的公共政策的合法化。

（2）政策合法化是有目的的活动。其目的就是使政策方案获得合法地位，转化为合法有效的政策，具有合法性、权威性和约束性，获得人们的认可、接受和遵照执行的效力，从而使政策有效地发挥规范和指导人们行为的作用，最终实现政策目标，解决政策问题。

（3）政策合法化是法定主体依照法定权限所实施的活动。宪法和组织法对国家机关的权限作了划分，国家机关必须依照法律规定，在各自的权限范围内使相应的政策方案合法化。公共政策体现的是统治阶级的意志，它与个人、企业等所做出的决策不同，具有法定的权威性，对社会具有普遍约束力，只能由法定的国家机关依照法定的权限制定。不具有法定的公共政策制定权力或超越法定权限，都不能使政策合法化。

（4）政策合法化是主体依照法定程序所实施的一系列行为过程。政策的内容、形式和效力范围等不同，政策合法化的主体和程序也就不完全相同，如限制公民人身自由的政策，必须由全国人大依照立法程序使之合

---

① 彭和平：《公共行政管理》，158～171页，北京，中国人民大学出版社，1995。

法化，而立法机关强调公平、民主，其政策合法化的程序就表现得烦琐、复杂。相对而言，行政机关更强调效率，其政策合法化程序就比较简单。同一国家机关，不同的政策也可能有不同的合法化程序，如国务院制定重大政策，应由国务院常务会议或全体会议讨论决定后由国务院总理签署发布；而一般性政策，国务院总理有权直接签署发布。政策合法化的程序虽然不尽一致，但都有共同的标准，即要符合法律规定；都有基本的步骤，即包括审查、通过、批准、签署和颁布政策等一系列行为过程。

3．政策合法化的地位与作用

政策合法化在政策过程中占有举足轻重的地位，在实践上也具有重要意义。这主要表现在如下几个方面：

（1）政策合法化是政策制定过程的重要阶段，又是政策执行的前提。在民主、法治的社会，政策合法化是政策过程必经的一个重要阶段。政策方案只有经过合法化过程，才能成为合法有效的政策，制定政策的目的是通过政策执行的环节来解决政策问题。政策执行要以政策具有合法性为前提，具有合法性的政策，才能取得政策对象的认可、接受和遵照执行的效力。没有经过合法化过程的政策，不具有合法性，就不能付诸执行。因此，政策合法化又是政策得以顺利执行的前提。

（2）政策合法化是决策民主化、科学化和法制化的具体体现。政策合法化是一个吸收民众参与决策、加强政治沟通与协调的过程；也是一个决策选优，对决策方案不断修改、完善，对不良方案过滤、淘汰的过程；更是一个坚持由法定的决策主体，依照法定的权限和程序进行决策，对决策行为实施法制监督的过程。离开政策合法化，所谓决策民主化、科学化和法制化都只能是一句空话。当前，建立健全有关的决策制度，尤其是重大问题决策前经专家充分论证、重大政策通过前向社会广泛征求意见、行政机关政策文件非经法制部门的法律审核把关领导不予签发等实践中行之有效的制度，既是加强决策科学化、民主化和法制化的需要，也是完善政策合法化程序的重要任务。

（3）政策合法化是依法治国的需要。依法治国是现代国家的基本标志。多年来，我国社会主义建设的经验教训表明，国家建设、经济发展、社会管理和公民权利的保障，都有赖于健全的法制。而我们工作中的失误很多是由于法制不健全、人治代替法治造成的。强调政策合法化，正是强调健全法制，依法治国。当前，政策合法化也是转变政府职能，促进市场经济发育的保障。市场经济就是法制经济，要求政府在法律范围内活动，不得随意以行政命令代替经济规律。政府职能要转向宏观调控，培育和发展统一、开放的市场体系，要努力避免由于政策不合法而造成宏观管理与调控的无序与失调，尤其要注意有些部门和地方借制定政策之机推行“部门利益至上”和“地方保护主义”，损害全局利益，阻碍市场流通，表面上使政策“合法”化，实际上破坏社会主义市场经济建设，根本上与依法治国的精神相背离。

1994 年 9 月 8 日，某市人大常委会基于该市人口增长速度快和财政压力大等方面的考虑，制定通过了《××市征收城市容纳费条例》，规定凡是经批准迁入该市的常住人口，按每人 1 万元至 10 万元五个档次的标准征收“城市容纳费”，定于 11 月 1 日起施行。政策公布后，引起广泛争议，激起多方面特别是毕业生、用人单位和专家学者的反对，为此，市政府于 11 月推出《容纳费减免征收试行办法》，1995 年 1 月又进一步推出针对高校毕业生的减免办法。“减免后的容纳费，显然与开始时所推出的政策有很大的出入，并且该条例实际上也没有在生效期到达后得到严格的实施。”① 从政策合法化的角度看，这个案例反映的主要问题是：第一，人大决策前没有充分发扬民主，政策方案没有征求社会意见，以致政策颁布后未能达到人们的认可、接受和遵照执行的目的，暴露出政策合法化过程或体制上的弊端。第二，该政策与建立社会主义市场经济体制的要求相违背。人才流动是社会主义市场经济建设的基本条件，该政策不仅不促进人才流动，而且为人才流动设置障碍。况且，“它实际上无法实现控制人口增长的目标，因为迁移人口增长对××市的压力并不很大。”这样的政策方案，表决时除了“一位教授（市人大常委会委员）投弃权票外，其余人大常委会委员均投了赞成票”，充分说明政策合法化人员的素质亟待提高。第三，“该政策没有把公共利益放在首位，有地方保护主义的倾向”。如此巨额的“城市容纳费”，人才本身无力承担，“许多接收单位的经费均来自中央财政”，“这势必使本来就很微妙的中央与地方关系更加复杂化”，从而降低了该政策的政治支持度。第四，市政府出台的减免征

① 徐颂陶、徐理明：《走向卓越的中国公共行政》，118～121 页，北京，中国人事出版社，1996。

收容纳费的办法，与人大政策“有很大的出入”，这就形成了政府政策对人大政策的修改与否定，以执行机关的政策代替权力机关的政策，颠倒了宪法规定的监督关系，至少是对政策合法化主体的特定性或主体的法律地位认识不足。可见，加强政策合法化研究，使政策制定适应社会主义市场经济建设和国家民主与法制建设的需要，任重而道远。

二、政策合法化的主体及其权限

政策合法化的主体是依法有权使政策方案获得合法地位的国家机关。主体与权限是一个问题的两个方面。谁有权使政策方案合法化，谁就成为政策合法化的主体。换言之，政策合法化的主体必须具有相应的权限。这就导致了政策合法化主体的两个基本特征，即宏观上的广泛性和微观上的特定性。同时，还必须注意，主体是由权限决定的，权限又是法律规定的。法律针对不同的国家机关规定了相应的、不同的职权，主体只能在其法定权限内实施政策合法化行为。

1. 政策合法化主体的基本特征

政策合法化的主体具有两个显著的特征，即宏观上的广泛性和微观上的特定性。所谓宏观上的广泛性是指从总体上看，政策合法化的主体是相当广泛的。有权使政策方案获得合法地位的国家机关，都可以成为政策合法化的主体。它既包括国家立法机关（权力机关），也包括其他国家机关；既可以是中央国家机关，也可以是地方各级国家机关。因此，不能把政策合法化过程局限于立法过程甚至议会的立法过程。这一点，政策合法化与政策法律化有所区别。政策法律化是政策向法律的转化，也叫政策立法，实际上是一种立法活动，其主体只能是享有立法权的国家机关。政策法律化可以说是政策合法化的一种重要而又特殊的形式。政策合法化具有更大的外延，它仅要求政策方案获得合法地位，具有执行效力，并不要求把所有政策都转化为法律。“合法”不等于“立法”。“合法”的内涵是合乎法律规定，甚或包括符合法律原则和法律精神。“立法”的内涵是制定法律，甚或包括认可、补充、修改和废止法律。理解政策合法化主体的广泛性，不仅有助于我们从理论上区分政策合法化与政策法律化这两个不同的概念，而且要求我们在实践中提高执行合法政策的自觉性。特别是在法律体系不很完善的社会，很多社会关系还要依靠政策调整与规范。我们既不能“重政策轻法律”，也不能片面强调和依赖法律而忽视政策的功能。

所谓微观上的特定性是指每一项政策方案的合法化主体是特定的。尽管总体上政策合法化的主体是广泛的，但这并不意味着任何一项政策方案的合法化活动都可以由任意一个国家机关来进行。如邓小平同志针对解决港、澳、台问题而提出的“一个国家、两种制度”的政策构想，其政策合法化的主体只能是有权制定和修改宪法的最高国家权力机关即全国人民代表大会，因为国家制度问题必须由宪法加以规定。应该注意的是，不能把政策合法化主体的特定性理解为每一项政策的合法化主体都是单一的。有些政策，批准机关和发布机关不同，其合法化主体也就分属两个机关，如国务院组成部门或者省级人民政府制定的某些规章，报国务院批准后，又由制定机关发布施行。其批准机关是国务院，发布机关是国务院组成部门或省级人民政府，显然，二者都是政策合法化的主体。这种情况并不少见，如全国人大及其常委会审议通过的法律，公布权在国家主席，法律由国家主席公布后才能发生法律致力。政策的公布也是政策合法化过程的一个重要步骤。政策合法化的主体不仅指批准或通过政策方案的国家机关，也包括公布政策的国家机关。就是批准机关，有时也不止一家。如我们常常见到的联合发文，就是因为政策内容涉及几个部门的职权，政策必须经过这些部门共同批准才能行文。跨行政区域的政策，也会出现这种情况。政策合法化主体如何确定，关键是看法律对国家机关的权限如何规定。

2. 政策合法化主体的权限

法律针对不同的国家机关规定了不同的职权，政策合法化的主体必须在各自的法定权限内使相应的政策方案合法化。超越法定权限，就不能制定和颁布政策，否则，所颁布的政策应视为违法和无效，主体也应承担违法后果。这也正是政策合法化的意义之所在。那么，主体在政策合法化过程中应注意哪些权限问题呢？

（1）主体要有合法依据。如依照宪法规定，国务院只有“各部、各委员会”有权发布规章，而国务院直属机构则不具有这项权力。在实践中，国务院直属机构一直不断地发布规章，其中就存在于法无据问题。这种情况“随着社会主义市场经济体制的建立不仅不会减少，而且会增多。……与其让它于法无据地长期立法，不如宪法或国务院组织法作出补充规定，予以确认。”① 从立法途径加以解决是根本的措施，但立法受众多因素的影响，可能需要很长的时间，在立法问题未解决之前，国务院直属机构制定的规章，由国务院批准、发布，也不失为一种可行的过渡措施。我们这里强调由国务院批准，也由国务院发布，这与有的学者把“直属机构起草，经国务院批准，由起草的直属机构发布”的情况也列为“是有依据的立法”②是不同的。我们认为，既然依照法律规定，国务院直属机构不享有规章发布权，那么，规章即使经国务院批准，也不能由直属机构发布，否则，主体仍然于法无据。

（2）注意政策所及事项、地域、措施和手段等的职权限制。如公安部门制定颁布道路交通管理方面的政策，就要注意不能越权规定属于交通部门管辖的事项；国家政策不能干涉别国主权问题；地方政策既要注意行政地域管辖权，更要注意地方与中央的职权划分；行政机关制定政策不能设定限制公民人身自由的强制措施和处罚手段。在改革开放和建立社会主义市场经济体制条件下，尤其要注意避免借制定政策之机推行“部门利益至上”和“地方保护主义”。

（3）注意滞后法律的效力问题。法律的稳定性往往导致不适应客观形势发展的滞后性。滞后的法律，未经废止仍然有效。政策合法化主体如果认为法律滞后，应该提请或建议有相应立法权的机关修改或废止法律，而不能随意以政策取代法律。否则，势必造成政策与法律相冲突。

总之，作为政策合法化的主体，始终应当明确自身的权限，恪守法定的职权范围。作为监督部门，更应依法履行监督职责，维护法律的权威。

三、政策合法化的程序

政策合法化的程序是指政策方案获得合法地位的步骤、次序和方式。从理论上说，政策规划阶段结束后才进入合法化过程。实际上，合法化过程往往又包含有政策规划的行为性质。不同的政策方案，不同的合法化主体，往往导致不同的合法化程序。在描述行政机关和立法机关的政策合法

①② 王连昌：《行政法学》，150页，北京，中国政法大学出版社，1994。

化过程之前，我们先讨论政策合法化程序的相对性问题。

1. 政策合法化程序的相对性

程序表现为次序和步骤，也就有它的起点。政策合法化的程序，应该说是从政策规划的终点——方案选优或者说是政策方案的最终决定后开始的。彼特琴（Hanna Pitkin）曾说："事实上，无人有最后决定之权，因为根本就没有'最后决定之权'这回事。"① 明确这一点，对于我们理解政策合法化的过程是必要的。政策合法化过程并不简单地表现为通过与颁布政策。通过政策，就意味着先要讨论、审查政策方案，而这又往往导致对政策方案的某些内容进行修改以取得较多的赞同意见或决策者的满意。这么一来，政策规划阶段所说的对政策方案的"最终决定"也就大打折扣了。似乎一切又从政策规划阶段开始。

我们以实例来进一步说明这个问题。原国家计划委员会作为国务院统一领导下的综合管理国民经济计划工作、对国民经济进行宏观调控的经济职能部门，具体负责编制国民经济和社会发展计划。当国家计委经过一系列复杂程序"最终确定"国民经济和社会发展的计划方案后，对它来说，政策规划阶段也就结束了，这一方案开始进入合法化过程——报请国务院常务会议审定。国务院审定通过后，根据法律规定，还要报请全国人大审查和批准。因此，相对于国务院来讲，此前的工作都属于政策规划阶段，合法化过程从报请全国人大审查开始。然而，进入人大后，似乎一切又从政策规划阶段开始。首先要国务院提出议案，然后人大经一系列法定程序将其列入议程，才能交付代表审议。经审议修改取得比较一致的意见后，政策方案才"最后确定"，才能交付表决。因此，审议阶段似乎又属于政策规划阶段，似乎只有表决、通过、批准、发布才真正属于政策合法化过程。可见，政策合法化与政策规划有时的确难以截然分开，政策合法化的程序是相对的。正如林德布洛姆所说，政策过程的各个阶段（stages）常是重叠的（overlapping）。②

2. 行政机关的政策合法化过程

政策合法化过程是与政策决策的领导体制紧密相连的。领导体制的不

① 参见朱志宏：《公共政策》，219 页、248 页。

② 转引自同上书，217 页。

同往往导致政策合法化过程的不同。领导体制从不同的角度可以作不同的划分，如首长制与委员会制、职能制与层级制、集权制与分权制、一体制与分离制等。首长制与委员会制是一种常见的划分。首长制也叫首长负责制或一长制，其法定最高决策权由行政首长一人执掌，其他成员只有建议权，没有决定权。美国总统制就是一种最典型的首长制。有一次，林肯召集七位部长讨论问题，七位部长均反对林肯的意见，而林肯最后宣布说："七人反对，一人赞成，赞成者胜利。"委员会制的最高决策权由委员会各成员共同执掌，各成员权力平等，采取少数服从多数的原则决定政策。我国行政机关的领导体制，建国后很长一段时间基本上是实行委员会制。1982 年宪法则明确规定，从中央到地方的各级行政机关实行首长负责制。我国的行政首长负责制是建立在民主集中制基础上的。在政策决策的过程中，这一点体现得尤为明显。如果单纯从首长负责制的角度看，行政机关的政策合法化过程，凡政策的制定和发布属于本机关的权限即依照规定不必上报审批的，就可以简单地表现为行政首长对政策方案的决定、签署和政策的公布。然而，在行政首长对政策方案的决定、签署之前，有些做法或制度，如政府法制工作机构对政策方案的审查，特别是重大问题必须经常务会议或全体会议讨论决定的法定制度，是与行政机关的政策合法化过程密切相关的。根据政策合法化程序的相对性原理，我们可以把这些做法或制度也看作是我国行政机关的政策合法化过程。

（1）法制工作机构的审查。目前，我国县以上各级人民政府和相当一部分政府部门都设置了专门的法制工作机构，审查政策方案是它们的一项主要职责。有关部门拟定政策方案后，一般先由法制工作机构审查，审查通过后再报领导审批或领导会议讨论决定。有些单位还建立了"规范性文件非经法制工作机构的法律审核把关，领导不予签发"的制度。法制工作机构对政策方案进行审查，对于保证政府政策的合法性有着重要作用，应予制度化。应该说明的是，这种审查是协助领导审查，具有参谋、咨询性质，审查的意见仅供领导决策参考。

（2）领导决策会议的讨论决定。根据法律规定，县级以上各级人民政府工作中的"重大问题"，须经政府常务会议或全体会议讨论决定，行政首长召集和主持这两种会议，对会议所讨论的结果和应做出的决定，行政首长拥有最后的决定权。即这两种会议都不采取委员会制的一人一票的少数服从多数的办法，而是大家畅所欲言，集思广益，充分发挥集体智慧的作用，对于应该做出决定的问题，则由行政首长拍板定案。法律规定“重大问题”须经常务会议或全体会议讨论决定，但对“重大问题”的内涵或标准并未界定。如根据《中华人民共和国国务院组织法》第四条的规定，国务院的重大问题要经国务院常务会议或者国务院全体会议讨论决定。而国务院批准、国务院办公厅发布的《行政法规制定程序条例》第十四条却规定：“起草行政法规，起草部门应当对涉及有关管理体制、方针政策等需要国务院决策的重大问题提出解决方案，报国务院决定。”这就把国务院制定行政法规可以看作是“重大问题”也可以不看作是“重大问题”。为此，法学界有些学者尖锐地指出：“在国务院，行政立法显系重大问题，应由国务院上述两个会议之一讨论决定，而不能个人说了算”，《行政法规制定程序条例》第十四条的规定“与《国务院组织法》第四条的规定明显不符”①。我们认为，政府制定重大政策尤其是国务院制定行政法规显然属于“重大问题”，经由国务院常务会议或者全体会议讨论决定，应成为政府重大政策方案特别是国务院行政法规草案的合法化过程的必经环节。领导决策会议除国务院常务会议和全体会议外，还有行政首长办公会议。首长办公会议是一种处理日常决策事务的会议形式，可以由行政首长根据工作需要随时召集，有些政策特别是政府职能部门制定的许多政策就是由首长办公会议讨论决定的。

（3）行政首长签署发布政策。行政首长负责制的最主要内容是行政首长在各级政府机关中处于核心地位，拥有最高决策权和领导权。本级政府制定的政策，由行政首长签署发布。根据规定需要上报审批的政策，则应上报审批后发布。如果是报上一级行政机关审批，其程序如上所述，即由上级行政机关的法制工作机构审查、领导决策会议讨论决定后，由行政首长签署或直接由行政首长决定、签署，发布权有的在上级机关，有的则退由原政策制定机关发布。如果是报国家权力机关审查通过的，则进入权力机关的政策合法化程序。需要说明的是，我国的行政首长负责制还包含着“分管领导制度”。在各级政府领导机构中，除了设置一名行政首长，

① 刘瀚等：《依法行政论》，168～169页，北京，社会科学文献出版社，1993。

还同时设置若干名副职。这些副职领导人除了作为各级政府的组成人员，参加本级政府的全体会议和常务会议，协助行政首长进行决策外，还直接分管某一领域的日常管理和决策事务，有些政策实际上就是由副职领导人签署。实行副职领导分口把关的“分管领导制度”，能大大补充和加强行政首长的领导能力，这是中国行政管理实践中的成功经验。但在实际管理过程中，如何既保证分管领导制度的有效运作，又确保行政首长对全局性行政事务的统一领导，防止形成多头领导，甚至形成副职超越和代替行政首长的决策权威；如何加强沟通与协调，防止各自孤立地决定和签署政策，以至形成政策之间相互矛盾，都是值得注意的问题。

政策的发布形式是当前我国行政机关政策合法化过程中一个亟待解决的问题。除行政法规和规章的公布形式比较规范，能较为及时地予以发布外，其他政策的发布往往采取行政机关内部层层转发文件的形式，并未公之于众。这种形式既不利于提高行政效率，也不利于政策的贯彻执行。中央的一些政策转发到基层有时需要几个月时间，政策所要解决的问题有的早已时过境迁。有的政策，印发份数非常有限，基层单位往往只有一份，以致具体经办人员也“不知道有这个文件”，这又如何能要求公众遵守？我们认为，除确系内部政策外，凡要求公众遵守的公共政策，必须改善发布形式，及时公之于众。

3. 立法机关或权力机关的政策合法化过程

立法机关，从字面看似乎单指专门从事立法的机关，其实不然。专门从事立法的机关很少。现今大多数国家的立法机关既行使立法职能又行使其他职能，如批准或通过政府提出的计划、预算、决算、质询、罢免和弹劾有关人员，对政府提出不信任案等。议会、国会、人民代表大会等，因其主要职权是立法，所以人们往往把它们看作立法机关的同义语。在我国，人民代表大会是国家权力机关，人大常委会是它的常设机构。国家权力机关包括最高国家权力机关即全国人大和地方各级国家权力机关即地方各级人大。地方人大只有一部分享有地方立法权，如省级、省会市、国务院批准的较大市的人大等，但地方各级人大都享有本行政区域内的重大事项决定权，如批准本级政府的重要报告或计划等。1996 年北京市人大常委会还通过了《关于市人民政府向市人民代表大会常务委员会报告重大事项的若干规定》，要求北京市政府做出重大决策要向其报告。报告重大事项的范围包括：北京市城市总体规划的局部调整及总体布局的重大变更；国民经济和社会发展年度计划的部分变更、预算的调整；有关经济建设和社会发展的重大改革方案；国民经济和社会发展年度计划外的重大建设项目，社会主义精神文明建设的规划和重大部署；对外缔结友好城市；人民群众普遍关心的其他重大问题等一系列涉及本市改革开放，社会主义物质文明和精神文明建设若干方面的内容。因此，研究立法机关或权力机关的政策合法化过程，不能局限于立法过程甚至中央立法机关或最高国家权力机关的立法过程。立法机关或权力机关的政策合法化程序，当然不可能完全一致，但基本上包括：提出议案、审议议案、表决和通过议案、公布政策。由于这些程序已有专门的立法学进行研究，我们这里不作详细描述，仅简单说明一些需要注意的问题。

（1）提出议案。议案是各种议事提案的总称，包括立法议案、预算案、质询案、罢免案等等。不能把议案都叫做立法议案。从立法机关或权力机关的议事规则讲，提出议案的同时不一定要提出法律或政策等的具体草案。但政策合法化是将已经过政策规划而获得的政策方案提交审议批准，因此，提出议案的同时也就提出了相应的政策方案。

（2）审议议案。即由有审议权机关对议案运用审议权，决定其是否列入议事日程，是否需要修改以及对其加以修改的专门活动。对列入议事日程的政策方案的审议，主要围绕下列内容：是否符合政治、经济、文化和社会发展等的需要；是否具有必要性和可行性；是否符合法律和公共利益；征询和协调有关方面的意见和利益；名称、体系、逻辑结构、语言表述等具体问题。

（3）表决和通过议案。经过表决，政策方案如果获得法定数目以上人员的赞成、肯定、同意，即为通过。议案一般采取过半数通过原则，有关宪法的议案一般要三分之二以上的多数通过。有些国家在某些情况下，对议案还要进行全民公决，我国没有这种制度。

（4）公布政策。政策方案经表决获通过后，有的又经过其他机关或其他形式的批准、认可后，即成为正式的政策。但此时的政策还不能执行，还得经过公布程序。公布权不一定都属于立法机关或权力机关，如在多数国家，法律由国家元首公布。在我国，国家主席根据全国人大及其常委会的决定签署主席令公布法律。有些地方国家权力机关如省会市、国务院批准的较大市的国家权力机关制定的地方性法规，要经上级国家权力机关批准后方可公布。

四、政策法律化

政策法律化，顾名思义，就是政策向法律的转化。具体说，是指享有立法权的国家机关依照立法权限和程序，将成熟、稳定而有立法必要的政策转化为法律。它实际上是一种立法活动，所以又称政策立法。

政策法律化的过程就是立法的过程，其程序也就是立法的程序。这里的“法律”或“法”应作广义的理解，包括宪法、(最高国家权力机关制定的）法律、行政法规、地方性法规和规章等。政策法律化的主体也就是有权制定这些法律的国家机关。政策法律化并不是把所有的政策都转化为法律，一般只是将成熟、稳定而有立法必要的政策转化为法律。政策法律化是政策合法化的一种重要而又特殊的形式。

1. 政策法律化的主体

政策法律化的主体就是依法有权把政策转化为法律的国家机关，即享有立法权的国家机关。

在三权分立国家，传统上国家立法权只能由议会行使，政府没有立法的权力。20世纪以来，特别是第二次世界大战之中及其后，形势发生了巨大的变化，随着政府职能的扩张，政府也获得一定的立法权。这是对三权分立政体的一个重大突破。现代国家的政府还有扩增立法权的趋势。

我国过去实行的基本上是一种高度中央集权的立法体制。1982 年宪法颁布后，立法体制也取得突破性发展，行政机关被赋予明确的立法权，地方立法权也不断得到发展。从现行立法体制看，享有立法权的国家机关包括：全国人大及其常务委员会、国务院、特定的地方人大及其常务委员会。其中“特定”主要包括：省、自治区、直辖市、省会市和自治区首府所在地的市、国务院批准的较大市、自治州和自治县等。此外，特别行政区的立法体制还有特别规定。

2. 政策法律化的条件

政策法律化并不是所有政策都转化为法律。只有具备一定条件的政策才转化为法律。

（1）有立法必要的政策。政策与法律的调整范围不完全相同。一般而言，政策对社会生活的调整，其范围要大于法律。有些政策，如执政党调整党内各种关系的政策，对社会不具有普遍适用性，没有必要转化为法律。有些领域，如民族、宗教领域中的许多问题，宜用政策加以引导，不应由法律硬性约束。因此，只有调整属于法律调整范围的社会关系的政策，才有必要转化为法律。

（2）成熟、稳定的政策。政策与法律都要有稳定性，朝令夕改会使人们无所适从，影响政策和法律的权威性，甚至导致政治或经济上的损失。但就政策与法律相比较而言，法律比政策稳定，政策具有更大的灵活性。政策较能适应客观情况的发展变化，易于在实践中不断修改、完善，走向成熟。法律比较定型化、规范化，其制定、修改、补充或废止都要经过法定的、严格的程序，并受到法定的时间限制。人们对法律稳定性的期望值也比较高。法律的稳定性和政策的灵活性决定了只有经实践检验是成熟的、具有长期稳定性的政策才能转化为法律。当然这也是就一般情况而言。特别是在改革开放和建立社会主义市场经济体制过程中，很多社会关系要靠法律及时调整，不能机械地等待政策在实践中反复检验、完全成熟后才上升为法律。

3. 政策法律化是政策合法化的一种重要而又特殊的形式

政策转化为法律，当然就获得了合法地位，具有执行权力，且有国家强制力保证实施，从这一点上讲，政策法律化是政策合法化的一种重要形式。但是，从政策过程来讲，政策合法化属于政策制定的范畴，是经政策规划而得到的政策方案获得合法地位的过程，政策方案未经合法化过程就不具有执行效力。而政策法律化则不同，它一般是将已经过实践检验证明是成熟、稳定的政策转化为法律，即该政策已经处于执行阶段，而不是制定阶段。从这一点上讲，政策法律化与政策合法化又是不同的，只能说是政策合法化的一种特殊形式。当然，政策法律化也不是把政策原原本本地转化为法律，而是一个重新制定政策或者说是立法的过程。从政策包含法律的角度讲，法律也是一种政策，立法阶段也就是政策制定阶段，法律草案也是政策方案的一种，这种政策方案的合法化过程，同时也就是法律化的过程。在这里，政策合法化过程与政策法律化过程是同一的。

第四节　中国政策制定过程的特点与经验

中国政策制定过程具有不同于西方政策制定过程的特点，中国共产党及人民政府在长期的政策实践中，制定了许多正确可行的政策，并逐步形成了一些具有中国特色的政策制定的基本经验。

一、中国政策制定过程的特点

从20世纪70年代开始，在美国政策科学界形成了两种政策制定过程分析模式：理性模式和渐进模式。理性分析模式又分为理性分析和有限理性分析，后者修正了前者的不足之处，代表人物是美国行政学家赫伯特·西蒙。渐进分析模式代表人物有美国政治学家林德布洛姆。同时，渐进模式又可分为多元决策模式和精英决策模式。更具体地讲，理性决策分析家认为，政治决策应该建立在充分理性的基础上，其必要性是由政治决定的极其复杂性与关系重大性决定的。有限理性模式则认为决策者在决策过程中受到各种条件的限制，其理性有限，关于决策目标及实现目标的手段的选择也不可能完全基于充分理性之上，决策实现是在各种方案中选择比较满意的，而不是最优的。渐进决策模式则是以“政治互动”的动态的途径来分析和解释政策制定过程。渐进分析中的多元主义认为，决策不是分析的结果而是互动的结果，政治决策过程是各党派、利益集团及垄断资本集团相互斗争、相互妥协让步的过程，分析受权力的制约，因而在决策过程中，科学分析只起微弱作用。精英决策则更加认为政治决策实际上是权力精英为自己和小集团的利益和统治集团的利益考虑而做出的决定。

以上决策模式对于我们理解分析中国政治现实提供了帮助，但是这仍是不够的。就理性分析模式而言，它的前提是决策者是理性的，对决策信息有充分把握，而且对决策所带来的后果及影响有充分认识，对收益与代价有科学评估。中国以往的政策过程就很难说是理性的结果，相反，更多的情形是一种“有组织的无政府”状态。这一过程在张小劲关于中国国家治理制度方式变迁的考察中得到证实。就渐进模式而言，多元决策和精英决策都是由外部力量对政府施加压力和要求，其前提是一个利益高度分化的社会，而在中国，社会结构分化程度较低，社会利益的表达与综合并非由各种社会结构来承担，而是由政治系统内部权力精英通过分析、研究和调查而将他们所认定的社会利益输入到公共政策中去的。因此，中国政策制定过程呈现出一种“内输入”的特点。

“内输入”概念最初来自伊斯顿的《政治生活的系统分析》一书。伊斯顿声明用“内输入”这样一个不甚成熟的术语来描述严格意义上的由政治角色的经验和活动而不是由社会非政治领域中人们的经验所形成的要求。我国学者胡伟在《政府过程》一书中采用伊斯顿的政治系统分析方法，研究中国政治过程的制度结构与非制度性结构，突出了权力精英在中国政治决策中的作用，（主要表现为权力精英对社会利益的综合与表达），进而借用“内输入”的概念，认为“内输入”是指在社会没有利益多元化的条件下，由政府精英代替人民进行利益的综合与表达，其特征表现为权力精英之间的政治折中，而不是多元决策下的社会互动。①

在西方，由于其社会利益结构分化明显，压力集团往往作为特定利益群体的代表出现，其社会性利益表达现象也比较普遍，因而西方的政策输入过程更多地表现为各种政治力量的社会互动过程。而由于中国的社会利益结构分化并不那么明显，长期以来没有形成较为明显的多元利益结构，也没有分化出相应的利益集团以及其他社会性的政策输入结构。所以，基于党的群众路线的决策规范，以及党的领导和政府官员们“从群众中来，到群众中去”的领导和决策方法，当代中国的社会性利益表达和利益综合并不主要由社会性结构来承担，而主要是由党组织和政府内部的各级官员们来体察和认定的。

中国的社会性利益群体主要不是作为利益集团向政策制定者施加压力，而是更多地发挥了在党组织和政府与人民之间沟通信息、反映情况的“桥梁”和“纽带”作用，更多地呈现出“高度组织化”的政府整合特

---

① 这种由国家聚合社会利益、倾向和意愿的方式与社会学家费孝通所说的“单轨政治”有异曲同工之处。所谓“单轨政治”是指国家与社会关系中，只有自上而下的行政要求而没有自下而上的政治吸纳的一种形式。

征，这可以看作是党组织和政府机关的“附属物”，它们在政策输入过程中所承担的基础性利益表达和初步利益综合功能也可以看作是党组织和政府“内部输入”功能的一种合理的非政府延伸。与此相适应，它们在政策输入过程中所承担的功能并不具有多少社会互动的色彩，而是与党组织和政府“内部输入”功能交织在一起。“它们既代表一部分群众向中国共产党和各级政府表达意见，又常常反过来协助党和政府做自己所代表的那部分群众的工作，而不是简简单单地施加‘压力’”①，从而使当代中国的政策输入过程表现出高度的政府整合性和组织化一体性。正是基于这一点，有些学者认为，当代中国的政策输入过程呈现出明显的“内部输入”特征，这一特征使中国政策问题的提出更多地使用内在提出模型和动员模型，而较少使用外在提出模型；也使中国公共政策制定过程中的决策更多地呈现出“单方案决策”的特征，而不是多方案的择优。② 正因为如此，政策输入成功与否在当代中国公共政策制定过程中扮演着举足轻重的角色。

中国特殊的政治环境决定了政策过程是由政府自身进行利益聚合的表达，政治动力构成了政策形成的客观环境。③ 改革开放前，我国主要实行计划经济体制，政策制定由国家统一规划，社会利益没有分化，政策大多是“自上而下”，由政府主导的，政策环境与“内输入”的政策过程基本相一致。随着改革开放步伐的加快，社会利益多元化，经济改革的步伐快于政治改革，“自下而上”的政策要求增多，政策制定的社会客观环境发生了变化，客观上要求“内输入”的主体多元化，满足改变了的社会环境的需要与人们的社会期望的增长。“内输入”中政府同时承担利益聚合与表达将不可避免地造成政府在两种角色之间协调的困境，面对这样一个日益多元化和自下而上要求日益增多的社会，政府是否满足于纯粹的回应作用，以及能否满足不同社会利益的要求，是当前政治决策面临的问题。随着中介机构的增多，利益综合的功能将部分由其取代。因此，在“自下而上”的政治动力日益增长的转型时期，建立一个与之相匹配的有效的“内输入”模式是一个重要的问题。

---

① 朱光磊：《当代中国政府过程》，83 页，天津，天津人民出版社，1997。

② 参见孙光：《现代政策科学》，123 页，杭州，浙江教育出版社，1998。

③ 自下而上的诱致性制度变迁只是说明了制度变迁的制度环境，而内输入则说明的是制度变迁的政治机制，也就是说，自下而上的政治动力只有通过内输入的途径才能对政治经济变迁起实际作用。

二、中国政策制定的原则性要求

中国共产党及各级人民政府根据各个历史时期的不同任务和不同情况，制定了许多正确可行的政策，这些政策对中国革命的胜利和社会主义建设事业的发展，起到了极其重要的指导和推动作用。在长期的政策实践过程中，我国形成了政策制定的一些原则性要求，它们构成了具有中国特色政策制定过程的重要组成部分。具体来说，有下列几条：

1. 坚持实事求是

中国共产党和人民政府在政策制定中的一个原则性要求就是坚持实事求是的思想路线。在政策制定过程中，坚持一切从实际出发，理论联系实际，将马克思主义的普遍真理与中国革命和建设的具体实践相结合，制定出符合中国国情的正确政策。

2. 坚持调查研究

在政策制定的过程中，坚持调查研究的优良作风，是具有中国特色的政策制定的又一原则性要求。在确定政策之前，进行广泛深入的调查研究，全面地了解客观情况，如实地把握客观规律，在调查研究的基础上制定出正确的政策，这是我党我国政府的各级领导机关的普遍做法。坚持调查研究的优良作风是制定正确政策的重要保证。

3. 坚持从人民群众的根本利益出发

坚持从人民的利益出发，是我们制定任何一个政策的根本宗旨，也是我国政策制定过程中的一个基本特点。党在各个历史时期的总政策，都是根据人民的利益来确定的，各级党组织和各级政府的领导机关的每一个具体政策的制定，也必须坚持从人民的利益出发这一根本原则。是否符合广大人民群众的根本利益，这正是我们判断政策正确与否的一个根本标准。

4. 坚持民主集中制

民主集中制是中国共产党和我国各级政府基本的组织原则，它是民主制和集中制的高度统一，是高度民主的基础上的高度集中。中国共产党和人民政府的领导机关，在政策制定过程中坚持民主集中制的组织原则，这是制定出正确政策的组织保证。民主集中制包括民主和集中两个方面，是民主基础上的集中和集中指导下的民主相结合。

三、政策制定的公众参与和群众路线

政策的真正目的是为最大多数人民的利益服务的。但直到现在，普通公众中有多少人参与了公共政策的制定呢？中国过去的决策过程，是由上而下的中央集权式的决策模式，难以全面了解民众或地方需要的是什么，公众参与也很有限，经常是以先定案再沟通的方式，往往造成一项政策制定之后障碍重重，难以执行。印度学者阿马伦杜·吉哈曾说过，"中国的人民公社为什么会失败？首先，政策或决策是由上层做出然后才来推广，根本不考虑群众的看法、打算，不问他们是否愿意在集体化的条件下动员起来。其次，非常迅速地把人们的生活方式和行动方式一概统一起来而不考虑群众互不相同的态度、喜好、习惯和选择。中国农村人民远不如当时的大众宣传工具渲染的那样热情，那样心甘情愿。再次，人民公社规模过大，不便于有效地调动人民参与。""印度的农村基层组织潘查亚特的行政人员由村民直接选举，这应当足以保证他们参与它的运行机制。为什么失败了呢？因为这里同样有一个官僚主义的政府，它控制着农村中的财政和政策制定及其贯彻执行。"①

在公共政策的形成过程中，公众参与是确保政策符合民意及政策合法化的根本途径。无论如何，多数公众被排斥在参与公共政策制定进程之外，他们当然要求一种非中央集权的、同民众沟通、有民众参与的决策程序。国外有许多可资借鉴的公众参与政策制定的方式和程序，学者们归纳成以下几点②：

（1）建立民意调查制度。政府的重大政策出台前都应该进行民意调查，以保证政策符合民意。通过民意调查，还可以宣传政府的政策，获取国民的理解和支持，掌握民众对政府服务的满意程度。加拿大政府 1999 年聘请民意调查私营企业开展了 600 多次民意调查。民意调查为政府的政策制定奠定了良好的民意基础。

---

① 阿马伦杜·吉哈：《制定政策的其他途径》，115～124 页，载《国际社会科学》，1986（108）。

② 参见杜钢建：《公众参与政策制定的方式和程序》，http：//www.hnol.net（央视国际网络），2002－08－27。

（2）信息公开与新闻媒体的介入。信息公开制度包括允许公众旁听会议制度、议会辩论日志出版制度、议会活动全程实况转播制度、议会网站制度等。英国议会除了允许传媒对议会报道外，还实行文件公开制度。平民院的各类文件一律向公众公开，其中包括平民院法案、平民院材料、贵族院材料、奉旨呈文等。

（3）举行公开听证会。在当代法治国家，法律基本上是公开听证会的产物。许多国家的立法程序规则规定，立法必须经过听证程序。这是实现政策制定的民主化与科学化的基本制度。

（4）院外集团与游说制度。在民主化和法治化程度高的国家，院外集团的活动是公开化的。在这些国家，院外游说制度培育出大批职业化的政治游说者队伍。在英国，有大量的政治咨询公司为不同的利益集团服务。许多前议员、前议会助理人士和前政府官员也都是这些游说公司的成员。

（5）公民请愿与公民投票。现代社会的许多政策问题，诸如战争与和平、环境保护、劳工政策、福利发展、教育改革都需要公民通过积极请愿制度和投票制度来表达意见和参与决策。而且在许多重大政策问题上，公民请愿达到一定人数时，就须依法进行公民投票。通过请愿活动和公民投票程序，公民和大众可以越来越广泛地直陈意愿，参与国事和政策制定。

（6）协商谈判制度。在当代政策制定过程中形成多种形式的协商谈判制度。其中党派协商制衡制度和规制谈判协商制度最为重要。在民主化法治化程度高的国家，非执政党在政策制定方面的作用表现在对政府的政策始终保持尖锐批评，并及时提出与政府政策相对立的政策。在韩国、日本、印度、以色列等国家，反对党制度对政策合法化与合理化有着重要的保障作用，成为政治制度的重要组成部分。

在我国，中国共产党也很早就提倡过公众参与。毛泽东就曾说过，群众既制定政策，又执行政策。中国共产党当初正是通过“从群众中来，到群众中去”、“集中起来，坚持下去”这样一个自下而上之后又自上而下的反复沟通、实践、修正的过程，使基层群众的意见、要求、利益得以反映到党的各项决策中来。它是一种强调公众参与的典型，是一种向群众开放的具有反映民意和纠错机制的民主决策方式。然而，群众路线这个党在革命战争年代创造出来的优良传统在执政后却没有得到很好的发扬。究其原因主要是群众路线执行与否主要看的是具体领导者个人的政治素质和领导能力，而始终没有形成一套制度化、法律化的规范。

建国后，中国逐步建立起一套与计划经济相适应的以高度集权和计划管理为特点的治理国家模式。先把政治经济文化等各方面的权力集中在政府手中，政治权力直接介入社会生活各个层面，然后，政府权力又集中到党的各级组织中。在党组织内部，权力集中于党的各级领导班子，在党的各级领导班子中，进一步集中于党委，最后决定权则集中到党的第一书记手中。这种金字塔式的政府全能管理模式主要是自上而下、层层控制的单向政治过程，它有利于集中全国的政治经济资源，迅速贯彻党和政府的政策和意图，具有高度的动员能力。它除了可以集中国力，以较快速度发展经济外，还适合发动大规模的阶级斗争和群众运动。另一方面，这一模式只有“到群众中去”的过程，而没有“从群众中来”的过程。于是群众路线容易流于形式，从而造成民众参与不足。1957 年以后，中国共产党每次反思前进中的挫折都要重申执行群众路线的重要性，但由于管理国家的模式没有多大改变，使得这一传统发挥作用时受到局限。

无论如何，公众参与政策制定有利于加强政策合法化，减少官僚主义和政策腐败现象；也有利于改善经济增长的质量，改善贫困人口的生活水平。党的十六大强调改善决策体制，集中和反映民意民智，提高决策的科学化民主化水平。因此，在任何政策形成之前，应充分尊重人民群众或者当事人的自主权和想法，强调公众参与，切实贯彻党的群众路线，充分反映民意民智后再制定政策。群众路线业已成为中国共产党政治文化的重要基础，它是我国决策科学化民主化的必由之路。

四、“摸着石子过河”的政策制定模式

党的十一届三中全会以后，中国共产党摒弃了“以阶级斗争为纲”的错误路线，把党和国家的工作重心转移到经济建设上来，并在确定工作重心转移的同时，做出了改革开放的伟大决策，从而使我国的社会主义现代化建设进入了一个崭新的历史时期。改革开放是一次伟大的革命，是一场广泛而深刻的社会大变革，是一项前所未有的大事业。党的十三大则提出建立社会主义市场经济体制，开始了经济体制的转轨历程。在新的历史发展时期，我国的政策制定仍然坚持了实事求是，从实际出发，循序渐

进，逐步形成了“摸着石子过河”的政策制定模式。

“摸着石子过河”的政策制定模式，是以邓小平同志为代表的中国共产党人的一个创造。对于改革开放，邓小平同志曾经指出：胆子要大，但步子要稳，走一步看一步，看到不妥当的地方就赶快改。后来人们把邓小平同志的这一思想形象地概括为“摸着石子过河”，这是一种适合我国改革开放的实际情况的决策模式。我国新时期的政策制定也是遵循着循序渐进的原则，形成了“摸着石子过河”的政策制定模式，这是改革开放时期我国政策制定中的一条重要经验。“摸着石子过河”的政策制定模式主要具有以下三个方面的特点：

1. 注意摸索，大胆创新

“摸着石子过河”的“摸”，首先就是摸索的意思。改革开放是前所未有的伟大事业，它没有现成的模式可循，没有现成的经验可搬，也没有现成的本本可抄，只有把马克思主义的基本原理与中国社会主义建设的实际相结合，进行前无古人的艰苦探索，在摸索中前进。既然没有现成的模式、经验和本本，就要依靠大胆创新来摸索前进，这就是邓小平同志所说的，首先是胆子要大，要冲破传统的旧观念旧框框的束缚，敢于提出新措施，制定出一系列具有改革性质的新政策。在改革开放的新的历史时期，我们面临着许多新情况新问题，需要及时加以解决，这就需要有与改革开放相配套的新政策。我国经济体制改革的基本目标是确立社会主义市场经济体制，而原来那些与计划经济体制相适应的老政策已经过时了，这就需要在摸索中，大胆创新，制定出与新情况相适应的新政策。

2. 由浅入深，循序渐进

改革开放面临的问题纷繁复杂，需要解决的问题千头万绪，存在着许多困难的因素，具有一定的风险性，不能企求一步登天，在短时间内就建立起一种新的经济体制和运行机制。“摸着石子过河”模式最突出的特点就是强调循序渐进。这就是邓小平同志所指出的，不但胆子要大，而且步子要稳，要走一步看一步。改革开放中的政策制定，一般是从情况比较清楚、条件比较好、阻力及风险比较小的事情做起，让那些现实可行的改革方案优先出台，然后循序渐进，逐步解决更为复杂和困难的问题。看准一步，前进一步，一步一个脚印，实实在在地前进，不断地实践，又不断地总结经验，修正错误，稳步前进，避免改革出现大的曲折和反复。我国改革开放时期的政策制定，基本上是遵循由浅入深循序渐进的原则的。改革是从农村开始的，在农村推行家庭联产承包责任制的政策，在农村改革的基础上，又进行了城市的经济体制改革；十二届三中全会做出经济体制改革的决定，接着又决定对科技体制和教育体制进行改革，并进一步提出政治体制改革的目标和任务。1992 年邓小平同志南方谈话后，党中央和国务院做出了加快改革开放和经济发展的一系列重大决定，把改革开放和现代化建设事业推向了一个新的阶段。党的十四大又确定了建立社会主义市场经济体制的目标，加快了全国范围内的经济体制改革的步伐。综观改革开放过程中的政策制定，遵循的是"摸着石子过河"的模式，循序渐进，逐步推进，从而有效地处理好了改革、发展和稳定的关系，保证了改革开放的伟大事业顺利推进。

3. 从点到面，协调发展

"摸着石子过河"的模式，从纵向的角度看，强调由浅入深循序渐进；从横向的角度看，则是强调从点到面协调发展。抓典型搞试点是我党制定政策的一条重要经验，改革开放中的"摸着石子过河"的政策制定模式，也充分运用了这条重要经验。一项重要的改革政策的出台，往往是要进行试点，先从点上取得经验，再由点推广到面，从而做到比较稳定的协调发展。

我国是一个大国，各地情况千差万别，发展极不平衡，东部和西部、南方和北方、沿海和内地，各地的差别很大，政策上的"一刀切"是行不通的，各地在改革开放中，战略策略的选择、实践的步骤和方法不可能是整齐划一的。至今我国改革开放的政策方案的出台，往往是选择一些地区或部门进行试点，摸索经验，然后才普遍实施，求得全面的发展。搞好一个试点，就如同摸着一块石头，全面推广就如同过河，摸着石头站稳脚跟后再过河，这样就能比较稳定地前进，避免大的风险和曲折，使改革开放得以顺利地发展。比如，在对外开放政策的制定上，我国先是决定兴办深圳、珠海、汕头和厦门经济特区，然后又做出了开放沿海十四个城市的决定，并将长江三角洲、珠江三角洲、闽东南地区、环渤海地区辟为经济区，此后又批准了海南经济特区，做出了开发开放浦东的决策，现在又把改革开放推向中西部地区。这样，对外开放就逐步地从经济特区推向沿海部分城市和地区，进而推向中西部，从点到面，逐步展开，协调发展，实践证明，这种由点到面、协调发展的政策是切实可行的。

另外，中国的政策制定过程一直是外国学者关注的课题，而在对待中国政策制定的不同理论假设中，形成了不同的研究范式：（1）分裂的官僚体系理论。这种理论认为，中国的官僚体系分裂为不同派别，20 世纪 70 年代末的改革加速了这种分散、分裂的趋向，各个派别根据一定规则动员资源进行斗争。（2）委托—代理理论。如果在上一个理论中，政策是制定者利益妥协的产物，那么在委托—代理理论中，政策是作为实现委托者——人民的利益而出现的。根据这个理论，西方学者认为，中国共产党——最广大人民根本利益的代表——是人民的代理人，而中国政府则是中国共产党的代理人，由于统治者和官僚都是理性人，统治者有使用暴力的合法垄断权，这就使统治者在政策制定过程中有很大的自主性来追求自己的偏好，而官僚的利益与统治者利益也并非完全一致，结果常常是设计成统治者偏好最大化的政策被扭曲成使官僚机构本身受惠的政策。（3）制度化决策理论。前两种理论主要是从政策制定的主体来考虑的，而制度化决策理论则主要是从政策制定过程的内部环境来考虑的。该理论认为，中国的政策制定是制度化的，是在一定的体制框架内，根据一定的规则做出的，而不是个人或派别的行为。中国政策制定的过程是理性化的。

案例

重庆路桥年票制：听证会成“走过场”?①

7 月 1 日是重庆实行路桥收费年票制的第一天。凌晨零时，重庆主城区 7 座跨江大桥的收费站同时停止了收费。

与交管部门估计相反的是，接下来的一周，重庆城一天比一天堵。原来因回避高昂过桥费而蜗居的车都开出来了，原来不愿打的过桥的人因为不再为出租车交 5 元的过桥费而纷纷打的过桥，被过桥费压抑很久的重庆市民迸发出的出行激情，充分显示了路桥收费改革的巨大影响。就在那一周，重庆江北的房价每平方米平均上涨了 80 元。

① 资料来源：《南方周末》，2002-07-18。

但是，这样的快感并没有掩盖重庆大多数车主的不满和即将购车者的失望，因为重庆市确定的主城八区路桥年票价格“太高”——以轿车为例，一年2 000元，不买不能年审，而且后来他们才知道，这一价格是在被大家寄予厚望的年票价格听证会前7天就拍了板的。

今年6月中旬，重庆媒体刊发了重庆市市政管理委员会提交给重庆市物价局关于机动车路桥年票制的两套方案。随后重庆几家媒体的热线遭到“轰炸”，所有致电者的意见几乎一致：这是难以让人接受的价格，而且是强制消费。一些人指出，比重庆消费水平高得多的广州，路桥年票制轿车收费不过980元，“重庆的年票太贵了”。

重庆市市政管委会的说法是，以轿车为例，2 200元或2 000元的价格与在重庆一座桥买一年月票的总价格2 160元相当。年票“管”主城区七桥一隧道和13条收费公路（实际上都较偏远），买年票很合算。

一些市民不理解：如此“合算”的事，为何要用“不买年票不予年审”来“邀请”？他们将希望寄托在了6月24日的年票制价格听证会上。

重庆市物价局称，本次价格听证会的听证代表共有39名，他们是从主城八区社会各界中选出来的，有广泛的代表性。

6月24日，年票价格听证会如期在重庆市物价局举行。代表发言时，焦点还是集中在年票价格高低和是否“一刀切”，即主城八区车辆必须全都买年票这两个问题上。

重庆市消费者委员会副秘书长罗霞拿出了市消委会针对路桥车票制的调查结果：70%以上的人认为方案中年票价格过高，市民认可的年票价格以轿车为例应该在1 000元~1 300元。

在4个小时的听证会上，共21位代表发言，仅有路桥公司在内的3位代表赞成年票制的两套方案；其余的代表在表达了对改革的支持后均提出各种反对意见，其中一位代表的话意味深长：“24日开听证会，7月1日就要施行，我们知道政府部门不太可能因为听证会来改变既定政策，我们只希望‘走过场’走得好一些，让物价部门将市民心声带给政府就是了。”

听证会结束后，市物价局表示，立刻将听证会内容和该局的观点上报市政府。

听证会次日即6月25日晚8时，一份重要的官方文稿传到各新闻单位：重庆市路桥收费标准已获通过。文稿后附有年票具体标准和征收管理办法，其中的年票价格，正是此前提交听证的一号方案中的“建议价格”。而令人不解的是，这一征收标准和管理办法，早在6月17日就已获审议通过。

这意味着，该办法早于听证会前7天就已敲定。

这时候，有人还想起重庆市物价局局长王胜利在听证会上说的一句话：“路桥收费是行政事业性收费，可以不开听证会，但由于事关重大，我们还是决定开听证会。”

重庆市消委的另一位副秘书长参加了去年以来的多个价格听证会，谈到此次年票价格听证会，他一脸无奈地说：“是不是行政事业性收费，要不要听证，已在其次，关键是听证会的价值丧失了，既然政府已经决策了，再开听证会又有何意义？”针对2 000元的轿车年票收费，他说，市消委的一辆车以往一年的路桥费只花了500元，消委的车走动得也算频繁的了。

这位副秘书长说，去年以来他所参加的重庆若干次价格听证会，基本上都是多数代表反对申请人的涨价方案，如水价上调、公交车起步价上涨的听证会等，但最终出台的价格都以申请人大获全胜而告终。惟一的例外是公交车一年之内第3次涨价的听证会，听证代表在没能阻止前两次涨价后，终于在这次“赢”了一回。

谈及重庆这次出台“年票制”的背景，很多人认为，这是因为重庆路桥收费是一道极难破解的世纪难题。

重庆主城区有7座大桥，其中3座由重庆路桥公司这家上市公司管理，实行单向收费。鉴于3座大桥中的嘉陵江大桥建于1966年，由政府出资修建，它该不该继续收费一直争论不休。在央视《焦点访谈》曝光武汉长江大桥在其收费年限到期仍继续收费后，重庆市民强烈要求取消该桥收费。

但是，在实行年票制之前，嘉陵江大桥一直没有取消收费。一个现实的问题是，如果该桥取消收费，对于重庆路桥公司的股东来说是不可接受的。

另外，对重庆主城区范围内13条收费公路取缔收费或加以改革的呼声也很强烈。在多业主状态下，实行分账式的年票制收费方式，渐成各方共识。在政府确定了年票制收费改革方案后，市民最关心的问题只剩下一个：年票价格。但是，面对过多的业主，尤其是上市公司的存在，经过旷日持久的逐个谈判之后，年票价格已很难不高了。

思考题

1. 什么是政策制定？它包含哪些功能活动环节？
2. 什么是政策议程？社会问题是如何进入政府议事日程的？
3. 方案规划必须遵循哪些基本原则？
4. 如何看待政策合法化的地位、作用与程序？
5. 简述中国政策制定过程的特点及基本经验。
6. 上述案例中路桥收费年票制听证会的主要缺陷是什么？它说明了目前中国政策制定中公众参与方面的什么问题？

第七章

政策执行

政策执行是政策过程的中介环节，是将政策目标（理想）转化为政策现实的惟一途径。政策执行的有效与否事关政策的成败。因此，政策执行是整个政策过程的又一个重要阶段。本章将讨论政策执行的一系列基本概念、原理及方法问题。

第一节　政策执行概述

政策执行是政策过程的一个重要阶段，我们必须对它加以认真、全面和深入的分析研究，为此，首先必须弄清它的含义、地位和作用。

一、政策执行的研究

20世纪七八十年代，西方尤其是美国公共政策研究领域出现了一场研究政策执行的热潮，形成了声势颇大的“执行运动”（implementation movement）。执行研究的学者们写下了大量的论著，提出了各种关于执行研究的途径、理论及模式，拓展了政策科学的研究范围，丰富了政策科学的理论内容。

在政策科学或公共政策研究中，人们习惯上将政策过程划分为政策制定（规划）、政策执行和政策评估等阶段。尽管政策执行构成政策过程的中介环节，是将政策理想或目标转化为政策现实的惟一途径，因而具有十分重要的地位，但是，在西方政策科学发展的相当长时期，政策执行并没有引起政策学者们的应有重视，政策科学被认为是研究政策制定的学科，而在政策过程链条上缺少执行这一环节。例如，在德洛尔的政策科学范式中，政策科学被界定为对政策制定的研究，其目标是改善公共政策制定系统，提高政策制定的质量；政策过程相应被分成元政策制定、政策制定和后政策制定（包括政策执行和评估等环节）三个阶段。

政策执行不受重视的主要原因在于，人们往往将政策执行看作政策过程中的一个不重要阶段，认为只要政策一出台，便自然地得到贯彻执行而取得预期目标。米德和霍恩（Van Meter and Van Horn）将政策执行研究被忽视的原因归结为四个方面：（1）一个天真的假定——执行过程是简单且人所共知的，并没有什么值得学者关注的大问题；（2）以计划—项目—预算（PPB）为焦点——强调权威决策者的作用而排除了“低层次”官员对执行过程的负责；（3）任务的困难——从方法论上看，执行过程涉及严重的边界问题，往往难以界定相关的行动者；（4）时间和资源的巨大消耗。①

政策执行研究是一种相对新的现象，它的兴起以1973年普雷斯曼（T. L. Pressman）和韦达夫斯基（A. Wildavsky）对美国联邦政府的创造就

① D. S. Van Meter and C. E. Van Horn, The Policy Implementation Process: A Cenceptual Framework, *Administration and Society*, Vol. 4, February, 1975, pp. 450-451.

业机会的政策项目——“奥克兰计划”执行的跟踪研究而写成的报告《执行》（Implementation）一书的出版作为标志。[①] 尽管在20世纪60年代，有一些组织理论家［如考夫曼（Kaufman），德西克（Derthick），贝利（Bailey）和莫舍（Mosher）］的著作已涉及公共机构如何运作政策的问题，但是真正以政策执行作为主题，并进行全面案例跟踪研究的开创性著作则是《执行》这本书（该书后来成为政策执行领域的经典，是政策科学或政策分析的学者和学生的必读之书）。普雷斯曼和韦达夫斯基的研究表明，“奥克兰计划”并不是按政策制定者所设想的那样被执行的，它并没有取得预定的目标，问题就出在执行的方式上，尤其是“联合行动”的困难上，他们的工作引发了政策执行的热潮，导致了七八十年代所谓的“执行运动”的兴起。

政策执行研究的兴起并不是偶然的，而是有其深刻的理论与实践上的原因。从理论上看，在美国，20世纪60年代末70年代初政策科学取得突飞猛进的发展，政策科学研究视野的拓宽，要求对政策系统和政策过程的各种因素和环节作全面深入的研究。过去人们偏重于政策制定或规划的研究，而忽视了对政策执行、评估和终结的研究，这制约着政策科学的发展，必须加以纠正。从政策实践上看，60年代由约翰逊政府发起的“伟大社会”改革的许多政策项目并没有取得预期的结果，这在客观上向人们提出这样一个问题，即为什么好的或比较理想的政策方案及项目也不能取得预期的结果？这促使人们去评估政策，并寻找政策执行方面的原因。正是在理论与实践的双重作用下，政策执行在70年代初以后成为美国及西方政策科学研究的一个焦点或热门话题。

西方的“执行运动”持续近20年，政策科学家们写下了大量的论著，作了大量的实证案例分析，提出了种种关于政策执行研究的途径、模式或理论。纵观这一时期的执行研究文献，西方学者们所提出的政策执行研究的途径主要有如下几种：

一是“自上而下”（top-bottom或top-down）途径，或称为“以政策为中心的途径”或“政策制定者透视”途径。这种途径假定，政策是由上层规划或制定的，然后，它们被翻译或具体化为各种指示，以便由下层

① T. L. Pressman and A. Wildavsky, Implementation, University of California Press, Berkeley, 1973, 1979.

的行政官员或职员执行。依照这种途径，政策过程被看作是一种指挥链条，其中，政治领导人形成政策偏好，这种偏好随行政层次的降低而不断被具体化，为下层行政官员所执行。这种途径关注的焦点是政策制定者，考察他们做什么以及如何将政策付之于实践而生效。普雷斯曼和韦达夫斯基的《执行》一书所采取的正是这种途径。

二是“自下而上”（bottom-top 或 bottom-up）途径。与“自上而下”途径相反，“自下而上”途径以组织中的个人（即参与政策过程的所有行动者）作为出发点，政策链条中的较低及最低层次被当作政策执行的基础；它强调政策或项目的成功与否依赖于参与执行项目的行动者的承诺与技巧。这一途径以韦瑟利和利普斯基（R. Weatherley and M. Lipsky）的《基层官僚与制度创新》一文为代表。①

三是“政策/行动连续统”（policy/action continum）途径，该途径或多或少有作为“自上而下”和“自下而上”两种途径综合的意味。按巴雷特和富奇（S. Barrett and C. Fudge）的说法，应该将执行“当作一种政策/行动的连续统”，其中，在那些寻求将政策执行付之于实践者与那些采取行动者之间随时发生相互作用和谈判的过程。② 在这个意义上，这一过程既可以看作“自上而下”，也可以看作“自下而上”，政策制定者将作出限制其他行动者权力的决策，而行动者将做出规避决策者权力的决策。因而这一途径也可以说是以权力作为焦点的。

四是工具选择途径（instrument-choice）。这种途径从这样一个观察开始——政策执行在很大程度上包含了将一个或更多的政府的基本工具应用到政策问题上，这些基本工具被称为政策工具（policy instruments 或 policy tools）。不管我们是以“自上而下”设计的方式，还是以“自下而上”的更传统的行政管理方式来研究政策过程，政策决策的实质或形式的过程总是包含着在可利用的政府工具箱中选择一种或几种工具。③ 这种途径处

---

① R. Weatherley and M. Lipsky, Street Level Bureaucrats and Institutional Innovation: Implementing Special Ediccation Reform, *Harvard Educational Review*, Vol. 47, No. 2, May, 1975.

② S. Barrett and C. Fudye (eds.), Policy and Action, Methuen, Lodon, 1981. p. 25.

③ Christopher C. Hood, The Tools of Government, Chatham: Chatham House, 1986; Stephen H. Linder and B. Guy Peters, “The Logic of Pubilic Policy Design: Linking Policy Actors and Plausible Instruments”, *Knowledye in Society* 4 (1991), pp. 125-151.

理为什么政府从许多可供利用的工具中选择特定的工具，以及是否可以在政策执行过程中探明工具选择的模式或风格等问题。

“执行运动”的倡导者和追随者们提出了各种执行理论。较有影响的有如下7种：（1）行动理论——政策执行被视为对某项公共政策所要采取的广泛行动；（2）组织理论——强调组织在政策执行中的地位，认为只有了解组织是怎样工作的，才能理解所要执行的政策以及它在执行中是如何被调整和塑造的；（3）因果理论——将政策看作一种假设，将政策执行看作是引导人们到达目的地的地图，关心政策过程中的因果关系；（4）管理理论——强调政策执行是一个管理过程；（5）交易理论——认为政策执行是一个政治上讨价还价的过程；（6）系统理论——将政策执行理解为政策行动者与环境的相互作用；（7）演化理论——主张在政策执行中重新设计目标和修改方案，政策的制定与执行是一个演化的过程。

西方的“执行运动”大大地拓展了早期政策科学的研究范围，将长期被人们所忽视的政策执行这一环节或阶段纳入政策科学的视野；政策执行的学者们从不同的途径、方面来探讨政策执行过程，并提出了种种理论，尤其是力图系统地了解影响政策有效执行的各项因素及其相互关系，构造相关的政策执行过程模式，这大大地丰富了政策科学的理论内容。执行研究在某种意义上可以看作是一种力求取代传统公共行政学的新行政管理研究途径，它从传统公共行政学的以机构（官僚体制）为焦点转向以项目及其结果为焦点，即把项目而不是机构作为基本分析单位。然而，由于作为研究对象的执行过程涉及的因素多而复杂，执行实践千差万别，使得执行研究显得十分困难，“执行运动”并没有形成成熟和得到公认的理论及范式；并且，执行研究的倡导者们往往得出消极、悲观的结论，给人描绘出政策或项目很少能起作用或取得预期目标的令人失望的图景。

20世纪80年代末90年代初，随着政策科学和公共行政科学的发展，尤其是政策分析与管理合流的趋势以及（新）公共管理学派的兴起，作为一种思潮或时髦的“执行运动”便衰落了。尽管“执行运动”的理论遗产肯定留给了政策科学、公共行政学以及公共管理学，然而，耐人寻味的是，有的公共管理学者如凯特尔（Donald F. Kettl）声称公共管理“拒绝传统的公共行政学和执行研究”，并将此作为公共管理的一个基本特征。① 看来，公共管理途径有着不同于执行研究的某些新的东西。

二、政策执行的含义

政策方案一旦经合法化过程并公布之后，便进入政策执行阶段。政策执行是在政策制定完成之后，将政策所规定的内容变为现实的过程，是为实现政策目标而重新调整行为模式的动态过程。

何谓政策执行？政策科学学者从不同角度来加以界定，兹略举几个有代表性的例子。

普雷斯曼和韦达夫斯基认为，可以将执行看作目标的确立和适应与取得这些目标的行动之间的一种相互作用过程。②

琼斯认为，执行是一系列指向使一个项目生效的行动，其中尤以组织（资源、机构和使项目生效的方法的建立或重新安排）、解释（将项目语言转变成可接受和可行的计划和指示）和应用（服务、款项、工具等的日常供应）三种活动为要。③

马杰（R. S. Montjoy）和图尔（L. J. Toole）认为，政策执行是执行某一项政策所作的各项决定。④

斯诺（C. P. Snow）和特里林（L. Trilling）认为，任何一项化观念为行动的行为都涉及某种简化工作，而组织机构正是这种简化工作的主体；是它们把问题解剖成具体可以管理的工作项目，再将这些项目分配给专业化的机构去执行。于是，只有了解组织是怎样工作的，才能理解所要执行

---

① Donald F. Kettl, Searching for Clues About Public Management: Slicing The Onion Different Way, In Barry Boreman (ed), Public Management: The State of the Art. San Francisco: Jossey-Bass Publishers, 1993, pp. 55-68.

② Jeffrey L. Pressman and Aaron B. Widavsky, Implemetation (2nd ed). Berkeley: University of California Press, 1979. pp. XX-XXI.

③ Charles O. Jones. An Introduction to the Study of Public Policy (3rd ed.). Monterey, California: Brooks/Coles Publishing Company, 1984. p. 166.

④ R. S. Montjoy and L. J. Toole Jr., “Toward a Theory of Public Policy Implementatcon: An Organizational Perspective”. Public Administration Review. Sep-Oct., 1979, p. 465.

的政策，也才能知道它在执行中是如何被调整和塑造的。[①]

保罗·A·萨巴蒂尔（Paul A. Sabatier）和丹尼尔·A·马兹曼尼安（Daniel A. Mazmanian）认为，可以将政策执行视为这样一种过程：即用法律、上诉法院决定、行政命令，或用议会决定、内阁政令的形式，实施一种基本政策决定的过程。[②]

林水波、张世贤认为，政策执行可谓为一种动态的过程，在整个过程中，负责执行的机关与人员组合各种必要的要素，采取各项行动，扮演管理的角色，进行适当的裁量，建立合理可行的规则，培塑目标共识与激励士气，应用协商化解冲突，期以成就某特殊的政策目标。[③]

综合上述各家的观点，我们可以把政策执行界定为一个动态的过程，它是政策执行者通过建立组织机构，运用各种政策资源，采取解释、宣传、实验、实施、协调与监控等各种行动，将政策观念形态的内容转化为实际效果，从而实现既定政策目标的活动过程。

三、政策执行在政策过程中的地位与作用

政策执行作为将政策所规定的内容转化为现实的过程，在政策活动及其生命过程中具有至关重要的地位与作用。

政府为了有效地管理国家和社会事务，必须根据社会政治、经济、文化发展的需要和态势，针对现实生活中的重大政策问题，及时、正确地制定政策方案。而正确的政策方案要变成现实，则有赖于有效的政策执行，如果没有政策执行，再好的政策方案也只能是一纸空文，政策目标也实现不了。毛泽东同志早就说过，“如果有了正确的理论，只是把它空谈一阵，束之高阁，并不实行，那末，这种理论再好也是没有意义的。”[④] 正因为政策执行有如此重要的意义，美国政策学者艾利森才说，在实现政策目标的过程中，方案确定的功能只占10%，而其余的90%取决于有效的执行。

---

① R. F. Elmore, “Organizational Models of Social Program Implementation”, Public Policy, Vol. 26, No. 2, Spring, 1978. pp. 185, 187.

② 参见［美］S. S. 那格尔主编：《政策研究百科全书》，112页。

③ 参见林水波、张世贤：《公共政策》，264页。

④ 《毛泽东选集》，2版，第1卷，292页，北京，人民出版社，1991。

1. 检验政策正确与否的惟一标准

一项政策的正确与否最终必须由实践来检验，实践是检验真理的惟一标准。毛泽东同志说过："判断认识或理论之是否真理，不是依主观上觉得如何而定，而是依客观上社会实践的结果如何而定。真理的标准只能是社会实践。"① 刘少奇同志则说："执行政策就是实践，在实践中间调查研究，在实践中间认识客观世界，在实践中间发现我们的错误，在实践中间发现新的问题，制定新的政策，所以，重要的问题在于执行，在于实践。"② 凡是经过贯彻执行，促进了社会进步和生产力的发展，并得到群众拥护的政策，就是正确的政策，否则就是错误的政策。通过政策执行，不仅可以检验政策，还可以不断充实和完善政策，若在执行中发现问题和不足，则需予以修正和弥补，促进政策质量的提高，以期政策问题的最终解决。正是从这个意义上说，政策执行是检验政策正确与否的惟一途径。

2. 政策过程的中介性环节

一方面，任何政策不可能一经制定就完美无缺，它需要在执行的过程中得到不断修正、充实和完善。政策决策者要根据政策执行过程中实际情况的变化来修正和完善政策，以提高政策的可行性和有效性。另一方面，任何政策都有时效性，它只能在一定的时空范围内起作用，超过这一范围，这个政策就失去效用或完成了它的使命，就要被新的政策所代替。制定新政策要以事实为依据，尤其要以前一项政策执行后的反馈信息为基本依据，在此基础上制定新的政策。因此，政策执行是政策过程的中介性环节。

第二节 政策执行的过程与手段

政策执行是一个复杂的过程，它包含了一些基本环节或一系列的功能活动，而这些活动的完成必须依靠一些必要的执行手段。对政策执行过程

① 《毛泽东选集》，2 版，第 1 卷，284 页。

② 《刘少奇选集》（下卷），457～458 页，北京，人民出版社，1985。

和手段的研究是政策执行理论的一个重要组成部分。

一、政策执行过程的诸环节

政策执行过程主要包括政策宣传、政策分解、物质准备、组织准备、政策实验、全面实施、协调与监控等环节。

1. 政策宣传

政策宣传是政策执行过程的起始环节和一项重要的功能活动。政策执行活动是由许多人员一起协作完成的。要使政策得到有效执行，必须首先统一人们的思想认识。政策宣传就是统一人们思想认识的一个有效手段。执行者只有在对政策的意图和政策实施的具体措施有一个明确认识和充分了解的情况下，才有可能积极主动地执行政策。政策对象只有知晓了政策，才能理解政策；只有理解了政策，才能自觉地接受和服从政策。因此，各级政策执行机构要努力运用各种手段，利用各种宣传工具，大张旗鼓地宣传政策的意义、目标，宣传实施政策的具体方法和步骤。只有这样，才能为正确有效地执行政策打下坚实的思想基础。

2. 政策分解

政策分解就是通常所说的制定计划，它是政策实施初期的另一项功能活动，是实现政策目标的必经之途。没有一个长期的旨在取得重大成就的计划，是不能进行工作的。一般说来，一项政策的推出，往往只是指出实现政策目标的基本方向，比较抽象。要使政策执行顺利进行，就必须在这些基本原则指导之下，对总体目标进行分解，编制出政策执行活动的“线路图”，明确工作任务指向，使执行活动有条不紊地进行。制定执行计划，应遵循下列原则：一是客观性原则。编制计划要切实可行，积极可靠，排除主观臆断；计划的各项指标，不保守也不冒进；既不是唾手可得的，也不是经过努力仍然高不可攀的；有关人力、物力、财力等条件，必须精确具体，切不可含糊笼统。二是适应性原则。编制的计划要有适应环境变化的弹性机制，特别是要有适应意外情况发生的防范机制。三是全面性原则。编制计划要统筹方方面面、理顺各种关系，切忌顾此失彼。计划应前后衔接，轻重缓急有层次，不同管理层次的计划各有侧重。四是一致性原则。要求政策执行机构内部各职能部门的工作目标和政策目标保持一致，上下级的政策目标保持一致，以增强组织上的统一性和方向上的一致性。

3. 物质准备

物质准备是保证政策执行顺利进行的经济基础，是必不可少的环节。物质准备主要是指必需的财力（经费）和必要的物力（设备）两方面的准备。首先，执行者应根据政策执行活动中的各项开支，本着既能保证执行活动正常开展，又坚持勤俭节约的原则编制预算。预算必须报经有关部门批准后，才能执行，才算落实了活动经费。其次，应做好必要的设备准备，包括交通工具、通信器材、机械设备、办公用品等方面的准备。只有做好充分的物质准备，才能为有效地执行政策创造有利条件和环境。

4. 组织准备

组织准备工作是政策具体贯彻落实的保障机制，组织功能的发挥情况直接决定着政策目标的实现程度。列宁说过，“要有成效地进行管理，……必须善于实际地进行组织工作。”① 组织准备不只是解决组织形式问题，而且包括建立精干高效的组织机构、配备胜任称职的领导者和一般的政策执行人员，制定必要的规章制度，使人力、物力、财力得到最合理的利用。

确定政策执行机构。这是组织准备中首要的任务。常规性、例行性政策的执行，如属原机构的任务，则应由原执行机构继续承担，不必另建机构，但有时也可用提高原机构地位或者改组机构的方式来保证政策顺利进行。如果遇到非常规性或者是牵涉面较广的政策，则可组建临时办公机构，以确保政策的有效执行，一旦政策目标实现后，即行撤销。

选人用人。这是组织准备工作中的一项重要内容，因为人是组织中最能动、最活跃的因素，是组织行为的主体，德才兼备、“四化”标准是选人用人的基本原则。政策执行领导者的工作主要是抓具体落实。因此，政策执行者的素质要求侧重于专业管理方面的知识技能和实践经验，要求具有较强的政策理解能力，具有沟通、协调能力；善于用人，做到人尽其用；具有宽广的胸怀，善于处理人际关系；讲求工作效率，善于从实际出

① 《列宁选集》，第3卷，477页，北京，人民出版社，1995。

发，采取机动灵活、随机应变的方式方法，有步骤、有次序地推行政策实施。对于一般执行者来说，应具有本职工作的业务知识和管理经验，善于领会领导意图，忠实有效地执行领导指示，保质保量完成政策任务。

制定必要的管理法规制度。这可以明确政策具体推行的准则和依据，保证政策执行有一个正常的秩序。这些法规制度主要有：（1）目标责任制。它主要围绕政策目标的实现，确保每个执行者都能够明确自己在贯彻执行政策过程中应该做什么、怎样做、做到什么地步和遇到问题怎么办等。落实目标责任制，有利于政策目标的实现。（2）检查监督制度。目标责任制制定后，有赖于认真忠实的执行，执行的效果如何，必须要及时了解和恰当评判。检查监督制度是目标责任制发生效用的联系环节，严格的检查监督制度是目标责任制得以落实的保障机制。（3）奖励惩罚制度。有功必赏、有过必罚，赏罚分明，这一制度的建立使得整个管理制度形成良性循环，保证整个管理制度稳步进行。目标责任制、检查监督制和奖惩制度是一个有机整体，责任制是核心，检查监督制是手段，奖惩制是杠杆，三者相辅相成，缺一不可，共同形成推动政策全面、有效实施的一套完整制度。

5. 政策实验

政策实验是政策实施过程中的重要步骤。政策实验既可以验证政策，如发现偏差，及时反馈信息，修改和完善政策，又可以从中取得带有普遍指导意义的东西，如实施的方法、步骤、注意事项等，为政策的全面实施取得经验。那些涉及全局关系的重大政策，非常规性政策特别是带有风险性的政策，受各种因素制约、难以进行精确定量分析的政策，缺乏政策经验、结果难以预料、后果影响深远的政策，都必须经过政策实验。

政策实验一定要按照科学方法来进行，政策实验步骤大致包括选择实验对象、设计实验方案和总结实验结果三个阶段。

（1）选择实验对象。选择实验对象或“试点”，要根据政策方案的要求进行。随便地找一个地方来试点固然不行，给试点创造得天独厚的特殊条件，“吃小灶”，人为地拔高“试点”，以此证明政策是正确完善的，更不可取。试点必须在全局情况中具有典型性条件，这些典型条件应具有普遍性，所以试点也称为典型实验。

（2）设计实验方案要周密。用于实验的政策方案可以是一个，也可以是两个或多个。对于范围较广、变化较大的复杂问题，应该有在相同条件下的对照组，以便从比较中得出科学的结论。在某些情况下，试点还可以采取不公开的方式进行，称为“盲试”，这主要是为了避免各种人为因素的干扰，防止失去试点的科学性。

（3）总结实验结果。分析和总结实验的结果是政策实验过程最关键的一个阶段。因为总结阶段要根据实验的整个过程和最后结果，检验、评估、修改、补充或者否定政策方案。这个阶段要注意以下几个问题：一是总结经验要实事求是，要对实施的整个过程和产生结果的所有原因，进行全面系统的考察和分析。分清哪些是最根本的最重要的原因，哪些是非根本的次要的原因；哪些是必然性原因，哪些是偶然性原因。同样是成功的结果，通常可以证明政策方案是正确的，但也可能是偶然因素促成的。同样是失败的结果，可能是由于政策方案本身的错误所致，也有可能是试验过程中的人为差错而引起的。二是对成功经验要进行理性思考，要分析研究这些经验适用的范围和条件，要分清哪些经验仅仅适用于试点本身，哪些经验具有普遍意义，在运用这些经验时需要具备哪些条件，需要附加哪些条件。三是要重视失败的经验。要善于从失败的教训中得到启迪，为下一步政策实验扫清障碍。成功的经验能从正面回答我们应该怎么做，失败的经验却能直接告诉我们不应当怎样做。只有将两者结合起来，才能知道必须怎样做。

6. 全面实施

政策的全面实施是政策实施过程中操作性、程序性最强，涉及面最具体、最广泛的一个环节。全面实施政策要求严格遵循政策执行的基本原则，充分发挥政策执行的功能要素，以保证政策目标的圆满实现。

7. 协调与监控

政策的协调与监控贯穿于政策实施全过程。协调工作做好了，才能使执行人员及其他有关人员做到思想观念上的统一和行动上的一致，才能保证执行活动的同步与和谐，才能提高工作效率，减少或杜绝人力、物力、财力、时间等方面的浪费。监控是政策实施过程的保障环节。在实际的政策实施过程中，常常由于政策执行者认识上的差异等原因，造成对政策理解的失当，或者由于政策制定者与执行者之间存在的利益差别的影响，往往会使政策执行活动偏离政策目标，因而必须对整个实施过程加强监督和控制，以保证政策的全面贯彻和落实。

上述诸环节构成政策执行的功能活动过程。只有每个功能活动环节都做好了，政策执行活动才能顺利进行，政策方案才能取得预期的政策效果。

二、政策执行的基本手段

政策执行手段是指政策执行机关及其执行者为完成一定政策任务，达到一定政策目标，而采取的各种措施和方法。政策执行的每一环节都离不开一定的执行手段，政策执行手段的恰当与否直接关系到政策目标能否顺利实现。研究政策执行手段是为了更好地运用这些手段，更有效地完成政策执行任务。政策执行活动的复杂性决定了政策执行手段的多样性。概括说来，主要有以下几类：

1. 行政手段

行政手段是指依靠行政组织的权威，采用行政命令、指示、规定及规章制度等行政方式，按照行政系统、行政层次和行政区划来实施政策的方法。行政手段有着显著的特点：第一，权威性。采用行政手段的行为主体是上级政府机关或上级领导，作用对象是下级政府机关或工作人员。他们之间强调的是垂直领导关系，下级服从上级的关系。行政手段依靠强制性的权威将国家的各项方针、政策准确无误、坚决有力地推行和落实。第二，强制性。强制性体现于行政组织体系在思想上、纪律上要求服从集中统一的意志，这就是说，行政主体所发出的命令、规定、条例等都必须执行，有时属于根本不考虑价值补偿问题的无偿性服从，更有甚者是要求无条件的绝对服从。当然，这同法律所具有的普遍约束力那种强制不尽相同，它允许特别情况下的灵活机动。第三，对象的有限性和时效性。在实际工作中，行政指示、命令等往往是就解决某一具体问题、完成某一项具体任务而做出的，因此，它的内容和发布的对象是具体有限的。不仅如此，行政指令还有时效性，即它只对特定时间和特定对象有效，而不像行政法规那样，适用范围具有广泛性。行政命令是法律的具体化、细目化，它弥补了法律的不足。

行政手段构成任何一种政策执行的不可缺少的基本因素。行政手段具有较强的约束力，带有强制性，它要求在政策规定的范围内，任何单位和个人都必须执行，否则就要承担一定的行政责任，受到一定的处罚。因此，在政策执行中使用行政手段容易做到协调统一，令行禁止。特别是用此方法便于解决一些特殊的、紧迫的、突发性的问题，有利于扭转政策执行中的不利局势，保证政策的顺利运行。但行政手段对上级机关的要求甚高，上级如有失误将会导致连锁反应。另外，执行过程中的无偿性和下级的被动地位都不利于充分发挥下级的积极性和创造性。有鉴于此，要把它限制在一定的范围内，切不可滥用。

2. 法律手段

法律手段是指通过各种法律、法令、法规、司法、仲裁工作，特别是通过行政立法和司法方式来调整政策执行活动中各种关系的方法。法律手段所依靠的不仅仅是国家正式颁布的法律，同时也包括国家各类管理机构制定和实施的各种类似于法律、具有法律效力的规范。法律手段除了与行政手段一样具有权威性和强制性外，它还具有稳定性和规范性的特点。所谓的稳定性是指行政法规一经国家立法和行政机关颁布，就将在一定时期内生效，不会经常变动，更不允许任何机关、社会团体和个人随意更改。行政法律和法规的修订必须根据客观形势发展的要求，由国家立法和行政机关遵循立法程序进行。所谓的规范性，是指它对一般人普遍适用，对其效力范围内的所有组织和个人具有同等的约束力。法律和法规都要用极其严格的语言，不能发生歧义，因为它是作为评价不同人们行为的共同标准。不同层次的法律法规不得互相冲突，法规要服从法律，一般法律又要服从宪法。

法律手段是政策执行活动得以进行的根本保障，依法行政、依法管理不仅具有权威性而且具有科学性和客观性。只有运用法律手段，才能消除阻碍政策目标实现的各种干扰，保障政策执行活动有法可依、有章可循，从而有利于政策的顺利实施。法律手段使用的范围比较广泛，尤其适用于解决那些共性的问题。但是，在处理特殊的、个别的问题时，还需要与行政手段等相互补充。

3. 经济手段

经济手段是指根据客观经济规律和物质利益原则，利用各种经济杠杆，调节政策执行过程中的各种不同经济利益之间的关系，以促进政策顺利实施的方法。经济手段运用价格、工资、利润、利息、税收、资金、罚款以及经济责任、经济合同等来组织、调节和影响政策执行者和政策对象的活动。经济手段不同于行政手段和法律手段，它有如下三个特性：第一，间接性。它不像行政手段那样是直接干预，而是利用经济杠杆作用对各个方面的经济利益进行调节来实行间接控制的。第二，有偿性。与行政手段下的无偿服从不同，经济手段的核心在于贯彻物质利益原则，注重等价交换原则，“有偿交换、互相计价”是其主要规则。有关各方在获取自己经济利益的权益上是平等的。第三，关联性。一种经济手段的变化不仅会引起社会多方面经济关系的连锁反应，而且会导致其他各种经济手段的相应调整，它不仅影响当前，而且会波及今后。

实践证明，在政策执行过程中，只有正确贯彻物质利益原则，按客观经济规律办事，运用经济手段来调整各方面的经济利益，将实施政策的任务与物质利益挂钩，并以责、权、利相统一的形式固定下来，间接规范人们的行为，给人以内在的推动力，才能充分调动人们执行政策的积极性和主动性，增强政策的效力，使政策目标得以实现。

各种经济手段的功能是不同的，应根据不同情况采用不同的经济手段，切不可简单划一地规定，更不能不加分析地套用。同时，在政策执行过程中，应注意把经济手段与行政手段、法律手段有机结合地使用，这样可以取得更佳的效果。

4. 思想诱导手段

思想诱导手段是一种以人为中心的人本主义管理方法，它通过运用非强制性手段，诱使政策执行者和政策对象自觉自愿地去贯彻执行政策，而不从事与政策相违背的活动。常用的思想诱导手段有：制造舆论——在政策形成之时就大力宣传，使政策的内容深入人心；说服教育——对少数不按政策执行或抵触的对象采取个别谈心，做深入细致的思想教育工作，做到以理服人，而不是以强力服人，以大话压人；协商对话——在政策执行出现困难的情况下，决策者和执行者应就政策深层次问题进行商谈，并借此征询群众意见，尽可能在补充政策中作适当调整；奖功罚过——通过奖励或惩罚手段来诱发人们的动机，激励人们的积极性。它体现了社会主义按劳分配原则、公平原则和利益原则，实践证明这是一种很好的管理方法。对政策执行得好的单位和个人给予精神和物质上的奖励，对违抗政策的对象给予惩戒，达到弘扬正气，压制邪气。

思想诱导手段有在对象上具有多元性，在方式上具有协调性，在作用上具有宏观控制性的特点。它的最大好处是通过政府有计划地循循善诱，使政策执行者和政策对象自觉地采取某种行为，因而不仅可以节省许多人力物力，而且更主要的是由于这种行为是出自心悦诚服的自觉自愿，因而就能够牢固而持久；而其他行政手段的弊端则是“以力服人”，其结果很可能是“非心服也，力不赡也”。因而当今各国的一个共同趋势是发挥思想诱导作用，尽量减少强迫命令。

政策执行手段随着社会的发展而变化。只要政策执行者不以权力与强制为满足，而是用心观察、总结和创造性地工作，就一定能学会使用多种有益的执行手段，大大提高政策的执行效能，保证政策目标的预期实现。

第三节 创造性执行政策的问题

政策执行有一些基本要求，或者说必须遵循某些基本原则。国内有的学者将这些原则概括为典型性与普遍性相结合原则、追踪决策原则、实践检验原则；另一些学者则概括为严肃性原则、创造性原则、协调性原则、反馈性原则等。我们认为，政策执行中最基本的要求（原则）是如何将原则性与灵活性相统一的问题，也就是如何创造性执行政策的问题。

一、原则性与灵活性相统一的要求

在政策执行过程中，坚持原则性与灵活性相结合的原则，不仅是理论与实践的需要，而且也是政策本身提出的要求。坚持这一原则才能使政策得到有效执行，才能保证政策目标得到顺利的实现。

所谓政策执行中的原则性，是指执行政策必须遵循政策的精神实质，保证政策的统一性、严肃性和权威性，严格按照政策规定的要求去做，全面地、不折不扣地实现政策目标。执行政策要坚持原则性，这是由政策本身固有的属性所决定的。

政策是党和国家为了指导社会实践，调整社会关系，实现一定的政治路线、方针而制定的行动准则。列宁说："党的策略是指党的政治行为，或者说，是指党的政治活动的性质、方向和方法。党代表大会通过策略决议，就是要确切规定整党在新的任务方面或者是针对新的政治形势所应采取的政治行为。"① 政策作为一种政治行为，就决定了它有很强的原则性。在我国，党和政府所制定的各项方针、政策是代表广大人民群众的根本利益，是指导全国各族人民进行社会主义现代化建设的行为规范和准则。"没有规矩，不成方圆"。政策执行的首要条件就是要在精神实质上忠实地执行政策，保证政策的统一性、严肃性和权威性，严格按照政策本身所规定的政策对象、政策范围去实现政策目标，而不能随意变更、曲解、假借、贪污政策。只有这样，才能保证社会各个方面得到持续、稳定、协调、有序地发展，避免出现混乱现象。

所谓灵活性原则，是指在不违背政策原则精神和保持政策方向的前提下，坚持从实际出发，采取灵活多样的方式方法，因时因地制宜，使政策目标得到真正实现。灵活性的核心是具体情况具体分析。执行政策坚持灵活性原则，也就是要有创造性，这也是由政策固有的属性决定的。

首先，政策总是针对特定的问题，以时间和条件为转移。我们知道，任何政策都是针对一定时空条件下的特定问题制定的。随着时空条件的变化，政策问题会发生变化，政策也会失去效力，成为过时的政策；而新政策代替旧政策很难做到十分及时，往往要有一个滞后期。在这个时期，旧政策仍以合法的形式存在着。如果受这种固有的形式约束，不敢越雷池一步，势必贻误时机，给事业带来损失。在这种情况下，就要求政策执行者坚持实事求是，从实际出发，敢于冲破旧政策的某些不合理条文的束缚，具体情况具体分析，审时度势，积极、灵活、主动地解决实际问题，以弥补因政策的失效而造成的损失。②

其次，政策具有层次性。从纵向来看，政策具有层次性。一般来说，中央的政策是高层次的政策，是从全国的总体情况出发制定的，往往带有

① 《列宁选集》，第1卷，532页，北京，人民出版社，1995。

② 参见刘斌：《论政策执行的基本原则》，载《理论探讨》，1989（5）。

方向性、全局性的原则规定，具有普遍的指导意义。但是，中国幅员辽阔，各地区、各部门情况不同，差异性很大，比如，内陆和沿海开放地区在一些政策的适用上就有不同。中央的政策、规定不可能那么具体，就是省、地区、市县的政策也不可能搞得那么细。要使上级的政策同基层的实际结合起来，这就要求地方、部门和基层单位在贯彻执行中必须因地制宜，灵活地制定符合当地实际的具体政策措施。从横向来看，各部门制定的政策相互关联和交叉。国家制定的政策，除了总政策外，往往还有许多国家职能部门制定的具体政策。这些政策往往具有相关性。从总体上看，它们也许是统一的；从局部看，则难免出现矛盾。在这种情况下，就需要执行者灵活掌握。另外，即使是同一个政策，也总有一个作用幅度和界限，这也给政策执行的灵活性留下了余地。

第三，任何政策都需要逐步完善。在完善的过程中，必须有局部的修正和补充，任何政策的执行总会遇到新情况、新问题，这就需要执行者根据实际，灵活地补充修正，逐步完善政策，做到有的放矢。比如，对于乡镇企业的政策，在创建时期同成熟时期、在乡镇企业非常稀少微弱的地区同已经在国民经济中占有相当地位的地区都不可能是完全相同的、毫无变化的。因此，在政策执行过程中，只有坚持灵活性原则，才能防止政策执行成为政策简单的传声筒，陷入主观主义、教条主义的泥坑。

在政策执行中坚持原则性与灵活性相统一的原则，就是要把政策的精神和实际情况相结合，既要创造性地实施政策，又要正确地把握政策的界限。灵活是在原则所允许的范围内的灵活，而不是违反政策的随心所欲；灵活性的临界点是原则性。我们在执行政策的过程中，如果抛弃了政策的原则性，滥用灵活性，就会产生“上有政策，下有对策”的现象，使党和国家政策难以得到如实的执行。反之，如果在实际工作中把政策的原则性理解成照抄照转，不结合实际情况灵活运用，同样也不能真正落实党的政策。

我国正在进行有中国特色的社会主义建设，许多事情还处于探索阶段，必然会遇到许多新情况新问题。因此，把原则性与灵活性结合起来，创造性地实施中央和上级政策，就显得更为必要。例如，广东省的顺德、南海、中山和东莞，被海内外誉为“四小虎”，改革开放以来，经济年均增长率达到或超过20%，超过了亚洲“四小龙”在20世纪60—70年代经济起飞时期的速度。成功的秘诀何在？其中重要的一条就是创造性地执行中央的政策。

二、政策变通

政策变通是政策执行活动中的必然现象，是政策灵活性的一种表现形式。探讨政策变通，防止政策走样是政策执行所要研究的一个重要问题。

1．政策变通的含义

政策作为指导社会发展、规范人们行为的准则和依据，具有原则性、时效性和灵活性的基本特征。因此，在执行政策过程中，执行者要坚持稳定性与可变性相统一，原则性和灵活性相统一的原则，要善于变通，根据不同时间、不同对象、不同地点、不同条件、不同需要而变通政策，使执行的政策能适应实际情况，取得预期效果。说到底，政策变通是因人因时因事因地制宜地执行政策的方法，是政策的原则性与灵活性关系在政策执行过程中的具体体现。这种灵活变通也被称为“行政自由裁量”，因为它是一种不变之中求变的艺术，所以西方学者称之为“行政权的核心”。可见，在执行政策过程中，政策变通是一种必然现象。

灵活变通是政策执行的客观属性，是一切以时间、地点、条件为转移的辩证方法在执行过程中的具体运用。政策变通的目的是为了更好地完善政策、执行政策，而不是为了违背政策。因此，在执行政策的过程中，变通政策要做到原则性与灵活性的辩证统一，绝不能把它们截然分开。只有坚持原则性，才能维护政策的严肃性和权威性；只有坚持灵活性，才能具体问题具体分析，使政策不被教条化和僵化。

2．政策变通的形式

正确的政策变通实际上就是政策原则性与灵活性在实践中的具体反映。政策实践表明，在执行政策的活动中，政策执行者对上级政策采取各种变通形式。有的学者概括了三种变通形式，即：（1）“求神似，去形似”；（2）“不求神似，只求形似”；（3）“既不求神似，也不求形似”。只有第一种是合理、正确的变通形式，另外两种实际上是对政策的歪曲。

"求神似，去形似"是一种正确的变通形式，它做到了原则性与灵活性的辩证统一，抓住政策的精神实质，遵循政策要求，结合实际，创造性地加以贯彻落实。党的十二届三中全会通过的《中共中央关于经济体制改革的决定》指出："要解放思想、实事求是，一切从实际出发，把党的方针、政策同各地区、各部门、各单位的实际密切结合起来，创造性地贯彻执行。"党中央的这一重要思想，集中说明了原则性与灵活性的辩证关系，是改革开放新形势下政策执行的指导原则，也是合理政策变通所应遵循的准则。在我们党的历史上。坚持原则性与灵活性相统一的原则，取得了一次又一次的胜利。例如，邓小平同志关于"一个国家，两种制度"的构想，是原则性和灵活性巧妙结合的范例。香港、澳门主权必须归还中国，台湾也必须回归祖国，国家必须统一，这是个大的原则。如何回归？邓小平同志创造性地提出了"一国两制"的构想，我国政府根据"一国两制"的构想和原则先后与英国、葡萄牙政府谈判，并达成了协议，中华人民共和国于 1997 年、1999 年分别对香港、澳门恢复行使主权。香港、澳门问题的解决为棘手的台湾问题的解决提供了科学的范例，这是邓小平同志灵活性、创造性的贡献，也是高水平领导艺术的体现。

"不求神似，只求形似"是一种不正确的变通形式，它把政策理解成照搬、照抄和照转，缺乏灵活变通性，盲目、机械地执行政策。毛泽东同志早在 20 世纪 30 年代就说过，盲目地表面上完全无异议地执行上级的指示，这不是真正执行上级的指示，这是反对上级的指示或者对上级指示怠工的最妙办法。我国高度集权的政治体制以及一部分政策执行者能力、素质低下和怕犯错误的心理等是造成僵化、机械地执行政策的主要原因。邓小平同志指出，由权力过分集中而导致的官僚主义是党和国家领导体制中广泛存在的一大问题。其结果必然形成一个僵化、保守、封闭的管理体制。这种体制也使整个系统内的工作人员习惯于按部就班，缺乏灵活的创新精神。

这些年来，不少党政机关干部疲于应付具体事务，有的累于交际和应酬而疏于学习和思考，思想上的怠惰决定了他们执行政策中缺乏创造精神，习惯于照抄照转上级文件，或者贯彻上级精神中非要等到有具体细则才肯迈步。否则，就左顾右盼，等待别人创造经验之后再去依样画葫芦，生搬硬套。有的执行人员缺乏足够的纠错勇气，明知上面政策有误，却不指出纠正，而是一味从上，违心地执行错误的政策。这种执行表面上是坚持政策的原则性，是坚决服从上级的指示，实质上是不负责任，脱离了本地的实际，违背了政策的灵活变通性原则，是教条主义和形式主义的做法，对事业有着极大的危害。例如，苏东剧变与不顾本国的经济、政治、文化等实际情况，生搬硬套西方发达资本主义国家的管理模式有关。我国十几年来反复出现的“房产热”、“股票热”、“开发区热”等“赶浪头”现象也是盲从造成的恶果，其教训是极其深刻的。

“既不求神似，也不求形似”也是一种错误的变通形式，它夸大政策的灵活性，否定政策的原则性，随意变通政策。我国改革一开始就是以扩大企业和地方自主权为先导的，加上实行多年的财政“分灶吃饭”的大包干体制，很快就形成了目前我国各级地方政府成为相对独立的利益主体格局，导致在执行政策过程中，地方政府以地方利益为标准，有选择地执行上级政策。符合地方利益的政策就“用足用活”，反之就随意“变通”办理或软拖硬抗，出现了与既定政策相悖的情况。

3. 如何做到政策变通正确、合理

政策实践表明，政策变通的合理与否，直接影响到政策目标的实现与否，影响到政治、经济、社会生活的有序与否，因此，探讨政策变通的要求显得尤为必要。政策执行过程中，要真正做到正确、合理的变通，必须注意如下事项：

（1）了解上情。加强政策学习，领会精神实质，这是合理变通的前提条件。政策的基本精神是衡量政策变通合理与否的标准和尺度，一切符合政策精神的变通是正确的，反之，都是不正确的。因此，必须认真学习政策，深刻领会其精神实质。只有从总体上、趋势上和客观规律上把握政策，才能在执行中避免只注意和强调政策中的只能做什么、不能做什么，而忽视了其中的应当做什么，从而减少盲动性和机会主义，增强自觉性。在了解上情时，要注意防止两种倾向：一种是囫囵吞枣，不求甚解；另一种是断章取义，为我所用。

（2）摸清下情。要深入调查研究，明了实际情况，这是合理政策变通的实践基础。政策变通的要点在于从实际出发，离开对实际情况的深入了解，就可能产生偏离实际的盲目变通，达不到政策的预期目的。要摸清下情，就必须做深入细致的调查研究。在开展调查研究上要防止以下几种错误：一是走马观花，不求甚解；二是只看现象，不看本质；三是只看有利因素，忽视不利因素；四是静态研究多，动态研究少。

（3）上下情有机结合。坚持政策的原则性和灵活性相结合的原则，把政策的基本精神和实际情况相结合，这是政策变通的关键。要实现政策和实际相结合，必须做政策的具体化工作。它包括以下几方面的内容：一是对于中央和上级已经明确做出决定的政策，地方和下级就应该把着眼点放在研究本地实际情况和特点、制定具体的实施细则上，大力组织落实，不能随意更改，更不能拒不执行，要保证上级精神能扎扎实实地落到实处；二是对中央和上级只提供政策思路和一般原则的，地方和下级既要注意研究大气候、大环境，既吃透上情，把握上级政策的精神实质，又要注意加强对本单位新情况、新问题的研究，提出适合本地特色的指导性意见，使做出的政策规划方案既与上级的精神相吻合，又与本单位的实际相符合，从而更好地落实上级的政策；三是对中央和上级规定的不符合地方和基层实际情况的政策，地方和基层应及时主动地向上级反映情况，经上级同意后，可以根据当地的实际情况，合理地变通政策，从而保证中央和上级的政策在各种不同情况下都能得到有效地贯彻实施。

在执行政策过程中，还要注意两点：一要充分考虑政策的社会承受能力，根据时间、地点、条件的不同，在贯彻执行的方法、步骤和程度上要有所区别。有时，某项政策本身是无可非议的，但由于某些原因，人们的理解程度、思想认识还没跟上来，在贯彻执行中应掌握时机，因势利导，绝不能急于求成，否则，其结果只能是“欲速则不达”。二要勇于创造性地解决执行政策中遇到的新情况、新问题，敢于制定过去没有而又符合实际的新政策。

三、“上有政策、下有对策”现象治理

“上有政策，下有对策”是我国政策执行中长期存在着的一种普遍现象，是影响有效政策执行的一种障碍性因素。

要防范“上有政策，下有对策”问题，可采取以下措施：

（1）从制度上解决合理划分中央和地方事权的问题。在决策问题上，

应明确宏观决策中央独统，微观决策地方自主。宏观决策的内容、实施时机与步骤，由中央政府做出。宏观决策由于涉及面广，有些条文不太具体和比较抽象，对这样的条文，解释权在中央，地方不应随意解释。在宏观决策实施中，会遇到一些特殊问题，对这样的问题如何解决，最后的裁定权在中央，地方无权自行裁定。宏观决策制定时要做到：内容明确，不能有过度含糊其词的内容，否则，就会出现曲解政策的现象；宏观决策的基本精神和原则应当高度统一，对全国各地也都是普遍有效的。在制定政策时要避免出现这个地区可以这样做，那个地区可以那样做，以免瓦解宏观决策的约束力，使决策的出台目标与实施结局相差甚远。在宏观决策明确之后，地方可以根据宏观决策的精神与内容结合本地区的实际情况，自主地决定本地的具体实施办法。微观的决策是从宏观决策中衍生出来的，它决不能与宏观决策对立。在这之外，只要是宏观决策没有否定或反对的，微观决策都可以实施。这不同于与上级的政策对着干的“上有政策，下有对策”。“微观决策地方自主”则要求地方在遵循宏观决策的前提下，发挥决策的主动性、创造性。同时，中央和地方都应做到职责权相对应，要改变过去那种中央权力偏重或地方权力偏重的倾向，做到中央权力与地方权力对称。[①] 在政策执行活动中可以考虑，中央明确规定给地方一定幅度的政策执行自由度，明确在哪些问题上可以有多大变通权，哪些问题上则不能有丝毫变通等。还应考虑建立一套部门之间、地方之间政策执行活动的整合机制，防止对同一政策问题各部门各地方行动不一，甚至政策措施相互冲突现象的发生。

（2）加强政策研究，建立科学合理的政策体系。应该对现存的所有法律、法规和政策进行一次全面清理，凡是政策规定之间出现相互矛盾、扯皮现象的都必须及时纠正；所有部门或地方的政策规定都必须严格与中央、国务院的政策规定相一致。对各个领域的工作进行全面调查，哪些需要立法定策，哪些政策需要完善修改，全国应实行统一规划。在宏观、中观、微观政策之间，政治、经济、社会文化等各个领域的政策之间，各部门政策规章之间，新旧政策之间，都要进行协调，逐步形成科学合理配套的政策体系。此外，制定政策方案时，既要有主体方案，又要有配套方

① 参见辛向阳：《大国诸侯》，619～621页。

案；既要有整体方案，又要有分类方案。对政策的制定和实施要通盘考虑，总体规划，有计划、有步骤、循序渐进地推进政策。要坚持一切从实际出发，克服政策过程中指导思想超越社会历史条件和客观规律而方式措施上却落后于社会进步的矛盾。政策转换要迂回前进，要具有稳定性和连续性，既不能一成不变，也不能朝令夕改，防止出现政策过程中的无序状态和“空白状态”。

(3) 摆正局部和全局的关系，树立“全国一盘棋”思想。“上有政策，下有对策”实质上颠倒了局部与全局的关系，缺乏“一盘棋”的思想。只要处理好局部与全局关系，“上有政策，下有对策”就失去了立足之地。如何摆正局部与全局的关系？《经济日报》1994 年 12 月 14 日发表的评论员文章《摆正局部与全局的关系》指出：首先要着眼于全局看形势，把思想真正统一到全国工作的大局上来。……当前所谓统一思想，关键是把思想统一到中央的 20 字方针（即抓住机遇，深化改革，扩大开放，促进发展，保持稳定）上来，把握好改革、发展与稳定的大局。只有着眼于全局才能正确认识形势，也只有着力于局部才能真正解决问题。事情有大道理，有小道理。有些问题从局部看，从眼前看，利益很明显，理由很充分。但从全局看，从长远看，于改革和发展的大道理无益甚至有害，小道理就必须服从大道理。

处理好局部与全局的关系，必须维护中央的权威，反对分散主义和地方主义。在我们这样一个人口多、地域广、多民族、欠发达的大国，为了顺利实现从计划经济到市场经济的转轨，推进改革开放和现代化建设，必须有“全国一盘棋”思想，必须有一个坚强的中央领导集体和核心，必须有中央的强有力的统一领导，必须集中宏观经济调控权力，必须保证政令畅通。只有切实维护中央的权威，令行禁止，步调一致，才能保证国民经济既生机勃勃又协调有序地向前发展。

(4) 加强监督，从严治政。改革开放以来，我国各级政府的监督体制不断得到加强和完善，监督监察工作逐步走上系统化、法制化的轨道。但是，在政策实践中依然严重存在着有法不依、执法不严和违法不究的问题。这使得各级政府颁布的各项政策经常形同虚设，执行起来常常变形走样。要使各项政策得到真正有效的贯彻落实，首先，必须进一步加强监察监督工作。除了政党的监督、国家权力机关的监督、政策执行机关内部的监督外，还要让各阶层公民、社会团体、大众传播媒介等社会力量都来参与监督活动，形成强大的社会舆论，发挥重要的监督作用。

其次，必须建立和健全相对独立的监督体系。在监督体系中，党的监督是保障，群众监督是基础，专门机构的监督是关键。在中国这样一个庞大的国家机器中，机构多种多样，人员素质参差不齐，如果仅仅靠人们的觉悟和自觉性去执行政策是远远不够的，靠主管部门去督促，实践证明也难以产生效果，有时反而会出现包庇或蒙混过关等现象。因而，必须有一个强大、统一、相对独立的行政监督系统来保证各项政策的贯彻实施。要做到监督系统具有相对独立性，政策制定者要把监督机构置于自己的直接指导之下，不受其他部门的左右，而不能把监督权力下放给执行机构去管理，受其辖制。否则，监督机构就难以发挥作用；要保证监督的客观性和公正性，监督系统对于政策的制定者来说也应有相对的独立性。政策制定者要制定规章，合理授权，让监督机构代表政策制定者履行监督职责。只有这样，监督系统才能为政策的有效执行提供可靠的保证。

最后，必须实行有法必依，执法必严，违法必究的监督原则。中国幅员辽阔，行政事务纷繁复杂，政策多种多样，即使监督体系再健全，配备的人员再多，也不可能杜绝一切“上有政策，下有对策”等不忠实执行政策的行为发生。因此，对于违法渎职、贪污腐化、执行失误等各种行政案件要坚决查处，毫不留情地依法惩处各种违法失职的行政官员，使任何犯了法的人都不能逍遥法外。只有这样，才能使人们不存侥幸心理，不敢随意变通、怠慢各种政策，搞所谓的“上有政策，下有对策”，从而树立政策的严肃性和权威性，使各项政策得到切实的贯彻实施，取得良好的政策效益。

第四节　影响政策有效执行的因素

现实的政策实践表明，某些政策付诸实施之后，并不能取得政策效果。这是因为在执行过程中会遇到各种各样因素的干扰和影响。因此，研究影响政策有效执行的因素，分析这些因素对政策执行的影响方式和作用结果，有助于在实际的政策执行过程中排除干扰，消除不利因素，保证政策得到有效执行。

一、政策执行的若干理论模式

20 世纪 70 年代中期以后，政策学者纷纷从不同的角度来研究影响政策执行的因素，形成了种种政策执行的理论模式，主要有以下六种。

1. 过程模式

史密斯（T. B. Smith）是最早建构影响政策执行因素及其过程模型的学者，他在《政策执行过程》（1973）一文中提出了一个描述政策执行过程的模型（图 7—1）。

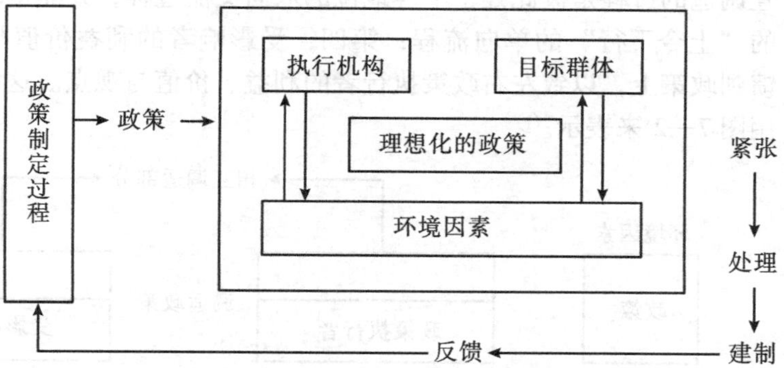

图 7—1 史密斯的政策执行过程模式

史密斯认为，政策执行过程中所涉及的重大因素有四个方面：第一，理想化的政策，指合理、正确的政策。第二，执行机构，指政府机构中负责政策执行的单位。第三，目标群体，亦即政策对象，政策的直接影响者。第四，环境因素，指政治、经济、文化等环境中那些影响政策执行的受政策执行影响的因素。“具体地说，政策的形式、类型、渊源、范围及受支持度、社会对政策的印象；执行机关的结构与人员，主管领导的方式和技巧、执行的能力与信心；目标群体的组织或制度化程度、接受领导的情形以及先前的政策经验、文化、社会经济与政策环境的不同，凡此等等均是政策执行过程中影响其成败所需考虑和认定的因素。”①

① T. B. Smith，“The Policy Implementation Process”，Policy Sciences，Vol. 4，No. 2. 1973，p. 203-205.

2. 互动理论模式

这一理论模式的提倡者是麦克拉夫林（M. Mclaughlin），其主要代表作是《互相调适的政策实施》（1976）。麦克拉夫林认为，政策执行过程是执行组织和受影响者之间就目标手段作出的相互调适的互动过程，政策执行的有效与否取决于二者相互调适的程度。麦克拉夫林的这一理论模式主要包含以下几点：第一，政策执行者与受影响者之间彼此的需要和观点并不一致，基于双方在政策上的利益，彼此必须放弃或修正其立场，寻求一个双方皆可接受的政策执行方式；第二，政策执行者的目标与手段富有弹性，可因环境因素或受影响者需求、观点及改变而变化；第三，这一相互调适的过程是彼此处于平等地位的双向交流过程，并非传统理论者所说的“上令下行”的单向流程；第四，受影响者的利益价值与观点仍将反馈到政策上，以致左右政策执行者的利益、价值与观点。这种互动关系可用图 7—2 来表示。①

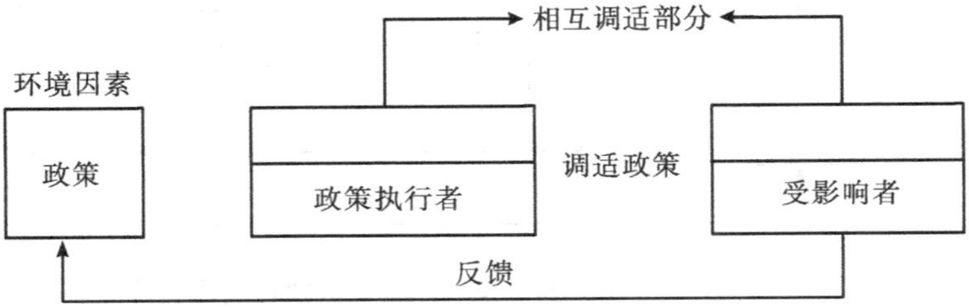

图 7—2　政策执行相互调适过程

3. 博弈模式

这一模式是以近代政治学中“博弈”的概念观察执行过程中相关参与者就政策目标的达成所作的谈判、评价与妥协的互动情形。博弈论认为，在冲突和竞争的情况下，每一参加者都寻求得到最大的收获，并把损失减少到最低限度。美国公共政策学者尤金·巴得克（E. Bardach）是用“博弈”概念来分析政策执行过程的主要代表。他把政策执行过程视为一种赛局，其间包括下列因素：（1）政策执行人员，即竞赛者；（2）利害关系；（3）策略与技术；（4）竞赛的资源；（5）竞赛规范（取胜的条

① 转引自桑玉成、刘百鸣：《公共政策学导论》，44 页，上海，复旦大学出版社，1991。

件)；(6) 公平竞赛的规则（即不得作弊)；(7) 竞赛者之间信息沟通的状况；(8) 所得结果的不稳定程度。巴得克认为，政策执行的有效与否，取决于各方参加者的“战略”选择。

4. 循环模式

当代美国公共政策学者马丁·雷恩（M. Rein）和弗朗希·F·拉宾诺维茨（F. F. Rabinovitz）于1978年提出了执行循环的理论。他们把政策执行过程分为三个不同阶段：（1）纲领发展阶段；（2）资源分配阶段；(3) 监督阶段。他们认为这三个阶段是相互循环的，而非直线单向的过程；同时，循环过程亦必受到环境条件的冲击与影响。他们还强调每一阶段必须奉行如下三项政策执行的原则：（1）合法原则；（2）理性官僚原则；(3) 共识原则。可用图7—3来表示。①

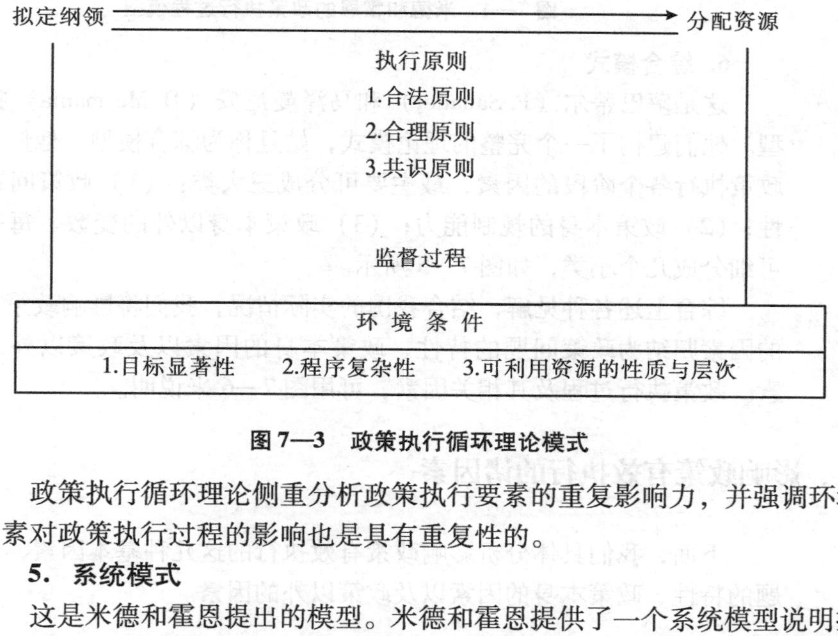

图7—3　政策执行循环理论模式

政策执行循环理论侧重分析政策执行要素的重复影响力，并强调环境因素对政策执行过程的影响也是具有重复性的。

5. 系统模式

这是米德和霍恩提出的模型。米德和霍恩提供了一个系统模型说明执行过程中影响到政策产生的几个相关因素：（1）政策标准与目标；(2) 政策资源；(3) 组织间的沟通与强化行动；（4）执行机构的特性；

① 转引自桑玉成、刘百鸣：《公共政策学导论》，46页。

（5）经济与政治环境；（6）执行人员的意向。系统模式可用图 7—4 来表示。①

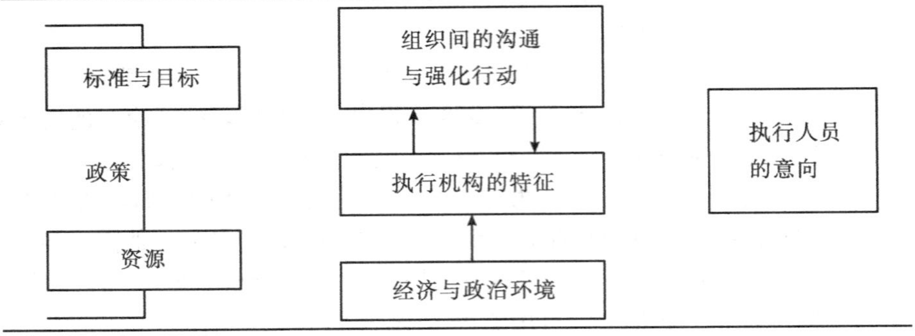

图 7—4　米德和霍恩的政策执行过程模型

6. 综合模式

这是萨巴蒂尔（P. Sabatier）和马泽曼尼安（D. Mazmania）提出的模型。他们建构了一个完整的理论模式，姑且称为综合模型。他们认为影响政策执行各个阶段的因素，最主要可分成三大类：（1）政策问题的可办性；（2）政策本身的规制能力；（3）政策本身以外的变数。每一大类又可细分成几个小类，如图 7—5 所示。②

综合上述各种见解，结合我国的实际情况，我们将影响政策有效执行的因素归纳为政策问题的特性、政策本身的因素以及政策以外的三个因素。政策执行过程及其相关因素，可用图 7—6 来说明。

二、影响政策有效执行的诸因素

下面，我们具体分析影响政策有效执行的这几种基本因素，即政策问题的特性、政策本身的因素以及政策以外的因素。

---

① D. S. Van Meter and C. E. Van Horn, "The Policy Implementation Process: A Conceptual Framework", Administration and Society, Vol. 6, No. 4. Feb. 1975, p. 463.

② P. Sabatier and D. Mazmanian, "the Implementation of Public Policy: A Framework of Analysis", Policy Studies Journal, Vol. 8, No. 4, 1979-1980, p. 542.

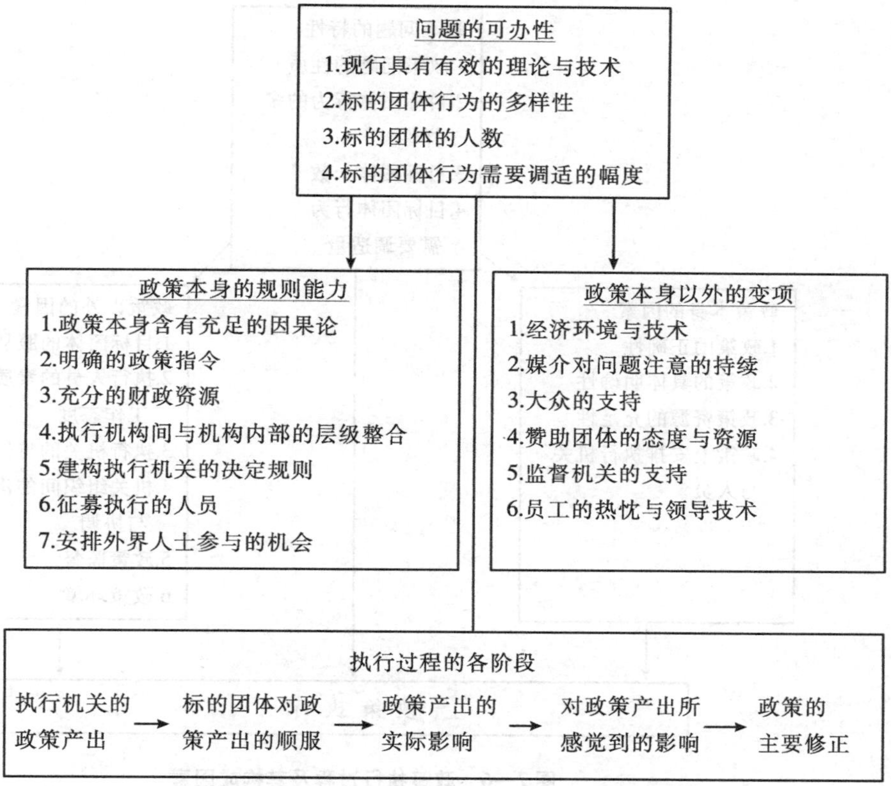

图 7—5 政策执行过程中所涉及的变数

1. 政策问题的特性

政策问题的性质、政策对象行为的多样性、政策对象人数及其行为需要调适量，都直接影响到政策的有效执行。分析这一问题有助于政策执行人员根据不同问题采取不同的措施，做到有的放矢。

政策执行的有效与否，首先是和所要解决的政策问题的类型和性质密切相关的。越复杂的问题，执行的难度越大。如敏感的政治性政策、涉及人们利益分配和调整的经济政策、涉及领域众多的多种综合性政策、创造性较强的改革政策，执行难度较大。政策执行中所触动的权力关系越多，涉及的机构和人员越多，政策目标越宏大，要调整的利益关系幅度越大，规范的技术操作等级越高，政策执行的难度也就越大。一般来说，全面性

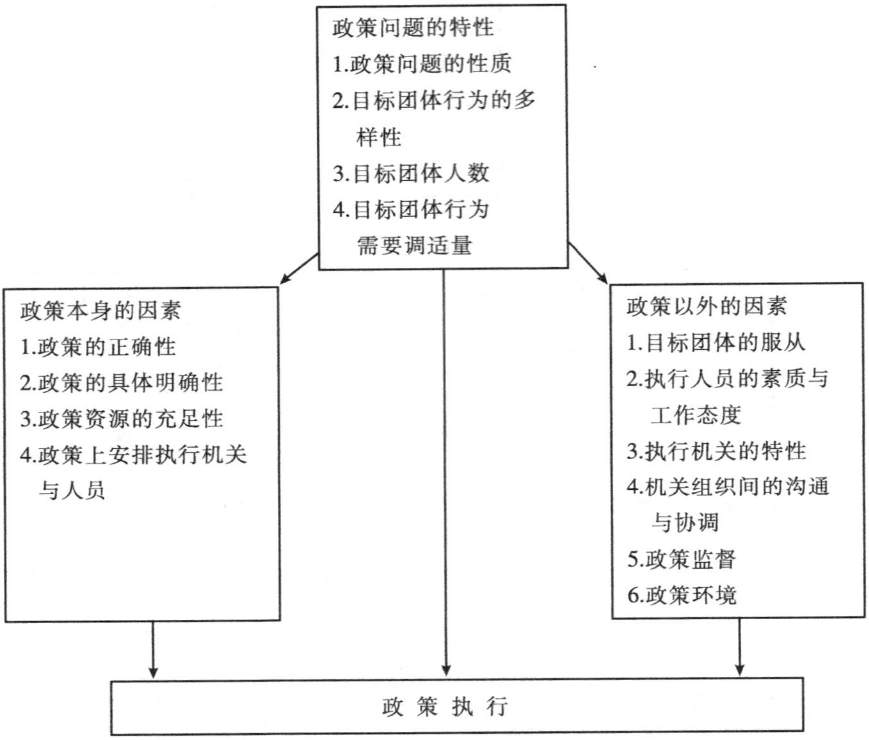

图 7—6　政策执行过程及其构成因素

的政策要比局部性的政策执行难度大；高层级的政策要比低层级的政策执行难度大。而在同一层级，同属于局部性的政策，也可因业务内容的简单与复杂不同，在政策执行的难度上有很大差别。

政策所要规范的目标团体的行为的种类越多，就越难以制定清楚明确的规则，用以约束政策对象的行为。比如，美国 1972 年通过的《联邦水污染修正案》，难以取得预期政策目标，其原因就在于水污染的类型繁多，全国计有 12 000 多种污水的来源。在这种种类繁多的情况下，难以制定正确、统一的规则和标准作为监督检查的依据，其执行的成效必然会大打折扣。

政策问题所涉及的目标团体人数的多少，也影响着政策执行的效果。一般说来，政策越明确，涉及的人数越少，政策执行就越容易，越有效，反之，政策执行就越困难，越无效。

政策问题需要目标团体行为调适量的大小，也影响到政策执行的效果。人们因历史传统的熏陶而养成一套行为定向及模式，常习惯于某种成规，倾向于保守持续的状况。要想全面改变人民的思想行为十分困难。因此，为了实现政策目标，目标团体行为所须调适量愈小愈好，这样不至于造成人员的抵制，有利政策的有效执行。我国采用渐进式改革，从某种意义上说，正是基于以上的认识。

2. 政策本身的因素

在公共管理领域，许多政策不能达到预期效果，执行中困难重重，在很大程度上与政策本身的缺陷有关，因此，分析政策本身是如何影响政策执行的，有助于制定更加科学、合理的政策，使政策得以有效执行。

(1) 政策的正确性。政策的正确性是政策有效执行的根本前提。正确的政策符合社会发展的客观规律，代表人民根本利益，能够促进社会发展，给人民带来利益，能被执行者所认同，被政策对象所拥护，因而能得到有效的执行。反之，政策执行必然会在政策执行者、政策对象的消极应付和抵制中被搁置。政策的正确性首先要求的是内容的正确、方向的正确，其次要求政策制定具有科学的理论基础、严密的逻辑关系、科学的规划程序。

(2) 政策的具体明确性。政策的具体明确性是政策执行有效的关键所在，是政策执行者行动的依据，也是对政策执行进行评估和控制的基础。一项政策要能够顺利执行，从操作上和技术上来说，它必须具体明确，即政策方案和目标具体明确，政策措施和行动步骤明确。同时，政策的具体明确性还要求政策目标是切合实际并可以达到的，是可以进行比较和衡量的，政策目标的完成必须是政策执行者职权范围的事；政策方案应该指出所期待的结果，并要明确规定完成的期限。在实际政策执行中，模棱两可、含糊不清的政策自然令人无法执行，也容易引起政策界限不清和导致政策随意变通。

(3) 政策资源的充足性。无论政策制定得多么具体明确，如果负责执行政策的机构和人员缺乏必要的、充足的用于政策执行的资源，那么，执行的结果也不能达到预期的政策目标。因此，政策方案要涉及政策资源的具体规定。一般说来，政策资源主要有经费资源、人力资源、信息资源和权威资源。

必要的经费和人力是政策执行的物质基础，许多政策对此都有相应的规定。俗话说，“巧妇难为无米之炊”。任何政策的执行，都需要投入一定的人力、物力和财力。应遵循以最小的投入获得最大的产出为原则，投入多并不一定产出多，因为其中还有许多管理问题需要解决。因此，在政策执行活动中投入的经费和人力资源都要适量，只有这样才能有助于政策的有效执行。

信息是政策执行活动的必要条件。政策方案要保证政策执行者有畅通的信息渠道和足够的信息来源，否则，执行者就无法制定出切实可行的行动计划，也无法对政策执行过程实施必要的控制。实践证明，政策执行中的某些失误或困难，常常是因执行者缺乏必要的信息而造成的。

权威是政策执行的根本保证，是政策有效执行的又一项特殊而重要的资源。政策执行活动的基本特点是需要很多人的共同活动，而共同活动的“首要条件也是要有一个能处理一切所管辖问题的起支配作用的意志”①。这个意志就是权威。没有权威，就不可能形成人们这种共同的、相互协作的活动；在各行其是的境况下是无法实现政策目标的。建立政策的权威，就是要使政策成为国家的意志，迫使每一个执行者服从它，否则，政策就无法执行，或在执行过程中走样。当前，我国政策执行过程中不同程度地存在着“上有政策，下有对策”的现象，就是政策权威性不够的一种表现。

3. 政策以外的因素

影响政策执行的因素，除了政策问题的特性、政策本身以外，还有目标团体、政策执行人员的素质和工作态度、执行机构间的沟通与协调等因素。

（1）目标团体对政策执行的影响。目标团体是指政策直接作用、影响的对象。政策能否达到预期目的，不是政策制定者一厢情愿的事情，也不是政策执行者能够完全决定的事情，而是在很大程度上取决于目标团体的态度。目标团体顺从、接受政策，政策执行就会成功；目标团体不顺从，拒不接受政策，目标团体就会失败；目标团体只部分接受，也会加大

① 《马克思恩格斯选集》，第3卷，226页，北京，人民出版社，1995。

政策执行的难度。可见，目标团体对政策顺从和接受的程度是影响政策能否有效执行的关键性因素之一。

政策目标是多种多样的，但它总要表现为对一部分人的利益进行分配和调整，表现为对一部分人的行为进行制约或改变。一般情况下，目标团体对政策的顺从接受程度既与目标团体衡量政策的成本利益有关，也与政策对目标团体行为的调适量有关。一项政策出台，如果目标团体认为是能够增加自身利益的，或行为的调适量较小，就容易被接受。反之，如果目标团体认为是无益的、甚至是对自身利益的剥夺，或行为的调适量过大，就容易被拒绝。这就要求政策制定必须符合社会发展的客观规律，要代表人民群众的根本利益，或者政策需要目标团体行为的调适量要适当，以利于人们对政策的服从和接受。

（2）执行人员的素质和工作态度。任何一项政策最终都要靠执行者来实施。执行者对政策的认同、对政策执行行为的投入、创新精神、对工作的负责、较高的政策水平和管理水平是政策得以有效执行的重要条件所在。现实中的政策变形走样在一定程度上是由于政策执行者的素质不高和思想观念上的错误所导致的。政策执行者缺乏必要的知识和能力，对某项政策理解不透，把握不准其精神实质，就导致政策在传达、宣传、执行中的失真、失当、失误。特别是在社会转型时期，政策执行者思想上拜金主义、功利主义、本位主义思想严重，对国家政策的执行常打折扣，甚至搞出各种各样的“对策”，阻碍政策的顺利实施。当政策执行者兼任政策对象和执行者的双重角色时，为了局部或个人利益，钻政策“空子”，搞“上有政策，下有对策”，对上面政策或是硬顶，或是软拖，或执行起来马马虎虎。另外，政策执行者的政策水平和管理水平直接影响到政策任务的完成。如果执行者尤其是领导者没有对政策实质的把握能力，就很难争取到政策执行所需的种种资源，不能做好政策实施的宣传指导工作和制定正确的实施方案，不能沟通和协调各种关系，从而难以有效地执行政策。可见，提高政策执行者的素质是至关重要的。

（3）执行机构组织间的沟通与协调。沟通是政策执行过程中各级组织人员进行信息交流、传递的过程，是对于政策目标及其相关问题获得统一认识的方法和程序。有效的沟通是政策执行成功的重要条件之一。这是因为，一是从纵向沟通来看，上级机构的政策标准本身是无生命的，它必须通过有效的沟通渠道传播给执行者。而执行者对政策的支持程度也取决于上级机构对政策的解释和执行者对政策的了解，而且上级机构对执行情况的了解也只有通过沟通渠道方可获得。二是从横向沟通来看，由于一项政策的实施常常涉及众多机构和执行人员的分工合作，而在他们的分工合作过程中难免会产生分歧、误会、隔阂以至矛盾冲突，这就需要通过有效的沟通，相互交换意见、看法，以弥合意见分歧，消除误会、隔阂，化解矛盾冲突，进行彼此之间的了解与合作，提高政策执行的效率。三是从执行者与目标团体之间的关系来看，目标团体对政策接受与否以及接受的程度在很大程度上取决于他们之间的沟通。目标团体不可能自发地接受政策。执行者不仅要通过沟通渠道将政策指令传递给目标团体，而且更重要的是执行者应该通过沟通渠道向目标团体说明政策所具有的意义和制定政策的理论依据与时代背景，以及推行政策所要达到的目的，让他们理解和掌握政策，从而积极主动地接受和执行政策。

政策协调是管理组织为了顺利实现政策目标而谋求自身统一和谐、谋求自身各相关要素匹配调剂、协作分工的一种行为方式。在政策执行过程中，发生矛盾是常有的事。如计划本身有不周密、不合实际之处，客观情况变化也会出现一些意想不到的事情。最为普遍的是，各执行机构之间所处地位不同、利益不同，各个执行者人员的知识、智力、经验性格以及看问题的角度不同，出现意见不同和利益矛盾是很自然的。这些主客观情况都需要通过协调来解决。否则，缺乏协调，将导致本位主义、各自为政，导致资源浪费和效率低下。因此，协调也是保证政策有效执行的条件之一。

政策协调可划分为三个层次：其一是执行机构内部的协调。即每个层级执行领导者对所属部门之间以及工作人员间所作的协调。它可采取具体的计划、工作的分配和对工作进度的检查等办法进行，也可通过提供工作上所需的人力、物力、财力等条件来进行。其二是执行机构之间的协调。包括上下级执行机构之间的协调和平级执行机构之间的协调。上下级之间应保持经常的密切联系，下级执行机构有责任向上级执行机构汇报情况，请示工作，上级执行机构要对下级进行工作布置、指导和检查，及时答复下级提出的困难与问题。横向联系是当代管理活动一个十分重要的内容，平行执行机构之间应相互沟通信息，主动配合、协作。其三是执行机构与其他机构之间的协调。为了保证国家和政府制定的政策能顺利推进，行政执行机构就必须与社会团体、企事业单位发生密切联系，要求紧密配合、良性互动。

（4）政策环境。任何一项政策的执行都要受所处社会环境的影响和制约。适宜的环境当然有助于政策的有效执行。不适宜的环境必将妨碍政策的顺利实施。影响政策执行的环境因素主要有政治环境、经济环境和社会心理环境。这一点，我们在第二章“政策与政策系统”中已有所论及，这里不再重复。

第五节　具有中国特色的政策执行的基本经验

作为政策过程的一个重要环节，政策执行的有效与否关系到整个政策的成败。中国共产党在长期的革命和建设实践中，高度重视政策执行问题，积累了丰富的政策执行经验，形成了若干具有中国特色的政策执行的原则与方法。

一、注重政策宣传

政策方案并不能自发地被接受，更不能自动地被执行，政策执行是人们的实践活动。政策要得到顺利实施，首先就要让目标群体对政策有所理解，而要做到这一点，必须注意政策宣传。中国共产党人历来重视政策宣传工作。毛泽东在领导革命和建设中，非常强调做好党的路线、方针、政策的宣传教育工作，告诫人们政策和策略是党的生命，各级领导同志务必充分注意，万万不可粗心大意。他指出：“善于把党的政策变为群众的行动，善于使我们的每一个运动，每一次斗争，不但领导干部懂得，而且广大群众都能懂得，都能掌握，这是一项马克思列宁主义的领导艺术。”①

再好的政策，如果只掌握在领导者手中，不为群众所掌握，那也是无法实施的。因此，在党的七大闭幕时，毛泽东号召同志们到各地去“宣传大会的路线，并经过全党同志向人民作广泛的解释”。“我们宣传大会

---

① 《毛泽东选集》，2版，第4卷，1319页。

的路线，就是要使全党和全国人民建立起一个信心，即革命一定要胜利。首先要使先锋队觉悟，下定决心，不怕牺牲，排除万难，去争取胜利。但这还不够，还必须使全国广大人民群众觉悟，甘心情愿和我们一起奋斗，去争取胜利。”①

在新民主主义时期，毛泽东等老一辈无产阶级革命家重视政策宣传工作，使得中国革命在每一个紧要关头，都能使群众团结在党的周围，为实现党的政策而斗争，取得了一个个胜利。例如，北伐战争失败以后，中国共产党领导人民进行土地革命。为了完成这一任务，就必须解决农民问题，但当时农民群众革命积极性相当低落。为了启发群众的觉悟，鼓动群众的革命热情，使他们支持红色政权，参加红色政权，我党展开了政策宣传攻势，大力宣传井冈山《土地法》和江西兴国县《土地法》，使广大群众了解共产党和红军的土地革命内容和建立革命根据地与保卫土地革命胜利成果的重要性，懂得眼前利益与长远革命目标的关系，相信只有共产党和红军才能真正代表广大群众的根本利益，从而支持共产党和红军，投身到建立和保卫革命根据地的斗争中，和反动势力做坚决的斗争，把革命推向全国。再如“西安事变”发生后，我党正确地制定了“逼蒋抗日”的方针政策，坚决主张用和平方式解决“西安事变”，并大力宣传这一政策，让它深入人心，所以，不但张学良、杨虎城接受了，蒋介石也大体接受了。内战停止了，和平取得了，全国局势开始向国共合作、一致抗日转变，“西安事变”的和平解决为抗战的胜利打下了基础。

新中国成立以来，我党同样高度重视政策宣传工作。一项政策制定之后，除了报纸、杂志、广播、电视等大众传播媒介进行政策宣传外，为了使有关政策迅速、准确地到达执行者和各阶层群众那里，还通过党政组织系统层层向下传达。为了宣传政策，提高党政干部和广大群众理解和执行政策水平，经常举办各类政策培训班，召开宣传会议，领导发表电视讲话。政府机关、学校、企事业单位和街道等通过宣传橱窗、黑板报、张贴标语、印发宣传提纲、制作电视宣传教育片等形式，宣传党和政府的各项路线、方针、政策。通过各个方面多种形式的强化政策宣传，形成强大的社会舆论，创造了一个极为有利的政策执行氛围和环境。例如，《北京市

① 《毛泽东选集》，2版，第3卷，1101～1102页，北京，人民出版社，1991。

关于禁放烟花爆竹的规定》之所以得以顺利贯彻执行，在很大程度上得益于注重政策宣传。在这一规定正式生效之前，北京市动用了所有的宣传工具进行广泛的宣传。在大街小巷张贴标语，向机关、企事业单位和百姓家庭分发了数百万份《规定》、《宣传提纲》、《致市民的一封信》，制作《京城与烟花爆竹告别》的电视宣传教育片，以历年发生的血淋淋的事实来震撼人们的心灵。通过电视、电台、报刊等各种新闻传媒大力宣传禁放烟花爆竹。还组织了禁放宣传日活动，共设宣传点686个。北京市有关部门的领导还在电视台“为您咨询”节目中当场解答群众提出的问题。正是大规模有效的宣传工作，使得禁放政策深入人心，广大群众放弃了几千年来形成的燃放烟花爆竹辞旧迎新的习俗。①

可见，通过强化政策宣传的途径让各级干部和广大群众充分了解和深刻认识党的各项方针政策，是党的方针政策得以正确、顺利贯彻实施的重要前提和行之有效的方法。注重强化政策宣传是具有中国特色的政策执行的一个基本经验。

二、重视政策实验

重要政策在全面实施之前都要在局部地区或试点中加以试验，以取得经验，再全面铺开。这是具有中国特色的政策执行的另一基本经验。

重视政策实验是邓小平同志的政策理论的一个基本内容，他指出：“有些问题，中央在原则上决定以后，还要经过试点，取得经验，集中集体智慧，成熟一个，解决一个”②。在1992年南方讲话中，邓小平同志强调说：“改革开放胆子要大一些，敢于试验，不能像小脚女人一样，看准了的，就大胆地试，大胆地闯”③。

重视政策实验是马克思主义认识论在政策执行过程中的具体体现。政策实验既是认识的一种基本来源，也是检验政策是否正确的一个标准。认识正确地反映客观事物的本质和规律是一个过程，特定阶段的认识常常受

① 参见徐颂陶、徐理明：《走向卓越的中国公共行政》，114~115页。

② 《邓小平文选》，2版，第2卷，341页，北京，人民出版社，1994。

③ 陈锡添：《东方风来满眼春》，《人民日报》，1992-03-31。

各种主客观条件的限制，所以，出现不全面、不完善，甚至出现一些偏差的情况在所难免。政策制定和执行也是这样的一种认识过程，因而制定出的新政策也不可能完全符合客观事物的实际情况。同时，任何事物都是在发展变化着的，新情况、新问题和新经验会不断涌现出来，要纠正政策中的失误，跟上形势发展变化的要求，就得选择试点深入实施。在实验中检验新的政策是否正确，搞清楚新的政策哪些是符合客观实际的，哪些是与客观实际不一致，需要补充修改的，这既可以完善政策，又可以创造新的经验，提供新的方法。

重视政策实验还可以避免损失，少走弯路。毛泽东同志曾经说过："任何领导人员，凡不从下级个别单位的个别人员、个别事件取得具体经验者，必不能向一切单位作普遍的指导。"① 总结和落实上级方针政策，需要有正确的方法和得力的措施。这种方法和措施不是从头脑中自发产生出来的，而是通过反复实践，在工作中总结出来的。因此，在推行一种新的政策之前，一定要先在某些地区、部门、单位进行试验，以便取得具体的经验，为有效贯彻落实政策做好准备。如果不试验就贸然推广，必然给工作造成困难和损失。有的事情不该办，由于盲目去办，违反了客观规律，当然不会成功；就是该办的事情，由于没有实践经验，不掌握操作方法，也不容易办好，也会导致失败。许多领导者时常好心办坏事，究其原因，有些就是操之过急，没有取得试点经验就忙于推广，造成主观与客观相脱离而失败。1958 年搞的"大跃进"和人民公社化运动，就是没有经过充分的试点，在"总路线"提出后就轻率地发动了全国性的大规模运动，造成高指标、瞎指挥、浮夸风和"共产风"横行，使国计民生遭受巨大灾难。因此，政策实验是保证政策顺利有效执行的一个必不可少的环节。

我国改革开放 20 多年的历程，也就是一个不断进行政策实验的历程，我国的改革开放和现代化建设是前无古人，后无来者的，既复杂又没有现成的经验，因此，更需要政策实验。邓小平同志明确指出："在全国的统一方案拿出来以前，可以先从局部做起，从一个地区、一个行业做起，逐步推开。中央各部门要允许和鼓励它们进行这种试验。试验中间会出现各

---

① 《毛泽东选集》，2 版，第 3 卷，898 页。

种矛盾，我们要及时发现和克服这些矛盾。这样我们才能进步得比较快。”① 例如，农村生产责任制的试验给中国农村的发展注入了一股强大动力。从安徽省凤阳县和四川省广汉县试验成功到转入城市改革的1984年，农村569万个生产队实行了各种形式的生产责任制，落实联产承包的农户达1 839.79万户，占总农户的96.6%。新的农业生产刺激和收入的多样化既受到鼓励又容易适应新的改革试验，乡政府逐步变成城乡经济关系的传送带。仅1978年至1981年三年间，中国农村的农业生产率提高了18%，农民的年人均收入增长了66%。农村改革试验的成功，不仅解决了12亿中国人的吃饭问题，而且为城市改革提供了不少可以借鉴的经验。城市各项改革也都经过试验。1978年，四川省有6个企业开始进行有限的“企业决策自主权”的试点；1979年，大约有4 000家企业进入管理自主权试验阶段。接着，首都钢铁联合公司率先进行了“上缴利润递增包干”试点；东北工业重镇沈阳市推出了资产经营责任制试点；乡镇企业以“东莞模式”、“温州模式”、“苏南模式”悄然崛起。沙市、常州、重庆、潍坊先后成为综合改革的试点城市，在生产、流通、分配、金融、科技、劳动组合、劳动工资以及政府职能等方面进行改革尝试。

对外开放从特区开始。十一届三中全会以后，经邓小平首倡，党中央和国务院决定兴办深圳、珠海、汕头、厦门四个经济特区。1981年建立深圳特区以来的实践证明，深圳等经济特区在我国发展对外贸易，引进外资和技术，扩大对外经济交流中，发挥了重要的窗口和基地作用，在改革开放中也发挥了排头兵的作用。当邓小平倡导试办经济特区初战告捷之后，1984年3月26日至4月6日，中共中央书记处联合召开沿海部分城市座谈会，会议决定由北到南进一步开放大连、秦皇岛、天津、烟台、青岛、连云港、南通、上海、宁波、温州、福州、湛江、北海等14个港口城市，从而形成了我国对外开放的沿海黄金地带。随后，1985年1月开放长江三角洲、珠江三角洲和闽南金三角地区。1988年春，进一步扩大沿海经济开放区范围，开放市、县增加到288个，面积达32万平方公里，人口有1.6亿；同时决定海南建省办特区。接着，又规划了350平方公里浦东新区的开发、开放，力图将上海建设成太平洋西岸最大的经济贸易中

① 《邓小平文选》，2版，第2卷，150页。

心，以龙头之势促进长江流域的经济腾飞；并积极参与东亚经济圈，贯通连云港至鹿特丹世界第二条欧亚大陆桥，大力拓展对东欧乃至整个欧洲大陆的经贸活动。至此，由沿海开放进一步推进到沿江和沿边开放。于是，中国形成了多方位、多层面的对外开放格局。

总之，重视政策实验，一切经过试验，是一切从实际出发在政策执行中的体现，是探索新生事物的重要步骤，是推行改革创新的正确方针，是尊重群众、教育群众的重要方法。不经过试验就推广，那是蛮干，不经过试验就否定，那是武断。敢于试验、重视试验，既避免了改革的失误，又使中国进入了一个新的历程。事实证明，重视政策实验是一项成功的政策执行经验。

三、强制执行与说服教育相统一的执行手段

政策执行活动涉及面广，对象多，是一项复杂的活动，仅有说服教育或仅有强制性执行手段都是不够的。“徒善不足以为政，徒法不能以自行”。因此，采取强制性执行手段与说服教育有机结合的执行手段是我国政策执行的第三个特色。

毛泽东同志在《关于正确处理人民内部矛盾的问题》中就曾指出：凡属于思想性质的问题，凡属于人民内部的争论问题，只能用民主的方法去解决，只能用讨论的方法、批评的方法、说服教育的方法去解决，而不能用强制的、压服的方法去解决。人民为了有效地进行生产、进行学习和有秩序地过生活，要求自己的政府、生产的领导者、文化教育机关的领导者发布各种适当的带有强制性的行政命令。没有这种行政命令，社会秩序就无法维持，这是人们的常识所了解的。这同用说服教育的方法去解决人民内部矛盾，是相辅相成的两个方面。

党和国家的正确、合理的政策是代表人民群众的根本利益的。但有时可能与集体或个人利益、局部利益和眼前利益发生冲突。因为政策总是表现为对一部分人的利益进行分配或调整，表现为对一部分人的行为的指导、制约或改变。在实施过程中，人们难免会在思想、行动上产生这样或那样的问题。为了保证政策的顺利实施，首先就要解决人们的思想问题，做深入细致的说服教育工作。因为人的思想问题的产生，通常与其所处的

环境条件、认识角度及能力等诸多因素有关，是日积月累、由量变到质变的过程，要解决思想问题也要有相应的过程。只能依据其发展规律，采取循序渐进、耐心说服的方法。企图用行政命令的方法，用强制的方法解决思想问题、是非问题，不但没有效力，而且是有害的。

但是，在政策执行过程中，单靠说服教育是不够的，还必须伴之以强制性执行手段。因为说服教育不是万能的，也不是对人对事都有效的，不是所有问题都能通过说服教育方法去解决。在政策执行过程中，特别是执行控制性和限制性政策时，总有一些人会以身试法，不服从、不执行党和国家的政策，对于这些人只能加强管理，依法制裁。因此，采用法律、行政和经济等强制性手段也是政策执行活动所必需的。强制性执行手段发挥着约束、规范人们的言论行为，统一人们的思想，促使人们向着政策目标前进的作用。

中国共产党人历来重视采用强制性执行和说服教育相结合的方法。在民主革命时期，为了处理好人民军队同群众的关系，保证党的方针、政策得以顺利实施，毛泽东等老一辈无产阶级革命家一方面注重政策宣传，搞好群众和军队的思想教育，统一大家的思想；另一方面又明确规定了体现人民军队性质和宗旨的“三大纪律八项注意”，用它来规范人民军队的行为，使人民军队的所作所为深得群众的理解和支持。只有说服教育和严明纪律双管齐下，才使党的民主主义时期的各项政策得以顺利实施，夺取全国革命战争的胜利。毛泽东同志说过：“共产党队伍的发展，思想的统一性，纪律的严格性。共产党对于全国人民的政治领导，就是由执行上述这些条件去实现的。这些条件是保证自己的政治领导的基础，也就是使革命获得彻底的胜利而不被同盟者的动摇性所破坏的基础。”①

在社会主义革命和建设中，说服教育和强制执行有机结合的执行手段，同样也是我党方针、政策得以贯彻落实的可靠保证。如，计划生育是众人皆知的基本国策，我们提倡“三为主”（即宣传为主、教育为主、孕前管理为主）方针，但是由于群众的生育观念还没有达到自觉节育的水平，“不孝有三，无后为大”的思想根深蒂固，特别是在农村，要实行“两女扎”那更是难上加难。因此，我们在宣传教育为主的基础上，不得

① 《毛泽东选集》，2版，第1卷，263页。

不辅之以法律、经济、行政等强制性手段，比如对一般群众的早婚、早孕、计划外生育等采取罚款等经济手段加以强行处理；对于干部职工违反计划生育政策的，视情况采取罚款、降级、降职、撤职、开除党籍、开除公职等处分。只有这样，才能促使计划生育政策得到有效的执行。在政策执行过程中，对那些虽经教育，仍不能自觉遵守党纪国法，甚至明知故犯者，采取强制手段实行严惩，不仅能起到悬崖勒马的作用，而且对周围群众能起到警示告诫的作用，对于刹住歪风、弘扬正气颇有效果。建国初期的“三反”、“五反”运动中，将身居高位犯有严重贪污腐化罪行的刘青山、张子善处以极刑，使得党风、政风、社会风气焕然一新，就是例证。

强制性执行手段与说服教育相结合，是马克思主义唯物史观和辩证法在党的政策执行中的创造性运用和发展。它把工作的立足点和落脚点确立在相信群众、依靠群众、尊重群众的首创精神上，找准了人的思想发展变化的客观规律，准确地把握了启发人的自觉性与坚持党纪、国法的辩证关系。坚持强制手段与说服教育相结合，既能有效防止片面强调思想教育而造成放任自流、过分迁就的不良倾向，又能避免不做耐心说服教育工作而滥发命令、胡施惩罚的不良倾向。只有坚持强制性手段与说服教育有机结合的方法，才能化消极因素为积极因素，带领广大人民群众为保证党的各项方针、政策的贯彻落实而竭尽全力。

四、抓中心工作、以点带面的领导方法

这是中国共产党人在长期的政策执行中所形成的又一个特色。抓中心工作，就是要善于从纷繁复杂的工作头绪中找到并紧紧抓住最能影响全局、可以带动整个工作链条前进的中心环节，也就是抓住主要矛盾。毛泽东在《矛盾论》中指出：在复杂事物发展过程中，有许多矛盾存在，其中必有一种是主要矛盾，由于它的存在和发展，规定或影响着其他矛盾的存在和发展；捉住了这个主要矛盾，一切问题就迎刃而解了。抓中心工作的方法，在毛泽东等老一辈革命家手中得到了有效的运用。在民主革命时期，通过武装斗争夺取革命政权，这是我党所要解决的主要矛盾。以毛泽东为首的老一辈革命家，正是紧紧抓住这一主要矛盾，百折不挠地动员组织广大人民群众积极开展了波澜壮阔的革命战争，推翻了三座大山，建立

了中华人民共和国。在社会主义时期，特别是党的十一届三中全会以来，以邓小平为代表的第二代中央领导集体，紧紧抓住经济建设这个中心，带领全国人民集中力量进行社会主义现代化建设，取得了举世瞩目的成就，开辟了我国历史的新纪元。实践证明，抓主要矛盾，抓中心工作的方法是一种行之有效的方法。

在政策执行活动中，在抓中心工作的同时，还要做到“以点带面”。所谓的以点带面就是发现、培养和树立典型，以典型示范，促进和推动面上工作发展的一种工作方法。实施政策需要典型示范。为了完成中心任务，为了对面上的工作加以精心指导，政策执行者必须深入实际抓好典型示范，以一种形象化的东西进行说服教育。典型示范有两个方面的作用：第一，它在干部和群众中建立某种信心。新的方针政策公布以后，能否行得通，如何执行，人们心中无数，没有底。仅仅有一般号召是不够的。俗话说，“喊破嗓子，不如做出样子”，因为群众习惯从亲眼看到的、亲身体验到的事情上去理解政策，而不容易从一般号召上去理解政策。有了典型示范，群众对新的方针政策建立起信心，能进一步消除对方针政策的各种疑虑，容易接受和执行政策。第二，典型示范有突破一点的作用。新的方针政策制定以后，在实践中大力推行就需要有典型的带动。一个好的典型能带动一大片，使面上的工作突破一点，取得经验全面展开，更有力地推动面上工作的开展，起到带头开路的作用。

抓中心工作，以点带面是我党的重要的领导方法。党和国家的政策是多层次、多方面的，作为下级机关都应该认真地、全面地实施。从政策本身来看，各项政策是一个有机整体，它们之间既有区别又有联系，相互制约。如果孤立地执行哪一项政策，不仅难以收到预期的效果，而且会顾此失彼，使许多政策不能落实。但是，如果面对各项政策不分轻重缓急，只按上级指示来一件做一件，就会丧失工作的主动性，形成很多的“中心工作”，导致凌乱无序的状态。因此，领导机关对于各项政策的实施应当实行统一领导，按照党在一定时期内总的战略部署，分别不同情况，统筹兼顾，妥善安排，正确地确定工作重心和工作秩序。同时要总结和推广典型经验，推动整个面上的政策落实。抓中心环节、以点带面的工作方法也是具有中国特色的政策执行活动中的一个基本方法。

早在井冈山斗争时期，中国共产党人紧紧抓住土地革命这一中心环节，发动群众，壮大革命队伍。为了搞好这一中心工作，毛泽东同志亲自下乡调查，树立了长岗乡、才溪乡和兴国县这样一批群众发动好、红军发展快的先进典型，并亲自在瑞金的全国工农代表大会上加以宣传推广，使得土地革命在全国范围内得以顺利地进行。在解放战争期间，为了夺取全国革命战争的胜利，人民解放军在毛泽东同志和中央军委的领导下，和国民党军队展开了两种命运的大决战，创造了天津、北平、绥远三种打击和瓦解敌人的典型方式，并随之在全国各个战场上采用和推广。在新的历史时期，特别是改革开放以来，我党紧紧抓住经济建设这一中心，围绕这个中心从积极支持农村改革试点到在全国推开；兴办经济特区，开放沿海城市，在内地建立工业开发区、科技开发区；鼓励一部分人先富起来，然后实现共同富裕……培养、支持和推广了诸多种类的先进典型，有力地推动了全国的改革开放和经济建设。

总之，抓中心工作，以点带面的领导方法，是我党的各项方针、政策得以全面、顺利实施的有效方法，它对党和人民的事业起着巨大的推动作用。

案例

“定心丸”何以变成“闹心丸”①

第二轮土地延包给广大农民吃了一颗“定心丸”，对稳定农民的土地使用权，增加农民长期投入的积极性，保护耕地，都有较大的促进作用，但在一些地方，“定心丸”却变成了“闹心丸”。

据山东省信访部门统计，在山东因土地纠纷引发的农民上访和冲突，已占到农村越级上访量的40%，并呈上升势头。河南省农调队最近对全省20个县的县、乡主要领导干部的问卷调查表明，土地纠纷与农民负担等成为当前一些农村的热点问题。

① 资料来源：《半月谈》，2000（10）。

强征承包地引发纠纷

1997 年，山东省商河县杨庄铺乡政府在没有征得群众同意的情况下，单方将几个村的数千亩土地有偿承包给山东天马置业公司，搞高效农业开发。村民多次上访。问题始终得不到解决。村民林富行不平地说：“俺家的两亩地被乡政府强行包给了天马公司，补偿一直都不给，这是啥道理？”

去年，河南省洛阳市所属的洛宁、宜阳、新安等县的一些乡镇，以产业结构调整为名，在不给任何经济补偿的情况下，强行让群众在承包地上种植烟叶，否则就收回群众的承包田，结果引发了群众上访。

不少乡村干部对第二轮土地延包存在错误认识，他们认为，“一定 30 年不变”不过是走走形式，以前干部能动地，现在还能。

河南、山东两省的农业厅有负责同志分析说，第一轮土地承包是个“包不包”的问题，而且大多数是口头协议，管理比较松散；而第二轮土地承包十分严格，承包地块、期限都是用书面合同的形式确定的，严格纳入了法制管理的轨道，如果基层干部再沿用以前行政强迫命令的办法随便调地，势必引发大量土地纠纷。

中央的土地延包政策在基层得到广泛的拥护，但是在具体操作中会产生矛盾：一家一户承包与土地适度规模经营的矛盾。陕西省长安县探索出一种叫作“股份田”的新形式，即农民以承包土地入股且参与劳动经营，收益为土地股金和劳动者报酬；投资者以资金入股且负责经营管理，收益为经营利润和管理者报酬；科技人员以技术入股且提供技术服务，收益为技术服务指导费，三方皆大欢喜。河南省许昌市近年兴建了上百家高效农业开发公司，也大都采取土地入股的方式。

仍搞“两田制”损害农民利益

在第二轮土地延包之前，许多地方乡村干部将耕地分为经济田和口粮田两块，口粮田分给群众，而经济田则高价发包，变相加重农民负担，引起群众强烈不满。中央在第二轮土地延包中明确规定不能再搞“两田制”，但仍有一些乡村干部对此阳奉阴违，维护一己私利。

1999 年 10 月中旬，已是麦播期，可河南省修武县王屯乡 1 200 多亩地却一直荒着。原因是乡党委、政府下通知：“废止和收回 1998 年 8 月所有与农户签订的土地延包合同，全面调整土地。”不少村民在自己的承包田地刚种上麦，就被干部带人犁掉了，双方冲突不断，村民多次上访告状。

在付屯村，村民们拿出1998年8月18日才与村委会签订的承包期为30年的合同书，满腹委屈地说：“这合同刚刚签满一年，说不算就不算了。国家不让搞两田制，乡里这样搞，我们坚决不同意。”对此付屯村支书解释说：“1998年上面要求必须在麦播前把土地延包工作搞完，为应付检查验收，村里与村民们签订了合同。谁知，村民竟把这个合同当真了。乡里已专门下通知，要求废止已签的合同，重新制定延包方案。”在这里，合同竟被视为儿戏。

山东省临朐县月庄村支书李安兴1992年从村民手中收回大批耕地，以“两田制”办法发包出去，建起418亩樱桃园和上百亩苹果园。在国家土地延包30年政策出台后，这个村仍私自发包耕地180亩，致使村民人均只有0.33亩的口粮田，粮食根本不够吃。月庄村的村民说：“这樱桃园每亩收入高达数万元，大都被村干部分了，大伙就是觉得不公。”去年1月以来，月庄村村民多次越级上访，要求废除“两田制”，按中央政策均分土地。

人口变化引发人地矛盾

1998年底，第二轮土地延包进入尾声，河南商丘市不少群众来到省城上访，反映在土地延包中没有分到土地。原因是商丘市的一些县区自1978年“大包干”以来，直至1998年，没有根据人口变化调整过土地。

据调查，在这些县区，大包干后才出嫁的妇女和以后才出生的孩子都没有分到土地。在有的乡村，此类人口占总人口总数的30%，导致“一人种多人地，多人种一人地”的情况十分普遍，在第二轮土地承包中，这批人十分迫切地希望能分到地。但是，由于当地政府片面理解“土地顺延”和“大稳定小调整”的政策，加上没有地的村民又不足三分之二，不符合“小调整的方案要经过村民大会或村民代表大会三分之二以上成员同意”的有关规定，所以在第二轮土地承包中，这批人仍然没有分到地，结果引发了大量矛盾。

在第二轮土地延包工作走在前列的河南省濮阳市，解决今后的人地矛盾主要用了以下四种方法：一是使第二轮承包的起点尽量公平，不让以前出现的问题再延续下去；二是用好5%的机动地，解决人口较多、生计较少的农户对土地的需求；三是实行土地流转，如农户间依法进行转包、转让互换；四是实现劳动力向非农业转移，鼓励人地矛盾突出的农户，向外转移劳动力。

思考题

1. 什么是政策执行？它在政策过程中有哪些作用？
2. 政策执行包含哪些基本功能活动环节？
3. 如何理解政策执行中的原则性与灵活性相统一要求？
4. 简述影响政策有效执行的基本因素。
5. 分析上述案例，指出“土地延包”政策在执行中存在的主要问题。

第八章

政策评估

政策评估是政策过程的一个重要环节。只有通过政策评估，人们才能够判断一项政策是否收到了预期效果，从而决定这项政策是应该继续、调整还是终结；同时，通过政策评估，还可以总结政策执行的经验教训。本章讨论政策评估的几个基本理论问题。

第一节　政策评估概述

政策评估是政策分析的重要方面，是一种具有特定标准、方法和程序的专门研究活动。在相当长的时间里，政策评估并未引起人们的重视。其实，作为公共政策分析过程中不可或缺的一环，政策评估在政策分析过程中有着重要意义。

一、政策评估的概念

尽管目前对政策评估的研究已越来越多，但对于政策评估这个概念却没有一个统一的、能被绝大多数学者、专家普遍认同的定义。先看看几种有代表性的定义：

安德森认为，“如果把政策过程看作某种有序的活动的话，那么，它的最后一个阶段便是政策评价。总的说来，政策评价与政策（包括它的内容、实施及后果）的估计、评价和鉴定相关。作为某种功能活动，政策评价能够而且确定发生在整个政策过程中，而不能简单地将其作为最后的阶段。”① 依这种看法，政策评估的目的是评价人们所执行的政策在实现其预定目标上的效果，该政策在多大程度上解决了政策所指向的问题，以及该效果的取得是政策本身的作用还是政策以外其他因素所导致的等。

那格尔认为，政策评价“主要关心的是解析和预测，它依靠经验性证据和分析，强调建立和检验中期理论，关心是否对政策有用，而主要关心的是把评价看成一种科学研究活动”②。在这里，政策评估被看作一种分析的过程，评估者通过搜集相关信息，运用定性与定量分析方法和技术，对各政策方案进行分析，确定各种方案的现实可行性及优缺点，以供决策者参考。

林水波、张世贤认为，政策评价是“有系统地应用各种社会研究程序，搜集有关资讯，用以论断政策概念与设计是否周全完整，知悉政策实际执行情形、遭遇的困难，有无偏离既定的政策方向；指明社会干预政策的效用”③。在他们看来，政策评估不仅是对政策方案的评估，而且包括对执行情况和政策结果的评估。政策评估被看作是一种着眼于整个公共政策全过程的广博的收集资料、论证评价的过程。

朱志宏认为，“就一项公共政策而言，发现误差、修正误差就是政策评估，换言之，政策评估的工作就是发现并修正政策的误差。”④ 按照朱

---

① ［美］詹姆斯·E·安德森：《公共决策》，183页。

② ［美］S. S. 那格尔主编：《政策研究百科全书》，634～635页。

③ 林水波，张世贤：《公共政策》，499页。

④ 朱志宏：《公共政策》，299页。

志宏等人的观点，公共政策过程是未来取向的，评估者凭借自己已具备的知识和经验，对公共政策全程跟踪观察，发现问题并随时纠正。在某种程度上，类似于引领航行的导航员。

可见，学者们对于政策评估概念的界定见仁见智，归纳起来主要有四种观点：（1）政策评估的着眼点应是政策效果；（2）政策评估主要是对政策方案的评估，属于政策评估中预测评估的范畴；（3）政策评估是对政策全过程的评估，既包括对政策方案的评估，还强调对政策执行以及政策结果的评估；（4）政策评估就是发现误差，修正误差。这些定义各有千秋，但后面三种定义的不足之处较为明显。我们倾向于第一种观点，将政策评估主要看作是对政策结果的评估。

因此，可以给政策评估下这样的定义：政策评估是依据一定的标准和程序，对政策的效益、效率及价值进行判断的一种政治行为，目的在于取得有关这些方面的信息，作为决定政策变化、政策改进和制定新政策的依据。

二、政策评估的类型

随着政府活动的日益复杂化和影响的深入化，政策评估也日益呈现出多样化的特点。国内外学者依据不同的标准，从不同的角度对政策评估进行了分类。不同的分类显示了学者们研究重点的不同。

在国外评估研究的文献中，有不少关于政策评估的分类方法：美国评估研究协会根据工作程式把方案评估分为六类，即前端分析、评估性测定、过程评价、效力评估或称影响力评估、方案和问题监控以及元评估（或称综合评估），这六种评估类型构成了方案评估的日常内容。美国社区服务管理局曾提出三种类型：方案影响评估、方案策略评估和方案监控。而学者 R. M. 克朗赞同 R. 施赖德的看法，认为评估是一种循环的问题过程并将评估分为五类：系统评估、投入评估、过程评估、总结评估和预测评估。德尔金斯（D. N. T. Derkins）则根据政策发展过程建立了六种评估类别，分别是策略评估、顺服评估、政策设计评估、管理评估、干预效果评估和影响评估。

在国内评估研究的文献中，政策评估的分类表现为两个大的趋势：一是认为政策评估应分为三类，即正式评估和非正式评估；内部评估与外部评估；事前、执行和事后评估。二是赞同从政策影响的角度对政策评估做诸如效益、效率、效果等方面的分类。台湾学者林水波、张世贤则把政策评估分为四类：第一类是政策执行评估，包括内容摘要、政策的背景环境、原定政策主要特征总述、执行评价描述、总结与考虑；第二类是影响评估；第三类是经济效率分析；第四类是推测评估。

从不同的角度，依据不同的标准，我们也可将多样化的政策评估分为不同的种类。从评估组织活动形式上看，可分为正式评估和非正式评估；从评估机构的地位看，可分为内部评估和外部评估；从政策评估在政策过程所处的阶段来看，政策评估又可分为事前评估、执行评估和事后评估。

1. 正式评估和非正式评估

从评估组织活动形式上看，可分为正式评估和非正式评估。非正式评估指对评估者、评估形式、评估内容没有严格规定，对评估的最后结论也不作严格的要求，人们根据自己掌握的情况对政策做出评鉴的评估。正式评估指事先制定完整的评估方案，并严格按规定的程序和内容执行，并由确定的评估者进行的评估。它在政策评估中占据主导地位，其结论是政府部门评价政策的主要依据。

2. 内部评估和外部评估

从评估机构的地位看，政策评估可分为内部评估和外部评估。内部评估是由行政机构内部的评估者所完成的评估。它可分为由操作人员自己实施的评估和由专职评估人员实施的评估。外部评估是由行政机构外的评估者所完成的评估。它可以是由行政机构委托营利性或非营利性的研究机构、学术团体、专业性的咨询公司、大专院校进行的，也可以是由投资或立法机构组织的或由报纸、电视、民间团体等其他各种外部评估者自己组织的。内部评估和外部评估各有其利弊，因此，在实践中，应把内、外评估结合起来，取长补短。

3. 事前评估、执行评估和事后评估

从政策评估在政策过程所处的阶段来看，政策评估又可分为事前评估、执行评估和事后评估。事前评估是在政策执行之前进行的一种带有预测性质的评估。事前评估的内容包含三方面：对政策实施对象发展趋势的预测，政策可行性的评估，对政策效果进行评估。执行评估就是对在执行过程中的政策实施情况的评估，就是具体分析政策在实际执行过程中的情况，以确认政策是否得到严格地贯彻执行。事后评估是政策执行完成后对政策效果的评估，旨在鉴定人们执行的政策对所确认问题达到的解决程度和影响程度，辨识政策效果成因，以求通过优化政策运行机制的方式，强化和扩大政策的效果。它在政策执行完成以后发生，是最主要的一种评估方式。

三、政策评估的标准

政策的评估过程是一种紧紧围绕着政策效果而展开的活动。为了弄清楚一项政策的效果究竟是好是坏，是否实现了预期的目标，就必须首先建立一套评估的标准，即进行价值判断的尺度。没有标准将无法对一项政策进行正确客观的评估，而且这些标准是“所要分析问题的核心所在”，由此可见标准在评估中的重要地位。此外，“较早说明评估标准也有助于日后避免出现选择个人偏好的方案的倾向”①。但是，在现实的政策活动过程中，由于政策涉及面广，参与人数众多，政策过程中的变量因素很多，因此难以设定一个统一的，能被绝大多数学者共同认可的标准。

国内外学者在这个问题上也是各有自己的见解。例如，帕顿和大卫·沙维奇说：“我们将运用巴尔达奇的类型学方法来组织我们对通常使用的评估标准进行一次回顾。巴尔达奇界定了对政策设计目标会产生较大影响并会如期发挥作用的四种主要制约因素：技术可行性、政治可行性、经济和财政可能性以及行政可操作性。我们相信，大部分的评估标准都可归入这四种综合类型，而且分析人员应当在每一种类型中为每一个政策问题确定相关标准。”② 威廉·N·邓恩在其所著的《公共政策分析导论》一书中，将评估标准分为六类，分别是：效果、效率、充足性、公平性、回应性和适宜性。③

---

① ［澳］欧文·E·休斯：《公共管理导论（第二版）》。

② ［美］卡尔·帕顿、大卫·沙维奇：《公共政策分析和规划的初步方法（第二版）》，北京，华夏出版社，2001。

③ 参见［美］威廉·N·邓恩：《公共政策分析导论（第二版）》。

台湾学者林水波、张世贤认为，评价标准大致有八个方面①：第一，投入工作量。在政策执行过程中所投入的各项资源的质与量以及分配状况。第二，绩效。依据具体明确的目标，分析政策对客观事物与政策环境所造成的实际影响。绩效既包括政策推动的结果，又含有民众心目中认定的满意程度。第三，效率。投入工作量与绩效之间的比例关系。第四，充足性。满足人们需求、价值或机会的有效程度，反映了绩效的高低。第五，公平性。政策所投入的工作量以及产生的绩效在社会不同群体间公平分配的程度。政策的类型不一样，所反映的公平性的角度与观点也不一样。第六，适当性。政策目标和所表现的价值偏好，以及所依据的该假设是否合适。第七，执行力。探求影响政策成败的原因，进而导致因果模型的构建。第八，社会发展总指标。对社会状态与发展的数量描述与分析。既反映过去的动向，又可作为社会现状的说明，其特征是以描述性指标为主。

张国庆在《现代公共政策导论》一书中，从一个较独特的视角提出了评估的首要标准和次要标准的概念。他认为，对于一项政策的整体评估是建立在若干单元评估基础上的。所以，他把用于整体评估的标准称为首要标准，把用于单元评估的标准称为次要标准。在这个意义上，他得出的结论是：总量评估和首要标准是自变量，而单元评估和次要标准就成了因变量。但他对首要标准和次要标准的具体内容没有进行阐释。这样，他就从立体的角度构建了一个评估标准的架构。② 台湾学者朱志宏也提出了“次级标准”的概念。③

在公共决策过程中，由于客观条件所限，找到最优决策方案是相当困难的，所以，人们往往退而求其次，在现有条件下，选定一种较为满意的方案，做出一种“满意决策”。同理，在进行政策评估的实践过程中，要寻求一种近乎完美的、放之四海而皆准的评估标准也是相当困难的。因为“选择什么样的评估标准，不仅取决于评估目的、评价者，而且还决定于评价的技术与方法”④。因此，在大多数的情况下，人们在评估实践中所

① 参见林水波，张世贤：《公共政策》。
② 参见张国庆：《现代公共政策学导论》，北京，北京大学出版社，1997。
③ 参见朱志宏：《公共政策》，299页。
④ 陈庆云：《公共政策分析》，257页。

依据的也仅仅是一种在此时此地较为满意的评估标准。

我们认为，一般而言，政策评估有如下五个标准：生产力标准、效益标准、效率标准、公正标准和政策回应度（我们将在“政策分析过程各步中常用的方法”一章中对这个问题加以讨论）。

四、政策评估的意义

政策评估作为一种对政策的效益、效率、效果及价值进行判断的一种政治行为，是政策运行过程这一有机链条中的重要一环。但是，长期以来，人们只顾无休止地制定、颁布这样或那样的政策，对政策的效果如何，所知甚少，缺乏关心。这种只问耕耘，不问收获的态度固然有体制的原因，但是也与我们缺乏对政策评估重要性的认识有密切关系。事实上，政策评估对于改进政策制定系统，克服政策运行中的弊端和障碍，增强政策的活力和效益，提高政策水平具有重要作用，意义深远。概括地讲主要表现在以下几个方面。

1. 政策评估是检验政策的效果、效益和效率的基本途径

任何政策，如果投入运行后，就再没有人去做相关的评估反馈工作，那它的效果如何就不得而知。尤其是一项构思精良，经多方论证认定是无懈可击的政策投入运行以后，究竟有没有达到预期目标，产生预期效果，或产生了哪些非预期的连带的效果，这都需要我们进行科学的评估工作。也就是说，评估人员要密切关注政策执行的动向，搜集相关的资料和信息，再加以科学的分析、论证，得出可靠的结论，以确定该项政策是否有好的效果，执行过程是否效率很高以及其效益所在。比如计划生育这一基本国策，在执行过程中，就需要我们密切关注它的发展状况，以便了解该项政策执行的情况。我们可以通过定期的人口普查以及年度的人口统计资料来确定，通过实行计划生育政策，我国在几年内少增加多少人口，与原始人口数据进行对比，从而可以判定计划生育政策是否被有效执行，哪些地区执行得较好，哪些地区稍差一些。

2. 政策评估是决定政策去向的重要依据

一项政策在执行过程中总会呈现出一定的走向。伴随着政策目标实现程度的不断推进，该项政策是应该继续、调整、革新还是终止？这都必须依据一定的客观资料。能够提供这种客观资料的有效活动只有政策评估。政策的走向一般分为三种情况：第一，政策继续，即通过科学的评估，发现该政策所指向的问题还未得到解决，其政策环境也没有发生大的变化。基于这种情况，还适宜用原来的政策继续指导这个问题的解决。如上面我们提到的计划生育政策，我国通过第五次人口普查，确定该项政策的执行已经取得了显著效果，但我国人口多，基数大，所以要继续执行该项政策。第二，政策调整，或称政策革新。如果一项政策在执行过程中，遇到了新情况、新变化，原来的政策已明显不适应新的政策情况，那我们必须对原有政策进行调整或者革新，以适应新变化，更好地实现政策目标。第三，政策终结，也就是完全终止原来的政策。政策终结分为两种情况：一种是政策目标已经实现，原有政策的存在已经没有意义，完成了一个政策周期，自然终结；另一种情况是政策环境或问题本身发生了非常大的变化，原有政策已明显不能解决问题，甚至会使问题变得更为严重，而且通过调整已无济于事，这时就需要终结旧政策，代之以新的、更为有效的政策。为了避免终结旧政策带来的混乱，旧政策的终结与新政策的出台最好能够同步。由此可见，无论是政策的继续、调整还是终结，都必须建立在科学、系统、全面的政策评估基础上。

3. 政策评估是合理配置资源的有效手段

在政策实践中，政府的政策资源是有限的，但政府部门却要同时执行多项政策，如经济政策、政治政策、环境政策、教育政策等等。那么，究竟哪项政策该投入多少政策资源，也就是说政策资源要怎样配置才最为合理呢？这就体现出了评估的重要意义。只有通过政策评估，才能确认每项政策的价值，并决定投入各项政策的资源的优先顺序和比例，以寻求最佳的整体效果，有效推动政府各个方面的活动。同时，通过政策评估，也可以对照以往的政策资源分配情况，看其是否合理，总结经验，吸取教训，使政策活动优质高效地进行。

4. 政策评估是公共决策科学化、民主化的必由之路

在现代社会，国家管理活动中重要的一环就是政府利用政策来调整、组织社会生产和社会生活。随着社会的发展，各种新情况和新变化层出不穷，单靠传统的经验来决策已经不能应付日益复杂的决策问题。实践证明，经验决策必须向科学决策转变；而政策评估正是使决策迈向科学化的必由之路。通过政策评估，不仅可以检验政策的效果、效益和效率，更合理地配置政策资源，形成一种优先顺序和比例，而且可以与时俱进，随时抓住情况的变化，对政策做出继续、调整或终止的决定。从另一个角度来看，通过评估得出的结论体现了科学性，为下一步的民主决策奠定坚实的基础。因此，政策评估对于公共决策的科学化民主化是不可或缺的。

第二节　政策评估的过程和模式

政策评估是一种有计划、按步骤进行的活动，是一个有规律可循的系统过程。虽然评估活动步骤会因为评估类型的不同而不尽相同，但是，只要是正规的、科学的政策评估，一般都要经过准备、实施和结束三个阶段。

一、政策评估过程的三个阶段

1. 准备阶段

作为一项复杂的、系统的工作，政策评估在实施以前必须进行周密的组织准备工作，这是评估工作的基础和起点，也是评估政策得以顺利进行和卓有成效的前提条件。组织准备比较充分，才能保证评估工作有计划、按步骤展开实施，避免评估工作的盲目性。组织准备阶段的主要任务包括：

（1）确定评估对象。确定评估对象实质上是解决评估什么的问题。政策具有相关性，某一结果的产生往往是多项政策共同作用的产物，要清楚地划出一项政策作用范围的边界并不容易。同时，并不是任何政策在任何时候都可以而且有必要进行评估。比如，某些政策仅具有象征性意义或者尚未完全发生作用，评估的时机尚未成熟，则暂时没有必要进行评估。因此，根据理论研究与实际工作需要，遵循有效性与可行性相结合的原则精选评估对象（特别是那些比较成熟的、政策效果与环境变化之因果关系比较明显、评估结论比较有推广价值的政策），才能使评估收到最佳效果。

（2）制定评估方案。这是政策评估准备阶段最为重要的一项工作。评估方案是评估实施的依据和内容，评估方案设计的合理程度直接关系到评估质量高低和评估活动的成败。评估方案必须以书面的形式系统、详细地说明以下内容：第一，阐述评估对象，明确指出评估什么。第二，明确评估的目的、意义和要求。评估目的决定评估的基本方向，解决的是为什么进行评估的问题。第三，确定评估标准。事实分析和价值分析以及它们的有机结合是评估标准的基本内容①，评估标准通常体现为评估指标体系，它决定评估类型和评估方法。第四，提出评估的基本设想，根据评估目标确定评估的内容、范围，制定出评估方案。第五，评估方案还要说明评估的场所、时间和工作进度，以及评估经费的筹措和使用等问题。简言之，评估方案应将评估的五个基本要素，即评估者（主体）、评估对象（客体）、评估目的（出发点）、评估标准（准则）和评估方法（手段）都包括在内，使它们共同构成一个完整的政策评估系统。

（3）挑选和培训人员。评估的过程实际上是一种理论研究过程，它对评估人员的理论素养要求很高。换句话说，评估人员自身素质和理论水平将直接影响评估的质量。因此，必须选择适当的评估人员，提高他们的理论分析水平和实际操作能力，构建具有较高水准的评估队伍。

2. 实施阶段

实施评估是整个政策评估活动中最为重要的阶段，实施评估工作的好坏与评估活动的成败紧密相关。实施评估阶段关键是一些具体调查方法和评估方法的运用，该阶段的主要任务有：

（1）利用各种调查手段，全面收集政策制定、政策执行、政策影响和政策效益等方面的信息。信息是政策评估的基础，评估政策的过程其实也是收集信息、处理信息的过程。为了保证所获信息具有全面性、系统性和准确性，需要综合采用各种科学方法来收集信息，常用的方法有：观察法、查阅资料法、调查法、个案法、实验法等。

（2）综合分析政策信息。就是要在收集信息的基础上对那些有关政策的原始数据和信息资料进行系统的整理、归类、统计和分析。

（3）综合运用适合的评估方法，对政策进行评估，得出评估结论。在实施评估的过程中，评估者应该坚持评估材料的完整性和具体分析的科学性两个原则，客观、公正地反映出政策的实际效果。

① 参见陈庆云：《公共政策分析》，262页。

3. 结束阶段

结束阶段是处理评估结果、撰写评估报告的阶段。政策评估离不开价值判断，个人的价值判断受客观条件和一些非理性因素的影响，难免有疏漏。因此，当我们收集评估信息，得出评估后，还必须善加处理。首先，要自我检验、统计分析评估信息所得出的结果的可信度和有效度。其次，让评估结论与政策设计者、决策者、执行者、参与者会面，以便发挥评估的诊断、监督、反馈、完善和开发作用，提高政策的科学性。为此，必须做好两个方面的工作：撰写评估报告和总结评估。在结束阶段，政策评估者须形成书面形式的评估报告，提交给有关领导和实际部门，使之了解一项政策实施的最终情形，及时根据情形决定政策的继续、修改、终止等。评估报告除了对政策效果进行客观陈述、对政策进行价值判断、提出政策建议以外，还应包括对评估过程、评估方法和评估中的一些重要问题进行必要说明，对评估工作的优缺点进行总结，为提高今后的政策活动水平服务。此外，结束阶段还要注意妥善处理决策者与评估者之间的分歧，实现决策者与评估者之间对评估报告的最大限度的协调。

二、政策评估的八种模式①

在西方政策评估实践中，有各种各样的模式。如何对这些模式进行分类，是政策评估学者一直研究的问题。有些学者，如古巴（Guba）和林肯（Lincoln），提出以“组织者”（organizer）作为焦点来进行分类。通常，所选择的价值标准就是评估的“组织者”，这样根据“组织者”的不同就形成不同的评估模式（evaluation model）。以古巴和林肯的观点为基础，德国学者韦唐（Evert Vedung）在《公共政策和项目评估》（1997）一书中，从社会科学更广阔的视角出发，赋予了“组织者”更抽象的含义，从而提出了一个关于政策评估模式的系统分类框架。

韦唐博士从政府干预的实质结果入手，按“组织者”的不同将评估模式分为三大类，即效果模式（effectiveness models）、经济模式（eco-

① 本目主要资料来源：Evert Vedung, Public Policy and Program Evaluation. New Brunswick and London: Transaction Publishers, 1997, pp. 35－92.

nomic models）和职业化模式（professional models）。“效果模式由一个相当大的、各不相同的团体组成。除了传统的目标达成评估（goal-attainment evaluation）外，效果模式还包括附带效果模式（side-effects evaluation）、无目标评估（goal-free evaluation）、综合评估（comprehensive evaluation）、顾客导向评估（client-oriented evaluation）和利益相关者模式（stakeholder model）。”经济模式与效果模式的不同在于前者总是关心成本，而后者是忽略成本的。经济模式的两个基本变种是生产率模式（productivity model）和效率模式（efficiency model）。职业化模式并不直截了当地关心评估的内容，因为它把重点放在了执行评估的人身上。最著名的职业化模式是同行评议模式（peer review model），用这种方法，举个例子来说，就是教授评估教授、工程师评估工程师、外科医生评估外科医生。按照韦唐的概括，政策评估模式的分类如图 8—1 所示。

- 评估模式
  - 效果模式
    - 目标
      - 目标达成模式
      - 附带效果模式
    - 结果——无目标评估模式
    - 系统单元——综合评估模式
    - 顾客的关心——顾客导向评估模式
    - 利益相关者的关心等
      - 利益相关者模式（北美）
      - 政策委员会（瑞典）
  - 经济模式
    - 生产模式——生产率模式
    - 效率模式
      - 成本—利益分析
      - 成本—效能分析
  - 职业化模式——同行评议

图 8—1　政策评估模式的分类

1. 目标达成模式

目标达成模式是探讨评估问题的传统方法，它主要由两部分组成：（1）目标达成评价。关注的是结果与由政策（项目）目标是否一致。（2）影响评价。关注的是结果是不是由政策（项目）所造成的。应用目标达成模式要按三个步骤进行：第一，明确政策（项目）目标及它们的真正含义，并将它们按重要程度加以排序，再把它们转变成可以测量的客体；第二，测定这些预定目标实际上可在多大程度上实现；第三，弄清楚政策（项目）促使或阻碍目标实现的程度。可见，该模式是以预定的政策（目标）作为评估的标准和组织者，评估的主要任务是判断预定的政策（项目）目标是否已经实现，以及项目在多大程度上有利于目标的实现。

同任何方法一样，目标达成模式有它无可替代的优点，也有明显的缺陷。韦唐对此作了具体的阐述。在韦唐看来，存在三个主要理由去推动目标达成评估：一是体现了民主。目标达成模式是以预定的政府政策目标作为评估的组织者，政府预定的政策目标是公开而法定地被人民代表在代表大会上采纳，体现了政治过程中的民主。同时，政治目标是在责任感之下制定的，政治官员在制定目标时会更多地考虑民众利益和可利用的资源。二是提供客观的评估标准。目标达成模式以既定的政策（目标）作为组织者，以项目目标来判断项目结果，所以可以避免评估者在评估项目的价值问题上持个人的主观标准。三是具有简单性。这个模式只包含两个主要的问题，即结果是否与目标一致？结果是否由政策（项目）所引起？

韦唐认为，目标达成模式的缺陷表现在五个方面：第一，忽略了成本。政策过程中需要投入大量的人力、财力、物力和时间等各种资源，这些资源在目标达成模式中完全被忽略了。第二，在目标不清的情况下难以运用。而政策目标的不确定性又是政策分析中常常碰到的问题。第三，不考虑意料之外的结果。目标达成评估只考虑预定的项目目标的结果，而忽视那些偶然发现的结果或意料之外的结果，这是片面的做法。第四，忽视了公共政策制定中的隐秘议程的作用。目标达成评估将官方宣布的、表面的预定目标作为评估的"组织者"，而忽视政治游戏现实中的一些重要东西。比如，官方宣布的目标可能仅有象征性意义，并不打算真正去实现。在这种情况下，目标达成评估往往是无效的。第五，忽视实施过程。目标达成模式只关心项目结果，而实施过程则被看作是一个黑箱。

2. 附带效果模式

附带效果模式正好解决了目标达成模式的"困境"，即关注非预期的、预料之外的政策效果。附带效果是指项目目标范围之外的影响，与主要效果——政策制定者有意识地想要得到的主要实质性影响——相区别。附带效果模式的特征是预定目标仍然是基本的"组织者"，但是要充分考虑到附带效果的存在。

要认识附带效果，应该把政策活动中可能出现的反常效果和零效果相区别。反常效果是指产生与预期目标完全相反的结果；零效果是指政策在目标范围内没有产生任何影响；反常效果和零效果都是产生在目标范围之内，而附带效果则是产生在目标范围之外。

在人们的印象中，附带效果似乎带有贬义，但它并非总是有害的，也可能是有利的。附带效果可以是预期的，也可能是非预期的。一些政策分析家甚至认为大部分政策效果在决策做出时是非预期的。附带效果不管是否有利，都是综合评价政策活动的关键因素，因此必须受到重视。项目可能产生副产品，副产品反过来组成或产生新问题，从而又产生新的政策（项目）。韦达夫斯基写道："越来越多的公共政策是解决过去政策的结果。"① 因此，有关附带效果的信息对于任何一个政府政策的综合性评价来说都是不容忽视的，不及时发现与及时解决将可能导致更复杂的问题的出现。

附带效果评估遭遇的主要挑战是判断价值时应用什么样标准。对此，韦唐也没有明确的分析。但他指出，应勾画出主要效果并由委员们和其他评估的使用者去明确它们的价值，计算全部价值的方法是将知道的每一个单独附带效果的价值与主要效果价值相加或者相减。

3. 无目标模式

无目标模式最初是由米歇尔·斯克里文设计的，他猛烈抨击评估者沉迷于预定的干预目标，被牵着鼻子走。无目标模式的"组织者"是结果——不管是计划内还是计划外的结果。评估者的主要任务是全面观察政策实施，然后找出所有相关的效果。无目标模式对政策效果持广阔的视角，它帮助评估者全面关注结果，尤其是一些可能被忽视的结果。无目标模式与政策效果模式的主要区别是：附带效果模式仍然是"基于目标"之上的，同时辅之以对各种附带效果的考察评估；而无目标模式则完全抛开政策的预定目标和其他事前标准，只分析研究结果，单纯判断结果的价值。

可见，无目标模式是针对目标达成模式忽视附带效果，在目标模糊时束手无策的弊端而提出的。因此，其应用领域也十分广泛。但是，它完全忽视评估标准和预定目标，只依赖于决策者和权力使用者的公正判断，这显然容易导致主观因素的介入，影响评估的客观公正性。此外，这种模式在实践中还存在着操作上的困难。斯克里文认为，项目的效果要和顾客以

---

① Evert Vedung, Public Policy and Program Evaluation. p. 56.

及受影响的人们的需要相比较，但评估者如何查明需求呢？从方法论上来说，找出需要比描述结果更困难。

4. 综合模式

综合模式的评估范围比目标达成模式广泛得多。该模式认为，评估不应只局限在已得到的结果上，而至少应包括执行，甚至还包括计划。综合模式与目标达成模式的主要区别在于目标达成模式关心的是预定的和实际的结果是否相符，而综合模式除了关心结果，也包括判断政府干预的计划、决策和执行阶段。

从系统论的观点看，公共政策可分为“投入”、“转换”和“产出”三个阶段。综合模式又在每个阶段中区分了描述和判断两个范畴。描述范畴又细分为意图和观察；判断则分成标准和判断。整个干预过程被分成了12 个单元，如表 8—1 所示。①

表 8—1　　综合评估模式框架

投入阶段	描述： （1）意图（目标是什么样的，希望得到什么样的效果） （2）观察（发生在这一阶段的活动的相关数据；对现状的描述）
	判断： （1）标准（作为比较基础而使用的价值准则） （2）判断（比较意图、观察和标准的过程）
转换阶段	描述： （1）意图（项目如计划的那样执行吗） （2）观察（实际的执行和项目交付）
	判断： （1）标准（作为比较基础而使用的价值准则） （2）判断（比较意图、观察和标准的过程）
产出阶段	描述： （1）意图（项目所预期的结果） （2）观察（项目结束后所收集的与实际结果相关的数据） 判断： （1）标准（作为比较基础而使用的价值准则） （2）判断（比较意图、观察和标准的过程）

① Evert Vedung, Public Policy and Program Evaluation. p. 64.

从表中我们可以看出，综合模式将整个评估活动划分得细致而全面。每一阶段全面而细致的描述为评估工作提供了丰富的信息。从信息到判断，步步递进，使主观判断建立在客观描述基础之上。而且，在每个阶段，政策价值的实现都被衡量到了。因此，这种评估模式是相当完整的。但是，综合模式也存在一些缺陷，如只关注官方的具体目标，不重视成本等。此外，模式的 12 个单元的设计在实践中很难理解，也很难操作，因而使综合模式在实际应用中受到阻碍。

5. 顾客导向模式

顾客导向模式将政策干预对象的目标、期望、关心甚至需要作为评估的组织原则和价值准则。顾客导向评估的核心是项目是否使顾客的关心、需要和期望得到满足。

什么是顾客导向？奥斯本和盖特勒在《改革政府》中指出："顾客导向的政府"向顾客提供选择，"把各种资源直接交到顾客手中，让他们选择服务的提供者，从而开始让顾客坐到驾驶的座位上"，并且"为顾客建立后果负责机制"①。可见，顾客导向评估正是基于这样一种观点：公共行政在市场领域为顾客提供物品与服务，顾客表明对服务供应的态度会导致服务交付的改进和顾客满意度的提高。应用顾客导向评估的关键是定位政策（项目）的顾客，得出顾客对项目的看法。顾客导向模式没有明确规定项目的哪些部分应该被评估，它允许进行广泛的、多样的评估。价值的多元化是顾客导向模式的一个显著特征。评估者会要求顾客对服务的某些方面做出判断和发表看法，而不同的顾客的需要和对公共服务的满意度肯定是不同的，顾客可以在评估中表达不同的意见，甚至是相互冲突的观点。

顾客导向模式的最大优点在于体现了民主和参与。由顾客根据自己的价值观评估公共服务，使顾客处在主动的位置上，而不是被动地接受服务；通过参与评估，顾客可以对服务的供应者表达他们的需求和不满，这必然在一定程度上影响服务供应者，并使之提供更加符合顾客需要的服务。这种模式也使得评估更容易为政策制定者或服务提供者所使用，并使他们清楚地了解顾客的需求和不满，从而最终提高公共服务的水平。

---

① ［美］戴维·奥斯本、特德·盖布勒：《改革政府——企业精神如何改革着公营部门》，152 页。

至于顾客导向模式的应用领域，韦唐指出："顾客的价值标准在公共服务方面的评价，比在受规章限制的政府干预的评估中扮演更占统治地位的角色。"① 也就是说，顾客导向评估主要应用于公共物品和服务的提供领域。但是，顾客的价值标准是以个人利益倾向为准，顾客个人价值的多元化难以形成对政策总的看法。而且，顾客导向模式要获取顾客的看法和需要，则要花费很多的时间。因此，顾客导向模式不能成为评估的惟一模式，而只能起补充作用。

6. 利益相关者模式

利益相关者是指所有对政策（项目）的目标和执行感兴趣并对其具有影响的团体和个人。它和顾客导向模式相似，它们的主要区别是顾客导向模式关心的对象是受影响的一组利益群体，而利益相关者模式关心的是所有对象。应用利益相关者模式首先要找出卷入或对项目的出台、执行和结果感兴趣的主要团体和个人。

利益相关者是一个范围极广的概念，这一模式也没有明确界定其范围。下面我们借助联合国开发计划署（UNDP）在对其开发合作项目所作的评估中，对重要的利益相关者的界定，来帮助我们对利益相关者的理解。重要的利益相关者包括：（1）目标群体：从计划（项目）的结果中最终收益的那部分目标人群；（2）直接受益者：一般是指在承担由特定目标群体所指导的开发任务的同时，可加强其能力的、直接的受益人群；（3）直接管理者：指那些负责保证按计划产生结果的计划管理者及政府职员或联合国执行机构的雇员；（4）资源提供者：负责向计划（项目）提供资源的国家政策制定者及预算部门、UNDP、投资人以及其他开发合作伙伴；（5）外部咨询顾问、供应商以及其他对计划（项目）提供支持的人或机构；（6）在本计划（项目）环境中可能受到计划（项目）结果影响或对其感兴趣的其他机构（私人实体机构、社会组织）。②

利益相关者模式有许多优点，归纳起来主要表现在三个方面：（1）知识性。利益相关者养成对附带效果和执行障碍的看法为评估者提

---

① Evert Vedung. Public Policy and Program Evaluation. p. 69.

② 参见联合国开发计划署评估办公室：《计划管理者手册：面向结果的监督与评估》，61 页，北京，科学出版社，1999。

供进一步研究的知识。(2)应用性。传统的目标达成模式的评估结果往往产生不了什么影响，因为评估者处于孤立地位。而利益相关者模式提高了被关心团体的真正利益被评价的机会，使信息更符合不同利益相关者的真正需要，提高了评估结果应用于实践的可能性。(3)目标管理性。利益相关者模式为没有目标或目标不清楚的政策评估提供了解决问题的策略。在利益相关者模式中，评估者应描述各个不同利益相关者的价值观而无需作任何评判，而最好把其留给利益相关者去做。利益相关者模式的缺陷有忽视评估成本、耗费资源、缺乏对利益相关者的明确界定、信奉实用主义理论等。

7. 经济模式

同效果评估模式相反，经济模式最典型的特征是关注成本。经济模式可以分为生产率模式和效率模式。

(1)生产率模式。生产率，简单地讲就是产出与投入的比率。如何判断生产率的高低？韦唐在以色列政治学家德洛尔提出的政策评估常用价值准则的基础上进行进一步研究，形成了以下10条准则：1)过去——已经取得的生产率和过去的相比较；2)国内比较——同一国家或行政区域相似组织间生产率的比较；3)国际比价——不同国家相似组织已得到的生产率的比较；4)水准基点——和过去最好的经验相比已取得的生产率如何；5)目标——已取得的生产率是否符合政治主体的目标，这个结果与市政府的目标是否一致；6)顾客期望——是否满足顾客的需要；7)利益相关者期望——是否满足利益相关者的需要；8)职业准则——生产率是否符合已被接受的职业准则；9)最小化——生产率是否满足最小化的要求；10)最优化——生产率是否与最优化模式一致。①

(2)效率模式。效率通常被当作公共行政的价值。西蒙在他的《行政行为》(*Administrative Behavior*)一书中说道：行政人员应用实际问题的标准之一是效率。资源、投入在行政人员的支配下受严格限制……他的功能是有效地应用提供给他的有限的资源，使政府项目的产出最大化。

效率可以从两个方面来测量：成本—利益分析和成本—效能分析。在成本—利益分析中，项目的投入与产出都用货币单位测量；而在成本—效

① Evert Vedung, Public Policy and Program Evaluation. pp. 259-260.

能分析中，投入用货币单位，而产出则根据真实效果计算。

经济模式是在经济学方法被引进政策科学领域后迅速形成并广泛应用的一种模式。它克服了所有效果模式的共同缺陷：忽视成本，从而把成本即政策投入作为一个重要指标纳入评估范畴。经济模式在现代政策评估中因为数字的精确性而广受推崇。但是，必须注意，经济模式不是万能的，它在对政策的社会影响、象征性的效果和软目标等无法用数字精确表达的项目的评估上是无能为力的。此外，它忽视了民主社会政府干预的其他价值准则，比如公正、公平、民主等。

8．职业化模式

职业化模式指职业人员根据他自己的价值准则和执行的质量标准来评估其他人员的执行情况，主要是同行评议，如律师评估律师、教授评估教授、外科医生评估外科医生等。同行评议特别着力于对评估对象作一个全面的质量判断，在一些技术性领域，政治官员们把规划和讨论专业性的技术问题留给受过良好教育的专业人员去完成。首先实施同行评议要选定同行。这个同行应该是具有比被评估的同事具有更专业的知识的专家，并且他们是独立的，并没有实施这一领域的工作；其次，评估者与被评估者应相互作用，评估者应认真考虑被评估者的观点，而被评估者要提供相关的资料。职业化模式主要应用于公共生活中的一些目标较复杂、技术难度较大的领域。

三、政策失败的一般原因

尽管人们总是试图制定并实施最有效率、最能解决问题的政策，但现实的情况是，政策失败的现象却屡见不鲜。无疑，进行政策分析与论证，促进政策的科学化民主化是政策评估的重要任务之一，但分析政策失败的原因，从反面吸取教训，从而减少政策失败，提高政策水平，也是政策评估的核心内容之一。从某种意义上来讲，分析政策失败的原因，可以使人们警惕在政策过程中避免类似失败发生，正所谓“吃一堑，长一智”。概括起来，政策失败的一般原因主要有以下几个方面：

1．政策投入不够

一项政策制定出来，在实施过程中要想获得成功，必须投入相应的人力、物力、财力。如果没有必要的物质投入作保证，很难想象该项政策该如何贯彻执行下去。投入不够首先表现为资金短缺。财政问题一直是我国政策执行中遇到的一项常见的难题。进行现代化建设，用钱的地方很多。从中央到地方，各级财政都不同程度地存在紧张状况。而政治、经济、军事、教育等各个领域都需要投入相当的资金去实施有关政策。在这种情况下，每项政策所能分得的“蛋糕”就很小，往往不足以支持政策的实施。比如，我国三令五申不能拖欠农村中小学教师工资，并制定出不少相关政策，但在某些贫困地区财政紧张的状况下，这一政策也不能够不打折扣地得到执行。

其次，政策投入不足还表现为执行不力。如缺乏称职的执行人员，缺乏必要的设备或设备达不到执行政策的要求，或执行的方法不够科学等等。执行中投入的时间、精力等资源的不足势必导致政策不能被有效执行，以至无法实现预期目标，甚至更导致政策失败。就拿我国政府机构精简来说，从建国到现在，精简缩编的政策几度制定并执行，但未能最终跳出“精简——膨胀——再精简——再膨胀”的怪圈。究其原因，诚然，影响因素很多，但执行不力应该是一个重要原因。

因此，在今后的政策实践过程中，既然要下大力气执行某项政策，首要的任务就是要保证它的投入。这是政策被有效执行的重要条件之一。

2. 目标团体不配合

每项政策都有其固定的指向对象，即目标团体（或称为政策对象或政策相对人）。目标团体的态度对政策的有效执行也起着至关重要的作用。如果目标团体积极配合，政策就会被顺利执行，并体现出一种优质高效的趋势。而如果目标团体不配合，即使政策执行者投入了足够的人力、物力、财力，倾注了很多精力，政策也很难被有效执行，甚至在目标团体的强烈抵制下，政策会惨遭失败。我国许多政策失败的原因就在于此。

以我国的计划生育政策来说，尽管总体上取得了可喜成绩，可以算做是一项成功的政策。但如果我们把目光投向那些活跃在全国的一小部分“超生游击队”，对这部分人来说，该项政策则不是完全成功的。这些人由于传统“传宗接代”、“男尊女卑”等思想在脑海中根深蒂固，所以采取一切可以采取的方法来抵制国家的计划生育政策，甚至不惜背井离乡，到处漂泊。

在这种情况下，政策执行必须找准问题的深层原因所在，通过各种办法，灵活巧妙地做通目标团体的思想工作，转变其旧观念，形成对政策的正确理解。这样，问题也就迎刃而解了。

3. 政策本身的问题

政策本身存在的一些问题也是造成政策难以被有效执行的原因。政策本身的原因包括：政策在目标、内容、管理上彼此冲突；有些政策问题纷繁复杂，解决难度大以及政策超前或滞后。

（1）政策在目标、内容和管理上彼此冲突。在经济生活中，不同部门出于不同的考虑制定并执行适合本领域的政策。但不同部门制定的有关涉及同一个问题的政策却常常彼此在目标、内容等方面相互冲突。就像《后现代公共行政》一书所言："政策是一种自相矛盾的反论，在那里，可能同时存在几种依赖于同一观点的矛盾的真理。"① 在这种情况下，人们无所适从，政策效果大打折扣。

例如，共同富裕是我们社会主义建设的一条基本原则。为了达到共同富裕的目的，我国又制定了优先发展东南沿海地区的政策。这项政策实际上造成了沿海与内地、东南与西北地区贫富差距拉大的现实。而且这种差距不仅难以在短期内缩小，还有越拉越大的趋势。这就与共同富裕的目标存在矛盾冲突，也埋下了社会不稳定的隐患。

又如，为了人民的身体健康，政府利用媒体等形式宣传吸烟有害健康，号召大家不要吸烟。但另一方面，一些大型的卷烟厂却承担着地方经济支柱的重任。为了地方经济的稳定与繁荣，国家又对生产香烟的企业采取了鼓励和保护的态度。同样是香烟问题，政策上却存在着很大的矛盾。

（2）有些问题纷繁复杂，解决难度大。这包括两种情况：第一，"公共问题是由多种因素引起的，而政策却可能只是要解决其中的一个或数个问题"②。如针对某路段交通事故率较高的情况，政府制定出拓宽路面的政策。这在一定程度上有助于减少因路窄造成的交通事故，但对于因人为

① ［美］查尔斯·J·福克斯、休·T·米勒，《后现代公共行政——话语指向》，北京，中国人民大学出版社，2002。

② ［美］詹姆斯·E·安德森：《公共决策》，207 页。

因素造成的交通事故，如交通法规意识淡薄，该项政策则无济于事。该项政策只能解决问题的一个方面，而不能解决由其他原因造成的交通事故。第二，许多公共问题因其所涉及的复杂环境，难以解决或难以彻底解决。这些问题一般都涉及人性或国家利益。“它们往往令人难以抗拒地、顽强地支配着人和国家，使彼此争斗或关系紧张，这就不是某项福利政策或和平外交政策所能解决的。”

（3）政策超前或滞后。有些政策虽然反映了人们良好的愿望，但在实际执行过程中也惨遭失败。因为该项政策不符合现实的基本情况，更多的是基于某种观念而制定的，而这种观念在目前还不能被广大群众所接受。比如，关于“脑死亡”问题。基于全人类人道的角度来考虑，改变传统的死亡判断标准，承认脑死亡，可以为需要器官移植的人带来莫大的福音。但对于脑死亡家属个体来讲，由于传统、亲情等种种复杂因素的影响，绝大多数人无法认可在病人尚有呼吸的情况下就移植他（她）的器官。观念的转变还需要很长的时间。如果我们现在就制定出允许移植脑死亡者器官的政策，可能会遭到失败。因为从目前来讲，这个政策是超前的。

还有些政策的失败是因其滞后性。政策的形成总是需要时间的，再加上有些时候政府某些环节的低效率，当政策制定出来并准备执行时，政策意在解决的问题已发生了性质的变化，该项政策已明显不适宜当前的情况，若继续执行，那政策自然要失败。

4. 解决某些问题的代价大于利益

有些问题的彻底解决代价高昂，所以难以执行相关政策。以美国为例，“如果我们付大得多的代价去加强警察监视、个人的约束、宵禁等诸如此类的活动，那么，就有可能完全消除‘大街上的犯罪活动’。但是，这对个人自由的影响是巨大的，而且，个人自由的缺乏将成为某种问题”①。在我国类似的例子也很多。黄色书刊、盗版光盘屡禁不止，经数次扫黄打非也难以杜绝。如果我们加强出版界的管理，严格控制和审查出版物，那么这个问题就有可能得到很好的解决。但同时，公民言论自由就有可能受到限制，文艺界“百花齐放”、“百家争鸣”的局面就可能受到影响。因此，我们目前还难以彻底有效地解决这个问题。

---

① 詹姆斯·E·安德森：《公共决策》，207 页。

5. 外在因素的干扰

人类生活总不会平淡如水。随着经济生活的快速发展，新问题会越来越多地出现。其中一些又是非常紧急的。这时，政府的注意力不得不转向新问题，从而冲淡了对原有问题的关注程度。比如国内政治环境的突变、大的自然灾害的发生、战争或经济形式的骤变，这些都可以使原有政策付之东流。例如，美国“9·11”事件发生后，全国上下立即抛开其他各类问题，而把“反恐”提到了首要位置上，数量众多的关于“反恐”的政策被制定出来，原有的政策在一定程度上受到忽视。而当“反恐”进行了一年多之后，相关政策又被“打击伊拉克”这个新问题冲淡。政府和全国民众，不管其持何种态度，其关注的热点都是有关“打击伊拉克”的。

并非所有的政策都能被高效地执行，其中的原因多种多样。有些原因是人力所无法预料和控制的，但由于人为因素造成的政策失败是更为多见的情形。在执行这种政策时，不但不能解决问题，还浪费了资源，甚至会使情况恶化。因此，对政策进行科学评估，找出政策失败的原因，就显得更为重要了。增强评估意识，提高评估人员的素质，利用科学的评估方法和技术进行评估工作，是目前政策活动中亟须加强的环节。

第三节　推进中国政策评估事业的思考

作为政策过程的重要环节之一，政策评估已成为政策科学理论与实践的一个基本主题。政策评估是我国政策过程中的薄弱环节之一，研究我国政策评估事业的现状，认识我国政策评估事业的不足，从而推进我国政策评估事业的发展，加快实现决策科学化民主化具有不可替代的作用。

一、政策评估面临的困难

对公共政策做出系统和全面的评估，面临着重重困难与障碍，这突出地表现在下列几个方面。

1. 政策评估的不确定性

政策评估的一项重要任务就是衡量政策是否达到预定目标，这要求政策本身具有明确的、可测定的目标。但是，由于政策问题的复杂性以及政策制定者的一些主观因素，使政策目标难免出现分散和不确定的情况：（1）许多政策目标不可能量化，比如一些政治类和文化类的政策；（2）多数政策都具有多重目标，有些目标之间还存在着矛盾；（3）在政策执行过程中，政策目标还可能发生变更而被修正；（4）有时，决策者还有意用含糊的、不太确定的形式来表达政策目标，以此增加某种应变的能力。[①] 所有这些情况将可能导致政策评估主要价值标准的选择和价值标准序列的排列出现混乱，从而给政策评估造成很大的困难。

2．政策效果的不确定性

由于政策活动涉及面广、参与者多，政策执行后产生的影响往往涉及社会生活的方方面面，既有预期的影响，也有非预期的影响；既有显性的、一目了然的影响，也包括潜在的、不易感知的影响；既有短期的影响，也有长期的影响。例如，我国的计划生育政策的基本目标是控制人口数量，提高人口的素质。但是，计划生育政策执行的效果却不仅仅是对人口数量产生影响，它还带来了一系列其他效果，这些效果有正有反、有利有弊。比如，它使人们逐渐改变“多子多福”、“养儿防老”等传统的婚育观念，逐渐形成“晚婚晚育，少生优生”的婚育观念；有利于妇女的身体健康，增加了妇女参加社会工作的机会，提高了妇女的社会地位等等。但是，这项政策的实施也带来一系列负面影响：我国人口老龄化趋势加快，出生婴儿性别比例失衡，独生子女户存在后顾之忧，干群关系紧张等。正是政策效果的多样性和影响的广泛性，再加上许多影响政策的因素难以测定，这就给评估带来了很大的困难。此外，政策效果的不确定性还使某些反对评估的人有了借口，也为某些不科学的评估的出现创造了条件。例如，有些受局部利益影响的政策评估只从政策广泛影响中选取对本部门有利的因素进行评估，从而影响了评估的全面性和客观性。

3．政策资源的混合和政策行为的重叠

政策资源的混合指的是投入不同政策的资源彼此纠结在一起，分不清某项资源的支出究竟属于哪一个政策，或某项政策的总投入到底是多少。政策资源的混合使政策的成本难以核定，而其“纯效果”更是无从测定。

---

① 参见张国庆：《现代公共政策导论》，198 页。

政策行为的重叠指的是针对相同的或相似的政策问题和政策目标群体，不同的机构和部门都制定并执行各自的政策。各种不同的政策效果混杂在一起，很难将某项政策的实际效果从总体效果中区分出来。①

4. 政策行动与环境改变之间的因果关系不易确定

除了政策行动的影响外，实际社会情况的改变还会受到政策行动以外其他因素的影响，这就使得政策行动与环境改变之间的因果关系不易确定。比如，犯罪预防政策的目标是以威慑的方式防止犯罪的发生，但如果犯罪行为没有发生，是否一定是犯罪政策所发生的作用呢？这个问题很难回答。或许某人曾经有过犯罪的念头，但是害怕受到惩罚，从而没有付诸行动；或许是受到亲人朋友的及时劝阻；也可能是尚在寻找合适的下手机会。

5. 评估信息和评估经费缺乏

获取真实而全面的第一手资料和各种数据，是进行政策评估的基础和前提。如果没有足够的统计资料和其他方面的信息，政策评估就成了无本之木，无源之水。在我国，政策信息工作还比较落后，许多政策机关不重视信息管理，信息收集系统尚未形成，政策评估所获得的数据往往是残缺不全、杂乱无章的。再加上一些抵制评估的工作人员拒绝提供关键性资料，大大增加了政策评估的难度。

政策评估是一项复杂、系统的工作，需要投入相当的经费、设备和人力。但在现实中，评估工作及其价值尚未引起人们的足够重视和认同，很难指望人们从现行政策资源中拿出成本作为评估之用，政策评估常常处于经费短缺状态。即使有的政策机构愿意提供评估经费，他们也总是千方百计地试图影响评估的结论。因此，评估资料欠缺和评估经费不足始终是困扰政策评估的两大难题。

6. 有关机构和人员的抵制

所有政策评估最终都不可避免地涉及政策功绩的评判，而政策是由人来制定并执行的，所以，政策评估实质上是对有关人员行为的一种价值判断，政策评估本身就具有批判性，是借助批判手段实现建设性目的的活动。有关机构和人员既可以是政策评估最坚强、有力的支持者，也可以是

① 参见张金马主编：《政策科学导论》，253页。

最坚强有力的反对者，而他们的态度取决于其对政策评估价值判断倾向的认同程度。①

在许多情况下，尤其在评估主体来自政府体制之外时，作为“组织”的政府经常会持有怀疑的态度，因为他们害怕评估会打破现有的秩序，或者带来利益损害。这种怀疑和担心常常使他们最终对评估持反对、抵制的态度。评估通常意味着变革，而“惰性”正是官僚组织的特性之一。组织的“惰性”和实为明显的抵抗形式一起成为评估的一种障碍。②

有关人员的抵触主要来自三方面原因：一是担心评估会得出不利于他们的结论；二是对政策过程的独占心理驱使他们反对他人进入，以免影响他们的行动计划；三是人的本能的支配心理，有关人员的抵触主要表现为拒绝提供评估经费和资料，藐视、贬低和否定评估结论等。在政策评估面临的所有困难中，人为的抵制是最直接的也是最严重的困难。

二、我国政策评估的现状

我国公共政策评估的现状可以概括为：刚刚起步，问题重重。在我国，随着政策科学理论与实践的发展，科学的政策对经济发展和行政效能的巨大推动作用，使得党和政府日益重视政策评估对决策科学化、民主化的重要作用，并在实践过程中鼓励政策评估，开展政策评估。特别是中央出台的一些重大的基本政策，比如国企改革、政府机构改革、金融制度改革等，无一不是经过专家和权威人士无数次调查研究、评估论证才最终出台。我国从中央到地方各级政府内部都设有专门的政策研究机构，在最高层次设有中共中央政策研究室、国务院发展研究中心等；在各高校和科研单位也都有专门进行政策研究的机构和人员。我国的新闻媒体和人民大众也开始呈现参与政策评估的热情，这是我国的政策评估相对喜人的一面。

但是，另一方面，我国的政策评估还相当不规范、不完善，而且受到较多人为因素的影响，存在种种问题与困难。尤其是地方政府层次，虽然设立了相关政策研究和评估机构，但是这些机构的水平参差不齐，它们的

---

① 参见张国庆：《现代公共政策导论》，200 页。

② 参见［美］詹姆斯·E·安德森：《公共决策》，194 页。

主要工作是进行调查研究、分析预测和指导政策执行，很少对一项政策进行独立、正式和全面的评估。即使有的机构进行政策评估，其目的多半是被动的，评估往往是形式主义的，评估在很多时候成为对政府欲出台的政策的可行性论证。目前在我国，严格遵循政策评估规律，按照系统的政策评估程序进行的正式和规范的政策评估基本上不存在。因此，政策评估可以说是我国政策过程中最为薄弱、最为苍白的一个环节，甚至可以说是政策制定过程的一个瓶颈。具体来说，当前我国政策评估工作存在的主要问题有：

1. 评估者缺乏对政策评估的科学认识和认真态度

我国还没有形成科学的政策评估机制，决策主体（评估者）往往视政策评估为可有可无的工作，能不评估的尽量不评估；迫于需要进行评估的，往往缺乏科学的态度和方法，甚至经常夹杂着种种不良的动机，有意识地夸大或缩小、掩盖或曲解评估中的某些事实，以求实现某种特殊目的。我们把这种有意识歪曲评估的行为称为政策评估的“主观误区”①，这种“主观误区”在我国政策评估过程中主要表现为五种形式：

一是以研究取代服务。这在实践中表现为评估者借科学评估之名，故意拖延时间，使政策决定或政策终结迟迟不能完成。在此，评估研究是虚，不愿提供服务是实。

二是以个人好恶取代科学。这在评估实践中表现为有些评估者进行政策评估的意图在于使效果不佳、绩效不良的政策合理化；有些评估者则以评估来掩饰决策的失败或错误；有些评估者甚至运用不正当的评估以达到诋毁对手的目的。这种政策评估的目的不在于政策，而在于政策背后的利益。

三是以评估为沽名钓誉的手段。有些政策评估的目的在于证明政策的正面效果，对政策的负效应则避而不谈。这种做法实质上是把评估当作炫耀工作绩效的手段和歌功颂德的工具。

四是以形式取代研究。有些时候，政策决定实际上早已做出，或者对某项政策的实践效果已经形成定见，却要借政策评估的形式肯定其合法性。

---

① 参见林水波、张世贤：《公共政策析论》，331～333页。

五是以获取资源取代政策目的。这在评估实践中表现为有些政策主体借政策评估来证明政策的重要性，同时证明客观资源不只是影响政策的主要原因，从而要求更多地获取政策资源，尤其是评估经费等经济性资源。

2．评估标准以价值判断为主，评估方法以定性分析为主

评估标准是衡量政策质量高低的尺度，是政策评估的"准参照物"。科学的评估源于正确、合理的标准，评估标准的确定本身就是政策评估的一大难题。除了以价值判断为主的主观标准之外，不同类型的公共政策各有其专门的、特殊的评估标准。特别是价值标准由于主观性较强，容易受评估主体因素的影响，因此，加强政策事实分析，把事实分析与价值判断相结合是科学、准确评估的客观要求。然而，由于我国的传统与现实十分重视意识形态以及道德的作用，助长了评估者用原则判断取代事实分析的思维习惯。此外，当前我国从事官方政策评估工作的人士绝大部分都非"内行"，从事政策研究的专家、学者大多数是研究社会科学出身的，很少有人兼备自然科学和社会科学知识，其知识结构和思维方式比较单一，难以兼有思辨和公理化思维方式的长处，他们在政策评估时不可避免地偏好用价值判断取代事实分析。

政策评估方法与政策评估标准一样，是政策评估不可缺少的工具和手段。与政策评估不同的是，评估方法较具操作性和具体性。政策分析学科已经探索出一系列科学的政策评估方法，特别是定量分析的方法。但是，当前我国政策评估实践中使用的仍然是定性分析方法多，定量分析方法少；政策评估实践中用价值判断取代事实分析，用定性评估取代定量评估的行为导致我国政策评估的"主观误区"频频发生，也为某些具有不良动机的评估人员提供了实现私利的可能性。

3．缺乏独立的政策评估组织

政策评估组织一般包括官方政策评估组织和非官方政策评估组织，我国政策过程的显著特征是"行政的双轨结构功能系统"①，即从中央到地方的各级党委与各级人民政府两个系统。我国从中央到地方各级政府内部均设有相关的政策评估组织，但在实际运行中，这些机构往往摆脱不了对政府的依赖性，处于附属地位。这些机构在政策评估过程中常常受到来自

① 参见胡伟：《政策过程》，292页，杭州，浙江人民出版社，1998。

上级领导的压力，无法独立、自主、客观和公正地展开工作，导致这些官方评估机构往往名存实亡，成为论证上级政策可行性的傀儡。非官方政策评估组织主要是民间政策研究组织和社会中介评估组织，在我国当前仍然相当缺乏。目前我国各级政府的政策研究组织承担了政府政策评估的大部分工作，而由专业人员组成的专业政策评估机构在我国的很多地方尚未建立起来。

4. 评估对象以政策输出为主，忽视对政策影响的评估

当前我国政策评估在很大程度上停留在对政府行为的检测，或者对政策实现预定目标的程度的检测，而对于更深层面的政策影响的评估却很少涉及或根本不涉及。这种对政策效果的片面认识导致了我国政策评估很不全面，而其对政策方案制定的影响力也因而大大缩小。

5. 资料和评估经费欠缺

评估资料和评估经费的欠缺是困扰我国政策评估的两大难题。充足的、准确的资料和信息是进行政策评估的基础，这有赖于完备的信息管理系统的建立。然而我国相当部分政府机关不重视信息管理，资料记录残缺不全，统计数据不准确，信息处理凌乱，再加上很多内部资料不对外公开，使得评估人员获取信息存在重重困难。此外，有些相关人员抵制政策评估，或者拒绝提供关键性资料，或者只提供对他们有利的资料，这进一步增大了获取准确信息的难度。

至于评估经费，在我国，惟一的来源就是上级部门拨款，但在政策实践过程中，常常存在拨款不到位，拨款不充足，下级部门没有做到专款专用，人为减少政策评估款项等问题。因此，评估费用短缺是我国政策评估的又一大难题。

6. 公众未能广泛参与政策评估

在当前我国，人民群众参与政策评估的热情高涨，他们通过各种途径对公共政策进行评议，主要有：一是通过“领导接待日”、“市长电话”、“来信来访”等信访渠道；二是通过上访渠道；三是通过广播、电视等舆论性机构；四是通过街头巷尾的议论。人民群众是政策的直接作用对象，他们对政策执行效果有着最真实、最深刻的体会。人民群众参与政策评估，可以使政府提供的公共服务符合他们的需要，改善和提高公共服务的质量。但是，传统行政管理的自上而下的金字塔型的等级模式限制了公民广泛参与政策评估，公民参与评估常常被当作是负担和费力不讨好的事。再加上我国政治生活中还较普遍存在着的人治现象，公众参与政策的热情未能得到充分的关注与重视，这是我国政策评估过程的又一个缺陷。

三、发展我国政策评估事业的思考

针对中国政策评估工作的缺陷，必须下功夫，从思想、组织、制度和手段等方面推进政策评估事业，使其向纵深发展、日益成熟。这不仅是一项富有意义的工作，也是一项紧迫的任务。应从以下几个方面着手推进我国的政策评估事业。

1. 提高对政策评估工作重要性的认识

要推进政策评估工作的发展，必须在思想上加以重视。首先，要让全社会，尤其是政策部门充分认识到政策评估的意义。这需要加强政策科学的研究和传播，使人们认识到政策评估对于政策过程而言不是无关痛痒、可有可无的环节，而是必不可少的一环，它不仅有助于政策部门认识政策的特点、优劣和成效，监督政策的执行过程，补充、修正和完善政策，而且有助于开发政策资源，增强政策效益，从而在思想上予以重视并采取相应的行动。其次，必须端正政策评估的指导思想，改变视“评估”为“评优”、为“歌功颂德”的错误观念，正视评估的“批判性”功能，本着发现问题、解决问题、提高决策质量的评估态度，坚持全面客观、公正公平地开展评估工作，以求最大限度地发挥评估的“建设性”功能，为实现决策的科学化和民主化服务。最后，要认识到评估工作的改进与发展是一个循序渐进的探索过程，推进我国政策评估事业的发展既不能裹足不前，也不能鲁莽激进。政策评估由于受到各种主客观因素的影响，在世界各国都是政策过程中的一个薄弱环节，评估工作的开展面临重重困难。因此，想要一夜之间取得重大突破是不现实的。

2. 建立独立的政策评估组织

缺乏专职独立的政策评估组织和政策评估人员是我国公共政策评估实践停滞不前、有名无实的一个重要原因。纵观政策评估开展得比较好的西方国家，无不有相对完善的评估组织，政府和民间有许多评估机构，这些机构拥有大批职业的政策评估人员，他们独立地开展政策评估工作。针对我国政策评估组织的现状，我们可以考虑从以下三个方面进行建设：

一是规范、健全官方的政策评估组织。目前我国党政部门已存在不少的政策研究组织，必须强化这些机构的政策评估职能。必须改变现存的政策制定、评估两者合一的状况，把政策制定和政策执行分别交由两个相互分开的机构独立履行，使其各司其职，各负其责。

二是大力发展民间的政策评估组织，并使之逐渐成为政策评估的重点。只要存在官僚等级制，官方的评估人员必然会或多或少地受到上级的压力，这在我国更是短时间内改变不了的事实。因此，要保证政策评估的客观和公正，必须辅之以外部的、独立的政策评估组织，主要是要发展民间的政策评估组织。民间的政策评估组织具有专门知识和社会关系广泛两大优势，更容易进行社会沟通，了解民意，因而可以获得官方评估组织无法获得的信息。民间评估人员地位中立，更能够保持公正、客观态度。除了专门性的政策研究机构，报纸、杂志和电视等新闻传媒也都非常积极地参与公共问题的发掘与公共政策的评估。我国建立民间评估组织首先需要政府的大力支持，重视民间评估结论，设立优秀评估奖励制度等配套措施，鼓励社会大众积极参与。特别要注意赋予民间评估机构超然、独立的地位，保证其工作免受政府干扰。

三是加强专业评估人员队伍建设。必须加强对政府决策人员和评估人员的教育、培训，使其掌握政策评估的科学理论和相关技术方法，尽快从“外行”变成“内行”；必须采取有效措施，鼓励和吸引政策分析专业人士到政策评估组织任职工作；加强官方政策评估人员与非官方政策评估人员的交流和合作，最大限度地实现信息共享，把理论评估与决策现实有机地统一起来。

3. 使政策评估制度化

发展政策评估事业除了思想上的软约束之外，还需要辅以制度法规的“硬约束”。制度意味着减少弹性，增加规范，这是使政策评估工作真正成为政策过程的一部分的必要保障。政策评估的制度化主要包含三个方面内容：第一，实现政策评估的程序化。把评估列入政策过程之中，通过制度规定除象征性或符号性的公共政策外，每项政策最终都要进行程度不一的评估。第二，建立政策评估基金，解决评估经费来源问题。政策评估是一项庞大而复杂的系统工程，需要异乎寻常的财政支持，以便组织各方面专门人才，收集大量信息，开展评估工作。第三，重视评估信息的反馈和评估结论的消化、吸收。政策评估的结论必须与相关人员的奖惩直接联系起来，真正实现政策过程中的责、权、利相统一。评估结论不仅提供有关政策的长处和改善的机会的信息，而且提供政策的弱点和不足的信息。这些信息应该用于为重新评价、调整政策目标和后续政策的制定服务，使评估真正起到促进决策科学化和合理化的作用。

4. 明确政策目标、精选评估对象

要使政策评估富有成效，就必须努力明确政策目标，这当然首先是政策规划阶段的任务。进行政策评估时必须回顾、审视当时的政策目标，了解某项政策的初衷，尽可能明确政策目标。同时要精心选择评估对象。在从事评估工作时，就必须慎选评估对象。选择评估对象一般要遵循两个原则：第一，可行性。即选择那些条件比较成熟，比较容易进行评估的政策进行评估，包括政策目标比较明确，评估资源较充足的政策；优点和局限性已经显露的政策；效果显而易见、比较容易测定的政策；等等。第二，有效性。即选择那些较具效益和价值的政策进行评估。如具有重要价值和显著效益的政策；决定政策效益因素并且可以得到控制的政策；评估的结论具有推广价值的政策；评估成本较低的政策；等等。根据以上两个原则，选定评估对象，力争较好的评估效果。

5. 建立健全政策评估的信息系统

这项工作是收集、整理、加工和使用政策信息，为政策评估服务，是政策评估的基础工作之一。没有足够质量的信息，不能进行科学决策，同样，也无法进行科学评估。但是由于政策资源的多元性、政策重叠现象的存在、政策影响的广泛性，要全面收集政策信息又是一件复杂而困难的事。因此，要在政策过程的开始阶段就建立政策信息系统，对政策信息的收集、加工、交流和使用进行理论研究和总体设计，以便于改进评估系统，使评估活动更科学有效。政策信息系统的核心任务是系统地记录有关政策问题、政策投入、产出和外部环境变化等方面的信息资料。

必须建立覆盖全社会的、快速的信息反馈网络。政府部门除了法律规定应予保密的信息之外，其他一切有关公共政策制度背景、执行情况、评估结论等信息均应该通过网络及时向社会发布，最大程度地避免信息截留、失真。建立信息网络系统可以最大限度地实现决策中心、评估组织和社会公众之间的有效沟通，加快决策的科学化与民主化。

6. 引入科学的评估理论、方法和技术

长期以来，我国的政策评估工作主要是判断政策实施后的效果是否与制定政策时的目标相一致，缺乏先进的评估理论、方法和技术。要克服这一问题，应该借鉴国外先进的评估理论和实践经验，引入科学的评估方法和技术。有如学者所言：现在中国最大的问题不是在于是不是应该引进西方先进的公共政策理论，而是如何使这些理论本土化，并迅速地普及这些先进的理论。

总之，在我国，由于政策评估发展的历史短暂，其工作又不易开展，政策评估事业尚处于起步阶段。政策评估是一项涉及面广、操作复杂的系统工程，加强和推进我国的政策评估事业需要做很多方面的工作，因此需要社会各有关部门和人士广泛支持，在实践中不断摸索，不懈努力。

案 例

高雄市社会发展评估①

1979 年 7 月高雄市制定“高雄市社区发展实施办法”，企图以社区发展之工作方式，发挥各地居民之自助精神，以配合高雄市之都市建设与工业建设，可是近年来高雄人口剧增，工业快速成长、社会急剧变迁、各种社会问题随之产生。为此，高雄市政府研究发展考核委员会为检视该市推行社区发展之得失，并研究如何加强社区精神伦理建设，遂于 1983 年委托台湾东海大学社会学系教授兼主任徐震对该市社会发展实施评估，现将徐震刊于其专著《社会发展——方法与研究》的部分内容摘录如下：

鉴于该市发展项目实施前后的资料欠缺，此项评估无法注重时间上前后的比较，乃采用问卷调查方式，从各社区接受服务者与从事服务者等对于发展工作上之满意程度、贡献评价及意见，以归纳而评估既往工作之得失，作为未来发展的凭借。

1. 评估研究目标。从既往社会发展工作中评定：社区建设各项目是

---

① 资料来源：徐震：《社会发展——方法与研究》，266～281 页，台北，文化大学出版社，1985。

否切合居民需要？其工作方法是否符合地区工作目的？现有社区发展之组织是否能发挥社区的自助功能？已有的精神伦理建设是否能发挥社区的教育功能？

2. 研究范围。根据上述目标，确定评估研究的范围，其主要项目为：该市社区发展组织、社区发展规划、机构配合、工作项目、工作方法、经费资源、工作人员、成果维护，其他社区居民反映等。

3. 研究结构。根据上述目标范围，其研究指标可归纳如下：(1) 对社区发展工作中三大建设的成效评估，其指标为，居民对各项工作及活动的满意程度；居民认为各项工作及活动的贡献程度；行政人员认为居民对社区各项工作的欢迎程度。(2) 对社区发展工作运作过程之评估，其指标为：社区组织的功能是否发挥；机构是否协调；居民参与是否积极；经费运用是否适当；专业资源是否运用。(3) 对其他影响社区发展因素及其成效的探究，其指标为：居民对社区内之公共问题严重程度之评估，如环境卫生问题，交通秩序问题，青少年犯罪问题，盗窃问题等；居民对社区内生活环境满意程度之评估，如教育、医疗设施，水电、交通设施、治安休闲娱乐设施等。

4. 研究架构、方法和步骤（从略）。

5. 研究结论。根据各项研究所得各类资料，加以统计分析，综合研究，并依照高雄市当前社会发展实况与都市发展之趋势，就社区工作的立场，加以解释与推断，作成结论并提出检讨与建议，如下列四项。

1. 对于以往社区发展各项建设之评估

(1) 对于三大建设的评估。

指标之一是满意程度，依原报告各种统计资料，简化如下表（表一）。

表一

满意程度 / 分项	相当满意	普通	不甚满意	合 计
基础工程建设	68.4	22.3	9.3	100.0
生产福利建设	62.1	21.8	16.1	100.0
精神伦理建设	63.9	20.3	15.8	100.0

指标之二是贡献程度，依资料简化如下表（表二）。

表二

满意程度 分项	相当满意	普通	不甚满意	合 计
基础工程建设	73.5	17.7	8.8	100.0
生产福利建设	69.1	15.0	15.9	100.0
精神伦理建设	62.5	21.3	16.2	100.0

从以上表一和表二观察，可见多数社区居民对于以往历年来社区发展工作之评估，均表示相当满意与颇有贡献。惟在满意与贡献的程度上，以

a. 基础工程建设之评价为最高。

b. 生产福利建设之评价次之。

c. 精神伦理建设之评价为最低。

基于居民对于社区发展三项建设在满意、贡献与需求三方面之评估，作者曾建议高雄市政府对于此三项社区发展工作，均应予以继续加强，而对于生产福利建设与精神伦理建设，尤应视各社区之未来需要，予以特别加强。

(2) 对于分项工作之评估。

依据此项研究综合评估之资料，其社区居民与行政人员对于三大建设中，各分项工作在改善社区生活之贡献方面，其评定之次序，如下表(表三)。

从表三可见：a. 在基础工程建设方面，社区居民认为最有贡献之工作项目与行政人员之看法大致相同，惟次序不一。b. 在生产福利建设方面，两者之选择有一半项目不同，且次序不一。c. 在精神伦理建设方面，两者之选择有六分之五的项目俱不相同，且次序标准，极不一致。

以上除基础工程建设，工作比较具体，看法容易一致外，其余两项社区居民与行政人员所持之标准与看法多不一致，行政人员认为对社区最有贡献之项目并不被社区居民所接受。

由于社区发展工作得以社区居民之需要为主体。因此，作者曾建议，对于社区发展之工作项目，应视不同社区之不同需要，采用多元模式，尽量让社区理事会依照居民之意见，自行规划，自行选择。

表三

	对改善社区生活最有贡献之工作项目	
	社区居民认为最有贡献之工作及次序	行政人员认为最贡献之工作及次序
基础工程建设	1．改善巷道铺设水泥柏油路面 2．兴建社区活动中心 3．改善照明设备 4．兴建排水沟	1．兴建排水沟 1．改善巷道铺设水泥柏油路面 3．兴建社区活动中心 4．改善照明设备
生产福利建设	1．成立社区生产建设基金 2．办理社区卫生保健班 3．设立社区托儿所 4．提供家庭副业 5．推行家庭计划 6．办理就业辅导	1．设立社区托儿所 2．办理就业辅导 3．家庭卫生指导与医疗服务 4．改善家庭卫生 5．举办技术训练 6．提供家政业
精神伦理建设	1．设置社区精神堡垒 2．社区妈妈教室 3．设置篮球场 4．社区童子军团 5．社区志愿服务队 6．设置国乐社活动	1．设置社区小型公园 2．设置社区儿童乐园 3．社区全民运动 4．设置花坛美化环境 5．设置篮球场 6．早觉会活动

思考题

1．什么是政策评估？政策评估的意义何在？
2．政策评估有哪些基本类型？如何看待评估标准？
3．简述政策评估的过程及方法。
4．政策评估有哪些基本模式？
5．政策评估面临哪些困难？如何推进政策评估事业？
6．分析上述案例，说明“高雄市社区发展项目”的评估过程。

第九章

政策监控

政策监控是政策过程的一个基本环节或功能活动，它贯穿于政策过程的始终，制约或影响着其他各环节，起着重要的作用。在政策的制定、执行、评估等环节中，由于信息不充分、有限理性、既得利益偏好以及意外事件，使得政策方案不完善、误解、曲解、滥用政策或执行不力，直接影响政策本身的质量及执行结果。因此，必须对政策过程的各个环节尤其是政策的制定和执行加以监督和控制，以保证制定出尽可能完善的政策，保证正确的政策得到贯彻实施，并及时发现与纠正政策偏差。这样才能提高政策绩效，实现政策目标。本章讨论政策监控的一些主要问题。

第一节　政策监控概述

政策监控贯穿于整个政策过程的始末，是政策系统不可缺少的一个组成部分。对政策过程的各个活动环节进行监控，既有助于实现政策的合法化，也有助于保证政策的贯彻落实，是实现既定政策目标的有力保障。本节主要介绍政策监控的含义、分类和作用以及政策监控机制的构成，以便对政策监控有一个比较全面的认识。

一、政策监控的含义

政策监控是政策监督与政策控制的合称，是为了实现政策的合法化与保证政策的贯彻实施而对政策的制定、执行、评估和终结等活动进行监督与控制的过程，其目的在于保证政策系统的顺利运行，提高政策制定与执行的质量，促进既定政策目标的实现和提高政策效率。

根据上述定义，政策监控的内涵有如下几点：

（1）政策监控具有特定的主体。政策监控的主体即从事监控活动的个人、团体和组织，它是一般政策主体的有机组成部分，由立法机关、行政机关、司法机关、政党系统、利益集团、大众传媒以及人民群众等组成。然而，政策监控主体有其特殊性。首先，不同层次的政策由不同层次的机关及其组成人员负责制定、执行、评估及调整，政策监控的主体也因而随之有所不同，表现出明显的层次性。其次，政策监控在政策过程的不同环节之中由不同的机关及其组成人员负责实施，因而政策监控的主体就表现出了多样性的特点。

（2）政策监控具有特定的客体，即政策系统及其运行。政策过程的各个环节包括政策的制定、执行、评估、终结以及承担这些功能活动的个人、团体和组织都属于监控的对象。政策监控的主体与客体的划分具有相对性，它们之间并不是简单的监控与被监控的一一对应关系，而是互相交叉、重合，呈现为复杂的网络状的结构。例如，立法机关主要负责制定政策，它同时又负有对下级立法机关（及人员）及相应的执行机关（及人员）的监督与控制。但是，由于立法机关的权力并不是至高无上的权力，立法权来自于大众对政权的支持与认同，所以，即使是最高的国家权力机关，也受一定的机构和社会力量的监督与控制。由此可见，在政策过程之中，政策监控的主体往往同时也是客体，二者处于复杂的相互作用之中。

（3）政策监控表现为一个活动过程，而不是一个孤立的活动环节，它是由监督、控制和调整等功能活动组成的动态过程（这一点我们将在第二节加以分析）。

（4）政策监控具有目标指向，即保证政策系统的顺利运行，提高公共政策的制定和执行质量，促进现实政策目标的实现，提高政策效率。

二、政策监控的分类

政策监控是一种多样化的活动，可以从不同角度对政策监控进行分类。下面是几种主要的分类方法：

1. 根据政策过程的不同阶段分类

按照政策监控在政策过程所处的不同阶段，政策监控可以分为政策制定监控、政策执行监控、政策评估监控和政策终结监控四种。

（1）政策制定监控。这是指对政策制定过程中的信息收集、问题界定以及方案的规划、选择和合法化等活动的监督和控制。通过对政策制定的监控，保证政策本身的科学性和合理性，从而尽可能地减少政策失误。

（2）政策执行监控。科学合理的政策的出台并不一定能保证既定目标的实现。在政策执行过程中，可能是执行者本身的问题，也可能是目标团体的不配合等等原因造成政策的变形、扭曲和走样。因此，为了保证政策的全面落实，就要对政策执行过程进行监督和控制。

（3）政策评估监控。由于现实的评估工作中存在的障碍可能会阻碍政策评估的顺利运行，所以必须对评估工作进行监控，才能保证获得客观准确的政策效果信息，从而为政策的继续执行或终结提供依据。

（4）政策终结监控。通过对政策终结过程的监控，促使及时废止失败或过时的政策，以减少损失，提高政策绩效。

2. 根据政策监控的不同时态分类

按照政策监控的不同时态，政策监控可以分为事前监控、事中监控和事后监控三种。

（1）事前监控。指在政策实施之前，为保证既定的政策目标的实现，尽量减少失误，监控主体未雨绸缪，事先预测未来的政策活动中可能发生的与预定政策目标不一致的各种问题，并采取预防措施加以监督和控制。

（2）事中监控。指在政策运行过程中，实施同步监控，即一旦发现与原定的政策目标不一致的地方就立即采取纠偏措施，提出调整意见，促使政策得到真正的落实。

（3）事后监控。指在一种政策行为之后或一项政策活动过程结束之后，把政策活动产生的实际效果与既定的目标、要求和原则等做比较，找出并纠正偏差和失误，避免再犯同样的错误。

3. 根据政策监控的层次分类

按照政策监控的层次，政策监控可以分为自我监控、逐级监控和越级监控三种。

（1）自我监控。指政策制定和执行主体根据政策的目标要求，在政策过程中进行自我检查、自我分析，及时发现、纠正偏差，从而实现政策监控。

（2）逐级监控。指上下级的政策主体之间按照授权关系，自上而下逐级对政策进行监控。

（3）越级监控。指越过中间层级，上层政策主体对下层政策主体直接进行监控，或者下层政策主体对上层政策主体进行监控。

4. 根据政策监控的内容分类

按照政策监控的内容，政策监控可以分为目标监控和关键点监控。

（1）目标监控。指以政策目标的实现与否作为监控的核心，通过把握政策运行过程中目标的状态，最终实现目标与结果相一致。

（2）关键点监控。指以政策的重点作为监控的核心。比如说，以政策的重点目标为关键点；以政策的重点内容为关键点；以政策的重点主体为关键点等。

5. 根据政策监控的主体分类

按照政策监控的主体，政策监控可以分为立法机关的政策监控、行政机关的政策监控、司法机关的政策监控、政党系统的政策监控、利益集团的政策监控、公众和大众传媒的政策监控等。

三、政策监控的作用

政策监控既是政策过程的一个不可或缺的组成部分，又是一个特殊的环节，贯穿于其他各个基本环节之中，在政策过程中起着信息反馈的作用。对于政策系统来说，主要是通过政策监控子系统及监控活动来确定政策方案是否合理、合法，找出政策目标与执行手段之间、预期政策目标与实现政策绩效之间的差距，发现问题之所在，并从中寻找解决问题的新办法，如调整政策目标、加大执行力度、重新配置资源等。政策监控的作用主要表现在以下几个方面：

1. 保证政策的合法化

这里指的是对政策制定活动进行监控以使政策的制定严格遵守法定的程序和原则，并且审查所制定的政策是否符合宪法和有关法规。它由有关的国家机关根据法定的程序和权限对立法活动所作的审查所构成，是政策取得合法性的一个重要环节。一般而言，政策合法化的实现是由各国的立法机关完成的。然而，各国的情况由于历史与现实上的种种原因而有很大的差别，这主要体现在宪法的解释权的归属不同这一点上。欧洲发达的资本主义国家一般都设有宪法法院，宪法的解释权都由宪法法院掌握，所以，政策的合法化最终是由宪法法院来完成的。美国采纳了三权分立的建国模式，建立了司法审查制度，由联邦法院大法官对宪法做出解释。所以，政策的合法化就是由司法机关最终完成的。在我国，宪法的解释权属于全国人民代表大会及其常务委员会，因此，人大和人大常委会从法律上来说对政策的合法化负最终责任。此外，由于我国的所有政策既不能违背宪法和有关法律法规，也不能与中国共产党的章程和纲领背道而驰，因此，政策的合法化也必须将这个重要因素考虑在内。由此可以看出，通过政策监控实现政策合法化包括两个方面的内容，即实现政策的形式合法化与内容合法化。实现形式合法化就是使政策的制定活动严格遵守法定的程序与规则；实现内容合法化就是使政策的目标、方案等不违背宪法和有关法规以及——对有些国家来说——不违背执政党的纲领和章程。还必须指出的是，即使一项政策从形式到内容都合法化了，也未必就等于说它已经获得了合法性，因为该项政策仍然可能危害公众的利益、不能满足公众的愿望和要求。这种例子在历史上并不少见。

2. 保证政策的贯彻实施

政策只有在被采纳并付诸实施之后，才有可能产生实际的作用并达到预期的目标。但是，由于种种原因，如执行者的认识水平、价值取向、个人及其所代表的利益、偏好等，经常使得政策在执行过程之中被误解、曲解、滥用、消极抵制甚至反抗等现象。在此，政策监控的作用就是根据一定的标准对政策的执行活动进行检查、监督，以保证政策达到预期目标，或者发现预期目标与实现效果之间的反差，并找出其中的原因。如果是因为预期目标太高而根本不可能实现，就必须调整目标以适应现实的条件；如果目标是正确的、可行的却没有实现，问题就必然出在执行过程中，如果是执行不力，则需要加大执行力度；如果具体方法或步骤有误，则需要作相应的调整等。

3. 实现政策的调整与完善

客观世界总是处于不断的发展变化之中，而人的认识尽管也随之逐渐深化，但总是落后于外部世界的发展变化的。政策作为人的认识的产物，一旦制定出来并付诸实施之后，需要保持相对的稳定，此即政策的滞后性。它不仅是指政策的变动滞后于人的认识的深化，而且更是指政策的变动滞后于外部世界的发展变化。尽管如此，如果政策的滞后超过了一定的限度，就必然是有害的。因此，政策必须随着外部世界的变化和人的认识的深化而做出调整，只有这样才能使政策目标、实施步骤、执行手段等与现实相符合，从而产生良好的绩效。在这个方面，政策监控的作用就在于敏锐地捕捉外部世界的发展、认识的深化和政策之间的差距，以便帮助及时做出调整，使之臻于完善。前文提到的我国的改革开放政策，就经历了这样一个逐步调整、发展与完善的过程。

4. 促使政策终结

所有政策都具有时效性这一特征。在政策过程中，政策的时效性是一种常见的现象，即原来适用的政策由于客观条件或政策环境的变化而不再符合现实需要了。其中的许多情况不是仅仅做出政策调整就能解决的，相反，这里涉及的是进行政策终结的问题。例如，在为期十年的“文化大革命”中，决策者们以“无产阶级专政下继续革命”的理论为指导，制定了以“阶级斗争为纲”的路线，制定了许多错误的政策，使政策运行无序，经济几乎崩溃，社会陷入混乱之中，给我国的革命和建设事业造成了惨重的损失。这就不是政策调整的问题，而是政策终结的问题，即坚决而又审慎地废除那些错误的、无效的或是多余的政策。需要注意的是，政策监控的作用不在于具体实施政策的终结，而是通过本身的工作发现那些错误的、多余的或无效的政策，及时向有关方面提出报告或提交合理建议，促使政策终结的实现。这是提高政策绩效，更新政策的一个关键环节。

第二节　政策监控的功能活动

政策监控是政策过程的一个基本环节，它制约或影响着其他各政策环节。它本身是一个动态的过程，在政策过程中起着信息反馈的作用，由政策监督、政策控制、政策调整等功能活动所组成。在本节中，我们将简要讨论政策监控这几个功能活动环节的内容及程序。

一、政策监督

政策监督，指的是政策监控的主体从一定制度、法规的依据出发，对政策系统的运行包括政策的制定、执行、评估及终结活动进行监视和督促的行为。

政策监督应具备四个基本条件：第一，建立必要的制度、法规，明确职责，这是形成政策监控的依据问题，有了一定的法规制度，明确了政策主体的职责，政策监督就有了依据；第二，政策监督者与政策监督对象之间应保持时时沟通，即通过各种监督机构或机制及时了解政策系统运行，掌握政策问题和政策目标，使监督有明确的标准；第三，在机构设置上保持监督机构的独立性，只有不受掣肘，才能勇于监督，敢于提出异议；第四，对监督对象有影响权，影响权包括对违反制度、法规和政策者加以处罚和责令其纠正政策过程中的各种错误和偏差的权力。

政策监督活动贯穿于整个政策过程之中，它的内容包括对政策制定、执行、评估及终结的监督等。

1. 对政策制定活动的监督

在过去的半个世纪里，国外学者的学术研究表明，官僚们能够转而为狭隘的集团利益服务。有研究证实，行政官员中存在着一种同现存政策结合并抗拒可能带来组织变化的创意的趋势。相应地，行政决策可能被排除了重要决策标准的技术取向所支配。托马斯·麦加里蒂（Thomas McGarity）在对几项行政机关的研究的基础上，注意到“技术官僚理性倾向于在决策过程的早期阶段缩小选择的范围并且排斥后来出现的新的选择，问题的规定性本身就可能取消了选择机会”①。这说明由于决策者的有限理性、决策者个人及其所代表的集团或党派的利益与偏好不同，也由于决策者所掌握的信息有限，以有限的甚至是错误的知识体系或价值体系为指导，决策者制定出的任何一项政策都有可能是不完善的。

以我国的电信业改革为例。中国的电信业过去一直由政府垄断，现在成为试图放开的行业。信息产业部对电信企业进行了重组，将国家主体电信企业“中国邮电电信总局”从纵向上分为中国电信集团公司、中国移动通信集团公司、中国卫星通讯集团公司和中国寻呼通讯集团公司，同时实行政企分开，信息产业部与各电信公司脱离了经济和隶属关系。应该说，这种改组从专业化方面加强了纵向垄断，没有解决竞争问题，以致反映在行业政策上，电信企业利用独占网络的特权制定高资费，不允许其他竞争者低价租用网络，对寻呼、信息服务和互联网等业务的经营者收取很高的专线和中继线资费，阻碍了电信、计算机和电视三网合一。毫无疑问，这些垄断行业的高资费政策损害了公共利益，从价值取向来说，偏离了“公共”原则。②

决策者对国内外形势的不完全正确的认识等因素也影响着决策的科学性。同时，由于决策者在制定政策时，可能没有严格遵守宪法和法律所规定的规则与程序，所以制定出的政策不合法。如一些地方政策以保护主义为价值取向，制定出一些损害“公共利益”的公共政策，对本地区资源和市场的行政性保护现象以及为了维护本行业、本部门和本地区利益，人为设置市场障碍，防止外地同行业竞争者进入等。陕西某县出台过一项政策，规定非本县生产的香烟，一律按“走私烟”处理。无独有偶，重庆有一个县公开禁止外地化肥进入本县；另一个县在工程招标中为保护本地建设单位，公开宣布县外另一家单位符合法定程序的中标作废。当法院做出正确判决后，县里有的领导还公然否定判决。③ 正如林德布洛姆（台湾学者译为林布隆）所指出的：“极端的推崇冷静、不带感情因素的分析达

① ［美］威廉·F·韦斯特：《控制官僚——制度制约的理论与实践》，179页，重庆，重庆出版社，2001。

② 参见中国社会科学院公共政策研究中心、香港城市大学公共管理及社会政策比较研究中心编：《中国公共政策分析（2001年卷）》，13页，北京，中国社会科学出版社，2001。

③ 参见同上书，14页。

到极限，而且又独断所有的决定权，这才是非理性的。”① 对于这类政策的制定过程及其活动必须进行有效的监督，以保证政策制定的质量。

2. 对政策执行活动的监督

制定政策并不能保证其实施与目标一致，因为政策行为所带来的后果永远无法完全预知。因此，在政策行为开始之后进行跟踪监督至关重要。②

在某种意义上，每项公共政策的实施可以用苗圃中栽植的幼苗做比喻。幼苗可能经历很大的自然变化，其结果可能长成一棵小树，也可能长成一棵大树。但是，幼苗一旦栽入土中，要想让它照预期成长起来，就需要水、养分和培植。如果任其自然生长，这棵幼苗的前途就不确定。政策的实施也是如此。在美国，一项政策一旦制定出来，国会对其结果通常只是粗粗阅过，把有关职责交到官僚机构手里便了事。因此，拉雷·N·格斯顿认为：国会监督的缺乏常常妨碍政策的实施。③ 实际上，政策建议可以看作是对政策行为同政策结果之间关系的一种假设：若在时刻 T_1 发生行为 A，则在时刻 T_2 产生结果 O。所有假设无疑都是建立在关于原因和结果的先前的经验和假设的基础之上的，如果不用其后的结果进行验证，这些至多只是经验推测罢了。④

在现实生活中，政策得不到贯彻实施甚至成为一纸空文的情况时有发生。政策若得不到贯彻实施，那么，它所要解决的社会问题以及经济、社会发展目标就无法实现。我们知道，影响政策有效执行的因素主要有：政策问题的特性、政策本身的因素以及政策以外的因素（如执行人员的素质与工作态度、执行机关的特性、机关组织间的沟通与协调）。对政策行为进行监督主要是为了保证政策执行活动遵循政策原定方案，监督检查政策是否得到贯彻执行，看看各项措施是否存在违背全局利益或整体利益的情况，及时发现和纠正一切违背政策目标的行为，提高政策实施的效率，

---

① ［美］林布隆：《政策制定过程》，183 页。台北，九大文化股份有限公司，桂冠图书股份有限公司，1991。

② 参见［美］威廉·N·邓恩：《公共政策分析导论（第二版）》，362～363 页。

③ 参见［美］拉雷·N·格斯顿：《公共政策的制定——程序和原理》，126～128 页，重庆，重庆出版社，2001。

④ 参见［美］威廉·N·邓恩：《公共政策分析导论（第二版）》，363 页。

确保政策目标的顺利实现。威廉・F・韦斯特指出：无论是主动的还是反应式的立法监督，都可以因之而起到保护政策执行的完整性，防范立法机关以外的破坏性影响的作用。①

3. 对政策评估活动的监督

政策评估是迈向科学决策的一个重要环节。它的目的在于取得有关政策的效果、效益和功能等方面的信息并进行判断，以作为决定政策变化、政策改进和制定新政策的依据。而政策监督则是监督主体对政策评估过程加以监督，以使评估活动能更好地发现政策偏差，并决定对其进行修改、调整、完善或是暂停执行、终止。政策评估是一种反应性的经验，如果要把一项实施不力或产生了不受欢迎的影响或非预计的结果的政策收回决策领域内，这是最后的重要机会。政策评估是制定政策过程的有力工具，因为它具有对政策制定者曾经认为已经解决的问题进行再度设计的可能性。在民主国家，政策评估对政策制定和随后的实施产生的利弊提供了检查方法。如果没有政策评估工作，就无法对政策的可靠性、实施人员的责任以及政策制定机构的职责做出判断。② 从这个意义上说，政策评估本身就是一种监督活动。

但是，政策评估在世界各国刚刚起步，我国的政策评估工作也面临许多问题和困难，是政策过程中的一个薄弱环节。政策评估的真正目的往往被歪曲，其评估行动和评估结果的有效性令人生疑。有时进行评估的初始目的在于证明其效果，而对政策的负效应避而不估，把评估作为沽名钓誉的手段；有时进行评估的意图在于使效果不佳、绩效不良的政策合理化；有时则以评估来掩饰决策的失败或错失；有时借评估来攻击与自己偏好不一致的政策，而不顾其效果。可见，虽然评估者承担着“客观的”任务，但他们的工作自始至终都带有自己的价值观、标准和目的，在确定一项政策的影响时，有时缺乏公平的标准。③ 所以，就有必要对政策评估本身进行监督，使其在预计轨道上运行，以达到完善公共政策的预期效果。

---

① 参见［美］威廉・F・韦斯特：《控制官僚——制度制约的理论与实践》，179 页。

② 参见［美］拉雷・N・格斯顿：《公共政策的制定——程序和原理》，130～132 页。

③ 参见同上书，132 页。

4. 对政策终结的监督

政策终结是政策运作过程的最后一个环节，也是政策更新、政策发展的逻辑起点。及时地终止一项多余的、无效、或已完成使命的政策，有助于提高政策的绩效。如果没有政策终结，将失去政策的严肃性，从这个意义上说，对政策终结的监督实际上是对政策严肃性的保证。

总之，政策监督的对象是整个政策系统的运行，政策监督活动是政策主体对各政策环节运行情况的信息反馈，它的作用贯穿于政策全过程，各项监督活动是互相联系、不可分割的，它们共同为提高政策制定和执行的质量以及提高政策绩效提供有力的保障。

二、政策控制

1. 政策控制的概念

政策控制的概念及方法来自于控制论和管理学。控制论的创始人维纳在《人有人的用处》一书中说："控制论包含着沟通与控制。"控制论所关心的是复杂的信息流。虽然它主要被应用于机械工程问题，但它的反馈、控制和调节的模型对生物和社会系统也有意义。"控制职能是从事于对业绩的衡量与校正，以便确保企业目标和为达到目标所制定的计划得以实现。"① 舵手的例子说明了控制职能的最重要、最有用的含义——维持朝着目标的航向。②

政策控制是指政策监控主体在政策过程尤其是政策执行中，为了保证政策的权威性、合法性和政策的有效执行，为达成特定的政策目标而对政策过程尤其是执行过程的偏差的发现与纠正的行为。

在政策过程中，实施控制的目的是为了保证制定出来的政策能够顺利、忠实地得到贯彻和落实。无论计划做得再完备、再周密，在执行过程中都会出现一些难以预料的情况。实际工作中出现的偏差，要么需要服从计划，纠正工作偏差；要么需要根据实际情况，纠正计划。控制是改进工

---

① ［美］哈罗德·孔茨、海因茨·韦里克：《管理学（第9版）》，552页，北京，经济科学出版社，1993。

② 参见［美］弗莱蒙特·E·卡斯特、詹姆斯·E·罗森茨韦克：《组织与管理——系统方法与权变方法（第4版）》，626页，北京，中国社会科学出版社，2000。

作的有效手段。控制的实质是对实际活动的反馈所做出的反应。如果没有控制，人们就不了解真实情况，工作无法改进，就难以保证正确的工作方向，无法实现政策目标。

2. 政策控制的分类

（1）按性质的不同，政策控制可以分为反馈控制与前馈控制。反馈控制是政策监控者通过掌握政策的实际绩效的反馈信息，发现偏差，分析偏差产生的原因，并采取纠正偏差的活动。这是一种最主要的控制形式，但这种控制形式有一个十分明显的局限性，即时滞问题——从发现偏差到纠正偏差之间有一个时间差，因此，往往使纠正偏差错过时机，或者客观情况发生变化，影响纠偏的效果。前馈控制正好克服反馈控制的这一缺陷，它是不断利用最新的有用信息进行预测，把所期望的结果与预测的结果进行比较，从而事先制定纠偏措施，使实际绩效与期望的结果相一致。

（2）按照控制人员与控制对象的关系，政策控制分为间接控制和直接控制。间接控制是相对于决策分权化而言的。如前所述，在政策监控过程中，由于监控主体获得信息的有限性，对政策执行过程的反馈信息具有一个十分明显的局限性（即时滞问题），因而容易错过纠正偏差的时机，或者跟不上客观情况的变化，影响纠偏的效果。因此，政策监控主体往往会把控制权力下放给各政策执行主体，这实际上实施的就是间接监控。间接监控有一个前提条件，即被授权执行监控的一方与授权方有一个一致的价值系统。① 否则，监控主体将进行直接控制，即保留集中控制，保留决策权，对政策各环节进行实时监控，以全面掌握政策系统运行情况，及时控制政策发展方向。

3. 政策控制的程序

政策控制的程序或过程是由如下三个基本环节构成的，即确立标准、衡量绩效和纠正偏差。这个过程的功能活动可以用图 9—1 表示。

---

① 间接控制的概念对于决策分权化（职权和职责授予下面的组织等级）之类的管理哲学，具有重大意义。如果管理群体对有关的组织事项大体上有一个一致的价值系统，那么高层管理部门的成员即可把决策下放，并且有理由相信其结果将会符合他们的期望。这就是说，决策有如他们自己做出的一样。转引自［美］弗莱蒙特·E·卡斯特，詹姆斯·E·罗森茨韦克：《组织与管理——系统方法与权变方法（第4版）》，637 页。

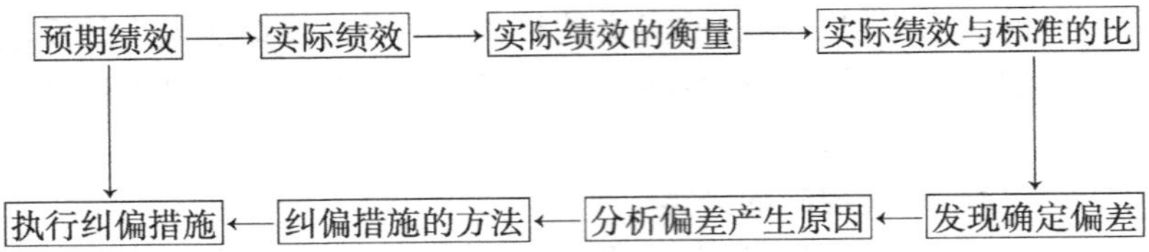

图9—1 政策控制的程序

（1）确立标准。标准是衡量政策的实际效果即绩效的尺度。政策控制的目的是保证政策的顺利运行，以取得预期的目标。因而政策目标是政策控制的最根本的标准，控制的标准来源于政策目标。但政策目标是较为一般化的，因而往往不能直接变成或翻译成控制标准。因此，必须将其具体化才能成为控制的标准。也就是说，可以将一般的政策目标变成一系列的具体指标。常用的控制标准有实物标准、成本标准、资本标准、收益标准等等。

（2）衡量绩效。理想的政策控制是采用前馈控制即在实际偏差出现前预见到它们，并预先采取纠偏的应对措施。但是在实际的政策过程中，由于各种主客观条件的限制，使得我们很难做到这一点。因此，必须在政策的实际运行过程中，随时监控政策运行的情况，衡量政策的实际绩效，将实际结果与预定的目标或期望的结果加以比较，及时发现偏差。衡量政策绩效的准确与否，既取决于标准是否合理，也取决于是否找到合适的衡量、评价方法。必须注意，不应把实际的政策效果理解为最后的政策结果，有时它可能仅是一种阶段性的成果，或由中间状况推测出的结果。政策控制不仅仅是对最终的政策结果的纠正，也包括对中间过程中出现的问题的纠正。

（3）纠正偏差。这一环节包括确定偏差的类型、程序，找出偏差产生的原因，并采取纠正偏差的措施。政策在实际运行中产生的原因是各种各样的，也许是政策的环境发生了改变；也许是目标不恰当；也许是执行组织或人员执行不力或协调不够；也许是财力、人力不足；等等。在找出偏差产生的原因之后，必须采取行之有效的办法来加以纠正，对政策加以调整（这是我们下面要讨论的问题）。

4. 政策控制的循环

政策控制的主要功能在于通过政策控制的主体对政策计划、目标、标准等的掌握，及时发现预期政策绩效与实际的政策绩效之间的差距，并分析产生差距的原因，最后决定是重新调配资源以加大执行力度或是对政策进行调整、终结等。由此可见，政策控制并不是一个单向的不可逆的过程，而是一个永无止境的循环。这种循环关系可以通过下面这个示意图（图9—2）以简化的方式表现出来：

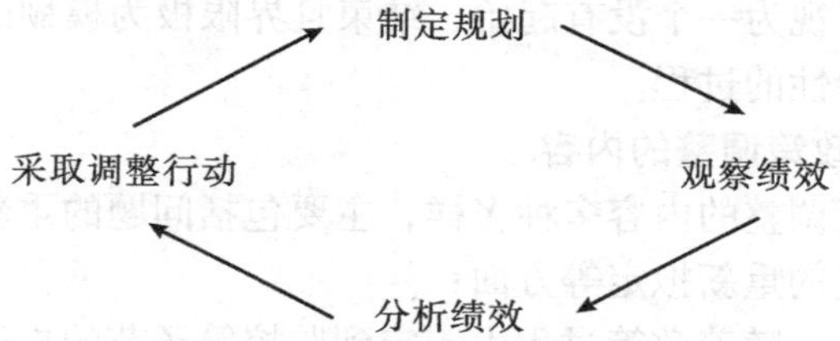

图9—2 政策控制循环图

其中，制定规划是将政策内容化为可操作的实施细则的过程，也是进行政策控制的标准，它包括明确执行者及其职责、制定实施步骤和程序、预算实施成本（如人力、财力、物力、技术资源）等。将政策规划付诸实施之后，控制者便根据政策规划，通过信息反馈系统对执行过程进行监视，及时掌握该规划所产生的实际效果，然后进入分析阶段。实际绩效可能会超过原先所定的标准，这说明以前的标准过低，那就必须调整政策规划，提高标准；实际绩效如果比预期绩效益差，此时就必须分析造成差异的具体原因；如果原因在于执行不力，那么就可以重新调配资源以提高绩效；如果原因在于政策规划本身将标准定得过高，则需降低标准。此外，还有一种情况是，通过实施，发现制定的政策根本就不可行或是错误的，那就必须及时终止该项政策，以避免更大的损失和浪费，这主要取决于政策环境所提供的条件。这样就完成了一轮循环并进入下一轮新的循环。

三、政策调整

经过合法化了的政策在被采纳之后付诸实施，政策监控就随之而进入对执行过程的监督和控制，对政策实施所产生的实际结果与预期目标进行比较，发现二者之间的偏差，并分析产生偏差的具体原因，这样就为有关部门进行政策调整作好了准备。所谓的政策调整，也就是在政策监督和控制所获得的有关政策系统运行（尤其是政策执行的效果）的反馈信息的基础上，对政策方案、方案与目标之间的关系等进行不断的修正、补充和发展，以便达成预期政策效果的一种政策行为。在某种意义上说，政策调整是政策方案的重新制定和执行的过程，或更准确地说，是政策方案的局部修正、调整和完善的过程。林德布洛姆在《政策制定过程》一书中把政策制定视为一个没有起始、结束且界限极为模糊的一个相当复杂的分析性及政治性的过程。

1. 政策调整的内容

政策调整的内容多种多样，主要包括问题的重新界定、目标的重新确定和方案的重新拟定等方面：

第一，随着政策过程由制定到监控等环节的推进，人们可能发现对问题原有的认识并不全面，问题的某些重要方面或边界条件可能被忽视，环境的变化可能改变了问题的性质。因此，在这一阶段，有必要根据已掌握的新信息，对政策问题加以再认识和重新界定。

第二，政策目标的校正、修订或再确立。这包括将原来模糊、不准确的目标加以明确化，根据变化了的环境校正或修订原有的目标等方面。当政策目标被实践证明超出或低于实际条件的要求，有时甚至严重脱离政策实际，就必须采取措施对政策目标进行必要的调整，或降低目标要求，或减少目标个数，或改变目标时限，从而使经过调整的新目标符合客观实际。

第三，对政策方案加以修正、补充和完善，甚至重新制定。这有多种情况：对基本可行的方案加以修正，使之更加合理和适应变化了的现实；拓宽原有方案的适应范围或加强应付紧急事态的能力；对证明基本行不通的方案加以重新制定。例如，国有股减持方案出台之后，经过一段时间的实施，股市未涨反跌，大部分股民“用脚投票”，对该政策方案表示反对，有关部门不得不停止执行该方案，进行调整。

第四，对政策效力的调整。对政策效力即政策发挥作用的范围和程度进行扩展或限制，如原来作为实验的政策方案由于试验成功具有可行性，所以将其推广。

第五，对政策主体、客体的调整。政策的实施是一个动态的过程，其主体总是处于不断的变化之中，有些客体也处于变化之中，为保证政策运行的连续性须及时调整政策主体；为保证政策的针对性，也须及时调整政策的客体。①

2. 政策调整的原因和影响

政策调整既有客观原因，也有主观原因。客观原因是指社会的政治、经济和文化的发展变化，即政策环境及政策问题本身的发展变化。在政策实施过程中，由于政策本身发生作用或者客观的政策环境自身的变化，使原来的政策问题发生了改变，或者解决了，或者出现了新情况、新矛盾，这就需要依据新的政策环境和变化了的政策问题进行政策调整。主观原因是指人们对政策问题、政策环境以及政策方案等认识的深化，这就决定了人们总是要不断地重新认识、界定政策问题、政策目标和政策方案，以使政策真正达到解决社会问题的目的。任何一项政策都是在政策制定和执行主体一定的认识水平的基础上形成和运行的。而人的认识总是从低级向高级、从片面向全面、从不完善向完善发展演化的。当政策主体对政策问题、目标、功能、环境等的认识提高和深化以后，就需要对原来的政策加以纠正、补充、更新，使之更加完善。

政策调整对政策系统及其环境会产生一定的影响。首先，政策调整有利于保证公共政策的科学合理。如前所述，由于决策者的有限理性、决策者所掌握的信息的有限性特点以及政策环境的动态发展性，决策者的创新性再强，其制定出的任何一项政策都有可能是不适时宜的、不完善的。因此，必须站在新的高度看问题，适时地调整公共政策，才能更好地解决问题。

其次，政策调整有利于保证公共政策的权威性和严肃性。一项政策要达到既定目标、发挥出原先规划设计的功能，就必须遵照既定的程序正常运行。但在实施过程中可能会出现下列情况使政策运行出现无序状态：一是政策执行的主体之间出现矛盾与意见分歧；二是政策执行主体与客体发生矛盾，出现冲突；三是几种政策交叉在一起，相互摩擦。这时，就需要暂时中断政策的实施，对政策主体内部关系、政策主体与客体的关系、几种政策的相互关系进行调整，使政策有序地运行。②

① 参见刘春：《公共政策概论》，168 页、171 页，北京，当代世界出版社，2000。

② 参见胡宁生：《现代公共政策研究》，208 页，北京，中国社会科学出版社，2000。

最后，政策调整有利于保持公共政策的稳定性和连贯性。公共政策作为人们日常生活的指南必须具有空间和时间内的相对稳定性。政策调整使公共政策的合理内容在变动中得以保留，适度地调整政策既可保证政策的动态发展性，又可保证政策的连贯性和稳定性。

但是，公共政策调整既能对政策产生积极的影响，又会产生某些消极的影响。政策调整会不同程度地浪费一部分已经投入的政策资源；政策调整也会挫伤一部分公众的积极性，并对公共机构的形象产生影响。如果政策发生调整，原先获得利益的公众可能不会再得到这些利益，甚至可能丧失已经得到的利益，因此这部分公众就会变得消极，甚至对公共机构不满。① 政策调整中产生某些消极影响是不可避免的，对政策调整中出现的消极影响应采取积极的措施，如：进行宣传、把握时机、控制力度等，将消极影响控制在最低限度，并让调整后的政策迅速发挥作用，以便将消极影响化解掉。

3. 政策调整的功能活动

政策调整的功能活动或程序包括了如下几步：第一，获取反馈信息。即掌握由监控机构在政策监督和控制中所获得的关于政策系统运行尤其是政策执行结果方面的信息。第二，确定调整方案。依据反馈信息，对政策问题、目标和方案等进行认真的分析研究，以确定需要补充什么、修正什么或完善哪些方面。第三，实施调整。进行实际的修正、调整、补充和完善工作，并将新的方案付诸实践，开始新一轮的监控过程。政策调整能否顺利进行，关键因素是要有一个合理完善的调节机制，没有这样一种机制，政策调整难以进行，即使勉强进行，也难以取得理想的结果。我国以前出现的政策多变或政策僵化的情况的一个基本原因，就是没有形成一个合理、完善的监控及调整机制。

第三节　中外政策监控机制的比较

由于政治制度、政治文化和社会经济发展水平等方面的差别，各国的

---

① 参见胡宁生：《现代公共政策研究》，209 页。

政策监控机制的构成及其运行方式是不同的。本节将先介绍政策监控机制的构成，然后对中外（主要是西方）政策监控机制作简要的比较，并就我国的政策监控机制的完善提出若干建议。

一、政策监控机制的构成

所谓的政策监控机制，简单地说，就是政策监控子系统的运行机制，其中最重要的是监控主体的构成及其发生作用的内容与方式。政策监控的主体与政策的制定及执行的主体在许多时候是一致的，包括立法机关、司法机关、行政机关、政党系统、利益集团、大众传播媒介以及社会舆论等。下面分别对这些监控主体的活动内容及其方式加以讨论。

1. 立法机关对政策的监控

立法机关不仅是最重要的政策制定主体，同时也是最重要的政策监控主体之一。正如威尔逊所说的："一个有效率的、被赋予统治权力的代议机构，应该不只是像国会那样，仅限于表达全国民众的意志，还应该领导民众最终实现其目的，做民众意见的代言人，并且做民众的眼睛，对政府的所作所为进行监督。"① 在西方各国，根据议会对政府政策进行监控的权威大小和地位高低，可将议会的政策监控分为一级（如英国的议会至上型）、二级（如美国的三权制衡型）和三级（如法国的准议会制有条件的议会监控型）。立法机关政策监控的活动内容及其方式主要表现为下列几个方面：

（1）依靠法律监控公共政策。无论是公共政策的制定还是实施，均不得违背法律，也不能超越于法律之上，否则，均被视为非法。也就是说，立法机关所制定及其所废止的法律为公共政策提供了框架，从而成为对公共政策的强有力的制约。例如，1973 年美国国会通过的"战争权决议"中规定，总统对外宣战决定必须首先获得国会两院的授权方能生效。国会两院可以三分之二或以上的多数推翻总统对国会通过之法案的否决。

（2）听取和审议预算、决策、立项等，对公共政策的内容、规模、方向等加以监控。立法机关有权审查政府的有关报告和计划，所要听取和

① ［美］威尔逊：《国会政体》，164 页，北京，商务印书馆，1986。

审议的报告与计划主要是由国家行政机关提出的国民经济和社会发展计划及计划执行情况的报告，关于国家预算及预算执行情况的报告，同时须审议的还有计划的主要指标（草案）、国家预算收支表（草案）和国家预算的执行情况（草案）。立法机关通过对上述报告的审查并做出相应的决议，对公共政策产生强烈影响，并实现监控的目的。在西方，政府的重大公共政策（关于财政、税收、对外宣战等）一般需经议会批准方可实施；议会还通过财政拨款权来影响政府的政策。1996 年，当时的克林顿政府与国会在教育、社会福利等多项公共政策方面存在着较大分歧，国会甚至拒绝通过政府年度预算法案，使政府一度陷于瘫痪。①

（3）通过对政府的人事任免权、不信任投票来控制公共政策。各国政府的主要组成人员大都需经议会批准才能得到正式任命。议会运用这一权力，不但旨在防止被任命者与公众的要求和利益相冲突，更是借此积极影响行政官员的政策主张，从而达到监控公共政策的目的。例如，总统制国家的立法机关对总统提名的高级官员具有监督审查权；内阁制国家的立法机关对政府首脑具有直接选举的权力，对其他重要官员免职具有监督同意权。内阁制国家的议会还拥有对出现政策失误的政府进行不信任投票的权力，它也是迫使政府改变政策的一个重要方法。在我国，各级人民代表大会及其常委会对国家机关领导人员及其组成人员拥有选举、任命、罢免、免职、撤职等权力。②

（4）以质询和诘问等方式对公共政策加以监控。质询即是由议员或代表在立法机关中就与公共政策的实施有关的事件向政府有关机关及主要有关负责人发问并要求予以作答的方法。由于质询和诘问都是由法律赋予议员（代表）的权力，公共政策的有关执行者对此无权避而不答，所以，质询和诘问也是立法机关影响公共政策的强有力的形式之一。

（5）通过视察、检查和组成针对特定问题的调查委员会而对政府各部门的政策及其执行情况进行监督。各国宪法一般都规定，立法机关及其代表有权视察和检查政府部门的工作，以便在这种日常性的监督工作中发现问题并提出意见或建议，以此来督促政府各部门改进工作。20 世纪 80

① 参见拉雷·N·格斯顿：《公共政策的制定——程序和原理》，127 页。

② 参见蔡定剑：《中国人民代表大会制度》，342 页，北京，法律出版社，1998。

年代，美国国会就先后成立了临时的特别委员会和特别调查委员会调查“伊朗门事件”（所谓“伊朗门事件”，是指20世纪70年代，美国政府向伊朗秘密出售武器以换取美国人质，以及后来又把向伊朗出售军火所得款项转给尼加拉瓜反政府武装的事件）。

此外，在两院制国家中，两院之间对公共政策相互进行监控。像英国，上院（贵族院）对下院（平民院）通过的议案虽无直接否决权，但可通过最长6个月的延搁权力来影响下院通过的公共政策。而美国，“任何一项法律，或具有法律效力的两院决议、命令，必须分别获得两院多数同意”①。

2. 司法机关对政策的监控

司法机关的职责与使命在于通过严格执法以维护法律的尊严。西方的司法机关主要是指法院，而我国不仅包括法院，还有检察院。法院和检察院通过审查、提起公诉、审判等行为，对严重违反国家政策的人员实施法律制裁，对政策的执行起着强制性的制约作用，从而达到政策监控的目的。司法机关的政策监控在各国的表现形式各不相同，所起的作用也有所不同。

一般而言，司法机关对公共政策的监控主要表现在以下几个方面：（1）裁定公共政策的制定程序与原则是否合法；（2）依法裁定公共政策的内容是否合法；（3）依法监督政策的执行是否合法。由于政策灵活性和行政裁量权的存在，使得政策执行领域的情况颇为复杂。司法机关在这一领域的工作在于依照法律裁决执行的过程、方法、手段等是否违法，若有违法行为则坚决督促其改进甚至停止执行，同时对违法犯罪行为进行裁决。

由于司法机关的权力具有被动性，即只有利害关系人请求后才行使，主要体现的是“不告不理”的诉讼原则，因此司法机关的政策监控具有一定的局限性——如果利害关系人没有向司法机关提出请求，那么即使政府机关及其人员在政策过程中有违法行为，司法机关也是无能为力的。正如托马斯·戴伊等所指出的那样：“宪法所给予联邦法院的司法权仅限于‘案例和冲突’方面，法院不以自己的名义发布政策声明、条令或命令，例如法院并不在国会某项立法或总统某项行动一通过或出现时就立即宣布

① 孙哲：《左右未来——美国国会的制度创新和决策行为》，82页，上海，复旦大学出版社，2001。

其违宪，联邦法院也不在国会或行政机构行动之前提出咨询意见，它们处在被动地位，只是等待着某个可直接向国会的一项立法或总统的一项行动挑战的案件的到来。”① 然而，尽管司法监控是一种消极的监控形式，但它毕竟是以法律为依据，以国家强制力为后盾的，所以，仍不失为一种强有力的监控形式。

3. 行政机关对政策的监控

由行政机关实施的政策监控是一种纵向的监控，主要是上级主管机关对下级执行机关工作的指示、检查、布置、督促等。由行政机关所实施的政策监控主要采取以下两种形式：一是行政管理机关的监控，或称一般行政监控。它是从行政法规定的行政管理权中产生出来的，由上级政府部门对下级政府部门及其所属机关的一种监督和控制，因而成为整个行政管理链条的一个环节。这种监督又可以进一步细分为以下几种情况：（1）中央政府对所属部门及地方政府及其人员的监督和控制；（2）综合部门的政策监控；（3）主管部门对下级业务部门所属单位的执行情况所进行的监控。

二是专门行政监督机关的监控，即行政监察。与前述的一般业务性的监督、检查有所不同的是，这种监控是由有关专门的监督机关对行政机关内部的工作人员所实施的监控，其内容侧重于对违法违纪现象的查处，其对象是自然人而非法人，即它只能对具体的违法违纪人员进行查处，而不能针对某个机关或部门。

4. 政党系统对政策的监控

政党系统可以简明地划分为执政党（也可以包括参政党、多党联合执政等形式）和在野党两大部分，其中起主要作用的是执政党，在野党对公共政策也有一定的影响。一般说来，执政党的政策监控大都采用以下几种方式：

（1）将自己的成员选入立法机关，通过影响立法来影响并监控公共政策的制定。通过这种途径，该党及其所代表的利益、纲领、路线、方针等都可以在公共政策中得到反映，这种方式对公共政策的影响是非常强烈的。

（2）通过将自己的成员列入各级政府机关及政府各部门中以影响政

① ［美］托马斯·戴伊、哈蒙·齐格勒：《民主的嘲讽》，373页，北京，世界知识出版社，1991。

策的实施，这是执政党实施政策监控的另一种强有力的形式。如在西方，执政党一般不直接参与政府决策和政策执行，而是以政府首脑的名义发挥间接作用。①

（3）由于执政党事实上控制了各种权力机构，它就可以动用从党纪到国法的各种形式对政策的制定者和执行者进行检查、监督、奖惩、任免或绳之以法等等。

（4）执政党还常以其所影响的社会团体、社会组织以及它所掌握的大众传播媒介等制造各种舆论，从而对公共政策的各个环节进行有力的控制与监督。

在野党在公共政策的监控中也发挥着重要作用。其监控的主要方式有二：一是由于在野党可以在立法机关、行政机关占有一定的席位，因此能够根据法律赋予的权力对政策过程施加一定的影响，并加以制约。比如，美国的在野党虽"无权参与政府政策的制定，但有权在议会内外批评执政党的内政外交，发挥监督、牵制政府施政的作用，并组成后备政府，随时准备取而代之。"② 我国是社会主义国家，与西方国家相比，参政党即民主党派参政议政的权力较大，从而政策监控的力度也较大。目前，全国省、地、县三级有2 300多名党外干部担任政府领导职务，2.1 万多名党外干部在政府职能部门担任领导职务，600 多位党外干部在司法机关担任领导职务。他们大多担任副职，在政府系统内最高为副部级。甚至，在2003 年 3 月份产生的新一届政府中，有民主党派人士出任要职。国家行政学院教授杜钢建在接受《南方周末》记者采访时预言，20 年后，政府部门担任领导职务的干部中，执政党党员和党外人员应该各占到一半。二是在野党也可以动用其所影响的社会力量如社团组织、新闻媒体等对国家各级机关及其工作人员进行各种形式的监督。

5. 利益集团对政策的监控

利益集团的存在与发展及对政治生活的参与，是现代社会多元化的一个表现，因而成为现代政治学所不可缺少的分析对象。简而言之，利益集团是以特定的利益为背景而进行经常性活动的组织，如工会、各种行业协

---

① 参见林勋健：《西方政党是如何执政的》，16 页，北京，中共中央党校出版社，2001。

② 同上书，98 页。

会等。它在政策过程中的主要作用在于：一是以各种方式将社会的变化及该集团的要求表述出来，以期影响公共政策的制定、采纳与实施；二是将国家的意志和信息传达给社会并对其加以管理，构成一个中介体。①

在西方，利益集团对政策的监控越来越成为一种趋势。正如英国学者F. F. 里德利所说："我们正在走向一个参与民主制时代，在利益表达和公民权利保护上的重点已经转移到了各种团体协会上去了。公民越来越少向议员、议会行政专员和行政裁判所申诉，而是求助于他们自己的组织来保护他们的利益，并通过这种组织来寻求司法解决。行政决策过程中的非官方中间人的事前介入要比官方机构的事后监督重要得多。"②

游说活动是各种有组织的利益集团影响公共政策的主要方式。在美国，游说活动受到宪法第一修正案的保护，该修正案规定："国会不能制定有关下列事项的法律：剥夺言论自由或出版自由，或剥夺人民和平集会及向政府要求申冤的权利。"③ 在美国，有四种游说的方式：

（1）接近。为了影响决策，有组织的利益集团必须首先接近决策者。正如华盛顿的一位杰出的院外集团活动家所说的那样，第一条是接近——把他们拉进门，让他们倾听你的问题，知道他们各自的个性、了解他们的助手和他们本人怎样展开工作，以及他们想收到的信息的类别。游说者的知识背景、个人声望和所在团体的政治影响等因素结合在一起，有助于敲开第一扇门。

（2）信息。一旦游说者成功地接近了政府决策者，那么他们的知识和信息就成为很有价值的东西。一个游说者应掌握以下三种信息：法律程序的知识；有关正在讨论的问题的专门知识；本问题中所涉及团体的信息。游说者们必须花相当多的时间和精力去了解他们所关心的议案的进展情况。此外，游说者所提供的信息（包括技术报告和分析材料）必须准确、适时，这种信息提供给议员们在立法辩论和国会演讲时用，这就起到了国会工作人员的作用。

（3）基层动员。这是有组织的利益集团动员选民，为维护其自身利

---

① 参见［日］迁中丰：《利益集团》，3页，北京，经济日报出版社，1989。
② 刘明波、杨五湖：《世界行政监督大辞典》，20页，北京，法律出版社，1990。
③ 谭君久：《当代各国政治体制——美国》，349页，兰州，兰州大学出版社，1998。

益而对议员施加压力，以影响国会的一种方式。其做法是给议员写信、寄明信片、拍电报、打电话等。此外，向某些报纸提供新闻分析或社论，然后将有关剪报寄给有关议员，也是一种动员策略。

(4) 提供竞选支持。游说成功的关键越来越依赖于竞选赞助，而由于竞选费用的增加，议员们也必须更加依赖来自于利益集团的赞助。以赞助竞选为条件换取特定的投票承诺被认为是一种“粗鄙”的策略。相反，有组织的利益集团则长期赞助在任的国会议员，至于如何回报则让议员们自己去理解。如果一个议员不断投票反对某个有组织的利益集团，那么这个集团就可能在以后的选举中赞助他的竞争对手。①

利益集团通过它们的种种活动，对公共政策有非常重要的影响。一方面，试图阻挠、反对、推迟不利于自己集团利益的法规、政策的通过与实施；另一方面，则极力争取通过、实施有利于自身利益的法规、政策。

6. 公众和大众传媒的政策监控

公众对政策的监控主要是通过社会舆论的形式来实现的。社会舆论是公共意志的集中反映，即它体现和表达了公众的利益、愿望与要求。由于公共政策是解决公共问题的政策，所以，政策活动的各个环节都必须充分考虑到人民群众的利益要求。“公共舆论确定了公共政策的基本范围和方向。”② 因而，社会舆论在现代公共政策中的影响是不容忽视的。

社会舆论对公共政策的影响因各国国情的不同而有所不同。在民主化程度较高的国家，社会舆论的力量可能会大一些；反之，则会小一些。在某些国家，由于各种大众传播媒体均为执政党所控制并且该党长期执政，同时，尽管舆论自由取得了合法地位，然而事实上舆论并不自由。大众传播媒介一旦缺乏进行监督的权利，往往也就丧失了进行监督的主体意识，有可能进而沦为权力的附属品，成为执政党的喉舌，而非民意表达的阵地，公众的意志和利益就只能被扭曲地表达出来。再者，社会小部分人的利益或某些利益集团的利益反而会比公众利益更为强烈地表现出来。在此基础上制定并执行的政策就不可避免地会走向扭曲，即公共政策不反映广大民众的普遍利益，而仅仅是反映一小部分人或一些集团的利益。

---

① 参见［美］托马斯·戴伊、哈蒙·齐格勒：《民主的嘲讽》，第九章。

② ［美］詹姆斯·E·安德森：《公共政策》，95 页。

社会舆论对政策监控要真正发挥舆论监督的作用，除了保证它的相对独立性外，还要有其他监控主体如行政机关、司法机关等的密切配合。如日本著名的“里库路特案”和其他一些行贿受贿案件，就是在新闻记者获得蛛丝马迹后，经过深入的采访和调查，揭露出来，但最终还得经过司法机关的审判才能将其绳之以法。① 行政和法律手段的监控与社会舆论的监控的紧密配合，刚柔并济，才称得上是完整意义上的政策监控机制。

二、西方政策监控机制的若干特点

西方发达资本主义国家的政策监控经过数百年的建设，到现在已经形成了一个较为完整的可操作的系统，其理论基础与运作程序以及制度相对较为完善。这里，我们主要讨论其若干特点。

1. 政策监控的基本依据——分权与制衡原则

西方政治理论对于权力问题的主要观点是“一切政治权力都必须是有限制的”，其根源可以追溯到古希腊斯多葛派关于社会契约的思想，经过古罗马，尤其是经过中世纪教权与王权的二元对立之后，这一思想不仅体现在启蒙学者的政治理论之中，而且体现在当时的政治实践之中，成为西方政治理论的基本原则之一。因此，在欧美各国鲜有对国家的崇拜，人们对政治权力往往抱着一种近乎自然的怀疑的倾向，认为掌权者若有机会总会做恶而非行善。因此，建立了种种体制以限制、监督权力的运行。例如美国的双重分权制度、英国的两院制、瑞士的委员会制度等。

权力的分立与互相制衡这一原则运用于公共政策过程，就是任何一个国家机关即任何一种权力都不能单独操纵公共政策，公共政策的制定、实施、调整、终结更多地是一个交易的过程，是由各方及其所代表的利益进行谈判的结果。安德森以20世纪70年代初期联邦健康立法为例说明了这个问题。“可见，决策者不是简单地面临一种选择，”安德森评论说，“相反，私人和官方的行动者均提出了各种不同的政策建议，并都在争取国会接受。可能出现的结果是，国会根据这些建议和意见通过妥协的行动方案。公共官员和私人利益的共同加入以及相互妥协，是美国和大部分政治

① 参见刘华蓉：《大众传媒与政治》，153页，北京，北京大学出版社，2001。

系统政策形成的基本特点。”①

公共政策方案的提出、制定、采纳、实施及调整等，都必须照顾到社会有关各方面的利益、愿望和要求，任何一方的利益都不能被忽视，不能仅仅考虑任何一方的利益，这就使得西方的公共政策的过程由于各方面的参与而成为类似于市场交易的一个过程。因此，可以理解，由于实行非市场体制的国家不可能采纳分权与制衡的原则，所以就不可能具备这种公共政策过程市场化的特点。

2. 社会舆论在政策监控中的显著作用

在西方，新闻自由权是人民主权的一种具体表现。既然国家的权力来源于人民，政权的合法性来自于人民的认同与支持，建立国家及政府的目的就在于谋求人民的幸福、自由等。所以，人民可以表达自己的利益、愿望和要求。这一方面表现在由宪法所肯定和保护的选举权中，另一方面则体现在新闻自由之中。现在，在西方，国家的官方机构一般没有查处新闻的权力。新闻是自由的，新闻甚至可以是不公正的、歪曲事实的，只要能说出理由即可。无论如何，新闻是有力量的。“新闻媒介的真正功能在于他们能够决定将被决定的事。规定问题的范围，分辨可选择的政策，将民众的目光引向社会、经济及政治危机——这些都是政策制定的重要方面。我们把这些功能称为确定议事日程”②。很显然，能够决定什么是问题或危机，这种权力对政策制定来说至关重要，决定什么是问题甚至比决定什么是解决办法更重要。大众传媒因为能让公众关心的问题引起全社会的关注，从而推动政府确定议事日程，因此也对公共政策制定有至关重要的影响。人民群众、团体、公民、官员等可以通过形成舆论对现行政策的效果和是否符合现实要求的政策方案做出判断，并且在此基础上形成对政策的支持、反对或冷漠等态度。这些态度既会影响到公共政策的制定，也会影响到公共政策的采纳与实施，同样会对如何评价公共政策产生一定的影响。

因此，如果能对公众所持的态度及倾向有比较准确的把握，那么，政府提出的政策的可行性将是很大的。这就是信息反馈所要完成的工作。安

---

① ［美］安德森：《公共政策》，83 页。

② ［美］托马斯·戴伊、哈蒙·齐格勒：《民主的嘲讽》，161 页。

德森指出，反馈概念告诉我们，过去的政策决定和效果能产生变革的要求或对政策的支持。安德森以美国于1969年颁布和实施的《全国环境政策法案》为例说明了这一论点。他说："作为对决策者某种反馈的结果，随之就能采取各种行动，其中包括继续原政策；立法修正以加强或削弱政策；政策管理（如加强或放松对某一特定规定的实施）；增加、减少或限制管理所需的资金；在法院中就政策的含义和是否合宪提出异议；以及撤销立法（或它在有时限的情况下允许立法中止。）"①这里都足以说明社会舆论在政策监控中起着重要作用。

归根结底，"被统治者的舆论是一切统治的真正基础。" 正如乔·萨托利所说的那样，"没有自由舆论的自由选举毫无意义可言。我们说人民必须享有主权，但没有内容没有自己看法的主权，不过是一种追认权，一种空洞无物的主权。"②

社会舆论对于公共政策的影响取决于这一点：国家是否控制着一切或大多数社会化工具和一切传播媒介？如果是，则意味着只允许有一种声音即国家的声音；如果不是，则意味着存在着多种声音。只有在第二种情况下，社会舆论才能对公共政策进行监督和控制。欧美各国的社会舆论之所以能够对公共政策的制定、采纳、实施、评估、调整以及终止等各个环节产生较大的影响，原因无他，只在于新闻自由有宪法上的与制度上的保证，在于任何国家机关、任何领导人都不敢公然侵犯、损害新闻的自由与独立。

3. 司法审查对公共政策的有效监控

司法审查学说是美国政治理论的一个独特之处。根据司法审查学说，联邦法院不仅有权审查联邦行政机关和国会的行为是否违宪，而且有权以州政府的活动违宪为由而宣布其无效。因此，以美国为代表的西方各国的司法机构对公共政策的监控是非常有力的。司法审查制度既有其理论渊源，又有宪法的保障，并且有具体的可操作的规则与程序，有其可资借鉴之处。

（1）理论渊源。司法审查制度的理论渊源一直可由启蒙运动追溯到中世纪教权与王权的二元对立，直至古希腊和罗马，经过漫长的历史演

① ［美］安德森：《公共政策》，210～211页。

② ［美］乔·萨托利：《民主新论》，90页，北京，东方出版社，1993。

化，终于使得“限权政府”的观念成为社会各界的共识。其直接的理论则来自于洛克和孟德斯鸠关于分权与制衡的思想。也就是说，美国宪法是欧洲分权与制衡理论的制度化、具体化的表现方式，经此转变之后，分权与制衡的抽象原则才具有可操作性，因而能够在现实生活之中运转起来。①

（2）司法审查的内容。首先，对联邦行为的审查。实际上，在美国的宪法中找不到有关司法审查制度的任何明示的条文根据。首开司法审查先例的是“马伯里诉麦迪逊案（1803）”。② 此后，联邦法院在阐释宪法方面具有最高权威这一基本原则就得以确立。在“合众国诉尼克松案（1974）”的判词中，最高法院裁定，国会可以要求总统对司法程序做出回答，被告是总统这一事实并不使秘密通信特权问题成为不可由法院审理的理由。③

其次，对州政府行为的审查。早在1801年，最高法院就曾宣布一项州法律违宪。在对“马丁诉亨特的承租人案（1816）”的裁决中，斯托里大法官代表联邦最高法院发表意见，认为“决定联邦最高法院享有管辖权的因素是案件，而不是法院”。对此案的裁决一直是联邦最高法院对州法院行使管辖权的关键依据。④

根据美国宪法第三条，最高法院的管辖权范围包括引用宪法规定而产生的案件。由于州法院对合宪性问题行使了初审管辖权，联邦最高法院有权根据上诉管辖权对诉讼进行复审。此外，斯托里大法官还以联邦需要对宪法进行统一解释为由，从政策角度提出了进行司法审查的理由。他指出，宪法绝不能在50个不同的辖区有50个不同的解释。否则，联邦势必陷入危险之中。⑤

（3）限制司法审查的具体原则。进行司法审查并不意味着联邦法院可以为所欲为，它同样也要受到许多限制。其中，有宪法上的限制如宪法第十一条修正案的限制性规定和案件或诉讼规定即只对实际存在的诉讼进

---

① 参见［美］爱德华·S·考文垂：《美国宪法的高级法背景》，上海，三联书店，1996。

② 参见［美］杰罗姆·巴伦、托马斯·迪恩斯：《美国宪法概论》，9页，北京，中国社会科学出版社，1995。

③ 参见同上书，39页。

④ 参见同上书，12页。

⑤ 参见同上书，1页。

行判决，也有政策限制（这是担心如果最高法院积极参与政治进程就可能侵犯私人权利，因而法院必须十分注重自我约束）。此外，最高法院还根据一些具体原则拒绝受理某些案件，而不去裁决它是否违宪。这包括以下三个方面的问题：其一是诉讼资格问题，即什么人可以对是否合宪问题提出诉讼；其二是时机问题，即何时可以对是否合宪问题提出诉讼；其三是标的问题，即什么样的宪法问题可以向联邦法院提出诉讼。① 上述三个方面的问题已经将具体进行司法审查涉及的诸多问题基本厘清，因而使司法审查制度具备了可操作性。

司法审查制度在日本也有表现，日本宪法规定日本最高法院可对法律、命令、条例等是否违宪做出判决。当然，司法审查制度是资本主义各国三权分立原则的一个内容，我们自然不能完全照搬过来。不过，司法审查制度及其理论也体现了分权与制衡的原则，其精神实质在于以权力制约权力，从而使得权力的运行不再是任意的和专断的，也即在于保证权力的有序运行，这又有合理因素。

4. 中央政府权力的扩张与政策监控手段的更新

自20世纪初以来，欧美各发达的资本主义国家都先后经历了一个中央政府权力扩张的过程，这一过程直到现在仍在继续之中。其中的原因引起了理论界的强烈兴趣。国家的福利政策被公认是主要原因之一。以英国为例，英国由于没有成文宪法，所以中央与地方的关系一直未能明确，而且英国的地方政府历来在很大范围内享有一定的独立地位，中央对地方政府的控制能力相对较弱。但自从福利政策实行以来，这种格局就逐渐被改变了。福利政策所涉及的问题大都是全国性的，例如教育、卫生、住房、保险等。一方面，为公平起见，必须制定全国统一的最低标准；另一方面，福利政策的推行也使得地方政府所必须提供的服务项目逐渐增加，使得本来有限的地方财源不足以应付日益庞大的开支，这就使得中央政府的财政拨款（占地方总开支的45%左右）显得日益重要。这就很自然地导致了中央政府权力的扩张，也即导致了中央政府对地方政府影响力的扩大。这种中央政府权力的扩张，在欧美各国的表现大致是相同的。

因此，中央政府现在掌握了足够的手段来影响、制约地方政府的行

① 参见［美］杰罗姆·巴伦、托马斯·迪恩斯：《美国宪法概论》，16～40页。

动，除财政拨款以外，这种手段还包括指导计划、借款、贷款等方式。由于地方政府在财政上越来越依赖中央政府，所以，中央政府的政策就能够顺畅地得到贯彻执行，中央政府对地方政府的国民经济与社会发展、财政收支、福利等公共政策的选择、实施、调整等都有发言权。

这种中央政府权力的扩张趋势在欧美各国都不同程度地、以不同形式表现出来，这既使欧美各国中央与地方关系的传统格局产生了重大变化，也使得中央政府有了更多的手段影响和控制地方政府的行动。简而言之，由于地方政府在财政上越来越依赖中央政府，就使得由中央政府实施的政策监控越来越具有实质性的意义。

三、我国的政策监控机制

我国政策监控机制由以下几个方面组成：权力机关（全国人民代表大会及地方各级人民代表大会）的政策监控、行政机关（国务院和各级人民政府）的政策监控、司法机关的政策监控、中国共产党作为执政党的政策监控、各民主党派及人民团体的政策监控以及来自于人民群众的政策监控。由上述各方所构成的政策监控子系统足以确保正确政策的采纳、实施和运行，从而也可以保证政策绩效的提高和政策目标的实现。

1. 人民代表大会的政策监控

我国宪法明文规定，全国人民代表大会是国家最高权力机关，地方各级人民代表大会是地方各级权力机关。人民代表大会的政策监控是其立法权派生的、具有最高法律效力的监督形式，它是法律监督、财政监督、人事监督和工作监督的总和，是人民代表大会影响、制约或控制其他国家机关的一种国家行为。

(1) 人民代表大会在政策监控中的地位与作用。现行宪法规定，各级人民代表大会有权监督宪法、法律以及规范性法律文件的实施；有权监督国家或各级行政区域内最高领导人的任免，依法审议罢免案，罢免有关公职人员；有权审查和批准国家或各级行政区域内国民经济和社会发展计划以及财政预算及执行情况的报告；有权撤销或改变本级人大常委会、人民政府所作的不适当的决议、决定或命令；县级以上的地方人民代表大会还有权改变或撤销下一级人民代表大会所作的不适当的决议、决定和命令，县级以上地方人民代表大会有权监督和保障执法机关依法行使职权。也就是说，各级人民代表大会在同级行政区域内是法律行为、人事任免行为和财政行为的监督者。

各级人大常委会的立法监督起着核心的作用。这也是由宪法和法律的确认和保护的，各级人大常委会不仅享有广泛的监督权，而且拥有对最高国家活动的日常监督权。

（2）人民代表大会的政策监控的基本内容。人大政策监控在总体上可分为法律监督和工作监督两个方面。法律监督是人大及其常务委员会对规范性文件是否违宪、是否违法所作出的裁决。它既包括对其制定程序又包括对其内容是否违宪、是否合法所作出的裁决。根据法律规定，全国人大及其常务委员会具体对下列行为进行法律监督：裁决由国务院制定的授权立法、行政法规、决定和命令；裁决由地方国家权力机关制定的地方性法规、条例、单行案例和决议；裁决由最高人民法院、最高人民检察院作出的司法解释、批复以及对有关案件所作的判决和决定；裁定国家主席、国务院、中央常委、最高人民法院、最高人民检察院在行使权力时所产生的权限纠纷或违法违宪等行为。

地方人大及其常委会的法律监督主要包括以下内容：各级人大有权改变或撤销同级人大常委会和同级政府的不适当的决议、决定和命令；地方人大常委会有权撤销同级政府和下一级人大及其常委会做出的不适当的决议、决定和命令；地方人大常委会有权监督由下一级人大及其常委会组织领导的选举活动。

工作监督是指人大对行政机关和司法机关的具体活动和官员的具体行为实施的监督。工作监督又可分为行政、司法和人事三方面的监督。行政监督是人大工作监督的重点，指的是对行政行为（如行政决策、行政计划、政府财政行为、外交和战争权等）的合法性、合理性等的监督；司法监督是人大对司法行为的最高监督，具体包括以下内容：听取和审议人民法院、人民检察院的工作报告和专题报告，审查涉及全局的司法政策，监督审查争论较大、涉及面广的重大案件，监督审理人民检察院检察委员会无法形成统一意见、由检察长提请人大常委会决定的案件，监督检查由人大转交给司法机关的人民群众的申诉和控告。人事监督是人大监督的一个实质性的组成部分，主要包括根据宪法和法律的有关规定，对政府官员的任命、考核、罢免等。

(3) 人民代表大会政策监督的制度与程序。一定的制度与程序是人大监督权赖以实现的保证，否则，若有权力而无实施细则，若无相应的制度建设与程序保证，也就形同虚设。我国人大监督的制度与程序大致有以下一些主要内容：

第一，听取和审议"一府两院"的工作报告。目前许多地方性法规已明文规定，有关机关的工作报告和相关的参考资料必须在人大召开以前送交有关委员会进行初审，并必须在人大开会前一个月或半个月送交代表。但是，全国人大尚未对审议"一府两院"工作报告的程序做出明文规定。此外，工作报告的格式、基本内容、审议的方式、表决、相关的法律后果等，各级人大均无明确规定。

第二，审查国家计划和预算。这是人大进行财政监督的主要形式。新近颁布的全国人大议事规则对此有了较为具体的规定：1）国家计划、预算的执行情况必须在全国人大召开前一个月向人大财经委员会和有关专门委员会汇报，由财经委员会进行初审；2）在全国人大会议期间，国务院不仅应就计划和预算执行情况向大会做出报告，而且还应提供计划主要指标（草案)、国家预算收支表（草案）和国家预算执行情况表（草案）并一并印发与会代表；3）人大财经委员会应向大会主席团提出国家计划和预算的审查报告；4）人大对国家计划（草案）和国家预算（草案）进行审议和表决。

第三，质询。质询是较为严厉的一种监督形式。其具体程序如下：1）有一定数量的代表联名提出。全国人大会议期间，一个代表团或30名以上的代表联名，可以出面提出对国务院和国务院各部委的质询案；全国人大常委会期间，有10名以上委员的提名，也可以提出质询案。相应地，地方各级人大及其常委会在提出质询案时也有一定的人数要求。2）质询对象。根据有关法律规定，全国人大及其常委会有权对国家行政机关提出质询案，地方人大及其常委会有权对同级行政机关、司法机关提出质询案。3）质询案提出的方式。口头或书面方式均可，但必须明确提出质询对象、内容和问题。4）质询案的审议。按照大会主席团的决定或常委会主任的决定，由受质询的机关负责人在主席团会议、有关专门委员会会议或有关代表团会议上作口头答复或书面答复。5）质询结果。提出质询案的代表、委员会、代表团若对答复不满意，可提出要求，经主席团或主任会议决定，由受质询机关再作答复。6）质询报告。质询案的有关情况报告可以印发会议，书面答复应有受质询机关负责人的签名。

第四，调查委员会。调查委员会是人大对特定事宜进行监督和控制的一种形式，其具体程序在新近的全国人大议事规程中有较详细的规定：1）成立。须有全国人大主席团、三个人大代表团或十分之一以上的代表联名提出，并由大会全体会议决定，才能成立。2）组成人员。由大会主席团在代表中提名，提请大会全体会议通过，调查委员会因工作需要还可以聘请有关专家参加调查。3）调查工作。一切有关的国家机关、社会团体和公民都有义务如实向调查委员会提供必要的材料，调查委员会有义务保守秘密。4）结果。调查委员会应向全国人大提出调查报告，全国人大可以根据该报告做出相应的建议。

第五，罢免。这是较严厉的一种监控方式，具体实施须遵守以下程序：1）由一定数量的代表、代表团或大会主席团提出。例如，在全国人大会议期间，由主席团、三个以上的代表团或十分之一以上的代表联合，可以提出对中央国家机关领导人的罢免案；2）罢免案应写明罢免理由，并附有关材料；3）罢免案可由主席团提请代表团审议，由全体会议决议，或者由主席团提议，经大会全体会议讨论，然后组成调查委员会，由下次会议中根据该委员会提供的报告审议并决定；4）罢免案交付表决前，被控罢免的人员有权在主席团会议或全体会议上提出申辩，并由主席团印发会议，人大有关机构人员的罢免由主席团或常委会执行并提出公告；5）撤销不适当的决议、决定和命令，对此，截至目前，尚无具体可行的制度及程序；6）受理人民群众的申诉、控告，这方面的制度与程序目前仍然不完善。

2. 政府机关的政策监控

这里所说的是政府系统内部进行的对政府行为的监督和控制，以实现政策目标，提高政策绩效的行为过程。政府机关的政策监控的主要内容有：

（1）行政监察。这是我国行政机关内自我监督体系中最强有力的手段，它由专门的国家机关来实施，其机构设置及权力都是由国家立法保障的。因此，它的监控有国家的强制力为后盾，并能产生直接的法律效果。

（2）上级行政机关对所属部门及下级机关的业务监督和人事任免。这是最经常最普遍的一种监控方式，以法律、法规、纪律等为依据，具有强制性。主要做法是改变或撤销由所属部门和下级机关发布的不适当的命令、指示等，或通过发布命令、决定和指示等，人事的任免、考核、奖惩也是其经常性的措施。

（3）所属部门和下级机关根据民主集中制的原则对上级机关的监督与控制。这种监控不具有强制力，也不会产生直接的法律效果，可以视之为信息反馈的一个环节。上级机关对所属部门和下级机关所提出的建议、意见、批评等虽不一定要全部采纳，但应予以重视，应作具体分析，采纳其中的合理化建议，接受其中正确的批评，对不恰当的意见、建议、批评等应做出解释。这样，有利于上下交流，也有利于实现政策目标，提高政策绩效。这个过程同时也是机关作风民主化的一个表现。

（4）因业务性质而产生的综合性的政策监控。这类业务包括诸如劳动人事、福利、保险、文教、卫生、税务等。它们所涉及的范围相当广泛，决不限于某个部门或某个地区，而是跨行业、跨地区、跨部门的，是综合性的，需要许多部门、地区、行业之间的密切配合才能确保政策的正常运转。政策的调整、分解乃至终结等，牵涉面非常之大，同样也需要多方协调，统筹兼顾。

（5）专业性的政策监控（主要指审计监督）。它是根据有关法律而设的专业性的审计机关，依法对国务院及其所属部门和地方各级政府的财政收支、对财政金融机构和企事业单位的财务收支状况进行财政监督的一种主要方式。

需要指出的是，随着我国改革开放向纵深方向的发展尤其是随着市场经济体制的逐步建立和不断完善，政府职能也正在发生重要的变化。因此，由行政机关所实施的政策监控也正在增加一些新的内容。例如，通过税种的划分而将中央与地方的责、权、利关系法律化、制度化就是一例。此外，中央政府通过财政拨款和税收返还等方式也可以有效地控制或影响所属部门和下级政府的行为方向。所有这些，都为实施政策监控提供了新的手段和新的思路，有待于在实践中进一步完善和发展。

3. 司法机关的政策监控

司法监督是国家政策监控系统的重要组成部分，它包括人民法院和人民检察院的监控。司法监督与立法监督、行政监督的显著区别是："它具有强大的威慑力度，是国家适用法律监督上运用强制力维护社会秩序的最后一道防线。"① 洛克说过，"在一切情况和条件下，对于滥用职权的强力的真正纠正办法，就是以强力对付强力"。②

司法机关的政策监控主要是通过法律手段来实现的。人民法院和人民检察院通过审查、提起公诉、审判等方式，对国家工作人员或公民的行为产生强有力制约，从而对政策的有效执行起到较好的效果，间接起着政策监控的作用。在一些行政诉讼案件中，对于各级政府的一些涉及具体行政行为的规定、办法或命令（令）等，法院可不予适用，并且在审判过程中可附带审查这些规定、办法或命令（令）是否违反国家宪法和法律。它有国家强制力作保证，因此具有较高的权威性。

我国的司法权力从属于立法机关，司法监督活动也必须受立法机构即权力机关的监督（也因此，在我国，宪法监督权力并不由最高人民法院行使，而是由人民代表大会及其常务委员会行使）。

4. 中国共产党的政策监控

我国宪法明文规定，中华人民共和国是工人阶级领导的（通过中国共产党的领导实现的），以工农联盟为基础的人民民主专政的社会主义国家。这种国家的性质和党对全国社会生活各个方面的领导，决定了公共政策的基本内容与基本方向，决定了中国共产党在政策监控系统中的特殊地位和作用。中国共产党的政策监控主要采取以下方式：

（1）党对国家生活的领导决定了政策的内容或方向与政策的实施。中国共产党对国家及社会生活的领导表现为政治领导、组织领导和思想领导。其中，政治领导指的是根据特定时期革命和建设的实际，制定发展战略及路线、方针与政策；组织领导包括两个方面的内容：其一是挑选德才兼备的干部到各个国家机关中去工作，其二是充分发挥共产党员在各个方面的模范带头作用；思想领导就是用马列主义、毛泽东思想、邓小平理论以及"三个代表"重要思想，教育、武装全党、全军、全国各族人民，从而使他们能自觉地贯彻执行党的路线、方针和政策。

---

① 孔令望等：《国家监督论》，281页，杭州，浙江人民出版社，1991。

② 约翰·洛克：《政府论（下篇）》，第十三章，北京，商务印书馆，1982。

（2）党纪监督。党纪监督是中国共产党监督广大党员及干部的重要形式，它虽不具备法律效力，但由于党的纪律监督必然影响着监督对象的政治前途，因而具有极强的现实约束力。党纪监督主要是通过党的中央和地方各级纪律检查委员会具体负责实施的。

（3）通过党的基层组织实施政策监控。党的基层组织遍及国家和社会生活的各个角落，是党与党员及群众相联系的桥梁和纽带，是领导群众进行社会主义建设的具体执行者，是党的路线、方针、政策等的具体贯彻者。

（4）通过各种大众传播媒介进行政策监控。中国共产党可以用其所掌握的大众传播媒介为采纳、实施、调整、改变甚至废除某些政策等大造舆论，这样就可以为此后的实际操作减少摩擦，从而降低实施成本。中国共产党也有能力搜集到大量信息并组织力量进行分析处理以决定对策，它还可以用几乎无所不在的信息网对基层组织与党政机关及其工作人员进行全方位的监督，等等，都可以视为舆论监督在中国的特殊表现。

5. 民主党派对政策的监控

在我国，民主党派是参政党，而不是在野党，它们在我国的政策监控中发挥着重要作用。各民主党派对政策的监控主要是通过人民政协这一爱国统一战线组织实现的。人民政协的章程规定：中国人民政治协商会议全国委员会和地方委员会密切联系各方面人士，反映他们及其所联系的群众的意见和要求，对国家机关和国家工作人员的工作提出建议和批评，协助国家机关进行机构改革和体制改革，改进工作，提高工作效率，克服官僚主义。人民政协主要以如下方式履行其监控权力：政协全国委员会全体会议、常务委员会会议或主席会议向中共中央、全国人大常委会、国务院和地方各党政领导机关提出建议案，各专门委员会提出的建议或有关报告，委员视察、委员提案、委员举报或以其他形式提出批评建议，参加中共中央、国务院有关部门以及地方各级政府部门组织的调查和检查活动。

由于人民政协的委员来自各行各业，并且由于他们一般具有较高的思想文化素养，所以，由他们提出的建议往往比较合理，其批评也往往比较中肯。然而，由于人民政协的权力仅在于参政和议政即仅在于参与、议论，而无权形成有约束力的决议，所以，由人民政协所实施的政策监控是不具备强制力的。当然，其中的合理化建议与批评都可能被采纳或接受。也就是说，民主党派对整个政策系统都仅能施加一定的影响，起着有限的作用。

6. 人民群众及人民团体的政策监控

我国是社会主义国家，是劳动人民当家作主的国家。一般地说，无论是在理论上还是在实践上，人民群众都是国家的主人。人民以及由人民所组成的人民团体是一切权力的来源，因而也是一切政策（包括宪法在内）合法性的终极资源。所以，人民群众及人民团体有权对一切国家机关及其工作人员以及一切政府行为进行监督，也有权反对对合法权利的任何形式的侵犯与损害。

在我国，人民群众及人民团体进行政策监控主要采取以下方式：一是通过选举自己的代表，行使对政策的监控权；二是通过大众传媒表达自己对公共政策的态度、意见、建议或批评；三是通过上访或向有关方面写人民来信等形式进行政策监督；四是各种群众组织可以通过合法途径有组织地向有关国家机关表达自己的利益、愿望、要求、意见、批评等；五是人民群众可以通过消极的抵制或者主动的行动来表达对现行政策的不满或取向。

四、完善我国政策监控机制的若干思考

我国的政策监控机制在经过几十年的建设与运行之后，已初步形成了一个较为完善的体系，对公共政策的整个过程进行了有力的监督与控制。由人民代表大会、国务院及地方各级人民政府、人民法院、人民检察院、中国共产党、人民政协、各种人民团体、社会舆论等构成的政策监控机制，对公共政策的制定、采纳、执行、调整、终止等，都起着积极作用，而各种政策监控主体既明确分工，又密切协作，对提高公共政策的制定与执行的质量，提高政策绩效，实现政策目标，更有助益。尤其是随着社会政治生活民主化、法制化的进一步发展，由人民代表大会、人民法院、人民检察院、社会舆论等主体对公共政策的制约与影响也越来越具有实质性的内容。

但是，目前我国的政策监控机制正处在发展与完善之中，无论在理论

上还是在实践上都仍然存在着诸多的不足之处。我国政策监控机制目前存在的突出问题是，除执政党系统和行政系统的政策监控之外，人民代表大会及其常务委员会、司法机关、社会舆论等主体的政策监控均存在着功能弱化现象，即存在着不敢监控、监控不力或失职之类的问题。以人民代表大会为例。它的地位及对国家行为的监控权力（包括对公共政策的监控）在宪法中有明文规定，这是不容置疑的。但是，实际操作起来却困难重重。其中的原因是多方面的：一是党政不分。在历史中形成的党政不分、以党代政的原则与做法，突出了党纪监督，却将法律监督置于相对次要的地位。人大监督的有限存在是人大在我国现实社会生活中有限存在的具体表现，相应地，人大在社会生活中地位的提高与权力的落实则是我国走向民主化与法律化的重要标志。党的监督与政府监督的相对分开，将为人大的作用（包括对公共政策的监控）打开新的局面。二是政策监控的具体程序与实施细则的缺失，使得法律上的监控权力因无法进入操作层面而被悬置起来。例如，人大撤销常委会、国务院等的不适当的决议、决定和命令的权力，受理群众申诉、控告的权力，视察、质询等权力，都因缺乏可行的制度与具体的程序而难以实现，从而在很大程度上仅仅是象征性的权力。三是政策监控的主体所能得到的有限信息也制约和影响了监控的实际效果。相对于人大来说，我国的执政党系统和行政系统所得到的信息数量更大、速度更快，也更准确，这也使得执政党系统和行政系统可能对公共政策的过程产生强有力的影响，相应地就使得人大政策监控的功能出现了弱化的现象。

目前我国政策监控机制还存在其他问题。例如，政策的国家监控与社会监控相脱节。我国长期以来将政策的社会（新闻、舆论）监控当成党和政府政策监控手段的延伸，控制社会监控，使社会公众对政策的真正看法或意见常常无法及时通过社会监控渠道反馈到党和政府的决策层。又如，不同政策监控主体之间仍然缺乏必要的衔接，各种监控机制之间空隙太多；权力机关和上级行政机关之间的分歧或纠纷并无相应的国家监控主体来协调；权力机关、司法机关、上级行政机关都能对本级政府的政策进行监控，但是，在监控范围、程序、处罚等方面都没有一个明确的界定。

为了完善我国的政策监控机制，可以采取如下的对策措施：

（1）强化立法机关和司法机关的监控功能。在欧美等国，立法机关和司法机关是国家政策监控的主体。作为人民利益的代表，权力机关及司法机关有必要也有能力加强对政府政策的监控，使不合理的政策得以终止，科学的政策得以被采纳和执行，使人民的利益得到保护和增长。

（2）建立健全法律体系。要用法律规范公共政策的制定、实施、评估及终结等各个环节。一方面要加强立法工作，使公共政策的运行有法可依；另一方面要加大执法力度，使公共政策依法运行。这同时也对公共政策的监控确立明确的标准，从而使得政策监控具有权威性。

（3）制定可行的制度程序与具体的实施细则。这是使法定的权力进入可操作层面的关键性步骤。主要任务是以法律、法规的形式明确政策监控的主体、地位、性质、作用、职权、基本原则、监控对象、监控范围等。只有这样才能使各监控主体的权力不再仅仅是象征性的。

（4）提高监控者的素质。这包括对具体进行政策监控的工作人员的素质提出一定的要求，对他们进行培训，或者组成由有关专家组成的、针对某个特定问题的、临时性的委员会等。

（5）完善政策监控的辅助手段。这包括建立财产申报制度、建立法定的信息中心、扩充工作人员等。此外，可以学习英国的做法，提高中央财政收入占全国财政收入的比重，使中央政府对地方政府的政策监控有更大的影响力。

（6）建立条块结合的政策监控模式。我国秦朝时期就建立了独立的监察系统，对各级官员的施政进行了较为有效的监控。美国联邦政府也设立了一些独立的管制机构，自成体系地对其他国家机关进行监控。鉴于我国的实际情况，应当条块结合，改变目前以块为主的状况。例如，使党的纪律检查委员会受上级党的纪律检查委员会和同级党委的双重领导，以上级纪委为主的体制；使人民法院和人民检察院受上级人民法院和人民检察院的直接领导等。

（7）加强公众和大众传媒的政策监控。公民的政策监控有着其他主体的监控所无法替代的地位和作用，它既促使国家机关及其工作人员有效制定、执行公共政策，又使民意得到反映，保障公民的合法权益、民主权利。人民是国家的主人，人民有权向政府提出建议、意见、批评等，有权向政府反映社会问题和了解政府运作过程。党和政府应当为人民群众的政策监督创造各种便利，广开监督渠道，激发广大人民参与监督的积极性。

社会舆论可以及时反映广大人民群众对公共政策的态度，这对政策监控有重要作用。因此，应当使新闻媒体尽量多反映百姓心声，这样既有利于群众反映对政策的意见和看法，也有利于政策制定者及时获悉民意，科学制定政策解决社会问题；新闻媒介对政策的监控也能对政府形成较强的压力，促使政府更科学有效地制定和执行政策。

案例

一、伊朗门事件①

1979年，伊朗宗教领袖霍梅尼发动所谓“圣战”推翻了亲美的巴列维王朝，国王巴列维流亡美国。当年11月4日，霍梅尼的军队冲进美国大使馆，扣压了69名美国外交官，目的是以此为要挟，换取巴列维回国受审。卡特总统营救人质失败。但当选总统里根却通过秘密关系与伊朗达成“以军火换人质”的协议；于是，在他宣誓就职当天，就有52名人质被释放。1986年11月，里根政府违反国会法律，向伊朗秘密出售武器，换回了其余人质。同时又将出售军火所得款项的一部分暗地里用于支持尼加拉瓜反政府军。这一丑闻被揭露后，舆论哗然，新闻记者立即将这一事件比为又一个水门事件，称之为“伊朗门事件”。

国会闻讯震怒，它抨击里根政府在重要的外交活动中践踏国会的立法。民主党议员们对连续执政的共和党本来已经批评日多，伊朗门事件立即成了重磅炸弹。两院先由参院情报委员会、众院外交委员会略作行动之后，于12月迅即通过相同决议，各自设立一个特别委员会调查里根政府秘密援助伊朗和尼加拉瓜反政府军事件。参院特别委员会经两党领袖提名、参院临时议长任命而组成，包括6名民主党人和5名共和党人。主席埃诺耶，民主党人，是当年参院水门事件特别委员会委员；副主席鲁德曼，共和党人。众院组成由民主党众议员汉密尔顿为主席、共和党众议员切尼为副主席的15人特别委员会。

两个特别委员会分别由本院决议授予强大权力。以参院特别委员会为

① 资料来源：蒋劲松：《美国国会史》，487～490页，海口，海南出版社，1992。

例。决议规定："特别委员会在合乎宪法和法律前提下，可以做一切必要和合适的事情，以执行本决议赋予的调查和研究任务。"特别委员会有权发布传票提取证据，有权为证人主持宣誓，有权在国会开会、休会、闭会期间进行活动，有权举行听证会，有权发布传票或命令使知情人作证；有权前往国内各处传唤证人获取证据，有权通过合适渠道获取必需的国际援助，有权委派助理代为取证，有权传唤或命令美国一切政府部门、机构和实体、一切遵守美国法律的机构和个人，一切私人组织和（美国）公民提供所需文字材料和物证，有权向参院建议对一切拒不出席听证会、拒不提供证据的政府部门、机构、实体、公民、私人组织和服从美国法律的机构、个人诉诸刑事和民事行动，有权雇用助理，有权付费调用政府部门和参议院的有关人员，有权从参议院有关经费中支付活动开支等等。

参院特别委员会的任务是：调查、研究国家安全委员会及其成员与工作人员，所有美国政府部门、机构、实体或组织——所有这些机构、人员与向伊朗直接、间接出售、运输武器、物资、资金有关的活动，与使用从上述活动中获取的资财援助尼加拉瓜任何反叛派别、或在美国的进一步阴谋有关的活动，确定所有这些活动是否为非法、不正当、未经授权或不道德；调查、研究国家安全委员会的结构、运营及其助理、顾问与它制定、实施美国国家安全政策的职能是否相称；查出确凿事实；提出特别委员会认为必需的、令人满意的建议以制定新的法律，或修改现行法律，或采取行政措施。

为了完成上述任务，两院的特别委员会重权在手，联合行动，在1987年展开长达10个月的紧张、繁忙的调查活动。

1月至4月，两个特别委员会进行大量查访，掌握了重要线索。鉴于一些插手或经办此事的核心人物援引宪法第五条修正案拒绝交代，国会做出决定，给予这些人以有限豁免权或免于起诉权，迫使他们到国会作证，说出事实真相，否则得以对抗国会论罪。

5月初至6月中旬，两个特别委员会举行由电视向全国转播的公开听证会，其间先后出场作证者共18人，其中以前国家安全事务助理麦法兰、退役空军少将西科斯，承包商哈基姆及国家安全委员会助理诺思中校的私人秘书霍尔等人的证词最为重要。

以上第一阶段的调查表明：里根总统曾同意国家安全委员会使用武器

与伊朗交换美国人质的方案；麦克法兰等人在秘密援助尼加拉瓜反政府军问题上蓄意隐瞒情况，欺骗国会；诺思中校积极策划上述援助并在事情败露后篡改和销毁大批有关文件；非政府人员使用国家机要密码；等等。

6月22日起，两个特别委员会开始第2阶段的调查，旨在弄清里根总统是否确曾知道或授权将出售武器所获利润转给尼加拉瓜反政府军。在第2阶段的听证会上，出场作证的国家安全顾问波恩德克斯特公开证明：他没有让里根总统知道将出售武器所得转给尼加拉瓜反政府军之事，从而印证了里根总统的“我不知道”声明。由于有关文件已被销毁，特别委员会无法获得证据推翻里根总统的声明。

两院伊朗门事件特别委员会在调查伊朗门事件期间，从5月5日至8月6日，共举行40天公开听证会，4天秘密听证会，共传唤32位证人，共发出311张传票，共获221份证词，共收存1 059个证据。

11月18日，两个特别委员会结束调查，向本院领袖提交各自委员会两党多数报告和少数共和党委员的报告。

多数报告认为，里根总统虽然没有授权将出售武器款项转给尼加拉瓜反政府军，但是他听任国家工作人员绕开法律欺骗国会而不予制止，应对伊朗门事件负最终责任；里根政府公开声明不与恐怖主义者打交道，暗地里却与伊朗恐怖主义政府搞武器换人质交易；里根总统应该掌握他的国家安全顾问和其他高级助理都在干些什么；里根总统没有向他的助手灌输尊重法律与办事程序的观念，没有使他的政府确保法律至上。

多数报告认为，伊朗门事件暴露的不是政府制度有毛病，而是政府的一些高级官员拒不让政府和国会知情，藐视法律。

多数报告建议国会修改法律，规定总统在采取秘密行动之前，至迟在采取行动后48小时内报告国会。这一建议为两院有关常设委员会采纳。

两个特别委员会的少数共和党委员的报告则冲淡问题，说里根及其助理们并未破坏法律，只是犯了一些错误。

国会伊朗门事件特别委员会的调查，是近年国会伸张其监督权，对政府内部的运营进行一次大规模调查。它以确凿的事实揭露里根政府内部无视法律滥用权力的严重程度和国家利益由此蒙受的损害。它的报告促使国会修改现行法律，规定总统必须迅速向国会通报所采取的秘密行动。里根总统的名望大受影响，他不得不向国会保证将制定措施，向国会报告秘密行动。

此外，根据两个特别委员会的调查结果，伊朗门事件的主要人物诺思中校等人被移送法院审理。

二、国税局改革①

如果问美国人最恨什么，那么一定会说国税局（Internal Revenue Service，IRS）不可。不仅因为美国的各种税收多如牛毛，让中产阶级怨声载道，而且国税局系统办事效率低下，人浮于事。集中的批评就是过去退税作业程序的复杂和缓慢。打电话找不到人，火冒三丈，答非所问，不知所云。《纳税人权利法案》（The Taxpayer）的通过，更引起人们对国税局技术更新过于缓慢的不满。国会特批给国税局专项资金，要求它更换新的电子计算机系统，但是国税局本身却拖拖拉拉、敷衍了事。对此，国会相当不满。1996年，国会决定用预算这根鞭子来抽打国税局这头肥溜溜但是动作缓慢的“老牛”。先是众议院拨款委员会把国税局1997年的年度预算从1996年的数字基础上砍掉10%，同时对总统提出的要求也以砍掉20%的比例作为回应。

最具戏剧性的是1997年下半年国会召开了一系列的特别听证会，国税局工作人员作证说他们在主管部门的管理下被分配了必须完成的审计任务以创造税收，但是又把审查的重点放在了低收入纳税人的身上等，引起了群情哗然。虽然当时也有人替国税局打抱不平，认为过分渲染和夸张了它的无能，但是国税局存在的问题的确需要解决。国会利用这个机会试图简化税收结构，促进国税局的改革。在听证会中甚至有人提出要把国税局从财政部脱离出来，让独立董事会控制，这样，总统就无法直接任命国税局的局长，也不会有直接管辖权。为了避免此项提议获得国会通过，克林顿总统迅速颁布了一系列的行政命令，责成国税局立即进行改革。1998年，国会也通过类似法案，要求保证纳税人利益，尽快完成改革。国会在这个问题上很有可能继续追踪，并作进一步调查。还有在其他问题上的调查与听证。

① 资料来源：孙哲：《左右未来——美国国会的制度创新和决策行为》，132～133页。

思考题

1. 什么是政策监控？政策监控的作用何在？
2. 政策监控机制由哪些基本因素构成？
3. 简述政策监控的三个功能活动环节。
4. 西方的政策监控机制有哪些特点？
5. 联系实际，谈一谈如何进一步完善我国的政策监控机制。
6. 分析上述两个案例，说明美国国会是如何对政府及其政策进行监控的。

第十章

政策终结与周期

近10年来,政策终结成为政策科学研究的一个热点。政策终结(policy termination)是政策过程的最后一环,但也被认为是承上启下的一环。政策周期理论则把政策制定、政策执行、政策评估、政策监控和政策终结的过程视为一个政策周期(policy cycle),而政治(政策)—经济周期理论则力求说明政策周期与经济周期之间存在着密切的关系。从政策的长期发展看,不同的国家或地区、不同的公共部门都会形成自己独特的政策变化模式,这是政策变化(policy change)理论所要着力探讨的。

第一节　政策终结

决策者在政策评估获得政策结果的信息后，必须对政策的去向做出判断和选择：是继续、调整这项政策，还是终止该政策？如果决定终止，这就意味着该政策生命的结束。及时地终止一项多余的、无效的或已完成使命的政策，有助于提高政策的绩效。

一、政策终结概述

1. 政策终结研究的兴起

一直到20世纪90年代初，政策终结的研究在政策科学的发源地美国都是很少的。随着美国1994年国会大选使民主党凭借一篇关于精简政府的竞选纲领获得了两院的控制权以及其后美国再造政府运动的开展，需要终结的机构和过时的政策法规的增多，美国的研究者和政府官员都认识到了政策终结在美国政策研究和实践中的重要地位。[①] 政策终结的研究在美国开始受到人们的重视，丹尼尔斯（Mark R. Daniels）在《公共项目的终结》一书中，对美国政策终结的研究的发展进行了回顾，我们不妨作简要的介绍。[②]

1976年，《政策科学》杂志出版了关于政策终结的一期特刊。[③] 作为这一期特刊的编辑，巴达克（Eugene Bardach）在导言中首次力图对政策终结为什么出现、如何出现以及会遇到何种障碍等问题做出概括。他的《作为一种政治过程的政策终结》一文是这期特刊的主要文章。该文对“终结的形式、由谁支持终结、为什么终结很少被接受、怎样减轻终结的困难”等问题作了分析，他将终结看作政策采纳的一种特殊场合——采纳政策A，就意味着终结政策B。

在该期杂志中，有本恩（Robert Behn）的一篇题为《马萨诸塞公共培训学校的终结》的文章，通过对这一成功政策终结案例的研究，他提出了关于政策和组织终结的12点建议。

对政策终结研究领域最有影响的人物还有考夫曼（Herbert Kaufman）

---

① Mark R. Daniels, Terminating Public Programs: An American Political Paradox. Armonk, New York: M. E. Sharp, Inc., 1997, p. 12.

② Mark R. Daniels, Terminating Public Programs: An American Political Paradox: An American Political Paradox. Armonk, New York: M. E. Sharp, Inc., 1997, pp. 15-40.

③ Policy Sciences 7, no. 2 (June 1976).

和狄龙（P. Deleon）等人。考夫曼在他的《政府组织是不朽的吗?》和《时间、机遇和组织》① 两本著作中，考察了组织的活动，通过对大量政府机构的数据分析和整理，他发现组织并不像有机体一样经历“年轻、成熟、变老、最后死亡”的生命过程，组织在现实中生成和壮大，但是很少死亡。而公共组织比私营组织更难以在现实中终结，他认为，这是因为组织在发展中不断壮大，使组织自身抵抗终结的能力不断增强，而这正是组织难以终结的根本原因。只有在组织保持活动的能量和其他必要的资源流失以至于组织不再适应环境时，组织才会死亡。考夫曼在组织死亡的研究领域里建构起基本的理论框架。

狄龙则提出了一个关于政策终结障碍的理论框架（termination obstacles framework），它包括6种障碍：（1）心理上的抵触；（2）机构的持久性；（3）组织和机构对环境的适应性；（4）反终结的联盟；（5）法律程序上的障碍；（6）终结的高成本。

这三位学者的理论成果为政策终结领域的其他学者提供了研究途径或概念框架，被应用到具体的政策终结案例上，并且已取得了一定的成果。如缪勒等人应用了考夫曼的组织生命周期模型分析联邦卫生计划案例和地方政府重组的案例，而诺里斯和蒂雷尔则应用了狄龙的政策终结障碍的理论框架，分析非营利机构的组织终结——儿童伤残服务机构的解体。

新近的政策终结研究成果则体现在《国际公共行政学》杂志1997年的一期讨论政策终结的专刊上②，这期专刊的名称是《公共政策和组织终结》，收入了5篇论文，它们全部建立在先前论政策终结的文献特别是考夫曼和狄龙的著作的基础上。

2. 政策终结的概念

从字面上看，终结是终止、结束之意。所有事物都有发生、发展到衰亡（终结）的过程。因而终结既是一种普遍的自然现象，也是一种普遍的社会现象，例如，死亡、退休、破产等都是终结的表现。政策终结是一

---

① Herbert Kaufman, Are Governmental Organizations Immortal? Washington, DC: Brookings, 1976; Time, Chance And Organizations: Natural Selection in a Perilous Environment. Chatham, Nj: Chatham House, 1987.

② International Journal of Public Administration 20, no. 12, 1997.

个专门的政策科学术语。从政策过程的阶段看，政策终结发生在政策评估之后，是人们采取的一种政治行为，是提高政策绩效的一种政策行为。政策终结不仅意味着旧政策的了结，而且标志着新政策的开始。

什么是政策终结？国外学者下了不同的定义。狄龙认为，政策终结是“政府当局对某一特殊功能、计划、政策或组织，经过深入评估而加以结束或终止的过程”。丹尼尔斯认为，狄龙的定义没有考虑到组织自身终结不合适政策的主动性，也不能应用于政府精简、削减预算的终结行为上来。因此，丹尼尔斯给政策终结下了一个不同的定义：政策终结是对政府项目、政策、组织的终结，也是组织为削减预算对自身的调适和政府服务民营化而产生的削减。关于终结与政策过程的关系，他指出：政策终结位于政策过程的末端，对一项政策的终结意味着一项新的政策的开始，所以政策终结也是一个发展的概念。① 还有西方学者将政策终结简要地界定为“对政府特定的职能、计划或组织的故意的结束或终止”。

综上所述，可以一般地将政策终结定义为：政策终结是政策决策者通过对政策或项目进行慎重的评估后，采取必要的措施，以中止那些过时的、多余的、不必要的或无效的政策或项目的一种政治（或政策）行为。

政策终结有三个特征：（1）强制性。一项政策的终结总是会损害一些相关的人、团体和机构的利益，遇到强烈的反抗，因此，往往靠强制力来进行。（2）更替性。政策终结意味着新旧政策的更替，是政策连续性的特殊表现。（3）灵活性。政策终结是一个复杂而又困难的工作，必须采取审慎而又灵活的态度，处理好各种动因和关系。

政策终结在政策过程中占有重要的地位。政策分析学者对政策过程的阶段、功能活动环节做出了不同的划分。尽管他们划分出的阶段或环节的多少不同，但多数学者将政策终结放在政策过程的末端，即最后的一个环节或阶段，将之视为理性化的政策过程的最后结果，或政策（政治过程）的一个有机组成部分。然而，终结也往往被当作过程的开端而不只是结尾，即在错误的政策或一系列项目的开始就加以纠正。因此，终结不仅是对一项政策的了结，而且意味着修正或调整。

---

① Mark R. Daniels, Terminating Public Programs: An American Political Paradox. Armonk, New York: M. E. Sharp, Inc., 1997, pp. 5－6.

3. 政策终结的实际意义

及时地终结一项错误的或是已完成历史使命的政策意义重大。从政策终结的结果上看，政策终结的基本作用表现在以下四个方面：

（1）节省资源。因为政策终结意味着政策活动的结束、某种机构、规划、惯例的终止以及有关人员的裁减。因此，政策终结可以减少人力、物力、财力的无效消耗，从而节省有限的政策资源。

（2）提高绩效。当一项政策在实施中失败，无法解决所面临的政策问题时，旧政策的终结就意味着新政策的启动、新规划的诞生以及相关机构和人员的更新与发展，这无疑有利于更好地解决问题，促进政策绩效的提高。

（3）避免僵化。所谓政策僵化，指的是一项长期存在、没有及时予以终结的政策，在发展变化了的环境下，继续执行该政策，不仅不能解决问题，反而成为解决问题的阻力与障碍，带来严重的不良后果。政策终结可以避免政策僵化。

（4）优化政策。政策终结有助于促进政策优化，表现在两个方面：一是政策人员的优化；二是政策组织的优化。政策组织的优化是公共政策优化的核心内容，优化的政策人员只有在优化的组织机构中才能制定和执行优化的政策。

当前在我国，推进政策终结事业的意义重大。我国正处于转轨时期，许多不适宜新体制的旧政策应该予以终结。在机构改革和政企分开的过程中，一些不适应改革需要的机构需要终结；在进一步深化政治体制改革的过程中，在致力于塑造一个服务型政府的过程中，政府的一些机构、功能、政策需要裁撤或者更新。例如，行政审批制度的改革和政府“一站式”办公的推行都需要在政府部门内部对一些机构、规章制度进行必要的终结。如果不能及时地进行终结，将有碍于我国的改革开放和社会经济发展进程。终结过时的、失效的政策可以节省我国有限的资源，促进政策的更新。

改革开放以来，党和国家十分重视政策终结工作。改革开放之初，各地不同程度地遇到一些政策和法规上的障碍，原有的许多具体政策已不适应变化了的新情况，不适应新时期社会经济发展的需要，但又没有宣布作废，及时终止，而新的政策措施也没有及时制定出台，许多应该办、能够办且应抓紧办的事情却办不成，贻误了时机，制约了我国改革开放和经济建设的发展。有鉴于此，国务院和地方各级政府及时进行政策清理，废止了大量的"红头文件"，为改革开绿灯。我国加入 WTO 之后，为了与 WTO 的法律框架相适应，国务院和地方各级政府又进行了一次大规模的清理"红头文件"的工作，废止了一大批过时的或与 WTO 规定相抵触的政策。这种政策终结工作优化了相关政策，并提高了政策绩效。

但是，我国的政策终结工作并不规范，它仍然是我国政策过程的一个薄弱环节。主要的问题有三点：一是政策终结的程序不合法。政策出台是要符合法定程序的，其终结也是如此，"程序之所以重要，是因为程序是规范政府行为的经常性的、经过时间验证的现实有效的主要途径。"然而在政策实践中，不按照法定程序进行终结的现象时有发生，特别是有的地方政府，靠一份红头文件就可以终结一项政策，这违背了政策终结的程序，即政策终结最后要以公报、决定、决议等形式向全社会公布。以发布红头文件来终结政策，会使政策终结过程出现随意性，也不利于理顺因为政策终结而带来的变动的利益关系。二是对终结的重视不够。理论界关于成功政策终结的案例的讨论和研究并不多，而一些政府官员也对政策的终结缺乏足够的重视，以为终结一项政策是靠命令就可以做到的事，而真正在终结的过程中碰到了障碍又没有足够的心理和策略准备去解决面临的难题。三是政策终结的力度不够，随着我国政治体制改革的加快和政府职能的转变，许多过时的规章、制度、命令、政策需要清理和终结。但是由于种种障碍因素的存在，终结的力度不够，一些过时的政策在今天仍然存在，例如，深圳市的二线关是香港回归以前为了防止偷渡而设置的，至今仍然存在，每天都有很多人因为过关而浪费金钱和时间。

因此，推进我国政策终结的事业不仅意义重大，而且十分迫切，是加快我国决策科学化民主化进程的重要一环。

二、政策终结的原因、类型与方式

1. 政策终结的原因

政策终结的一般原因是：（1）财政困难。因财政赤字、税收减少等导致政策或项目的终结。（2）政府的低效率。即政府机构的效率太低、成本太高而导致政策或项目的终结。（3）政治意识形态的变化。意识形态以及价值观念的改变或冲突导致政策或项目的终结。（4）行为理论的变化。即关于人性、行政管理和社会服务应如何提供等理论的变化导致政策或项目的终结。（5）学习。采用“试错法”方式，在政策实践中学习，随时终结那些错误的政策或项目。

除了节省政策资源，提高政策绩效等原因外，政策终结的原因还在于政策系统本身的自我更新的特性：一是政策系统是一个不断进行新陈代谢的系统，必须随着社会经济的发展以及国际形势的变化制定新的政策，而有时只有推陈才能出新，政策终结包括了这种推陈出新的过程；二是政策系统也是一个个不断与周围环境互动、修正自身的过程。无论是可利用的资源、所要解决的问题，还是政策的环境都处于一种不确定性变动的可能中。即使在决策中不存在责任和科学态度的缺失，经过科学论证的政策仍有可能在执行后，由于变化了的主客观环境而失效或产生负效应。政策分析过程只能减少政策失效或者负效应发生的概率，它并不能保证政策的成功。因此政策终结非常有必要。它在某种程度上是政策可持续发展的关键和对政策错误的一种补救。“由于现代社会的变化和不确定性，由于政策制定者无法准确预见现在的政策在将来的适应性，因此终结不能起作用的政策是政策制定者从他们的错误中吸取教训的途径之一。”①

2. 政策终结的类型

政策终结有如下四种基本类型，它们所遇到的阻力依次递减：

（1）功能的终结。即终止由政策执行所带来的某种或某些服务。在政策终结的所有内容中，以功能的终结最难。因为一方面，功能的履行或承担是政府满足人民需要的结果，若予取消，势必引起各方面的反对；另一方面，某项功能往往不是由某项政策单独承担的，而是由许多不同的政策和机构共同承担的，予以终止往往需要做大量的组织和协调工作。

（2）机构的终结。伴随着政策终结进行的机构缩减或撤销就是机构终结。有些机构是专门为某项政策而设立的，随着政策的终止，机构也随之撤销；有些机构往往同时承担着多项政策和功能，某项政策的终止不足

① Mark R. Daniels, Terminating Public Programs: An American Political Paradox. Armonk, New York: M. E. Sharp, Inc., 1997, Chapter 1.

以导致机构的撤销。因此，通常的做法是通过缩小规模、减少经费等办法对机构进行缩减。机构终结的难度也比较大，因为它关系到有关人员的切身利益，在实施时难免遭到有关人员的强烈抵制，使得机构终结无法顺利进行。这就是为什么我们会在现实生活中，看到许多本该随着某项政策历史使命的结束而应裁撤的机构仍然存在的原因。

（3）政策本身的终结。与前两种终结相比，政策本身的终结所遇到的阻力较小。这是因为，就某项具体政策而言，其目标比较单纯，如某个教育政策、社会福利政策等，容易进行评估并决定取舍。另一方面，政策更改的成本远比功能转变、组织调整要少得多，因而容易得到实际部门的认可。再加上政策的可选择性较大，也使得政策本身的终结在操作上比较容易实现，不像机构终结那样受到多方面的牵制和约束，不容易操作，实行起来步履维艰。

（4）项目的终结。即政策的具体项目以及执行措施的终结。在所有终结内容中，项目的终结是最容易达成的。因为具体项目以及执行措施与实际问题连接，结果好坏或影响怎样有目共睹，容易达成共识。

政策终结包括了对功能、机构、政策和项目的终结，终结的难度却是递减的。功能是最难消失的，即使在机构被撤销以后，政策的功能也有可能由别的机构来执行，而机构又比政策难以终结，这是因为机构会牺牲某一项政策寻求自保，政策面对终结时能找到的同盟比机构自身要少。

3. 政策终结的方式

丹尼尔斯在《公共项目的终结》一书中认为，政策终结的方式有两种：一是政策效力减弱的自然老化；二是与强烈抵制政策终结的力量博弈，使其终结，这一过程需要运用终结的策略，也需要强有力的终结执行者，总之，这一过程困难重重。① 一般而言，政策终结的主要形式有如下六种：

（1）政策废止。即直截了当地宣布一项政策的废止。政府根据政治、经济和社会形势的发展变化，不定期地清理、废止大量不合时宜、过时了的政策。例如，我国加入世贸组织后，全国人大常委会和国务院很快宣布废止 830 余项与 WTO 规则不相符合的法律、法规和政策。

---

① Mark R. Daniels, Terminating Public Programs: An American Political Paradox. Armonk, New York: M. E. Sharp, Inc., 1997, p. 16.

（2）政策替代。指的是新政策代替旧政策，但所面对的问题不变，所要满足的要求不变。在这里，新政策是对旧政策的补充、修正，目的是更好地解决旧政策所没有解决好的问题，以充分实现政策的目标。

（3）政策合并。指的是旧政策虽然被终止了,但政策要实现的功能并没有取消,而是将其合并到其他的政策中去。合并政策有两种情况:一是将原有的政策内容合并到现有政策中,作为现有政策的一部分;二是将多个旧政策加以调整,合并成一个新的政策。比如,国务院将原来由各部委分别颁布的一些有关联的单行规章或条例合并成一部完整的行政法规,由国务院来颁布实施,这样就具有了更高的政策权威性,也便于各地更好地执行。

（4）政策分解。指的是将旧政策的内容按照一定的原则分解成几个部分,每个部分各自形成一项新政策。当原有的政策过于庞杂、目标众多以至于影响到该政策的有效执行时,常常采用分解的办法,将原政策按主要的目标分解成几个较小的政策。这样有利于执行者明确政策目标,提高执行效率。

（5）政策缩减。指的是采用渐进的方式对政策进行终结，以缓冲政策终结带来的巨大冲击，逐步协调好各方关系，减少损失。主要表现形式有：缩小对政策的资源投入，减小实施范围，放松对政策执行的控制等等。政策缩减的另外一种方式是，把政策中过时的部分废除，而保留原来政策中合理的部分。

（6）政策的法律化。一项经过长期实行确实有效的政策，为了提高其权威性和强制力，经过立法机关或授权立法的行政机关审议通过，上升为法律或行政法规。这是另一种意义上的政策终结。

三、政策终结的障碍

政策终结并不是像人们想象的那样是自然而然的结束过程，而是一种需要采取行动的过程。由于政策终结涉及一系列的人员、机构和制度等复杂因素，因此，政策终结会碰到许多困难或障碍。了解这些问题和障碍所在，有助于采取合适的终结策略。

1．相关者的心理抵触

“那些与政策相关的人员都愿意看到政策继续存在下去，却很少有人喜欢听到计划失败或计划改变。”这种心理上的抵触往往在政策面临终结时会表现得尤为明显。对政策终结存在抵触心理的主要有三种人：（1）政策制定者；（2）政策执行者；（3）政策受益者。政策制定者不愿意承认他们制定的政策不再有存在的必要，更不愿意承认在制定政策的过程中所犯的错误；政策执行者不愿意看到政策的被终止；政策受益者不愿意既得利益受到损失。这三类人的心态，往往成为政策终结的首要障碍。这种心理障碍的存在，又使人们在解释政策失败时，常常倾向于从环境因素中寻找原因，而不愿检讨政策本身的失误。

2. 现存机构的持续性

政策执行机构有如其他社会政治组织一样，都具有寻求生存和自我扩张的本性，哪怕它已经无事可做，没有再存在的必要，情况也一样。这就给政策终结带来很大的困难。机构的持续性表现在三个方面：（1）机构的惯性。当不同的机构相互配合并开始执行某项政策时，一种惯性就油然而生了。机构的惯性使政策执行一旦开始就很难停止。如果要想修改其方向或让其停下来，必须从外部施加很大的力量才能做到。这是因为机构所固有的惯性使它本能地反对任何变化的要求。（2）机构的生命力。机构如同人一样，生存的能力很强，“某一机构存在的时间越长，它被终止的可能性就越小，经过一定时间，会形成继续存在的条件和对它的支持”①。当政策终结危及组织机构的生存时，它会千方百计地减轻所面临的压力，或改变策略，或调整结构，想方设法地延续政策终结的进程，给政策的及时终结带来消极影响。（3）机构的动态适应性。在评估者眼中，机构是相对静态的。但是，机构本身却有一种动态的适应性，可以随环境和需要的变化而产生变动，甚至能针对政策终结的各种措施来调整自己的方向，使终结计划夭折或破产。正如查尔斯·琼斯在《公共政策研究导论》中指出的：“组织机构是动态而不是静态的，它会调整自己的方向以适应变化了的要求。”② 这就增加了政策终结的困难。

3. 行政机关的联盟

执行某项政策而获取既得利益的行政机关，往往会在政策面临终结时

---

① ［美］詹姆斯·E·安德森：《公共政策》，211页。

② Charles O. Jones, An Introduction to The Study of Public Policy (3rd ed.). Montery, California: Brooks/Cole Publishing Company, 1984, p. 236.

结成联盟，共同反对政策终结。这些反对终结的行政机关一方面会要求其内部成员齐心协力共同抵制终结；另一方面则互相团结、拉拢和接近政府内外有影响的人士抵制终结。这种因执行政策而获得利益的行政机关“一旦它们结成一个共同体，就能有效地威胁政策终结行为”①，使政策终结无法进行。这是因为行政机关比其他任何社会组织更有便利的条件进行政治活动，它们可以利用自身有利的地位影响公共政策。

4. 利益集团的阻碍

由于公共政策大多涉及利益与价值的分配，因而各利益集团必然千方百计地努力影响公共政策。当政策终结迫在眉睫时，反对政策终结的利益集团为维护既得利益，必然会采取各种合法或非法的途径（如游说、行贿等），以阻止政策终结。西方公共选择理论证明，利益集团的力量很大，它们总能左右公共政策，它们和政治家、政府官员互相利用，形成一个“铁三角”。利益集团的存在，使得公共政策终结更为困难。拿深圳的二线关为例，它无法终结的一个最重要的原因就是利益集团的存在，即房地产商，由于长期以来二线关的存在，在深圳几乎形成了这样一种共识：住在关内要比关外高人一等，因此关内的房价要比关外高出一倍，撤关无疑是这些房产商不愿意看到的，也是有过分优越感的关内人士不愿意看到的。

5. 法律程序上的复杂性

任何政策的确定和组织机构的建立，都是通过一定的法律程序进行的，同样，政策的终止和组织机构的撤销也必须按照法定的程序来办理。政策制定要通过法定程序，政策终结也要通过法定程序。程序上的复杂性往往影响政策终结的及时进行。立法机关在考虑终止某项政策或法律时，往往顾虑重重，举棋不定。因此，许多政策终结行为受阻于法律的滞后性。

6. 社会舆论的压力

“公共舆论确定了公共政策的基本范围和方向。”② 通过报纸、刊物、广播、电视等新闻媒介所形成的社会公共舆论，不能不对政策终结产生影

---

① Charles O. Jones, An Introduction to The Study of Public Policy (3rd ed.). Montery, California: Brooks/Cole Publishing Company, 1984, p. 236.

② ［美］詹姆斯·E·安德森：《公共决策》，95 页。

响。在当代，随着新闻传播技术的日新月异，公共舆论借助新闻传播媒介可以渗入社会的方方面面，形成广泛的社会影响和巨大的社会冲击力。因此，西方国家称公共舆论为与立法、行政、司法并立的“第四种权力”。如果某一项需要终结的公共政策受到舆论的广泛支持，无疑会受到极强的阻力，“当选的公共官员如果公然无视公共舆论，并且不把其作为他的决定准则中的一种，那么他简直是愚蠢透顶；而且可能会发现自己是民意测验中的不幸人物。”①

7. 高昂的成本

政策终结高昂的成本也是影响政策终结实施的一个关键因素。政策终结的成本有两种：一是终结行为本身要付出的成本。本恩的 12 条建议中的第 9 条是接受短期内费用的增加（accept short-term cost increases）。有时，在短期内终结一项政策的花费比继续这项政策的花费要多，比如终结执行者要为裁减下来的人员安排新的岗位和就业机会，或者对原政策的受益者进行利益的补偿。但是正如中国的一句老话所说：“舍不得孩子套不住狼。”为了以后的发展，付出暂时的代价是值得的。

二是现有政策的沉淀成本。沉淀成本是指投入决策、某个计划或某个项目的时间、资金或其他资源的无法弥补的花费。它限制了目前投入的选择范围。也就是说已经在政策上投入的资金、人力制约了决策者下一步的行动计划。这是错误政策终结的障碍。政策终结者会进退维谷，进即追加投资，只会造成更大的损失；退即不追加投资，要面对的是已投入的资金由于政策终结而无法收回的结果。现行的政策或组织机构已经投入了巨额成本但没有得到回报，政策决策者面对投入的沉淀成本，往往处于进退两难的境地；而政策投入的成本越高，终结者下决心终结的难度就越大。此外，终结有风险，对终结一项政策后的结果不确定。事实上，政策终结后采取的新政策并不能保证一定会带来更好的结果，这也使终结者难以下终结的决心。

综上所述，政策终结的障碍可以归结为两类：一类是不可避免的障碍（逻辑上的障碍），包括人们害怕变革的心理、沉淀成本的存在、政策受益者的心理抵抗、机构的持久性、政策终结自身的成本和法律程序上的障

① ［美］詹姆斯·E·安德森：《公共决策》，95 页。

碍。这或者基于人性，或者基于组织的特性，或者基于现代法治社会的要求。另一类则是政治上的障碍（非逻辑上的障碍），包括政府决策者责任的缺失、利益集团的寻租、舆论的被操纵。这种障碍在事实上存在，但是可以通过提高行政者素质和责任感，加强立法和监督的努力来减弱其作用力。

四、政策终结的策略

作为一项困难的政策行为，政策终结要求政策决策者运用高度的智慧和技巧，采取灵活的策略，加以妥善处理。所谓政策终结的策略是指在政策终止过程中，智慧和艺术的运用，实质上它也是一种政治过程。本恩的12 条关于政策终结的建议大部分是关于终结策略的①，结合我国的政策实践，政策终结可以采取如下策略：

1. 重视说理工作，积极争取支持力量

为确保政策终结的顺利进行，政策决策者首先应该重视做好说理工作，消除人们的抵触情绪，提高人们的思想认识。应该通过有效的说理工作，让人们明白：政策终结并不是某些机构或个人前途的丧失，而是改变劣势、寻求发展、迈向成功的新机会。

政策终结支持者的态度和人数的多寡是决定政策终结成败的关键。政策终结的倡导者必须努力争取各种支持力量，求得政府机构内外的人们的理解，以推动政策终结的实现。特别是一些涉及面较广的政策，必须采取策略，扩大宣传，通过说理消除人们的抵触情绪。一项旧政策的终止,总会影响到一部分人的既得利益。为了减少阻碍,可以通过媒介广为宣传,说明理由,消除人们的疑虑,提高其思想认识,使他们明白该项政策的终结并不是某些团体或个人前途的丧失,而是改变劣境,寻求发展的新机会。

吸引社会公众参加对政策的评估，适时地公开政策评估结果，是积极争取潜在支持者的最好方法。这样可以使人们充分认识到旧政策的弊端，从而转向支持政策的终结。但由于政策评估本身存在的困难和影响评估结

---

① Mark R. Daniels, Terminating Public Programs: An American Political Paradox. Armonk, New York: M. E. Sharp, Inc., 1997, Chapter 5.

论公正的诸多因素的存在，使得人们往往对评估结论产生怀疑。因此，政策终结者在采用这种方法促进政策终结时，必须使评估结论经得起实际的检验。

可以采取争取第三方力量推动的策略。例如，争取上级政府、兄弟单位或中间力量的支持，以尽量减少反对力量。还可以利用个人威信，在一定的团体、机构中会有若干有较高威信的人，这些人具有较强的影响力，如果争取到他们的支持，可以获取民众较高的信任，较为顺利地推行政策的终结。

可以利用群体的规则、规范、压力、归属感和目标等来争取支持力量（这里的群体包括正式的工作团体和非正式的人群组织）。群体对其成员具有强烈的制约作用，运用好群体的一致性，可以有效制约部分成员的抵制作用。

注意利益补偿。对因政策终结而在利益上受到损失的群体给以一定的补偿和扶助，以减小组织、人员对政策终结的抵制。

做出必要的妥协。在遇到强大阻力时，例如反对力量结成了坚固的联盟，可以适当作些妥协、折中，以更好实行政策终结，换取目标的实现。这也是现代社会多元化、民主化的一种体现。但在妥协中要把握的是：做到有原则、有条件地退让，要把握底线。

2. 旧政策终结与新政策出台并举

人们一般都不愿意看到政策终结，然而人们一般很少会立刻反对一个新的、较佳政策的出台。因此，为了缓和政策终结的压力，可以采用新政策出台与旧政策终结并举的方法，及时地采用新政策替代旧政策，使人们在丧失对旧政策期望的同时得到一个新的希望。这种做法往往可以大大减少政策终结的争议和阻力，削弱反对者的力量。

国外学者在研究了大量政策和组织终结案例之后发现，政策终结更像是一个旅程而不是目的所在①，许多被终结的政策只是被继承或者替换了。也就是说，在旧政策终结后，及时出台新政策来替代，以免出现脱节，引起形势失控。一些具有重大影响或者关系到广大人民切身利益的政

① Mark R. Daniels, Terminating Public Programs: An American Political Paradox. Armonk, New York: M. E. Sharp, Inc., 1997, p. 75.

策常常就运用这种方式。例如，1997 年我国废止了原来实行几十年的单位福利分房政策，为了尽量减少社会震荡，国务院又相继出台了商品房贷款政策及住房公积金贷款政策。

3. 选择有利的终结时机和焦点

考夫曼在《时间、机遇和组织》一书中认为，机遇对成功的政策终结至关重要。的确，选择恰当的时机是政策终结成功的一个重要因素。有时，政策终结成功与否完全依赖于时间和机遇。这种时机有：国家发生重大的政治事件，爆发战争，外交上签署重要协议，因旧政策的执行引发了重大事故等等。在这种时刻，民众往往会高度一致，支持政府的决策。这种策略的另一种形式是“转移公众焦点”的策略，即政府将公众注意力的焦点引到另外的事件，以降低公众对政策终结的关注度，进而减少终结阻力。这也是一些外国政治家们常用的伎俩。

将注意力集中在政策的错误和危害上，向人们展示一个终结政策后的美好前景。终结的执行者有必要为需要终结的政策列出一份罪状，例如在美国的田纳西州的医疗政策被终结时，负责这一工作的部门（DFA）列出了它的五大问题：膨胀和不受控制、僵化、没有惠及贫穷者、滋长了人们对福利的依赖性、成本的大量增加需要税收的支持以至于不得不削减其他种类的公共服务。① 既然有这么多危害，这项医疗政策的终结当然很快就得到了人们的支持。

4.“力场分析”、传播试探性信息与“闪电”策略

“力场分析”策略也叫做知己知彼策略。在政策终结前，必须斟酌政策终结的“政治情境”，即了解赞成或反对终结的团体的力量虚实、所持的立论基础、所获得的支持程度及可使用的资源等。这就需要加强社会调研，及时获取反馈的信息以了解民众心态，估测所涉及的地方和利益团体的影响、损失程度，从而做到心里有数，沉着应对，削弱反对势力，扩大支持基础，顺利实现政策终结。

所谓传播试探性信息，就是政府在正式宣布终止某项政策之前，在一些非正式场合，流露出准备终结的信息，以测定公共舆论对这一行动所持

① Mark R. Daniels, Terminating Public Programs: An American Political Paradox. Armonk, New York: M. E. Sharp, Inc., 1997, p. 61.

的态度。这种试探性的政策终结方法，有助于引起公众的广泛讨论，从而认清政策终结的必要性，减轻舆论给终结带来的困难。

保密或“闪电”策略。一些事关重大的政策，从国家、民族整体利益的长远角度出发，必须迅速终结，一旦贻误就会造成严重后果或错失良机，而预期该政策的终结因各种因素影响，如放出试探性信息、采取渐进措施反而可能遭到强大阻力时，政府就事先对有关信息保密，突然宣布某项政策终结，运用政府强制力予以执行。过后，政府往往向群众强调要服从大局并极力予以安抚。

5. 正确处理好政策终结与政策稳定、政策发展的相互关系

正确处理好政策终结与政策稳定、政策发展的关系，对于促进政策终结有重要意义。因为无论是政策决策者还是政策执行者，大都非常重视政策的稳定性，担心旧政策的终结与新政策的出台会使人们产生政策多变的错觉，往往难以做出决断，即使是做出了决断，在实施政策终结的过程中也顾虑重重。处理好政策终结与政策稳定、政策发展的关系，具体的要求是：

一是要处理好政策稳定和政策发展的关系。政策应具有稳定性，朝令夕改会令公众反感，这与政治、经济、社会的稳定是息息相关的。同时，政策是一个动态过程，“它不仅仅是一项决议，而且包括目的、计划、规划以及实现它们的程序。”① 因为政策问题和政策环境是时时在改变着，政策应当适应形势的需要，所以政府的政策要因地、因时制宜。

二是应同时处理好被终结的旧政策与其他相关政策的调整。一项政策一般不是孤立的，而是与多项政策相关。而新政策的出台，也应做好各种辅助政策的制定。例如，中国政府实行国有企业改革，打破原来的职工铁饭碗制度，同时，为了保持社会稳定，各级政府出台了许多配套政策，对下岗工人实行各种优惠措施，鼓励再就业，最大限度地消除国企职工的抵触情绪。

三是注意保留原来政策中富有成效的、合理的部分，以尽可能地保持稳定，实现发展。事实上，大多数政策是在原有政策及其后果的基础上产生的。正是在这个意义上，查尔斯·林德布洛姆认为决策是渐进的，公共

① ［美］E. R. 克鲁斯克、R. M. 杰克逊：《公共政策辞典》，32 页。

政策不过是政府活动的延伸。决策者通常是以现有的合法政策为主，在旧有的基础上把政策稍加修改。因为一种和以往政策越不同的方案，就越难预测其后果；一种和以往政策越不同的方案，就越难获得一般人对这项政策的支持，其政治可行性就越差。①

总之，政策终结很少出于经济的考虑，终结行为是高度政治化而又难以实施的；成功的终结需要争取终结的反对者的合作；终结经常大多来源于理念的革新；终结和政策的再生如影相随；终结是否成功难以预料；终结处于一个“有多少人支持，就有多少人反对”的尴尬境地。②

第二节　政策周期

政策本身是一个运动、发展的过程，旧的政策渐趋终结，新的政策不断产生，从而形成政策循环往复的周期现象。政策周期的研究有助于防止政策僵化，促进新的、充满活力的政策的产生。在这一节中，我们将讨论政策周期理论以及现实的政策周期现象。

一、政策周期的内涵

无论是在政策内部，还是在政策外部，政策周期现象都是广泛存在的。那么，什么是政策周期呢？

政策周期是指政策经过制定——执行——评估——监控——终结这几个阶段后形成的一个周期；同时它还表明，新的政策往往不是凭空产生的，常常是原有政策的延续，是为适应新情况而对原政策加以修改调整，从而形成政策的一个新周期，实现新老政策的交替循环。

政策周期理论最早由美国政策学家 C. O. 琼斯提出来的。他在分析政策过程时，提出一种旨在合理系统地考察公共政策的制定与实施的分析框

---

① 参见［美］查尔斯·E·林德布洛姆：《政策制定过程》，5 页。

② Mark R. Daniels, Terminating Public Programs: An American Political Paradox. Armonk, New York: M. E. Sharp, Inc., 1997, Chapter 7.

架，这个政策过程分析框架便构成了政策周期理论的雏形。琼斯认为，政策过程架构的基本要素有：感知/定义、界定、汇集或累加、组织、确立议程、方案形成、合法化、预算、执行、评估和终结。① 他根据系统分析的概念，将政策分析过程分成五个阶段：（1）问题认定，即从问题到政府的阶段；（2）政策发展，包括方案规划以及合法化等功能活动，即政府为解决公共问题而采取行动的阶段；（3）政策执行，即政府解决问题的阶段；（4）政策评估，即由政府回到政府的阶段；（5）政策终结，即问题解决或变更阶段。

从结合我国政策实践出发，我们认为，一个完整的政策周期应包括制定——执行——评估——监控——终结这几个阶段。政策制定是核心；政策执行是关键；政策评估是对政策方案合理性的最具权威的检验；政策监控是政策运行中不可缺少的一个环节，贯穿于政策过程的始终，通过政策监控，能够及时发现并纠正政策偏差，从而提高政策绩效，实现政策目标；政策终结则意味着一个旧周期的结束。

不同政策周期的时间长度是不一样的。这种决定时间长度的因素很复杂，但主要和政策目标的大小远近、环境变化以及实施的难易相关。一般说来，政策目标越大越长远，环境情况变化越复杂，实施难度越大，政策的周期越长；反之，政策周期越短。政策周期的长短还与具体政策相关，一项错误的政策，人们自然希望它的周期短一些，尽快结束；一项经实践检验是正确的政策，人们可能也希望它的周期短一些，尽快用法律的形式固定下来，以便具有较强的稳定性，如我国的改革开放政策。

政策终结的研究既是一个政策周期研究的终点，又是一个新周期产生的起点；它既意味着一个旧周期的结束，又意味着一个新周期的开始。由于政策周期还意味着新旧政策的循环，因此，政策周期理论的研究还包括对新旧政策之间关系的研究。新的政策往往不是凭空产生的，它常常是原有政策的延续，是为了适应新情况对原政策加以修改或调整，使政策又上升到了一个更高的层次，从而形成政策的一个新周期，实现新老政策的交替循环。因此，从政策之间的相互关系角度看，政策周期是政策的辩证运

---

① Charles O. Jones, An Introduction to the Study of Public Policy (3rd ed.). Monterey, California: Brooks/Cole Publishing Company, 1984, pp. 27-29.

动，其核心在于政策自身的扬弃，这种扬弃导致政策不断汲取养分，吐出糟粕，从而获得发展的内在力量。

此外，从人类历史发展的角度看，政策周期是指政策这一社会政治现象所经历的产生、发展和消亡的运行周期。政策是政党、国家在一定历史时期为实现一定目标而规定的行为依据和准则。它本身有一个产生和发展的过程。在原始社会，生产力极其低下，没有剩余产品，没有剥削，为了协调人们之间的共同劳动，为了使社会生活得以正常进行，在原始氏族内部，已经出现了某种为氏族成员所共同遵守的行为准则，这就是原始的风俗习惯，它有类似政策的功能，是政策的原始形态，被称之为“准政策”。随着氏族社会的解体，阶级的出现，原来用以规范原始人群社会生活基本准则的风俗习惯——“准政策”，无法适应新的社会共同体的需要。这时，伴随国家而来的是一整套官吏体系。它的一项重要职责就是将统治阶级在特定时期所要达到的目标规范转化为社会全体共同成员所必须遵守的行为准则，这种规范化了的行为规范和行为准则，就是现代意义上的“政策”。政策与其他事物一样，有一个发生和发展的过程。从时间上看，政策随社会的发展变化，经历了原始形态、奴隶社会的政策、封建社会的政策、资本主义社会的政策、社会主义的政策这样一个发展过程；从政策自身来讲，政策的作用方向、决策形式等都有一定程度的发展。同理，如同阶级和国家一样，政策也是一个历史范畴，将随着历史的推进而灭亡。这是政策这一现象在人类历史上的生命周期。

二、研究政策周期的意义

政策周期的研究有重要的理论与实践意义。就理论意义来说，政策周期研究可以丰富公共政策分析的理论内容，完善政策科学的理论体系。目前，政策科学不仅已成为西方政治学中富有活力的新学科，而且也成为西方经济学的核心。当代西方经济学的各个流派，无一不以提出一定的政策主张作为理论研究的根本任务。经过十几年的探索，我国的政策科学研究已经起步，建立完整的具有中国特色的政策科学学科体系已是大势所趋。但是，在已有的研究中，对政策周期的探讨要么语焉不详，要么没有提及，而对一个完整的政策科学学科体系来说，政策周期理论又是不可或缺的。因此，研究政策周期，将填补我国政策科学研究中的一个理论空白，并为促进政策科学的发展及其应用起到不可估量的作用。

政策周期研究的实践意义表现为以下三个方面：

(1) 提高政策制定的科学性。这是因为，通过政策周期阶段化的研究，可以优化政策制定系统，促进政策决策的科学化，减少政策制定的失误，确保政策发挥应有的作用。它有助于我们通过对以往政策周期的研究，吸取经验教训，克服政策制定上的缺陷，确立政策制定的科学化和程序化，促进有中国特色的政策制定体系的建立。

(2) 巩固和发展现行政策，保持政策的连续性和稳定性。这是因为：1）通过对政策周期的研究，政策制定者可以了解政策是否实现了预期的目标，政策执行是否出现了偏差，以及随着条件的变化，是否需要进行追踪决策；2）政策制定者可以依据对政策周期进行研究所得出的结论，做出是坚持原政策，修改原政策，还是终止原政策，制定新政策的决定；3）通过对政策周期的研究，政策制定者可以根据原政策成功或失败的经验教训，使建立在原政策基础上的新政策在新一轮的周期中扬长避短，提高政策的功效。政策的连续性和稳定性是由政策本身的严肃性决定的，是经济发展、社会进步的必然要求。我国政策领域中出现的诸如政策之间缺乏连贯和衔接、“撞车”现象时有发生、政策朝令夕改等问题，通过对政策周期的研究和分析，都是可以避免的。

(3) 推动改革开放、市场经济和社会经济发展。当前，我国正处于经济体制、政治体制的全面改革之中，改革给我们带来了生机，改革给我们带来了希望，改革也给我们带来了许多新问题和新挑战。通过对各项政策周期及其互动关系的研究，制定出一整套相互配套的改革政策，以在新体制内部形成相互制衡的机制，可以推动改革开放事业向前发展。同时，市场的发育和完善，离不开科学、合理的政策的推进。随着社会主义市场经济的逐步发展和改革的深入，哪些政策要淘汰，哪些政策要完善，哪些政策要制定，这些都离不开政策周期的研究，如果理论研究跟不上，不能及时地回答政策领域中提出的新问题，经济发展就不能顺利进行。改革开放20多年来，我国对政策周期的研究是不够的。在政治、经济、文化、教育和科技等领域，不论是政策决策者还是政策研究人员，对这方面的关注都是不够的。忽视政策周期的研究造成了相当不利的后果：没有从整体上思考问题，不能很好地按照各种体制之间、政策之间以及每一个政策过程的各个阶段之间的互动关系和逻辑顺序，协调配套地进行改革及制定政策，以至于往往单项推进，孤军深入，导致系统结构不合理、政策不配套，出现某些混乱。所以，加强对政策周期的研究，可以更好地处理好这些关系，促进政策的协调配套。

三、政治—经济周期

政策过程与经济过程不可分离，它们相互作用，相互影响。尤其是在市场经济条件下，公共政策作为一国政府干预社会经济生活的主要手段，用以纠正市场缺陷时，政策与经济发展之间的相互关系就更为密切。当政策干预符合经济发展的要求时，经济就蓬勃发展；当政策干预与经济发展相悖时，经济就呈现出波动、萎缩乃至停滞状态。由于政策本身是一个运动的周期过程，周期性的政策变化必然会对经济发展产生影响，使经济发展随着周期性的政策变化呈现出不同的发展周期。

在政策周期与经济发展周期的关系问题上，西方学者提出了著名的“政治—商业周期”或“政治—经济周期”理论。他们认为，在西方市场经济和民主政治体制条件下，国家日益干预经济和社会生活，政治（政策）与经济发展之间的关系往往以“政治—商业周期”的形式出现。在西方，民选政府在循环反复的大选周期中运作，它们采取的政策类型随选举周期的时间而变化；在选举前采取受选民欢迎的政策，而在选举后采取不受选民欢迎的政策。

我国政策周期变化与经济发展也呈现出周期之间的相互关系。建国以来的经济发展历程表明，中国经济波动的根源主要就是来自于政策周期变动形成的外部冲击，其表现为：一是中央政府的政治动员冲击所引起的经济扩张期；二是中央政府的政治命令冲击所引起的经济收缩期。周期性的政策变化使经济发展处于经济扩张期和经济紧缩期的交替变换之中，并呈现出如下的特点：经济扩张期与历次党代会或重要人代会具有一一对应关系；每次经济收缩与历次政府经济紧缩政策相关。经济扩张政策与经济紧缩政策相互交替变动，构成了中国特有的政策周期（我们将在下一目对这个问题展开分析）。

四、我国的政策周期及其特点

不少学者曾对中国的政策周期作过探讨。艾克斯坦很早就发现中国存在着“政策周期”现象，他认为中国的政策周期根源于中国的决策结构和价值系统。① 克拉克认为，中国领导人的政策框架时间是不断变小的。在20世纪80年代初，一个计划延续2年~3年的时间，然后作适当的调整和改进；在80年代中期，则缩减到一年时间；到了80年代末，就变成一个季度了。② 郑竹圆分析了1953—1981年我国的经济策略，发现在这30年的时间里，几乎没有一个经济增长战略能够延续6年以上。③ 老百姓也晓得中国存在政策周期，“党的政策像月亮，初一十五不一样”这种形象的说法，反映了老百姓对政府政策易变性和周期性的普遍看法。从建国以来的经济发展历程来看，我国确实存在着政策周期现象，且表现出自身的特点。

从一项具体政策来看，一方面由于我国目前尚处于社会主义初级阶段，体制、制度不完善；另一方面中国地域辽阔，各地区差异大，发展不平衡。因此，在我国，一项政策并非完全按照制定——执行——评估——监控——终结的程序进行，而是表现为传达期、贯彻期和变通期。这是中国政策周期表现出来的一个显著特点。④

所谓传达期，即“传达动员”阶段。传达动员形式有两种：一种是自上而下的有组织的内部传达，这包括传达中央文件、中央领导人讲话、中央领导人指示、中央全会精神；另一种是在全国范围内公开动员，这包括公开发表中央全会公报、中央领导人正式报告、两报一刊（指《人民日报》、《解放军报》、《红旗》杂志）社论或者《人民日报》社论。前者借助共产党的组织系统，后者借助现代宣传工具。在很多场合下，先是内

① Alexander Eckstein, “Economic fluctuations in Communist China's Domestic Development ”. Ping-ti Ho and Tsou, eds., China in Crisis, Vol. 1, bk. 2, University of Chicago Press, Chicago, 1968.

② Christopher M. Clarke, “China's Transition to the Post-Deng Era”. Joint Economic Committee Congress of the United States, China's Economic Dilemmas in the 1990s : The Problems of Reform, Modernization, and Interdependence. Joint Committee Print. April, 1990, pp. 1-13.

③ Cheng Chu-yuan, China's Economic Development: Growth and Structural Change. Westview Press, 1982.

④ 参见胡鞍钢：《中国政策周期与经济周期》，90页，载《中国社会科学季刊》（香港），1994(8)。

部传达，然后公开动员。通过广泛使用新闻媒介，大张旗鼓地制造声势，做到“家喻户晓，人人皆知”，这种政治动员作用十分有效，能够广泛动员全社会各种力量，形成全民族的凝聚力，在极短的时间内集中各种资源。

所谓贯彻期，即“贯彻实施”阶段。在传达中央精神之后，各地方开始制定具体的政策和措施。地方政府受到当地人民迫切要求改变经济面貌的强大压力，“为官一任”就要“造福一方”。任何一个地方领导人都晓得，中央的发展目标是众所周知的，如果他们提出一个较低经济增长率的目标，即便是符合当地发展条件，也会被当地人民和下属官员视为无能，只能提出一个较高的经济增长率目标。中央提出的发展目标等于规定了地方发展目标的下限，只要中央变动和提高发展目标，就意味着地方必须变动和提高发展目标的下限，党中央把经济增长率指标由6%提高到8%～9%，这就使得省的经济增长率指标至少要提高到10%以上，相应地，地、市、县的经济增长率指标则会抬得更高，层层加码，逐级放大，结果，就出现相互攀比、一哄而上的局面。

所谓变通期，即通常所说的“上有政策，下有对策”阶段。政策执行之后，决策者常常会碰到这样的问题：政策实施效果与决策者的预期目标不是相互矛盾，就是差距甚远，出现“政策走样”、“南辕北辙”。这是因为，从根本上说，政策是对利益的分配和调整，地方政府从本地区利益出发，以地方利益为标准，想出各种变通方法，不是我行我素，肢解、曲解、抵制中央政策，就是另定对策，对付中央，阻碍政策的顺利推行。在这种情况下，决策者被迫实施调整，采取新的政策，又重新进入下一轮的政策传达期、政策贯彻期和政策变通期。

从政策与政策之间的更替来说，我国的政策周期一般较短，政策目标不断调整，缺乏连续性和稳定性，这在经济领域表现突出。在建国以来的经济发展史上，有不少事例可以证明。比如，在1958年“大跃进”期间，将当年工业总产值增长率指标修改为33.0%，农业总产值增长率指标修改为16.2%；1991年3月七届人大四次会议通过的“十年规划”目标是，2000年GNP比1980年翻两番，平均每年经济增长率指标为6%左右，明确提出“坚定不移地保持国民经济持续稳定协调发展”。而到1992年的十四大和1993年的八届人大一次会议上，要求重新修改“八五计划”和“十年规划”，发展目标又改为提前到1995年实现GNP翻两番，经济增长率指标提高到8%～9%，经济发展指导方针改为“加快改革开放和现代化建设步伐”。

经济领域的“经济政策周期”现象还表现在经济扩张政策与经济紧缩政策的相互交替变动上。经济扩张政策有以下主要表征：追求经济增长率和高经济指标；重工轻农，刺激工业生产增长；刺激社会总需求膨胀；搞赤字财政，扩大财政开支；实行通货膨胀政策，超额发行现金；扩大市场机制范围，减少指令性计划指标；向地方下放权力，强调地方积极性。与此相反，经济紧缩政策则有以下特征：稳定经济增长率，降低通货膨胀率；重农轻工，扶持农业；控制社会总需求膨胀，压缩投资，抑制消费；实行财政收支平衡，压缩财政开支；实行稳定通货政策，控制现金投放量；加强计划手段和行政手段，控制价格；强调中央权威，地方服从中央。

在我国，党代会或重要人代会具有很强的政治动员作用，产生新的领导人，提出新的奋斗目标，拟定新的经济计划，发出新的战斗动员口号，实行使经济繁荣的扩张政策。政治动员获得地方政府、厂商和老百姓的积极响应和一致拥护，导致经济高涨。“经济过热”的代价往往在召开党代会之后的一两年内显现出来，包括通货膨胀率急剧上升，基本建设规模愈来愈大，各方面关系绷得愈来愈紧，等等。这时候，领导层不得不召开紧急会议，统一思想，立即做出决议，被迫实行经济紧缩政策，结果经济严重衰退，中央政府只好再次采取经济扩张政策，进入新一轮的循环。

通过上面的分析也可看出，周期性的经济政策（扩张——紧缩——再扩张——再紧缩）导致了经济发展不断呈现繁荣——衰退——再繁荣——再衰退的循环变化过程，是形成经济波动，加剧波动幅度的重要因素。这也在政策周期理论中得到证明：政府交替执行扩张性政策和紧缩性政策的结果，造成了扩张和衰退的交替出现；政府企图保持经济稳定，实际上却在制造不稳定。为了实现充分就业，政府实行扩张性财政和货币政策，但是，在政治上，财政赤字和通货膨胀会遭到反对。于是，政府又不得不转而实行紧缩性政策，这就人为地制造了经济衰退。这是政府干预经济所造成的新型的经济周期。①

① 参见高鸿业、吴易风等编著：《现代西方经济理论和学派》，北京，中国经济出版社，1987。

为什么会出现政策周期性变动的现象？其根源在于中国国情的现实性与领导人发展目标的主观性之间的矛盾和冲突。我国尚处于社会主义初级阶段是我国的基本国情，具体表现为①：第一，中国发动工业化时间太晚，直到20世纪50年代才出现经济增长，比发达工业化国家滞后了100年~200年时间，中国是现代化的后来者；第二，中国工业化的起点太低，20世纪50年代人均产值仅及发达国家工业化初期水平的1/4~1/10，难以避免出现人均收入绝对差距日益扩大的现象；第三，中国总人口庞大，人均资源占有量和消费量与发达国家的人均水平差距过分悬殊，人口持续增长，耕地面积不断减少，人口与资源矛盾相当尖锐；第四，中国农村人口占总人口的大多数，农业劳动力占总劳动力的大多数，中国农村的工业化、现代化任务还相当繁重，人口不断迁移，劳动力转移还需要相当长的发展过程；第五，中国各地区发展极不平衡，不仅存在量大面广的十分落后的农村地区，还存在十分贫穷的欠发达地区以及大量的绝对贫困人口。这一现实性决定了中国不可能在一个相当短的时间内改变经济落后面貌，赶上发达国家。中国的发展是一个长期和艰巨的过程。

然而，领导人之所以对国家发展抱有主观的、脱离现实的期望，主要有两方面原因：一是出于作为落后大国领导人的责任感。科尔内指出，突进通常出现在贫穷落后的国家。他认为，对落后的认识以及人类的嫉妒感，正是突进的重要动机，与此相伴而生的是一种威胁感和危机感。② 由于中国人口众多，经济落后，领导人迫于国际环境的压力和人们对物质文化日益增长的需求，容易制定出“超前”政策；另一方面是急于要证明社会主义制度的优越性。正如毛泽东在向党的八大代表解释为什么要赶英超美时指出的，这是一种责任，有那么一大块地方，资源那么富有，又搞了社会主义，据说是有优越性，结果搞了五六十年，还不能超过美国，像个什么样子呢？那就要被开除球籍！所以超过美国，不仅有可能，而且完全有必要，完全应该。这就是制定“超前”政策的动力和动力基础。在这种矛盾情况下，一方面是客观规律，一方面是主观愿望。最后主观愿望

① 参见郭庆、胡鞍钢：《中国工业化问题初探》，17~22页，83~84页，北京，中国科学技术出版社，1991。

② 参见亚诺什·科尔内：《突进与和谐的增长》，81~82页，北京，经济科学出版社，1998。

完全忽视了客观规律，轻视中国国情的限制因素，制定出了“超前”政策，而这些政策在执行过程中暴露出明显的不合理性，这又迫使领导人调整政策甚至取消原政策，制定新政策，从而形成政策周期现象。

“以史为鉴”，研究我国存在的政策周期现象，无疑有助于现行政策的良性运行。我国正处在建设社会主义市场经济的关键时期，现代化的步伐还要稳定、坚实地迈下去，面对新世纪，必须脚踏实地求发展，避免政策波动，从而保证我国社会经济稳步、快速发展。

第三节 政策变化

政策周期的概念使我们能更好地了解政策过程的各种构成因素，同时也完整地展现了政策从开始制定到最后终结的整个过程，并且很好地表明了政策过程的动态性和连续性。然而，政策周期的概念并不能说明政策如何发展变化问题，不能说明政策发展变化的状态和模式。那么，是否存在着一般的政策变化模式呢？换句话说，是否不同的国家或地区、不同的公共部门都会有自己独特的政策变化模式？这一节将回答政策变化的这些问题。

一、政策变化的两种基本模式

政策变化及其模式是政策科学文献讨论的一个新主题。受著名科学哲学家托马斯·库恩的科学历史主义理论尤其是科学进步模式的启发，有些西方政策分析学者对政策变化模式问题进行了较深入的讨论。

依据库恩在《科学革命的结构》一书中的观点，科学进步表现为“前科学——常规科学——反常——危机——科学革命——新的常规科学”的发展过程，而其中的“常规科学——反常——危机——科学革命”则是科学革命的结构性模式。常规科学是科学家团体在现有范式指导下的知识积累时期，是范式的拓展以及为新的突破奠定基础的时期；反常表示出现了与范式预期不相符合的现象；科学革命从危机开始，它是知识积累、渐进过程的中断，是范式的转换。简而言之，科学进步表现为范式孕育、成长、成熟的常规科学时期，也包含着范式转换的革命时期，科学进步就是在渐进与突变、积累与革命的交替中实现的。

在科技哲学领域里，科学革命也就是“范式转换”（paradigm shift），“是少部分人在广泛接受的科学范式里，发现现有理论解决不了的‘例外’，尝试用竞争性的理论取而代之，进而排挤掉‘不可通约’的原有范式”。科学革命具有如下三个基本特征：第一，范式转换是一个重新概念化的过程，即抛弃掉旧的概念体系，建立新的概念体系，即对经验材料进行新的系统化解释的过程；第二，科学革命带来探索问题的改变和解决问题的合理性标准的改变；第三，科学革命也是一个世界观与方法论的转变，每一次革命都彻底改变了科学的形象，进行科学研究的世界也发生了根本变化。“革命之前科学家世界的鸭子，在革命之后就成了兔子”①。而“常规变化”是相对于“革命变化”或“范式”变化而言的，指“理论或定律可以只修改或加强其中的某一概括，而其余的概括则保持不变”②。这为西方政策分析学者探讨政策变化及其模式的问题提供了概念框架。

政策的发展变化总是离不开一定的政治环境、政治生态及政治文化的影响与制约，在相当程度上，特定的政治生态及政治文化甚至对政策变化模式起着决定性的作用。在特定的历史条件和民族习惯思维或领袖人物工作作风、思考方式的作用或影响下，有的国家政府与政党在制定和改变政策的过程中，形成了保守的经验型的政策变化模式；有的政府与政党则形成了激进的创新型的政策变化模式。

参考库恩的科学进步模式，政策分析学者提出了政策变化的两种基本模式：（1）常规变化模式，即政策在保持基本方向或目标的前提下发展演化，或新旧政策之间保持较大程度上的连续性。（2）范式转换或中断—平衡模式，即政策连续过程出现中断或飞跃，新政策取代旧政策。既然这些都是模式或式样，那就必须得有一个可靠稳定的基础，这个基础就是学习，两种不同的政策变化模式分别以两种不同的学习类型为基础——常规变化模式以“吸取经验教训”的学习类型为基础；范式转换模式以“社会学习”（即对社会、政治、经济和文化发展特别是价值观、意识形态变化的感知）作为基础。

---

① ［美］T. S. 库恩：《科学革命的结构》，76页，91页，上海，上海科学技术出版社，1980。

② 江怡编著：《走向新世纪的西方哲学》，第五章，北京，中国社会科学出版社，1998。

二、常规的政策变化和政策风格

公共政策往往存在着惊人的连续性，大量的公共政策在某种程度上是对以往的政策和实践的延续。例如，扩大教育机会和增加卫生服务通常是在现有政策基础上开办新的学校和医院；被称为“新”的产业或环境政策创意往往是给现有的产业增加额外补贴，或加强对污染的控制。这一类政策变化就是“常规的政策变化”。在这种变化模式中，允许在没有改变政策基本方向的情况下对现有的政策做出修改和补充。

为什么政策会保持这种连续性？林德布洛姆的渐进主义认为，通常——虽非一直如此——政治上可行的政策只与现行政策有渐进、轻微的差异。差异巨大的政策是不合时宜的；而且由于决策者以及其他参与者为达成共识，必定要进行讨价还价，相互妥协，就不可能导致全新的、最优的政策。所以只有利用“回馈（feedback）”，通过“连续的步骤过程”，“稳扎稳打的连续进行”，能“发现修订政策和目标的可行性，并视政策制定的各个面向皆是开放的。因此这种形态的政策分析者及政治系统可能发展出高度的适应力、弹性，提高其面对错综复杂的情况时还能制定出良好政策的韧性”，“这些一连串的小步进展却都可能造成社会的快速转变”。[①] 这样，利用回馈的政策后果，并对其进行矫正（remediality），保持政策的连续性（seriality），通过突破瓶颈（bottleneck），以达到政策效果的渐进递增（incrementalism）。

琼斯等人认为，政策次属系统（政策参与者团体）往往倾向于对相关的政策领域加以垄断，只有当这种垄断被新的参与者团体打破时，才可能出现明显的政策变化。

这两种解释都表明，形成政策变化的常规模式（即政策所具有的高度的连续性）的原因乃是在于同一批政策参与者或团体长期主宰相关领域政策的制定与执行，相关的政策问题总是被放在相似或相同的脉络和途径中加以处理的。这也就形成了所谓的政策风格（policy style）。

“政策风格”这个概念的倡导者们认为，每个国家、政府、地区或公

① 参见［美］林布隆：《政策制定过程》，42～43 页。

共部门往往因政策的连续性而形成不同的政策风格。例如，20世纪英国政策的传承性是十分明显的。“英国政治文化的一个特征是经验主义，当事件发生时对之做出反应。”这种反应很可能促使人们去做一些熟悉的和令人愉快的事情，而不一定做最有效的事情。这种老一套的做法之所以能被英国政府看重，那是因为它使英国政府在过去时代获得了光辉成就。这使得即使是在那些力图改革社会的人当中，看到的是他们“企图将现代化与过去时代的各种价值——平衡、稳定、团结——结合起来”。大多数锐意革新的改革家明确表示他们最喜欢英国的“中庸、宽容以及妥协和贯彻始终的能力”。这样可以带给英国人民相对安宁的社会、值得信赖的政府，提供舒服生活的政治经济，但是这种生活水平比不上它的欧洲邻国，也比它的政治家们所许诺的标准差，使政府也不得不打起精神对政策进行改革，求得生活水平上的突破和社会的前进。这种既保守又要进取的状况，使英国政府具有了自我管制和灵活性的政策风格。① 而法国则“由于历史上统治的软弱和不稳定性”，使官僚政治在实际上填充了法国政治的真空，这样就使法国的官僚制更符合韦伯的经典官僚制模式，而这种官僚制政治具有“常规化和非个人化”、“职位角色专业化”、“可预期性”、“专家治国”的特性②，这就使得法国形成了稳定性、缺乏创造力、程式化的政策风格。

理查森等人认为，政策风格是政府解决问题的途径和政府在政策过程与其他行动者之间相互作用的产物，也就是说，政策风格由政府解决问题途径和政府与社会团体关系的模式这两种因素所决定。他们还就此进一步将政府解决问题的一般途径分为“预期的/积极的和消极的（反应的）”两种。按照他们所作的分析，德国的政策风格是预期的并以共识为基础；英国的政策风格以反应和共识为特征；法国的政策风格是预期和强制；荷兰的政策风格是反应和强制。然而，这种概括因为过于简单而受到了学术界的批评。

政策分析学者还对政策周期的各个环节中构成政策风格的因素进行了

---

① 参见［美］阿尔蒙德、小鲍威尔：《当代比较政治学》，291~293页，北京，商务印书馆，1993。

② 参见［美］劳伦斯·迈耶、约翰·伯内特、苏姗·奥柯登：《比较政治学——变化世界中的国家和理论》，194~197页，北京，华夏出版社，2001。

详细的分析。综合看来，影响政策风格的变项主要有两个：（1）政策主体的构成，其中包括行动者及其观念、价值观、思维方式。（2）国家所具有的自主性，包括行政管理能力等。

三、政策发展中的“范式”变化

“范式”（paradigm）一词源自语言学，“来自希腊文，原来包含‘共同显示’的意思，由此引出模式、模型、范例等义”①。它表示的是语词变化的规则，库恩将它引入到科技哲学，表示“在科学实际活动中被公认的范例——包括定律、理论、应用以及仪器设备统统在内的范例——为某一科学研究传统的出现提供了模型”②，表示自然科学（或硬科学）中被科学家团体（共同体）所共有的认识论观点或科学理论体系，“一个科学的范式就是一套关于现实的假设，这套假设比其他的假设能更好地说明当今的世界”③。受库恩的启发，产业界的人士会认为，从蒸汽机到计算机的技术创新，可以引起产业结构（范式）的变化；经济学家则运用税收政策来促进公司结构（范式）的合理化；在管理学中还出现了一系列诸如组织范式、开放范式、同步范式、协同范式、参照范式和随机范式等等杂烩式新术语；社会学家更是把它奉为至宝，用来描述所谓“社会范式”的变化；布什政府 1989 年也曾推行过一个不太成功的“新范式运动”，如确保教育、强化市场、赈济穷人和行政分权等；在行政学领域，西方的政府管理也经历了从强调政治与行政两分的“政治范式”到强调以管理为主的“管理范式”再到强调以公共政策研究为主的“政策范式”转换的演变过程。在哲学社会科学领域中，该词与“意识形态”以及更新近的“话语”有密切的联系。如今，“范式”及范式转变已成为政策科学的一个新的极其有用的概念工具。事实上，范式转变概念作为描述显著的政策变化的一种比喻，准确地抓住了政策活动者（特别是政策制定者）对于政策问题性质及其解决办法的信念、价值和态度的基本的、长期的变化。

---

① ［美］T. S. 库恩：《科学革命的结构》，iv 页（序）。此书的译者认为把“paradigm”译为“规范”更接近作者的原义，因而没有译为“范式”。

② 同上书，8 页。

③ 宁骚：《行政改革与行政范式》，载《新视野》，1998（3）。

政策变化的第二种模式是范式转变或政策风格的改变。在此种政策变化模式中，公共政策这个共同体所持有的“政策范式”，诸如关于社会问题的性质及其解决办法，政策所具有的方向、目标及其所赖以生成的价值观、信念、意识形态等发生转变，而引起这种变化的往往是社会学习过程。范式变化表现为政策连续性的中断或政策渐进过程的中断（因此也被称为中断—平衡模式）。根据政策分析学者的观点，政策范式是与政策活动者紧密相关的智力构造，它本质上是相关的公共政策活动者所持有的一系列知识、经验、观念。例如，经济政策制定者中信奉的凯恩斯主义学说、制度主义学说、货币主义学说等，这些既有的或正在形成中的知识与观念塑造了政策制定者所要追求的广泛的目标，影响了他们所能感知问题的方式，也塑造了他们针对问题进行思维的类型以及针对问题考虑所采用的解决办法等。

“政策范式”概念的倡导者霍尔（Peter A. Hall）分析了政策范式变化的过程，他将这一过程划分为如下六个阶段：

（1）范式稳定。在这一阶段，居于主导地位的正统被制度化，并进行政策调整。

（2）反常的积累。在这一阶段，与现存正统不相适应或相矛盾的现象出现，或现实世界的发展超越了正统所能解释的范围。

（3）实验。在这一阶段，人们努力扩展现有的范式，以说明反常。

（4）权威的破灭。在这一阶段，人们对官员和专家失去信任，新的参与者向现有的范式挑战。

（5）争议。在这一阶段，争论遍及公共领域，并包含了更大的政治过程（包括选举和党派争论）。

（6）新范式制度化。在这一阶段，新范式的倡导者经过或长或短的时期而使范式获得支配地位，他们改变现有的组织和决策安排，以便使新范式制度化。

为了说明这一过程，霍尔等人用第二次世界大战后凯恩斯主义范式的出现和20世纪80年代货币主义范式取代凯恩斯主义范式这两个经济政策领域的例子来具体说明。

在20世纪20年代以前，虽然资本主义已经发展到了垄断阶段，但亚当·斯密的经济自由主义范式一直居于正统地位，整个资本主义世界都在应用它（范式稳定阶段）。然而到了20年代末30年代初，世界性的经济大危机、大萧条从美国逐渐蔓延到整个资本主义世界（反常积累阶段）。伴随着罗斯福竞选美国总统获胜，他力排众议，采用凯恩斯的经济理论，实行国家资本主义，实施“国有化”（实验阶段）。这使得美国的经济社会迅速全面复苏，并在主要邻国和世界主要发达资本主义国家得到普遍的采用（权威破灭阶段）。而凯恩斯主义理论受到了正统自由资本主义国家和经济学家的反驳与批判，在这段时间里，人们思想混乱，政党纷争不断，政府更迭频繁（争议阶段）。但是，现实需要的压力最终使凯恩斯主义占据了资产阶级经济学的统治地位，凯恩斯主义的拥护者得以胜出。西方国家普遍依据凯恩斯的理论制定政策，于是凯恩斯主义盛极一时。通过政府重组和政策变革使新范式（在凯恩斯主义理论指导下制定的政策规章）制度化，从而获得了支配地位（新范式制度化的阶段）。

第二次世界大战后，美英等发达资本主义国家长期推行凯恩斯主义的扩大有效需求的管理政策，虽然在刺激生产发展、延缓经济危机等方面起了一定作用（范式稳定阶段），但同时却引起了持续的通货膨胀（反常积累阶段）。于是，货币主义者弗里德曼从20世纪50年代起，以制止通货膨胀和反对国家干预经济为标榜，向凯恩斯主义的理论和政策主张提出挑战。他在1956年发表了《货币数量论——重新表述》一文，对传统的货币数量说做了新的表述，为货币主义奠定了理论基础（实验阶段）。自60年代末开始，美国的通货膨胀日益加剧，特别是1973—1974年在所有发达资本主义国家出现了剧烈的物价上涨与攀高的失业率同时并存的“滞胀”现象，对此，凯恩斯主义理论无法做出解释，更难提出对付这一困境的对策（权威破灭阶段）。货币主义者认为，引起国民收入发生变化的主要原因在于货币当局决定的货币供应量的变化，而凯恩斯主义者萨缪尔森则认为，这种解释既没有经济史上的有力证据，又缺乏理论分析上的合理推断（争议阶段）。货币主义者强烈反对国家干预经济，主张实行一种“单一规则”的货币政策。这就是把货币存量作为惟一的政策工具，由政府公开宣布一个在长期内固定不变的货币增长率，这个增长率应该是在保证物价水平稳定不变的条件下，与预计的实际国民收入在长期内会有的平均增长率相一致。于是，货币主义开始流行起来，并对美英等国的经济政策产生了重要影响（新范式制度化的阶段）。

案例

一项短命的公共政策

——国有股减持政策的终止①

2001年10月23日，这一天必将载入中国证券史的史册。正是在这天，沪深股市在重大利好事件的带动下跳空高开，仅在5分钟之内两市1 000多支股票全部封至涨停，为世界资本市场发展史上所罕见。究竟是什么样的一个利好事件呢？事情还要从今年5月讲起——

今年5月，财政部经国务院授权，宣布为了进一步完善社会保障体制，筹集和充实社保基金，支持国企改革和发展，国家将对上市公司的国有股（即非市场流通股）进行减持。该项政策一经出台，引起了很大的反响。但不论是经济学者还是广大股民，都一致认同减持国有股这一政策取向，因此股市并未发生大的波动。相反，大家纷纷出谋献策，对国有股减持的方式，特别是减持定价问题给予了广泛而热烈的讨论，提出了一套套切实可行、合理合情、符合市场价值规律并得到广泛认同的方案。这些政策建议有一个共同点，就是大家对政府国有股减持方式和定价这一最为重要的关键性问题抱有很大的信心和较高的预期，他们相信政府将会拿出一套切实可行的、符合市场规律的政策方案来。可是，后来发生的事实却使人们的美好愿望彻底破灭。

6月12日，国务院所授权的财政部发布国有股减持方案，宣布将在今后的首发和增发新股时，按融资额的10%“捆绑式”出售国有股（我们知道，中国的上市公司与西方不同，股份不是全流通的，占绝大部分的国有股是在当初设立股份公司时由国家以每股极低的价格购入的。这本身就已经具有了背离市场定价原则的不合理性，然而就是这部分已经以同股同权的名义本已占了很大便宜的国有股，今天却又要将它拿到流通股市场上，用市场十来年积累起来的市盈率而产生的高价出售，在离开资本市场时还要再占最后一大笔的便宜）。难怪有人疾呼：“这是明目张胆的圈钱，是强盗抢钱的行径。”大家可能会疑虑，财政部按流通股的市价出售国有

① 本案例由董洋整理。

股，若定价过高，没有人会去买！可是你注意到了这个减持方案吗？财政部是将欲减持的国有股“捆绑”在新股上出售的，而新股是一件人人都争着买以至于必须以抽签的方式产生幸运的认购者的畅销货，因此这种方式具有强卖的性质。这就必然造成流通股市场资金面严重吃紧，甚至造成广大投资者对股市和政府的信心的崩溃。

人们还未回过神来的时候，6月13日，财政部就单方面向市场宣战，吹响了第一声“战斗的号角”。仅在一周之内，烽火通讯等4家公司就纷纷上市发行新股，无一例外地都“捆绑”着10%比例的国有股，几乎达到了滥发的程度。市场毕竟是市场，它以自己特有的方式，表明了自己的看法。广大投资者“用脚投票”，造成资金撤离，股市大跌，沪市综指到10月18日已从6月份的2 245点跌至1 650点。而就在此时，当市场普遍预期管理层会对政策作出调整时，财政部的一位副部长却说：“国有股减持，方向正确，方式定价合理。”此言一出，沪指一下跌至1 520点，股市几近崩盘。眼看着一场由资本市场引发的金融危机就要发生，券商要倒，基金预亏，资金撤离，上市公司无法融资，新股停发，大家叫苦连天，敢怒而不敢言，只有用10月22日的1 520点说明一切。就在这天晚上深夜12点，中国证监会终于宣布：“在具体操作办法出台前，停止执行有关国有股减持的规定。”同时，发言人还指出：“中国证监会将会同有关部门在广泛征求各方面意见的基础上，研究制定具体的操作办法，稳定推进国有股减持工作。”于是便出现了10月23日全线涨停飘红的蔚为壮观的一幕。但人们不禁要问，用1.7万亿元的市值损失换来的纠偏机制，这一代价是否太大了？

[链接]

1.7万亿元市值换来纠错机制
众多经济学家肯定证监会暂停国有股减持的决定①

市场以特有的方式，再次表明了自己的看法。正如一位股民所说：

① 资料来源：《厦门日报》，2001-10-25。

“全线涨停说明了一切。”“证监会叫停国有股减持，并非暂停，而是就此停止。”经济学家吴晓求说。在23日下午的对国有股减持的研讨会上，几乎所有与会的专家都对这种知错能改的态度给予了极高的评价。

著名股份制专家刘纪鹏说：“一项政策执行3个月后果断终止，这在中国证监史上还是第一次。这是监管部门广泛征求意见、尊重市场反应、调整政策的结果，这是一个重大的进步。它标志着资本市场建立纠错机制的开端。”

与此同时，由于此次下跌发生在沪指狂泻600余点后，此举也被一些人疑为托市。对此，刘纪鹏强调：“此次市场下跌，不当政策的因素占了相当大的成分。股市是宏观经济的晴雨表，中国股市却在宏观经济向好的形势下出现了持续的阴跌。这与国有股减持方案不当所造成的‘砸市’是不可分的。因而此次是‘纠错反正’，还市场以本来面目，并非托市。”

伴随着大盘的全线飘红，对于国有股减持方案的思考也正步入高潮。“这次推行国有股减持方案其实是花了西瓜价捡了芝麻果，为了不足几十亿的社保基金，市场在3个月中损失了1.7万亿的市值。”刘纪鹏说，“事实上，国有股减持引发如此大的震荡是出乎人们想象的。国有股减持主要是在新发环节，国有股减持10%的比例似乎并不大，然而人们忽略了其背后国有股、法人股的全面流通问题。如同小地雷后面拖着一个大地雷，政策制定者看到的只是前者，而后者的潜在威胁，直接导致了市场的恐慌。”

应该说对于减持国有股，人们是持支持态度的。但其减持方案尤其是定价方式则遭到了广泛批评。北京大学的曹凤岐教授撰文指出，定价是对公众股的不公平，通过高溢价发行使国有股的净资产大幅增值，其实是利用证券市场的制度缺陷形成不公平价值。中国社会科学院金融研究所副所长王国刚认为，这是低质资产高价卖，与民争利。而刘纪鹏则强调，国有股减持办法从根本上缺乏法律基础，违背了同股同权的基本法理。他说，曾有人试图用公共产品的公共政策来解释国有股减持的法律依据问题，认为不流动的国有股可以作为公共产品按公共政策流通。这种说法没有考虑到中国的特殊情况。在西方发达国家，政府部门的角色定位是单纯的监管者，而中国的政府部门既是所有者又是监管者，既是裁判员又是运动员。与这种给予特殊政策的国家队踢球，是没有取胜希望的。而国有股减持方案相当于赋予了国家队“特权”，并由此导致了市场信心的崩盘。

毫无疑问，我们为减持国有股错误的方案付出了代价，痛定思痛，人们在反思，叫停之后我们又当如何？

显然，证监会召集专家进行集体磋商的目的就是为了下一步寻找良策。“我们不能因噎废食，不能因为挫折而放慢改革的脚步。”刘纪鹏强调，对国有股、法人股等中国证券市场上遗留的问题，我们要有一个正确的认识。国有股、法人股的存在有其历史原因。正是由于保留了国有股、法人股，才回避了公有制与私有制的争执，确保了证券市场的建立和迅速发展。但是随着改革的深入，国有股、法人股不流通的历史使命应该结束，对国有股、法人股的流通问题必须尽快妥善解决。

“当务之急是尽快推出新的国有股减持方案。”刘纪鹏在此次会上提出了“股转债”的方案。他说，此方案的特点是通过回购的方式减少国有股，从而减少总的股本，相对增加流通股的比例，由此可以绕开在解决存量国有股流通中面临的不流通股变成流通股所造成的瞬间扩容太大，市场根本无法承受的问题，“股转债”方案与其他几个方案一起引起了证监会有关领导的重视。他预计，未来的国有股减持方案很可能是一种综合方案。“无论采取哪种方案，符合法理规定、市场理念、追求多赢，无疑应该是制定国有股减持方案所追求的宗旨，这就是财政部筹到社保资金，证监会规范上市公司股本结构，股民认为利好。”

由于此次国有股、法人股减持恰逢政府加大监管力度清理违规资金之时，两股力量的交汇使得人们对此轮大盘的阴跌一直持有不同的看法。据媒体报道，有经济学家认为始于6月的股市大跌是一场“革命性变革”。9月份由中金公司许小年博士主笔的一份研究报告中认为，目前的市场调整是不可避免的，也是健康的。更有专家估计，当指数跌到1 000点左右才可能是“较干净”的市场，中国的股市应该推倒重来。但刘纪鹏等专家则对此持强烈的反对态度，他说，目前要警惕的一种现象是全盘否定中国的资本市场。如果说这种说法不是出于对中国股市的不了解，不是出于一种无知的话，就有可能是别有他图。

刘纪鹏说，中国正在迎来一个发展机遇，中国的证券市场又何尝不是如此？珍惜中国证券市场的发展，珍惜今日的局面是人们共同的心声。

思考题

1. 解释政策终结和政策周期的概念。
2. 简述政策终结的种类、方式与作用。
3. 政策终结的主要障碍有哪些？如何加以克服？
4. 试论述政策周期与经济（发展）周期的关系。
5. 如何评价政策变化的两种基本模式？
6. 分析上述案例，指出国有股减持政策终止中的问题及教训。

下篇

政策分析方法

- 政策分析的步骤与方法
- 系统分析方法
- 公共政策的经济学分析
- 公共政策的伦理学分析
- 政策分析中的创造性思维

第十一章

政策分析的步骤与方法

从理论上说，一个完整的政策分析过程包括六个步骤：第一，通过对问题情境的分析，界定政策问题；第二，在明晰政策问题的基础上，确立政策目标；第三，根据政策目标，搜寻备选方案，并对其进行设计和筛选；第四，对各备选方案的前景和后果进行预测；第五，根据预测结果，评估各备选方案的优劣并做出抉择；第六，对政策实施后所产生的效果进行评估。政策分析是一个运用各种科学方法和技术去分析问题情境，解决政策问题的过程。因此，政策分析方法的适用与否对能否有效解决政策问题举足轻重，方法论及分析技术的研究有助于科学决策的推行，避免重大失误。

第一节　政策分析的过程框架及步骤

一、政策分析的基本因素

一般而言，政策分析的基本任务及程序是：（1）帮助决策者确定政策目标；（2）找出达成目标的各种可能的办法；（3）分析每个备选方案的各种可能结果；（4）依一定的标准排列各种备选方案的顺序。这些基本任务决定了政策分析中的各种因素及分析过程。根据奎德等人的论述，可以将政策分析的基本因素概括为如下七个方面：问题、目标、备选方案、模式、效果、标准和政治可行性。

1. 问题

问题（issues or problems）是一般科学发现的逻辑起点，同样也是政策分析的逻辑起点。政策分析中的问题是指政策问题，即政策分析者所要分析、研究或处理的对象。政策分析所要处理的问题是公共问题，而非私人问题。关于什么是私人问题和公共问题，这是难以明确区分的。问题界定构成了政策分析的一个极为重要的组成部分，好的开端等于成功的一半，即成功地界定问题等于完成了分析任务的一半。

2. 目标

目标（goals or objectives）或目的是决策者凭借决策手段所要取得或达成的东西。分析者遇到的一个困难是弄清楚决策者真正要达成的目标。因为这些目标往往被决策者以抽象的语句或笼统的方式所陈述或隐含，以至于相当模糊。如果决策者还没有一定的目标的话，那么分析者就应认真地分析研究，并在目标应该是什么的问题上与决策者或当事人达成一致。

3. 备选方案

备选方案（alternatives）是决策者用来达到目标的选择或手段。在不同的场合，它们可以是政策、策略、项目或行动等。备选方案之间不必是明显地相互排斥（相互取代）或相同的。备选方案不仅应该包括那些决策者从一开始就知道的选择，而且应该包括那些后来才被发现的选择。

4. 效果

指明一个特殊的备选方案作为取得目标的手段意味着会产生一系列的

结果，我们称这些结果是与备选方案相联系的效果（impacts）。有些效果是对实现目标的积极的贡献，即利益；另一些效果则是与备选方案相联系的消极的结果，即成本。与备选方案相联系还有另一种效果，我们称之为外在的结果，即经济学所讲的外部效应（externalities）。

5. 标准

标准(criteria)又称决策标准或决策规则,根据这些标准,我们可以“衡量各种备选方案达成目标的程度”。一般的决策标准有效能、效率、适当性、公平性、回应性和合适性等。在资源有限的条件下,政策分析常常采用成本—收益分析(损益分析)或成本—效能分析,以这两种分析的结果作为方案比较选择的标准。针对单一的政策目标,可资运用的标准常常不止一个。

6. 模式

模式（models）不是别的，不过是一系列关于世界及其过程的概括或假定，一个关于实在的简化了的图像，它可以用来研究一项行为的结果，而不必采取实际的行动。模式有各种表现形式，如公式、物理结构、计算机程序等，甚至不过是一个心灵的图像而已。模式不仅可以用来预测备选方案的结果，而且可以应用于问题的建构或界定，甚至可以应用于整个分析过程。

7. 政治可行性

政治可行性（political feasibility）是指在解决问题的限度内。限度指环境的因素，即影响政策结果的因素和不受政策制定者所掌握的因素。有学者将政治可行性分为三个方面：政治资源限制——包括政治支持度、政治和行政技术；分配限制——政治是整个社会对价值所做的权威性分配，分配的差距有一定限度；制度的限制——政策分析不能为所欲为，必须在一定的制度限制之内进行。

二、政策分析的过程框架

政策分析是如何进行的？迄今为止，并没有单一的、普遍同意的程序、框架或格式。许多研究者和实践者提出了各种分析过程框架，其中的大部分属于政策分析的理性主义模式。我们先来看看一些比较有影响的观点，然后加以评论和综合。

1. 几种有代表性的框架或模式

（1）奎德的模型。奎德在《公共决策分析》一书中认为，政策分析的过程与其他系统过程一样，可以看作一个由初始阶段、持续阶段和终结阶段所组成的过程；政策分析过程中先做什么，后做什么依赖于被研究的问题及其脉络。分析过程一般包括如下五个逻辑上相联系的环节：规划（formulation）、搜索（search）、预测（forecasting）、模拟（modeling）和综合（synthesis）。

（2）琼斯的模型。琼斯在《公共政策研究导论》一书中认为，政策分析过程包括如下一些功能因素：感知/定义（perception/definition）、集合或累加（aggregation）、组织（organization）、代议（pepresentation）、确定议程（agenda setting）、规划（formulation）、合法化（legitimation）、预算（budgeting）、执行（implementation）、评估（evaluating）和调整/终结（adjustment/termination）。

（3）巴顿和沙维奇的模型。巴顿和沙维奇在《政策分析和计划的基本方法》一书中提出了一个包括六步的过程。这六个步骤分别是：问题的界定、评估标准的确定、备选方案的确认、备选方案的评估、备选方案的比较和结果的评估。

（4）斯托基和扎克豪斯模型。斯托基和扎克豪斯（Stokey and Richard Zeckhauser）在《政策分析入门》一书中提出了一个五步的过程模型，即决定重要问题和追求目标、确定备选的行动过程、预测每个备选方案的结果、确定衡量备选方案成就的标准、表明偏好的行动选择。他们认为政策分析可能依从一步到另一步的顺序以渐进的方式进行，并且必须在各个步骤中循环反复，但在分析过程中，这些基本步骤是不可或缺的。

（5）西蒙的模型。西蒙在《管理决策新科学》一书中对决策分析活动过程进行了分析，认为任何问题的解决都可以分成如下三个阶段：情报活动（intelligence activity）——寻找需要做出决策的环境因素；设计活动（design activity）——探索、发展和分析可能的行动方案；抉择活动（choice activity）——从可行的行动方案中选择较佳的一个。

（6）索伦森的模型。索伦森（T. C. Sorensen）对美国白宫的决策实际进行了分析研究，发现了如下一套分析步骤：查明事实，确立目标，界定问题，根据可能牵涉的细节及其变化，对可能的解决方案作详细的分析，列举每个解决办法可能产生的后果，推介并抉择最后方案，抉择后的沟通，执行上的准备。

(7) 城市研究所的模型。美国著名思想库之一——城市研究所提出了一种分析进程模型，它包括如下各步：界定问题；确认相关目的；选择评估标准；说明当事人群体；确认备选方案；估计每个备选方案的成本；决定每个备选方案的效果和提出有关的发现。

综合政策分析家们的观点，我们提出一个包括如下六步的政策分析过程模型，即问题界定、目标（标准）设定、备选方案搜寻、未来预测、方案比较、结果评估。这一模型如图 11—1 所示。

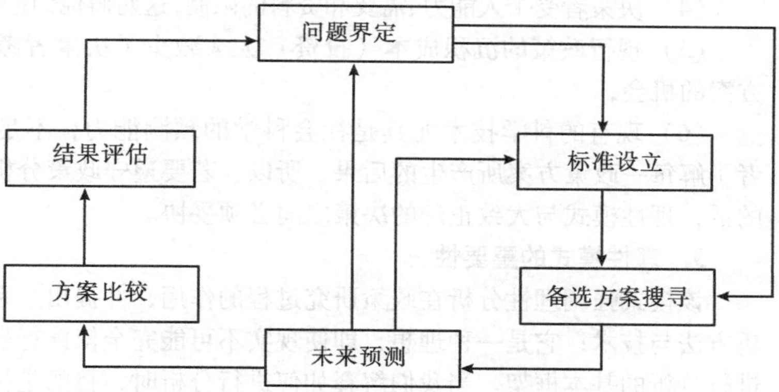

图 11—1 政策分析过程的基本步骤

三、理性过程模型的基础及其局限性

1. 理性过程模型的基础

上述种种的分析过程模型基本上属于理性分析模型，它们都以“理性”或“合理性”概念为基础。政策分析过程中的理性，是指政策分析中人们能够选择最适当的手段或备选方案去实现政策目标，并使政策目标的整合价值最大化。政策分析的理性模型是指决策者和政策分析人员在分析过程或决策过程中可以使分析或决策符合逻辑且客观；他们有清晰的目标，而且在决策过程中所有行为都能导致选择那种最能实现目标的备选方案。理性的政策分析包含了如下的几个基本假定：(1) 目标取向；

（2）知道所有可能的选择方案；（3）偏好明确；（4）偏好持续不变；（5）没有时间或成本的限制；（6）最后的抉择将使结果最大化。

2. 理性模型的主要缺陷

（1）社会上没有一致公认的价值存在，只有特殊群体与个人的价值，而且许多价值是彼此相互冲突的，这些冲突着的价值难以比较和衡量；

（2）决策者的环境尤其是权力与影响系统使决策者无法观察到或正确衡量各种社会价值，决策者本身的动机和目标往往是难以捉摸的；

（3）决策者有时并不扩大目标成就，只期待满足进步的要求，他们一旦找到一个可行的方案，就不想继续寻找最佳的途径了；

（4）决策者受个人能力、需要和资料的限制，这妨碍他们进行理性决策；

（5）现行政策的沉积成本（投资）大大减少了决策者考虑其他政策方案的机会；

（6）现有的科学技术尤其是社会科学的预测能力，不足以帮助决策者了解每一政策方案所产生的后果。所以，若要遵守政策分析的理性模式的话，理性模式与大致正确的决策之间必须妥协。

3. 理性模式的重要性

该模式强调理性分析在政策研究过程的作用，并提出一系列有用的分析方法与技术；它是一种理想，即使现实不可能完全依此行事，也提出了进行分析的基本框架。当我们解释如何进行分析时，目的是指出它所包含的一些基本步骤，而不是说分析的每一步都要按照这些模型或框架所说的去做。通过一个过程模型，政策分析的入门者或学生有一个关于如何进行分析的框架或指导。当我们讲分析过程时，既要重视理性因素，也要重视半理性或非理性的因素。当我们采用理性分析的基本框架时，也要吸取半理性或非理性如渐进模型、综合模型的因素，来补充理性的框架。

第二节　政策问题界定的方法

一、政策问题界定的概念

所谓政策问题界定或政策问题构造，就是用来产生关于政策问题性质及其潜在解决办法的政策分析程序及方法。政策问题的界定是政策分析过程中的第一步，可以说，如果政策分析伊始没有正确地构造政策问题，随后的为问题寻求正确的解决方法就根本无从谈起。但在现实生活中，我们常常是解决了错误的问题，而不是为正确的问题找到了错误的办法。例如，2003 年春运期间，某铁路局对民工团体一律发售“大票”，严禁各客运站发售零票。[①] 所谓“大票”，就是铁路客运代用票，民工团体统一在一张票面上填写上车人数和所到车站。铁路局的初衷是通过“大票”来打击票贩子，没有想到的是，反而省去了票贩子以往雇人排队抢票的麻烦。年年春运，岁岁治理，但“黄牛”依旧笑春风，怎一句“打击不力”可解释？从政策背景剖析，非法贩票活动猖獗只是一个表象，因此打击票贩子充其量也只触及了浅层次的政策问题，所谓“治标不治本”。车票背后的既定利益格局及铁路一家独大的体制才是春运倒票屡禁不止的深层次原因。政策问题构造的舍本逐末使得铁路系统每年耗费大量的人力、物力、财力打击贩票活动却收效甚微。

二、政策问题的性质

1．政策问题的动态性

政策问题界定虽然是政策分析过程的起始步骤，却并非一蹴而就的，随着问题情境的“时过境迁”，问题界定不断出现于政策分析各个阶段，因此，必须协调各阶段的关系，力求圆满实现目标。诚如威廉·邓恩所言，解决问题的方案可能会过时，但方案要解决的问题却不会过时。

2．政策问题的关联性

按照系统论的观点，世界上的一切事物都处于相互联系的系统之中。政策问题也不例外，某一领域的问题总是与其他领域的问题交错影响，不存在完全孤立的政策问题。美国前能源部长曾有一句名言说，美国外交政策总是追随油管的走向。

3．政策问题的主观性

政策问题客观存在于社会环境之中，它需要人们凭借经验，依靠相关

① www.yahoo.com.cn，雅虎资讯，2003。

的政策分析手段和技术从问题情境中抽象概括出来。由此可见，政策问题是客观环境和人们主观意识相结合的产物，带有鲜明的主观色彩。

三、政策问题界定的过程

因为政策问题具有动态性、关联性、主观性等特征，所以政策问题的界定是一个复杂的过程。美国学者帕顿和沙维奇概括出政策问题界定过程的七个基本步骤①，下面以“广州的士假降价”这一事件为例，来界定其潜在的政策问题。

1. 思考问题

认真考察事件，在头脑中建构问题的框架，并据此收集材料，分门别类地整理数据，最终尽可能对事件形成准确和完整的描述。因为问题的出现本身就意味着有悖常理，所以必须明确作为问题界定基础的价值观，弄清当事人、政策分析者和被影响的受众的价值观是如何影响问题的表述。

在“广州的士假降价”② 的例子中（案例附于本章末），当事人的价值观直接明了，广州的士应该降价。这就要求迅速收集有关广州的士的里程费用的数据，了解广州的士的计价方式以及全国其他各城市的士的计价方式。通过对比，我们可以知道广州的士的收费与其他城市有何不同。

2. 勾勒问题的边界

详尽说明问题产生的地点、存在了多长时间以及对该问题形成有影响的历史性事件。我们要考虑到政策问题的关联性，不论与政策问题相关的问题是被妥善解决了或是恶化，都可能影响我们的政策分析。

在上述案例中，这一现象只发生在广州市还是在全国各城市普遍存在？是刚刚出现还是由来已久？长期以来，广州市的出租车价格普遍高于其他城市。据 2000 年 9 月 26 日国务院整顿城市公共交通检查组通报的相

---

① 参见卡尔·帕顿、大卫·沙维奇：《公共政策分析和规划的初步方法（第二版）》，120～121 页，北京，华夏出版社，2002。

② 资料来源：《南方周末》，2002-12-05。

关数据显示，出租车的税费负担广州是2 055元/辆，北京是1 300元/辆，天津是1 000元/辆，深圳也比广州低。① 广州市民对此颇有怨言。2002年国家财政部颁布规定，从当年6月1日起取消200多项政策性基金项目，广州市的“出租车交通建设附加费”就在被取消之列。以此为契机，媒介对出租车降价问题展开讨论。迫于舆论压力，广州市决定从2002年12月1日起取消该项收费。该市某媒介于2002年12月5日提出“假降价”的观点。

3. 寻求事实依据

界定政策问题需要一些基本的信息，简捷的计算有助于得到相关信息。通过多种途径查询数据并使用不同的评估技术对其进行核实，然后比较数据与原始事实有无出入。问题的表述将对事实的收集产生直接影响。

在“广州市的士假降价”的事例中，我们需要获悉有关广州市出租车的起步价、里程计费方式、其他城市出租车的收费方式的数据，知晓起步价中两公里基本租价（含公用事业附加费）、交通建设附加费、旅客附加费（公路基金）、市内过桥费的构成情况，了解中央政府和地方政府关于出租车缴费的相关规定。

4. 列举目的和目标

行动者的目的和目标不同决定了对问题解决方案的要求不同，某些目标和目的必须进行试探性的表述，并随着分析的进程加以修改；而另一些目标和目的则必须加以推测。不过，我们必须准备一般性的目标陈述和目的陈述，以防错误地界定问题。

在上述例子中，维护乘客的权益可能是它的目的，目标可能是增加享用的机会（使更多的人能够乘坐出租车），提高出租车行业服务的质量，降低交通成本，或是减轻“打的”支出给低收入群体带来的经济上的影响。实现这些目的和目标的措施可能包括取消起步价中的不合理费用，延长起步价的里程等。

5. 明确政策范围

政策范围是指一个问题中所要考虑的变量的范围，它将影响那些最终受到检查的备选方案。有时它由当事人规定，有时它取决于分析者的工作

① 资料来源：《南方网》，2002-09-05。

背景，有时它又受到时间和可利用资源的制约。分析者可以从社区、关注这一问题的团体和其他参与者那里获取有关政策范围大小的重要线索。

在广州出租车降价这个案例中，需要考虑的变量是汽车成品油价的变化。此外还有因各项政策导致的出租车营运费用的增减、交通管理效率的提高带来的成本下降等。作为参与者，保险公司、出租车行业协会、传播媒介也可能包括在政策范围之内。

6. 显示潜在的损益

利用报告、图表等形式来表示相关参与者和利益集团在某政策问题上潜在的损益情况。如果问题得到解决，每个参与者将得到什么或失去什么。

在上述事例中，乘客将因更低廉的“打的”费用而受益，出租车营运者也将因低费用而吸引更多的人来“打的”而获利，不过他们也要同时承受因乘客增加而加速汽车损耗所产生的费用。政府有关部门一方面取消某些税费给出租车留下降价空间，从而减少了部分收入，另一方面又因降价带来的客源增加而受益，即由于出租车营业额的增加而导致的税收增长。

7. 重新审视问题的表述

问题的表述是否符合行动的需要？对问题的分析是否具有足够的洞察力？有无提出可供选择的备选方案的线索？此外，要对已有的假设提出挑战。

我们在假设广州出租车费用偏高的基础上，对其进行一系列的分析，认为价格过高影响人们对出租车的需求，因此我们致力于出租车降价。但这一问题可能还牵涉到服务质量、交通管理、政府政策等方面的因素。

四、政策问题界定的方法

美国学者威廉·邓恩归纳出政策问题界定的九大方法①：

1. 边界分析

一系列问题规划的相对完全性可以用如下的三步来加以估计：（1）饱和抽样。我们可以通过一个多阶段的过程来获得有关利益相关者

① 参见威廉·N·邓恩：《公共政策分析导论（第二版）》，178～196 页。

的饱和抽样（或滚雪球抽样）；（2）问题陈述的启发。具体说明这些问题表述的证据可以从面谈或电话交谈中获得，并可从饱和抽样阶段中的相关者那里获得所需的文件；（3）边界估计。这一步是要估计元问题的边界。

巴顿和沙维奇在《公共政策分析和规划的初步方法》一书中提出了确定问题边界的所谓便捷计算方法。便捷计算方法的基本步骤是：（1）使用参考来源。检查数据推导的细节，使用各种来源，少使用或不使用那些没有提供操作定义的来源。（2）运用相关调查数据。分析者通常没有时间去作一个新的、正式的调查，但有许多全国性的或地方性的调查材料可以提供有关数据。（3）猜测。有各种猜测方法，如那些不因时间地点变化的比率可以用来猜测一个绝对数；可以应用某些学科已建立起来的拇指规则；一个已知的变项可以用来猜测另一个变项（假如两者的关系为已知的话）；从相似的现象中借用比率进行测量；因素累加得出估计总数等。（4）使用专家。向专家请教，但必须保证他们是真正的专家。有各种由专家使用的估计方法可以用来减少估计所产生的可能错误。

2. 分类分析

分类分析是一种澄清概念的技术，这些概念用来界定问题情境，并对其进行分类。在感知问题情境的过程中，分析者必须对他们的经验进行分类。即使是对问题情境作最简单的叙述，也必须以经过归纳整理后形成的经验分类为基础。

分类分析有两种基本程序：逻辑划分和逻辑归类。前者是人们选取某个类别，并将它分解成各个部分；而后者恰恰相反，是将许多情况、事物和人组成一个更大的团体或类别的过程。任何一种分类都依据于分析者的目的，而分析者的目的又取决于对问题情境的充分了解。

如下几条规则有助于保证分类系统既与问题情境相关，又能保持逻辑一致性：（1）实质相关性。应根据分析者的目的和问题情境的性质提出分类的基础；（2）穷尽性。分类系统中的子项必须穷尽，也就是说所有对分析者有意义的主题和情境都必须被涵盖；（3）排他性。子项必须互相排斥；（4）一致性。每个子项应该根据同一分类原则划分，否则就会导致子项交叉，出现谬误；（5）层次区别性。分类系统中的层次（子项、次子项和次次子项）的意义必须认真加以区别。

分类分析的一个最有用的途径是集合论思维。集合论思维包括了各集合之间的关系以及集和子集之间的关系。集和子集等于分类系统中的类和子类，并可借助图示来直观地加以表示。

3. 层次分析

层次分析是一种查明问题情境的可能原因的技术。层次分析帮助分析者分清三种原因：可能的原因、合理的原因和受控的原因。可能的原因是指那些无论多么遥远，都可能使一种特定的问题情境出现的事件或行动。与此相对照，合理的原因是依据科学研究或直接的经验对一种问题情境的出现产生重要影响的那些原因。受控的原因指的是受政策制定者控制和操纵的原因。

进行层次分析的规则与分类分析的规则是相同的，即实质相关性、穷尽性、排他性、一致性和层次区别性。类似地，逻辑划分和归类的程序也适用于这种分析。分类分析和层次分析的主要区别在于：分类分析包含了对一般概念的划分和归类，而层次分析建立的是关于可能的、合理的和受控的原因的特殊概念。然而，这两种分析都为个别的分析者所运用，并以逻辑一致性作为主要评估问题被概念化程度的好坏为绩效标准，但是它们都不能保证发现概念正确的实质基础。因此，层次分析也可能依靠个别的分析者而非群体作为知识源泉，从而预先排除其他可替代的因果解释。

4. 综摄法

类比是一种提高对类似或相似问题认识的方法。综摄法指对类似性的广泛研究，它有助于分析者在构造政策问题时创造性地运用类比方法。综摄法基于这样的假定，即对于问题之间相同或相似关系的认识将极大地增进分析者解决问题的技艺。在构造问题的过程中，分析者可进行以下四种类比：

（1）个人类比。在构造这种类比时，分析者将自己设想为如政策参与者（如政策制定者或利益团体）一样经历同样的问题情境。个人类比在揭示同一个问题情境的政治含义方面是非常重要的。

（2）直接类比。在构造这种类比时，分析者寻找两个或两个以上的问题情境之间的相似关系。例如在构造装修质量检测问题时，分析者可能从建筑工程质量检测的经验中构造直接的类比。

（3）符号类比。在构造这种类比时，分析者试图发现一个既定的问题情境与某些符号过程的类似关系。例如，符号类比经常取之于各种伺服机制（如恒温器和自动导航仪）和政策过程之间。在每个案例中，采纳的类似过程被视为来自环境的不断反馈的结果。

（4）幻想类比。在构成这种类比时，分析者完全自由地探索问题情境与某些想象的状况之间的相似性。例如，国防政策有时就使用幻想类比来构造对付核武器攻击的防卫问题。

综摄法取决于个别分析者或群体能否构造适当的类比。评估问题概念化好坏的主要标准是比较的似然性，即特定问题情境与另一个被用来类比的情境的相似程度。

5. 头脑风暴法

头脑风暴法是一种产生思想、目标和战略的方法，产生的这些思想等有助于明确问题情境并使之概念化。它最初是由奥斯本设计的用来加强创造性的一种手段，可以用来产生大量的有关问题的潜在解决办法的建议。头脑风暴法有如下几个简单的程序及要求：

（1）头脑风暴小组应根据被研究问题的性质来组成。换言之，所选的成员必须是对特定问题有专门知识的人，即专家。

（2）思想的产生和思想的评估应严格分开，因为热烈的讨论可能会被不成熟的批评和争议所阻挠。

（3）在思想产生的阶段，头脑风暴法的气氛应尽可能保持开放和宽松。

（4）仅当第一阶段（思想产生的阶段）所产生的思想已经穷尽时，才进入第二阶段，即思想评估阶段。

（5）在思想评估阶段结束时，小组应对各种意见进行整理，分清主次，形成一个包含问题的概念化及其潜在解决办法的建议。

6. 多面透视分析

多面透视是一种系统运用个人透视、组织透视和技术透视来获得关于问题及其解决办法的方法。它与在计划、政策分析、技术评估、社会效果评估及其他领域中被绝对强调的所谓理性技术途径相反，是被明确地用来处理结构不良的问题。尽管每种透视都有许多特点，但它们的主要特点如下所述。

（1）技术透视。技术透视根据最优化模式来看待问题及其解决方法，并强调在概率论、损益和决策分析、计量经济学和系统分析基础上的种种技术。

（2）组织透视。组织透视将问题视为从一种组织状态到另一种组织状态有序渐进（带有小的但暂时的危机）的一部分。标准的操作程序、规则、惯例是组织透视的主要特征，组织透视常常与技术透视相抵触，而且与实现目标、提高业绩关联不大。

（3）个人透视。个人透视从个人的理解、需要和价值来看待问题及其解决方法。它的主要特征是强调以直觉、魅力、领导和自利作为控制政策及其影响的主要因素。

多面透视分析与在公共政策制定、公司战略规划、区域发展及其他领域发现的社会技术问题都是相关的。为了使用好多面透视方法，林思顿等人提出了如下指导规则：1）跨范式的混合；2）各种透视之间的平衡；3）不平衡的可重复性；4）适当的交流；5）合并的推迟。

多面透视分析已被人们广泛地运用于技术评估领域和政策分析领域。在对外政策和知识系统设计基础上发展起来的多面透视分析技术是处理复杂的结构不良问题的有效方法，这些结构不良问题源于具有高科技内容的社会技术系统。

7. 假设分析

假设分析是一种用来对有关政策问题的冲突性看法进行创造性综合的技术。它是问题构造中一种最具有综合性的方法，因为它包含了其他的程序（方法）的应用，并可以侧重于团体、个人或兼而有之。假设分析的最重要的特征是：它是明确地设计用来处理结构不良的问题，即那些政策分析者、政策制定者及其他政策作用者不知如何在定义上达成一致的问题。

假设分析包含如下五种程序：（1）利害关系人的认定；（2）提出假设；（3）质疑假设；（4）汇集假设；（5）综合假设。

假设分析被设计用来克服政策分析的四个局限：（1）政策分析常常假定有单一的决策者，这个决策者有明确的价值偏好顺序，这些价值可以在一个单一的时间上被认识；（2）政策分析不能系统明确地考虑各种关于问题的本质及其解决办法的相互冲突的观点；（3）大部分政策分析是在组织内部进行的，组织的“自我封闭”特征使得分析者难以或不能对流行的问题的看法产生怀疑。（4）用来评估问题及其解决办法的充分性标准往往只涉及表面的特征，而不涉及那些构成问题概念化基础的基本假定。

8. 论证图示

假设分析的方法与政策争论的方式（权威的、统计的、分类的、定量分析的、因果的、直觉的、实用的和价值批判的等）相关，它们明确地以不同的假定为基础。当这些假定与相同的政策相关信息结合在一起时，便产生了冲突的政策主张。

假设分析的一个重要技术是应用图表展示，以绘制政策争论因素的重要性和合理性的图画。这个过程的第一步是在两个序数标尺上评估这些因素（理由、支持和反驳）。

9. 问题文件法

问题文件法是由PPBS（计划—规划—预算系统）在州和地方财政项目的应用而形成的一种界定问题的综合性方法。它被奎德当做一项政策分析的基本方法，认为它试图查明什么是真正的问题，分离出基本目标，弄清知识中的关键空白，提出备选方案和恰当的有效性测量，并查明受影响的群体；它要列出关于这个问题不同方面的政府机构和组织，发现和列举现成可应用于问题的资源。然而它仅仅是不同备选方案的效果的比较，否则它就是整个分析过程了。巴顿等人则将这个方法视为一种关于是否进行“研究性分析”（即较复杂、需用较长时间的分析，与之相对的是快速的或基本的分析）的可行性研究，它几乎简要地进行政策分析过程的每一步。

准备问题文件的标准程式包括如下各项内容：（1）问题的来源和背景；（2）注意的理由；（3）纠正活动所指向的团体与机构；（4）得益者和受害者；（5）相关的项目和活动；（6）目标和目的；（7）标准和有效性；（8）分析的框架；（9）备选方案；（10）可参考的建议。

适应问题文件及问题构成阶段的可供参考的建议是：（1）放弃不值得进一步分析的题目；（2）继续分析，但要在一个优先性的基础上进行；（3）从事或继续一个完全的研究。

第三节　目标确立的方法

确立政策目标是政策分析过程的第二个功能活动。在政策分析的该阶段有两个密切相关的概念：目标和指标。目标是决策者所追求的东西或政策分析所要达成的目的；指标是政策目标的具体化，是政策目标的具体尺度（指数、数字或其他质的尺度）。

一、澄清政策目标在政策分析中的地位和作用

从理论逻辑上说，在政策分析第一阶段的政策问题界定之后，即进入第二阶段的澄清政策目标。在现实生活中，政策目标受种种因素的制约并非一目了然的。因此，政策分析者需要协助决策者在规划方案之前澄清并最终确定解决政策问题的目标。决策者在要求分析者提供技术支持之前，自己必须对政策目标有一定的初步构想，并尽可能清晰地向分析者阐明他欲达到的目标。从某个角度看，决策者规划其目标的过程也是其酝酿行动的过程。为了使其后的行动方案“弹无虚发”，更具合理性和有效性，分析者必须通过多种途径，借助科学的分析技术并充分考虑现实因素来完成澄清及确定政策目标的任务，惟其如此才能确保随后的方案选择、结果预测、方案评估等各步骤具有现实意义。

二、澄清和确定政策目标的困难

目标确定在政策分析中占据着不可或缺的重要地位，但实际操作的难度却很大。这些困难源于目标所蕴涵的价值因素、政治因素和目标的多重性及冲突等三方面。

1. 价值因素

特定的价值判断是确定政策目标的前提条件，这种内在的价值判断使认定政策目标的过程带有强烈的主观色彩。政策目标到底为何物，这取决于社会群体及社会成员个人的价值观，具体来说取决于群体及个人在社会中的经济和政治地位、相关利益、伦理道德、传统与历史等因素，特别是政策制定者的价值观在政策目标确定中起着举足轻重的作用。

在“限制农民工进城”① 这一事例中，某些地方政府在当前民工进城

① 资料来源：《人民日报》，15 版，2003-03-04。

高峰期施行“腾笼换鸟”的政策，限制农民工就业，试图以此缓解城镇下岗工人再就业的压力。显而易见，此类政策带有一定的身份歧视的烙印。长期以来，城乡二元结构的分割状态潜移默化地影响着人们的思想，认为城乡有别、工农有异的人并非少数。一些城镇领导者的等级观念在利益冲突之时便显露无遗，在几种利益比较之下，“丢卒保车”是他们的第一选择。价值因素对政策目标的影响力由此可见一斑。

2. 政治因素

政治因素是造成政策目标确定困难的原因之一。政策目标是政治过程的产物，非个人拍板的结果。因此，决策者从政治的角度出发，常常故意把目标弄得模糊不清。与此同时，利益集团对决策所施加的影响也增加了目标确定的难度。经济学学者盛洪认为，“在相当长一段时间里，农民的问题并不是作为农民本身的问题，而是当它影响到另外一些利益集团，并且涉及全局时，才被重视”，“例如从1994年开始的棉花流通体制改革和从1998年开始的粮食流通体制改革，实质上是将棉花和粮食交易重新由政府及其企业垄断，并由政府规定粮棉的价格。推出这种政策的动机，是为了弥补国有粮食收购部门和供销社系统的亏损。在这背后，是整个国有部门利益集团”。①

3. 目标的多重性及冲突

政策目标的多重性及冲突是导致目标确定困难的一个不可忽视的因素。现实的政策目标可能是一个多重的系统：在纵向上是多层次的，在横向上则是多方面的。在政策目标系统中，主要目标和次要目标、长期目标和短期目标、定性目标和定量目标错综复杂地交织在一起，这使得确定目标变得困难重重。例如在农村土地征用问题上，就牵涉到发给农民合理的土地征用补偿金和解决被征地农民的就业等政策目标，但这仅仅是表层的短期目标。国家征用农民土地主要是为了从事非农建设，这势必带来土地级差收益的上升。因此，该问题的深层的长期政策目标应该是实施相应措施，让农民也能分享到因级差地租上升而带来的收益。

① 资料来源：www.china-review.com/学者社区/盛洪，2002-10-21。

三、澄清和确定目标的途径与方法

1. 价值分析

（1）价值判断构成确定政策目标的基本前提。拉斯韦尔认为，政策科学的研究方法不仅强调基本问题和复杂模型，而且在相当大的程度上需要澄清政策中的价值目标。① 价值分析在于确认某种目标或目的是否值得去争取，采取的手段能否被接受以及取得的结果是否“良好”。它要回答的问题是“因为什么？为了什么目的？为谁？承诺什么？风险值有多高？什么应优先考虑？”价值研究通过价值的确认与分析使隐含的价值问题逐步显现；它的前提假定是：价值观是人类行为或行动的一个主要决定因素。

（2）价值观是由复杂的历史、地理、心理、文化和社会经济因素所决定的超理性或非理性的既成的东西，而不是合于理性的思考结果；生活环境、家庭、学校、生活小圈子、文化、职业范围、社会联系等是价值观形成的土壤。从价值分析的角度来讲，价值的原表征是这些土壤所产生的基本信念，加上系统选择、资源分配优先顺序、目标、系统意向、领导和管理风格、以往的政策、广告宣传、观察到的一定的领导偏差等。

（3）价值分析中主要涉及的是：政策及其目标的价值含义、价值的一致性；绝对价值和相对价值；对明确价值观的可行性的限制；价值组合、价值冲突以及价值观的加强和改变。

（4）为明晰目标而作价值分析，通过这一途径主要解决的是目标反映谁的价值观，目标受众的利益等问题。安德森认为，“决策者的价值观可能是决定做什么时最直接和最普遍运用的准则”②。因此，要着重考虑决策者及其他政策参与者的价值判断。因而价值分析首先要问：“谁的价值观在起作用？谁的偏好、利益得到了反映？”

（5）价值观是非理性的，威廉·邓恩提出了使价值明确的建议：“把它们作为理性伦理论证或讨论的一部分”③。当前可以利用的最好方法是：

---

① 参见［美］卡尔·帕顿、大卫·沙维奇：《公共政策分析和规划的初步方法（第二版）》，24页。

② ［美］詹姆斯·安德森：《公共决策》，91页。

③ ［美］威廉·N·邓恩：《公共政策分析导论（第二版）》，138页。

对上述提到的各种价值表征进行行为研究；对作为规范性的价值系统即社会政治意识形态进行分析；决策分析（包括对不同价值的敏感性进行分析）；预测分析（资源分配是价值观的最突出的表征之一）；面谈；利用德尔菲法进行详细调查；辨别目标群体及个人价值观的基本含义及范围等。

2. 政治分析

影响政策目标的政治因素包括决策者的政治立场和政治需要以及各种利益团体的政治诉求。政治家或决策者并非不食人间烟火的天使，面对关乎切身利益的各党派和各集团的鹬蚌之争，他们无法淡然处之。因此，必须弄清他们的政治立场、政治需要和政治观点，并查明这些因素对政策目标的最终确定起了什么作用。

此外，利益集团对政策目标的影响力也不容忽视。在西方社会中，许多决策者是利益集团的代言人，因此经利益集团相互妥协后确定的政策目标未必能实现社会福利的最大化或真正反映公共利益。例如，美国不肯遵守限制全球大气排放的《京都议定书》，很重要的原因是总统布什在竞选时得到美国能源大亨的资助，故需维护他们的利益。

3. 处理多重及冲突的目标

这是确定目标过程中一个不可避免的却又困难重重的环节。奎德认为，如果在政策目标这个问题上存在着争论，即人们不能在目标问题上达成一致或无法确定目标，那么就应努力寻找一个能取得共识的更高一级或更一般性的目标。可以采取两种另外的程序或途径（最优化途径和“满意”途径）来确定一个偏好的目标。

寻求最优化途径是一个由如下三步组成的分析程序：（1）在目标之间确立一个相对价值和交易的系统；（2）确定目标的偏好顺序和优化序列；（3）除最重要的目标外，在最低限度的目标达成共识的基础上，将其他目标转变为约束或限制。

第二种途径是所谓的“满意”途径。它是西蒙 1964 年提出的。如果不能调和目标之间的冲突的话，那么放弃寻找最佳解决方案的想法，转而确定各种目标的最低界限。若在这些目标上能达成共识，那就接着寻找一种至少能超过这些界限的解决方案。

4. 目标最优化的方法及技术

多目标的最优化问题实质上是在各种目标和各种限制条件之间寻求一

个合理的妥协。在一般决策分析以及公共决策分析中，人们提出种种方法及技术来解决多目标决策问题。早在 1896 年，帕累托就提出这个问题，他把许多本质上不可比较的目标化成一个单一的目标；1951 年库普查尔斯和库珀提出目标规划，不仅使一些目标最优，而且尽量与原目标值靠近；1963 年托德从控制论的角度提出多目标问题；20 世纪 70 年代以后，人们又提出了许多新的方法。根据陈湛匀在《现代决策分析概论》一书中的讨论，目前常用的多目标决策分析的方法和技术及其应用如下：（1）化多为少法；（2）重排次序法；（3）分层列序法；（4）直接求非劣解法；（5）层次分析法。

为了实现既定的目标，可以采用多种多样的可供选择的方法、手段和措施，它们统称为备选方案。通过搜寻或设计可供选择的各种备选方案是政策分析的基础。由于好与坏、优与劣都是在对比中发现的，所以需要搜寻出一定数量的可行方案进行对比选择，而政策方案的设计过程则是一个不断创新的过程，很多人都这样认为：这一过程是政策分析最能大显身手之处。此外，为了保证备选方案的拟定、设计和选择，人们十分重视政策方案的科学预测；预测结果如何，取决于经验、资料与其他信息以及预测的技术等等。

第四节　方案搜寻的方法

一、备选方案的必要性与来源

1. 备选方案的必要性

备选方案是指作为决策者用来解决政策问题、达成政策目标的可供利用的手段、措施或办法。备选方案的形式可以是多种多样的，依据政策问题性质的不同，备选方案可以表现为政策、策略或各种行动过程。

如果说问题界定是为了发现问题“是什么”，目标确立是为了确定“做什么”，那么，备选方案就是解决“怎么做”的问题。搜寻备选方案是着手实现政策目标的第一道重要程序，它有待再加工，从而形成政策方案的“高级阶段”，即最优方案才是可以执行的政策方案。而设计方案则必须紧紧围绕政策目标，以最大限度地实现政策目标为出发点。设计方案必须要有预见性和预测性，政策方案是为即将到来的事物而制定的，所以未来既是政策分析的对象，又是分析的依据。从程序上讲，预测是决策的前提和基础，决策是根据预测的结果来设计方案的。

另外，备选方案的产生应遵循以下原则：(1) 创新原则（这是产生备选方案的首要原则）；(2) 约束原则；(3) 多样原则；(4) 时间原则；(5) 相互排斥原则。并且，在产生备选方案的过程中应当按照先发散后收敛的思维步骤，即先大胆地找寻，从不同方向上列举和设想出各种方案，数量越多越好，然后在此基础之上，对各种方案进行精心设计、严格论证和反复推敲，产生出满意的优选方案。

2. 备选方案的来源

备选方案是如何形成、如何被发现以及如何被设计出来的呢？或者简单地说，关于政策分析和决策的备选方案来自何处？这是政策分析过程中首先必须弄清楚的问题。

关于备选方案的来源，魏墨和维宁认为有四个基本的来源：(1) 现有的政策提案；(2) 通用的解决方案；(3) 调整过的通用解决方案；(4) 非现成的解决方案。①

阿西也认为，备选方案可以通过四种途径获得：(1) 保留现有的制度；(2) 调整现有的制度；(3) 使用已预先进行的方案设计；(4) 进行全新的制度系统设计。②

邓恩在《公共政策分析导论》中则列举了备选方案的如下八个来源：(1) 权威；(2) 见识；(3) 方法；(4) 科学理论；(5) 动机；(6) 相似案例；(7) 类比；(8) 伦理体系。

备选方案的主要来源有：(1) 由政策问题的性质以及政策目标所派生的；(2) 与现状相符而又尚未实施过的方案；(3) 解决相关问题的其他人的经验；(4) 现有政策（它本身是一个应考虑的方案，也是许多新方案产生的基础）；(5) 向专家请教；(6) 根据权威的要求；(7) 对相

① David L. Weimer and Aidan R. Vining, Policy Analysis: Concepts and Practice. Englewood Cliffs, NJ: Prentice Hall, 1989, p. 200.

② Thomas H. Athey, Systematic System Approach. Englewood Cliffs, NJ: Prentice Hall, 1982, pp. 69－79.

似或类似问题的推导和类比；（8）某些特殊案例的启示；（9）对相关案例的调查结果；（10）从政策参与者的价值观及信念、法律的规定和科技知识中进行推导等。

二、备选方案产生的步骤与方法

1. 搜寻与发现

在备选方案产生的这个阶段中，应尽可能地在上述的来源中弄清备选方案的可能范围和种类，通过大胆的搜寻、调查与发现，尽量产生出广泛而实际的解决办法或方案。有各种查明潜在备选方案的方法，这些方法包括：头脑风暴法、文献评论法、快速的调查、与理想的比较、无所作为的分析、实践经验的比较、被动的收集与分类、类型学的发展、类比等等。

（1）头脑风暴法。头脑风暴法是一种产生创造性思想的方法，在政策分析的活动中具有相当广泛的应用，它是一种会议技术，依靠相关领域专家的知识、经验和分析判断能力以及向他们提供有关的行情材料，请他们对未来的变化态势做出判断、估计、集思广益，产生真知灼见，经常用于查明问题的解决办法。头脑风暴法的范围涉及从非正式的、快速的、为特定问题工作的职员会议到更正式的职员、专家和咨询者的会议。头脑风暴法的支持者们认为，恰当运用这种方法能够在相当短的时间里，产生出大量的关于问题解决办法的好主意。

头脑风暴法的基本原理是：1）精通某一领域或行业的专家们，有可能综合运用他们的全部知识和经验，对未来有关事件作出合理的判断和分析；2）多位专家、专业人士共同商讨，分析的结果要比个别人分析为好。

（2）文献评论法。“太阳底下没有什么是新鲜的”这一格言适用于政策分析。许多问题常被他人在另外的场合提出过，问题在于找出它们，因此，忽视文献评论将是一个错误。公共政策研究的文献（杂志和书籍）可能记载着解决相关政策问题的备选方案或案例分析，问题所在的实质领域（如住房、教育、环保等）的文献也可能记载其他地方解决相同或相似问题的尝试。总之，文献评论是获得政策备选方案的一个重要来源，而文献评论大量存在于图书馆中，当今，以计算机管理为基础的管理咨询系统正在被许多图书馆使用，这将使得今后查找有用的资料变得更加容易。

但是在研究文献评论中应该注意的是，即使有的文献研究是富有成果的，也是能及时获得的，但这些文献中所包含的资料有可能是过时的，不适合新界定的问题，也许还包含着误导性的结论，因此，应该利用他们的文章去联想其他可供选择的方案、相关的问题和其他的资料来源。

（3）快速的调查。分析者应有一个交往的网络，与你的同事、同学、朋友或其他人士保持接触，通过交流、拜访或电话联系，征询交往网络中的人员的意见，尤其是注意其他政策分析者、专家和从事相关领域的政策执行或判定的官员的意见。在进行调查之前，必须首先确定如何使用调查类型。第一种类型的调查是横向调查；第二种类型是纵向调查。横向调查要根据一个单一的目标总体或根据同一时间内的几个目标总体来收集资料。然后，这些总体的特征必须能够根据许多特征进行检查，同时，在这些总体或它们的次级组群之中，也可以进行比较。纵向调查需要收集在一段时间之内一个或几个次组群的资料，同时允许进行比较。而调查的方法包括邮件调查、电话调查和现场调查三种基本的调查方法，各有优缺点。这种快速调查的范围包括记录、分类和整理在各种会议上人们提出的解决相关问题的建议等。这种快速调查可能会产生大量的备选方案，使你获得解决问题的一些思路。

（4）与理想的比较。我们先提出一个理想性方案，然后加上一些约束或限制性条件，看看可以接受的备选方案是否仍然存在着，这对于我们设计通向理想的备选方案和更好地界定偏好是有益的。通过检查与理想方案的距离，分析者可以找到解决问题的较好方案。

（5）无所作为（保持现状）的分析。为了在各种方案中做出抉择，必须弄清每一种备选方案改变现状的有效性程序；而首先需要弄清所要采取的一项行动会出现什么情况，不采取这项行动又会出现什么情况。为了做出这种判断，必须对无所作为（保持现状）的方案下功夫加以分析研究。发展出一个详细的无所作为或不采取行动的方案并预测它的结果，为测量所有的备选方案提供了一个基点。做这种分析还有其他的理由：首先，潜在预算的削减和预算的重新分配要求对不采取任何行动（保持现状）这一备选方案进行认真的分析；其次，不采取任何行动的分析有助于澄清项目或政策的目标；再次，它可以突出采取行动的必要性（或非必要性）；最后，接受不采取任何行动是最好的解决办法的可能性，就等于承认问题界定的内在困难以及存在着问题没有最优解决办法的可能性。

（6）实践经验的比较。通过快速调查和文献评论，分析者既获得政策方案的思想，又获得真实世界的经验。因而，有必要将这些真实世界的经验单独分离出来，加以分析比较。备选方案本身可能是一个有价值的思想。但是，如果我们能够掌握它为什么会被采纳，别的方案为何被抛弃，它在执行过程中是否被修改过，谁支持和谁反对，它的进展如何等方面的信息，那么它的相对价值就会更大。

（7）被动的收集和分类。政策分析中的备选方案的搜寻不仅要靠积极、主动的追求，而且有时也要靠消极或被动的等待。当政策分析发展到一定的阶段，有些备选方案可能会自动出现。除了积极地寻找备选方案之外，分析者对于其他人所提出的备选方案应加以系统的记录和分类。这些备选方案也许就其本来形式是适用的，或者必须加以修改。

（8）类型学的发展。如果问题可以归类，那么其内在联系或类似性就会变得更加清楚。考察被一项潜在政策所影响的个人、团体或组织的类型有助于查明备选方案。这一方法的基本程序是：先查明被影响的团体；然后查明他们对每种备选方案的可能反应；最后提出有前景的备选方案（即对这些团体或个人而言是比较能被接受的特殊手段）。

（9）类比。类比的方法既被用于界定问题，也被用于查明问题的解决办法。通过检查以前被解决了的问题与现有问题之间存在的类似性，我们可以发现一些解决问题的办法，这正是类比方法的依据。

2. 设计和创造

在经过搜寻和发现阶段后，产生了一系列与所界定问题相关的可行的解决办法和方案，接下来就是要对这些方案加以综合，提炼或修改，以便能够把它用于实际的政策问题的解决中，这就是政策方案的设计与创造阶段。它实际上包括轮廓的设想和细节的设计两个步骤。政策方案轮廓的设想是指运用创造性思维，从不同的角度和途径，勾勒出多种实现政策目标的思路和方案轮廓。在设想方案轮廓时，要重视创造性的发挥，敢于大胆设想，突破观念和思想的束缚，充分发挥自己的远见和魄力，提供多种多样的、富有创见的新思路、新设想。在设想方案轮廓时，应尽量撇开细节，以减少对创造性思维的束缚。但在轮廓或设想产生之后，要使它们具有实用价值，还需要进一步精心设计方案的细节。方案的细节设计是指按照构想的方案轮廓，确定实现政策目标的具体途径、措施和方法。在进行细节设计时，要重视理性的分析，保持冷静的头脑和求实的精神，要对方案设计进行严格的论证、反复的计算和细致的推敲。同时，要注意运用可操作性强的手段和方法。

（1）系统综合分析法。这是一种创造学的方法，最早应用于天文学研究，是将所研究问题视为一个系统，用系统方法论把该系统分成若干结构和功能上特有的形态特征，并加以重新排列组合，产生新的观念。

运用此法的基本步骤：一是明确政策问题的性质；二是列出据以解决问题的形态特征；三是明确每个形态特征的可能变量，建立形态模型；四是确定方案及其价值；五是选择方案。该种方法便于形成大量新观念、新见解，对于解决政策问题、产生新的独特方案十分有利。

（2）提喻法。这是利用非推理因素的神奇力量，通过一定的形式激发群体的创造力，探明事物间的未知联系而探求方案。其基本步骤分为两步：其一，变陌生为熟悉。这是类比启发法的准备阶段，即所谓的异质同化过程，意即从一些看来毫不相关的事物中找出其本质中相似之处，从而使未知变为已知。其实质在于把所要解决的问题分为一系列小问题，以便深入了解问题的实质，寻找对全局影响最大的问题或问题的方面。其二，变熟悉为陌生。它是提喻法的核心阶段，即所谓的同质异化过程，意即用新的观点、新的方式来考虑已知的问题，变已知为未知。然后再把未知变为新知，也就是打破约定俗成的一些意见和看法，尝试从新的角度去观察问题。实质上也就是在此阶段暂时抛开问题本身，通过类比的方法到陌生的领域中去探索，得到一些启发后，再与原问题强行结合在一起，以获得最有新意、最有价值的方案设想。

（3）情景分析法。它是一种定量与定性分析相结合的方法，又称为脚本法。这种方法是在预测基础上，考察方案随其影响因素变化而变化的方向和程度，并且强调突发因素对预测结论的可能影响，就此修改和重新设计方案。可见，这种方法所得到的方案是一个适应力较强的动态方案，因为在其中已考虑各种影响因素的变化可能给方案带来的变化情况，因此，它也是一种比较有效的设计方案的方法。

（4）偶然联想链法。它也是创造学的一种重要方法，其实质是：从联想的方案组合中获得某种启发，形成大量解决问题的新观念，从而可以得出解决问题的建议和结论。该法以联想（相似联想、接近联想、对比联想、关系联想）和隐喻（相似隐喻、对立隐喻、疑迷隐喻）为基础，以概念作为联想和隐喻的手段。

偶然联想链法应用于方案设计的基本步骤为：其一，确定政策研究对象的同义词，形成同义词链；其二，选择偶然对象形成偶然对象链；其三，让偶然对象链与同义词链依次组合，以便形成新概念、新思想、新方案；其四，编制偶然对象特征表；其五，让偶然对象特征表与同义链依次组合，以便形成新概念、新思想、新方案；其六，依次以表中所列特征为基本词衍生联想链；其七，让联想链与同义词链依次组合，以便形成新概念、新思想、新方案。这种方法为在众多的方案中决定备选方案提供了可能，可增加设计与创造备选方案的科学性。偶然联想链法的图解如图11—2所示。

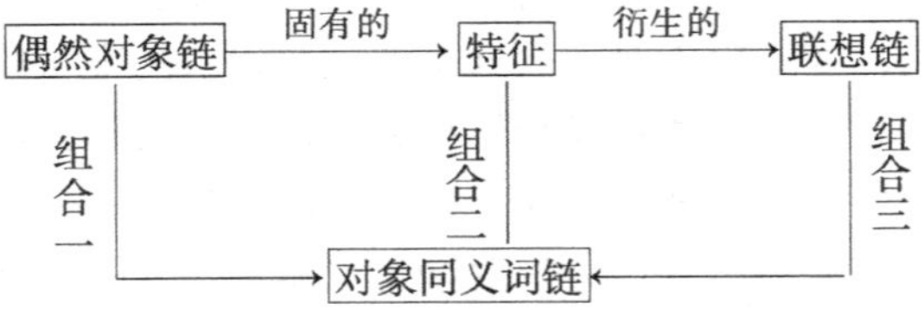

图11—2　偶然联想链法

（5）修改现有的解决办法。创造与设计备选方案的另一个可选择的途径是对现有解决办法加以修改而形成新的备选方案。奥斯本在对创造性思维的研究中，提出了不少关于如何修改现有的解决办法，以产生新的备选方案的方法，如放大、缩小、结合、重排等。现有的备选方案不仅可以通过上述这些途径弄得更大或更小，或被结合、取代和重排，而且可以置于多个不同的地点，改变其时序、资金和组织。我们还可以通过考虑如何执行来修改潜在的备选方案，即通过改变决策点、影响点和如何处理风险问题而揭示潜在的备选方案。

（6）可行性的处理。P. 梅（Peter May）提出了可行性的处理方法。他认为，可以对处理政策问题的各个方面进行一种较早的“可行性处理”

检验，将这些可处理的变项结合成一个首尾一致的策略（strategies）而设计出备选方案；并且随着问题的重新界定和评估标准的修改，进一步修正这些策略。这种途径依据如下假定，即分析者能够确定可处理问题的各个变项，并要求对能做什么事情与应该做什么事情这两者有所认识。分析者在解决了什么样的变项是可以处理的以及每个变项能在多大程度可以处理的问题之后，能够决定采取什么样的行动。

3. 筛选

政策方案的筛选就是要在可供选择的备选方案的基础上，对各种可行方案进行比较和鉴别，然后加以优劣判断，加以取舍，以便作进一步的分析研究。

（1）政策方案筛选的首要步骤应该是系统地罗列出所备选的选择枝，即大致在同一时期对同一政策问题做出的两个或两个以上的备选方案，以此作为从多个选择枝中产生“选择”的前提。选择枝的罗列不仅对比较框架至关重要，而且对合理选择的再构成也是必不可少的。

（2）备选方案的筛选还须有统一的正确的选择标准。一般情况下，标准有以下几项：1）符合客观实际——按客观规律办事；2）符合全面利益——有利于政策总目标的实现；3）经济效益、社会效益——促进社会生产力的发展，满足人民物质文化生活的需要；4）切实可行——能最快、最有把握地实现目标。

（3）必须有正确的筛选方法。其中有两种基本的方法。第一种是比较法。有比较才有鉴别，要把各种方案拿来比较，在比较的时候，不但要和现行的作比较、和过去的作比较，还要和国外的作比较。这样进行多方面的比较，可以把情况弄得更清楚，判断得更准确。此外，还要把纵向比较和横向比较结合起来，对备选方案作纵向比较，可以从政策的演变过程和历史经验中，认识发展变化的规律性；作横向比较，可以从国内外的比较中，认识方案的特点、长处和短处，使政策具有自己的特色。经过纵向和横向比较，才能够选出最佳的政策方案。第二种是综合归并法。就是吸收和综合两个或多个方案的优点与合理内容，形成一个新的更为完善、更为有效、更为科学的方案，作为最佳或最优方案。另外，方案筛选的方法还包括经验分析、抽象分析、试点分析、效益分析、案件分析、代价分析、灵敏性分析等等。

(4) 备选方案的初步筛选所要考虑的因素包括成本效益、实施条件、方案的敏感性等。为此，方案的实际筛选也可以说是对成本效益、条件、敏感性作粗略、快速的分析或估计。

三、若干应注意的事项

在搜寻、发现或创造备选方案的过程中，没有一致公认的规则可以保证我们找到合适的或理想的备选方案，但是了解这一过程可能出现的陷阱，提出一些应注意的事项或分析的基本要求，无疑可以增加我们找到合适的备选方案的机会。这里，我们列出一些应注意的具体事项：

(1) 不要过分依赖过去的经验；

(2) 不要急于批评别人的意见，不要让好的主意溜掉；

(3) 避免过早锁定问题的定义；

(4) 避免过早形成偏好；

(5) 防止未经评估而排除备选方案；

(6) 注意在条件发生变化时，重新考虑以前被排除了的备选方案。

第五节　结果预测的方法

政策结果预测是政策分析过程中必不可少的一个阶段。可以说，结果预测是政策分析过程的另一个关键环节，并且成为政策方案的评估、比较与抉择的基础。后果的预测虽然不能保证绝对的正确性，但它是决策科学化的前提。预测提供各种可能的方案，并预言其后果，从而为在多个方案中选择和确定最佳或最优方案提供依据。政策结果的预测既是科学，又是艺术。所谓“科学”，是指它应有科学的理论，应以可靠的资料为基础，应尽可能采用科学的方法；所谓“艺术”，则是因为在预测过程中，预测者的主观判断往往起着很重要的作用，预测过程中，往往要提出一些假定，要选择预测方法，要对获取的资料情报进行综合处理，而这些工作的完成均依赖于预测者的经验与学识。但是，预测也不可能取得百分之百的成功，因此对其结果的评价还应有一个正确的态度。

一、政策分析中的预测

1. 预测的概念、种类与意义

（1）预测的概念。预测是“鉴往知未”，就是以事物发展的历史为依据，总结客观规律，从而对事物的未来状况做出推断或预言。预测的目的是提供未来的信息。政策分析中的预测可以界定为一种程序或方法，它依据先前政策分析各阶段所掌握的关于政策问题、目标和方案的信息或知识，对政策（方案）的未来前景做出估计、推测或判断。

（2）预测的类型。预测可以从不同的角度或根据不同的标准划分为不同的类型。国内外学者提出了各种不同的分类方法。根据预测领域的不同，可以分为社会预测、科学预测、技术预测、经济预测、军事预测等；根据预测时期的长短，可以分为即期预测（一个月以内）、短期预测（一至三个月）、中期预测（二年以内）、长期预测（二年以上）以及超长期预测（几十年甚至一个世纪以上）；根据预测要素的不同，又可以分为定性预测、定量预测、定时预测和概率预测四种。

（3）预测的作用和意义。1）预测为政策分析者或决策者提供所必需的未来信息。为提高未来信息的可靠性与准确性，必须深入研究获取这些未来信息所使用的各种方法与手段；2）描述可供自由选择的各种备选方案的状态与数据；3）确定备选方案合理的发展速率，并推断和分析能得到这种速率的全部利益；4）提出如果希望就可以达到的各种可能性；5）提供抉择的参考标准。这样就可以在任意时间将目标与预测加以比较，以便确定是否仍能完成目标或因预测的变化是否必须改变目标。

（4）预测的困难。预测的准确性受许多因素的制约，如问题的性质、资料或数据的充分和可靠性、预测的时限、脉络背景、体制、预测的方法、技术、模型及其包含的假定等，这使得预测的准确性更成问题。

2. 预测的过程及程序

一个完整的预测过程，一般应包括以下几个基本步骤：

（1）明确预测要求。包括预测的目标、预测是为计划还是为决策或为其他目的进行的、对预测精度的要求、对完成时间的要求等。

（2）组织工作。预测工作的负责人应选择合适的人员组成一个小组，兼职或专职地来做预测工作，但有些小型的项目也可能只需一个人。

（3）搜集数据。数据的收集可通过各种途径，如利用公开发表的数据资料，使用会计统计人员的原始记录，进行专门的调查等，这一步骤不仅与预测目标有关，还与预测者对完成时间的要求有很大的关系。在时间较紧的情况下往往只能利用已有的或较易获得的数据，如果时间较为宽裕，则有可能同时采用几种方法去获得丰实而细致的数据。

（4）选择适当的预测方法。这一步骤是整个过程中关键的一步，方法是否适用将严重影响预测的质量，甚至决定其成效。

（5）利用采得的数据，运用选定的方法作预测。这是整个预测过程中具体而细致的一步。

（6）对预测结果的评价与修正。对中长期预测，由于预测值与实际值一时无法比较，因此这一步骤往往是一种主观的判断，或者省略不做；对短期与即时预测，需要把实际结果与预测值结果作比较，从而对整个预测工作做出评价。如果误差在预定范围之内，可以认为预测是成功的。在误差过大的情况下，应寻找其原因。如果误差是由于数据质量太差引起的，那么就应进行"补课"。设法提高其可靠程度；如果原因是预测方法选用不当，则应回到第4步重新预测；如果方法适用但模型有缺陷，则可对模型作适当修正，以保证下一步预测的可靠性。

（7）总结预测结果，编写预测报告。在预测的这个最后阶段，要以报告的形式将结果提交给决策者或委托人。

3. 预测的方法论基础及其逻辑依据

预测的方法论根据是一系列用来建立对现有或新的政策、新政策的内容和政策参与者行为的可能性的假定数据。① 据统计，预测方法有一两百种，对这些方法进行科学的分类，不仅有助于我们较为系统地了解这些方法，以便在应用中做到得心应手，而且这也是预测学本身的一个重要内容，具有基本的重要性。这里主要介绍三种主要的方法，即趋势外推法、因果分析法、直观预测法。

由于这三类方法各有其不同的本质特征，从而在应用对象上也有其大致的适用范围。趋势外推法常用于中、短期经济预测与技术预测，因果分

① 参见［美］威廉·N·邓恩：《公共政策分析导论（第二版）》，215页。

析法主要应用于经济领域，而直观预测法的应用主要是那些较难定量化的领域，如社会预测、技术预测与科学预测，尤以技术预测为重。

（1）趋势外推法。即根据过去的变化趋势预测未来的方法，应用这一方法的基本前提是：预测对象的变化规律从过去到现在直至未来是基本不变的，即发展的过程是渐进的，没有突变，利用现有数据资料，发现预测对象的变化趋势，并把这一趋势推向未来——这就是外推法的本质特征。这类方法的最大优点是简单易行，缺点是长期预测的可靠性不高，因此在短期与即期预测中应用较多。这类方法中最主要的有：增长曲线法（包括指数曲线法、生命曲线法等）；时间序列预测法（包括滑动平均法、指数滑动平均法、分解法、滤波法、博克朗-詹金斯预测法等。）

（2）因果分析法。这类方法强调找出事物变化的原因，找出原因与结果之间的联系方式，并据此预测未来，这类方法同样有其基本的前提，即预测变量（结果变量）与其他解释变量（原因变量）之间的联系方式是不变的或各变量间的“结构”是不变的。以过去的结构为依据，作未来的预测是这类方法的本质特征。这类方法中较简单的有回归分析法，较复杂的如运筹学方法、经济计量模型方法、投入产出分析法等。

（3）直观预测法。这类方法主要靠预测者的经验、学识和综合分析能力来作预测，因此更富有“艺术”的特色。换句话说，这类预测更多地受到“主观”的影响，而它的名称恰好表现了它的本质特征。如何做到尽可能地“客观”，排除预测者可能存在的某些偏见的影响，是这类方法在应用中的一大课题。这类方法有很多种，但它们并未形成完整的体系，其中较常用的有德尔菲法、头脑风暴法、交叉影响分析法、相关图示法、类推法、形态分析法、空缺分析法、“脚本”法等等。

二、外推预测的方法

外推预测是以预测系统的历史和现实状态为原因，以系统未来状态为结果，找出两者之间必然联系的程序。这种必然的联系是以变中的不变、偶然中的必然、起伏中的平静、混乱中的有序、现象中的本质为理论根据的。在千变万化的偶然现象中寻求其本质。在预测学的发展中，形成了一整套的技术手段。借助于外推预测的方法及技术，政策分析者可以根据现在和历史的数据，做出关于未来社会状况的投射，即把现在的发展趋势外推到未来。外推预测方法及技术已被广泛运用于经济增长、人口衰减、能源消耗、生活质量和公共机构工作量等方面的趋势投射上。外推预测的方法及技术主要来自于统计学，尤其是以时间序列（或称时间数列）分析和回归分析作为基础。

利用趋势外推法进行预测，一般应包括以下六个阶段：（1）确定预测对象，选择应预测的参数；（2）收集预测必需的内、外信息，并以数据的形式将它们定量地表示出来；（3）利用已知数据拟合曲线方程；（4）利用曲线方程进行趋势外推；（5）预测说明及进行预测准确度分析；（6）研究预测结果在制定决策中应用的可能性。

1. 时间序列分析方法

时间序列方法适用于短期预测。这种预测方法是按一种固定不变的统计方式，记录和处理过去的数据，完全不考虑引起这些数据变化的原因，简单地根据过去的变化特征来预测未来。如果过去的变化规律将继续进行下去，时间序列就是一种有效的和有价值的预测手段。由于该方法容易掌握，所花费用又少，仅用于短期预测时，这种方法能取得相当好的效果。

时间序列模型分为确定型模型和随机型模型两大类。前者对时间序列数据的随机性质和来源不进行研究，后者则要着重研究这些内容。时间序列分析方法的要点是，将预测目标的历史数据按照时间的顺序排列成时间序列，然后分析时间的变化趋势，外推预测目标的未来值。

2. 回归分析方法

回归分析是用于处理由一个或一组变量来估计和预测与其有相关关系的随机变量的问题。在回归分析时，在众多变量中首先要确定一个变量为因变量，其余变量作为自变量。在预测时，预测值就是因变量。回归分析如果只涉及两个变量，称一元回归分析；如果涉及的变量多于两个，称多元回归分析。在进行回归分析时，首先要建立回归方程。回归方程可分为线性、非线性或两者混合形式。在回归方程中因变量与自变量为一次幂关系，称线性回归，其他关系称非线性回归。在实际预测中，线性回归最为重要，这不仅因为很多相关关系为线性关系，同时非线性关系也可通过一定形式的数学变换转换为线性关系。回归分析预测技术的一般程序是：确定目标，确定影响因素，收集整理数据，列表计算，求回归系数，建立预测数学模型，对目标进行预测。

三、理论预测的方法

理论预测根据理论假定以及现在和历史的数据对未来社会状况做出判断。与外推预测不同，它的假定是过去出现的东西将在未来重现或可能在未来发生，理论预测根据各种理论所包含的因果关系进行预测。外推预测的逻辑在本质上是归纳的，而理论预测的逻辑在本质上是演绎的，它主要采用了演绎推理的形式，即从一般的陈述（公理、定律、命题）推出特殊的陈述。在政策分析中，人们经常通过演绎推理来做出"如果一个事件（X）出现，那么另一个事件（Y）也会随着出现"一类的论证。邓恩在《公共政策分析导论》中介绍了几种常见的理论预测技术，即理论图示、因果模式、回归分析、区间估计和相关分析等。下面我们简要介绍前两种方法。

1. 理论图示

理论图示（theory mapping）是一种用于帮助分析者查明和安排一个理论或因果论证中的关键假定的技术。它有助于揭示下列的四种因果论证：收敛的、发散的、系列的和周期的论证。收敛的论证是指两个或两个以上的关于因果关系的假定被用来支持一个结论或论断的论证；发散的论证是指一个单独的假定支持一个以上的结论或论断的论证；系列的论证是指一个结论或论证被用来作为假定去支持一系列进一步的结论或论断；周期的论证是这样一种系列论证，在其中，系列论证的最后结论与该系列中的第一个结论密切相关。

一个理论图示可能包含着这四种论证的混合。有一种程序可以用来揭示一个理论或论证的一般逻辑结构，它由如下四步所组成：第一步，分开并计算每个假定（命题、定理或公理）；第二步，划出表示结论的词语（如"所以"、"因此"、"因而"等）和表示支持论断或结论的假定的词语（如"因为"、"由于"、"既然"等）；第三步，当这些逻辑指示词被省略，但明显是隐含着的时候，用方括号将这些逻辑指示词补齐；第四步，用一个因果关系图表（用箭头表示）安排已被序化了的各个假定。

2. 因果模式

因果模式（causal modeling）是一些力求解释和预测公共政策问题原

因和结果的简化了的理论表达模式。因果模式的基本假定是：在两个或两个以上变项之间的共同变化——例如，在一国或一地区中，那种与福利开支增加相联系的人均收入增加的共变现象——是基本的派生力（原因）和它们的结果（效果）的一种反映。

因果模式的优点及力量在于，它促使分析者将因果假定明确化，其局限性在于分析者往往倾向于将统计分析所发现的共同变化与因果论证混为一谈。因果推理总是来自于一个模式的外部，即来自于某些理论中的定律、命题和假定。因果模式被广泛地应用于交通、健康、教育和福利等公共政策问题领域，以弄清这些领域公共政策的决定性的因素。

因果模式建构中的一个重要统计性程序是路径分析（path analysis），它是一种应用多个自变量的线性回归的特殊途径。用来刻画因果关系的一个标准化的方法是路径图。

四、直觉预测的方法

直觉预测技术与外推、理论预测技术不同，它所依据的是判断、直觉、灵感、洞察力（即人的创造性思维），其过程是回溯推理过程，即分析者从一个猜测的事态出发，然后寻找支持这一猜测的数据和假定。有三种常用的直觉预测方法，即德尔菲技术、交叉影响分析法和情景描述法。

1. 德尔菲技术

德尔菲技术（the delpphi technique）是一种获得、交换和发展关于未来事件的灵通信息的直觉预测程序，其过程是利用一系列简明扼要的问卷和对所获得意见的有控制的反馈，从而取得一组专家的最可靠的统一意见。这种技术是第二次世界大战后（1948 年）由兰德公司发展起来的，它以希腊阿波罗神庙庙址德尔菲命名。德尔菲法最初被应用于军事战略问题上，后来逐步扩展到教育、科技、市场、住房、预算、交通运输、医疗卫生、生活质量、信息处理、研究与开发、空间探索等领域。该技术的初期强调的是通过专家来证实建立在经验数据基础上的预测，60 年代以后也被应用于价值方面问题的预测。现在，德尔菲技术成为人们最常用的预测方法之一。也有人说，它是 120 余种预测方法中使用率最高的一种。

德尔菲法的应用强调如下五个基本原则：（1）匿名性——所有专家

分别作答，他们的匿名性得以严格保证；（2）循环反复——个人的判断被汇集加总，并在一个系列的过程（两轮或两轮以上）中发回给每个参与的专家，因此，允许相互学习每个人先前的判断；（3）有控制的反馈——汇集起来的判断的交流以总结性意见的形式出现；（4）统计性的团体答案——个人的应答以中心趋势（中位数）、离中趋势和频率分配的形式加以表述；（5）专家共识——宗旨是创造特定的条件，让专家在这些条件下能达成某种共识，作为问卷调查的最后和最重要的产品。

德尔菲法的征询过程一般由四个步骤构成：（1）指示讨论的问题，专家们提出各种附加的意见、项目和方案等；（2）指示专家组对所预测问题的理解和看法（例如对相对重要性、可行性、合理化是否存在严重分歧）；（3）信息的多次反馈，以求得专家意见的收敛；（4）作出最终评价，即取得较为一致的预测结果。

2. 主观概率预测法

在利用专家推测进行预测时，对于专家最佳推测的实现可能性，要求用主观概率预测法加以评定。主观概率法与客观概率法不同，客观概率是根据事物发生的实际次数（或数值）统计出来的一种概率；而主观概率是人们对某几次“经验”的特定结果所持的个人信念的量度。例如，有人说：“某某人有百分之八十的可能性作为新厂长的候选人。”这就是用数值表明本人对事件的有利或不利的可能性的估计，即主观概率法。主观概率必须符合概率论的基本公式：

$$\sum_{i-1}^{n} p(E_i) = 1 \qquad 0 \leqslant p(E_i) \leqslant 1$$

E_i（$i=1, 2\cdots\cdots n$）是“经验”样本空间的某一事件，利用主观概率法，可以预测未来事件发生的结果，也可以预测未来事件成功的可能性。主观概率法可以精确地反映出个人对未来事件的直觉判断。

例如，1975 年 7 月美国政府福利部准备预测同年 10 月的全国失业率。它首先将已掌握的自 1973 年 1 月至 1975 年 6 月间每月的失业率加以排队和分析，绘成失业率时间序列曲线。然后向福利部内 12 名高级官员发出调查表，由被调查人提出个人对 1975 年 10 月份全国失业率的主观概率，再求出这 12 名官员主观概率的平均值，作为 1975 年 10 月全国失业率的预测概率。

3. 交互影响分析

交互影响分析（cross-impact analysis）或称交互影响矩阵法（cross-impact matrix method），是另一种广泛应用的直觉预测技术。它通过考虑事件的相互作用来预测事件发生的概率，或者说，它根据相关事件出现或不出现而做出未来事件出现概率的直觉判断。交互影响分析的目的是查明哪些将促成或制约其他相关事件出现的概率依赖于另一个事件的出现。也就是说，两个事件都不是独立的，它可以用“$p\ (E_1/E_2)$”这一式子来表示（这个式子读作“给定第二个事件 E_2，第一个事件 E_1 的概率”）。

交互影响分析法的预测程序是：（1）利用专家的主观判断和估计（如德尔菲技术）考虑事件及其概率，并且确定事件之间的相互作用；（2）用矩阵的形式描述各种事件之间的逻辑关系，用概率的变化表示各事件相互影响的强度，并分析各事件之间相互发生作用的时间；（3）根据各事件之间相互影响的结果，修正各事件发生的概率，并作出最后预测。

4. 情景描述法

情景描述法也称脚本写作法。我们将在第十五章“政策分析中的创造性思维方法”中加以讨论。这种方法既可以应用于问题的界定之中，也可以应用于政策未来的预测之中。它把研究对象分为主题和环境，通过对环境的研究，识别影响主题发展的外部因素，模拟外部因素可能发生的各种交叉情景，以预测主题发展的各种可能前景。情景描述法着重研究偶发事情及决策要点的一系列假设事件。

第六节　方案比较的方法

一、方案比较中的绩效标准

绩效标准也称决策标准，它为政策目标的实现程度提供定量的或定性的衡量尺度，既可用来测量政策目标的某一方面或整个目标，也可以用于各种目标组合的测量。确立绩效标准也是决策中一项困难的任务。

奎德在《公共决策分析》中将标准定义为：使用有关效果的信息，

依照偏好顺序排列备选方案的水准。在他看来，标准是这样的一种标尺，在它之上，我们可以预测备选方案对政策目标将要发生影响的程度。标准作为衡量政策目标实现程度的水准或尺度，实际上是将表示政策目标的概念翻译或转变成为具体的、可操作的术语。

绩效标准是我们用来比较各种备选方案的尺度，即用来指导我们决策的东西，因而也可以称为决策标准。这些标准可以是尺度、规则和水准，也可以是那些由特定的决策者用来判断一个特定的决策情景的性质、目的和目标的东西。常用的政策标准有效益、效率、充分性、公正性、回应性和适当性等。①

建立评估标准是很重要的。政策分析人员如何在各种可能的备选方案之间进行比较？如何确立一个合适的或令人满意的方案？凭借什么标准选择这一方案而放弃其他可能的方案？而且，各种可能的备选方案都将不同程度地影响不同的组织或团体。某一政策方案对 A 组织而言是可行的，对 B 组织而言却是不可行的，甚至是有害的；在以成本为基础进行分析时是可行的，而在以技术为基础进行分析时却变得不可行了。因此，为了在备选方案之间进行分析、比较、评选，就必须建立相关的评估标准，并在比较各备选方案时指出各项政策方案对有关参与者突出标准的满足程度，决策标准的相对重要性就变为政策分析的中心问题。②

二、确定绩效标准的活动及其困难

政策分析者必须设计出一系列的绩效标准，并确定它们的相对重要性。绩效标准的确定必须考虑决策者或决策团体的情况，并在他们参与的条件下进行。然而，在实际的决策及分析过程中，决策者并不总是愿意确定明确的绩效标准，他们也许不让分析者预测相关的政策方案或项目将会减少多少失业人数或确定两个竞争的方案（项目）的利害关系。

确定绩效标准的困难主要来自于三个方面：一是政治过程的本性使得决策者不愿明确陈述出相关政策目标，而目标不明确，也就难以有准确的

① 参见［美］威廉·N·邓恩：《公共政策分析导论（第二版）》，306 页。

② 参见卡尔·帕顿、大卫·沙维奇：《公共政策分析和规划的初步方法（第二版）》，38 页。

绩效标准；二是被提出的每个政策方案或项目往往都不是单一目标，而是多个目标；每个目标一般有几个相关的绩效标准，每个标准也可以有几个相关的尺度；三是政策分析者本人也可能被公共部门尤其是政府部门雇用来为不同的团体做分析工作，他（们）也许不愿意放弃多重的、冲突的目标及绩效标准。

既然确立绩效标准会遇到上述的种种困难，那么，这是否意味着政策分析对于这项工作无能为力，无所帮助呢？当然不是。在分析过程刚刚开始的时候，分析者对于绩效标准是什么东西是模糊的，但随着分析过程的展开，就可以澄清备选方案的细节，使绩效标准逐渐地明晰起来。

分析者是如何发现绩效标准的？应该考虑什么样的标准？什么时候可以判断标准已经找到？这没有一成不变的公式。绩效标准是在分析的艰苦劳动过程中发现的，要靠与决策者（当事人）的交流，靠认真细致的分析等途径来确定绩效标准。

三、方案比较的内容与方法

在各种可能的备选方案之间如何进行比较、评选，从而抉择出一个最优或令人满意的方案，不同的学者有不同的观点。陈庆云在《公共政策分析》中指出，根据不同的政策问题和目标，对备选方案进行分析选择的内容大致包括：效益分析、条件分析、代价分析、灵敏性分析。经过这些分析，选择出一个这样的方案，该方案能最大限度地实现政策目标，最少地消耗各种政策资源，对多种风险具有最大的应变性，在政策实施中产生最小的负面效应。① 然而，在实际中要产生这种理想的效果几乎是不可能的。帕顿在《公共政策分析和规划的初步方法》中引用了巴达克（Bardach）的观点，巴达克认为，技术可行性、政治可行性、经济可行性和行政可行性是对政策目标产生较大影响并会如期发挥作用的四种主要制约因素。帕顿以为，大部分主要的评估标准都可以归入这四种综合类型。政策分析人员可以在每一类型中为每一个政策问题确定相关标准，从而抉择出一个令人满意的方案。下面就对这四种标准进行简单描述。

① 参见陈庆云：《公共政策分析》，189～190页。

1. 技术可行性

技术可行性（technical feasibility）标准是从技术的角度衡量政策是否能够达到预期的目标。这一标准包含两层含义：一是是否具备实施某项政策方案的技术手段，使政策目标的实现成为可能；二是在现有的技术水平或方法论上达成目标的可能性有多大，即能在多大程度上实现政策目标。

技术可行性的一个重要标准是效力或效能（effectiveness）。效力标准所关注的焦点是政策方案是否会达到它的预期目标？政策行为在多大程度上实现了预期目标？现实生活中的变化是政策行为本身引起的，还是其他因素作用的结果？政策方案的影响有直接的，也有间接的；有短期的，也有长期的；有可量化的，也有不可量化的；有充分的，也有不充分的。这些都会对效力标准的界定产生影响。如果效力标准具体明确，可以量化，则很容易制定衡量它的尺度。比如说某市政府决定治理本市山体裸露的问题，为此制定了具体的测量标准：现有裸露山体面积200多万平方米，一年后要使裸露山体面积减少一半。测量标准具体明确，政府官员也比较容易收集、处理并解释相关的数据资料。然而，对于大部分的政策方案来说，效力的测量是很困难的。前面说过，政策效果的影响有很多种，不是每一种影响都可以寻找到可靠的测量方法，也不是每一种影响都可以进行量化测量。比如说城市改造政策，其中的一个目标就是通过整体规划，给市民营造一个清新、靓丽、舒适的生活环境。然而，清新、靓丽、舒适都只是一种感觉，没有直接的衡量标准或尺度来直接测量这项政策所要达到的目标。

在力求测量这些政策的效力时，重要的是先解决我们所要测量的问题，而不是受测量方法的限制。测量方法是可以改善的。同时，我们必须经常对政策方案的影响进行预测，而不是仅仅在它们实施后对其进行测量。

2. 经济可行性

经济可行性（economic feasibility）标准是可用资源的可能性。它包括两个方面的内容：一是某一备选方案占有和使用经济资源的可能性，进而实现政策目标的可能性；二是实施某一政策方案所花费的成本和取得的收益。政府的财政资源是有限的，任何政策方案占有和使用的经济资源也是有限的。因此，任何一项公共政策都存在一个争取公共经济资源的问题。

一般说来，“公共政策的经济资源的占有量与其政策目标的期望值成正比例关系”①。当然，这还涉及一个成本效益问题。如果某一方案的成本大于收益，这项政策显然是不可行的。

经济可行性的具体标准有投入产出比（O/I）、效率（efficiency）、效力（effectiveness）、利润率（profitability）等。这里需要特别说明的是效率和效力这两个概念。效率是以最小的投入取得最大的产出；效力则是以最小的成本实现既定的目标。二者虽然相关，但却不能混淆，最高效率和最高效力不一定出现在同一个点上。举一个简单的例子，当你购买一本书时，你的最小成本是 20 元，但当你同时买 10 本同样的书时，只需 180 元。这后一种情况显然更有效力（一本书的成本只要 18 元），但问题是同样的书你只要一本就够了，显然这后一种情况就不能满足你最基本的目标了。

评估经济可行性有两个基本方法：成本—效益分析或损益分析与成本—效能分析（或称成本—有效性分析），对此，我们将在“公共政策的经济学分析”中加以介绍。

3. 政治可行性

公共政策形成于政治舞台并必须接受政治考验。如果一项政策得不到决策者、政府官员、利益团体或者民众的支持，那么该项政策被采纳的可能性就很小。即使被采纳了，执行成功的机会也很小。这就使得政治可行性（political feasibility）成为一个重要的评估标准。

那么，什么是政治可行性？政策分析家们对这个词的定义可以说是见仁见智。邓恩等人将政治可行性细分为可接受性、回应性、合法性和公正性等方面；有的学者则将政治可行性与政治成本和政治机会二者等同起来，混为一谈。美国学者马杰（G. Majone）在《论政治可行性概念》一文中，则力图给这个概念下一个分析性的、易于操作的定义。他认为一个政策方案或建议仅当它满足所有相关的约束或限制（constraints）时才是可行的。这里的约束是指任何能够影响政策结果和不在政策制定者控制之下的环境特征。根据可行性的这一定义，一项政策在政治上不可行是指从缺乏政治资源、体制的可驾驭性、分析的考虑，出现某种程度上的障碍或

① 张国庆：《现代公共政策导论》，270 页。

其他类似特征的限制性因素，因而妨碍提出的行动过程的实现。他把政治约束归纳为三类：第一类是来自于可利用的政治资源的约束；第二类是与政策的利益和成本可允许的分配相关的约束；第三类是体制或制度所强加的约束。

（1）政治约束（political constraints）。政治约束指的是政治资源的约束，它是由政治资源的利用所引起的对政策可能性的限制，包括对所提出政策（方案）的政治支持程度、政治和行政技巧的熟练程度等。

（2）分配约束（distributional constraints）。分配约束表示在受政策影响的个人和群体中分配利益和成本时所必须考虑的限制，它反映的是当事人或团体的相互依赖关系。分配约束通常被人们表述为帕累托可适性（Parato admissibility）条件。

（3）体制约束（institutional constraints）。公共决策是通过政治过程做出的，这种过程在很大程度上是体制化了的。因此，政策制定者的选择自由总是受一系列政治体制和决策规范的限制。

澄清政治约束并确定政治可行性的途径或方法有：（1）我们可以使用立法唱名分析（legislative roll-call analysis）、专家意见和重复抽样、调查和面谈等方法来评估可利用的政治支持水平；（2）在正式分析中，我们可以用各种建立在帕累托可适性基础上的方法作为检验分配约束的最有用的工具；（3）公共选择理论所发展起来的某些方法、塔洛克和唐斯的官僚体制经济模型、韦达夫斯基等人对预算和计划等政治决策过程的经验研究等可以作为我们评估体制约束的可供参考的途径。

4. 行政可行性

行政可行性（administrative feasibility）也称行政或管理的可操作性（operability），它作为一种基本评估标准类型的意义和重要性可以从这一点上加以很好的说明：假如一项政策方案或项目在技术、经济和政治上都是可行的，但却不能加以贯彻执行或难以贯彻执行，那么这项方案或项目的优点就会大打折扣甚至是毫无用处的。

行政可行性涉及的问题主要有：行政管理系统能否将一个政策方案或项目具体化？执行者有多大的授权及控制力？目标群体的配合程度如何？有没有足够的人力物力以保证政策的执行？有没有备选的执行方法？如此等等。行政可行性的具体标准包括：权威、制度约定、能力、组织支持。①

权威标准是指政策执行集团或代理人必须获得进行改革、要求其他集团合作、确定优先权的权威，以保证政策得以贯彻实施，避免困于一个没有人能够予以执行的方案，又可以为潜在的更优越的方案得到执行。

制度约定要求所有的工作都必须为政策执行承担责任。将制度约定确定为一个评估标准，既可避免选择一个总体上不切实际的政策，又能将精力集中于执行优选方案所必需的组织改革上。

能力包括财政能力和工作人员的个人能力。它要求执行集团拥有执行某项政策的财政资源，工作人员具备将政策付诸实践的技能等。如果不具备这两个条件，再出色的政策也只能以失败而告终。因此，能力标准对于界定现有条件下的可能性和为便于政策执行而进行的变革来说是必不可少的。

组织支持是指一项政策方案或项目能否获得充足的装备、物资设备和其他的支持设施，以及获得这些支持条件的可能性有多大。

第七节　效果评估的方法

政策评估是整个政策分析过程中不可或缺的一步。通过科学的评估活动，对政策执行之后的效果进行判断，以确定某项政策的价值，从而决定一项政策的调整、继续或终止。同时，通过对政策的执行结果所带来的价值进行判断，还可以对政策过程的诸个阶段进行考察研究，总结经验，吸取教训，为以后的政策制定提供良好的实践基础。

邓恩在《公共政策分析导论》中认为，评估与评价、估计、估价等词是同义的。在他看来，这些词都包含着这样一层企图，即使用某种价值观念分析政策运行的结果。或者说，评估提供政策运行结果所带来的价值方面的信息。② 而国内一些学者认为："政策评估是对政策方案所做的分析，政策评价是对政策效果所做的判断，它们是政策运行过程中的两个不

① 参见［美］卡尔·帕顿、大卫·沙维奇：《公共政策分析和规划的初步方法（第二版）》，167页。

② 参见［美］威廉·N·邓恩：《公共政策分析导论（第二版）》，435页。

同环节。”① 笔者认为，政策评估的主要任务就是研究政策效果，因此本书不对“评估”和“评价”作具体的区分。

一、政策效果的概念

可以将政策效果看作是政策执行后对客体及环境所产生的影响和效果。对政策效果的概念理解必须注意两点：一是避免将政策效果和政策输出混为一谈。任何政策在经历了制定和执行之后都会产生两种公共产品：政策输出和政策效果。政策输出泛指政策从事的工作或已经做过的那些事情以及与此相关联的一系列统计或经济数字。比如修筑高速公路，人均占有教育经费等。但这些只能向人们描述政府做过了什么，而不能告诉人们政府的政策行为产生了什么结果或影响，而政策效果所要回答的正是人们关注的问题，它描述既定的政策行为之于相关的各种环境或政治系统所引起的变化，包括政策对目标团体的影响、对目前和未来的影响、政策所负担的各种直接或间接的成本等。比如修筑高速公路对相关地区的交通运输和经济发展有什么影响等。二是不能把政策效果等同于政策预定目标。政策效果有很多种，直接的、间接的、意外的、潜在的等，政策制定者在制定政策时，并不一定能把所有的可能效果都纳入政策预定目标。但我们不能因为它们没有列入政策的预定目标而不予考虑。综上所述，政策效果应该包含以下内容：政策预定目标的完成程度、政策的非预期影响、与政府行为相关的各种环境的变化、投入政策的直接成本和间接成本等。

二、政策效果的类型

1. 直接效果

即政策实施对主体所要解决的政策问题及相关人员所产生的作用。比如，计划生育政策有效地控制了人口的急剧增长；九年制义务教育降低了我国文盲的比率等。要评估一项政策的直接效果首先必须确定政策目标和政策对象，明确政策对象是哪些人或哪些组织，他们起什么作用。例如，

① 王春福：《论政策评估和政策评价的区别》，载《理论探究》，1992（3）。

计划生育政策的政策对象是全国的育龄夫妇，政策目标是在20世纪末把我国人口总量控制在一定的数量内，根据这些，我们就很容易测定该项政策的直接效果。

2. 附带效果

政策实施过程中可能对并非直接作用的组织、集团、环境产生效能，这种效能超出政策制定者原来的目标和期望，成为一项政策的副产品。比如说政府的福利政策，其本意是为那些生活困苦、确实很需要帮助的人们提供最低生活保障，但同时却滋长了人们的惰性心理。政策效果往往可以从政策的外在作用中得到很好的理解。

3. 意外效果

即政策执行后所产生的效果出乎政策制定者的预料。有时是有心栽花花不开，投入很多、期盼很高，但收获甚微；有时是无心插柳柳成荫，没有太多的期望和投入，却有出人意料的收获。"文化大革命"就属于第一种情况，原本是为了肃清党内的资产阶级腐朽思想，结果却被奸人利用，成为打击老干部和知识分子的工具。第二种情况也是常有的。

4. 潜在效果

有些政策存在这样一些效果，它在短期内不易为人们所察觉，但有可能在今后相当长的一段时间里表现出来，这就是潜在效果。以前面所讲的计划生育政策为例，该项政策所体现出来的直接效果就是有效地控制了人口的增长，但它同时也存在着潜在的效果：在几十年后，可能导致中国人口的负增长。有时，一项政策实施了却毫无成效，但是它的投入沉淀到另一项政策的运行过程中，在另一种情境下发生作用。政策潜在效果的不易测定，给政策效果评估带来挑战，政策分析人员要特别注意这些潜在效果，针对不同情况采取应对措施。如目前已有部分地区允许双方都是独生子女的夫妇生两胎。

5. 象征性效果

有些公共政策的内容是象征性的，它可能具有的有形效果是微不足道的，其初始用意不过是为了让目标团体得到印象，以为他们要求的问题已经解决或正在解决之中，从而减轻对政策的压力，或激发起某种精神。下岗职工再就业计划也许并不能真正解决下岗职工的就业问题，但却使人们相信政府关心下岗职工的就业问题，从而更加信任政府，支持政府的工作。

三、评估标准

1. 评估标准概念

政策评估实质上是一种价值判断，而要进行价值判断，就必须建立相应的价值尺度，即评估标准。它是政策评估者在政策评估过程中据以对政策方案和政策效果进行优劣判断的准则。

2. 评估标准内容

建立评估标准是一项复杂而细致的工作，选择什么样的评估标准，不仅取决于评估目的和评估者，而且与评估的技术和方法密切相关。陈庆云在《公共政策分析》中把评估标准归纳为八个方面[①]：投入工作量、绩效、效率、充分性、公平性、适当性、执行力、社会发展总目标。本书综合各个学者的观点，归纳出政策评估的五个标准。

（1）生产力标准。生产力标准是政策评估的首要标准。解放生产力、发展生产力是社会主义的本质要求，因此，我们评价一项政策好与坏、正确与错误、进步与落后，关键是看它有无或在多大程度上解放了生产力，促进了生产力的发展。

（2）效益标准。以实现政策目标的程度作为衡量政策效果的尺度。它所关注的是政策的实际效果是否与预定目标相符合，在什么程度上完成了预定目标，还存在哪些距离和偏差。在运用这个标准时，必须注意几个因素：一是政策目标必须明确具体，评估效果才有所依据；二是要分析绩效的充分性，才能衡量政策是否充分地实现了目标要求；三是要分析政策的总体效应，政策实施之后，给社会带来了什么影响，造成了什么后果；四是注意政策的全部效益，以便进行客观而全面的评估。

（3）效率标准。即政策效益与政策投入之间的比率。效率标准有两种基本评估形式：一是单位成本所能产生的最大价值；二是既定目标所需要的最小成本。它所研究的是一项政策的投入量是多少、有无产出、产出多少、投入产出的比率是多少、有无其他一些最有效而成本又最小的途径和方法等这样一些问题。其目的是为了寻求能以最小的投入获得最大产出

① 参见陈庆云：《公共政策分析》，257 页。

的政策。效率标准和效益标准不同。一个最有效率的政策并不一定能够取得最高效益，同样，一个效益很高的政策也未必就是最有效率的政策，二者很难取得完全的一致。

（4）公平标准。指政策执行后，导致与该政策有关的社会资源、利益及成本在社会不同群体间公平分配的程度。公正是衡量政策的一个重要标准。一项好的政策应该是努力实现公平、合理分配的政策。一项政策很有效率，又能取得较高的效益，但却不一定是一项好的政策，其原因有可能是造成了不公平的利益分配。一项好的政策必须兼顾公平与效率，只有建立在公平基础上的效率才是真正的效率。

（5）政策回应度。指政策实施后对特定团体需求的满足程度。以政策回应度为评估标准，其目的是为了从总体上衡量政策对社会的宏观影响。一项政策，只要政策对象认为满足了自己的利益要求，焕发出较高的热情和积极性来促进社会进步，政策的回应度就高；反之，政策的回应度就低。

3. 建立评估标准的困难

（1）政策目标的不确定性。由于政策问题的复杂性和高度政治性以及一些政策制定者的主观因素，使政策目标常常难以明确。另外，政策的多样性也会给明确政策目标造成困难。目标不明确，评估标准也就无从界定。

（2）政策效果多样性。政策效果有预期的和非预期的、直接的和间接的、正面的和负面的。一方面，有些效果难以测定，或根本无法测定；另一方面，不同效果难以用同一标准来测量，这就给效果评估带来很大的障碍。

（3）法规制度的限制使评估者无法根据需要制定评估标准。

（4）评估标准本身力求数量化、具体化，但很多政策效果往往是认识、态度、心理等主观层面的问题，而对这些问题的评估是非常不易量化和设定评估标准的。

四、效果评估的方法

人们可以根据不同的政策方案选取不同的评估方法。随着政策科学的不断发展，评估方法也在不断地推陈出新，各种新的方法不断涌现。我们这里主要介绍几种常用的评估方法。

1. 成本—效益分析法

成本—效益分析是对在整个政策运行过程中所投入的成本和所取得的收益进行对比分析的一种方法。利用成本—效益分析法对政策效果进行评价时，可借助于成本效用曲线。① 如图 11—3 所示。

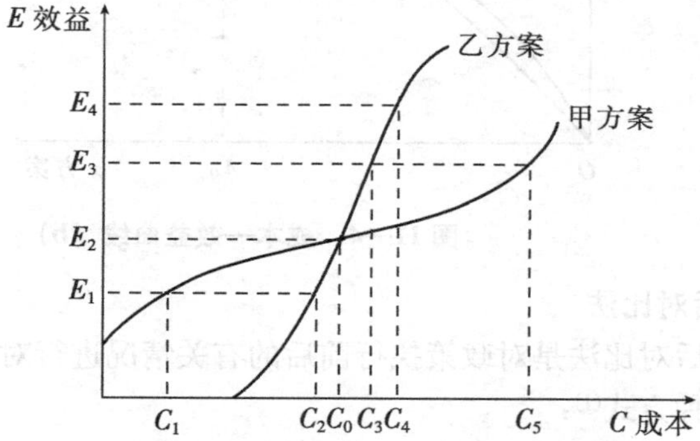

图 11—3 成本效用曲线（a）

通常使用的评价准则有三条：

（1）效益相等时，成本越小的方案越优。如图 11—3 所示，当效益达到 E_2 时，方案甲与方案乙的效益一致，此时成本为 C_0，当成本小于 C_0 时，方案甲优于方案乙；当成本大于 C_0 时，方案乙优于方案甲。

（2）成本相等时，效益越大的方案越优。这时以效益为变量。当成本为 C_1 时，乙方案无效，甲方案最优；当成本等于 C_0 时，甲、乙取得相同效益，从长远看，采用乙方案较优。

（3）效益与成本的比率越大越好。如图 11—4 所示，当效益与成本均不限定时，可采取效益与成本相减之后的最大值。横轴 x 表示不同的选择系统，纵轴 y 表示效益和成本。两条成本效益曲线相交于 P、Q 两点，在 P 点以下 Q 点以上成本均大于效益，不予考虑。仅在 P、Q 两点间寻求效益对成本超过的最大值。图中 X_0 处，效益对成本的超额最大，或者说

① 参见陈庆云：《公共政策分析》，264 ~ 266 页。

效益与成本的比率最大。

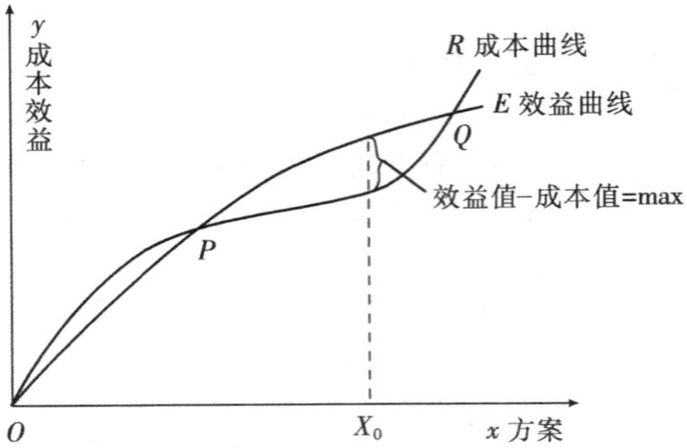

图 11—4　成本—效益曲线（b）

2. 前后对比法

前后对比法是对政策执行前后的有关情况进行对比。这种方法具体可分为四种方式①：

（1）简单“前—后”对比分析，如图 11—5 所示。这种方式是将政策执行前和政策执行后的两种情况进行对比，图中 A_2-A_1 便是政策的效果。这种方式简便明了，但无法明确该项政策效果，即 A_2-A_1 是由政策本身引起的，抑或是其他因素所造成的。

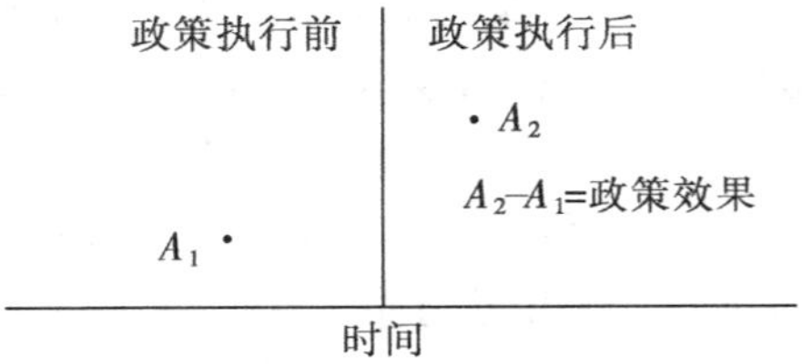

图 11—5　“前—后”对比分析

（2）“投射—实施后”对比分析，如图 11—6 所示。这种方式是将政策执行前的趋向线 O_1O_2 投射到政策执行后的某一个时点 A_1 上，并将 A_1 与政策执行后的实际情况 A_2 对比，以确定政策的效果（A_2-A_1）。这种方

① 参见张金马主编：《政策科学导论》，264～266 页。

式更加准确，比前一种方式更进一步。但困难在于如何详尽地收集政策执行前的相关资料、数据，以建立起政策执行前的趋向线。

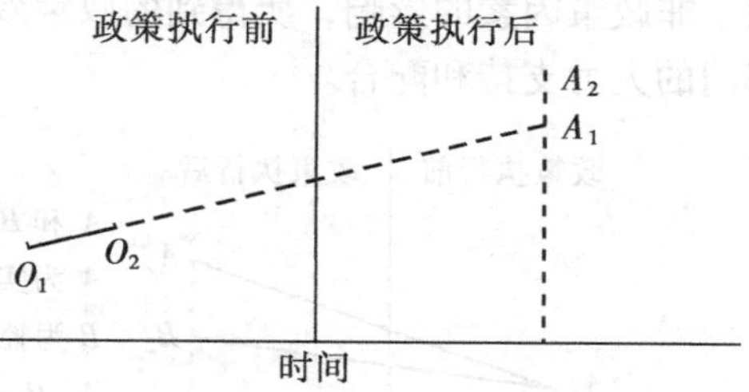

图 11—6 "投射—实施后"对比分析

(3)"有—无"政策对比分析，如图 11—7 所示。"有—无"政策对比分析是在政策执行前和政策执行后这两个时点上，分别就有政策和无政策两种情况进行前后对比，然后再比较两个对比的结果，以确定政策效果。图中，A_1 和 B_1 分别表示执行前有政策和无政策两种情况，A_2 和 B_2 分别表示政策执行后有政策和无政策两种情况。(A2 - A1) 为有政策条件下的变化结果，$(B_2 - B_1)$ 为无政策条件下的变化结果，则 $[(A_2 - A_1) - (B_2 - B_1)]$ 便是政策的实际效果。其优点是可以在评估中对不同政策目标或其他政策要素的情况进行比较，较精确地测量出一项政策的效果。

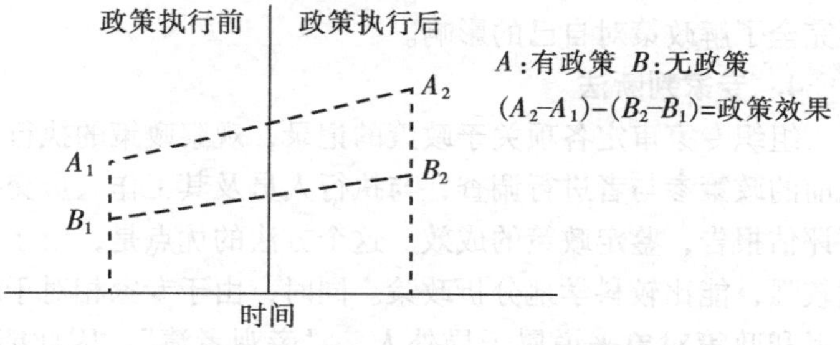

图 11—7 "有—无"政策对比分析

(4)"控制对象—实验对象"对比分析，如图 11—8 所示。该种方式是社会实验法在政策评估中的具体运用。评估者将政策执行前后同一的评估对象分为两组，一组为实验组，对其施加政策影响；一组为控制组，不对其施加政策影响。然后比较这两组在政策执行之后的情况，以确定政策的效果。图中，A_1 和 B_1 分别为政策执行前实验组和控制组的情况，A_2 和 B_2 分别为政策执行后两组的情况，(A_2-B_2) 即是政策的效果。这种分析方式排除了非政策因素的影响，所得到的政策效果较为准确，但却要求政策执行部门的大力支持和配合。

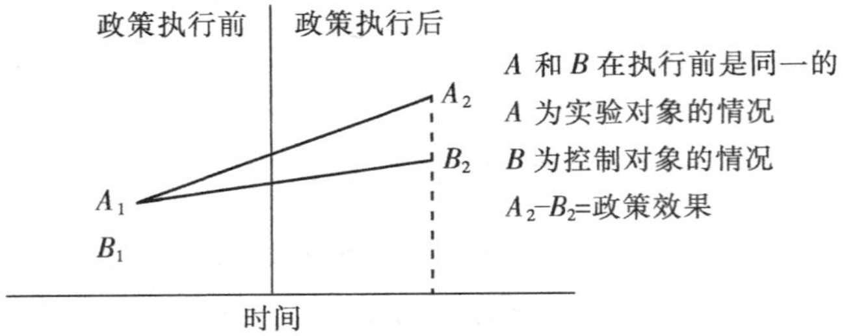

图 11—8　“控制现象—实验现象”对比分析

3. 对象评定法

指由政策对象通过亲身感受和了解对政策及其效果予以评定的方法。由于政策对象是政策的实施者，又往往是政策活动的主体，他们对政策的成败得失有切身感受，因而最有发言权。评估工作者要做好评估工作，必不可少的环节和方法之一就是争取政策对象对评估工作的充分了解和积极支持，认真倾听、研究他们对政策效果的评价。其缺陷在于政策对象可能不完全了解政策对自己的影响。

4. 专家判断法

组织专家审定各项关于政策的记录，观察政策的执行，对政策对象和以前的政策参与者进行调查，与执行人员及其工作人员交换意见，最后撰写评估报告，鉴定政策的成效。这个方法的优点是，由于专家的知识专业化较强，能比较科学地分析政策。同时，由于专家相对于政策制定者、执行者和政策对象来说属于局外人，“旁观者清”，因此能站在比较客观、公正的立场进行评估。

5. 自评法

政策执行人员自己对政策的影响及达成预定政策目标的进展情况进行评估。由于政策执行人员参与了政策实施的整个过程，能够掌握比较充分的政策信息和第一手资料，有可能及时、充分地评估每一项政策的效果，同时，可以根据自己的评估结论，迅速调整自己的政策目标和措施，使评估活动得到立竿见影的效果。

案 例

广州的士降价？偷换概念！[①]

11月30日，广州各大媒体同时报道了一则涉及公众利益的新闻：从12月1日起，广州市出租车降价。即：现行的每公里租价和起步价不变，将起步价的里程由原来的2 000米增加到2 300米。这意味着每次“打的”可以省8毛钱。

乘客当了“冤大头”

广州市出租车行业的现状如下：全市现有出租车约1.6万辆，价格多为每公里2.4元和2.6元两种，其中80%为每公里2.6元，是全国出租车费最贵的城市之一；而不管何类车辆，起步价均为2 000米7元，此后，计价表每次起跳1元。

上述几个数据表明，在2 000米的7元基本租价中，实际的里程费用是：2.4元的车为4.8元，2.6元的车为5.2元，而乘客无一例外要支付7元。显然，在这个7元的起步价中，每乘车一次，乘客就要支付里程费用以外的2.2元或1.8元。很多人并不清楚，他乘坐一次出租车为何要额外承担2.2元或1.8元？

原来，7元的起步价中包含了两项收费内容：“公用事业附加费”和“出租车交通建设附加费”，每辆出租车每月要缴纳的这两项费用分别为450元和420元，共计870元。也就是说，这两项费用最后全部转嫁给乘客。出租车乘客充当“冤大头”的结果，是广州市财政每年通过1.6万辆出租车，向乘客收取了1.67亿元！

根据财政部的规定，全国从今年6月1日起取消200多项政府性基金项目，广州市的“出租车交通建设附加费”就在被取消之列。在起步价

① 资料来源：《南方周末》，2002-12-05。

的7元中，就包含该项由乘客支付的费用0.8元。然而，广州市并没有从今年6月1日起取消“出租车交通建设附加费”，每辆出租车每月仍要上缴420元，乘客每次乘车照样多出0.8元，如果到12月1日截止，就意味着这5个月的时间里它非法收取了4 000多万元。

降价只是“偷换概念”

长期以来，广州市民对出租车价格过高颇有怨言，媒体也进行过不少讨论，这大约就是本次出租车价格调整的动因。但是，提价容易降价难，这是谁都知道的，在与出租车价格关联的经营者（包括司机、出租车企业）、消费者和政府部门之间，经营者被各种名目繁多的税费压得喘不过气来，除政府部门减免税费外，本身难有让利的空间，而政府部门也不愿意放弃出租车这块“肥肉”。因此，在“平衡”各方利益后，最后出台的所谓降价方案只能是以牺牲消费者的利益为前提——名为降价，实际上却是继续维持全国第二高的出租车价格。从12月1日起，我们每次乘车看起来少付了8毛钱，但这并不是价格下降的原因，而是原本不合理的费用被取消了，有关部门将其称为价格下降，不过是偷换概念而已。

思考题

1. 政策分析的基本构成因素有哪些？应如何划分政策分析过程的步骤？
2. 问题界定的过程包含哪些基本步骤？有哪些方法可以用来界定问题？
3. 简述澄清和确立目标的基本途径及方法。
4. 备选方案是如何产生的？有哪些方法可以用于形成政策方案？
5. 试比较外推预测、理论预测和直觉预测的异同。
6. 什么是政策结果和评估标准？如何进行政策评估？
7. 你是如何界定案例中的政策问题的？

第十二章

系统分析方法

系统分析（systems analysis）是政策研究尤其是政策分析的最基本的方法。政策科学的形成与发展在很大程度上要归功于现代科学方法尤其是系统分析的成熟。系统分析的发展为政策科学的产生奠定了方法论基础。本章介绍系统分析的概念、内容和技术。

第一节 系统分析概述

系统分析构成政策科学的主要方法论基础。尽管系统分析与政策科学或政策分析几乎是同时产生的，但是，政策科学是在运筹学和系统分析的基础上形成和发展起来的。因而，系统分析事实上成为政策科学的一个重要组成部分。

一、系统分析的形成与发展

20 世纪 40 年代末，由于出现了大量不确定性、竞争性的复杂系统，如军事对抗、经济竞争等系统，一般预测方法越来越不能适应事物发展的需要，于是产生了采用系统思维和技巧的分析方法——系统分析。

系统分析主要是在美国发展出来的重要政策研究方法之一，最早是由美国兰德公司在第二次世界大战结束前提出并加以使用的。1945 年，美国的道格拉斯飞机公司，组织了各个学科领域的科技专家为美国空军研究“洲际战争”问题，目的是为空军提供关于技术和设备方面的建议，当时称为“研究与开发”（research and development，R&D）计划。1948 年 5 月，执行该计划的部门从道格拉斯公司独立出来，成立了兰德公司，“兰德”是英文“RAND”（研究与开发）的音译。

20 世纪 40 年代末到 70 年代这 30 年中，系统分析沿着两条明显不同的路线发展。一条路线是运用数学工具和经济学原理分析和研究军事系统、社会系统和经济系统等。60 年代初期，美国国防部长麦克纳马拉把这套方法应用于整个军事领域，并很快在各政府部门推广，形成了计划—项目—预算系统方法（planning，programming，budget system，PPBS）。PPBS 系统方法主要有长期预算、监督有关项目及其开支情况的管理信息系统和系统分析三个部分。在军事和政府部门的带动下，美国民间企业也开始应用系统分析方法来改善交通、通讯、计算机、公共卫生设施的效率和效能；在消防、医疗、电网、导航等领域，系统分析方法也得到了广泛的应用。①

系统分析的另一条路线体现在与大学相互联系的研究和教学活动之中。在这方面，存在着一种把众多的学科加以系统理论化的倾向：开始是在生物学和数学领域，特别是控制论方面；其后扩展到了工程学、通讯理论、一般系统论、政治结构、国际关系、管理系统、生态系统、心理和精神分析以及教育系统等研究领域，并在这些领域中提出了不少有关系统分析的理论和方法，系统分析开始成为一种普遍的研究方法。由于系统分析

① 参见［美］R. M. 克朗：《系统分析和政策科学》，21～22 页。

在实际应用和理论研究方面取得了一系列成果，到了70年代，人们开始认识到，采取系统的研究方法对于改进和提高公共政策系统的功能和有效性是极其有益的，于是将系统分析与决策相联系，用来解决层次较高、难度较大的大系统问题。系统分析从作为分析经济合理性的应用和作为研究对象的理论体系这种相互分离的状态，逐步走向相互结合、相互补充，发展成为一种有效的方法体系。

系统分析是20世纪40年代为解决人类活动和社会系统中不断涌现出的复杂的、庞大的和多层次的大系统问题而发展起来的一种以人为中心的并与决策紧密相连的科学。目前，系统分析作为一种一般的科学方法论已被各国所认可和采用，运用于广泛的研究领域之中，特别是在有风险和不确定性的经济社会政策的制定以及公共政策系统的改进上。随着应用数学以及运筹学的进一步发展以及高容量、多功能的电子计算机的出现，系统方法自身及应用范围不断深化扩展，构成了政策研究以及政策分析的主导性或基础性的方法。

二、系统分析、运筹学与政策科学的关系

广义的管理科学（包括公共行政学在内）努力确立和应用一般的“管理原则”。这些原则都建立在对一系列大规模组织内的管理过程、管理动态和管理活动进行分析的基础上。管理科学的理论核心是改进管理决策。狭义的管理科学是运用科学方法尤其是从管理者的角度对组织的效用进行估算的学问或方法论。这个领域的另外三个名称是“运筹学”、“作业分析”和“决策学”。系统分析则是由定性、定量或两者相结合的方法组成的一个集合，它导源于科学方法论尤其是系统论及为数众多的涉及选择现象的科学分支。应用系统分析的目的是要改进人类社会的组织系统。德洛尔认为，（广义）管理科学对政策分析的最大贡献就是它对待问题所偏爱的“系统方法”。可以说，政策科学或政策分析借鉴了管理科学的经验，将系统分析方法及运筹学方法直接运用于政策研究，将其视为自己的方法论基础或组成部分。

美国政策科学家奎德对系统分析、运筹学和政策分析的关系作了如下的论述：“运筹学要帮助人们把事情办得更好；系统分析也试图做到这一

点，另外，它要把事情办得更好而且更便宜；政策分析试图做到系统分析所要求的一切，此外它还要求把事情办得更公道。因此，系统分析可以看作包括了运筹学再加上经济的考虑以及对目标与手段的相互作用的研究。政策分析可以被视为包括了系统分析，但加上政策的分配性影响。政策分析更加重视执行以及对政治和组织方面的考虑”。奎德还说：“政策分析在很大程度上是作为系统分析的扩充而发展起来的，而系统分析又是运筹学的扩展。因此，可以将系统分析看作政策分析的一种不完全的或专门的形式”。①

当然，系统分析及运筹学并不是政策科学或政策分析的全部。甚至有人对这些方法是否可以从管理决策上有效地运用到政策科学上持怀疑态度。这些方法存在着一些明显的局限性，例如，它们在提出最优政策问题上忽略了所研究的问题和政策制定、实施过程中的制度背景，它们无法处理某些政治要求，不能处理非理性现象（如意识形态、宗教信仰、高风险投入、自我牺牲及非常规生活方式），不能处理基本的价值观念或价值前提。

三、什么是系统分析

1. 系统的概念

系统（systems）是系统分析的最基础的概念。美国韦氏辞典（Webster's Dictionary）把系统定义为：“系统是有组织的或被组织化了的总体；由构成总体的各种概念、原理有规则地相互作用和相互依赖的形式组成的诸要素集合。”《一般系统论》（*General Systems Theory*）的作者贝塔朗菲（L. V. Bertalanffy）认为：“系统可以定义为相互关系诸要素的集合”②，“处于相互关系中并与环境有相互关系的诸要素的集合。”③ 美国学者阿可夫（R. L. Ackoff）则说，系统是由两个或两个以上相互联系的任何种类的要素构成的集合。我国著名科学家钱学森则主张把“极其复杂

① E. S. Quade, Analysis for Public Decision (Third edition). New York: Elsevier Science Publishing Co., Inc., 1989. p. 27.

② L. V. Bertalanffy, General Systems Theory. New York: Braziller, 1968, p. 55.

③ L. V. Bertalanffy, Trends in General Systems Theory. New York: Wiley, 1972, p. 31.

的研究对象称为系统，即相互作用和相互依赖的若干组成部分合成的具有特定功能的有机整体，而且这个系统本身又是它所从属的一个更大系统的组成部分”①。

上述学者关于系统的界定不尽相同，但他们都指出了系统的三个基本特征：第一，系统是由要素组成的；第二，各要素间存在着相互联系、相互作用的关系；第三，由要素及要素间关系构成的整体具有特定的功能。因此，我们可以一般地将系统界定为是由若干处于相互联系之中并与环境发生相互作用的要素或部分所构成的具有特定功能的整体。

系统几乎无处不在，世界上的一切事物都是作为系统而存在的，是若干要素按一定的结构和层次组成的，并且具有特定的功能。它是由要素所构成的整体，离开要素就无所谓系统，因而要素是系统存在的基础。任何一个要素都不能离开整体去研究，要素间的联系和作用也不能脱离整体的协调去考虑。系统的性质一般是由要素决定的，有什么样的要素，就具有什么样的系统功能，但系统又具有单个要素所没有的新功能。各种要素在构成系统时，具有一定的结构与层次，没有结构层次的要素的胡乱堆积构不成系统。系统的性质取决于要素的结构，而在一个动态结构的系统中，结构的好坏直接由要素之间的协调体现出来。系统与环境之间也存在密切的联系，每个系统都是在一定的环境中存在与发展的，它与环境发生物质、能量和信息的交换。系统的各要素之间、要素与整体之间、整体与环境之间存在着一定的有机联系，从而在系统内外形成一定的结构与秩序，使得系统呈现出整体性、有机关联性、结构层次性、环境开放性和有序性等特征，这些特征就是所谓的系统的同构性。

2. 系统分析的概念

系统分析是一门新兴的边缘学科，至今，对于什么是系统分析还没有统一的定义。随着系统分析在各个领域和各类型问题中的应用不断扩展，对系统分析一词的解释出现了多种不同的版本，各派所强调的或研究的重点也不尽一致。让我们先来看看一些国内外学者对系统分析所下的定义。

政策科学家克朗认为，“系统分析可以被视为由定性、定量或两者相结合的方法组成的一个集合，其方法论源于科学方法论、系统论以及为数

① 钱学森等：《论系统工程》，10页，长沙，湖南科学技术出版社，1982。

众多的涉及选择对象的科学分支。应用系统分析的目的在于改进公共的和私营的组织系统。系统分析既是一种解释性的，又是一种规定性的方法论"①。

贝塔朗菲认为，"系统分析提出一定的目标，为寻找实现目标的方法和手段，就要求系统专家或专家组在极其复杂的相互关系网中，按最大效益和最小费用的标准去考虑不同的解决方案并选出可能的最优方案。"②

菲茨杰拉德（P. Fitzgerald）认为，系统分析方法是分析和评价系统中各个决策点就系统的效果所产生的各种影响和制约。所谓决策点是系统中那些能对输入数据做出反应和能做出决策的点（可以是人或自动装置）。因此，在系统分析中，一个系统的设计是以各种决策点为依据。

切克兰德（P. Checklard）认为，系统分析是系统观念在管理功能上的一种应用。它是一种科学的作业程序或方法，考虑所有不确定的因素，找出能够实现目标的各种可行方案。然后，比较每一个方案的费用效益比，通过决策者对问题的直觉与判断，以决定最有利的可行方案。

美国学者奎德在1987年出版的《系统分析手册》一书中认为，系统分析是通过一系列步骤，帮助领导者选择最优方案的一种系统方法，这些步骤归纳起来主要是：研究领导者提出的整个问题，确定目标，建立方案，并且根据各个方案的可能结果，使用适当的方法比较各个方案，以便能依靠专家的判断能力和经验处理问题。

宋健认为，系统分析是研究系统结构和状态的变化或演化规律，即研究系统行为的理论和方法。③

汪应洛认为，系统分析是一种程序，它针对系统的目的、功能、费用、效益等问题，运用科学的分析工具和方法，进行充分的调查研究，在收集、分析处理所获得的信息基础上，提出各种备选方案，通过模型仿真实验和优化分析，并对各种方案进行综合研究，从而为系统设计、系统决策、系统实施提出可靠的依据。④

---

① ［美］R. M. 克朗：《系统分析和政策科学》，20页。

② L. V. Bertalanffy, General Systems Theory. New York: Braziller, 1968, p. 2

③ 参见宋健：《系统控制论》，1~4页，载《系统工程理论与实践》，1989（3）。

④ 参见汪应洛主编：《系统工程导论》，17页，北京，机械工业出版社，1982。

顾培亮认为,系统分析是一种决策辅助技术。它应用系统方法对所研究的问题提出各种可行的方案或策略,进行定性和定量分析、评价和协调,帮助决策者提高对所研究的问题的认识,以便决策,选择行动方案。①

此外,美国兰德公司认为,系统分析对于运筹学的关系犹如战略之于战术的关系。

综上所述,系统分析是一种系统研究的方法,它运用现代科学的方法和技术对构成事物的系统的各个要素及其相互关系进行分析,比较、评价和优化可行方案,从而为决策者提供可靠的依据。因此,可以将系统分析看作根据客观事物所具有的系统特征,从事物的整体出发,着眼于整体与部分、整体与结构及层次、结构与功能、系统与环境等方面的相互联系和相互作用,以求得优化的整体目标的现代科学方法以及政策分析方法。

四、系统分析的特征

系统分析是以系统观点明确所要达到的整体效益为目标,以寻求解决特定问题的满意方案为重点,通过计算工具找出系统中各要素的定量关系;同时,它还要依靠分析人员的价值判断,运用经验的定性分析,从而借助这种互相结合的分析方法,才能从许多备选方案中寻求满意的方案。作为一种辅助决策的工具,系统分析有以下四个特征:

1. 以整体为目标

系统分析首先把所研究的事物、现象和过程看作是一个整体系统,确定给定系统的边界范围,把它从周围的系统中划分出来,同时,鉴定该系统的组成部分,逐级划分,确定各子系统,而各子系统都各具有特定的功能及目标。只有彼此分工协作,才能实现系统的整体目标。如果只研究改善某些局部问题,而其他子系统被忽略,系统整体的效益将受到不利的影响。因此,在对任何系统进行分析时,必须考虑发挥系统整体的最大效益,不能只限于个别子系统,以免顾此失彼。

2. 以特定问题为重点

系统分析是一种处理问题的方法,其目的在于寻求解决特定问题的满

---

① 参见顾培亮:《系统分析与协调》,11页,天津,天津大学出版社,1998。

意方案。政策活动涉及大量的、复杂的和多变的相关因素，许多问题都存在不确定因素。系统分析就是针对这种不确定的情况，研究解决问题的各种备选方案及其可能产生的结果。不同的系统分析所解决的问题当然不同，但针对相同的系统所要解决的问题，也必须进行不同的分析，制定不同的解决方案。因此，系统分析必须以能求得特定问题的满意方案为重点。

3. 运用定量分析方法

解决问题不能单凭主观想象、经验或直觉，在许多复杂的情况下，必须要有精确可靠的数字资料为分析的依据，在资料的整理方面，又必须运用各种科学的定量方法。系统分析的每一步骤都力求运用一切计量因素，这是区别于传统分析方法的一大特点。系统分析的价值在于，它能先行解决问题中较容易的可计量因素的部分，这些主要由系统分析人员处理，然后决策者可以集中精力来解决问题中较难的不可计量因素的部分。

4. 凭借价值判断

进行系统分析时，必须从发展的观点，对某些事物作某种程度的预测，或者用过去发生的事实作为样本，以推断未来可能出现的趋势或倾向。在现代社会管理活动中，有许多因素如思想品质、政治觉悟、工作态度等，是难以或无法计量的，需要系统分析人员深入细致地调查研究，尤其需要决策者运用丰富的社会经验和高超的判断能力加以衡量和估计。而且，由于系统分析所提供的资料有许多是不确定的变数，不可能完全合乎客观环境的变化。因此，在进行系统分析时，还要凭借价值判断，综合权衡，以便选择满意的方案。

五、系统分析的基本原则

系统是由诸多要素构成的，各要素间又存在着相互作用和相互依赖的关系。系统是不断发展变化的，且受系统内部与外部环境的影响。在对任何系统特别是结构复杂的大系统进行分析时，应遵循如下基本原则：

（1）内部条件和外部条件相结合的原则。系统的内部矛盾是决定事物性质的根本原因，但是这种内部矛盾不是孤立的，而是与环境因素相联系的、具体的内部矛盾，环境的变化对一个系统有着很大的影响。例如，一个企业的经营管理系统，它的发展变化不仅受到企业内部的各种因素如资金、物流和信息等相互作用的影响，而且还受到社会经济的运行及市场状况等外部条件的影响。因此，在分析一个系统时，必须看到各种备选方案的内外部条件的局限性，应将系统内外部的各种相关因素综合起来考虑，以实现方案的最优化。

（2）当前利益与长远利益相结合的原则。选择一个系统的最优方案时，不仅要从当前的利益出发，而且还考虑到长远的利益。只顾当前不考虑而长远利益的方案，是不可取的；对当前不利但对长远有利的方案，也是不理想的。若所采用的方案对当前和长远都有利，那是最理想的方案。但是，往往出现的情况是对当前不利，而对长远有利，这样的方案从系统分析的观点来看也是合理的。

（3）局部效益和整体效益相结合的原则。一个系统是由许多子系统组成的，分析任何一个系统必须从整体出发分析局部，而通过局部的分析又加深对整体的分析。如果每一个子系统的效益都是好的，而且整体效益也是好的，那当然皆大欢喜。但是，在大多数情况下，有些子系统从局部看是有效益的，而从全局看是无效益甚至有损失的，这种方案不可取。反之，如果从局部子系统看是无效益的，但是从全局看整个系统是效益较好的，这种方案则是可取的。在决策时，必须追求整体效益和最优化，局部效益要服从整体效益。

（4）定量分析与定性分析相结合的原则。定量分析侧重于用数字来描述、阐述以及揭示事件、现象和问题；定性分析则侧重于用语言文字描述、阐述以及探索事件、现象和问题。这两者不是对立的，而是互为联系和互为补充的，有些研究项目既运用定性分析又运用定量分析，有的定性分析也有数据的佐证，而大多数定量分析在提出理论假设、阐释事物间因果关系、提示现象的规律性等过程中也离不开定性分析的理性思维。① 系统分析不仅要进行定量分析，而且要进行定性分析，必须遵循“定性—定量—定性”这一循环往复的过程。定性和定量两者应结合起来分析，或者互相交错进行，最优的方案应是定量分析与定性分析的结合。

---

① 参见张梦中、［美］马克·霍哲：《定性研究方法总论》，载《中国行政管理》，2001（11），39～40页。

六、系统分析的作用与局限性

1. 系统分析的作用

系统分析在整个系统建立过程中处于非常重要的地位，它的任务首先是对系统目标进行分析和确定，然后通过分析比较各种备选方案的费用、效果、功能和可靠性等各项技术经济指标，根据分析结果来决定方案，最后进行详细设计。

系统分析是政策研究尤其是政策分析的最基本的方法。它的主要作用是：帮助人们理解政策系统及对不同的政策系统加以比较；鼓励人们对系统的不同部分进行同时的研究；使人们注意系统中的结构和层次的特点；开拓新的研究领域，增加新的知识；突出对未知东西的探索，使人们在过去和现在的基础上了解未来；使人们转换视角，从不同的角度或侧面看问题；迫使人们在考虑目标和解决问题的要求时，同时注意考虑协调、控制、分析水平和贯彻执行的问题；诱导新的发现，注意进行从目的到手段的全面调查等。

2. 系统分析的局限性

系统分析方法在现代公共政策分析中得到了广泛的应用。但是，必须注意，系统分析仅仅是政策研究及政策分析方法的一部分，而非全部（顶多是后者的定量分析模型和技术的主要部分）。与任何事物一样，系统分析方法也有其现实条件下难以克服的局限性，主要表现在：

（1）系统分析的各个具体方法之间仍然难以协调。这是现实条件下系统方法论的一个难题。本来，把定量分析与定性分析有效地结合是系统分析方法的重要优点。然而，由于认识方式和分析手段的局限，也由于实际问题的复杂性，人们还难以使定量分析和定性分析的指标、结果等形成一个可比较的完整体系，如对公共政策系统进行定量分析时，其指标和结果往往难以与政府在处理信仰、民族、政治、文化等问题中进行的定性分析结果进行比较。这势必会降低系统分析的整体效用。

（2）系统分析方法仍然会在解决公共政策问题时表现出无能。公共政策的系统分析法由于考虑到了理性的、超理性的、文化的、政治的以及价值观的因素。因此，能够减少孤立地解决问题的方法所造成的对问题的歪曲。但是，系统分析法同采取孤立的分析方法一样，都有可能歪曲真实的问题。人们为解决复杂的问题而制定的政策和采取的行动中,有可能导致同样的问题,或使原来的问题更加严重,从而陷入某种恶性循环。例如,如果为确保最低收入人群的生存条件,维护社会稳定,在城市实施为低收入者建造住房的计划。然而,这又会引起更高的人口密度、较低的就业率和较低的收入;这些反过来又会刺激政府兴建更多的低收入者住宅,从而又加重了政府解决这类政策问题的负担,原有问题仍将可能得不到有效解决。

当然，我们指出了系统分析的局限性，绝不是否定其在公共政策分析中的优越性。相反，恰恰因为系统分析方法的种种优越性，才必须要注意克服其局限性，以更大可能地提高公共政策系统分析法的有效性。

第二节　系统分析的内容

系统分析作为现代科学思维最一般的方法，是辩证思维方式在现代科学中的体现和发展。系统分析的内容十分丰富，涉及面广，本节仅从系统的整体分析、结构分析、逻辑分析、环境分析等几个方面加以讨论。

一、整体分析

系统是由两个以上不相同的要素或单元相互联系相互作用形成的集合体。它是作为一个统一的整体而存在的，各部分的独立机能和相互关系只能统一和协调于系统的整体之中。整体性是系统的一个最基本属性。整体由部分构成，部分隶属于整体。任何系统都由众多子系统构成，子系统又由不同要素或单元构成。

对系统进行整体分析应注意以下几点：

（1）系统的各个要素和单元对系统整体均有其独特作用,突出整体中的任何局部的作用都将影响到整体效果的发挥,应按各守其位、各尽其责的观点来对待系统的各个组成部分,不能盲目夸大或缩小其中任一部分的作用。

（2）系统的各个组成部分必须按照系统的整体目标进行有序化，偏离系统整体目标或分散目标都会增加系统的内耗，从而导致系统整体功能的无输出或少输出。

（3）必须不断调整和处理系统的各个要素和单元中不合理或相互矛盾的成分，以促进系统各组成部分的均衡发展，提高系统的整体效果。

（4）系统的整体功能大于部分功能之和。因此，必须采用整体联系的观点，从宏观上认识和把握系统的整体存在，而不能把系统看成孤立的静止的僵化的存在。认识到这一点，那么在政策研究中，就要求我们从全局出发，把握好系统、子系统、要素、单元之间以及它们与环境之间的相互联系和相互作用，以此来探求系统的本质和规律，从而得以优化整体目标，保证整体效用的最大化。在面对一些较大的、复杂的系统时，我们可以先把系统分解为一组相关的子系统，并在整体的指导下，协调各个子系统的目标，以达到系统所要求的总目标。

系统的优化从整体与局部的关系来看，主要有以下三种情况：一是局部的每个子系统的效益都好，而且组合起来的系统的整体效益也最优；二是局部的每个子系统的效益都好，但组合起来的系统的整体效益却没有达到最优；三是局部的每个子系统的效益并没有达到最优，但系统的整体效益较优。另外，从近期和长远的角度来看，系统的优化也表现为各种情况，如对近期与长远都有利；对近期有利而对长远无利甚至有害；对近期不利但对长远有利等。

因此，整体优化的原则是：根据已确定的目标，在整体利益最优的前提下，处理好整体与局部、近期与长远的关系。例如，在追求经济社会发展尤其是经济增长的政策目标时，不能只是一味追求经济的高增长率而忽视对环境和资源的保护，为了近期的和地方局部的利益而不惜牺牲长远的和国家整体的利益。

人们已经创造了一系列的定量分析方法或技术，用于整体优化分析尤其是整体分析，这些方法或技术有线性规划、非线性规划、动态优化以及排队论等等。

二、结构分析

系统的结构指的是系统内部诸要素的排列组合方式。结构性是系统有机联系的反映，系统之所以成为有机整体，就是因为系统各要素和单元之间是按照一定的方式结合在一起的。系统的各要素虽然相同，但由于排列组合方式不同，就可能使系统具有完全不同的性质、特征和功能。

结构分析作为系统分析的一个重要组成部分，是寻求系统合理结构的途径和方法，其目的是找出系统结构上的层次性、相关性和协同性等特征，使系统的组成要素及其相互关联在分布上达到最优组合和输出。对于系统各要素和单元之间的结合方式，可以进行层次分析、相关分析和协同分析。

1. 层次分析

系统内部结构是分层次的，如表层结构和深层结构、横向结构和纵向结构、微观结构和宏观结构等，系统各层级既有相对独立性，又有相对关联性，这种层次性结构既有利于各层级子系统的独立活动，又有利于系统整体的存在和整体功能的发挥。

层次分析（analytical hierarchy process，AHP）是美国著名运筹学家萨蒂教授（T. L. Saaty）于20世纪70年代提出的一种系统分析方法。① 层次分析法能将定性分析和定量分析有机地结合在一起，它是分析多目标、多准则等复杂的公共管理问题的有力工具。它具有思路清晰、方法简单、适用范围广、系统性强、便于推广等特点，适宜用于解决那些难以完全用定量方法进行分析的公共决策问题。

运用层次分析法解决问题的思路是：首先，明确问题中包含的各因素及其相互关系，把要解决的问题分层系列化，根据问题的性质和所要达到的目标，将问题分解为不同的组成因素，按照因素之间的相互影响和隶属关系将其分层组合，形成一个递阶的、有序的层次结构模型。其次，对模型中的每一层次因素的相对重要性，依据人们对客观现实的判断给予定量表示，再利用数学方法确定每一层次全部因素相对重要性次序的权值。最后，通过综合计算各层因素相对重要性的权值，得到最低层相对于最高层的相对重要性次序的组合权值，以此作为评价和选择方案的依据。以上思路可分解为如下五个步骤：建立层次结构模型；构造判断矩阵；层次单排序；层次总排序；一致性检验。

可以说，层次分析法将人们的思维过程和主观判断数学化，不仅简化了系统分析与计算工作，而且有助于决策者保持其思维过程和决策原则的一致性，特别是对于那些难以全部量化处理的复杂的公共管理问题，能取

① 参见谭跃进：《定量分析方法》，139页，北京，中国人民大学出版社，2002。

得比较令人满意的决策结果。

2. 相关分析

系统论认为，构成系统的各个子系统、要素、单元之间以及它们与环境之间存在着相互联系、相互依存和相互制约的关系，它们通过特定的关系结合在一起，形成一个具有特定性能的系统。第一，系统的这种相关性体现在系统的要素或单元之间的不可分割的特定联系，它们相互联系、相互依存、相互作用和相互制约，其中的某一要素或单元发生了变化，其他要素或单元也要相应地发生变化，以保持系统结构的优化状态。第二，相关性体现在要素或单元与系统整体的关系中。要素或单元与系统整体是互相适应的，一旦要素或单元改变，整体也必然随之发生改变。同样地，当系统整体发生变化时，系统的各要素或单元也将发生变化。第三，相关性还表现在系统与环境的相互关系上。系统的变化可能引起环境的变化，反过来环境也会影响系统，环境对系统的发展具有很大的制约作用，二者具有不可分割的相关性。

相关分析的原理要求我们在政策研究的过程中尤其是在问题界定、目标确定和方案规划中，应充分注意到各种问题以及问题的各个方面之间、各个目标之间、各个方案之间、子目标与总目标以及子方案与总方案之间的关系，注意问题目标和方案与社会、经济和政治环境之间的相互联系和相互作用，考虑各种因素对政策执行效果可能产生的影响，从而设计出理想的或较优的政策方案。例如，在设计改革与发展战略时，用相关分析的方法，就是要紧密注意各个领域、各个方面的改革与发展措施的相关配套方案，同步进行。也就是说，在进行了某些领域的改革之后，应当及时进行另一些领域的改革，以免影响全面的改革和发展。

3. 协同分析

协同性是指系统发展变化中各部分发展变化的同步性，即系统的变化引起系统各要素或单元及环境的变化的必然性和规律性。只有保持系统各要素或单元之间的互相协作和相互一致，才能保持系统自身的稳定性。如果系统各要素或单元相互矛盾、相互对立，就必然会导致系统的解体。当然，在现实社会中，系统的各要素或单元之间、各层级之间不可能没有矛盾，关键在于要对矛盾进行及时处理，避免出现矛盾尖锐对立的局面，防止系统本身走向分裂解体。

三、逻辑分析

系统逻辑分析方法是指对系统的实质内容进行逻辑的分析，以揭示系统逻辑结构的方法。

系统逻辑分析的主要范畴和过程是这样的：（1）目标，即为解决公共问题所要达到的目的和指标，它是系统目的的具体化，具有针对性、可行性、系统性、规范性和具体性等特点。为了解决问题，要确定具体的目标，它们通过某些指标来表达，而标准则是衡量目标达到的尺度。系统分析是针对所提出的具体目标而展开的，由于实现系统功能的目的是靠多方面因素来保证的，因此系统目标也必然有若干个。在多项目标条件下，要考虑各项目标的协调，以防止出现发生相互抵触或顾此失彼的情况。（2）备选方案，即为实现目标而设计的具体措施和方案，并对此进行可行性论证。（3）模型，即按照原有方案设想建构分析模型，以找出说明系统功能的主要因素及其相互关系，包括系统的输入、输出、转换关系，系统的目标和约束等，具体有图式模型、数学模型、仿真模型、实体模型等方式。通过模型的建立，可确认影响系统功能和目标的主要因素及其影响程度，确认这些因素的相关程度、目标的达成途径和约束条件等。（4）费用，即政策方案实施过程中各种成本开支的总和。（5）效果，即政策方案的实施在社会环境里产生的反应和结果。（6）评价，即按照一定价值标准对政策方案进行的价值评估，就是在以上分析的基础上，再考虑各种定性因素，对比系统目标达到的程度，用标准来衡量。（7）优化，即为实现最优效果而对政策方案进行的优化排序和选择决策。以上过程可以表达如下（见图 12—1）。

目标 —分析→ 备选方案 —求解→ 模型 —费用、效果→ 评价 ——→ 优化排序、选择决策

图 12—1　逻辑分析过程

四、环境分析

系统存在于环境之中，与环境相联系、相作用，又与环境相区别。环境是指系统之外的所有其他事物或存在，即系统发生、发展及运行的生态

条件或背景。环境因素主要有：（1）物理技术环境，即由于事物属性所产生的联系而构成的因素和处理问题中的方法性因素，包括现存系统、技术标准、自然环境和科技发展因素等；（2）社会经济环境，即大范围的社会因素以及影响系统经济过程和经营状态的因素，包括社会组织、政策、政府作用、产品价格结构、经营活动等；（3）文化心理环境；等等。

一个系统总是处于更大的系统之中，成为更大系统的子系统，而更大系统也就构成了该子系统的生态环境。系统与环境的相互联系和作用表现在：一方面，环境向系统输入各种资源和要求，环境是系统存在和发展的前提，环境影响、制约、甚至决定着系统的性质和功能。另一方面，系统也向环境输出产品，系统的存在和发展同样影响着环境的变化。对于政策研究来说，我们可以将政策研究的对象视为一个系统，政策环境向政策系统的输入是政策系统维持自身功能的源泉，它要求政策系统必须满足政策环境的要求，政策环境产生了需求和支持这样的一些输入，而政策系统对政策环境的输入进行了加工处理，转变为政策方案后，再作用于政策环境。在这个输入和输出过程中，只有保持两者的动态平衡，才能保证这种相互运动过程的良性循环。因而，环境因素对政策的制定和执行是具有显著意义的，环境分析在政策研究过程中不容忽视。

由于系统环境因素范围广泛，系统分析人员要根据问题的性质进行具体分析，找出相关环境因素的总体因素，确定因素的影响范围和各因素间的相关程度，并在方案设计和执行中予以考虑。对有些可以定量分析的环境因素，应以约束条件形式列入系统模型中，如那些有限的人力、物力、资源、时间等。对那些只能定性分析的因素则可采用估值评分的方法，尽量使之达到定量化的要求。

第三节　系统分析中的定量技术和定性方法

至今，系统分析仍没有一套普遍适用的技术方法，随着分析对象和分析问题的不同，所使用的具体技术方法也可能不相同。一般来说，系统分析的各种技术方法可分为定量和定性两大类。按照美国政策科学家 R. M. 克朗的说法，系统分析可以被视为由定量、定性或两者相结合的方法组成的一个集合体。①

一、系统分析中的定量技术

系统分析中的定量分析，就是借助于经济学、数学、计算机科学、统计学、概率论以及帮助决策的决策理论来进行逻辑分析和推论。它是适用于系统结构清晰、收集到的信息准确、可建立数学模型等情况。

1. 定量分析方法及技术的种类

从不同的角度或侧面可以对系统分析中的定量分析方法及技术加以分类。一种分类方法是克朗在《系统分析和政策科学》一书中提供的。② 他根据决策类型的不同将定量分析技术分为两类，即确定型的分析技术和随机分析技术。所谓的确定型，是指那些可用于只有一种势态，并在做出可接受的假定之后，其变量、限制条件、不同的选择都是已知的、确定的，按一定的统计置信度可以预见的方法或技术。克朗将线性规划、排队论、马尔柯夫分析、统筹法等列入这类技术之中，列出下表（见表12—1）。

表12—1　确定型的定量模型、方法和技术

模型、工具或技术	应用	基础知识
线性规划	解决在商业、交通、库存、建筑、后勤及网络中的配置、分配和优化问题	计算机科学、敏感性分析、代数解法、单纯形表、经济学
排队论	人或事物或事件的等待服务问题	蒙特卡罗法、模拟、统计学
规划管理技术	生产和建设计划	PERT（成本或时间）、CANTT图、网络分析（CPN）、决策树
马尔柯夫分析	销售经营、预测	矩阵代数、经济学
对抗分析	商业、心理学、国防研究	博弈论
质量保证	工业、国防	科学、技术
损益分析	资源分配	经济学、统计学

随机分析技术则是应用于不确定型或风险决策的分析方法及技术。当存在一个以上的态势，并且需要估计和确定每一种可能的状态时，就要碰

① 参见［美］R. M. 克朗：《系统分析和政策科学》，20页。

② 参见同上书，83～86页。

到随机模型问题。这时还要计算在每一种态势下用每一种决策选择所得到的输出结果。因而可供选择的方案的数量将很大，这时可以用数学、统计推论和概率论等学科的方法，在可以接受的假定条件下减少不确定性。有时，随机的局面可以化为确定模型来加以处理，比如选择一种最有可能发生的未来态势，或者只分析最坏的或最好的方面等等。克朗将动态规划、计算机模拟、随机库存论、取样、回归、指数平滑、决策树、贝叶斯定理、损益分析等列入随机分析技术之中，列出下表（表12—2）。

表12—2　随机定量模型、方法和技术

模型、工具或技术	应用	基础知识
动态规划	在生产、配置活动中的多阶段决策	计算机科学和概率论
计算机模拟	系统内部的相互作用	计算机科学和蒙特卡罗法
随机库存论	需求或提前时间是随机的情况	概率论和期望值统计量
随机模型	计算系统转换的概率	矩阵代数、微积分
取样、回归、指数平滑	大总体的问题解	统计学和概率论
贝叶斯定理	条件概率下的预测、相关和因果分析	代数、概率论以及有关先验概率和知识
损益分析	资源分配	经济学和统计学
决策树	系统行为	代数和统计学

另一种分类方法是S. S. 那格尔和M. K. 米尔斯在《政策科学的职业化发展》一书中提供的。① 他们将政策分析及系统分析的方法分为五类，即数学最优化方法、计量经济学方法、准实验方法、行为过程方法、多元标准决策方法等。尽管他们不局限于定量分析方法的范围，但主要也是从量化分析的角度来讨论问题，尤其前两种方法纯粹就是量化分析方法，另外三种方法中也有部分量化分析方法。按照那格尔和米尔斯的说法，数学最优化以运筹学、管理科学和决策为基础，它既与数学和工程学有关，也与商业管理有关；数学优化有各种形式，常见的有报偿矩阵、决策树、最优化水平曲线、微分曲线和函数曲线等。这四种数学优化形式可以部分地根据其数学特征来加以刻画：报偿矩阵和决策树与有限数学和概率决策论有关，而最优化曲线、微分曲线和函数曲线与古典微积分、线性/非线性

① Stuart S. Nagel and Miriam K. Mills, Professional Development in Policy Science. Westport, Connecticut: Green wood Press, 1993, pp. 99－114.

规划有关。计量经济学方法则以经济学和统计学为基础（计量经济学是现代经济学的基础，或者说是现代经济学中最成熟的部分），这种方法强调统计回归分析，常用来做预测。

还有一种更通俗的分类方法，即按照政策分析过程的不同阶段，将政策分析及系统分析的定量方法及定性方法划分为问题界定的方法、确立目标的方法、规划方案的方法、结果预测的方法、比较方案的方法、评估结果的方法等。例如，我们在邓恩的《公共政策分析导论》一书中就可以看到与每一个分析阶段相对应的方法。此外，从教学课程设计的角度可以将政策研究的定量及定性方法区分为：数理分析方法、经验分析方法、经济分析方法和组织（政治）分析方法等。

2. 确定型的分析技术

（1）线性规划。线性规划（linear programming）最早称为线性结构的相关活动的规划，是运筹学中研究较早、应用较广、比较成熟的一个重要分支。线性规划的思想起源于经济学家列昂捷夫（Lyanjef）在 1936 年提出的投入—产出分析方法。线性规划目前的形式是综合希契科克（F. L. Hitchock）、库普曼（Koopman）和史蒂哥勒（Stigler）等在 20 世纪 30 年代末 40 年代初研究生产组织、运输问题、食物构成问题等取得的成果的基础上形成的。处理线性规划最有效的单纯形法是在 1947 年由丹齐克（D. B. Dantzig）创立的。

和其他学科一样，线性规划也是随着管理的需要而产生和发展的。它是研究一定数量的人力和物力资源条件下，如何科学恰当地运用这些资源以获得最大的效益，或者在一定技术条件下，寻求最优化的设计。这种数量规划的方法，如用数学语言表达出来，就是在一定的约束条件下，寻找目标函数的极值问题。现在，线性规划已形成一套完整的计算方法，在应用这个方法解决具体问题时，首先要使被研究的问题满足以下五个基本条件，然后才能使用线性规划进行统一处理。

1）能够明确给出一个目标函数；

2）有可供选择的行动方向，从数学上讲就是能够明确对目标函数是求极大值还是求极小值；

3）目标函数和约束条件能用线性等式和线性不等式表示；

4）存在多种决策变量，变量的大小是人们要确定的，这些变量的变动不是任意的，它们之间存在着一定的联系，用约束方程来表示；

5）决策变量的约束方程反映资源的消耗，资源供应必须是有限的，并能用数字表示。所谓线性规划，是指约束条件为线性等式或线性不等式，且目标函数也为线性函数，用数学形式表达，即求一组变量 $x_1, x_2, \cdots, x_n$，在满足约束条件：

$$\left.\begin{array}{l} a_{11}x_1 + a_{12}x_2 + \cdots + a_{1n}x_n \leqslant b_1 \\ a_{21}x_1 + a_{22}x_2 + \cdots + a_{2n}x_n \leqslant b_2 \\ \cdots\cdots \\ a_{m1}x_1 + a_{m2}x_2 + \cdots + a_{mn}x_n \leqslant b_m \end{array}\right\} \quad (12—1)$$

$x_1, x_2, \cdots, x_n \geqslant 0$ 的情况下，使目标函数

$$f = c_1x_1 + c_2x_2 + \cdots + c_nx_n \quad (12—2)$$

达到最大值（最小值）。

其中：a_{ij}，b_i，c_j 均已知，$i=1, 2, \cdots, m$；$j=1, 2, \cdots, n$。

以上表达式还可简写成：

求 x_j（$j=1, 2, \cdots, n$），使之满足约束条件

$$\sum_{j=1}^{n} a_{ij}x_j \leqslant b_i (i = 1,2,\cdots,m)$$

且 $x_j \geqslant 0$，$(j=1, 2, \cdots, n)$

使目标函数 $f = \sum_{j=1}^{n} c_jx_j$

达到最大值（或最小值）。

满足约束条件式（12—1）的所有解称为可行解。在可行解中，其中一个可行解能使目标函数达到极值，则该可行解称为最优解，也可称为线性规划的解。线性规划在经济建设、企业管理、技术设计和生产实践方面都有成功的应用。

【例】某工厂生产 A、B 两种产品，每天的可用资源限制如下：原料：1 575kg；占地面积：1 500m^2；工时：7 小时（420 分钟）。资源分配及产值如表 12—3 所示。

表 12—3

资源分配产值表

名称	符号及单位	A	B	
资源消耗系数	$a_1\mathrm{m}^2$/单位产量	4	5	占地面积
	$a_2\mathrm{kg}$/单位产量	5	3	原料消耗
	a_3 单位/小时	60	30	生产率
产值系数	c 元/单位产量	13	11	产量

问：每天应生产多少 x_1，x_2 使 $f(x)=c_1x_1+c_2x_2$ 为最大。

其数学模型，可表示为：

$$\max\ (fx)=13x_1+11x_2 \qquad (12\text{—}3)$$

$$\text{s. t.}\left.\begin{array}{l}4x_1+5x_2\leqslant 1\,500\\5x_1+3x_2\leqslant 1\,575\\x_1+x_2\leqslant 420\ (x_1/60+x_2/30\leqslant 7)\\x_1,\ x_2\geqslant 0\end{array}\right\} \qquad \begin{array}{r}(12\text{—}4)\\(12\text{—}5)\end{array}$$

式（12—3）表示工厂所需的最大利润，即求目标函数的最大值。而式（12—4）、式（12—5）表示不等式约束。①

（2）动态规划。动态规划（dynamic programming）是美国数学家贝尔曼（Richard Bellman）和丹齐格（George Dantzig）在 20 世纪 50 年代提出来的一种数学规划方法。它是在动态条件下，使用多重决定或多级问题的解以实现最优弧化而采取的一种数学方法。动态规划处理的对象是含有时间因素的决策问题，即动态决策问题。对于静态决策问题（一次性决策问题），我们可以人为地引进“时间”因素，划分为阶段，作为多阶段决策过程用动态规划去处理。如果在多阶段决策的每个阶段中含有随机因素的影响，那么决策就不可能用一个确定的数值来表示，而需要用一些可能的值及相应的概率来描述。这就需要建立动态规划的随机模型来解决问题。在此，我们只介绍用确定性动态规划模型先解决确定性的（每个阶段中的决策取确定值）多阶段决策过程的问题。

一个多阶段决策过程可用下面的方框图（见图 12—2）表示。

---

① 引自姜璐、蔡维：《现代系统工程方法》，97～98 页，沈阳，沈阳出版社，1993。

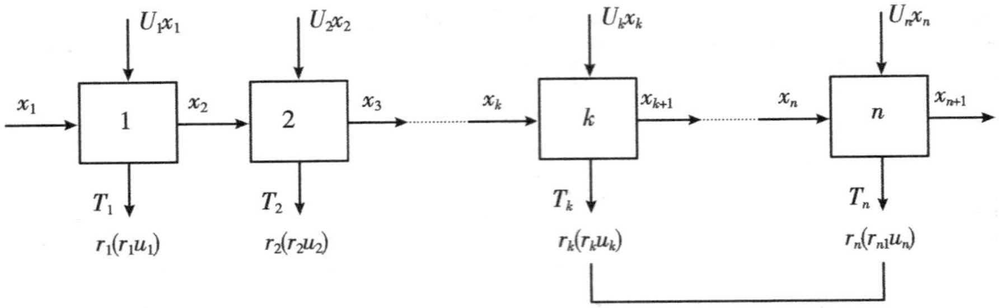

图 12—2　*k* 子过程

其中：k——阶段变量，图中一个方框就表示一个阶段，框中数字就是阶段变量 k 的取值。

x_k——状态变量，在一个阶段里要设两个状态变量，一个是初始的状态，用 x_k 表示，另一个是该阶段结束时的状态，用 x_{k+1} 表示。对第 $k+1$ 段而言，x_k 称为输入状态，x_{k+1} 称为输出状态。

U（x）——决策（或控制）变量，U_k x_k 表示第 k 段所采用的决策（或控制）。

rx_k u_k——阶段效应函数，这个效应函数能反映出在该阶段执行阶段决策是所带来的效应值增量。

T_k——变换（演化）规律，它是用来描述在一个阶段做出了决策时，系统由 x_k 态变到 x_{k+1} 态的变换（演化）规律。

如果问题适合于用动态规划方法来求解，我们就可以对研究问题建立动态规划模型（确定性）。建模的具体步骤是：

1）定义适当的目标函数，给出阶段变量、状态变量、控制变量的明确含义。

2）写出系统状态的演化过程。

3）写出系统的边界条件，即一个多阶段决策过程结束所产生的效应（我们称为终端效应）的表达式比较容易确定，而以它作为动态规划技术的起点是十分必要的，所以在建模阶段要明确它。

4）要找到目标函数的递推关系式，这个关系式也叫动态规划的基本方程。

经过以上几步，我们就可以对适合用 DP 方法求解的问题建立如下的一般函数模型：

$$or\max_{u_1\sim u_n}^{\min}\sum_{k=1}^{n} r_k(x_k,u_k)$$

$$x_{k+1}=T_k\ (x_k u_k)$$

$$x_k\in X_k$$

$$u_k\in U_k$$

$$k=1,\ 2,\ \cdots,\ n$$

$$f_k(x_k)\ =\max_{u_k}^{\min}\{r_k(x_k,u_k)\ +f_{k+1}(x_{k+1})\}$$

其中 $f_{k+1}(x_{k+1})\max_{u_{k+1}\cdots u_n}^{\min}\ \sum_{i=k+1}^{n} r_i(x_i,u_i)$

利用这个模型要求解的问题是

1）最优决策序列：$\{u_1^*,\ u_2^*,\ \cdots,\ u_n^*\}$

2）系统演化的最优化轨线：$\{x_1^*,\ x_2^*,\ \cdots,\ x_{n+1}^*\}$

3）求出最优化目标函数值：$R^*\ =\ \sum_{k=1}^{n} r_k(x_k^*,u_k^*)$

（3）网络分析技术。网络分析技术是将研究与开发的规划项目和控制过程作为一个系统去加以处理，将组成系统的各项任务的各个阶段和先后顺序，通过网络形式统筹规划，分别按轻重缓急进行协调，使此系统对资源（人力、物力、财力等）进行合理地安排，有效地加以利用，达到用最少的时间和资源消耗来完成整个系统的预期目标，取得良好的经济效益。网络分析技术的主要思路是“统筹兼顾”、“求快、求好、求省”。

从20世纪50年代起，国外就开始了这方面的研究工作。1957年，美国杜邦公司的数学家、工程师和管理人员组成一个工作队，在兰德公司的配合下，提出了一个应用网络图解来制定计划的方法。这种计划方法不仅能够明确地表示出工序和时间，而且还表明了它们之间的相互关系，他们给这种方法取名为“关键线路法”（critical path method，CPM）。1958年，美国海军特种计划局在研制“北极星”导弹潜艇过程中也搞出一种以数理统计为基础，以网络分析为主要内容，以电子计算机为手段的新型计划管理方法，称为“计划审批法”（program evaluation and review technique，

PERT)，用这种方法，可以使研制任务提前两天完成。这两种方法后来在世界各国都得到了广泛的推广和应用。

CPM 法使用网络图反映某项工程（任务）各道工序所需时间以及他们的衔接关系，通过计算各工序有关时间参数和完成工程（任务）所需要的最少的时间，从而确定关键工序和关键路线，并在此基础上通过网络分析方法制定出时间、成本和资源优化的网络计划方案。该方法主要应用于有以往类似项目经验的工程上，而 PERT 法也同样应用了网络计划与网络分析的方法，但着重于对工程（任务）安排的评价与审查，主要应用于对研究与开发新项目上。

以 PERT 为例。在实现大系统过程中，往往要完成大量的任务，它们各自需要一定的时间而且互相有联系，有的任务必须在其他任务完成之后才能开始，而它的完成又是另外一些任务开始的前提。PERT 就是为了安排这种大量任务而采用的一种管理方法，它可使整个工程以最短的时间和最少的投资去完成。这种方法通常有三个步骤：第一是按规划画出现在开始到完成某一任务为止的流程图，叫做“PERT 网络”；第二是估算完成每一任务的工作时间；第三是分析计算任务的安排以及可能回旋的余地。图 12—3 为一个简单的 PERT 网络。

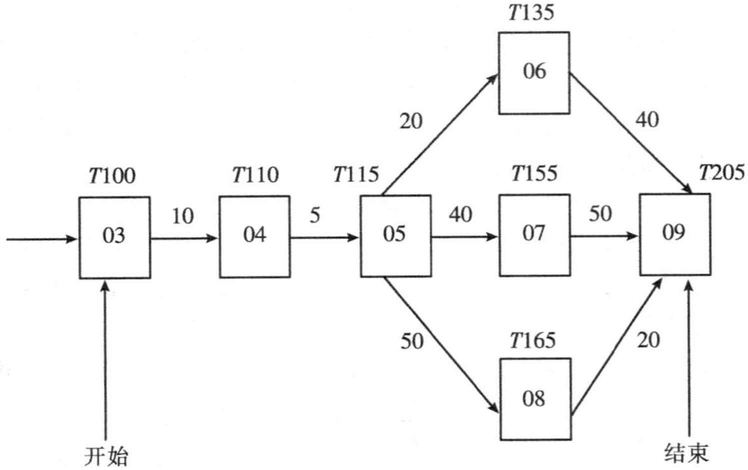

图 12—3 PERT 网络

图中 03、04……表示任务的编号，任务之间的箭头表示必须进行的作业顺序，旁边所注的数字为作业所需的天数。在考虑问题时，从03开始到09结束。03边上的T100表示在此以前，工程已进行了100天，依此类推。计划评审技术就是通过对网络的分析计算来管理整个系统施工进程的一种方法。

在PERT网络中，从某个任务到另一个任务之间，如果存在着几条平行路线，其中必须有一条路线最长。这条最长的路线叫做关键路。如在PERT图中的从05经07到09，需时90天，最长的一条就叫做关键路。从05到09的工程进度取决于关键路。总管部门如果通过调整人力、物力等方法缩短关键路上项目所需的时间，就能缩短整个工程进度。此外，由于其他平行路线（如从05到06或从05到08）所需的时间较短，在这些路线中的作业如果放慢进度，能够节约人力和物力，则可在一定范围内加以调整，而不影响工程的总进度。这种以关键路作为参考条件，对整个工程各平行路线的作业时间进行统筹调整，以节约人力和物力，从而降低成本，尽量缩短整个工程进度的方法，叫做关键路法。但在复杂的项目中，有时可能并列几条关键路线，只缩短某一种作业的工期，也不可能缩短整个项目的工期。还有，即使是一条关键路线，当采取措施使这条路线缩短到一定程度时，其他路线也可能变成关键路线。因此，只能根据具体情况统筹兼顾,全面安排,做到合理地缩短工期,保质保量地完成计划。

以上所述，主要是以时间分配为考虑中心的，除此之外还应考虑费用和劳动力的分配问题以及多个项目并列的问题等。

3. 随机分析技术

(1) 排队论。排队论（queuing theory）起源于20世纪初期丹麦数学家埃尔朗（A. K. Erlang）用数学方法研究电话作业。20世纪50年代堪道（D. G. Kendall）在理论上推动了排队论的进一步发展。之后，利用排队论解决存量理论、水库问题、网络队列、生产线和计算机系统等问题，进一步推动了这一领域的研究。

排队论是指用来研究服务系统工作过程的一种数学理论和方法。在这种系统中，服务对象何时到达及其占用系统的时间长短，均无从预先确定。这是一种随机聚散现象。它通过对每个随机服务现象的统计研究，找出反映这些现象的平均特性规律，从而改进服务系统的工作状态。也就是用概率论的方法，分析所要服务的客流状况，预测服务阻塞的程度，在经济上进行合理的设计或改善服务系统。

排队现象在生产、生活中广泛存在。我们称任何等待服务的人、事物或事情为顾客，称任何提供这项服务的人、事物或事情为服务台。因此，当顾客的数量超过了服务台的容量时，也就是说到达的顾客不能立即得到服务时，就形成了排队现象。表12—4是一些典型的排队的例子。

表12—4　　典型的排队的例子①

顾　　客	服务内容	服务台
病人	看病	医生
客户	法律咨询	法律咨询人员
在公路收费站排队的车辆	收费	收费车道
到达机场上空的飞机	着陆	跑道
不能运转的机器	修理	修理工
需加油的车辆	加油	加油站的加油机
到达港口的货船	装（卸）货	装卸码头或泊位

研究排队论问题具有很大的意义。因为服务系统规模越大，从总体上看它的服务速度就越快，排队现象就会得到缓解，反之就会造成较多的排队等待。而排队会造成某种直接损失，甚至发生连锁反应和反馈受阻。提供服务可减少损失，但不免要支出较大的费用，可能造成浪费。因此，在系统设计和系统分析的最优化与可靠性问题中，必须注意服务机关和服务对象的相互适应问题，否则就会出现排队现象。以机械加工为例，经常遇到的服务系统有机床加工和仓库存储等。机床和仓库相当于服务机构，毛坯和半成品等相当于服务对象，在仓库里或机床旁经常产生毛坯或半成品的排队现象，要解决这一问题就要用到排队论了。

（2）马尔柯夫分析。马尔柯夫（A. A. Markou）分析又称马尔柯夫预测法，它是利用某一系统的现在状态及其发展动向去预测该系统未来状况的一种分析方法与技术。

俄国数学家马尔柯夫在20世纪初经过多次实验观测发现：在一系统内某些因素的概率分布的转换过程中，第几次转换获得的结果常决定于前几次（第 $n-1$ 次）试验的结果。马尔柯夫对这种现象进行了系统深入的

① 引自谭跃进：《定量分析方法》，222页。

研究后指出，对于一个系统，由一个状态转换至另一个状态的过程中，存在着转换概率，而且这种转换概率可以依据其紧接的前一状态推算出来，而与该系统的原始状态和此次转移以前的有限次或无限次转移无关。系统的这种由一状态转移至另一状态的过程称为马尔柯夫过程。若状态是离散的，马尔柯夫过程的整体称为马尔柯夫链。可见，马尔柯夫过程的基本概念是系统的“状态”和状态的“转移”。马尔柯夫过程实际上就是一个将系统的“状态”和“状态转移”定量化了的系统状态转换模型。例如有一个水池，在池中漂浮着五张睡莲的叶子，一只青蛙在五张叶子之间跳跃玩耍着。仔细观察青蛙的活动情况，就会发现青蛙的动作是随意进行的。为了讨论方便，我们给各个叶子编号（这种编号是任意的），青蛙活动的时间间隔完全是随机的，我们关心的是它从一个叶子跳到其他叶子的转移结构，而对时间因素不考虑。如果青蛙在第1号叶子上时，估计下一次该跳到哪个叶子上，答案与以前跳过的路径完全无关，而只取决于现在的位置1。我们给出这只青蛙从各个叶子上向另一个叶子转移的转移图，见图12—4。

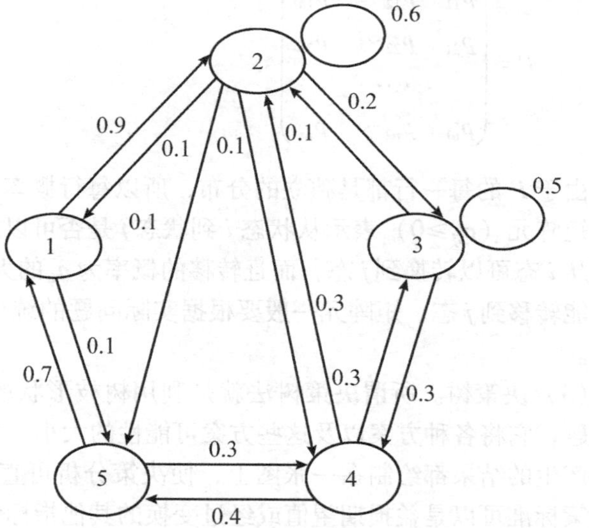

图12—4

图中箭头表示跳跃的方向，数字表示跳跃的概率，自环表示在一定时间里青蛙没动仍在原叶上，这可以叫“虚转移”，如果考虑真实的转移则没有自环。

我们以 $X_{(t)}$ 作为青蛙跳跃 t 回后所处的位置。于是将 $X_{(t)}$ 的取值叫作状态，$X=\{1,2,3,4,5\}$叫状态空间。在从$X_{(0)}$到$X_{(t)}$是已知时，青蛙跳跃$t+1$回时处在X状态上的概率仅与t时刻状态有关并满足下式：

$$P\{x_{(t+1)}=j \mid x_{(0)}=i_0,\ x_{(1)}=i_1,\ \cdots,\ x_{(t)}=i_t\} \\ =P\{x_{(t+1)}=j \mid x_{(t)}=i\} \quad (12—6)$$

式（12—6）反映前一状态x_{t-1}，现状态x_t和后状态x_{t+1}之间有一条链把它们连接起来。因此用马尔柯夫链描述随机状态变量的变化时，可以避开求全部随机变量的联合分布，而只需求在某一时点上两个相邻随机变量的条件分布即可以了。

$P\{x_{(t+1)}=j \mid x_{(t)}=i\}$叫转移概率。这种转移概率一般不依赖于时间，因此具有稳定性。具有稳定性的转移概率可以用一个常数p_{ij}来表示，将各个状态之间的转移概率用一个矩阵表示出来就得到一个马尔柯夫问题（有限状态稳定的马尔柯夫过程问题）的数学模型：

$$P=\begin{pmatrix} p_{11} & p_{12}\cdots & p_{1n} \\ p_{21} & p_{22}\cdots & p_{2n} \\ & \cdots\cdots & \\ p_{n1} & p_{n2}\cdots & p_{nn} \end{pmatrix}$$

由于P的每一行都是独立的分布，所以每行概率之和等于1。这个矩阵的矩阵元（$a_{ij}\geqslant 0$）表示从状态i到状态j是否可以通达，即$a_{ij}>0$表示系统从i态可以转换到j态，而且转移的概率为a_{ij}的大小。$a_{ij}=0_j$表示从i态不能转移到j态。矩阵元一般要根据实际问题的统计资料加以分析才能得到。

（3）决策树。所谓决策树法就是利用树枝形状的图像模型来描述决策问题，它将各种方案以及这些方案可能性的大小、可能出现的状态以及可能产生的结果都绘制在一张图上，使决策分析可直接在决策树上进行，其决策标准可以是益损期望值或经过变换的其他指标值。现以以下例子介绍决策树法。

【例】某公司要决定下个五年计划期间生产某一电子产品的生产批量，以便做好生产前的各项准备工作。而生产批量的大小主要根据市场销路的好坏而定。根据以往销售统计资料及市场调查预测得知，未来市场出现好、一般、差三种销路情况的可能性（概率）为0.3、0.5和0.2；若该产品按大、中、小三种不同批量生产，则下个五年计划期内不同销售状态下的收益值可以估算出来，如表12—5所示。现要求通过决策分析以确定合理批量，使企业在该产品上能获得最大收益。①

表12—5 **决策表** 单位：万元

损益值 / 自然状态 / 状态概率 / 行动方案	销路好 O_1	销路一般 O_2	销路差 O_3
	0.3	0.5	0.2
大批生产 A_1	20	14	−2
中批生产 A_2	12	17	12
小批生产 A_3	18	10	10

1）用决策树法进行分析的步骤

第一步，绘制决策树。按表12—5的各种行动方案、自然状态数及其相应的概率和损益值等信息，由左至右顺序做出决策树。如图12—5所示。

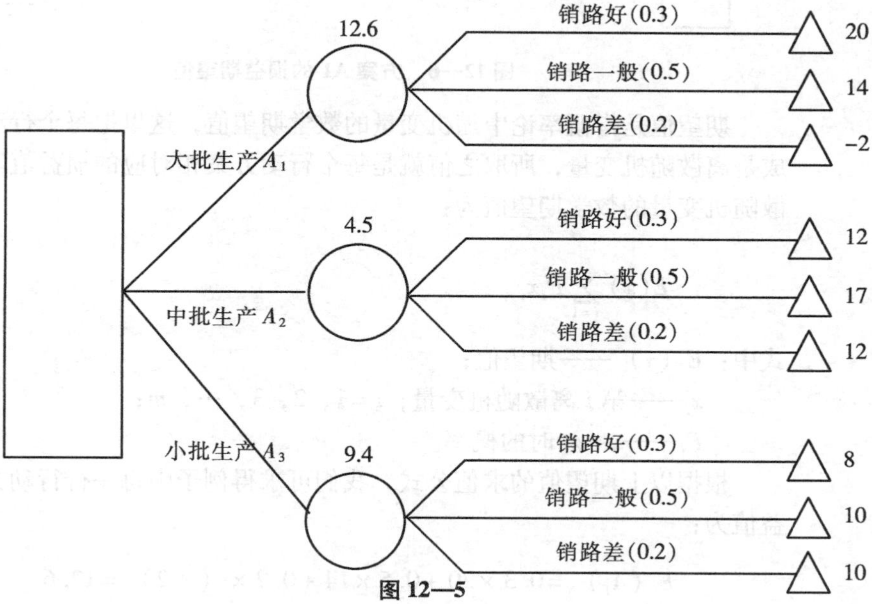

图12—5

① 参见郑春瑞：《系统工程概论》，45页，北京，科技文献出版社，1985。

现将图中有关符号及画法说明如下：

□ 表示决策点，从它引出的分枝叫做方案分枝，分枝数量与行动方案数量相同。决策节点表明从它引出的方案有待决策者进行分析和决策。

○ 表示状态点，从它引出的分枝叫做状态分枝或概率分枝，在每一分枝上写明自然状态名称及其出现的概率。状态分枝的数量与自然状态数量相同。

△ 表示结果点，将不同方案在各种自然状态下所取得的结果（如益损值）标注在结果节点的右边。

第二步，计算各种行动方案的损益期望值，并将计算结果标注在相应的方案节点上。图 12—6 所示方案 A_1 的损益期望值。

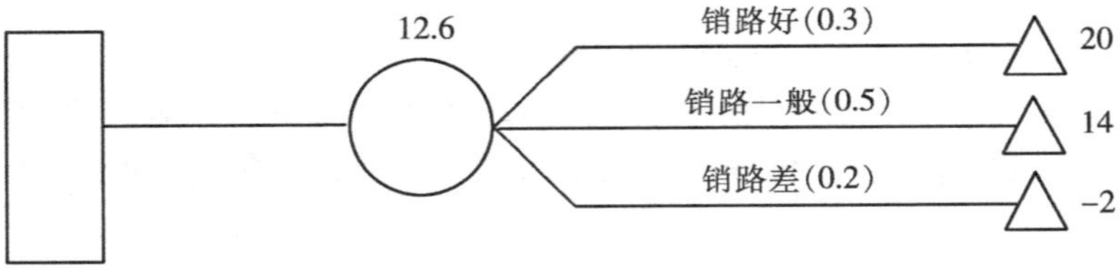

图 12—6　方案 A1 的损益期望值

期望值是指概率论中随机变量的数学期望值，这里把每个行动方案看成是离散随机变量，所取之值就是每个行动方案相对应的损益值。因此离散随机变量的数学期望值为：

$$E(x)\sum_{i=1}^{m}P_i x_i$$

式中：$E(x)$ ——期望值；

x_i——第 i 离散随机变量，$i=1, 2, 3, \cdots, m$；

P_i——$x=x_i$ 时的概率。

根据以上期望值的求值公式，我们可求得例子中每一行行动方案的损益值为：

$$E(A_1)=0.3\times20+0.5\times14+0.2\times(-2)=12.6$$

$$E(A_2)=0.3\times12+0.5\times17+0.2\times12=14.5$$

$$E(A_3)=0.3\times8+0.5\times10+0.2\times10=9.4$$

第三步，将方案节点上的损益值加以比较，选择其中的最大值，写在决策点的上方，如图 12—7 所示，与最大值相对应的方案是 A_2，即为最优方案。然后在其余的方案分枝上划上"//"记号，表示这些方案已被舍去。图 12—7 所示是一个经过决策分析并选择 A_2 为最优方案的决策树。

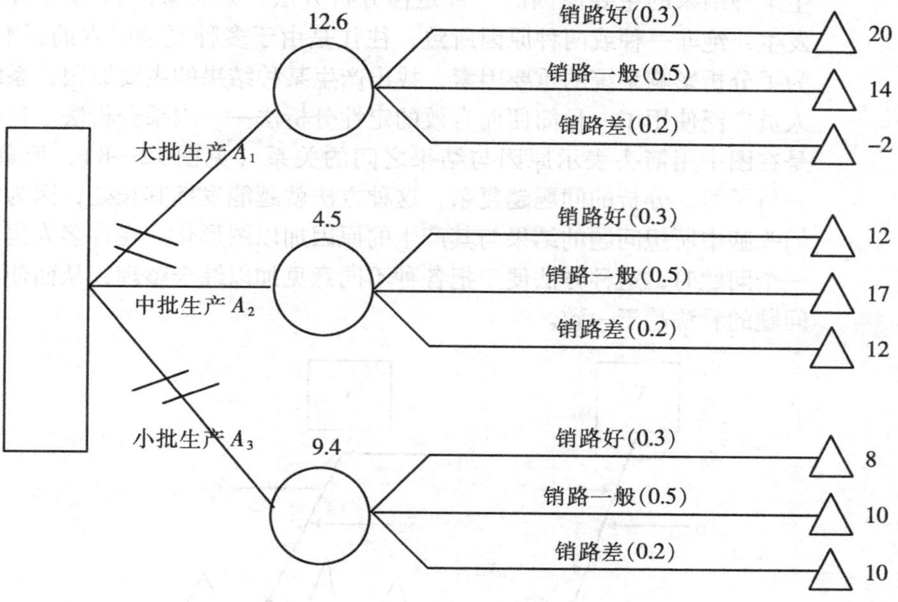

图 12—7

2）多级决策树。从上例可知，如果只需决策一次即告完成，这种决策分析叫做单级决策。反之，有些决策问题需要进行多次决策才能完成，则这种决策叫做多级决策；应用决策树法进行多级决策分析叫做多级决策树。

二、系统分析中的定性方法

对于诸如带有极强的政治色彩、在决策过程中的非理性或超理性作用突出、必须在价值观和实际价值之间加以权衡一类的问题，或者问题涉及的系统结构不清，收集到的信息不太准确，或是由于评价者的偏好不一，对所提方案评价不一致等，难以形成常规的数学模型时，可以采用定性的系统分析方法，例如因果分析法、KJ 法、目标—手段分析法等。

1. 因果分析法

因果分析法是利用因果分析图来分析影响系统的因素，并从中找出产生某种结果的主要原因的一种定性分析方法。系统某一行为（结果）的发生，绝非一种或两种原因所致，往往是由于多种复杂因素的影响所致。为了分析影响系统的重要因素，找出产生某种结果的主要原因，系统分析人员广泛使用了一种简便而有效的定性分析法——因果分析法。这种方法是在图中用箭头表示原因与结果之间的关系（见图 12—8），形象简单，一目了然。分析的问题越复杂，这种方法就越能发挥其长处，因为它把人们头脑中所想问题的结果与其产生的原因加以图形化。在许多人集中讨论一个问题时，这种方法便于把各种不同意见加以综合整理，从而使大家对问题的看法趋于一致。

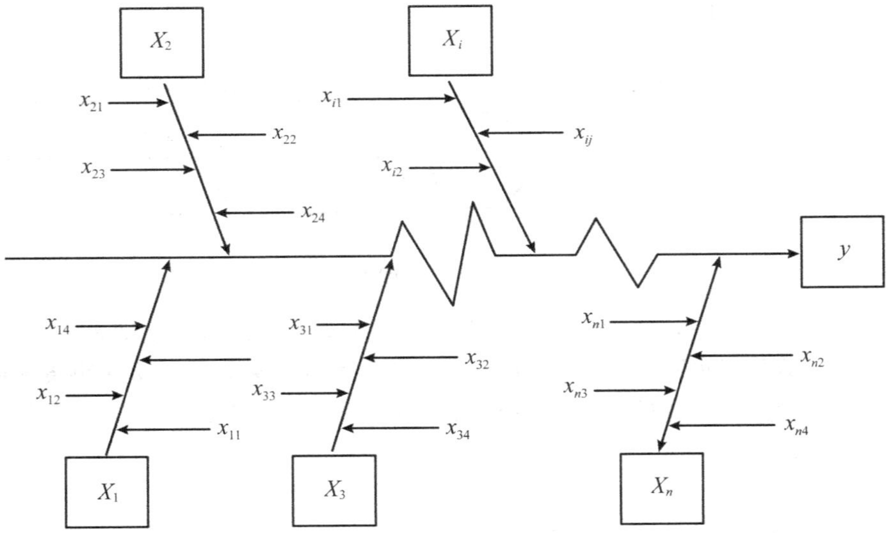

图 12—8 因果分析图

2. KJ 法

KJ 法是一种直观的定性分析方法，它是由日本东京工业大学的川喜田二郎（Kauakida Jir）教授开发的。KJ 法是从很多信息中归纳出问题整体含义的一种分析方法。它的基本原理是把每个信息做成卡片，将这些卡片摊在桌子上，然后综观全面的卡片，把有“亲近性”的卡片集中起来合成子问题，依次做下去，最后求得问题整体的构成。这种方法把人们对图形的思考功能与直觉的综合能力很好地结合起来，不需要特别的手段和知识，不论是个人或者团体都能简便地实行。因此，KJ 法是分析复杂问题的一种有效方法。

KJ 法的实施按下列步骤进行：

第一，尽量广泛地收集与问题可能有关的信息，并用关键的语句简洁地表达出来。

第二，一个信息做一张卡片，卡片上的标题要简明易懂。如果是团体实施，则要充分协商好内容，以防止误解。

第三，把卡片摊在桌子上，通过综观全局，充分调动人的知觉能力，把有“亲近性”的卡片集中到一起作为一个小组。

第四，给小组取个新名称，其注意事项同步骤一。这个小组是由小项目（卡片）综合起来的，应把它作为子系统来登记。这个步骤不仅要凭直觉，而且要运用综合分析能力，发现小组的意义所在。

第五，重复步骤三和四，分别形成小组、中组和大组，但对难以编组的卡片不要勉强地编组，可把它们单独放在一边。

第六，把小组（卡片）放在桌上进行移动，根据小组间的类似关系、对应关系、从属关系和因果关系等进行排列。

第七，将排列结果画成图表，即把小组按大小用粗线框起来，把一个个有关系的方框用“有向枝”（带箭头的线段）连接起来，构成一目了然的整体结构图。

第八，观察结构图，分析它的含义，取得对整个问题的明确认识。

3. 目标—手段分析法

目标—手段分析法，就是将要达到的目标和所需要的手段按照系统展开，一级手段等于二级目标，二级手段等于三级目标，依次类推，便产生了层次分明、互相联系又逐渐具体化的分层目标系统（见图 12—9）。在分解过程中，要注意使分解的分目标与总目标保持一致，分目标的集合一定要保证总目标的实现。分解过程中，分目标之间可能一致，也可能不一致，甚至是矛盾的，这就需要不断调整，使之在总体上保持协调。将总目标分解为若干个层次的分目标，需要有很大的创造性，要有丰富的科学技术知识与实践经验。目标分解需要反复地进行，直到满意为止。目标—手段分析法的实质是运用效能原理不断进行分析的过程。

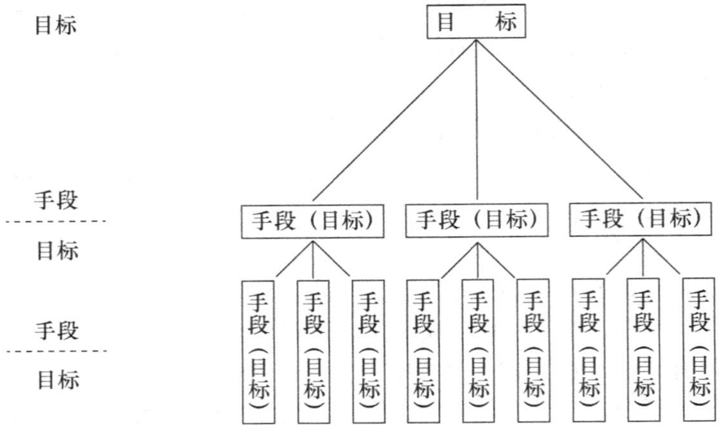

图 12—9 目标—手段分析图

案 例

计划—项目—预算制度（PPBS）①

理性途径凭借其逻辑而拥有许多追随者。然而，正如 PPBS 案例所表明的那样，理性决策直接明了的逻辑在现实中存在相当大的变动，而且，系统分析实施过程中存在的障碍可能会导致其最终失败。

1961 年，美国国防部长罗伯特·麦克纳马拉（Robert McNamala）在五角大楼里推介使用了 PPBS。这项方法分三个步骤：（1）计划。高层官员制定国防活动的五年战略。（2）项目。将战略转化为对国防部的需要的具体说明，包括应在何时购买何种武器系统。（3）预算。将项目转变为每个年度的预算要求，其基本思路就是要将年度预算过程与长期计划相

① 引自［美］费斯勒、凯特尔：《行政过程的政治》，254～256 页，北京，中国人民大学出版社，2002。

挂钩，而不是与随意性要求相联系。而且，每个分支机构都要根据规划而不是单位编制来制定预算。如五角大楼会根据国家的战略要求决定是否需要喷气式战斗机，如果需要的话，它要具备什么性能。而在预算方面，麦克纳马拉希望规划预算能够通过减少机构间为其特有的武器系统而进行的竞争来压低开支。

约翰逊总统对国防部所取得的成效甚为满意。1965年，他将PPBS推广到几乎所有的联邦非军事部门和机构，每个机构都要以计划的形式向预算局［Bureau of the Budget，现在的行政管理与预算局（the Office of Management and Budget）］提交预算。计划预算要有大量的论证资料，这些资料包括“所有相关的结果、费用、资金需要”以及“解决问题的各种途径所需的成本和收益”。此外，各个机构还要为未来计划和资金拟定一个五年规划。然而，这些规划往往是“冗长的愿望清单，列明了机构在没有被施加财政约束的情况下想在它们的计划上所做的投入”。PPBS文件和机构实际计划之间的联系往往很模糊。同时，由于国会仍沿袭旧的方式来操作拨款程序，PPBS与国会决议间的联系实际上也很模糊。

PPBS没有对总统及国会的预算决议加以结合和改进，反而创建了自己的文案工作领域，PPBS最终不堪重负而失败。1971年6月，当行政管理与预算局停止要求各机构将常规预算申请同PPBS文件一起上交时，联邦政府的PPBS也就宣告终结了。

从其最初的目标来看，PPBS是个失败的例子，它未能改变政府计划的基础，也未能真正把预算——政府的投入——和它的产出联系起来。在尝试过该方法的外国政府和美国几乎所有的州及地方政府中，其结果都是相似的。PPBS的失败部分归因于预算者无法应付该制度在分析上的负担，从根本上讲，它的失败是因为设计上存在明显的缺陷：PPBS没有根据它要运作的组织环境来设计。首先，PPBS的设计者将国会排除在外，而且PPBS的实施者“拒绝向国会透露依据PPBS所做的研究和有关信息……（可是）缺少这种信息，国会甚至连针对项目进展提出恰当问题的能力都会受到严重削弱”。其次，虽然PPBS仅是行政机关的一种工具，但甚至连这种有限的环境因素也被忽略掉了。PPBS实施者对如何化解行政抵制准备不足，任何创新都会招致这样的抵制，但PPBS实施者似乎对许多其他政府官员显得相当傲慢。PPBS的实施使下层组织非常不安，因为PPBS

看起来要夺走他们的权力（权力被集中到机构负责人和预算局手中），使分析工作从深谙政策领域的机构人员手里转移到那些擅长量化却不熟悉政策领域的 PPBS 技术人员手中，同时它要求的大量文件报告却对决策无任何明显的作用。

然而，PPBS 仍具有相当大的成效。它把大量能干的分析者引入政府，其中的许多人仍在为政府效力。它使许多高层官员和职业公务员熟悉了一种论述问题的新风格：强调解释目标、形成实现目标的各种途径以及在适当的时候使成本收益量化。现在，制定项目成本的多年规划已成为国会预算程序中的例行部分。

此外，五角大楼现在仍积极地实施一项修正过的 PPBS。国防部官员继续制定长期规划，将这些规划转变为具体计划，然后再形成预算。这一过程的运作方式因行政方面的差异而有相当大的区别。共和党政府倾向于授予各个机构更多权力，而民主党政府则将权力更多地收归于国防部长身上。尽管 PPBS 持续存在，但结果却仍令人失望。原助理国防部长劳伦斯·J·科伯（Lawrence J. Korb）认为在里根时期，高层官员采取的 PPBS “使得国防部的合理预算近乎崩溃，并是对国家一致性的进一步破坏。事实上，当 1987 年末温伯格（Weinberger）离开五角大楼的时候，预算程序近乎一片混乱”。科伯认为，国防部的规划对“预算程序几乎毫无影响”，规划会议的参与人数过多以致根本无法做出有意义的决策，而前期的决策从来不会促成最终预算决策的形成。

思考题

1. 解释系统和系统分析概念。
2. 简述系统分析与政策分析的关系。
3. 系统分析有哪些基本内容？
4. 用例子说明系统分析的定量技术的应用。
5. 分析上述案例，指出 PPBS 最终失败的原因及其对系统分析方法应用的经验教训。

第十三章

公共政策的经济学分析

经济学与政策科学是两门关系十分密切的学科，经济学构成了政策分析的一个主要基础，经济学途径是政策科学研究的主导性途径之一，经济学分析方法则是政策分析方法的重要组成部分。本章先介绍经济学的相关理论，进而讨论经济学途径和分析方法在公共政策研究中的具体应用，特别是以公共选择理论为例进行比较详细的分析。

第一节　政策分析的经济学基础

经济学构成政策分析的一个主要基础。这不仅表现在经济学对经济政策方面的研究起源很早，为政策科学的发展做出了贡献，而且在于经济学途径历来是政策研究或政策分析的一个主导途径，它为政策分析提供了相关的概念框架、理论模式和分析技术。

一、经济学的定义

按照许多经济学家的观点，经济学是一门研究人类经济行为尤其是经济选择行为以及经济政策的学科。英国著名经济学家马歇尔（Alfred Marshall）认为“经济学是对处于普通生活事务中的人类的研究”①。美国著名经济学家萨缪尔森（Paul A. Samuelson）则将经济学定义为“研究人和社会如何进行选择，来使用可以有其他用途的稀缺资源以便生产各种商品，并在现在和将来分配给社会的各个成员或群体以供消费之用。”② 有的经济学家干脆认为，经济问题就其本性来说就是选择问题，而除非有稀缺性，否则，选择是不必要的。

我们倾向于将经济学定义为：“研究社会如何管理自己的稀缺资源”③。它所研究的经济问题，包括以下四个方面：（1）生产什么，即总量为既定的生产资源用来生产哪些产品和生产多少。（2）如何生产，即如何组织生产使生产要素得到最有效率的使用。（3）为谁生产，即生产出来的产品如何在消费者、企业、政府和其他经济组织之间进行分配。（4）既定的社会资源总量是否被充分利用以及如何得以充分利用。④

二、经济学的分类

经济学有不同的分类方法。经济学作为一门经验社会科学，按其研究对象、研究手段和方法的不同，可以分为微观经济学和宏观经济学、理论

① Alfred Marshall, Principle of Economics (8th ed.). Don Mills, Ontario: The Macmillan Co., of Canada Led., 1920, p. 332.

② 保罗·A·萨缪尔森、威廉·D·诺德豪斯：《经济学（第12版）》，4页，北京，中国发展出版社，1992。

③ ［美］曼昆：《经济学原理（上）》，4页，北京，生活·读书·新知三联书店、北京大学出版社，2001。

④ 参见郭霖：《经济学——行为与政策分析》，3页，厦门，厦门大学出版社，1996。

经济学和应用经济学、实证经济学和规范经济学。

1. 微观经济学和宏观经济学

经济学的一种常见的分类方法是将它划分为微观经济学和宏观经济学，前者考察作为消费者的个人和公司在市场中的行为，后者研究总体或集合经济并检查如通货膨胀和失业一类的政策问题。在传统上，经济学领域被分为两个次领域："微观经济学研究家庭和企业如何做出决策，以及它们在某个市场上的相互交易；宏观经济学研究整体经济现象"①。在经济分析中以单个经济主体（作为消费者的单个家庭、作为生产者的单个厂商、作为消费者和生产者完成交易的单个市场）的经济行为作为研究对象的，称为微观经济学，而把社会当作一个整体经济活动作为研究对象，并研究政府经济政策的制定与执行的，称为宏观经济学。

微观经济学将经济行为的基本主体分为两大类：个人和企业。个人一方面是消费者，另一方面是生产要素（劳动、资本、土地、才能）的所有者；企业即生产单位，一方面是商品的生产者，另一方面是生产要素的需求者。微观经济学研究这些经济行为主体，如何在一系列既定的假设条件下，在市场机制中，通过价格机制，最终实现自己利益的最大化和资源的最佳配置，并使经济达到一般均衡。微观经济学理论主要有：消费者行为理论、均衡价格理论、生产和成本理论、市场结构理论、生产要素收入分配理论、一般均衡理论等。

宏观经济学主要考察微观经济分析中被假定为已知和既定的社会资源总量的大小是如何决定的。因此，它研究国民收入大小、通货膨胀高低及其变化、全社会就业和失业人数等等问题。它使用的变量都是将社会作为一个整体进行考察时的经济变量的总量，如由各个家庭在一定时期（如一年）的消费和储蓄加总而形成的全社会消费支出和储蓄总额、政府在预算年度的收入和支出、各行各业的就业人数加总而成的全社会就业总量等。宏观经济学理论主要有：国民收入核算理论、国民收入决定和变动理论、总量均衡理论、通货膨胀理论、宏观政策理论等。

微观经济学和宏观经济学的关系可以用以下例子来说明。例如它们都研究就业或失业问题，微观经济学研究单个劳动力市场上货币工资升降对

① ［美］曼昆：《经济学原理（上）》，26页。

劳动力需求的影响，研究单个工人可能受哪些因素影响而增减自己的劳动力供给量等等，而这是以既定的宏观经济环境为前提，例如以一定的社会货币供给量、一定的通货膨胀率为前提。宏观经济学研究其他经济总量如国民收入变动和通货膨胀等对就业量的影响，研究如何达到充分就业，但这是在单个工人货币工资率决定的微观经济学理论基础上进行分析的。

2. 理论经济学和应用经济学

另一种常见的分类方法是将经济学分为理论经济学和应用经济学。前者使用数学工具，发展出非常复杂的经济行为模式；后者则用数学和统计学方法去检验理论。无论如何，经济学是社会科学中量化和形式化程度最高的学科。

与此相近的分类是将经济学分为数理经济学和描述经济学。描述或构造经济理论、模型或方法的不同造成了数理经济学和描述经济学之分："我们将专门用数学语言来表述经济理论的，称为数理经济学。而采用文字来表述经济理论的，称为描述经济学"①。

3. 实证经济学和规范经济学

经济学研究的目的在于揭示有关经济变量之间稳定的关系。由此得出的经济理论或提出的假说，不仅要求能够反映或解释已观察到的事实，还要能够对有关情况将来可能出现的现象做出正确的预测，并接受检验。我们将这种局限于表达原因和结果，表述函数关系，阐述客观事物是怎样的（过去是什么，现在是什么或将来是什么），不涉及价值判断的经济理论称为实证经济学。而规范经济学以一定价值判断作为出发点，寻求改善经济活动的准则，在应用方面，着重规定准则去影响经济活动以达到特定的目标，它涉及"应该是什么"行动的问题。② 这两种经济学的划分事实上并不规范，其实质只是经济学的两种表述方式，即实证表述（企图描述世界是什么的观点）和规范表述（企图描述世界应该如何运行的观点）。③

另外，在经济学的发展中，还出现了许多的学派。例如，20 世纪 70 年代中期以后出现的供给学派。它强调的是政策的运作，重视市场机制的

① 郭霖：《经济学——行为与政策分析》，6～7 页。

② 参见同上书，7～8 页。

③ 参见［美］曼昆：《经济学原理（上）》，28 页。

作用而反对政府过多过细的干预，否定凯恩斯“需求管理”政策而提倡“供给管理”政策，认为克服经济滞胀和失业的根本途径在于增加供给；在政策主张上极力强调减税政策，并配合以加速折旧、放松管制等政策，由此调动生产和投资积极性。供给学派理论在美国里根政府时期付诸实践，1981年和1986年美国实施了以减税为主要内容的经济复兴法案和税改。据说，尽管政策执行效果在当时并不很显著，但却为90年代尤其是克林顿时期美国经济的迅猛发展打下了基础。又如，在凯恩斯主义陷入“滞胀”困境的历史条件下，产生了以弗里德曼为代表的货币主义，该理论侧重从微观进行分析，认为在经济活动的众多变量中，惟有货币数量的变化至关重要，它不仅影响到价格及产品的产量，而且还直接影响经济的稳定。弗里德曼指出，凯恩斯宣扬的财政政策是“外生的”因素，不是经济活动本身固有的。因此，一个决策的失误往往会导致整个经济的混乱，调整经济应该从“内生的”因素入手解决问题。

三、经济学与政策分析的相关性

俗话说，“莫道君行早”。与其他社会科学学者相比，经济学学者对政策问题的研究历史更为久远，成就更加卓著。英国资产阶级古典政治经济学的创始人威廉·配第（1623—1687）和英国资产阶级古典经济学的杰出代表及其理论体系的建立者亚当·斯密（1723—1790）、英国资产阶级古典经济学伟大的代表者和完成者大卫·李嘉图（1772—1823）等人的著作，都带有明显的经济政策研究的性质。亚当·斯密在其名著《国富论》的前三篇侧重讨论经济学的基本原理和经济史问题，在后两篇则集中研究经济政策问题，大卫·李嘉图的《赋税原理》一书，从一开始就提出了研究经济政策问题。因此，一些学者认为，古典学派的经济理论与其说是对经济制度机能的一般说明，不如说是关于经济领域中的公共政策原则的理论。当然，古典经济学派的著作较多涉及的是政策建议或政策选择，还较少论及经济的政策方法论问题。到了19世纪下半叶，随着福利经济学的发展，西方经济政策理论也有了进一步发展。20世纪30年代，凯恩斯主义形成。凯恩斯理论的提出就是为制定经济政策服务的。许多经济学家认为，凯恩斯的理论建议正是他的宏观经济政策理论。

按照罗宾斯等人的定义，经济学从稀缺性的角度看待人类行为，它将稀缺资源及其用途的选择作为自己的研究主题。经济学者要考察特定决策或选择行为（不管是私人决策还是公共决策或公共选择行为）的利益和成本。因此，从理论上说，经济学与政策分析密切相关，前者是后者的一个重要的学科基础，或者说，经济学分析是政策分析的一个不可或缺的组成部分。

然而，在相当长的时期，公共政策的经济学分析既被经济学家忽略，也被政治学家忽略。从亚当·斯密开始，经济学家们把焦点集中在私人部门上，而将公共部门尤其是政府的研究留给政治学家和社会学家。一旦涉及政府或国家，经济学家就会将政府看作一个独立的个体，即追求效用最大化的独立个体，并在规范的意义上来讨论政府。政治学家将政治学的领域界定为政府、权力或社会价值的权威性分配，然而却忽视公共部门尤其是政府的行动也具有成本和效益的方面，即忽视了价值分配的经济学方面。后面我们将会看到，正是一批所谓的“政治的经济学家”特别是公共选择学者在第二次世界大战后将经济学的分析方法应用到政治和公共决策领域，使得经济学分析在公共政策研究中的地位与作用凸显出来。

在经济学中，福利经济学、微观经济学以及公共选择和新制度学派对于公共政策研究的影响最深。根据荷兰学者汉斯·范登·德尔和本·范·韦尔瑟芬在《民主与福利经济学》一书中的说法，福利经济学的核心主题是一个团体中的个人的共同福利（共同福利包括由经济所决定的团体的幸福），它包含了如下三种因素：（1）各种条件的公式化约束；（2）关于以上条件如何被团体中的机构加以实现的研究；（3）对于现存的团体机构的贡献及现存的团体福利政策的批判性评价。福利经济学不仅关心公共政策（政治）对于社会价值的分配，而且关注由此带来的社会收益和社会成本问题，从稀缺性的方面观察社会价值的分配。帕累托、巴罗、兰格、丁伯根和鲍莫尔等福利经济学家研究的重点是如下两个基本问题：一是为实现社会福利最大化状态的条件下定义；二是关于一个经济（秩序）组织如何影响全体社会成员的福利问题。这样，福利经济学家们为公共政策的研究提供了相关的概念、理论和方法。

例如，收入的再分配和资源的有效配置一直是福利经济学研究的中心问题，收入的再分配将促进收入的均等化，即意味着平等；资源的有效配置意味着“效率”。因此，“平等”和“效率”既是福利经济学的基本社会目标，也是它的基本政策目标。但“平等”是否是实现福利最大化的必要条件，经济学家们存在着争论，而把实现经济资源的有效配置即“效率”作为促进福利的基本途径，则是经济学家们一致同意的。① 公共政策是政府用来调控社会利益关系的基本工具，就其基本目标而言，从根本上讲是为了谋求公共福利即社会福利的最大化。根据广义社会福利理论对社会福利的解释，政府在制定公共政策时，应从广义上来理解公共政策的目标，并采用相应的利益调控手段，以有利于实现广义上的社会福利的最优化。社会福利理论对公共政策的重要意义在于：

第一，公共政策的制定必须从社会整体利益出发，以实现社会整体利益即社会福利的优化作为根本目标。广义社会福利理论在个人福利与社会福利的关系问题上坚持社会福利决定个人福利的原则，把社会福利置于个人福利之上，认为只有当全社会的福利得到改善，个人福利才能最终得到改善。这种观点与公共政策的基本价值观是一致的。从这种观点出发，政府在制定公共政策时，应从社会整体利益出发，坚持公共利益的价值取向，以社会福利的优化作为公共政策所要达到的最终目标。“公共政策的价值取向是什么？是公共利益还是团体利益？这是公共政策理论中长期争论不休的问题。”②

第二，公共政策必须关注社会中个人的福利，但要求个人福利以社会福利为前提。按照广义福利理论的观点，公共政策的目标是为了谋求最大的公共福利即社会福利，但这并不意味着公共政策不关心个人福利。

第三，公共政策在关心人的全面福利的同时，必须把经济福利放在优先考虑的位置，正确处理好经济福利、政治福利和文化福利之间的关系。

微观经济学对于公共政策研究的最突出的作用表现在，它为政策问题的分析提供了强有力的分析工具以及概念框架。它有助于澄清公共行动的真实成本和开支，了解这些行动对个人和团体所产生的影响。政府的职能在很大程度讲是经济上的职能，如果没有重要的经济后果，就难以思考和评价政府的政策或项目。现代社会中的大量政治争论是关于政府为谁做什

① 参见胡象明：《广义的社会福利理论及其对公共政策的意义》，载《武汉大学学报》，2002（7）。
② 胡象明：《论政府政策行为的价值取向》，载《政治学研究》，2000（2）。

么和谁去付成本的问题。微观经济学是考察这些问题的可利用的强有力工具。将微观经济学应用到公共政策研究的一个优点是使对公共问题的争论由规范转到实证，更多地用事实和数字说话。毫无疑问，没有一项公共政策是单纯靠理性计算而出台的，但微观经济学分析可以增加决策的科学性和合理性。

经济学与政策分析的相关性还表现在，经济学的许多分支学科都有将研究成果应用到政策问题的传统。以政府是否要参与社会保障计划为例。经济学家萨缪尔森曾提出了著名的迭代模型理论，他将每个人的生命分为两个时期，第一时期具有劳动能力，可以创造财富；第二时期失去劳动能力，不能创造财富，只能依靠第一时期的积蓄生存。并且任一特定时期的人口中一半人具备劳动能力，另一半人失去了劳动能力。这就是所谓的迭代模型，看起来并不复杂，但用来分析社会保障计划却可以得出皆大欢喜的结论。

根据迭代模型所描绘的社会结构，有两种方式设计社会保障计划：一种是投资型，一种是转移型。投资型事实上是一种政府不参与的方式，就是说没有社会保障计划，在这样的社会中，一个人在第一时期赚了钱，消费一部分，在银行积蓄一部分（银行存款即为投资）；第二时期到来时，此人消费银行里的积蓄。转移型是政府参与的社会保障方式，政府强迫某一时期的具有劳动能力的人把他们创造的部分财富无偿地转移给同一时期失去劳动能力的人，下一时期到来时，前一时期失去劳动能力的人失去了劳动能力，新的一代人出生了，政府强迫新的一代人将其创造的财富的一部分无偿地转移给这一时期不具备劳动能力的人。

从表面上看，以上两种方式没有什么区别。如果社会是静止的，两种方式确实没有什么区别，然而在一个经济高速发展的社会里，转移型社会保障计划则会使整个社会的福利提高。用一个简单的例子来说明：假定每个时期只有两个人，一个能够创造财富，一个则无力创造，我们还假定社会的经济增长率为20%。注意，扣除通货膨胀率后，银行存款的实际利率几乎为零，甚至是负数。为简便起见，假定存款的实际利率为零。如果政府不参与，在某一时期，有劳动能力的人创造了1个单位的财富，他消费0.5个单位，在银行存款0.5个单位，下一时期到来时，这个人消费银行中的0.5个单位存款，就是说此人每个时期的消费是0.5个单位。如果政府强制实行转移式社会保障计划，最简单的一种方式就是让社会成员平均分配某一时期创造的社会财富。那么在某一时期，有劳动能力的人创造了1个单位的财富，他消费0.5个单位，这一时期没有劳动能力的人消费另外的0.5个单位；下一时期到来时，由于生产率的提高，社会的总产值为1.2个单位，上一时期具备劳动能力的人在这一时期失去了劳动能力，但是按照政府的平均分配原则，他在这一时期可以消费0.6个单位的财富，就是说，他第一时期的消费是0.5个单位，第二时期的消费是0.6个单位。相对于政府不参与的情况来讲，他第一时期的消费没有降低，第二时期的消费从0.5个单位增加到0.6个单位。

我们知道，转移型社会保障计划会使整个社会的福利提高。所以政府是否参与社会保障计划关系重大。把这一经济学的研究成果运用到政策问题中就要求政府承担起制定和强制实行社会保障计划的职责。

从上述的分析可以看到，经济学与政策分析的相关性及用经济学的理论知识来分析公共政策问题的有用性。经济学既可以为政策的制定提供理论建议，又可以增加政策中包含的科学成分。同时，不管是社会保障政策的出台还是政府其他政策的制定和实施，都不是单纯从经济学出发，或单纯从政策学出发，而要把二者合理地结合起来。这就足以说明经济学与政策分析的密切相关性。

第二节　政策研究的经济学途径

政策科学是一个跨学科、综合性的研究领域，它是建立在各门其他学科的基础之上的。这门学科本身的性质决定了政策分析的研究途径是多样的。其中，经济学途径日益受到各国学者的广泛关注，成为政策分析的一个主导途径。经济学理论的具体应用体现在分析政策的过程之中，运用经济学中的理论假定、概念框架和分析方法，为解决现实问题提供了实证的分析工具，这将为政府制定出合理的公共政策提供科学的依据。

一、政策研究的经济学途径的内容

经济学与公共政策研究的联系的原因在于，公共政策一般都具有经济的方面（如利益和成本），经济分析和经济学家作为政策选择的分析者是必不可少和富有成效的。经济学并不直接分析政策推论，但它给经济学家提供了一系列分析政策过程的工具和提供分析问题的视野或框架，即提供了研究公共政策的途径。在西方政策科学的发展过程中，经济学途径一直是一种主导途径，其影响和成果不亚于政策研究的政治学途径。

所谓政策研究的经济学途径，也就是采用经济学的理论假定、概念框架、分析方法及技术来看待公共决策问题。按照阿马切尔（Ryan C. Amacher）在《经济学和公共政策》一文中的概括，政策研究的经济学途径的基本内容是：

（1）经济理论是实证的或非规范的，它由事实命题而不是价值判断所组成。这就意味着经济学要为决策者提供实证的知识，而不是某些"应该"的指导；

（2）经济学理论解释某些事件的结果，它允许"如果 A，则 B"一类的问题，一般并不预言 A 的出现；

（3）经济学家倾向于用私人市场过程来解决社会问题；

（4）经济学家倾向于花大量的心血去澄清各种选择，并使特定选择的机会成本尽可能清楚；

（5）经济学家更有可能认识到现存的选择中的替代机会；

（6）与第 5 点密切相关的一点是，经济学家使用渐进的和边际的途径；

（7）经济学家倾向于用个人的途径来做社会分析；

（8）经济学理论对所有经济系统和体制背景都是适应的。①

下面我们用失业问题的经济学分析的例子来加深对政策分析的经济学途径八点内容的理解（我们采用政策分析的基本程序进行失业问题的经济学分析，并提出解决方案）。

第一步：确定政策目标。

---

① Ryan C. Amacher, "Economics and Public Policy", in Social Socience and Public Policy: The Roles of Academic Disciplines in Policy Analysis. N. Y., Port Washington: Associated Faculty Press, 1984. pp. 16－164. Also see, "The Economic Approach to Social Policy Questions: Some Method Logical Perspective". In The Economic Approach to Public Policy (Selected Readings). Ed. by, R. C. Amacher, etc., Ithaca: Cornell University Press, 1976, pp. 18－36.

在各国的微观、宏观经济中存在许多基本问题，如失业、通货膨胀、经济萧条等。经济学家凯恩斯认为其中最关键的是失业问题，在我国经济发展过程中，这一点体现得尤为明显。因此，公共政策解决的一个主要问题是失业问题。国务院将这项公共政策的目标设定为用5年左右的时间，初步建立起适应社会主义市场经济需要的社会保障体系和就业机制。

第二步：找出解决目标的可能方法。

分析失业问题的原因可以从微观和宏观两个方面入手，并提出公共政策的解决方案。创造就业机会是实现充分就业的关键问题。决定创造就业机会有以下两个因素：第一，人力资源是市场经济发展的一个基本要素，作为生产力各要素中惟一的活要素，它在经济发展中起着决定作用。人力资源在劳动力市场中充分自由地流动，可以使从业人员获得更多的就业机会。第二，经济增长率。当经济高涨时，旺盛的消费需求、投资需求，引起社会消费品、生产资料的生产规模不断扩大，从而创造出更多的就业机会；相反，当社会不景气时，消费低迷，投资缩减，对整个社会生产的拉动乏力，造成企业出现局部停工减产的情形。因此，经济增长率的高低也是分析失业问题的一个关键因素。从两个主要的因素来看，就业者、劳动力市场及微观主体规章的设立都属于微观问题；提高经济增长率，促进经济水平的提高属于宏观问题。对这两方面原因的分析有利于我国政府运用相关的公共政策解决我国所面临的失业问题。

第三步：分析两种方案及其结果。

按照前面的思路，我们可以构建失业率决定模型，该模型主要由以下两个变量决定：第一，经济增长率；第二，劳动力市场的弹性系数以及随机扰动项的制度因素。设失业率为Y，劳动力市场的弹性系数为X_1，经济增长率为X_2，随机扰动项的制度因素为ε，则劳动力总供求失衡时的失业率模型是：$Y = A + \alpha X_1 + \beta X_2 + \varepsilon$。①

这里X_1为劳动力市场的弹性系数，是部分工时人员数与社会受雇人员总数之比，它表示人力资源在劳动力市场上的流动性，劳动力市场弹性系数越大，表明劳动力市场人力资源的共享性越大，劳动力的流动性越高；X_2表示经济增长率水平的高低，经济增长率水平越高，创造就业机

① 参见盛乐、姚先国：《失业问题的微观分析与模型解释》，载《中国经济问题》，2002（1）。

会越大，缓解就业压力的能力越强。由此结果，我们不难看出，失业率水平与劳动力市场弹性系数、经济增长率有着较强的依赖关系，因而解决失业问题的有效途径是：推动劳动力市场建设，促进实施劳动力市场弹性工时制；提高经济增长水平，增加就业机会。

（1）失业问题的微观分析——劳动力市场弹性工时制的实施。劳动力市场的决定因素是劳动力市场的弹性工时制。“弹性工时制（灵活工时或部分工时）是指在非常规工时制度的基础上，根据企业对劳动力的实际需求状况来灵活地安排职工工作时间的一种制度。”① 我们看到：就政府而言，弹性工时制作为一项新实施的微观政策，在我国目前实施的过程中仍存在许多不确定的因素，这需要政府在制定微观政策时，全面确定执行政策所花费的成本，包括政策经费的货币成本、新旧体制转变的转制成本以及政策影响范围的无形成本，同时也要确定制定政策所获得的利益等方面的问题。就政策本身而言，这项政策属于社会保障政策的范畴。从个人这一微观主体来说，实行部分就业的模式，即劳动者自主、灵活地选择工作时间，能充分挖掘劳动者个人的人力资本潜能，合理、有效地配置人力资本；另一方面，从劳动力市场这一微观主体来说，有选择、分时段地安排间隔就业，数量一定的就业岗位可以安排若干倍的人员就业，将对缓和就业压力起到积极的作用。社会保障政策的作用在于：使劳动力在市场价格信号的引导下，双向选择，竞争就业，合理流动，逐步统一劳动力市场，打破城乡之间、地区之间、部门之间的劳动力市场壁垒。通过劳动力和用人单位的双向选择，公平竞争，实现就业。因此，推行劳动力市场的弹性工时制以及其他配套改革，是今后较长一段时间内扩大就业、缓解就业的一种灵活的政策选择。

（2）失业问题的宏观分析。决定失业问题的另一个关键因素是经济增长的状况。经济增长率水平的高低决定了所创造的就业机会的多少。我们除了采用上面的数学模型分析，还可以采用凯恩斯的有效需求不足理论分析失业问题。

有效需求是指商品的总供给价格与总需求价格达到均衡时的社会总需求。总供给价格（S）是指企业家按最低的预期收入来确定其在一定就业

① 参见盛乐、姚先国：《失业问题的微观分析与模型解释》。

量下所生产的商品总量的最低卖价。总需求价格（D）是指企业家预期社会购买这些商品所愿意支付的价格。当总供给价格大于总需求价格，部分商品卖不出去，厂商缩小生产，解雇部分工人。当总供给价格小于总需求价格，需要生产更多的产品，厂商扩大生产规模，增加雇佣工人。因此，社会就业量由劳动力这种商品的总供给价格与总需求价格决定。两者的关系可由图13—1来表示。①

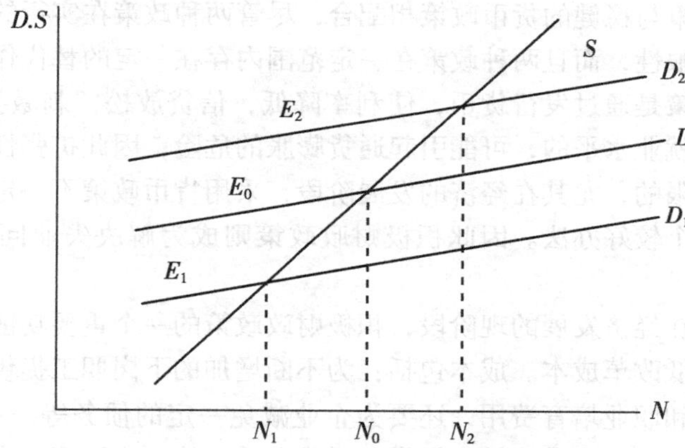

图13—1

在凯恩斯的有效需求不足理论中，他采用短期分析方法，假定在这期间，社会结构、劳动力与固定资本的设备、生产技术等微观变量保持不变。

当总就业量只取某一特定值时，才能实现充分就业。实际的就业量由供给曲线 S 与需求曲线 D 相交于 E_1，实际就业量 N_1，充分就业量为 N_0，因为 $N_1 < N_0$，有失业 N_1N_0，这是由于有效需求 D_1 < 充分就业 D_0，即失业是由有效需求不足造成的。所以，要实现充分就业的目标，就必须提高社会总需求的水平。

有效需求不足的存在机理有以下三个方面的原因：边际消费倾向递减，资本边际效率递减及流动偏好。

政府在分析解决失业这一宏观问题时面临多种政策组合，如财政政策

① 参见郭霖：《经济学——行为与政策分析》，267页。

和货币政策的配合使用，但不同的政策在作用机制、传导方式、政策时滞等方面差别很大，在实施的过程中又存在着一定的替代性，因此应详细分析各种政策在解决社会问题时所产生的效用，诸如可以采用成本—效能分析、评估一项政策在实现既定的目标过程所产生的功效。这种经济学方法可以使决策者比较各种政策的成效，分别予以列出等，作为进一步决策的根据，与相似的政策目标相比较，制定合理的政策解决方案。如积极的财政政策与稳健的货币政策相配合，尽管两种政策在实行的过程中存在一定的局限性，而且两种政策在一定范围内存在一定的替代作用，但考虑到货币政策是通过发行货币，使利率降低，信贷放松，刺激投资和消费需求，提高就业水平的，可能引起通货膨胀的危险，因此扩张性货币政策的作用是有限的，尤其在经济的发展阶段，采用货币政策不一定是解决失业问题的一个较好办法。因此积极财政政策则成为解决失业问题的一种主要手段。

在经济发展的现阶段，积极财政政策的一个重要功能是完善结构调整和降低改革成本。成本包括：为不断增加的下岗职工提供必需的基本生活开支和职业培育费用，还要为企业减免一定的债务等。在结构调整方面，为企业关闭停产或转产提供必需的财政支持，为了促进产业结构升级，仍需要采取一定的税收优惠及补贴政策。措施是：税收方面：第一，当税率较低时会导致劳动强度的下降，有利于经济增长和就业的增加，因此减税可以促进就业水平的提高。第二，工资所得税：降低工资所得税比降低个人所得税更能增加就业，因为这样可以使单位成本不变而公司收入增加，从而增加劳动力需求，同时可以把资源从公营部门转移到私营部门，提高全社会的劳动生产率。第三，个人所得税：由于非雇员性质的个体特别是小企业主，他们的供给弹性大，因此个人所得税率的降低能够提高他们的积极性，从而增加产量和就业。此外，政府还可以实施发行一定规模的社会保障专项国债、形成消费需求的增加机制等配套政策。

第四步：依一定的标准排列各种备选方案的顺序。

失业问题是影响我国经济发展的一个重要的制约因素。因此，解决失业问题应该从微观和宏观两个角度同时入手，在两个角度内则应按照一定的顺序来实施。这里不再赘述。

从上面的分析，我们可以看出，经济学的分析作为政策分析的一个主导途径，为公共政策的制定、分析、执行提供了新的分析思路，我国政府将运用微观和宏观的经济学的分析工具，在政策分析中起到越来越重要的作用，同时我们也应看到，在研究政策分析时既要充分吸收、借鉴西方政策分析的理论和方法成果，又要立足于国情及现状进行有中国特色的政策分析研究。

二、经济学的基本假定和概念

有如导论所述，政策分析的经济学途径是指采用经济学的理论假定、概念框架、分析方法及技术来看待公共政策问题。在这里，我们介绍经济学的基本假定和概念框架，以加深对政策分析的经济学途径的理解。

1．经济学的基本理论假定

（1）“经济人”假设。“经济人”假设指各个微观主体都是以追求利益最大化为目的的“经济人”或“理性人”，他们自觉地按照利益最大化的原则做事，即制定利益最大化的目标并获得最大化的利益。“经济人”假设是就政策制定的主体而言的，认为在政治决策过程中，每个人都是“经济人”，即追求自己的最大利益。人们在现实生活中总是怀疑这一理论假定存在的合理性，需要指出的是，这里的“经济人”假设并不总意味着利己主义或一味追求个人的经济利益，它还表示人们所追求的最大利益可以在追求慈爱、友谊、和平、社会进步等精神因素中实现，一方的存在不否认另一方的存在，双方共同满足了人们多方面的需求，缺少其中的任何一个因素都难以实现个人利益的最大化，对相关理论的分析也将无从谈起。

（2）资源的稀缺性。资源的稀缺性是现代经济学的重要假设前提，指“相对于人类社会无限的欲望而言，生产这些物品的资源（人力、土地、商品、技术、劳务）总是不足的，即资源的相对有限性”①。资源的稀缺性假设是就政策制定的客体而言的，相对于人类社会欲望的无限性，人力与非人力资源是有限的，生产与提供此两类稀缺资源也是有限的，需要人们以零价格以上的价格，通过互相交换，才能使消费者享有资源，这

① 梁小民：《西方经济学教程》，3页，北京，中国统计出版社，1998。

便形成了稀缺性的矛盾以及因此总结出的稀缺性规律。西方经济学家认为稀缺性是一切经济问题产生的根源，是经济学的出发点。

（3）信息的不完全、不对称。专业分工造成了信息的不对称，这种信息的不对称一方面使人们不需要探求他们不关心的信息，另一方面也为机会主义行为提供了更多的机会。此外，由于市场竞争的不完全性，导致了交易双方不能处于平等的地位，主要表现为信息的不完全、不对称，这导致了在信息不对称的环境中，隐瞒行为以及集体“搭便车”行为的产生，因此需要政府制定相应的政策解决。

（4）交易费用大于零。由于信息的不对称性，在交易中要了解相关信息，要寻找交易的对象，要管理和监督交易的行为，众多的交易行为都需要一定的费用，这些都是交易费用。同时，复杂性和不确定性等因素也决定了交易费用的上涨，这必然使社会中的各个主体在进行相关的交易时的成本是大于零的，这其中也包括政府在改革过程中的机会成本和转制成本。

（5）外部效应普遍存在。外部效应又叫外部性，是指“私人收益与社会收益、私人成本与社会成本不一致的现象。它可具体分为外部经济和外部不经济”①。现在越来越多的经济学家与政策制定者从外部效应入手分析政策制定的过程中存在的问题，如奥尔森从“集体行为”入手，诺思对“搭便车”行为进行分析等。② 外部效应对“经济人”行为的影响，如寻租活动会产生巨大的负外部效应，必须加以解决。

综上所述，与前两种经济学假设相比，后三种假设属于新制度经济学的范畴，其更符合现实的需要，建立在此基础上的公共政策能够更好地解决现实问题。因此，新制度经济学逐渐成为一个主要的政策分析的经济学途径。

2. 政策分析中常用的经济学概念

政策分析的过程中经常采用一些重要的经济学概念，包括“自由市场模式、成本、收益、主体资格、外部性、弹性、边际分析和公正”等。③

---

① 贺卫：《寻租经济学》，52页，北京，中国发展出版社，1999。

② 参见诺思：《制度、制度变迁与经济绩效》，27页，上海，上海三联书店，1994。

③ 参见卡尔·帕顿、大卫·沙维奇：《公共政策分析和规划的初步方法（第二版）》，150~160页。

自由市场模式（freedom market pattern）指当市场运行的公共政策目标失败时，政府便担当起提供基本公共产品和公共服务的角色，通过税收等两种干预手段，调整各个微观主体的利益关系，实现各主体的最大化利益。

成本（cost）是政策分析的中心问题之一，经济学家认为成本是资源的投入，这种资源包括所有行为所能涉及的资源，包括无形成本和有形成本。政策制定者在政策分析的过程中，应正确处理成本与边际成本、沉淀成本和机会成本等概念的关系，超越现实分析中成本的分析局限，提高政策的科学性与合理性。

收益（benefits）是指通过买卖且价格相对容易确定的物品或服务获得的收入。收益可以是有形的、无形的、货币可以衡量的、货币无法衡量的、短期的、长期的等等。成本—收益分析法构成了政策分析的主要方法。

主体资格（standing）是指在完成成本与收益的过程中，“考虑到哪些主体有权利承担福利—效用的变化，并且成为可以估算的个人或集团的组成部分”①。

外部性（externalities）是指市场不能确定价格的积极的或消极的现象或影响，公共政策的目标是将外部性的价格加入到市场的定价中去，政府通过行政手段对受到的外部性损失予以补偿，对从外部性中获益的予以征税，实现外部不经济向外部经济的转变。

弹性（elasticity）是经济学中一个十分重要的概念，它反映的是经济变量之间的函数关系。弹性表示的是作为因变量的经济变量的相对变化对于作为自变量的经济变量的相对变化的反映程度，可以分为需求弹性、供给弹性、收入弹性等，政府通过分析不同商品的价格弹性，采取不同的价格政策。

边际（marginal）也是一个重要的概念，边际量表示一单位的自变量所引起的因变量的变化量，边际分析方法是政策分析中最基本的分析方法之一。

---

① Dale Whittington and Duncan MacRae, Jr., “The Issue of Standing in Cost-Benefit Analysis.” Journal of Policy Analysis and Management 5, No. 4 (Summer 1986), p. 669.

公正（equity）是指商品和服务在社会个人和次级组织中的有效、合理的分配，分配的公正性包括现行的分配和计划中的分配，而目前大家最关心的就是社会成员之间收入分配的公平性及收入差距过大的问题。

三、几种主要的经济学分析框架

1. 微观经济学框架

微观经济学框架即通过对微观个体经济单位的经济行为的研究来说明现代西方市场机制的运行和作用，以及改善这种运行的政策途径。这一框架由以下理论构成：价格理论、消费者行为理论、厂商生产理论、成本理论、分配理论及微观经济政策分析与制定等。

微观经济框架在公共政策分析中具有重要作用。微观经济学是一门选择性科学，为政策制定者提供了政策建议的目标取向。微观经济学家在参与公共政策事务的过程中，致力于政策分析与经济学的交叉研究，把政府或国家作为一个独立的微观个体。根据最基本的前提条件，运用演绎法和数学模型，运用各种行政手段，解决在市场经济运行中存在的“市场失灵”，使各种资源得到最优化的配置，以社会效用最大化为目的来讨论政府的微观行为。其中包括估算政府制定政策的机会成本与沉淀成本，及取得社会效益的最大化以及指导其他的微观主体的社会行为等等。微观经济学是使公共问题的争论转化为实证分析的有效途径，目的在于提高公共政策决策的科学性和合理性。

2. 宏观经济学框架

宏观经济学框架是政策制定者运用总量分析方法及宏观经济模型，分析社会总体的经济行为及其后果，制定各项宏观经济政策，实现促进就业、稳定物价、促进经济增长等社会目标。这一框架包括整个社会的产量、收入与价格水平理论、失业与通货膨胀理论、经济周期理论、经济增长理论及宏观经济政策等理论。

宏观经济学框架在公共政策分析中具有重要作用。我国政府在社会经济生活中扮演重要角色，运用经济模型，通过公共政策的制定与执行，在保持宏观经济总量平衡及经济增长、提供公共物品、消除外在效应、收入及财富的再分配和维持市场秩序等方面发挥积极作用。例如，现阶段我国政府运用宏观调控手段尤其是财政、货币和产业政策手段以及指导性的经济计划来调控宏观经济的运行，力求达成经济增长、经济效率和社会稳定等基本经济目标，使国民经济健康、高速的发展。

3. 福利经济学框架

"福利经济学从抽象的角度来说，主要讨论的是社会选择标准的界定、收入的再分配及资源的优化配置。从现实的角度来说，福利经济学利用这种标准来评价以不同制度（主要是政府和市场）为基础的经济，以便确认最理想经济的学科。"① 由此可见，福利经济学的框架是建立在社会选择标准的基础之上的，这包括配置效率或帕累托效率、满足这项原则的必要条件、公平理论及实施的原则、社会福利函数及各个学派的公式、社会最优选择等等。

公共政策运用福利经济学的有关理论分析了政府的现实政治、经济制度，从微观经济层次角度，对垄断、外部性、公共产品、收入不公平等社会现象进行剖析，提高政策运行效率，由政府针对市场中存在的"市场失灵"等问题，制定微观经济政策，实现收入的公平分配；从宏观经济层次的角度，在封闭的经济中，制定货币政策、财政政策、收入政策和价格政策，保证经济的平稳运行。在开放的经济中，政府通过对货币及汇率制度进行国际标准化的管理，实现国际收支平衡。

4. 制度经济学框架

"从广义的角度看，制度经济学包括新制度经济学、在它之前的所谓旧制度经济学和后制度经济学。从横向的角度看，包括公共选择理论、法与经济学、集体行动的逻辑等相近理论。"②

关于制度经济学框架在公共政策分析的运用，在中国的制度变迁中体现得尤为明显。新制度经济学研究"制度运转的费用"，通过对交易费用的高低判断制度的运行效率，还可以用"制度变迁的成本"或"改革成本"来判别不同改革道路的优劣。在中国，更多的学者注重用制

---

① ［德］尼古拉·阿克塞拉：《经济政策原理——价值与技术》，10页，北京，中国人民大学出版社，2001。

② 盛洪：《现代制度经济学（下卷）》，序言，北京，中国轻工业出版社，2002。

度经济学现实地分析人与人之间的利益冲突，以及“改革成本”及改革导致的利益分配不均来解释改革与发展中出现的许多问题，如我国产业的非均衡性发展，这集中反映在产业结构和就业结构的严重背离上，导致了以工业发展为基本特征的东部与以农业发展为基本特征的西部之间的差距在不断拉大。制度经济学框架为中国渐进式的改革提供了可借鉴的理论基础及改革思路。

第三节 公共选择理论

20 世纪 70 年代兴起的公共选择理论（public choice theory）是政策研究的经济学途径的典型，它是一个应用经济学的理论假定和方法来研究非市场决策或公共决策问题的新的研究领域。因此，可以把公共选择理论看作一个政策科学学派，看作政治学和经济学的交叉研究领域（实际上，它被称为“政治的经济学”或“新政治经济学”）。

一、公共选择理论的界定

公共选择理论有不同的名称，如“公共选择”（public choice），“集体选择”(collective choice),“公共选择经济学”(economics of public choice),“新政治经济学”(new political economy),“政治的经济学”(economics of politics)或“政治的经济理论”(economic theory of politics)等。

作为公共政策研究的经济学途径的典型，公共选择理论是在研究现实经济问题的推动下，通过对传统市场理论的批评而产生的，并且成功地运用了经济学的分析方法，坚持“经济人”假设，采用个人主义的方法论，用交易的观点来看待政治过程。用其奠基人布坎南的话来说：“公共选择是政治上的观点，它把经济学家的工具和方法大量应用于集体或非市场决策而产生。”① 按照另一个公共选择学者缪勒的说法，公共选择理论可以定义为非市场决策的研究，或简单地定义为将经济学运用到政治科学，它

① ［美］詹姆斯·M·布坎南：《自由、市场和国家》，12 页。

所使用的是经济学的方法，其基本假定是经济学的“经济人”假设，即人是自利的、理性的效用最大化者。①

公共选择是研究集体决策的科学。这有两层含义：一是集体性。单个人自己的决策不在考虑范围之内，但凡是有人群的地方集体决策就不可避免，因而公共选择成为必需的；二是规则性。决策就是指定规则，在人与人之间存在偏好差异的情况下，必须决定规则以使人们的行为协调起来，因此，人们必须进行决策以选择那些能够反映和满足一般人偏好的规则。公共选择研究的集体决策范围包括国家、政府、国防、警察、消防、教育、环境保护、财产权、分配等等政治问题。②

公共选择又被定义为以经济学方法研究政治问题的科学，它把经济学的分析方法和工具用于研究集体的或非市场的政治决策过程，所以公共选择理论被认为是最名副其实的“政治经济学”。而日本学者小林良彰在其《公共选择》一书中说到，如果经济学是采用经济学的方法的学科，政治学是处理政治领域问题的学科，哲学是研究理想的学科，那么公共选择理论既是政治学、经济学，又是哲学，即借公共选择理论为契机，以实现社会科学内部的结构调整。③

二、公共选择理论的兴起

公共选择理论产生于20世纪40年代末，“大体上从1948年以来，公共选择作为一个独立的研究领域而发展起来了”（布坎南语），而它作为一个学派或思潮的兴起则是60年代末70年代初的事。公共选择理论的创建至今仅仅50余年时间，但是它不仅成为当代西方社会学特别是经济学、政治学中的一个重要理论学派，而且成为当代西方公共管理实践特别是政府改革实践的一个重要理论基础。

1. 公共选择理论兴起的背景及原因

西方传统的经济学在分析经济问题时，都以亚当·斯密的“经济人”

① Dennis C. Mueller, Public Choice Ⅱ. Cambridge: Cambridge University Press. 1989, pp. 1-2.

② 参见［美］丹尼斯·缪勒：《公共选择》，前言，北京：商务印书馆，1992。

③ 参见［日］小林良彰：《公共选择》，154页，北京，经济日报出版社，1989。

假设作为出发点，即个人参与经济活动的动机都是利己心，其经济行为的目的都是为了个人利益的最大化——作为消费者要实现效用最大化；作为生产者要实现利润最大化。但在分析社会的政治行为时，经济学家们并没有运用这种“经济人”假设，而是把各种政治团体特别是政府看作摆脱了利己心的公共机构，作为一个专门为社会谋福利而没有自身利益的组织，其参与主体更是无私奉献的圣人。在自由放任时代，由于国家对经济的干预很少，这种分析方法并没有遇到挑战。但是，当凯恩斯主义的国家干预对经济的影响不断加深，人们对政府行为日益关注之时，经济学家们就要着手探讨政府所制定的各种经济政策为什么会失败或出现偏差？财政赤字、通货膨胀、效率低下和资源浪费等经济困境的根源在哪里？公共选择理论就是在这个时候应运而生的。

第二次世界大战后的西方经济日益依赖于政府干预的现实，给经济学家们和政治学家们提出了重大的研究课题。20 世纪 40 年代末 50 年代初，三个年轻的美国经济学家——詹姆斯·布坎南、肯尼斯·阿罗和保罗·萨缪尔森将经济学的分析方法应用于政治领域，力求解释民主政治和社会选择（公共选择或公共政策）的过程。他们的思想后来发展成为人所共知的公共选择理论、社会选择理论和公共物品理论。而在这三种理论中，当今影响最广泛而且争论最大的要算公共选择理论了。

公共选择理论提出了不同于作为新主流经济学的凯恩斯理论的解释。凯恩斯理论完全肯定政府经济的干预，认为市场经济的内在缺陷必然导致经济衰退和严重失业，而国家的干预是弥补市场缺陷的惟一良策。公共选择理论则认为，人们必须破除凡是国家政府都会全心全意为公共利益服务的观念，不应视政府为应公众要求提供公共物品的机器，而要看到政府既是由个人选出的，也是由个人组成的群体。因此，选举规则和个人的多元目标追求是决定政府行为的重要因素，在任何不合理的选举规则下产生的政府以及政府官员为满足不合理的个人追求而采取的行动，都将把经济状况和社会福利引入恶化的境地。当时，公共选择理论对这些社会“痼疾”给予了独树一帜的分析，其主要创建人美国经济学家詹姆斯·布坎南为此还获得了 1986 年诺贝尔经济学奖。①

① ［美］丹尼斯·缪勒：《公共选择》，前言。

2. 公共选择理论的思想渊源

（1）维克塞尔的财政理论。维克塞尔被布坎南认为是现代公共选择理论的主要先驱。他对公共选择理论的主要影响，是他用公共选择方法和立宪观点解释了公共财政问题，这集中体现在他的《财政理论研究》（1896）一书中。该书在方法论上奠定了公共选择理论的三个要素：方法论上的个人主义、个人的理性行为和政治是一个复杂的交易过程。

（2）意大利的公共财政学派。其主要影响在于它提出了两种国家模型，一种是垄断的专制的国家模型，其中各集团都是自私的，对于统治集团的决策，被统治集团只能被动接受或抵制，故统治集团会选择一个被统治集团抵制最小的财政结构；另一种是民主的或合作的国家模型，其中公共决策的基本单位是个人，每一成员都既是决策的参与者又是决策后果的承受者。这两种模型以民主模型为主，都被现代公共选择理论接受。

（3）18—19 世纪的投票数学研究。这个时期，一批数学家孔多塞、博尔达等人对投票过程的数学分析进行了研究，迈开了公共选择理论发展的第一步。

（4）以亚当·斯密为代表的古典政治经济学。他们注重分析政治对经济的影响，分析不同制度环境下的经济行为，这成为公共选择理论的分析特色。

（5）美国开国元勋们的联邦主义观点与宪法观点。这些观点主要影响到公共选择学派中的宪制经济理论。①

3. 公共选择理论的学派及主要代表人物

根据研究方法和主要理论观点上的差别，可以把公共选择理论分为三个学派，它们是罗切斯特学派、芝加哥学派和弗吉尼亚学派。

（1）罗切斯特学派。这一学派的代表人物威廉·赖克（William Riker）在 1962 年应用博弈论来批评道恩斯的民主的经济理论，始为人所知。除赖克外，沃尔德舒克（Ordeshook）、布莱姆斯（Brams）、黑利希（Hinich）、阿兰森（Aranson）等人也可划归这一学派。他们都喜欢称自己的治学领域为“实证的政治理论”（positive political theory），并善于用博弈论等抽象的语言来描述选举、政党策略、投票机制、共谋行为、立法

① 参见文建东：《公共选择学派》，4～7 页，武汉，武汉出版社，1995。

活动和官僚体制等现实的政治、法律过程，但批评者常常指责他们的理论离现实太远。

（2）芝加哥学派。公共选择理论的芝加哥学派同新古典微观经济学上的芝加哥学派是部分重合的。对制度现实的关注是这一学派一贯的传统。芝加哥学派的学者们，包括斯蒂格勒（George Stigler）、贝克尔（Becker）、佩尔茨曼（Peltzman）、巴罗（Barro）、兰德斯（Landes）和波斯纳（Posner），将价格理论的基本原则和方法直接用于对政治和法律过程的分析之中，对美国的司法活动产生了最直接的影响。

（3）弗吉尼亚学派。以布坎南和塔洛克为首的弗吉尼亚学派对公共选择这一学科的形成和发展做出了决定性的贡献。如果说前述众多学者是因为用了经济学的方法和原则来分析政治、法律问题而被认为对公共选择理论的发展做出了贡献的话，布坎南和塔洛克则是以他们有意识地建立和完善"公共选择"这一独立研究领域的持续不断的努力而著称的。布坎南认为，他们是在"法律和制度"的社会结构之中来研究经济的，并且他把价格理论而不是数学形式看作经济学的真正基础，并强调这种价格理论是应用于真正的现实问题的价格理论。由于公共选择理论与弗吉尼亚学派结下了不解之缘，以至于丹尼斯·缪勒写道："今天，我们所有从事公共选择研究的人都是弗吉尼亚学派的成员，就像所有经济学家都是由亚当·斯密创立的'苏格兰学派'的成员一样"①。

有西方学者在罗切斯特学派、芝加哥学派、弗吉尼亚学派之外，加上了印第安纳学派。印第安纳学派的领袖人物是一对夫妇——政治学家文森特·奥斯特罗姆（Vincent Ostrom）和伊莉诺·奥斯特罗姆（Elinor Ostrom）。这个学派研究的主题是个人自我利益与公有社会文化之间、政府强制与自愿合作之间的紧张而有趣的协调；他们接受公共选择的理性人假设，但是承认个人除了经济利益外还有其他利益；他们也是方法论上的个人主义者，但是又强调文化和制度在形成个人需要、社会权力和社会习俗方面的作用。②

① Dennis C. Mueller, "The 'Virginia School' and Public Choice", in The Public Approach to Politics, . Edward Elgar Publishing Ltd, 1993.

② Lionel Orchard and Hugh Stretton, Public Choice, Cambridge Journal of Economics, Vol. 21, No. 3, May 1997, pp. 410-420.

三、公共选择理论的主题和方法

1. 公共选择理论的主题

作为公共政策研究的经济学途径的典型，公共选择是一个应用经济学的理论假定和方法来研究非市场决策或公共决策问题的新研究领域。用布坎南的话来说：公共选择是政治上的观点，它从经济学家的工具和方法大量用于集体或非市场决策中而产生。而缪勒将公共选择对非市场决策的分析思路归纳为：(1) 做出与一般经济学相同的行为假设（理性的、功利主义的个人）；(2) 通常把偏好显示过程描述为类似于市场（选民从事交换活动、个人通过投票行为来显示他们的需求，公民自由进入或退出俱乐部）；(3) 提出与传统价格理论相同的问题（均衡存在吗？它们是否稳定？是否具有帕累托效率？它们是如何达成的？）。

公共选择所涉及的是政治或公共决策的主题领域。按照缪勒的说法，公共选择的主题与政治学的主题是相同的，涉及国家理论、投票规则、投票者行为、政党政治和官僚机构等。按照荷兰学者德尔和韦尔瑟芬的说法，公共选择或政治决策的经济学理论中最重要的几个主题是：一个团体中公共物品的供给和需求，不同权力集团的交易过程中的价值分配，政党争取选票的竞争和官僚机构行为对政府政策的影响。法国学者勒帕日认为，公共选择理论涉及如下四个基本主题：(1) 研究政治制度和最佳经济状态之间的关系；(2) 发展出有关官僚体制的经济理论；(3) 深入研究代议制政治制度运转的逻辑及其缺陷；(4) 力求找出能够说明某些政治制度历史发展的经济因素，尤其是对国家、合法性、正义等概念的逻辑探讨。

由于上述主题的探讨，公共选择学者提出了种种的理论，如非市场决策论（公共决策论）、代议民主制经济理论、国家理论、政党理论、利益集团理论、寻租理论、官僚制理论、政府扩张论、政府失灵论、俱乐部理论、以脚投票论、财政联邦制论、立宪经济理论等。核心是公共决策或公共物品的生产与提供理论。

2. 公共选择理论的研究范围

皮科克（Alan Peacock）把公共选择理论的研究范围划分为三大政治市场：初级政治市场、政策供给市场和政策执行市场（但是，他又认为，公共选择理论还可以应用于许多其他领域，如国际政治学、组织内部政治学）。在初级政治市场上，政治家把政策卖给选民，选民则为政治家支付选票。这个市场上的供求分析构成公共选择理论的基本原理，这些原理包括分析各种不同的投票制度的结果，如一致同意的选举制度、少数服从多数的选举制度、中间投票人定理等。在政策供给市场上，官员为了实现当选政府的政策目标将提供不同的行政手段。对这些手段的供求分析构成官员经济理论、政府增长理论和政府失灵理论等。在政策执行市场上，主要分析政策执行给一些人带来的影响，如纳税人、领取福利的人、获得行业补贴和养育补贴的人、向政府供给商品的人，这些人或多或少被动调整自己的行为来适应法律的要求。①

皮科克认为，公共选择理论虽然也分析政策问题（见图 13—1），但是它不同于主流经济学中的政策范式（见图 13—2），后者主要解释宏观经济政策是如何运作的。二者的区别可以用这两个图形来说明。

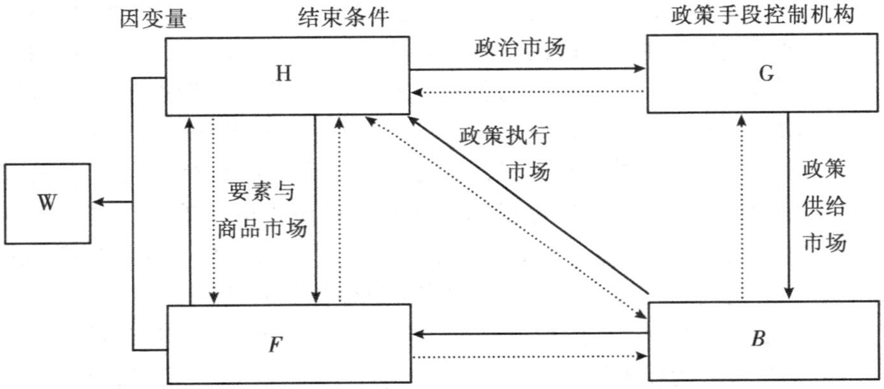

图 13—1　公共选择分析中的政策范式

图中：*W*——政策结果（反映在政策目标上，如通货膨胀率、就业等）；
G——政府（选票最大化者）；
B——官员（机构）（产出最大化者或预算最大化者）；
H——居民户（选民）（效用最大化者）；

① Alan Peacock, Public Choice Analysis in Historical Perspective. Cambridge University Press, 1992, pp. 13－16.

F——厂商（效用最大化者）。

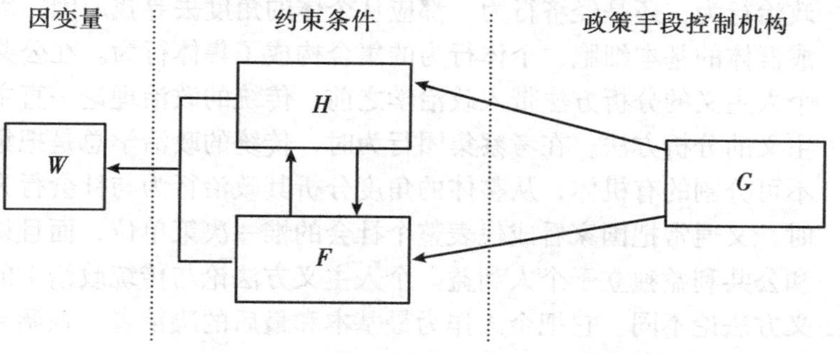

图 13—2 主流经济学中的政策范式

图中：*W*——“政府”的福利函数；

G——“政府”（集体福利最大化者）；

F——“厂商”（利润最大化者）；

H——“居民户”（效用最大化者）。

3. 公共选择理论的研究方法

公共选择理论主要是运用了经济学的分析方法来研究政治问题。它的研究方法归纳起来主要有以下三点：

(1) “经济人”假设。众所周知，经济学分析是建立在“经济人”假设之上的。这一假设认为，人们总是尽可能地利用自己的一切资源去获取自身效用的最大化。公共选择理论坚持经济学对人性的这一概括，把“经济人”假设扩大到人们在面临政治选择时的行为分析。认为人就是人，人并不因为占有一个经理位置，或拥有一个部长头衔就会使“人性”有一点点改变。进行市场决策的人和进行政治决策的人是同样的，都受自身效用最大化的引导。公共选择理论将人类在市场领域和政治领域中的行为统一起来，“把人类行为的两个重要方面重新纳入单一的模式”①。公共选择对“经济人”运用范围的拓展，使得经济学最基本的分析方法，即成本—收益法，能够在政治领域得到应用，为制度分析提供了前提，并由此产生了一系列富有启发性的结论。

① [法] 亨利·勒帕日：《美国新自由主义经济学》，123 页，北京，北京大学出版社，1985。

（2）个人主义的方法论。这种方法论认为人类的一切行为，不论是政治行为，还是经济行为，都应从个体的角度去寻找原因，因为个体是组成群体的基本细胞，个体行为的集合构成了集体行为。在公共选择理论将个人主义的分析方法带入政治学之前，传统的政治理论一直主要采用集体主义的分析方法。在考察集团行为时，传统的政治学总是把集团当作一个不可分割的有机体，从整体的角度分析其政治行为与社会行为。分析国家时，又通常把国家看成代表整个社会的惟一决策单位，而且认为国家利益和公共利益独立于个人利益。个人主义方法论与传统政治学的这种集体主义方法论不同。它把个人作为最基本和最后的决策者，强调一切公共行为都源自于个人决策。

（3）交易政治学。公共选择理论用交易的观点看待政治过程，把政治过程看作是市场过程。只不过市场过程的交易对象是私人产品，而政治过程交易的对象是公共产品。进入政治领域的人们也有各自不同的价值观和偏好，这些价值观和偏好都应受到承认和尊重。总之，政治制度就是一个市场，在那里，人们建立起契约关系，一切活动都以起码的个人成本—收益计算为基础。“我们没有理由认为个体公民在选举人秘密写票室中的行为与个体消费者在超级市场中的行为有本质上的不同。”①

四、对公共选择理论的评价

1986 年，在瑞典皇家科学院举办的诺贝尔奖颁奖典礼上，斯塔尔（Ingemar Stahl）教授代表评奖委员会评价了布坎南和公共选择理论的贡献。他称布坎南的获奖理由是“发展了经济和政治决策的契约论与宪法基础”，公共选择理论（布坎南作出了主要贡献）则有如下三方面的理论意义：（1）将传统经济学的微观理论扩展和应用到对政治制度、行政和利益组织的研究中，从而创造出了一种关于政治系统中的不同成员实际上如何运作的内部逻辑一致的实证性（或描述性）理论，而不是一种关于他们应当如何运作的规范性理论。（2）它改变了经济学家们对经济政策诸要件的认识，使许多政治现象很容易得到解释，比如：巨大财政赤字的

① ［法］亨利·勒帕日：《美国新自由主义经济学》，150 页。

产生使所有经济利益都被这一代人（包括今天的选民和政治家）所享用，而其成本将由在目前的决策中没有投票权的后代承受。（3）它为揭示经济和政治决策的基础做出了重要贡献。斯塔尔教授评价道："这种研究的进一步结果是产生一种不仅整合政治和经济决策，而且将法律制度纳入其中的社会理论"①。

而法国学者亨利·勒帕日把货币主义、人力资本理论、产权理论和公共选择理论合称为美国新自由主义经济学。他认为，公共选择理论的重要贡献在于：（1）公共选择经济学家们成功地把"经济人"范式用于大量非商业性的社会领域（如政治领域），公共选择理论著作有助于增加"经济人"范式的科学用途。（2）公共选择理论填补了古典自由主义理论中最重要的空白之一，即自由主义者过去没有充足的理由来驳斥对手们对公共行动功效的盲目信赖。而且它避开了著名的阿罗定理对整个现代政治思想造成的障碍（阿罗定理的结论是：从逻辑上说，人们不可能建立完全协调一致的集体选择制度；没有一种投票制度能以令人满意的方式沟通个人和集体，因而十全十美的民主政治是不存在的）。公共选择理论在个人行为和集体选择之间重新架起了一座桥梁。（3）公共选择理论最富有创造性的贡献之一，是对国家的发展提出了一系列合理的解释。人们可以把这些解释概括成非常简单的一句话：西方民主政体是一种过时的政治技术的俘虏，这种政治技术的逻辑使得现代国家的增长和发展只有利于特权公民阶层，即官员阶层。公共选择理论的这些解释有助于更好地了解现代国家规模增长的原因。②

公共选择理论虽然是一种颇有争议的学说，在"经济人"假设和个人主义等方法论上有些走极端，它的一些理论还有待检验和证实，但是它用经济学的分析方法来研究公共选择活动和政治行为，把经济学和政治学纳入一个统一的逻辑体系，是有积极意义的。公共选择已取得了丰富的理论及方法论成果，它的理论和方法已得到广泛的应用，尤其是自 20 世纪 80 年代后期以来，公共选择理论的应用范围已经远远超出了主流经济学

---

① Nobel Foundation comp, Nobel Lectures in Economic Sciences（1981—1990）. World Scientific Publishing Co. Pte. Ltd, Singapore, 1992.

② ［法］亨利·勒帕日：《美国新自由主义经济学》，165 页。

和正统政治学的研究范围，它几乎涉猎了当代所有的社会热点问题。

公共选择理论对于公共政策研究具有可供借鉴之处：（1）公共选择学者从经济学的假设、理论和方法入手来研究政治和公共决策问题，为公共政策和政治学研究提供了一个新的视野、新的研究途径；它用方法论个人主义来取代作为传统政治学主导途径的方法论集体主义，是对公共政策研究政治学途径的有益补充或扩展。（2）公共选择学者丰富了当代政策科学和政治学理论，如它的非市场决策理论、政府失败论、国家与政党理论、投票规则的损益分析、官僚体制与代议制民主的分析，扩展或补充了当代政策科学和政治学的理论研究。（3）有助于对当代西方国家公共政策过程的本质及其局限性的认识，也加深了对人类公共决策过程及其规律性的认识。

第四节　政策分析中的经济学方法

公共政策大都具有经济上的效果或需要经济上的投入，这是经济分析方法应用于公共政策分析的现实基础；而演绎法、“经济人假说”和方法论个人主义则构成经济学分析的主要逻辑基础。演绎法和数学模型的采用是经济学分析的一个基本特征。演绎法由假设推导出定理，是由一般到特殊的推理过程；一个数学模型则表现为一系列在逻辑上一致的数学方程式。演绎法和数学模式的采用使得经济学分析具有形式化、定量化和精确化的特点，特别是保持逻辑上的一致性或消除逻辑矛盾，简单地描述复杂的现象结构，做出预言和进行经验检验。考察经济效果有三种常见方法，即成本—效益分析（或损益分析）、成本—效能分析（或称成本—有效性分析）和公共定价法。下面就介绍这三种方法。

一、成本—效益分析方法

政府提供公共物品是因为私人市场本身不能保证有效率地生产足够数量的公共物品，但确定政府应该起作用只是第一步。政府还应该确定，提供哪些公共物品，以及提供多少。

假定政府正在考虑一个公共项目，例如修一条新的高速公路。为了判断要不要修这条公路，政府必须比较所有使用这条公路的人的总利益和修该公路所有的成本。为了做出这个决策，政府就会请有关的专家进行成本—效益分析，它的目标是核算该项目相对作为一个整体而言的社会总成本和总利益。

1. 政策分析中成本、效益的含义

要了解成本—效益分析方法，必须先了解成本和效益（利益、收益）的含义。成本是商品经济的价值范畴，人们进行生产经营活动或达到一定目的，就必须耗费一定的资源，其所费资源的货币表现及其对象化称为成本。① 随着商品经济的不断发展，成本的概念的内涵和外延都处于不断的变化之中。美国会计学会与标准准则委员会对成本作了如下的定义：成本是为了一定目的而付出的（或可能付出的）用货币测定的价值牺牲。从这个定义的外延看相当广泛，它可包括：劳务成本、工程成本、开发成本、资产成本、资金成本、质量成本、环保成本等。

从经济学的一般意义上讲，效益就是人们在有目的的实践活动中所费与所得的对比关系。所费，即活劳动与物化劳动的消耗和占用；所得，即由上述实践活动带来的有用的结果。人们研究效益问题的根本目的在于以尽量少的劳动耗费与占用，取得尽可能多的有用的结果。公共决策中的效益是一个多层面的综合性概念，有以下几个特征：

（1）经济效益与社会效益的统一。经济效益是可以用货币来衡量的有形成果。社会效益是财政资金的耗费与社会效果的对比关系，这里的社会效益包括经济的稳定协调发展、社会公平、国家安全、社会秩序安定、生态平衡及环境保护、教育科普、科学进步等一系列社会目标的实现，是难以用货币来衡量的。两者是互相依存、互相制约的对立统一关系。

（2）宏观效益和微观效益的统一。宏观效益是指通过公共支出总量和结构的安排与调整所产生的有关国民经济效益和社会发展全局以及国民整体利益、长远利益的经济效果，如国民经济的稳定均衡发展、资源的合理配置等；微观效益是指每一笔决策项目所带来的具体经济效果。

① 参见葛家澍：《成本会计》，1页，沈阳，辽宁人民出版社，2000。

（3）直接效益与间接效益的统一。例如在安排投资于学校的教育经费项目来说，其直接效益主要表现在该项支出与学校培养出的合格学生的数量及教员的科研项目数量之间的对比关系；其间接效益主要表现在学生走向社会后对生产力的推动作用及上述科研成果对社会发展的影响等。

成本—效益分析被广泛地应用于私人企业和公共部门的决策分析中。效益（收益）与成本两个概念的含义随决策主体的不同而不同。如果主体是私人企业，它是以追求利润为基本目标。因而，其成本与收益的识别是以利润减少或增加为原则，识别的基本方法是追踪项目的货币流动：凡是流入项目之内的货币视作收益即现金流入（如销售收入）；凡是流出项目的货币视作支出即现金流出（如投资、经营成本、税金等）。由于这些财务收支仅是流入或流出项目的货币，且都可以借助价格系统进行货币计算，所以其识别与计量就相对简单和容易。而公共政策的项目或方案是以政府为主体，为满足社会公共需要而进行的分配活动。其目的是追求最大的社会福利，政府不能只像一般的微观经济主体那样单纯考虑直接、有形、物质的所费与所得的对比关系。还必须站在宏观的角度考虑整个社会和发展的整体效益。然而这些收益与成本往往因缺乏市场价格而难以用货币计量，这都使其成本与收益的识别和计量相对复杂和困难。因而正确归集和分配成本、收益是做出准确分析的基础。一般来说可以包括以下几个方面：

（1）直接收益与成本、间接收益与成本。直接收益与成本是指与特定成本对象相关的能够经济而又方便进行追踪的成本，如公路建设项目可以直接提高运输能力；某一灌溉项目旨在增加某片土地的产量，直接收益为一定时期内获得灌溉的那片土地农产品产量的净增长。间接收益与成本是指直接收益与成本以外的收益与成本。它与特定成本对象相关，但不能经济而又方便地追溯到各个成本对象的成本。间接收益与成本是由直接收益与成本引发生成的。如公路建设项目除提高运输能力外，还能带动沿公路带的经济发展；对于灌溉项目而言，间接收益可能包括毗邻土地肥力的增长。毗邻土地实际并未获得灌溉，但由于地下水位升高，该片土地也从中受益。

（2）内部收益与成本、外部收益与成本。内部收益是由项目投资经营主体获得的收益。内部成本是由项目投资经营主体承担的成本。例如，一个污水处理项目，项目投资与经营成本由企业自身承担，减少污染的收益由附近地区的居民获得。外部收益与外部成本是指项目以外的收益与成本。例如，一个免费通行的公路项目，通行者从通行中获得的收益是项目的外部收益；政府投资建设的学校，学生从免费就读中获得的收益是外部收益。而机动车辆在公路上行驶产生的噪音对附近地区的居民带来的损失是一种外部成本；一个正在施工的市区道路项目给行人的不便而带来的损失也是一种外部损失。

需要指出的是，公共项目的直接收益（或成本）并不一定等同于内部收益（或成本），间接收益（或成本）也不一定等同于外部收益（或成本），尽管它们之间在有些情况下可能重合，但并非所有项目都能重合，二者之间在概念上的差异不能混淆。例如，一个公共消防项目，它所提供的减少或消除火灾损害的服务，具有公共物品的免费服务特性，由它所获得的减少财产损失和人员伤亡的收益是一种直接收益，但这种收益却不是项目的内部收益，而是消防部门以外的外部收益。一般而言，间接收益与成本包含在外部收益与成本之内，内部收益与成本包含在直接收益与成本之内。当然，必须谨防对某一项目的收益进行重复计算。例如，某一灌溉项目可能使农用土地的价值增加。然而，这种增值仅仅反映了土地产出的增长能力，同时计算土地价值的增加和农产品增加的价值将导致对项目收益的重复计算。不幸的是，那些从事成本—收益的人并不总是能够理解这一点，重复计算的确会偶尔出现。

（3）有形收益与成本、无形收益与成本。有形收益与成本是指可以采用货币计量单位或实物计量单位予以计量的收益与成本。由于公共项目的成本—效益分析是用经济分析方法对项目的经济效益和社会效益状况进行评价，所以，应尽可能把项目收益与成本货币化，使收益与成本具有可比性，这就需要寻求项目产出物和投入物的价格，以便计算它们各自的货币价值。一般而言，公共项目投入物的货币价值容易计算，如投资和经营支出等，而其产出收益则常常缺乏市场价格而不易计量其货币价值。在对无市场价格的产出收益的货币化计量方面，通常有两种可供选择的方法：第一种方法是把可以获得同样的替代项目方案的最小成本费用作为该项目方案的收益；第二种方法是把消费者愿意支付的成本作为收益的估价，而对项目产出所带来的外部损失，则可以用被损害者愿意接受的最低补偿收入作为外部成本或负收益价值的估价。在上述方法难以实行的情况下，有必要采用实物计量的方法来计量项目的有形收益和成本。无形收益与成本是一些既不存在市场价格又难以采用其他计量单位的收益与成本。例如，因交通项目产生的时间节约所导致的收益，由保健支出带来的生命延续和疾病的减少，以及由飞机场的噪声污染而产生的成本等，这些都是难以用货币或其他计量单位加以度量的，有的公共项目，其无形收益与成本可能并不重要，可以对其忽略不计，但是有的项目无形收益很可能是其根本性收益，就不能对其忽略不计。但是，其货币价值通常无法从市场上取得，而必须从其他渠道获取，通常是间接地参考来自别处的市场行为。如果无法货币化，也就无法采用其他方法计量，则应采用图片、音像、文字等各种形式予以描述和解释。

2. 成本—效益分析的步骤与方法

一般地说，成本—效益分析的过程由如下五个步骤构成：

第一步：识别阶段，判断某一项目可以达到机构所希望的目标。

第二步：调查阶段，主要是了解能实现该目标的各项可能的投资方案。

第三步：收集信息阶段，主要是获取有关各备选投资方案效果的资料。

第四步：选择阶段，针对定量财务指标分析、定量非财务指标分析以及定性指标分析，采用不同的分析方法。由于定性指标未包括在正式分析之中，管理人员必须用自己的判断，决定在最终决策时，定性因素占多大比重，以确定各个项目或方案的优劣次序。

第五步：决策阶段。要以上述次序为依据，并要看限制条件情况而定。

成本—效益分析有许多种具体方法，可以分为如下两种情况来加以讨论：

（1）贴现的分析评价方法。贴现的分析评价方法，是指考虑货币时间价值的分析评价方法，亦被称为贴现现金流量分析技术。在现实生活中，许多项目的建设周期都不会限于一个年份，这样一来，任何一个项目的收益和成本不可以直接相加，必须将“货币时间价值考虑”在内，将不同时点的成本、收益按一定的贴现率换算成同一时点的成本、收益，进行计算。

1）净现值法（以 NPV 代表）。是指特定方案未来现金流入的现值与未来现金流出的现值之间的差额。在该方法下，未来现金流入和流出都要按照预定的贴现率折算为现值，然后再计算它们的差额。其算式是：

$$NPV = \frac{A_1}{(1+i)} + \frac{A_2}{(1+i)^2} + \cdots\cdots + \frac{A_n}{(1+i)^n} - A_v$$

$$= \sum_{k=1}^{n} \frac{A_k}{(1+i)^k} - A_v$$ ①

假设方案 A，第一年年初投入 100 000 元，设 $I=10\%$，以后的五年内的回收情况如表 13—1。

表 13—1

第一年末	第二年末	第三年末	第四年末	第五年末
25 000	20 000	25 000	40 000	45 000

方案 A 的净现值 NPV（A）

$=(25\ 000\times0.909+20\ 000\times0.826+25\ 000\times0.751$
$+40\ 000\times0.683+45\ 000\times0.621)\ -100\ 000$
$=29\ 055$（元）

计算的结果如得到的净现值为正数，说明该方案可实现的收益率大于所用的贴现率；反之，如得到的净现值为负值，说明该方案可实现的收益率小于所用的贴现率。从上述计算可知，方案 A 的收益率大于所用的贴现率，该方案可取。其中贴现率是个关键，如果选择不当，就可能导致错误的分析，例如较高的贴现率，对使用年限较短的支出项目有利。

2）净现值率法。净现值率和净现值的不同，在于它不是简单地计算投资方案未来的现金流入的现值同它的原投资额之间的差额，而是计算前者对后者之比。仍采用上例：

$$NPVR\ (A) = \frac{129\ 055}{100\ 000} = 1.29$$

① 参见葛家澍：《管理会计》，330 页，沈阳，辽宁人民出版社，2000。

若数值大于1，说明其收益超过成本，即报酬率大于预定贴现率。它可以看成是1元原始投资可望获得的现值净收益，它是一个相对数指标，反映投资的效率；而净现值是绝对数指标，反映投资的效益。净现值和净现值率这两个指标之间有着如下关系：

净现值 >0　　　净现值率 >1

净现值 =0　　　净现值率 =1

净现值 <0　　　净现值率 <1

3）内部收益率法。上述净现值、净现值率的计算虽然考虑了“货币时间价值”，但有一个共同的特点，就是不能据以了解各个投资方案本身可以达到的具体的投资收益率是多少。内部收益率的计算可以做到这一点，是考察项目盈利能力的主要动态评价指标。它是投资方案在建设和生产经营年限内，各年净现金流量的现值累计等于0时的折现率，也就是下式中的 r：

$$NPV = \frac{A_1}{(1+i)} + \frac{A_2}{(1+i)^2} + \cdots\cdots + \frac{A_n}{(1+i)^n}$$

从上述数量关系，可以看到，内部收益率有以下一些特性：

$$\sum_{k=1}^{n} \frac{A_k}{(1+r)k} = A_v$$

$$\sum_{k=1}^{n} A_k = A_v \quad r = 0$$

$$\sum_{k=1}^{n} A_k < A_v \quad r < 0$$

$$\sum_{k=1}^{n} A_k > A_v \quad r > 0$$

第一种情况意味着决策方案未来的现金流入量的总和刚好同原投资额相等，没有带来任何盈利，说明所作的投资没有取得相应的收益，即其内部收益率为0；第二种情况说明资金投入以后，不仅没有盈利，而且还使原投资额亏蚀了一部分而收不回来，因而其内部收益率就表现为负数；第三种情况意味着除收回原投资额外，还取得一定的利润，说明所作的投资取得了相应的收益，据以确定的内部收益率为正值，取得的盈利越多，r

越大；同样的利润额，取得的时间越早，r越大。

这里需要讨论的是两个概念：第一是贴现率的采用，在公共决策中，常采用“预算资金的社会机会成本”作为确定贴现率的依据。“预算资金的社会机会成本”是指一笔资金若不用于公共支出项目，而投入私人部门时所能创造的社会效益。如果一笔资金投入到私人部门创造出更高社会效益，就不应该将这笔资金从私人部门转到公共部门，由政府支配使用。预算资金成本通常可以用资金市场上的利率来表示。但在使用时必须注意两点：一是市场利率应是完全竞争资本市场上的利率，在不存在完全竞争市场的情况下，就必须利用“影子利率”来衡量；二是市场利率往往含有税收的因素，在使用时必须对其加以排除。如在所得税税率为10%的条件下，市场利率为20%，排除税收的因素，其实际的市场利率，也就是纳税人实际可以获得的资金收益率只有10%，很显然，资金的机会成本以后者为准，而不可以建立在前者的基础上。决定贴现率的理想方法应确定被政府活动挤代的私人支出类型并使用被挤代支出的平均回报率。① 从实用角度看，考虑各种因素估算贴现率更为方便。这些因素可能包括被挤代的投资和税收的风险。②

第二个需要探讨的是影子价格（也称为最优计划价格）概念。其名称是从线性规划来的，也就是说影子价格是求资源最优分配的线性规划的对偶解的价格。③ 投入产品和产出产品存在市场价格，这些价格无法确切反映边际社会收益和成本，如果市场存在税收扭曲、配额或者法规条例，市场价格可能无法表现社会价值。而公共部门进行成本—效益分析应以真实的社会成本及收益为基础，为此，经济学家引入“影子价格”这一分析工具。即针对无价可循或有价不当的商品或劳务所规定的较合理的替代价格。理想的“影子价格”应为不存在社会失灵时的帕累托效率均衡价格，它是一种真正的社会价格。④

---

① 对上述估算的分析，参见阿若德·C·哈泊特：《计算公共资金的社会机会成本》，《项目评估》，94～122页，芝加哥：Markham，1972。

② 参见威廉姆·J·波穆：《社会折现率》，载《美国经济评论》，58期（1968年9月），788～802页。

③ 参见杨汉宏：《工程经济学》，202页，北京，煤炭工业出版社，2002。

④ 参见樊勇明编著：《公共经济学》，168页，上海，复旦大学出版社，2001。

（2）非贴现的分析评价方法。非贴现方法不考虑时间价值，把不同时间的货币收支看成是等效的。这些方法在选择方案时起辅助作用。例如：回收期法。它代表收回投资所需要的年限，主要用来测定方案的流动性而非营利性。

3．成本—效益分析的作用和局限性

虽然成本—效益分析可以作为预算决策经济分析的一个重要手段，但经济学家对成本—效益分析的评价不是很高。在他们看来，这种方法的适用范围是很有限的。它是一项艰难的工作。因为以货币为尺度并不能对许多政府领域的效益进行适当的分析，如对国防、太空研究、对外援助、公安和司法裁决等方面的效益用货币这个尺度来表示是很困难的；而教育、住宅建设和公路建设虽然被认为可以提供巨大的货币效益，但迄今为止也没有可靠的测量方法。它们的效益扩散得很广泛，而且有一部分属于非经济性质。就高速公路来说，所有的人都可以免费使用高速公路，但没有判断高速公路价值的价格。简单地问人们，他们对于高速公路的评价如何，那些要用高速公路的人为了修这条路有夸大他们所得到的利益的可能，那些受高速公路伤害的人为了阻止修这条路有夸大其成本的可能。因此，有效率地提供公共物品在本质上比有效率地提供私人物品更困难。私人物品由市场提供。私人物品的买者通过他们愿意支付的价格反映他们对该物品的评价。卖者通过他们愿意接受的价格反映出他们的成本。与此相比，当评价政府是否应该提供一种公共物品时，成本—效益分析并没有提供任何价格信号。关于公共决策的成本和效益的结论充其量只是近似而已。[①] 因此，成本—效益分析对于那些如防洪、电力生产、邮政、某些运输和娱乐设施等，也就是说对主要是经济性质的、有形的、可以用货币测量的公共政策更为适用。

然而，对于公共政策的经济分析来说，成本—效益的作用是十分重要的，在经济学家们来看，它至少可以纠正两个广泛存在而又肯定会带来不良后果的倾向：一是它有助于纠正那些只顾需要，不顾成本的倾向。在某些情况下，有些决策的项目确实是需要的，但是考虑到其成本情况，却是

① 参见 N. Gregory Mankiw：Principles of Economics，237 页，北京，生活·读书·新知三联书店，2001。

不值得的，因此必须予以放弃。因为预算资金有限，同样的资金可能在别的项目上能获得更大的收益，要在一些项目和方案之间进行稳妥的选择，过分强调需要则无助于使决策的效益达到最优。二是它也有助于纠正那种只考虑成本，而不管效益如何的倾向。在某些情况下，即使有些公共决策的项目相当庞大，但是其效益更大，从经济角度分析，这种项目就是可行的，应该选定，不应该因为成本过大就予以放弃。①

成本—效益分析是一种有用的工具，可以分析政府投资项目的净收益和社会回报。在实践中，成本—效益分析与其说是一门科学，倒不如说是一种艺术。为了计算项目产品的收益，必须做出许多简化后的假设。此外，当项目涉及外部负效应时，专家们对如何评价外部负效应通常存在着巨大分歧。在列举和评估成本与收益时，经济学家们可以设计一些指导原则。在实践中，实际的列举和评估工作要求科学家、工程师和其他专家通力合作。

二、成本—效能分析方法

对于不合适用成本—效益分析法的项目，可以运用成本—效能法进行分析。这个方法的要点是根据方案或项目预期的结果的成本与效能来评估每个方案或项目的效果。许多公共政策大都需要成本（而成本往往可以计算），但无法计算收益，比如非经济的因素，以及文化、教育等不能用货币来衡量或很难估算其成本和收益，同时未来的成本、收益往往有着不确定性，难以估计。这样则无法进行上述的成本—效益分析，也就无法以效率作为衡量绩效的标准。在这种情况下，可以采用成本—效能分析方法来衡量方案达成目标的有效性程度。

成本—效能法与成本—效益分析法的主要区别在于，是根据方案或项目预期经过的成本与效能来评估每个方案或项目的效果，不用货币单位来计算备选的方案的社会效益，只需计算每个备选项的有形成本，并以成本最低为择优的标准。

运用该法来确定方案，其步骤同成本—效益分析法大致相同，由于免

---

① 参见高培勇：《公共部门经济学》，142页，北京，中国人民大学出版社，2001。

去了计算支出与无形成本的麻烦，分析的内容要简单得多。首先，确定决策目标，例如，假设我们决定，在下一个十年内我们每年平均将死于疾病或事故的人数减少 5 000 人，我们可以提出多种备选方案进行选择，每项方案均有助于减少死亡人数。我们可以利用税收资金提供更多的有关吸烟、饮用酒精危害的资料；我们可以要求建筑物必须安装烟雾探测器，向低收入地区免费提供；我们可以提供补贴，改进国内医院的治疗设施；等等。其次，以货币为统一尺度，分别计算出各备选方案的各种有形费用并予以加总。在计算费用的过程中，如果遇到需要实施多年的项目，也要用贴现法计算出“费用流”的现值，以保证备选方案的可比性。最后，还要按照费用的高低顺序排序，以供决策者选择。

成本—效能分析法使得政策制定者可以通过为具有类似任务的机构共同编制预算而发现各项计划之间的协调性。政府通过这种方法可以降低实现某些目标的成本，例如促进健康或减少因交通堵塞而导致的延误。① 该方法多被用在军事、政治、文化、卫生等公共项目的决策上。运用成本—效能法来确定最佳方案，在技术上并不困难，困难之处在于备选方案的确定。因为，这里提出的备选方案应能无差别地实现同一个目标，要做到这一点，可能并不容易。

三、公共定价法

在市场经济中，所有经济行为主体都采取自我效用最大化的行动，价格成为行为信号，价格机制是实现资源最优配置的主要机制。由于政府也提供大量满足社会公共需要的“市场性物品”，那么，这些物品也涉及同其他商品和服务一样的问题。即价格的确定，这就是所谓的公共定价。

我们从一个观察到的真实情况开始。从来没有一个城市通过修建更多的道路就能解决道路拥挤和污染的问题。对于汽车拥挤和污染政策问题，经济学家总有一个理论上的回答——道路定价。根据人们用哪一条道路，

① 参见大卫·N·海曼：《公共财政——现代理论在政策中的应用（第六版）》，205 页，北京，中国财政经济出版社，2001。

在一天中和一年中什么时候用这条道路，以及他们使用这些道路时污染问题的程度，来对使用道路的人收费。要把价格确定在最适当的使用量的水平上。在新加坡决定试着这样做之前，还没有哪一个城市敢用道路定价法。许多想法在理论上看起来很好，但总有一些隐藏的、未预料到的缺点。新加坡现在有了十多年的经验。这个制度还在运行！没有什么未预见的问题。新加坡是地球上惟一一个没有道路拥挤，没有汽车引起的污染问题的城市。在新加坡城市中心区周围有一系列收费站。要开车进入城区，每辆车必须根据行驶的道路、开车的时段以及当天的污染问题交费。价格的上升和下降使使用量达到最适水平。此外，新加坡计算了中心城市以外没有污染时可容纳的最大汽车量，并在每月拍卖新车牌照。不同类型的牌照允许不同程度的使用。允许在任何时候使用的车的牌照比只允许在周末——拥挤不太严重的时间——使用的车的牌照贵得多。价格取决于供求。有了这种制度，新加坡不用把资源浪费在无助于抑制道路拥挤和污染问题的基础设施上。从这种制度中得到的钱可用于降低其他税收。①

可以看到，公共定价法就是把市场等价交换原则引申运用到公共劳务的提供和使用中去，通过制定和调整公共劳务的价格或收费标准，适当地约束和限制社会对该公共劳务的消费量，从而使公共劳务得到最有效、最节约的使用，以达到提高公共支出收益，提高财政资金使用效益的目的。从定价政策来看，公共定价实际上包括两个方面：纯公共定价和管制定价，两者都涉及两个方面，即定价水平和定价体系。定价水平是指政府提供每一单位“公共物品”的定价是多少。在管制行业里，定价水平依据正常成本加合理报酬得到的总成本。定价体系是指把费用结构（固定费用和可变费用的比率）和需要结构（家庭用、企业用和产业用，以及少量需求和大量需求等不同种类的需求，高峰负荷和非高峰负荷等不同负荷的需求）考虑进来的各种定价组合。② 公共定价方法可以包括：平均成本定价法、负荷定价法等。当然，需要注意的是，公共定价法也只是适用于可以买卖的、采用定价收费方法管理的公共服务部门，并且在运用时还必

① The Boston Globe, February, 28, 1995, p. 40.

② 参见植草益：《微观规制经济学》，65～66页。

须制定正确的价格政策，才能达到社会资源最佳分配的目的。

案例

一、对我国货币政策有效性问题的经济学分析

影响我国当前货币政策执行有效性的因素主要可分为政策问题的特性、政策本身以及政策以外等三个因素，其中政策本身的因素中，政策目标的具体明确性是政策执行有效性的关键所在，而目标的制定出台必定要经过仔细的研究审定，这就常常会用到经济学的理论及框架，通过经济学途径来衡量目标的可行性。政策出台后有效性的衡量则更会用到经济学的相关知识。因为这样不仅直观，有说服力，而且可以使问题的解决由规范变为实证，列举大量的数字，定理，计算公式和事实为决策的合理性提供了强有力的论据。下面就我国经济政策中的一个方面——即货币政策执行的有效性问题，运用经济学的理论知识作一分析，以便进一步论证经济学对政策分析的有用性。

我们知道，货币政策是一国宏观调控的重要政策。在我国，当前由于经济运行状态和机制中存在的某些问题，使得中国人民银行低利率的货币政策效果不显著。下面将分三个方面结合经济学相关知识论述我国的货币政策的有效性问题，这三个方面分别为：货币政策有效性的经济学相关理论、我国货币政策执行效果不显著的原因以及增加货币政策有效性的政策建议。

1. 货币政策有效性的经济学相关理论

开放经济条件下的货币政策目标一般被概括为内部均衡和外部均衡，内部均衡包括通货稳定、充分就业和经济增长；外部均衡指国际收支基本平衡、汇率稳定。主流经济学对于开放经济和宏观政策分析工具之一是蒙代尔—弗莱明模型，“即当较低的物价水平降低了利率时，投资者把他们的部分资金转移到国外，并引起国内通货相对于国外通货贬值。这种贬值使国内物品与国外物品相比变得便宜，从而刺激了净出口”①。它分析了

① ［美］曼昆：《经济学原理（上）》，342页。

资本充分流动、利率平价处处成立的条件下，不同汇率制度中政策工具的有效性。按照蒙代尔-弗莱明模型，固定汇率制下货币政策是无效的，因为资本高度流动，任何国内货币政策变动所导致的国内外利率水平偏差将引起国际套利，从而抵消货币政策的效应；在浮动汇率制度下，货币政策的影响使汇率水平发生变动，能使货币政策的灵活性和有效性都得到增强，通过货币政策的调控，可以同时达到内部均衡与外部均衡。

关于实际利率与储蓄。在利率与储蓄之间的负相关关系中，利率指的是名义利率，但考虑到价格水平的变化，需要考察一下实际利率与储蓄之间的关系，如果名义利率下降的幅度赶不上物价下降的幅度，实际利率会上升，储蓄存款则会增加；反之，如果名义利率下降的幅度超过物价下降的幅度，则实际利率会降低，储蓄存款会减少。

名义利率与储蓄。在理论上，名义利率与储蓄之间是负相关关系，当存款利率降低后，居民会减少储蓄而选择其他金融资产。但在我国，这一传导机制的实现却有现实的障碍，居民的储蓄利率弹性非常小。

弗里得曼认为，货币供应量的增长导致名义收入的增长有平均6个月~9个月的滞后，从名义收入的增长到物价的上涨也有平均6个月~9个月的滞后。也就是说，降低利率的货币政策的收入增长效应几乎有一年的时滞，物价上升效应则有几乎两年的时滞。

公共选择理论认为，人们必须破除凡是国家政府都会全心全意为公众利益服务的观念。政府是由个人选出的，也是由个人组成的，因此，选举规则和个人的多元化目标追求是决定政府行为的重要因素，在任何不合理的选举规则下产生的政府以及政府官员为满足不合理的个人追求而采取的行动，都将把经济运行引入恶化的境地。

流动偏好理论，它是凯恩斯的理论，认为利率的调整使货币供给与货币需求平衡。这种理论可作为短期利率理论。①

从中国目前的情况看，我国有管理的浮动汇率制事实上已经近乎于固定汇率，资本流动有限且不对称，资本流入相对容易而流出较为困难，此时汇率平价在中国的作用也是不对称的。当国内实际汇率高于国外实际汇率时，小规模的利率上调就会导致大量的资金流入，从而汇率需要做较大

---

①［美］曼昆：《经济学原理（上）》，342页。

幅度变动才能维持国际收支平衡；相反，扩张性的货币政策却不易引起同样程度的资金外流。一般而言，开放资本项目初期必有资本的大量流入或流出，此时若中央银行一味地强调稳定汇率，则有可能破坏内部经济的稳定。

今年2月21日，中国人民银行再一次下调全国金融机构的存、贷款利率，这是自1996年以来，中国人民银行第8次下调金融机构的存、贷款利率。根据弗里德曼的观点，我国1996年第一次降低利率的收入增长效应应在1997年，物价上升效应应在1998年，以后各次降息的效应依次类推。而人民银行连续降低利率后，1997年GDP增长率为8.8%，以后各年基本维持在7%左右，都没有超过往年的水平。更不可思议的是，降息后居民的消费价格指数持续走低，1998年和1999两年还出现了负增长。由这些经济分析可以得出，1996年以来，我国货币政策效果不显著。

2. 我国货币政策执行效果不显著的原因

一项政策没有达到预期目标或对它着重解决的问题没有发生作用，原因是多方面的。在我国，利率政策的中介目标是储蓄、消费、贷款和投资。但是由于当前经济运行状况和机制中存在的一些问题，降息后，居民储蓄没有下降，消费、贷款和投资也没有显著增长，进而货币政策效果不显著。

1997年以来，我国物价水平的下降幅度明显超过名义利率的下降幅度，导致我国的实际利率从1998年以后明显高于名义利率。实际利率的持续攀升可以看成是对我国利率不断下调，但居民储蓄存款反而不断增加的一个重要原因。

一般的，影响储蓄的因素有收入、价格、利率、个人偏好、社会风尚等。但由于当前经济结构调整、企业体制转型、社会保障制度改革（如医疗、就业、保险等），导致社会下岗、分流人员较多，一些企业经济效益低下和居民的预期支出增加。使得人们普遍感到，生活中存在诸多不确定因素，他们需要牺牲当前消费来保证未来消费，从而储蓄对利率下调的反应程度低，储蓄的利率弹性远小于储蓄的收入弹性，“惜储”也就在所难免。

当前我国居民消费结余部分除现金和银行存款外，其他可供选择的金融资产较少，在别无选择的情况下，居民一反贱买贵卖的规律，在利率下调的条件下反而增加储蓄。特别是今年以来，在物价持续下降，居民实际购买力不断提高、名义利率多次下调，储蓄存款越来越不合算的情况下，人们不仅不增加消费，反而继续储蓄，利率越是下降，人们越是储蓄。

3. 增加货币政策有效性的政策建议

在前两点中，阐述了货币政策的经济学理论根据和不显著效果的分析，但也不能否认货币政策的宏观调控的作用。当前世界各国都积极运用货币政策干预和调节经济，然而货币政策影响经济运行的方式和机制在各国是不一样的，各国的具体国情也是不一样的。我国货币政策效果之所以不显著，是因为短期内缺乏货币政策作用的条件，这就涉及创造性地执行政策的问题，政策都是需要逐步完善的，既然当前我国采用的货币政策效果没有体现出来，那就应该根据具体情况，参考经济学的相关原理，有针对性地改进政策中不适应国情与现状的环节，因时因地，因国情，坚持灵活性与原则性相结合，使预期的政策目标得到真正的实现。当前在执行货币政策时，执行僵化，没有创造性是一大弊端，随着资本的流动和资本项目的放开，国际资本的流出流入更加频繁，各种新的情况层出不穷，而我国实行的固定汇率目标则增加了中央银行货币政策调控的难度和成本。此外，体制和结构的因素也不能忽视，这就需要大力创造一个适合货币政策发挥效能的政策环境，因此下面将就如何提高货币政策执行的有效性问题，提出几点建议。

第一，推进经济体制改革，降低居民的消费成本。提高我国货币政策的有效性首先要从体制入手，降低居民的消费成本，而不能不顾代价地运用货币政策。我国经济体制的内在矛盾是造成货币政策基本无效的重要原因。如，为刺激消费，国家鼓励住房消费，但居民办理住房贷款则需经过层层审批，不仅手续烦琐，而且代价较大；而在住房、汽车、电信消费方面，价格则高得让人不可思议，结果是大多数人的实际消费能力下降。所以，如果不能从根本上改革这种高成本的经济体制，货币政策的效果就有限。

第二，逐步实现灵活的弹性汇率制，增加货币当局调控的主动性和灵活性。蒙代尔-弗莱明模型表明，在固定汇率制度下货币政策无效。因此，资本项目放开条件下要保持货币政策的独立性或有效性，就必须实行更加灵活的弹性汇率制。

第三，利率改革是汇率改革的前提，建立更加灵活的汇率制度必须得到利率市场化的配合。资本项目放开后，资本流动性增加，货币供应量的控制日益困难，而利率和汇率对货币政策的敏感性越来越高，因此，更应当重视利率作为货币政策工具的调控作用。

第四，增加城乡居民收入，调节收入分配不公。思想上高度重视农村和农民问题，并从精简农村政府机构、减免农业税费、加大农业投入和实现农业产业化和农村城镇化等途径，切实提高农民收入；出台优惠政策，大力鼓励居民特别是下岗人员兴办第三产业；通过社会保障制度的立法来推进医疗、保险、养老等社会保障制度改革；在国家财力许可的情况下，加大政府转移支付的力度，继续提高低收入阶层的收入水平，消除他们的后顾之忧。

第五，完善货币政策调控手段，确立公开市场业务政策在我国货币控制中的主导地位。开放经济条件下，可供中央银行控制的直接调控工具越来越少，必须更多地利用间接调控工具才能有效地实现中央银行的政策目标，市场经济中一般性的货币政策调控工具主要是指所谓的货币政策“三大法宝”，即公开市场业务、再贴现率和法定准备金制度。

二、京津塘高速公路的成本—效益分析①

京津塘高速公路是我国“七五”至“八五”期间的重点交通建设项目，也是部分利用世界银行贷款建设的跨省、市高速公路工程。该公路为新建双向4车道、全部控制出入的收费高速公路，连接两市一省及沿海港口，公路全长142.69公里。

（一）经济效益分析

1. 经济成本分析和调整

（1）工程建设成本。

● 四大消耗材料的影子价格。

钢材、木材按外贸货物调整；水泥、沥青按非外贸货物调整。调整后

① 资料来源：张三力：《投资项目后评价》，133页，北京，中国石化出版社，2001。

价格如表 13—2。

表 13—2

	数量 消耗量	市场采购 价（元/吨）	贸易费率 %	平均运距 公里	运费 （元/吨公里）	影子价格 （元/吨）
钢材/吨	51 153	1 967. 86	6	400	0. 27	2 122. 17
木材/立方米	52 710	1 013. 72	6	1 500	0. 27	1 096. 17
水泥/吨	305 883	157. 8	0	400	0. 27	315
沥青/吨	69 515	755. 58	0	900	0. 27	1 088

● 劳动力工资的调整：由于比重较小，不予考虑。

● 土地费用的调整：由于建设高速公路，部分农田被征用，损失了农林牧渔业生产所产生的经济效益，在作经济评价分析时，需以负值的形式计入效益（见表 13—3）。

表 13—3

	水田	旱地	菜田	鱼、果、苗	合计	净效益(元/亩)
A 地	653. 42	1 818. 28	600. 71	193. 25	3 265. 66	
净收益	405	188	1 074	1 702		608. 92
B 地	654. 74	66. 88			721. 62	
C 地	1 976. 21	6 299. 84	1 972. 64	860. 27	1 114. 76	
净收益	452	157	1 019	641		594. 87
合计	3 284. 37	8 185. 0	2 573. 35	1 053. 52	15 130. 04	

（2）公路大修及养护管理成本分析和调整

平均养路管理费按 1995 年的 35 万元/年公里计算，近期的养护费用是4 281万元/年，考虑一定的增长率，按平均每 15 年进行一次大修，预计第一次大修在 2008 年，大修费为 150 万元/公里，初期总的大修费预计为22 500万元。

（3）汽车运输成本调整。

按照费用与效率的计算范围和计算口径对应一致的原则，汽车运输费用应相应调整为经济成本（见表 13—4）。

表 13—4　　公路运输成本影子价格调整　　单位：元/千吨公里，元/万人公里

线路		老路		高速公路	
车型		客车	货车	客车	货车
年份		1995/1994	1995/1994	1994	1994
成本合计	财务成本	476.3/596.4	363.6/352	438.8	259.9
	经济成本	439.3/525.2	337.0/326.7	404.7	241.2
汽车财务运输成本	工资福利	56.7/67.8	53.3/51.7	52.2	38.2
	燃料	104.0/124.4	105.6/102.4	95.8	75.6
	轮胎	10.0/12.0	18.7/18.1	9.3	13.4
	修理	60.9/72.8	37.4/36.2	56.1	26.7
	折旧	131.5/157.2	36.6/35.4	121.2	26.2
	养路	71.8/85.9	58.7/56.9	66.2	42.0
	管理	7.7/9.2	5.5/5.4	7.1	4.0
	税金	11.5/13.7	3.4/3.3	10.6	2.4
	其他	22.1/26.5	44.0/42.6	20.4	31.5

2. 经济效益计算

（1）运输成本降低的效益。

运输成本主要包括燃料费、轮胎费、大修费和车辆折旧费等项与运输量及交通条件相关费用。从油耗试验及成本调查结果看，客货车在高速公路比在相关老路上行驶其耗油均有不同程度的降低。

（2）运输时间节省的效益。

高速公路时间节省效益。主要是车速大幅度提高所带来大量客货在途时间的节省。

老路时间节省的效益。自高速公路建成投产后，老路客车的平均行驶速度由原来的45公里/小时提高到55公里/小时，货车的平均行驶速度由原来的30公里/小时提高到40公里/小时。

运输距离缩短的效益。与高速公路全程距离与老路相比，缩短了24公里，使两地间来往车辆的行使费用降低，带来运距缩短效益。

交通事故减少的效益。与通道内原有相关公路比较，该高速公路开通后，每年的事故明显减少，百万车公里事故发生率指标降低了一半以上。

相关公路减少拥挤的效益。由于高速公路的分流，使相关公路交通量增幅下降，减少拥挤，提高行车速度，缩短了客、货运车辆的在途时间，

同时也降低了运输成本。

上述五项效益的总和详见表13—5。

表13—5 **经济效益汇总表** 单位：万元

	成本降低	时间节省	里程缩短	事故减少	减少拥挤	合 计
1990	35.5	1 188.9	23.4	0	0	1 247.8
1993	5 646.7	5 828.1	2 413.0	555.1	10 437.6	24 916.5
1994	9 571.2	8 661.3	3 572.5	589.9	11 266.4	33 661.3
2002	37 033.3	35 189.0	9 172.2	1 123.7	23 523.1	106 041.3

(3) 经济效益评价。

主要采用的经济评价指标为：效益成本比 BCR、内部收益率比 IRR、净现值 NPV 和投资回收期 Pt（见表13—6）。

表13—6 **项目经济净现值（贴现率12%）** 单位：万元

	效益合计	费用合计	效益现值	费用现值	累计净现值
1986	0	15 975	0	15 975	(15 975)
1990	1 247.8	27 878.8	888.2	19 836.5	(92 580.5)
1994	33 661.3	34 632.7	15 226.7	15 666.1	(110 207.5)
1999	84 178.3	6 321.3	21 606.5	1 622.5	(19 669.4)
2000	93 977.1	6 544.3	21 537.1	1 499.8	367.9
2005	128 480.5	7 572.4	18 712.5	1 102.9	72 721.9
2010	217 286.9	9 565.0	16 033.2	705.8	169 157.0
2014	292 481.1	11 241.5	13 715.5	527.2	223 742.2

利用经济指标的计算方法，得出经济效益评价的各项指标（见表13—7）。

表13—7

评价指标	计算结果
效益成本比	2.2
内部收益率	21.43%
净现值	223 742.2 万元
投资回收期	14 年

（二）社会效益影响分析

1. 改善投资环境，促进沿线高新技术产业经济带的发展

该高速公路的建成，显著改善了道路交通状况，达到了投资环境改善和国土资源开发的目的。沿线先后兴建了10个经济技术开发区，吸引了数百亿元投资，其中，大部分为外资，引入大量高新技术产业，逐步形成了一条高速公路布局的产业带，成为该地区的一个新兴的经济增长点。

2. 促进地区经济合作，发展区域经济

缩短了两城市地区间的距离，刺激了沿线地区及城市间客货运输发展，加强了人员的往来、科技和物资等方面的交流，从而为地区间的经济合作和带动区域经济一体化发展提供了有利条件。

3. 沿线地区土地资源大幅增值

沿线一些地区在高速公路修建之前由于土质较差，一般只能种植两类农作物，土地价值每亩不足千元。建成后，房地产价格迅速上涨，科技性产业地价每亩为5.5万元~8.5万元不等，工业生产加工性地价每亩为10万元以上，房地产行业用地可高达每亩15万元~20万元，商业性开发地价也达到每亩10万元左右。

4. 加速区县的发展，促进大城市人口合理分布

高速公路的修建，为沿线地区城镇间的交通提供了方便条件。具备便捷交通条件的高速公路沿线地区将避免乡镇居民向城市转移，从而起到了促进城市人口合理分布，缓解大城市人口过于密集的作用。

5. 增加地区人口就业机会

由于带动了沿线相关产业的发展，也就提供了大量的就业机会。其中该高速公路本身交通管理、道路养护、车辆收费等部门的职员，以及服务区的汽车修理、加油站、餐饮等配套设施人员达1 000人以上，加上沿线各经济开发区的企业员工，合计约6万人。

6. 推动了我国公路建设行业科学技术进步

依托该高速公路建成而得到的科研成果，代表了我国公路建设和管理的先进水平，带动和促进了我国公路交通科学技术进步的发展，为我国高速公路发展奠定了理论与技术基础。

7. 发挥了培养人才的作用

该高速公路的建设实施培养造就了一大批公路规划设计、建设和管理

等方面的专业技术人才，这些人才在后来的许多高速公路建设过程中发挥了重要的骨干和中坚作用。

（三）建设项目目标持续性分析

1. 外部条件对项目目标持续性影响

该高速公路已成为改善沿线地区投资环境、扩大对外发放、发展外向型经济的必要基础设施，对沿线地区经济发展已经产生巨大的促进作用，公路两侧先后兴建的10个经济技术开发区，正逐步形成了一条高速公路产业带，成为沿线地区重要的经济增长点。

2. 内部条件对项目目标持续性影响

对高速公路建设期间的严格过程管理，使工程质量得到了有效的保证。自投入使用以来，物理状态一直良好，从当前质量状况分析，可以做到14年内不进行大修，使该高速公路能够节省养护维修费用，降低运营成本。

思考题

1. 为什么说经济学是政策分析的重要学科基础？
2. 简述政策分析的经济学途径的要点。
3. 公共选择理论对于政策分析的作用表现在哪里？
4. 经济分析方法的方法论基础及特征是什么？
5. 案例二是如何应用成本—效益分析和成本—效能分析方法的？

第十四章

公共政策的伦理学分析

20 世纪 80 年代中期以后，政策科学研究出现了一些新趋势，其中之一是加强了政策价值观或公共政策与伦理关系问题的研究。政策科学或政策分析不仅是描述性的，而且也是规范性的。所谓描述性是指对事实及客观存在的因果关系的分析；规范性涉及的是以某种价值判断为前提的评价活动，而选择则以价值为基础。因此，价值或伦理问题在政策科学及政策分析中占有突出的重要地位，以至于有的学者如邓恩称政策科学或政策分析为应用伦理学。

第一节　政策分析的伦理学基础

从某种意义上讲，政策分析或政策科学是一门关于选择的科学，而人们的选择行为以价值判断或价值观为基础。早在1951年，拉斯韦尔在《政策方向》一文中就指出，政策科学的研究方法不仅强调基本问题和复杂模型，而且在相当大的程度上需要澄清政策中的价值目标。① 尽管人们在制定政策时潜意识地认识到，在政策分析、政策制定以及政策评估等各个环节都存在价值分析和价值判断的内容，但在实践中，人们又往往忽视对这些价值因素的系统思考。登哈特（Denhardt）认为，在公共政策领域，人们并没有利用那些应该作为伦理学的研究或应用的支撑的哲学传统。这些哲学传统既包括作为哲学分支的伦理学（处理怎样发现、思考和解决伦理问题），也包括政治哲学（对现有公共管理来说，确定关于管理者的恰当角色、行为和价值）。

伴随着威尔逊、古德诺等人的政治与行政的二分原则的提出，再到韦伯的官僚制理论的盛行，公共行政领域的职业化倾向逐渐增强，公共行政领域作为一种价值中立的领域在履行着自己的公共服务职责。在这一领域中，技能性的东西几乎占据了整个空间，而价值问题则被远远地抛在了一边，无人问津。特别是第二次世界大战以后，各国在重建政府的时候，几乎无一例外地直接或间接地把威尔逊和韦伯的理论作为航标，而且不断地激励知识界对威尔逊和韦伯的理论模式进行深层分析和大力拓展，并及时应用到公共行政的实践中去，经过之后一系列的理论发展和实践求索，把公共行政领域的科学化推向了极致。②

公共政策作为公共行政领域中的重要内容，同样受到了这一趋势的影响，从事公共政策研究的是一帮技术精英，他们的公共政策研究完全是一种纯技术性的研究活动，价值的思考在此被视为荒诞。此时，技术的理性统治着这一领域。直到20世纪70年代的“水门事件”以后，随着人们对社会机构的信任下降，政策中的伦理问题才重新成为公共政策领域关注的主题，并作为对政府缺乏信任的结果持续至今。③ 因此，政策的分析研究离不开作为这一学科基础的伦理学以及价值分析。

---

① Harold D. Lasswell, “The Policy Orientation” in The Policy Sciences : Recent Developments in Scope and Methods. eds, by Daniel Lerner and Harold D. Lasswell (Stanford, CA : Stanford University Press, 1951), pp. 9-10.

② 参见张康之：《寻找公共行政的伦理视角》，198页，北京，中国人民大学出版社，2002。

③ 参见［美］卡尔·帕顿、大卫·沙维奇：《公共政策分析和规划的初步方法（第二版）》，25页。

一、伦理学及其分支

伦理学是哲学的一个古老而又重要的分支学科，它以道德问题和价值判断作为研究对象，是一门研究价值和价值观的学科，它所涉及的是“应该”、“不应该”的问题，探讨什么是道德上的善与恶、正当与错误，而不研究“是”、“不是”这类问题。因此，有时它又被称为道德哲学。

从古至今，学者们从不同的角度给伦理学下了不同的定义。美国学者弗兰克·梯利把伦理学定义为有关善恶、义务的科学，道德原则、道德评价和道德行为的科学。它从主观、客观两大方面对道德现象进行分析、归类、描述和解释。①

马丁把伦理学定义为道德哲学，并指出它包括四种主要目标和利益：澄清道德概念；以“检测正确性、公平性和合理性”为核心的严格伦理准则评估；通过阐明道德理想和价值之间的相互联系，建构内容丰富的伦理理论；通过职业判断的提高而提供道德指导准则。②

吉布森·温特通过伦理学在社会领域所起的作用的描述，把伦理学定义为：“作为一种积极的进取精神，伦理学致力于澄清引导这个世界的合乎逻辑的和恰当的价值观，它对社会交流中凸显和暴露出来的各种可能的行为办法和社会秩序中的伦理准则进行分析和评估。”在温特看来，伦理学是研究人类心灵指称不同对象能力的一门科学。因此，伦理学实践包括了更为仔细的系统思考指导我们做出行为选择的价值观，若没有这些价值观，我们只能以现实和政治为基础做出行为选择。③

普林斯顿则认为伦理问题就是关注什么是公正、公平、正义或善；关注我们应该做什么，而不仅仅关注具体案例是什么或什么是最容易被接受的，或什么是恰当的和权宜之计。④

同样，伦理学也有各种不同的分支及理论。根据帕顿和沙维奇在《政策分析和规划的初步方法》一书中的说法，伦理学的分支如图 14—1

---

① 参见［美］弗兰克·梯利：《伦理学导论》，7 页，南宁，广西师范大学出版社，2002。

② 转引自［美］特里·L·库珀：《行政伦理学——实现行政责任的途径（第 4 版）》，7 页，北京，中国人民大学出版社，2001。

③④ 转引自同上书，8 页。

所示。

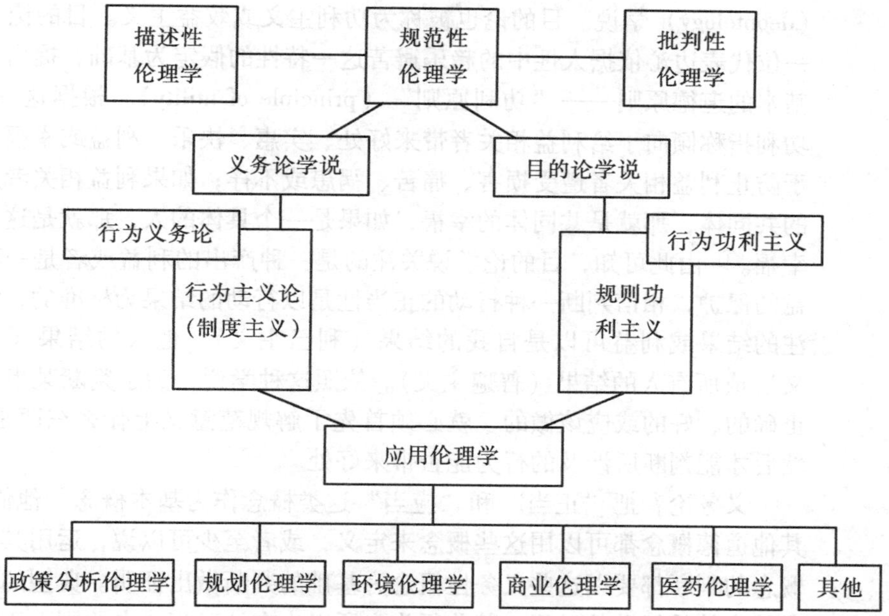

图 14—1 伦理学的分支

帕顿和沙维奇认为，伦理学有三种基本理论或分支，即描述性理论（descriptive theory）：试图形成一种针对伦理问题的人性理论；规范性理论（normative theory）：强调什么东西作为一种一般性原则是好的或正确的，并能导致一种规范性的论断；批判性理论（critical theory）或无伦理理论（meta-ethical theory）：强调逻辑的、认识论的或语义学的问题，讨论伦理和价值判断的建立和正当化。

伦理学自身主要包括在元伦理学和规范伦理学以及描述性伦理学中都已得到确认后的各种学说理论。元伦理理论主要从语言和逻辑的角度，以分析的方法研究伦理，它在道德劝诫上是相对中立的，它的目的主要是求真。元伦理学的工作主要分为两个方面：一是探讨伦理学的基本概念及一些重要的相关词的意义；二是考察道德推理的逻辑和伦理规范的证明。①

① 参见何怀宏：《伦理学是什么》，39 页，北京，北京大学出版社，2002。

规范性伦理学有两种基本学说，即义务论（teleology）学说和目的论（deontology）学说。目的论也被称为功利主义或效益主义。目的论学说的一位代表边沁依据人性中的趋乐避苦这一特性的假定为基础，提出了一个基本的道德原则——“功利原则”（principle of utility）。根据这一原则，功利指称倾向于给利益相关者带来好处、实惠、快乐、利益或幸福，倾向于防止利益相关者遭受损害、痛苦、祸患或不祥；如果利益相关者是一般的共同体，那就是共同体的幸福，如果是一个具体的人，那就是这个人的幸福。[①] 由此可知，目的论学说关注的是一种产出的利益或者是一种对利益的保护，相信判断一种行动的正当性是以行动的结果为标准的，它所关注的结果或利益可以是自我的结果（利己主义）、他人的结果（利他主义）或所有人的结果（普遍主义）。依照这种学说，为了判断某事是否为正确的、好的或应该做的，就必须首先了解规范意义上什么东西是好的，然后才能判断所涉及的行为能否带来好处。

义务论者把“正当”和“应当”这类概念作为基本概念。他们认为，其他道德概念都可以用这些概念来定义，或者至少可以说，运用其他道德概念的判断都要以这些义务性概念为基础的判断做出证明。典型的义务论者关注的是行动的过程，某些行为之所以内在地正当或在原则上正当，是因为它们属于它们所是的那种行为；或者说，因为它们与某种形式原则相符，即这些行为或行为原则本身正当与否主要因为它们本身的性质，而一般不必再予以他求。义务论者断言，除了行为结果的好坏之外，至少还要考虑到其他因素，是它们使行为或准则成为正当的，这些因素不是行为结果的价值，而是行为本身所具有的特性。依照这种学说，即使一个行动没有产生善胜于恶的结果，它在道义上也可以是正确的。

义务论和目的论既可以以规则为基础，也可以以行为为基础。在以规则为基础的理论中，理论原则被用来产生引导个人行为的规则；在以行为为基础的理论中，个人运用一般性的伦理原则来对特殊情况做出决策。

由于义务论学说和目的论学说在实践当中都有各自的局限性，人们便提出了一些折中的或中间的理论，如规则功利主义和行为义务论（制度主义）。在规则功利主义中，功利原则适应规则而非个人行为，它允许道

① 参见边沁：《道德与立法原理导论》，58页，北京，商务印书馆，2000。

德规则与功利主义原则共存，并首先用道德规则来判断；行为义务论学说认识到有许多应该遵守的伦理规则，但它们往往互相冲突，而且每个人都必须在每种场合选择直觉上正确的原则。

事实上，在公共政策过程中，并非完全遵守某种单一的伦理价值观念，而是各种政治价值和政策伦理观在现实政治制度构架之中协商的结果。罗尔斯在《正义论》一书中认为，位于最深的基本道德和政治价值层面的是公共理性的观念，它是属于秩序良好之民主社会的一种构想，关怀怎样理解政治关系的问题；这一概念的内涵是由一组关于正义的政治概念所赋予的，而不是通过某种单一政治概念获得的。因此，公共政策的伦理价值体现的是一种交叠的共识，这实际上是一种民主精神。

二、政策分析与伦理学的相关性

伦理学与社会科学诸学科（政治学、经济学、法学、社会学、公共行政及政策分析等学科）关系紧密，尤其是在研究社会正义的方面。由于伦理学越来越多地倾向于关注社会伦理而非个人伦理的内容，所以，这些学科必须吸收伦理学的内容，以解决一些关于社会中的道德问题。政策分析与伦理学的相关性主要体现在，伦理学是政策分析的一个重要学科基础，而伦理分析或价值分析构成了政策分析的一个基本方面。

西蒙指出，在任何决策中均包含有事实因素和价值因素两个方面。所谓事实因素，就是制定一项决策所依据的外部客观事实。决策者依据这些信息去认识问题，进而找出问题的症结，从而制定出有针对性的政策。但决策者在进行任何一项决策时都不可能仅仅依据事实因素，在这一过程中他必定受自己已经养成的思维习惯和个人好恶等主观因素的影响，而这些因素属于人的价值观范畴，往往与道德伦理因素有关；不同的人其所要追求的目标以及价值观是不同的，对问题的看法和目标的选择也是不同的。因此，决策总要与一些“值不值得”这样的问题联系在一起，对这些问题的回答就不仅仅依据客观存在的事实因素，而是受到个人所持的价值观念和伦理道德等精神因素的影响，决策就是这样在决策主体本身已经形成的价值观这一背景下产生出来的，伦理价值的烙印自然也同时被打了上去。

政策分析的研究要解决以下几个问题：（1）描述性问题。探讨公共政策的原因和结果方面的问题，对这些问题的研究涉及对政策问题的调查与研究，对政策过程中存在的事实状况和政策所产生的结果等方面信息的收集与分析；（2）评价性问题。涉及对一项政策的价值认定，一项政策的产生就是为了满足有关主体的某些需要，这些需要便构成了这项政策所要实现的目标，一项政策的好坏就是依据主体对需要满足程度的判断。在这里，政策的价值认定问题的依据便是决策者本人的价值观；（3）倡导性问题，对这一问题的研究主要是为了提供有关的行动方案，决策者此时行动方案的选择也主要依据个人的价值偏好。行动方案的优劣在不同的人看来是不同的，在很大程度上就是决策者依据个人的价值观念来进行取舍的。所以，邓恩在其《政策分析中的价值、伦理观和标准》一文中认为，政策分析采用各种探讨和论证的方法提出有关政策的信息并转换其形式，政策分析的范围和方法部分是描述性的，目的在于提出关于公共政策的原因和结果的信息；然而，政策分析也是规范性的：它的另一个重要目的是产生这种后果对过去、现在和将来几代人具有何种价值的信息。

R. M. 克朗在《系统分析和政策科学》一书中将价值分析看作政策分析（系统分析）方法论的一个方面。他认为，系统分析方法论包括三个相互关联的基本范畴：（1）行为研究；（2）价值研究；（3）规范研究。行为研究（事实分析）要回答的是“是什么”的问题，前提是能够了解到事物的本来面目，事实真相是能够被发现的，它要对事物、事件、关系和相互作用等进行描述、观察、计数和测度；价值研究要回答的是“喜欢什么”的问题，价值分析旨在确认某种目的是否值得为之争取，采取的手段是否能被接受以及改进系统的结果是否“良好”，它通过价值的确认与分析而直接面对价值问题；规范研究要回答的是“应该是什么”的问题，它寻求的是通过确定和肯定为达到预定目的而采取的行动和手段，来证实“应该如何”的论断或假设。

从某种意义上讲，一项政策是特定制度的产物，是决策者在这个制度框架内综合平衡的结果；而制度的产生从一开始就含有制度设计者本身的价值目标和价值倾向，一些基本原则随之也就产生了。例如，廉政制度的建立就反映了制度设计者对公共权力的行使者的一种限定，它包含了对公共权力行使者本身的职责认定问题，防止个人利益侵害公共利益，从而为权力的正当运行提供了一种保障。从政策过程来看，价值观的影响渗透到政策过程的各个环节之中。人们都是以各自已形成的价值体系去认识这个世界的，个人对世界的感受不同，对自身的需求也就各异。在一项政策的实践活动中，政策制定和执行的目的就可能反映了那些涉及政策制定和执行过程中人们的内心主观愿望和他们对过去、现在和未来的看法。

价值观深深地影响着政策研究者对政策问题的分析态度，一种问题在某些人看来是个大问题，但对另外一些人来讲则不以为然，由此产生了对问题的界定不同，进而影响对方案的选择。同样，政策执行者对一项政策的接受与执行与其所认同的价值观相一致的，影响到对一项政策的执行力度；公众对一项政策的认同与否也直接与其所认同的价值标准相联系，公众的反对会使一项政策“流产”。价值观还影响了一些公认的伦理道德准则，人们以此来评价一项政策的优劣；同时，价值观也影响着政府自身的角色定位，以使政府做自己应该做的事情。因此，整个政策过程都是在价值观的影响下运作的，这些价值观念的正确与否直接关系到一项政策的绩效。这也是人们把价值分析当作政策分析（系统分析）研究方法论的一个基本方面的原因。

三、价值、价值观和政策价值观

1. 价值

价值和价值观问题是现代人相当普遍关注的人生问题，人们做出的每个决定、每项政策都是以一定的价值或价值观为基础而做出的。如：“人固有一死，或重于泰山，或轻于鸿毛。”这一句话就道出了人们对于死这一问题抱有不同的价值取向。因此，价值（观）是隐藏在一切选择行为背后的最根本的基础。

何谓“价值”？“价值”一词最初是从经济学的角度来使用的，主要指的是一种交换价值。从19世纪以来，在若干思想家和各种学派的影响下，价值的意义开始延伸到哲学、政治学与社会学等学科领域中来了。哲学上的价值是指物的有用性，是一种客体的属性，这一属性相对于主体的需要来说是有用的，也只有这样才能被主体肯定为有价值；并且满足主体需要的程度越高，客体的价值也就越大。

马克思认为："'价值'这个普遍的概念是从人们对待满足他们需要的外界物的关系中产生的"①。主体对客体的需要和客体对主体需要的满足从实质上讲是一种关系范畴，表明客体的属性和主体的需要之间的一种特殊的效用关系。只有客体的属性满足主体的需要，为主体服务时，客体和主体之间才能构成一种特定的价值关系。正如马克思所说的："人在把成为满足他的需要的资料的外界物……进行估价，赋予它们以价值或使它们具有'价值'属性"②。

一件事物、一个人或一个集团，当其满足了他人或社会的利益，便被认为是有价值的。在这里，价值作为人类需要和利益的现实性因素，出现在个人行为和社会运动的系统中，成为人们选择具体行为、形成动机和目的的基础。对主体个人而言，价值如果仅仅只是效用的获得，那么需要得到满足以后，行为便可以终止了。这种标准如果只用以衡量孤立的个体活动也许是可行的，但一旦用于整个社会，便会引起混乱。当人们以物的"使用价值"或其他效用、效益标准来说明价值概念时，无疑把价值定位于满足人们需要的手段上。而人们的需要未必总是合理的，基于需要的"价值"的价值合理性也就难以保障，这样就难以揭示出人格价值、人与人的情感和道德价值等属于人的价值范畴的内容。人的价值规定是一切价值决断和取向的最高标准，也是人类价值活动和文化创造的最终目的。我们应该在功利和效用的基础上，进一步发掘价值及其决定人类整个价值系统的最高本质。

目前学术界给价值下的定义多种多样，代表性的定义有："价值这个概念所肯定的内容，是指客体的存在、作用及它们的变化对于一定主体需要及其发展的某种适合、接近或一致。"③"所谓价值，就是客体能够满足主体的一定需要。"④ 价值是"客体事物满足人的需要的一种属性"⑤。

因此，就一般的哲学含义而言，价值（观）是刻画主体与客体关系的一个范畴，它表征主体（人）同满足其某种需要的客体的属性之间的

---

① 《马克思恩格斯全集》，中文1版，第19卷，406页，北京，人民出版社，1963。

② 同上书，409页。

③ 李德顺：《价值论》，13页，北京，中国人民大学出版社，1987。

④ 张岱年：《论价值的层次》，载《中国社会科学》，1990（2）。

⑤ 司马云杰：《文化价值论》，1页，济南，山东人民出版社，1990。

关系，是指某种事物或现象对个人、群体或社会组织有意义，能满足人们的某种需要，成为人们的兴趣、目的所追求的对象。也就是说，价值是人感到之所以要生活的、令人向往的东西。

价值包含着丰富的内容，或者说有各种各样的价值。学者们力求对价值做出分类，提出了各种各样的类型学。罗奇（M. Rokeach）在《人类价值的本质》（1973）一书中提出了一种基本价值类型学，主要包含如下两类：终极价值（观）——它是对“良好的最终状态”的信念；机械价值（观）——它是对“良好的行为模式的信念”。他列出了下列18种终极价值和工具（手段）价值（见表14—1）：

表14—1　　罗奇的基本价值类型学

终极价值	手段价值
舒适的生活	雄心
激动人心的生活	思想开阔
成就感	有能力
和平的世界	令人愉快
美的世界	洁净
平等	勇气
家庭安全	谅解
自由	帮助
幸福	诚实
内心和谐	富于想象力
成熟的爱	自立
国家安全	理智
愉快	有逻辑性
灵魂的拯救	富于爱心
自尊	恭顺
社会承认	有礼貌
真正的友谊	负责
智慧	自律

2. 价值观

价值观是人们在人生历程中所持的价值观念，包括价值判断、价值取向、价值创造与实现。价值观与人生价值相联系，体现了人与人、人与社会之间的一种伦理道德关系。邓恩在《政策分析中的价值观、伦理观和标准》一文中认为，价值观有广义和狭义之分。广义的价值观表示一个异常广阔的选择行为方式范围：包括向往、希望、爱好、愉快、需要、兴趣、选择责任和明显的道德义务。因为进行评价的主体即人对价值观非常感兴趣，所以，政策分析可以研究许许多多不同的对象——公共事物，它们的好坏、对错、公正与否。正是在这个意义上，伊斯顿将政策定义为“价值的权威性分配”。狭义的价值观指评判标准，包括据以提出鉴定性和辩护性断言的假设、决策规划以及评判标准。

价值观或价值论则主要从主体的需要的角度，考虑和评价各种物质的、精神的现象及人们的行为对个人、群体和社会组织的意义。换言之，个人、群体或社会组织的价值观是不依具体情况而转移的期望和评价标准。价值观联系着人的直觉，影响着人的信念和选择的合理性，决定着人的生活方式和投身其中的事业。价值观规定着政治进程和管理过程，并且是资源分配的指导原则的核心。也可以说，价值观是棱镜和滤色镜，人们通过它们来观察世界。价值观导源于社会环境、文化传统、个人修养及社会联系等，它是由复杂的历史、地理、心理、文化和社会经济因素所决定的超理性的现成的东西，而不是某种合乎理性的决策的结果。

任何社会的价值观都是历史的价值观，都必然随着社会发展而发展，社会经济的增长、社会经济关系的改变以及社会经济制度和体制的变革都会引起价值观念的转变。价值观的独立性是相对的，它要随着现实历史条件的变化而变化。某种价值观在特定的历史阶段是合理的，但在进一步的历史发展中却可能成为一种习惯势力或惰性力量，从而影响社会的稳定和阻碍社会的发展。尤其是在我国当前社会转型时期，我们已从过去那种抽象的整体主体意识转化为现实的多元主体意识，从过去的大公无私观念向今天对个人利益的尊重等观念上的转变，这些观念上的转变都使价值观表现出一种多元化的趋势，并且不同的价值观之间的冲突也越来越明显。价值观的多元化及其冲突是一种社会意识、现象，它集中体现着一定群体的利益和要求，在市场经济这一大的背景下，造成了社会上充斥着各种各样的价值追求，如果不对这些观念进行有效的引导，必然会造成社会意识的混乱，从而导致社会的不稳定，甚至会导致社会的分裂。所以，我们应该制定一系列的政策来培育一些代表社会正确发展方向的主流价值观念，从而使不同的价值观念得以有效地协调，使社会稳定地向前发展。

价值观与行为规范是辩证统一的。人们总是根据一定的价值观来决定自己的行为，就价值观的本性而言，它总是与个人的或社会的偏好、愿望、利害、责任观念、认识程度直接相关，与主体性、历史性、地域性乃至民族性相关，因此，任何特定的价值观念必然都反映着人类在一定程度上的选择自由。[①] 人们的行为受潜在于某种文化系统中的特定价值观所支配，价值观是在社会实践的基础上形成的。人们所处的社会生产方式、经济地位、文化背景赋予一个社会群体的价值观以共性，人们的先天禀赋以及后天的文化教养与生活道路又赋予每个人的价值观以个性特征。价值观一旦形成，就在人的意识中起着或显或隐的支配作用。价值的评判与活动的选择决定着社会中的人心所向，积久而形成一种时代精神。

3. 政策价值观

政策价值观与价值观是一般与特殊的关系，政策价值观既具有一般价值观的内涵与特点，又具有自身的内在规定性。政策价值观指的是公共政策的价值取向模式。公共政策的价值取向就是对政策系统行为的选择，即对社会资源的提取和分配以及对行为管制的选择。

按照《公共政策辞典》的解释，政策价值观（values）是指“政策制定者以及其他涉及决策过程的人共有的偏好、个人愿望和目标；价值观可能包括一个人的政治信条、个人偏好、组织目标以及政策取向；价值观关心的是一个人认为是称心和美好的东西。”

从不同的角度，政策价值观有着不同的含义和表现形式。从个人角度看，政策价值观是以选择、愿望或兴趣的形式来表现的。人类除了本能和无意识以外，更重要的是后天获得的文化无意识。这种无意识在一定条件下释放出来，便成为人们的要求、愿望、选择等等。从标准角度来看，政策价值观则意味着对一些特定情况的论断。一个典型的个人或团体处在这些情况中持有某种价值准则，例如，当代中国人认为“效率优先，兼顾公平”是可行的。从理想角度研究，政策价值观则意味着判断。这种判断不能简化为个人角度的价值表现，也不能简化为标准角度的价值论断。这种判断以论证政策的对或错、好或坏、公正或不公正的评判准绳为依据。

4. 政策价值观的构成要素

政策价值观是抽象的观念总体，是虚在的、无形的，在具体政策行为

---

① 参见［美］A. H. 马斯洛：《人类价值新论》，2页，石家庄，河北人民出版社，1988。

中，政策价值观表现出来的是具体的政策价值观念，主要由政治层面的因素和心理层面的因素组成。

政策理论、政策理想和意识形态属于政策价值观的政治层面的因素。

（1）政策理论。政策理论就是对国家政策系统和政策过程的基本看法和意向，它直接反映了社会经济运行和生产方式的状况，直接体现了社会阶级关系以及不同阶级的地位和利益。社会各阶级都有着自己的一系列的基本看法和意向，并通过本阶级的政治思想家们形成的理论化、系统化的政治思想体系，来指导本阶级的政策实践活动，直接影响政策主体的政策过程。政策理论是政策的行动指南，任何政策尤其是那些表明社会发展前途和方向的重大政策，都是在特定的理论指导下做出的。

（2）政策理想。政策理想是对政策体系和政策过程的期望和对未来发展的设计，是社会的定向因素和精神支柱，从而规定了政策动机、政策目标、政策方向和指导原则。政策理想在政治社会化的作用下往往转化为一些坚定不移的政治信念，政治信念是政策价值观中最重要的方面，它在相当的程度上决定人们的政策行为。这种信念大体上可分为两个部分：第一，政治原则方面的信念，这类信念确定了政策过程的原则和标准；第二，政策理想方面的信念，就是希望政策系统和政策过程能达到一种期望的状态。

（3）意识形态。意识形态是指一定的阶级、政党及利益集团对政治现实、政治关系、政治发展的认知理解，集中表达了政策主体的根本利益，是政策主体政策行为的出发点和归宿。意识形态是一种观念体系，它包含了人们稳固的、长期的基本政治态度。不同的意识形态要求人们有不同的政治行为，意识形态总是以某种价值体系为其核心组成部分的。

心理层面的因素有政策认知、政策态度、政策感情等，这些心理因素通过人的媒介影响政策系统。

（4）政策认知。政策认知就是人们对政策系统和政策过程的看法和观念，包括人们对政策系统功能、作用、结构、关系等的认识。价值是客体属性满足主体需要的关系。在价值认识中，存在着不同的价值认识主体。政策认知构成系统中的各个个体对政策系统和政策过程的认识。这种认识贯穿在政策制定、执行、控制、评估和终结等各个环节。

（5）政策感情。政策感情指人们对政策系统和政策活动的各种不同的感情倾向。政策系统的每一个环节的活动和每一层次的关系，都可能激发出一定的感情倾向，如爱或憎、信或疑、认同或逆反、热切或冷漠的感情。这些感情倾向虽然往往是感性的，但对人们的价值取向和价值行为的选择有着很大的影响。对于政策系统的感情如果过于强烈，不仅对政策系统和政策过程无助，而且会导致过高的政治期望值，影响政策主体的反应平衡，产生对政策系统的失望，因此保持适度的“系统感情”、适度的期望和适度的怀疑精神都是必要的。

（6）政策态度。政策态度即人们在政策过程中所表现出来的精神状态和反应倾向。如参与政策过程的积极或消极的态度，对国家政治决策的服从或反抗的态度等。政策态度倾向对人们的价值行为的影响和支配作用是相当显著的，因此，分析政策态度，就成为分析政策过程的重要侧面。

政治的和心理的各因素之间相互渗透和转化，共同影响并作用于政策过程。

5. 政策价值观的功能

政策价值观构成公共决策的一个基础。它影响、制约政策主体和政策客体（目标团体）的活动，渗透到政策过程的各个环节。通过政策主体的政策实践活动，观念形态的价值观转化为现实的政策力量。

（1）政策价值观对政策主体的影响。政策主体的行为受一定的理论、信仰、态度、感情、认知的支配和影响。在政策过程中，政策价值观对政策主体的影响是多方面、多层次的，发挥作用的方式和途径主要有以下几个方面：

一是规范功能。政策价值观是约束政策主体自己的思想和行为的规范，是认识客体对政策系统的利益关系，从而做出选择性决策的指导性原则。一定的政策价值观模式对决策者的行为有着某种原则性的要求，只有当决策者的行为符合这些原则要求时，才能被社会公众所接受，通过他们的输出过程才会被实现。当他们的行为违背或超出这些原则时，公众的反应可能是反面的。通过这种机制就将决策者的行为控制在一定的范围内。

二是引导功能。一个社会普遍认同并提倡的某种政策价值观，即可引导政策主体的价值取向和价值判断标准，并以这些判断的结果决定自己的政策行为，以自己所认同的政策价值观来指导行为。一定的政策价值观昭示决策者特定的政策行为，无论是决策者自己的意识，还是公众的取向，在他们采取任何行动之前就已经具有某种确定的方向。

三是调节功能。政策价值观对决策者个人的行为具有调节作用，当个人的行为不符合他们所隶属的政策系统所应有的价值取向时，系统的共同取向将实际地产生对个人的压力，要求适当地调整其行为，使各种主观选择达到更大的一致性。人们的行为是处在经常性的变化之中的，作为决策者的政策行为也是如此。而这个变化往往是通过政策价值观对政策行为的调整来完成的。政策价值观对决策者行为的调整作用使政策过程与政策价值观保持理性，而不至于相互矛盾、尖锐冲突。只不过其行为有时是依据公众的政策价值观的改变，有时是由于自身政策价值观的改变。

（2）政策价值观对目标团体的影响。政策价值观对社会某一团体的政策行为的影响与对个人的政策行为的影响是大致相同的。团体政策行为是个人政策行为的集合，在同一政策系统内，这一集合成为有机的组合。政策目标团体对政策与政策系统的态度、感情、认知等要素，影响其对政策系统和过程的要求，决定了他们执行政策的能力和程度。政策价值观对目标团体的政策行为的影响表现为引导和支配作用，包括三个方面的内容：

第一，对政策态度的影响。任何一种政策价值模式都会要求社会成员依据一些完整的、相互联系的信念建立一定的相对固定的政策态度，而人们的政策态度又会决定人们对政策做出反应的方式，例如积极参与、消极服从、不闻不问、信任或怀疑等。

第二，对政策情感的影响。一定的价值观包含着某种情感的取向，也就是阿尔蒙德所说的那种“系统感情”，正是这类感情的存在，才使系统成员在任何时候都能在行动上自觉地维护系统存在的各个方面。这种感情往往是着意培养出来的，而不是随意滋生的。这种感情是政治系统为了获得成员的维护和支持所要求的，因为这种感情是正面的还是负面的会在某个重要方面决定成员的行动取向，成员对系统的感情依恋程度决定着他们对系统支持的程度。

第三，对政策认知的影响。一般社会成员的政策认知受到一定的政策价值观的制约，这种政策价值观制约着认知的性质，总的来说，这一政策价值观必须与系统的存在相吻合，要求认识是正面的、积极的。然而，对同一政策目标的认识，往往由于社会成员属于不同的社会利益集团，或所受的教育和所处的环境的不同而表现出显著的差异。认知性质和程度的差异必然影响政策行为的方式和程度。

（3）政策价值观对政策过程的影响。在政策过程中，政策价值观实现了从观念形态到物质实践的过程，通过这一过程的信息收集和反馈，不断地调节政策过程本身。政策价值观对政策问题的认定、政策目标的确定、政策方案的选择、政策的执行和政策的评估都有着直接的影响。

第二节 政策研究中的价值分析

一、公共政策价值分析的兴起

尽管伦理学是政策科学的一个重要的学科基础，伦理分析构成政策分析的一个基本方面，但是在政策科学或政策分析发展的相当长时期，公共政策的伦理学分析或价值分析是被忽略或被有意排除在外的。原因在于，第二次世界大战后迅速发展起来的政策分析这一学科的动力主要来自于运筹学、系统分析和应用经济学，而这几个学科特别抵制和反对作伦理推论或伦理分析。同时，政策分析的多学科的广阔视野扩展了传统的社会、行为和管理科学的边界，从而引出了大量新的不熟悉的研究任务，这也使得政策分析学者不愿把这一学科的边界超出对政策的原因与结果的科学研究或理性分析的范围之外。大部分政策分析者（不管来自经济学领域还是来自政治学领域）都坚持实证观点或理性主义观点。在20世纪70年代中后期出版的有影响的政策分析教科书或专著都采取这种态度。例如，斯托基和扎克豪斯在《政策分析入门》（1975）一书中主张，政策分析“应该把重点放在预测的差异上，而不是放在价值的差异上”。安德森的《公共政策制定》（1975）、托马斯·戴伊的《理解公共政策》（1978）和韦达夫斯基的《向权力讲真理：政策分析的艺术和技巧》（1979）都认为，科学的解释和预测是政策分析的合理目标，而政策倡导和其他形式的价值判断、规定和命令则不是。

那时的政策分析者往往受逻辑实证主义的影响，反对将价值分析作为政策分析方法的一个基本组成部分。他们坚持逻辑实证主义的事实与价值分开的观点，主张政策分析的“价值中立性”，认为价值分析势必影响政策分析的科学性，政策分析应把重点放在对事实的分析和对事物发展的预测上，而不应放在主观价值的分析上。政策分析应严格区分事实与价值，政策分析完全是处理“是”的问题，而不是处理“应该”的问题。

其实，逻辑实证主义之后的科学哲学尤其是历史主义学派已经证明了实证主义哲学的“价值中立性”（事实与价值严格区分）观点的错误。运用“观察渗透理论”，可以证明价值观对于科学发现、理论检验、发展和评价、理论选择等都有着重要作用。在政策分析领域，纯粹的“客观的”事实分析或行为研究是不存在的。事实分析或行为研究在许多方面都涉及价值观或价值判断：（1）系统边界条件的界定和分析人员的兴趣问题。系统的确定反映了人们和集体的爱好（价值观），而当问题出现时，其中固有的价值观念又和选择什么样的系统有关。（2）在事实的选择和对事实的观察过程中，行为研究或事实分析就表明了它的价值观，因为每一种这样的选择，都意味着对许多其他选择的直接或间接的拒绝。（3）在对自身的目标进行行为研究时，价值观与这种研究的整个前提关系极大；在人类组织系统中和进行分析的人当中，倾向于用他们的整套价值观来确认事实的性质。

20 世纪 70 年代末 80 年代初以来，公共政策的伦理学方面或价值分析受到人们的重视，公共政策伦理学以及公共管理伦理学（行政伦理学）逐步成为政策分析和公共行政学的一个相对独立的研究领域。80—90 年代以来，涌现出大量的关于这一领域的著作，但这些著作往往被看作是“杂乱无章的”，关于公共政策的伦理学分析也没有得到一个公认的界定。

二、什么是价值分析

价值分析在于确认某种目的是否值得为之争取，采取的手段是否能被接受以及改进系统的结果是否“良好”，它要回答的问题包括：“因为什么？为了什么目的？为谁？许诺什么？多大风险？应优先考虑什么？”等等。价值研究通过价值的确认与分析而直接面对价值问题；它的假定前提是:在人类系统中,价值观是所有行为的主要决定因素。价值分析要回答以下一些问题：（1）为了什么目的？（2）多大风险？（3）应优先考虑什么？

在政策分析中，价值研究与行为研究及规范研究是怎样的一种关系呢？价值分析构成了政策分析研究的三个相互区别的范畴之一，而且价值研究在政策分析的三个范畴中处在核心地位。价值研究回答“喜好什么”，而规范研究要解答“应该是什么”，行为研究要回答的问题是：什么事情？什么时候？什么程度？有多少？即对事物、事件、关系和相互作用等进行描述，前提是了解事物的本来面目。纯行为研究是不涉及价值观念的，或者说至少是试图将事实与价值观念区分开来，然后再在更大的价值观念的范围之内考虑这些事实。事实上，在人类系统中从来不能将事实和价值观念截然分开。

规范研究寻求的是通过确定和肯定为达到预定目的而采取的行动和手段，来证实“应该如何”的论断或假设。因为规范研究工作中要表明应该如何，它具有一种内在的理想主义成分。规范研究在三个方面与价值问题相联系：首先，想取得某种结果，原因就在于对它们是喜好的（即觉得“好”），这就是一个价值判断；其次，在选择手段时要考虑其是否合意、可行、可用和有效；第三，在规范研究中要假定受到未来政策影响的人和机构，对所产生的结果不会面临价值对抗。

行为研究涉及的是在过去和现在“发生了什么”的问题；价值研究既涉及过去和现在，也涉及将来；而规范研究则涉及未来的期望。在整个研究过程中，这三个范畴的研究不能也不应该各自孤立地进行。复杂的人类系统中的实际情况是，个人的、组织的偏好，对现存事物的观察和对未来应该如何的规定都混合在一起，系统分析必须对所有这些方面加以综合。

三、价值分析的标准与原则

价值分析的作用主要是制定和应用评判标准来评价政策价值观与政策选择，力求给予政策实践的人们以指导。因此，价值分析的内容主要是提出并评价价值论点正确性的判断标准。价值分析的中心问题是用什么标准证明政策行为的正确、有益或公正。

1. 价值评价标准的类型

（1）义务论标准。断言某些政策行为之所以是正确的，是因为在本质上符合某一传统原则。例如，在市场经济条件下，市场对资源配置起基础性作用，这是市场经济的基本原则，是正确的，因此无须进一步证实；

有些义务论理论是实质性的，因为它们的论点是正确行为（如诚实、负责、公正）的判断标准，是行为本身可自我确认的特点，从而无须进一步证实，例如，政府要承担公共责任原则；有的义务论主张正确的行为，存在于行为所遵循的一些规则或原则相互之间有着逻辑的必然关系，比如，政府的遵守诺言、对公众的责任与法律程序的公正及政权的正当性是密切相关的。

（2）目的论标准。认为某些行为之所以正确，是因为它们导致了好的或有价值的结果，即根据行为后果的效益来评价行为。一种主要的目的论理论是功利主义的，传统功利主义认为，正确的政策行为是那些增进普遍利益的行为。新功利主义者认为正确的政策行为是基于最大限度地增加社会净收益的准则。目的论与义务论最显著的区别，如登哈特所说，目的论“旨在把行为的结果作为判断行为对错的决定性因素”，而义务论则“旨在制定引导伦理行为的普遍规则和为制定政策提供合理的理由。”而且，“这两种理解道德次序的途径是非常重要的，因为一个人思考道德次序的方式就决定了伦理对于他的意义以及他如何对行为作出判断。”[①]

当然，目的论和义务论的界限也并非我们所想象的那样“泾渭分明”。有如拉尔斐·钱德勒（Ralph Chandler）和杰拉德·庞斯（Gerald Pops）所指出的：在讨论义务论的时候不可能不讨论伦理——这块硬币的另一面。义务论和目的论是一种相互的妥协，在实践中，我们通常将两者结合起来。

（3）本质论标准——根据政策行为内在的良好或内在价值来评价政策行为，就是把良好或价值作为正确的标准；本质论把注意力集中在感受快乐、运用能力、完成自我实现或审美的内在价值上。本质论普遍认为，一种价值是人类在政治、法律、经济、科学、艺术、宗教、道德和习俗领域中进行评价时所感兴趣的任何东西。比如科学技术创新、创造良好的宏观经济环境、追求三位一体的协调发展等。本质论的前提也构成了有关政策分析方法论的基础：追求目标所得到的满足至少与实现目标所得到的满足相等。本质论属于一种混合的或综合的类型，它没有提出正式的或实质的具体义务准绳，所以不是义务论的；它没有提出具体的功利主义的准

① Charles Garofalo, Dean Geuras, Ethics in The Public Service, Washington: Georgetown University Press, 1999, pp. 82-83.

绳，所以也不是目的论的。

(4) 品德论（character-based theories)。也被称作道德伦理理论。行动中蕴涵的道德是由行动实施者的个性特点所决定的。这种理论把道德观念看作是主要的，而决非为行动找到一个“良好”的视角，或把责任、法律或为行动提供理性思考作为原则。例如，我们认为，纵容盗窃是错误的，因为这是对他人财产和人身的自私的蔑视。同样，品德论者认为“人，而不是行为，是价值评估的目标”。他们同意向穷人捐赠大量钱财，是因为这一举动表明了一种“仁慈的本性”。

2. 价值评价的一般原则

虽然不同的政策环境和政策问题有不同的价值评价标准，而不同的价值评价标准又可能坚持不同的原则。但是，还是有某些一般性、共同性原则的。主要有①：

(1) 合规律性与合目的性的统一。人们按自身需要进行价值选择时，最困难的是如何使主体需要的尺度与客观世界的尺度结合，即合规律性与合目的性的统一。

(2) 社会选择与个人选择的统一。作为统治阶级的利益工具，公共政策要具有保障社会稳定、发展的功能。协调不同人的需要与利益，就要协调社会需要与个人需要的关系。因为社会需要或价值，与个人需要或价值，会处于矛盾状态，只讲任何一方都是片面的。

(3) 兼顾与急需的统一。任何选择，不是无重点的。对于那些尚未解决多数人的温饱问题的贫困地区来说，当地政府的政策价值取向首先是脱贫，而对那些早已解决温饱问题的地区来说，其政策价值取向却是大步奔小康。急需解决什么，兼顾解决什么是不同的，但突出重点，兼顾一般是必须坚持的。

(4) 择优与代价的统一。价值的选择总是要付出代价的，只要选择，就要择优。政府在政策制定中，把握代价与择优的度是困难的。三峡工程上马，有反对者也有拥护者，各自持有不同的价值观点。国家之所以对其进行一再论证，就是分析择优与代价的结合的度，看付出的代价是否值得，如何以最小的投入获得最大的收益。在不同类的价值中权衡择优与代

① 参见刘家顺、王永青：《政策科学研究》，第2卷，84~85页，北京，人民出版社，2000。

价的统一是很困难的。

在政策分析中，既要遵循一定的原则和标准，也要具体问题具体分析。不同的评价标准会带来不同的思维方式，也要求我们寻求不同的评估依据路径，选择不一样的政策方案。

3．价值评价标准一致性的问题

评价标准在政策分析中是不可缺少的，但也要看到各种标准的片面性和局限性。

（1）确立标准的必要性。“没有规矩不成方圆”，价值标准使观念形态的政策理论成为可操作的，从而为政策过程带来秩序。价值标准的建立就是为了克服和避免政策行为中的任意性，从而减少冲突，减少失误，提高效率。因此标准必须明确、易于判断、难以被人们任意解释。一个健全的标准保证的是更大概率上的合理。

（2）标准的局限性。大概不会有人否认政策评价中标准的必要性，但是对于标准的片面性和局限性问题，也必须有充分的认识。任何标准大多是两难中的产物，任何标准的设定都不可能十全十美，比如说中国的宏观经济政策中就面临着一系列的两难选择，任何选择都意味着要做出一些牺牲，是权衡诸害取其轻。

（3）价值评价标准一致性的问题。既然标准并不能穷尽一切方面，那么就牵涉到一个问题，追求价值评价标准的一致性有无必要？对于功能各异的价值分析判断必须具体分析。另外，评价标准具有历史性，不同时代的人对于事物的评价标准可能是不一样的，某种生活方式，甚至某种生产方式，对这一代人是重要的，很可能对另一代人并不重要。

四、价值分析的方法

1．规范性和经验性探索

麦克雷在《社会科学的社会功能》（1976）这一著作中详述了一种价值分析的方法论。这种方法的一个中心概念是“价值假说”概念，这些假说就是政策行为的正确、良好或价值的规范假设体系。他提出了关于研究相互对立的价值假说的三个原则：

第一，详述价值假设。由两个以上倡议者提出的伦理假说体系应预先书面详述。"这种详述是为了维护'明晰'的准则，可能包括按不同于其他常用方式来表明的定义，对文中突出的原理所作的论述，以及逻辑或数学符号。"

第二，应用通用的评定标准。相互对立的伦理假说体系的建议者应采用通用标准评定规范争论。通用的评定标准包括普遍性（应用的范围）、内部一致性（一个伦理假说体系内部没有矛盾）、外部一致性（一个伦理假说体系同其他对于正当道德行为的信念之间没有矛盾）。"预料一个按此规定的内部一致伦理体系不会同它的倡议者们的全部具体的道德信念相一致；上述程序的目的是检验体系是否必须修改，或具体的信念是否必须排除以作为进一步辩论的基础。"

第三，评定情节的恰当程度。相互对立的伦理假说体系的倡议者应提出各种旨在从对立的论点中引出矛盾的"冲突情节"。"继每次这种摆出冲突情节的机会之后，处于鉴定中的伦理体系的倡议者须决定他是否希望改变其伦理体系或作出其体系所规定的抉择。"

比如，如何看待公平和效率这对公共政策的基本价值目标呢?

公平是从属于价值理性范畴的概念，效率则被定位于工具理性的界限之内，作为公共政策的两种不同的价值目标，其关系一直是学界讨论的热点问题之一。

效率原则是现代公共行政的一项原则，他要求行政主体在公共政策行为的过程中，应当以经济、有效的方式，以尽可能少的"投入"获取尽可能大的"功效"。而公平作为现代公共行为的基本价值目标，要求公共政策行为体现公平的结果，尽可能满足社会主体（公众）的公平需求，恰当地运用公平原则，统筹短期和长期利益、微观与宏观等因素，兼顾个人、集体、国家等不同主体的利益主张，平衡与之相关的利益冲突。只有这样才能使公共政策带来良好的行政效应。这实际上意味着行政管理者（包括公共行政主体）不能是价值中立的，他们应当担负起实现社会公平的责任，应当把出色的行政管理与社会公平作为一种新的公共行为的基本原理、应履行的必要职责和应遵循的社会准则，同时，社会公平这一社会准则本身又赋予新的公共行为以新的使命，即它有责任改革那些在制度上、功能上、效果上妨碍社会公平的公共政策与影响实现社会公平目标的政府行政管理体制。

公平与效率两者紧密相关，相辅相成。一方面，如果公共政策缺乏效率效应，则政府就不能对社会进行有效的管理，社会将进入无序状态，导致资源的巨大浪费，人民生活更加贫困，从而必将破坏并无法实现公平。相反，经济效率的提高则能够促进社会公平的实现。因此可以说，经济效率甚至是实现社会公平的必要条件之一。另一方面，如果公共政策中贯彻公平理念，则可以博得公众的信任、支持、配合，从而提高政府的威信，取得良好的行政效应。新公共行政学派的另一位著名的学者沃尔多则认为，作为政府最主要的活动，公共政策不仅需要解决复杂多变的公共问题，而且还应当正确引导人民迈向善的生活。而什么是善的生活呢？沃尔多认为，善的生活应该包括物质生活、和平、自由与平等，都是价值的满足。因此，从一定意义上来说，公平理念虽然会给公共政策行为造成一些障碍，看上去似乎能影响行政效率，成为行政效率的羁绊，但实际上，公平价值观具有防止公共政策行为的专横，维护公众对政府的信任和良好关系，减少行政主体与公众之间的摩擦的一面，有助于实现行政效率的最大化。

公平与效率的统一只是相对的，两者之间的冲突仍不可避免。尽管高效率的行政活动具有稳定社会经济的作用，并能克服官僚主义“拖拉扯皮”的弊端。但是如果公共政策片面追求效率，则往往会侵犯社会公众的合法权益。因此，行政主体进行决策时，必须做出权衡，在公平与效率的价值上不能千篇一律，而应该根据公共政策特有的背景、情势以及轻重缓急来定夺。一个国家的公共行政价值目标，在其国家经济落后或者当公共政策对公众权益影响较小时，是“效率优先，兼顾公平”；而当国家经济发达或者公共政策对公众权益影响较大时，则应当以公平为主，兼顾效率。通常认为，现代公共政策所追求的公平应当是达到效率目标的公平，现代公共政策所追求的效率应当是实现社会公平的效率。①

2. 元伦理的研究方法

元伦理观的提问方式是：什么（元伦理观）准绳能保证选用来的证明政策行为正确、有益或公正的有关论断正确的标准是合理的？在政策研究中，价值分析有时是以帕累托最优之类的评断准绳为基础的。所谓帕累托最优就是：如果至少有一人境况改善而无一人处境更坏，那么这种社会

---

① 林志鹏：《公共政策的公平价值选择及其实现》，载《行政论坛》，2001（7）。

状态就比另一种好。元伦理理论可能揭示出使我们对自己原来的评价产生怀疑的一些基本假定。政策分析中，元伦理理论的作用是回答关于规范性伦理主张本身的问题：我们能否确定规范性伦理主张的正确或谬误？

3. 价值分析常用的方法与技术

在政策研究中，价值分析的方法及技术是：对各种价值表征（基本信念、系统选择、资源分配优先顺序、奖惩、目标、系统意向、领导和管理风格、出台政策及未出台政策等等）加以分析；对作为规范性的价值系统即社会政治意识形态进行分析；决策分析；预算分析；面谈；利用德尔菲法进行调查；识别出目标个人或团体的价值观的基本含义和范围等。价值分析中着重研究的特殊的东西包括：政策的价值含义、系统中价值的一致性、绝对价值和相对价值、明确价值观的可行性的限制、价值组合、价值观的加强和改变以及进一步假定的价值内容。

五、价值分析的难点问题

政策研究中的价值分析是一项复杂的工作，在方法论上的困难主要有：

1. "合理"问题

一元论通常要求保持价值中立，多元论则从揭露价值冲突出发，强调价值的多元化和价值中立的空想性，但多数又难免会陷入不可知论。多元论认为，不存在一元真理，价值认识的目的是价值真理。但在价值认识未被确认为价值真理以前，说某种价值认识具有合理性仍不失为一种可取的说法。

2. "价值中立"问题

价值中立是人们用来防止价值认识影响事实认识的一种一厢情愿或权宜之计。当我们确定了价值事实的范畴之后，是什么价值就是什么价值，不存在中立与否的问题。符合价值事实的认识，不中立也是正确的。在认识论意义上，同样存在着两个相反的命题：社会科学是关于事实的科学，因而存在着"价值中立"的判断；政策问题往往与人们的利益相关，所以人们通常用价值标准而不是用科学事实去评判它。事实判断和价值评价的关系问题是政策研究中一个非常复杂而又基本的问题。

3. “价值冲突”问题

这是由于价值体系不同所导致的不同主体之间的关系。具体表现为两难抉择和悲剧性抉择。两难选择是当代公共政策过程中极为普遍的限制。它是指在同一时间、同一政策问题上，两种几乎同等重要的价值需要发生直接的冲突。

悲剧性选择是一种更为复杂和艰难的抉择。涉及多种价值观和行为趋向的抉择，它是指必须在不可选择的对象中做出选择。悲剧性抉择源自当代社会严重的价值矛盾和利益对抗，由于社会缺乏占主导地位的公众普遍认同的和尊重的价值观、共同目标和行为准则，公共政策事实上经常陷入决策的沼泽，使得政府也表现出犹豫不决。①

政策研究中的价值分析是决策者实现决策功能的前提和基础，是决策者政治人格的核心部分。因此，公共政策及政策决策者本身的伦理规范和价值取向是把握价值分析的科学性和公正性的决定因素。政府或政策决策者是利益的权威分配者，它所用的不可量化的尺度是正义和公正。公正的核心就是处理好自我利益与公共利益的关系。公正的政策决策者必须把个人利益（包括政府利益和政策决策者的个人利益）纳入更高和更广的公共利益中。政策价值选择在本质上应该是政策主体目的性与客体规律性的统一；政策选择要体现公共利益，协调各方面的利益关系；选择应该是合目的性与和规律性相统一的过程。

第三节　政策分析的职业伦理

政策研究的伦理规范是一个复杂的问题，包括政策决策者的行为标准、政策研究者的职业道德要求、政策执行者的道德规范等。政策研究的职业伦理具有多层面的综合的内容，包括决策者和研究者个人的道德品质，如公正、诚实、正直等；也包括决策者和研究者的职业行为规范，如权利、义务、职责、程序等。更为重要的是政策决策者和研究者要有科学的政策价值观。

① 参见张国庆：《现代公共政策导论》，352～353页。

一、政策分析职业伦理的特殊性

政策分析的职业伦理是一种特殊的职业伦理。它涉及公共责任和广大民众利益的实现问题，具有多层面的综合内容。

库珀将责任概念视为行政伦理学的中心问题。他说，当我们遇到应该做什么的问题时，需要在行政角色中界定我们的责任，其中有两种责任：客观责任和主观责任。客观责任产生于法律、组织和社会对行政者角色的需要，而主观责任基于一种信仰、价值和癖好组成的内在驱动来指导我们如何去做。① 当遇到冲突性的、竞争性的和矛盾的责任时，我们就会面临典型的伦理困境。

而要解决这种伦理困境，就不仅要求改革外部控制资源（法律、组织制度和规章等），还要求行政人员个体积极运用自己的伦理自主性，抵制不道德的组织和上级不负责任的行为，而这种伦理自主性的获得需要通过行政人员本身有意识地培养自己的内部控制资源（个人价值观、信仰等）。②

这种内部控制资源也就是我们所要探讨的政策分析的职业伦理，是政策分析者在政策研究和决策中运用内心信念和是非、真假、善恶标准进行认识和判断。然而，它并不直接和简单地批评对错、是非或者得出结论，而旨在提高政策分析者的思想深度和处理复杂问题的能力。③

一般来说，内化在政策分析者心中的职业伦理总是能在政策研究和决策过程中起作用的，尤其在不规范的外部控制起着实际作用的时候，它们能防止政策分析者在面对具体问题时，只采用某一种片面的处理方法。它们使种种官僚主义的做法丧失脸面，但他们并不是在恣意妄为，而是在适当的价值系统的指导下从事活动。

然而，库珀认为内部控制也不是完全可靠的。如果政策分析者将他的价值观运用于具体问题的决策时，我们不能保证他不会以满足自我利益的

---

① 参见［美］卡尔·帕顿、大卫·沙维奇：《公共政策分析和规划的初步方法（第二版）》，26～27页。

② 参见［美］特里·L·库珀：《行政伦理学——实现行政责任的途径（第4版）》，148～149页。

③ 参见张鹏：《公务员职业道德伦理探析》，载《广东行政学院学报》，2001（4）。

方式行事。因为价值观本质上是私密的、隐藏在观点背后的，所以公众就不能审查主宰政策分析者的价值观。我们无法轻而易举地断定政策分析者在受雇时是赞成职业价值观，还是赞成个人价值观。

因此，许多政策研究者和决策者就提出了如何运用各种概念来指导伦理决策这一问题。他们认为遵循一套规范和指导很有帮助，但是答案并不那么简单。通格（R. Tong）认为，一个针对政策领域的共同的伦理理论不大可能出现，更不用说一套伦理规范。

我们倾向于认为，伦理不能只通过参考一套规则来简单地决定，它是一个不断发展的过程。而且，由于政策分析的职业化发展历史很短，加上政策分析的从业者来自于不同的专业和组织背景，因此，要在职业伦理方面形成一整套为所有的或大多数政策分析者所认同和遵守的职业伦理规范并非易事。①

通格认为，相对于一套道德或伦理规则，政策分析家更需要形成一种道德观，以帮助他们实践一套自己承担的道德理想。还有一些学者认为，目前与其等待完善的职业伦理规范的出现，倒不如探讨政策分析家的精神气质（ethos）。②

尽管如此，在实践中，许多领域都形成了职业伦理规范、原则或指导，有了相应的组织包括美国公共行政协会、国际城市管理学会等。由于相对年轻，公共政策分析和管理协会正在形成职业伦理规范。

然而，这些规范多数是组织对认为合理、恰当的行为采取官僚式的陈述，而且，被实践者解释得各式各样。在规范和实践之间、实践者和学者的信仰之间还存在很大差距。它们所反映的内容的确很高尚，却总是太宽泛且趋于抽象的理论原则。这种正规的职业道德规范的确也起了作用，但如果没有经常性的决策等其他技术的支持，它们对于达到理想的行为将是无所助益的。它们也没有对自己的读者——从事职业实务的人产生影响。它们极少深入个人的内心深处，而正是在内心深处，道德品行才得以形成，行为的完整性才得以完善。这样的职业道德规范对于澄清行为准则的最低标准起到必要的作用，这与法律之于大型社会的作用十分相似，但它

① 参见陈振明：《政策分析的职业化》，载《岭南学刊》，1995（3）。
② 参见［美］卡尔·帕顿、大卫·沙维奇：《公共政策分析和规划的初步方法（第二版）》，31～32页。

们仍然属于外部强加的控制。

二、政策分析职业伦理的不同观点

西方学者对于政策分析职业伦理的问题提出了各种不同的看法。

著名学者罗尔斯在其名著《正义论》中指出，任何社会应该使所有社会关系中的公平或公义最大化，因此，公共政策以公平（equity）而非平等（equality）来加以评断。他认为，人的能力或成就并非生而平等，一个正义社会是无论其公民在社会中所处的地位为何，他所担当的义务与责任都是公平的。而在公共政策制定中，公平又是如何决定的？罗尔斯认为政策制定者必须做两件事：（1）政策制定者必须对他所占据的职位保持漠视的状态；（2）当他设计一项政策时，必然使其职位得到某些好处，但一个正义的政策最好仅为个人带来最少的利益或成本，且可以为社会大众所接受。

通格在《伦理学和政策分析：责任问题》一文中，谈到分析家们正学习着在雇用他们的机构的外部性物品和吸引他们的实践的内部性物品之间寻找平衡，在权利、权威、金钱和尽可能地做最好工作的满足感之间寻求平衡。她建议分析家问自己如下问题：我向顾客提供建议是因为它反映现实还是因为他或她想听？我运用某一方法论是因为它被我所在组织的当权者接受还是因为它能提供最准确的结果？我使顾客信任是因为这样做能升职吗？对我而言，出人头地比尽可能作好本职工作更重要吗？

韦默尔（Wermer）和维宁（Vining）建议分析家在其职业生涯的行为中要考虑三种价值："分析上的诚实、对顾客负责以及对其个人有关美好社会观念的坚持。"他们指出，这些价值的哪一种居于中心地位取决于分析家的角色，或者作为客观技术人员，或者作为顾客的支持者，或者是问题的支持者。他们主张发扬政策分析的如下职业精神："作为政策分析的教师和实践者，我们应该明确认识到我们有义务维护他人的基本权利，支持我们宪法中的民主程序，促进分析和个人诚实。这些价值应在我们的伦理评估中普遍支配我们对顾客的职责。尽管如此，我们应该对顾客选择解决不同价值间冲突的方式表示理解，而且我们应该对我们分析的预测能力保持一种现实的谦虚态度。”①

三、政策分析职业伦理的基本内容

1. 道德品质要求

“面对权贵，直言不讳”（speaking truth to power）② 可以说是政策分析者具有公正和勇气等优秀品质的表现之一，一直以来是公众对政策分析者的理想要求。如上所述，道德的考量是构成政策研究和决策的重要成分，政策分析者应该关心的是何者应该被做以及如何让事情做得更好而非更糟。那么，政策分析者到底应符合哪些道德呢？③

所谓的道德品质，指的是在一定的社会中，在调节人与自然、人与社会、人与人（包括自身）关系中的行为准则，以及在实际行为中显现出来的精神素质。政策决策者和研究者既要具备社会成员的一般道德，又要具备作为政治角色的职业伦理。

职业道德实质上就是责任与义务的表现。责任是指决策者和研究者必须对国家权力主体负责，必须通过自身职责的履行，来为国民谋利益。对国民负责，从国民的利益着想，实质就是“公仆责任”。

实现目的性与责任性道德行为的统一，必须具备两方面的基础，一是指导行为的道德品质，二是实现职业功能的能力。

（1）公正（处理决策者自我利益与公共利益的关系）。政府或政策决策者是利益的权威分配者，它所用的不可量化的尺度是正义和公正，做到完全的公正需要博识和彻底的无私；决策者总要根据不完整的信息和不自觉的对自我利益（包括政府利益和决策者个人利益）的考虑来做出决策。因此，公正的核心就是处理好自我利益与公共利益的关系，公正的政策研究者和决策者必须把个人利益纳入更高的和更广的公共利益之中。

（2）勇气（一视同仁，坚持原则）。在政治生活中的勇气有许多种形

---

① ［美］卡尔·帕顿、大卫·沙维奇：《公共政策分析和规划的初步方法（第二版）》，29页。

② Aaron Wildavsky, Speaking Truth to Power: The Art and Craft of Policy Analysis. New Brunswick : Transaction Publishers, 1993.

③ 参见陈正隆：《政策分析家角色类型之探讨——兼论我们需要何种政策分析家》，载《公共行政学报》，1999（3）。

式，其中重要的一项就是在事业中坚持原则，研究者和决策者需要勇气以保证做到一视同仁。在决策过程中，在许多问题上，特别是在那些涉及不同集团之间利益分配的问题上，人们的各种特殊利益之间往往是相互冲突的。在这种情况下，决策者和研究者是根据利益集团与自己关系的远近亲疏来决策呢？还是根据利益集团的压力大小来取舍呢？这就取决于决策者和研究者是否有勇气，是否能够坚持原则，原则指的是以现代化为方向的原则，提高生产力的原则，提高综合国力的原则，提高人民物质文化生活水平的原则。就是说决策者和研究者的决策要以这些原则作为取舍的尺度，要敢于抵制特殊主义的小圈子的压力，这需要极大的勇气和正直的气概。

（3）乐观（坚定信心，勇于创新）。乐观主义就是尽量看到事物的光明的一面，这种品质可使人们在各种困难和矛盾的事物中不失去信心，它可以加强人们的行为的目的性而减少被动性。真正的乐观主义是要认识到冒险的价值，当事物本身还比较模糊的、不明朗的时候，就具有认识到事物有可能向好的方面发展的能力，并且敢于承担风险，敢于创新，以风险为代价换得发展与创新的机会。

2. 行为选择要求

政策决策行为主要体现在政策选择的过程。选择既是一种价值认识活动，也是一种价值创造活动。它体现了主观和客观、合目的性和合规律性的统一。

（1）政策选择必须具有实践性。政策选择作为政策主体的价值取向，必须通过政策目标群体的实践活动才能实现。政策主体要利用一定的可能性空间，按照自身的要求促使一定的可能性转变为现实性。

（2）政策选择应是合目的性与合规律性相统一。合目的性与合规律性的统一，表现在主体需要与客体可能性的结合上。目的尽管是观念性的东西，然而，它总是同人的对象性活动相联系。可能性与现实性之间的关系，取决于决策者的目的与环境及过程的因果关系。因此，政策选择应具有社会性。这里的社会性所指的是，政策选择活动不是纯粹个体性的。尽管社会选择活动总是通过个体来实现，但个体的选择动机、能力和过程的各个环节以及结果都要受到各种社会因素的影响和整个社会环境的制约。就是说，决策者的选择并不是随心所欲的，而是受到多方面的限制的。一方面是物质条件的限制；另一方面是社会规范的约束，或者是传统或习俗的限制。总之受制于一定的环境，是在既有的现实关系的基础上进行选择的。

（3）政策动机要体现广大人民的利益。任何政策决策活动都是由一定的动机（需要、利益、目的）所驱动的。政策选择的直接动力首先是需要和利益。政策动机要体现广大人民的利益。

（4）政策选择要协调各方面的利益关系。政策决策是在各种选择的冲突中实现的，在多种选择的矛盾中，必有一种体现主导性的选择，这种主导性的选择要能够协调各方面的利益关系。

（5）决策者及研究者的选择要具有前瞻性。人的需要既受现有条件的限制，同时又要超越现有条件。例如，人们的经济需要，既产生于已有生产力的发展状况，同时又提出在现有条件下可能实现的新的需要，从而推动生产力的发展。决策者的选择，应该既立足于现在，又着眼于未来，要适应环境的变化，要敢于创新。

公共决策及其过程的问题要远比表面看上去复杂得多。事实上，把政府放在整个国家经济与社会关系当中，我们就会发现，“最根本的问题并不在于政府本身，而在于一定社会经济条件下的各种利益集团的利益冲突以及它们之间力量平衡的状态；而政策，不过是这种利益平衡的一个产物。一个较为明智的政府，也就是一个信息、知识较为完全的政府，说白了就是：第一知道当前的问题根本上出在哪里，第二知道大势所趋，知道解决问题的根本办法，第三知道如何在当前采取适当的方式，一步一步地沿着正确的方向（不怕步子小，方向正确最重要）将社会推向前进”①。

3. 价值判断要求

（1）价值判断要以事实为根据。价值与事实、价值判断与事实判断是内在有机统一的，每一项决策都包含价值要素和事实要素；事实与价值的有机结合是政策分析的基础。政策决策者及研究者就是要把“是”与“应该”有机地统一起来。政策过程中的价值判断就是对事物、社会现象和人的行为等在伦理意义上进行估量和预测，并在此基础上做出判断、选

---

① 樊纲：《渐进改革的政治经济学分析》，3页，上海，远东出版社，1996。

择和评价，用以影响政策主体的价值方向、行为决断和价值追求。正是通过价值方针的确立、价值行为和目标的选择、运用价值尺度对价值现象进行鉴定和批评等，政策主体才真正获得了自身作为价值主体的自觉性和现实性。价值判断包含了判断者的情感、追求、愿望等因素。

（2）价值判断要以公共利益为重。政策是否具有权威性，是否具有规范和命令的功能，与政策决策者及研究者能否权威地协调各种利益和反映公众利益的要求有着非常密切的关系。从本质上看，作为体现政府行为的公共政策，是政府依据特定时期的目标，在对社会公共利益进行选择、综合、分配与落实过程中所制定的行为准则和规定。因此，政策研究和决策功能应以公民利益和公共利益所追求的价值——自由、秩序、正义、公平、民主、福利、服务等的实现为终极目的，明确公共政策的目的是用来提供公共服务的，制定和执行公共政策应与社会公众愿望、社会公众利益相一致。

（3）价值判断应是利益与义务的统一。利益是有关功利层面的，义务是关于原则、规范等伦理层面的。政府要有自身的利益，但政府更为主要的是考虑自身的义务，要以义务本位主义代替权力本位主义，承认权力的真正拥有者是社会公众，权力是用来为社会公众提供优质、高效、公平服务的工具，民意应该得到充分尊重，公共政策要回应公众的需求，要围绕社会具体问题的解决和民众的自由、人权的保障。

四、加强我国政策分析的职业伦理建设

作为一种特殊的职业道德，政策分析职业伦理以对公民负责作为终极价值，它为政策分析者的行为提供正确的导向，调节和控制政策分析者的行为模式。那么，应如何加强转轨时期我国的政策分析职业伦理建设呢?

政策分析职业伦理建设无非有两条途径：一条是他律，另一条是自律。所谓“他律”，就是来自外部控制资源（如法律、规章等）的约束力，帮助那些不具备自律能力或自律能力较差的人改变其不道德行为，在实践中受到教育，逐步养成良好的道德行为习惯；所谓“自律”，即政策分析者通过内心世界的自我教育、自我学习、自我修养以实现自我管理、

自我约束、自我提高。“自律”是源于行为者本人自觉自愿的意识和行动，不需外在强制，是一种高层次的道德内化。无论何种道德要求，只有被行为者真正认同、接受、内化，并转化为自觉的行动，才能对行为者产生持久的约束力。显然，“自律”是政策分析职业伦理建设的最终努力方向，但“自律”与“他律”应当紧密结合、相辅相成。

要加强转轨时期我国的政策分析职业伦理建设，可以采取如下措施：

一是通过加强各项制度建设，尽早制定出一整套为所有的或大多数政策分析者所认同和遵守的完善可行的政策分析的职业伦理规范。尽管目前类似的准则规范（如行政伦理规范等）是低层次的、不完善的，但当整个道德自律体系匮乏时，通过发挥其惩治效力往往能达到道德自律的效果，而且对于遏制一些最不能为公众所容忍的行为能起到关键作用。

二是遴选具有高尚品格的政策分析者。政策分析者是从事政策研究和决策的主体，其伦理道德水平的高低，对问题的解决将产生深刻的影响。因此，要挑选正直、诚实、无私的专业人才充实到政策分析队伍中，以保证政策研究和决策的公平、合理。

三是政策分析的职业伦理教育。政策分析职业伦理要靠后天的培养，是后天培养教育的结果。职业伦理教育的目的就是提高政策分析者的道德品质。通过教育，促使政策分析者接受并内化为一种自觉。① 尤其在社会主义市场经济条件下，出现了一系列新情况、新矛盾和新问题，原有的伦理观念将受到冲击，因此，只有适时地进行职业伦理教育，才能保证政策分析的顺利进行。

四是政策分析过程中的伦理践行的监督。伦理的践行，虽然从根本上说依赖于政策主体的自觉性，但是，政策分析者的伦理自律性的养成需要一个由不自觉逐渐转化为自觉、由外在的伦理要求逐渐内化为内在伦理需要的发展过程。在这个过程中，外在的伦理监督是这种转化得以实现的必要条件。而且，在市场经济条件下，利益不仅可以成为人们积极向上的巨大驱动力，也可以异化为人们走向堕落毁灭的巨大诱惑力，因此，外在的监督就显得尤为重要。②

① 参见吴灿新：《当代中国伦理精神——市场经济与伦理精神》，广州，广东人民出版社，2002。

② 参见周奋进：《转型期的行政伦理学》，269～272 页，北京，中国审计出版社，2000。

案例

一、向“三陪”小姐收个人所得税的是与非①

1997年9月，广东的《南方周末》报道了这样一则新闻：当年5月，福建省莆田市地方税务局发出通知，凡在莆田市的高消费行业（诸如酒店、歌厅、舞厅、卡拉OK厅、美容院、桑拿厅等）从事陪舞、陪酒、推拿按摩等高收入的服务人员（俗称“三陪”小姐——笔者注），均要缴纳每月不低于100元的个人所得税。

当记者采访当地税务部门的领导时，他们明确表示，向这些小姐征税，并不意味着政府承认她们所从事的行业的合法性与正当性。当地的有关领导认为，向小姐征税可以达到两个效果：首先，可以调节社会分配（这些小姐月平均收入为3 000元到4 000元人民币，远远超出一般工薪阶层的收入）；其次，可以增加政府财政收入。有一位领导则说得干脆直接——这比让它不合法地存在，政府不能从中得到任何利益要好。

“三陪”的实质就是出卖色情，这是一种下流可耻的行业。早在新中国建立之初，所有的色情行业即被认为与健康高尚的共产主义道德相悖，被政府坚决予以取缔。但是，改革开放以来，一些人为了达到营利的目的，不顾人格尊严和廉耻，使得色情行业打着各种现代娱乐的名目，重又死灰复燃。政府虽然屡屡查禁，却是禁而不止。于是，出现了福建省莆田市这项税收政策的出台。目的很明确，政府需要从中获利。

我们姑且不论由政府出面收税同时却又否认这一行业的合法性，是否符合权利和义务相生相伴的原则，政府这一政策的道德示范作用却是不容忽视的。在维护道德的纯洁和获取实际的经济收益之间，政府选择了后者。就在这期《南方周末》的另一个版面上，登出的一则短讯说，在武汉市唐家墩，有人在路边公然贴出“急招三陪小姐”的广告，读来令人瞠目结舌。虽然这并不是发生在莆田，但从中我们却不难窥见，地方政府在对待这一问题上采取了怎样一种态度。不难想象，一旦莆田的做法推广开，类似的现象将层出不穷。

① 资料来源：《中国行政管理》，1998（12）。

二、旧港：人口规划的危险[①]

在旧港，市长雇用一规划公司作为顾问，来做一项关于城市、住房、学校和社会服务设施方面的20年综合性规划。规划者们最初的报告预测，人口将呈一般性增长，但人种构成会出现惊人的持续的转变，12年内各少数民族群体将会变成多数，5年内，在公立学校中，黑人将占大多数。

市长对这一初步报告反应强烈。如果这些调查结果被公布发表，它们就会自我实现这一预言。所有保持学校体系完整、维护稳定的混居民区或发展一个在强大居住基础上由不同种族构成的城市的希望都将会破灭。

规划者们被要求复查他们的资料。他们同意使用更低程度的规划——少数民族将在8年后在公立学校中占支配地位，16年后变为这个城市的多数种族。市长不满意，他告诉规划者们，或者改变这些资料，或者将其从报告中砍掉。他们拒绝了，他们感到必须尽其所能遵从对事实的解释。没有对这一事实的讨论，这一报告就不符合专业判断标准。

市长私下里猛烈抨击了他们的职业傲慢，要求他自己班子中的一名专职人员改写这一报告以删去那些规划，并且命令那些顾问无论在何种情况下，不能发表或透露这些有关种族问题的调查结果。

思考题

1. 为什么说伦理学是政策分析的一个重要学科基础？
2. 什么是价值（观）？政策价值观包含哪些基本内容？
3. 用例子说明价值分析方法的应用。
4. 结合现实政策实践，谈谈如何加强我国的政策分析职业伦理建设。
5. 上述两个案例，分别说明了政策价值观和政策分析职业伦理的什么问题？

---

① 资料来源：[美] 卡尔·帕顿、大卫·沙维奇：《公共政策分析和规划的初步方法（第二版）》，23页。

第十五章

政策分析中的创造性思维

政策科学并不是一门精确的（经验）科学，它与经验科学追求的目标有所不同：经验科学追求真理，并寻求理解和预言；政策科学关心更有效地操纵或控制现实世界，寻求帮助决策者做出更好的政策选择。同时，政策科学服从于科学的传统，遵循科学研究的程序，并具有科学的精神气质。它强调尽可能使用科学的方法及理性分析，为科学的客观性、真理性、可检验性而努力。这样，理性分析尤其是定量分析方法在政策研究或政策分析中占有重要的一席之地，是政策科学形成、发展的一个主要方法论基础。然而，理性分析方法仅仅是政策研究或政策分析方法论的一个组成部分，而非全部。政策研究或政策分析并没有固定的模式和一成不变的方法，它是一个复杂的创造性思维活动过程。在这一过程中，理性思维与超（非）理性思维、定性方法与定量方法、事实分析与价值分析、形式思维与辩证思维交替、综合地发挥作用。因此，对于超（非）理性思维或创造性思维在政策研究中的作用的研究应该成为政策研究方法的一个主题。

第一节 理性、有限理性和渐进主义

为了更好地了解定量分析方法的地位、作用和内容，我们有必要先了解构成这些方法基础或根据的理性（合理性）概念，以及通过对理性概念及理性主义模式的批评而形成的有限理性和渐进主义的概念及模式。

一、理性和有限理性

1. 理性与理性主义

政策研究中的定量分析方法及技术是建立在理性或合理性概念的基础之上的。所谓理性或合理性（rationality），简要地说就是人们强调经过理性的计算或推理，选择适当的手段去实现目的的倾向。或者说，理性是指为达到一定的目的，解决一定的问题，人们使用冷静、客观和准确的计算，利用已获取的信息或统计资料，对目的和手段进行分析，以求得最佳的手段或解决办法，有效率地或有效地达成目的。这个概念是德国著名学者马克斯·韦伯最先提出的，是他将哲学的理性（reason）概念运用于社会学领域而得出的一个新术语，这个术语后来被广泛地运用于社会科学的各个领域，包括决策分析领域。

显然，理性方法是一种强调逻辑推理和精确的数学计算方法，最典型的就是定量分析方法及其技术。而政策分析中的理性主义模式则是一种主张将理性方法（定量分析及定性分析）作为政策研究的主导方法或惟一方法的观点。理性主义模式又可称为纯粹理性模式（pure rationalism model）或者是全面理性主义模式（rational-comprehensive model）。

根据这一模式，为了一个理性的决策，政府的决策者必须知道所有的社会价值偏好及相对权重，知道所有可能的备选方案可能产生的所有后果；必须能够估计每一政策方案可能得到或者失去的社会价值比例，能够选择最经济有效的政策方案。林德布洛姆将（纯粹）理性模式的要点概括为：（1）决策者面对一个既定的问题；（2）理性人首先应该清楚自己的目标、价值或要求，然后予以排列顺序；（3）他能够列出所有达成其目标的备选方案；（4）调查每一备选方案所有可能的结果；（5）比较每一备选方案的可能结果；（6）选择最能达成目标的备选方案。①

从理性主义模式所表现出来的特征中可以发现，它同经济学中的"经济人"假设存在着密切的联系。"经济人"假设认为：个人具有明确的个人价值序列观。他们总是设法扩大某种满意的价值，而且他们总是能够找到一切适用的方法，并清楚地知道每一个方法所带来的后果，因此总可以合理地做出选择，从而取得满意的价值。事实上，"经济人"理论为理性主义模式提供了两个基本的假设：人具有无限的认识能力和存在一致的价值序列。②

显然，理性主义模式表现出来的是一种对"客观理性"的追求。这种可谓是理想化的决策模式，或许反映了在民主社会中人们对于科学合理的公共政策的一种强烈要求。虽然带有幻想的色彩，可是它对于社会价值的广泛重视，却成为当代政府有效进行公共决策的有益借鉴。然而，理性主义模式所建立的假设基础同现实情况存在太多的差异，"全面理性的情势同现实的决策情境存在太多的背离，它追求的是理想化"（John Forest）；它忽视了决策过程的复杂性，片面夸大理性方法尤其是定量分析方法的地位和作用，因而受到了来自各个方面的批评，其中包括西蒙、林德布洛姆等人的批评，并由此提出不同的政策分析模式。这些批评概括起来有如下几个方面：

（1）假设前提方面。理性主义模式建立的一个基础假设是社会存在着一致的价值序列，即整个社会有一个为大众所共同认定和追求的价值、目标，而这些价值、目标不但可以知道，并且还可以量化显示。③这样的假设受到了阿罗提出的"不可能定理"的严峻挑战。在他的这个著名的定理中，阿罗否定了社会中存在着一致的价值观的可能性。的确，在现今

① Charles E. Lindblom, The Policy-making Process, Englewood Cliff, NJ: Prentice-Hall Inc., 1968, p. 13.

② 参见范锡兵：《渐进选择：非理性主义?》，载《政治学研究》，1996（3）。

③ 参见朱志宏：《公共政策》，49 页。

崇尚社会多元化的时代里，自由主义的真谛在于对不同的价值观和偏好的宽容。因此，很难找到一个让世人普遍认同的价值取向。如果按照传统的权威社会中利用强制的手段做出价值判断和利益分配，将背离民主自由社会的根本要求，同时更可能激化社会矛盾。

理性主义模式的另一个假设前提是人有无限的认知能力。人类认识社会的过程需要借助一系列的资源作为工具。所以，无限的认知能力是需要无限的资源作为基础的。但是，社会中的各项资源都是稀缺的。对于政府来说，它的行为更是受到了来自各个方面的约束。这些限制中，最大的制约也许是各个年度中政府的财政预算问题。有限的财政预算大大地束缚了政府就相关的政策问题所需要采取的行动，从而难以达到所谓的“客观理性”。

（2）资料收集问题。理性主义模式所要求的目标的确定和选择方案的比较，需要完备的信息作为前提。不过由于受到人为因素以及计算能力等的影响，充分完备的信息收集通常是不能彻底达到的。

首先，人的认知能力是有限的。人并非是全知全能的，人脑存储和处理信息的能力是有一个限度的。同时，加上人的精力等生理条件的影响，决策者很难如同理性主义模式要求的那样，对相关的信息悉数掌握和分析，并有效进行方案实施后果的评价和比较。尽管计算机的使用大大地提高了人们收集和处理信息的能力，但是，相应的程序设计和编制仍然需要经过人脑，最终还是摆脱不了人为因素的制约。

其次，理性主义模式需要一个对所有价值与偏好的了解。可是，在实际的决策过程中是否能够做到这一点，依然存在极大的疑问。即使可以得到，所得到的价值序列的真实性也是受到人们的质疑的。既然理性主义模式假定每个人都是“经济人”，那么他们都具有趋利避害、最大化其个人利益的取向。于是，个人在面对一个同自己的利益紧密相关的偏好调查时，就可能尽力夸大即将制定的方案给自己所带来的损害或者极力掩饰随之而来的收益。人们这种潜在的机会主义行为可能导致调查所得的价值序列失真。再次，决策者在进行决策的过程中，政策的最终决定也并非如理性主义模式要求的那样，是严格建立在完备信息的基础之上的。相反，资料的收集和处理有时是与决策同步进行的。

最后，按照理性主义模式所要求的信息收集，无疑需要耗费大量的金钱和时间成本。这同现实的许多情况的差距更是明显，而且同该模式本身所追求的经济最优的方案存在巨大的抵触。

（3）决策者个人的问题。政策决策者应该是公正的、公平的，以民为先是理性主义模式对制定者提出的基本要求，缺乏一个客观公允的立场和态度，决策者便不可能对社会中的价值序列做出一个正确的评定。可是在实际的政治生活中，决策者常常受到诸如专业背景、个人价值观和利益集团等因素的影响。因为每个人的学习能力都是有限的，所以很少有人可以对社会中的各个领域的知识全部理解透彻。所以，决策者就只可能对自己熟悉的领域做出一个比较清楚的认识和评价。

另外，个人价值观的不同也将使人们对同一个问题的看法存在差别。比如，在香港特区政府就“赌球合法化”的问题进行决策的过程中，决策者之间的观点明显不同。一派的观点认为：赌球合法化利大于弊。因为它可以增加政府的税收和慈善事业的资金来源，还可以减少处于非法状态中，由于黑帮势力的介入所引发的社会不稳定；另一派的观点则担心赌球合法化会破坏社会风气，产生一系列的社会问题。不过在现实中，决策者往往更容易受到利益集团的左右。因为政府官员通常寻求连选连任，而这需要得到利益集团的支持，为此，决策者有时候不得不调整自己的观点和立场，去迎合特定利益集团的需要。

2. 有限理性

赫伯特·西蒙批评（纯粹）理性概念及模式，提出有限理性的概念及模式。西蒙认为，（纯粹）理性概念是依据古典经济学和统计决策论而发展起来的。它包含了如下四个先决条件：（1）存在着数种可以相互取代的行为类别；（2）每类行为都能产生明确的结果；（3）经济主体行为产生的结果拥有充分的信息或情报；（4）经济主体拥有一套确定的偏好程序，以便让他依其所好，选择他以为适当的行为。西蒙和马奇两人认为现实的决策者面临着的是这样一种情境：（1）模糊并且没有得到明确界定的问题；（2）有关选择方案的不完备的信息；（3）有关“问题”背景和基准的不完备的信息；（4）有关假定选择方案所导致后果的不完备的信息；（5）有关价值、偏好和利益的内容和排序的不完备的信息；（6）有限的时间、技术和资源。

西蒙指出，由于人类知识的不完备性、预测的困难以及人类活动或行为的范围有限等因素，使得（纯粹）理性在实际中是不存在的。因此，西蒙认为，人类决策行为所依赖的是有限理性（bounded rationality），而不是（纯粹）理性，也不是弗洛伊德等人所讲的非理性，而是介于理性和非理性之间的东西。人们在实际活动中，由于受能力、信息、时间、知识等因素的制约，只能在有限的且是力所能及的范围内去从事决策。在此基础上，西蒙提出用有限理性模式去取代（纯粹）理性模式。其要点是决策者在决策过程中对备选方案的选择，所追求的不是最优的方案，而是次优或令人满意的方案；决策者在"满意"标准和有限理性之下，面对一个简化了的决策，不必去检视"所有的"可能备选方案。

由于考虑到人的认知能力和决策资源的制约，有限理性主义模式并没有如理性主义模式那样去追求一种"客观理性"，相反，它追求的是一种"主观理性"。因此，决策者寻求的不再是理想化的最优方案，而是产生于自身决策条件基础上的"满意"或"足够好"的方案。同理性主义模式相比，有限理性主义模式的一个合理性表现在它所建立的假设基础之上。西蒙摒弃了传统的"经济人"理论，提出了"行政人"的概念。"行政人"具有如下的特点：他充分意识到把握决策环境中的各个方面的相互关系是不可能的，自觉地承认他对行政形势的看法往往过于简单化，且只满足于"满足"的标准而不愿追求最大限度。① 而作为行政人理性，它同传统的理性概念不同，因为它没有将一个额外范围的事实纳入考虑之内，这些事实与情感、政治权力、群体互动、人性和大脑的健康相关。正是因为减少了决策所需收集的信息的范围和数量，决策者做出一项政策需要花费的成本将得到相当程度的降低。

虽然有限理性主义模式更能够真实地反映决策过程，并突出了非理性因素在政策分析中的重要性（这一模式并未全盘否认理性的作用），但是，它还是没有跳出理性主义模式所陷入的割裂目的—手段联系的窠臼。决策通常被形式化为一种手段—目的关系：手段一般被理解成是根据最后独立确定的目的（先于手段之前确立）进行评估和选择的。② 因此，这两

---

① 参见范锡兵：《渐进选择：非理性主义?》。

② Charles E. Lindblom, The Science of "Muddling Through", *Public Administration Review* 19 (Spring 1959), pp. 79-88.

种模式都遵循着这样一条路线：即先确定明确的目标，再依此为指导，选择合适的手段。事实上，人们的价值偏好并非固定不变的，管理学中的马斯洛需求层次理论就证明了这一点。当人们的较低层次的需求得到满足之后，便开始以更高层次的需求为目标，并将它当作工作或者生活的动力。应该注意的是，人们的许多行为通常受到社会环境的巨大影响。所以，割裂手段和目的之间的互动而进行方案抉择，便潜藏着方案偏离目标要求的可能性。

二、渐进主义

林德布洛姆更强烈地批评理性概念及理性主义模式，并提出他的“渐进主义”概念及模式。该模式在不同时期有不同的名称：它最初被称为“渐进主义”（incrementalism），后来叫做“边际调适科学”（science of muddling through），后又变成“断续的渐进主义”（disjointed incrementalism）。虽然名称不同，但是其内涵却基本上保持一致。如果说西蒙主要是从理性的角度来修正、补充理性概念及理性主义模式的话，那么，林德布洛姆则是另起炉灶，提出了一种全然不同的决策模式。

林德布洛姆认为，政策制定决不是理性主义者所说的是一种理性分析的过程，理性主义模式与实际的政策制定过程不相符。尽管他同意某些分析工作对政策制定是必要的，但他对那种把分析方法放到主导性的地位表示深深的怀疑。基于对美国联邦、州及地方政府机构的政策过程的实际考察，他发现政策过程是如此零碎和复杂，涉入其中的有立法、行政和司法部门、政党、压力团体和公民等各种政治力量，以至于理性分析只具有边际的效果。他在《政治和市场》一书中论证说，在人类的智力和现实世界之间存在着如此大的不对称，在形成操作目标时遇到的困难，在价值和评价标准上的不一致，以及利益团体对理性分析的抵制等，降低了公共政策分析的作用及质量，并使关于处理政策问题的建议或方案除了小的变化之外，在政治上是不可行的。他在《政策过程》中又认为，政治上可行的东西是“那种渐进地或边际上不同的现存政策，具有本质上的差别的方案不在此列”。

林德布洛姆提出了他的渐进主义的模式，即把政策制定看作各种政治力量、利益团体相互作用、讨价还价的过程，把政策制定看作对过去的政策加以修正、补充的渐进的过程。他假定，政策制定是一个序列，即通过一条政治和分析步骤的长链，一条没有开端和终结、没有准确的边界的长链来展开。渐进主义的要点是：

（1）在政策问题的界定上，认为人们受知识和能力的限制，不可能对问题的所有方面及相关的所有环境因素作全面系统的分析，而只需集中于人们熟悉的、有经验的那些方面上，这就大大减少了分析因素的数量，降低了复杂性。

（2）在政策目标的确立上，认为难以一下子就确定一个清晰明确的政策目标，而只需确定一个大致的方向，在沿着方向前进的过程中，目标自然会逐渐明确起来，这并且可以灵活调整目标或给方案留有余地。

（3）在政策方案的设计上，渐进主义并不需要对原有政策进行一揽子改变的全新方案，而只需要对原有政策进行部分修正或变化较小的方案，把创新限于边际范围内。

（4）在政策方案的抉择上，渐进主义认为，决策并非是运用理性分析的结果，而是各种政治力量相互作用、协商或妥协的结果，方案是根据现实政治力量的相互协商、妥协所达到的平衡点来敲定的。

从渐进主义模式的这些要点看来，渐进主义模式比前两种模式更加贴近政治生活。利益集团对政治生活影响日益巨大是现代政治发展的一个重要的特点。因此，一项政策是否能够得到有效的支持，取决于它对于不同利益集团的损益状况。相比于理性主义模式和有限理性主义模式来说，渐进主义追求的不仅仅是经济合理性，而是更进一步的政治合理性。受到经济学自由竞争模式的影响，渐进主义抛弃了政策可以由表达集体之“善”的社会中心机构来指导的看法。相反，政策是社会中无数社会团体“释放和吸收”（give-and-take）的结果。① 于是，判断一项政策优劣的标准也随之发生了改变。一个好的政策的标准是政策制定者的同意。②的确，在一个民主得到越来越多的人所认同和支持的时候，缺乏一定的公众支持的政策，在执行时将面临许多的阻力和困难。

---

①② Amitai Etzioni, Mixed Scanning: a third approach to decision-making, *Public Administration Review*, No. 5, 1967.

渐进主义模式的另一个明显的优势在于：它更适合于处在当今社会变化频繁的环境下人们追求平稳的心理。渐进主义强调政策只不过是对原有政策做出的边际性的调整和矫正，并不鼓励创新。在面对一个复杂的政策问题时，运用渐进主义模式所取得的政策确实能够较大地节约沉淀成本，减小社会剧烈变动的程度。许多渐进主义的批评者认为，做得更好通常意味着偏离渐进主义，渐进主义者则认为，对于复杂问题的解决常常意味着更加熟练地运用渐进主义，并且极少偏离这一模式。①

虽然渐进主义模式表现出了更多的真实性和合理性，但是，它也存在明显的局限性。首先，按照渐进主义途径取得的政策，必然只是反映最有权势的团体的利益，因为团体间存在着各自权力地位的不同，弱势群体和组织涣散的团体的要求可能得不到体现。② 所以，政府作为社会公共部门，有责任承担起维护公平和正义的任务，从而保证社会的稳定。其次，渐进主义容易忽视基本的社会创新，因为它只关注短期目标，寻求的只是同以往政策有有限差别的政策。③这样一种倾向于保守的政策取向当然可以为一项政策赢得更好的政治支持。最后，这种模式可能比较适合于变动节奏较慢的社会环境。如果社会系统发生了根本的改变，那么，援引旧例便会导致政策的失败。而且，在进行社会系统改造的过程中，长远的目光对于政策制定者相当重要，渐进主义者似乎低估了他们对政策制定者的冲击。④

由此可见，在渐进主义者那里，理性的分析（决策的科学化、形式化，定量化分析等）的作用及地位是有限的。林德布洛姆认为，理性分析不应被用来寻求政策方案的重大革新，而应为寻求其边际的或弥补性的变化服务；理性分析更多地是一种帮助决策者进行讨价还价的手段，而不是为他提供足够多的信息以利于做出决策。因此，他断言，政策研究或政策分析所要考察的是那些渐进的不同于现行的政策和彼此不同的替代方案，要做更多的理性分析（定性定量工作）也只能是浪费精力，徒劳无功。显然，渐进主义看到了政策制定过程中的政治、价值等因素的作用，

---

① Charles E. Lindblom, Still Muddling, Not Yet Through, *Public Administration Review*, November/December, 1979.

②③④ Amitai Etzioni, Mixed Scanning: a third approach to dicision-making, *Public Administration Review*, No. 5, 1967.

注意到政策的连续性和稳定性问题，但是，它低估甚至否定了理性分析在政策研究过程中的地位和作用，而且具有明显的保守倾向。

三、理性分析方法的作用及其局限性

理性分析尤其是定量分析是当代政策分析的主流。政策分析不能单凭经验、想象、臆断或直觉，在许多情况下，必须有准确可靠的数字资料的分析作为依据。定性分析以及创造性思维方法只能是单测度的，其结果只能指出大致的方向或区间范围，无法得出精确的结论。这个工作必须靠理性分析尤其是定量分析来完成。现代政策科学及政策分析的奠基者们为了提高决策的科学化、合理化和可靠性，从一开始就从运筹学、系统分析、统计学、数学、计量经济学等定量化学科中借鉴和发展出一些适应于政策研究领域的新方法和工具。尤其是20世纪60年代以后，系统分析方法在政策研究领域中得到了广泛的应用，从而使定量化（分析）成为现代政策研究中的重要标志。

定量分析方法在现代政策研究中占有举足轻重的地位，具有十分重要的作用。首先，定量方法能使有关的知识条理化、专门化，能比较一些变量随时间的变化以及将这些变量和其他特殊的变量加以比较。模式化、定量化的研究方式使我们能够使用现代计算机技术手段，并通过信息子系统积累、贮存和处理信息。

其次，定量分析使公共决策所面临的复杂而又不确定的问题更容易把握，它为规定系统的输出提供了判断标准。通过定量分析，我们可以将发生的事件记录下来，以便复查、评估、比较以及用特殊的方法加以检验；利用定量分析的报告、定量表达的关系式以及随时间变动的数量关系，设计出反馈机制来帮助控制和决策；定量分析使仿真模拟成为可能，因为这些具备结构化的、合理的、可重复的处理手段，能够通过调整用数量表示的自变量对不同的输出结果进行分析（敏感性分析）；通过数学和统计学推导出来的递归函数，能够看出各种有用的关系。

再次，定量分析方法比其他的方法更客观、准确和严密。它们能够直观、具体、明确地反映或展示研究对象的运动变化及所处的状态，因而有助于更好地界定问题、确定目标、设计、比较和选择方案，既有助于政策制定，也有利于政策的执行、评估与监控。

虽然我们在政策研究中不可避免地要涉及价值（效用）、政治或组织、文化或意识形态等方面的不能进行定量分析的因素，但是，定量分析是政策分析的一个不可或缺或基础性的方面。因为所有的政策问题如同其他事物一样，都具有质和量两个方面，或者说是质和量的统一，量的方面的探索和质的方面的探索同样重要，而且从认识论的角度看，量的方面的认识是在质的方面的认识基础上进行的，因而是一种更高层次或深化的认识。在当代，几乎所有重大政策问题的研究都毫不例外地要运用定量分析方法。随着理性方法尤其是定量分析方法及计算机技术的日益成熟，其应用不只局限于技术性和经济性的政策研究，而且也同样应用于政治性和社会性的政策研究；不只应用于政策制定的阶段，同样应用于政策的执行、评估及监控的阶段。正是定量分析方法的成长及其广泛的应用，才使得人类实现了从传统的经验型决策向现代的科学化决策的飞跃。

但是，另一方面，理性分析方法尤其是定量分析方法有其局限性和适用范围，它不能处理所有的政策问题或政策问题的所有方面，不能取代其他分析方法，如定性方法、创造性思维方法、价值分析和组织（政治）分析方法的作用。这种方法的局限性主要表现在如下几个方面①：

（1）用理性方法尤其是理性模型（定量分析模型）得出的政策并不是在任何时期或任何情况下都是最优政策，每个理性模型都是建立在一定的假定和研究框架的基础上的，如果时间、空间或其他方面的条件改变了，则原有的假定和框架可能不再与实际情况相符，原为最优的方案，未必仍是最优的，甚至可能是错误的。

（2）理性方法是一种静态的方法，运用它得到的方案或答案大多是长期性的，而有的政策从长期看可能是有问题的或错误的，但从短期看可能是正确、是必要的。同样，一种从长期看是最优的政策，如果不考虑许多其他因素，在短期内实施可能导致严重的不良效果。

（3）公共政策深受过去的制度化和社会化了的政策和价值标准的影响。这些制度化了的政策的存在，可能妨碍政策分析者达成合理的研究结论，即使能找到最优的方案，这些现存的旧政策也可能成为采纳并执行新

① 参见伍启元：《公共政策》，346～347页、358～364页。

政策的阻力。

（4）政策分析者用理性的、科学的方法去分析一个政策问题，有时可能得出两个同样优良的政策方案，而靠分析者用理性方法难以确定应当选择哪一个。政府必须在科学或理性的方法以外去决定哪一个方案是最优的，并加以采纳。

（5）理性方法遇到的最大困难则是如何对各种不能量化的因素加以处理的问题，人类行为、心理因素、社会政治制度及过程、价值观、意识形态等是难以靠定量分析来处理的。在当代，如果不能将非量化的因素加以处理，要想得到最优的、合理的政策方案是十分困难的。

因此，必须充分认识理性方法以及定量分析的局限性和应用范围，不要片面夸大其作用，将它当作政策分析的惟一方法，而必须在各种场合辅以其他的方法。在政治问题、社会问题、经济上的分配问题、军事战略等领域，理性的计算或定量分析的局限性更是明显，甚至在环境问题、犯罪问题、交通问题的应用上，政策分析者也常常感到定量分析方法的作用有限，这就给非理性思维或创造性思维留下了很大的空间。

第二节 创造性思维的特征和作用

自 20 世纪四五十年代奥斯本（A. F. Osborn）和吉尔福特（J. P. Guilford）提倡创造力开发及创造心理学研究以来，有关创造性思维的理论和应用研究已取得了很大进展。但是，对创造性思维的本质、特征和作用等许多问题，学者们并没有一致的看法。

一、创造性思维的内涵

1. 什么是创造性思维

什么是创造性思维？要回答这个问题并不是一件轻而易举的事。从古到今并没有一个关于它的令人满意的定义。有人把直觉、灵感、顿悟等看作是创造性思维的几种主要形式；有人则把这几种形式看成同一个东西，而把创造性思维称为直觉思维或灵感思维，并与逻辑思维和形象思维相对照，而对直觉、灵感、顿悟没有下明确的定义。例如，对于直觉，柏拉图认为是一种直接的认识方式；柏格森认为是一种通过理智体验把握实在的生命本能；莱布尼兹则看作是一种认识自然的理性的真理能力；贝弗里奇在《科学研究的艺术》一书中则综合了一些科学家的观点，把直觉定义为突然跃入脑海的能阐明问题的思想。

目前，有一种普遍的看法，认为创造性思维有狭义和广义之分。所谓狭义的创造性思维是指人们在创造活动中直接形成创造成果的思维活动，诸如发明技术、提出假说、创建新理论等；广义的创造性思维是指人们在提出问题和解决问题的过程中，一切对创造成果起作用的思维活动。①

政策分析中的创造性思维是指广义上的创造性思维，即相对于以往政策分析中认识问题、解决问题的思维而言，一切具有创新性质的思维过程都是创造性思维。它具有双重意义：一是狭义的创造性思维是建立在广义的创造性思维之中的，是它的特殊的、高级的形式。无论广义的创造性思维还是狭义的创造性思维，都有其限定性，当然狭义理解的限定性要比广义理解的限定性更强，预设的条件更多。② 因而广义层面的创造性思维有更好的研究基础、现实意义和长远利益。所以，从广义层面去理解创造性思维，能够打破政策参与者对创造性思维的神秘心理，鼓励他们在组织决策中更加积极地运用创造性思维，发挥创造性思维的作用；二是创造性思维本质上并不是一种孤立的单向思维活动过程，而是一种多层次协同进行的思维过程，并非只局限于孤立的高层次思维活动。③从创造性思维的开山祖师吉尔福特以及著名学者阿瑞提、高桥浩的研究著作中都可发现，他们探讨的创造性思维理论以及创造性思维的培养、发展都是从日常生活、生长环境中进行研究的。同样，研究政策分析中的创造性思维，不仅要研究对国家、社会产生重大影响的重要政策及重要人物，也要研究普通政策中组织与个人发挥作用的思维活动。

2. 创造性思维的基本特征

人们对于非理性思维或创造性思维的拒斥，往往基于对这种思维的本身的误解。因此，有必要了解创造性思维的一些基本特征。

---

① 参见田运主编：《思维辞典》，208 页，杭州，浙江教育出版社，1996。

②③ 参见刘卫平：《创造思维》，4 页，杭州：浙江人民出版社，1999。

（1）创造性思维既是心理的过程，又是逻辑的过程，是心理过程与逻辑过程的统一。创造性的直觉、灵感、顿悟等并不是神秘莫测的东西，也不是对事物的表面现象的生动直观，而是对事物本质或规律的洞察性猜测。它首先表现为一个心理过程，这一过程的机制可以根据现代心理学和神经生理学的成果来加以解释。弗洛伊德关于意识和潜意识的划分及其相互作用的深层心理学，美国著名神经生理学家斯佩里关于脑的研究成果，艾克尔斯和波普尔在《自我者及其脑》中提出的脑与“自我意识精神”相互作用的观点，都可以作为解释创造性思维心理机制的科学依据。心理学家通过创造性思维的发展阶段进行了大量研究，提出了许多理论（其中影响较大的是沃勒斯 1926 年提出的“四阶段说”——即把创造性思维过程分成准备、孕育、明朗和验证四个阶段）。同时，创造性思维又表现为一个逻辑的过程。从表面上看，创造性思维并没有按照严格的逻辑规则进行，它把问题的结论直接显示出来，从问题到结论似乎没有逻辑道路，没有显示出中间的逻辑过程。但这并不意味着它是完全非逻辑和非理性的，它是各种思维方法和推理形式的综合运用。意识的逻辑运演是明确的，同样，潜意识也包含着不甚清晰的思维图式，思维的心理过程包含着逻辑的运演，不能把创造性思维归结为纯粹的心理的东西。日本著名物理学家汤川秀树指出，人类的直觉能力和抽象思维能力在创造性思维中都起作用，两者在科学创造中是结合在一起的。事实上，人类必然从直觉或想象着手，然后才能发挥自己的抽象能力，抽象能力与直觉能力可以相互转化。

（2）创造性思维既是突发的、偶然的，又是渐进的、必然的，它是突发和渐进、偶然与必然的辩证统一。创造性思维往往以突然爆发的形式出现，即所谓的“豁然开朗”、“茅塞顿开”。灵感或顿悟等的发生往往并不是在苦思冥想之时，而是在思路中断而转向之时，如在散步、观光、闲谈、做梦等时候。在这些情景中，研究者能触景生情，开通思路，问题的答案迅速出现。费尔巴哈说道：“热情和灵感是不为意志所左右的，是不由钟点调节的，是不会依照预定的日子和钟点迸发出来的。”① 许多科学家、文学艺术家、创造发明家都以自己的亲身感受证明了这一点。德国大

① 《费尔巴哈哲学著作选集（下卷）》，504 页，北京，三联书店，1961。

物理学家赫姆霍兹说：在对问题作了各方面的研究以后，“巧妙的设想不费吹灰之力意外地到来，犹如灵感”。他发现这些思想不是出现在精神疲惫或是伏案工作的时候，而往往是在一夜酣睡之后的早上，或是当天气晴朗缓步攀登树木葱茏的小山时。① 从表面看，直觉、灵感等的出现似乎主要靠运气、意外，但实际上，这正是研究者长期探索、经验积累和思想激荡的必然结果，它经历了一个由量变到质变的长时间的孕育过程。一朝分娩，必先有“十月怀胎”。如果没有长期艰苦的研究、思索的过程，没有知识、经验及思想的积累，就不可能有创造性思维的突发。直觉、灵感、顿悟只垂青于天才而又勤奋的头脑。从另一个角度上说，直觉、灵感、顿悟的迸发带有偶然性，它在何时出现、以何种方式出现、由何种因素所触发等是偶然的。但正如唯物辩证法所指出的，偶然中有必然，偶然和必然是辩证统一的。从意识与潜意识的相互作用中可以解释发现过程中的偶然与必然的统一。潜意识的活动是在自我意识的参与下完成的，意识对所思索的问题发散式地提供各种相关的信息，在这些信息中，说不定其中的一个会一下子打开潜意识的大门，导致发现的突然产生。

（3）创造性思维既以创新性为目标，又以传统性为基础，它是创造性与传统性的统一。在科学研究及政策研究活动中，创造性思维的目标是发现新概念、新定律和新理论，因此，新颖性、独特性和求异性是它追求的目标。它或者表现为对已有理论或方案的分析批判，或者表现为大刀阔斧、另辟蹊径。创造性思维是沿着人类铺就的知识大道前进的，它必须以背景理论或知识作为出发点。只有当原有的理论或知识不能解决新问题或出现矛盾时，才会产生进一步解决问题的直觉、灵感和顿悟。猜测是在有了谜面而没有谜底时才发生的。因此，知识传统是创造性思维的出发点和思想原料。一般来说，知识越广博就越容易产生直觉、灵感和顿悟。当然，有了丰富的知识，还必须具备批判的眼光。

二、创造性思维的表现形式

R. M. 克朗对超理性的过程（非理性的过程）在政策分析中的作用作

① 参见贝弗里奇：《科学研究的艺术》，73 页，北京，科学出版社，1979。

了分析，他列出了超理性过程的各种表现或形式，并给这些形式下定义。在他看来，超理性过程包括：（1）判断——从经验中获得的决策智慧；（2）直觉——不依靠逻辑推理而在头脑中领悟到的知识；（3）创造力——产生形式、构造和关系的脑力过程；（4）灵感——通过非理性的方式而得到的偶然发现；（5）隐含的知识——通过生活体验而获得的知识；（6）信仰——未经理性检验而接受为真理；（7）洞察力——理解能力；（8）意志——达到目的的决心；（9）超感交流——越出感觉的正常范围的交流；（10）预见能力——预见未来事件的能力。此外还包括爱情、欢乐、歉意、憎恨、恐惧、领袖的魅力、政治等等。①

创造性思维的主要表现形式有联想、想象、直觉、灵感等。它们在政策研究过程的各个环节中都起了独特而又重要的作用。

（1）联想。所谓联想，是从一个概念或事物想到其他概念或事物的心理活动。联想在政策研究过程中的作用在于：首先，联想可以帮助研究者和决策者形成和提出有价值的决策目标。决策目标并不容易确定，有时，决策目标是研究者把观察到的事物或现象与已有的某个政策问题或社会需要联想到一起提出来的。其次，联想是围绕创造目标，搜寻和调动头脑中储存的有关知识的途径。② 头脑中已有的各种知识和经验不是杂乱无章地堆积在一起，而是按各种知识元素的相互联系有秩序地记忆下来，当调动和运用这些知识时，需要联想检索。最后，通过联想，可以把记忆中的知识的丰富内容展现出来，也可以把许多知识与信息联系起来，从中把握客观事物的本质、相互联系及其规律。联想还可以开阔思路，从而产生新的构想或形成解决问题的新途径。在实践中，联想不应是孤立的，而应是交叉的，要尽量广泛思考大量相关的政策问题，才能使联想具有较高的灵活性、广阔性和独创性。

（2）想象。想象是在认识世界、改造世界的过程中，根据实际需要与有关规律，对头脑中储存的各种信息进行改造、重组，形成新的意象的思维活动。③ 文学需要想象，科学技术创新需要想象，政策分析同样需要

① 参见 R. M. 克朗：《系统分析和政策科学》。

② 参见陈昌曙主编：《自然辩证法概论新编》，140 页，沈阳，东北大学出版社，2001。

③ 参见黄顺基、苏越、黄展骥：《逻辑与知识创新》，32 页，北京，人民出版社，2002。

想像。尽管科学技术日益渗透到政策问题研究中，但政策分析中的许多不可预测的因素或不确定性因素需要发挥想象的作用，帮助决策者或政策研究者掌握政策问题的动态发展。而且，想象可以转化为激发创造者奋斗不息的动力，它能使决策者或研究者看到迷人的目标和美好的前途，从而激发出不懈的努力。例如，邓小平提出的关于“三步走”的战略目标，既是一个科学预测，又是一个伟大的设想，为党和政府如何领导全国人民进行现代化建设指明了道路，也激发了全国人民努力奋斗的决心与信心。

（3）直觉。贝弗里奇认为，直觉是指对情况的一种突如其来的领悟或理解，也就是人们在不自觉地想着某一题目时，虽不一定产生但却常常跃入意识的一种使问题得到澄清的思想。① 哈佛大学认知研究中心创始人布鲁纳说：“我们认为，应该承认直觉思维和分析思维相互补充的性质。一个人往往通过直觉思维对一些问题获得解决，而这些问题借助分析思维将无法解决，或者充其量也只能慢慢解决。直觉思维者甚至可以发明或者发现分析家所不能发现的问题。”② 直觉在政策研究中的作用就是在于帮助决策者或政策研究者构建问题、分析问题的原因、性质并界定问题的边界、预测问题及环境的变化、抓住问题与其他问题及环境的联系，形成政策未来的大致图景，帮助决策者和研究者研究政策目标和形成方案。在政策方案选择时，用定量方法有时难以有效达到目的，这时决策者的直觉能起到重要作用。

（4）灵感。心理学认为，灵感是创造思维过程中的认识飞跃的心理现象，指的是对问题突如其来的领悟。在科技史上，有许多通过灵感解决难题的例子，灵感也因此被许多科学家推崇备至。在政策分析过程中，决策者或政策研究者可能因问题的某个症结而陷入了思维困境，而灵感能使人们在思维的困境中突然抓住问题的本质，产生意想不到的创造性设想，设计出解决问题的新方案，或者在方案的论证、比较和抉择中提供线索。

创造性思维对人的行为和决策有着直接的、重要的影响。人们往往认为，依据理性思维或逻辑分析比依据非理性过程作出的决策会得到更好的结果，因而忽视或低估非理性思维的作用。实际的情况是，人类的决策既

---

① 参见贝弗里奇：《科学研究的艺术》，72页。

② 转引自周洪林：《站在巨人的肩膀上——名家论创新》，上海，复旦大学出版社，2001。

依赖于理性或逻辑分析，也依赖于非理性的分析。在一些场合，决策主要是依靠非理性过程做出的。例如，在世界各地，都存在着所谓的“经验型”决策，即纯粹由有经验的领导者根据直觉和基于经验的判断，而不是靠逻辑分析做出的决策，这种决策类型往往也能做出高质量的政策规定；相反，单靠逻辑分析做出合理的、高质量的决策的情形反而不多见。当然，纯粹靠经验决策，靠非理性过程做决策也往往会使人类陷入灾难。因此，在政策研究中，应注意到非理性因素的作用，把理性分析的科学性与非理性分析的艺术性很好地结合起来。理性分析能提供工具，却难以提供智慧；非理性分析虽不能提供工具，却可以提供智慧。

三、创造性思维在政策分析中的作用

理性思维方式尤其是定量分析方法是政策研究方法论的基础，但是理性及定量分析方法有其明显的局限性，不可能解决全部的政策研究问题，必须有另外的分析途径尤其是非理性或创造性思维方法及价值分析途径来加以补充。下列几种情况需要我们采用非理性或创造性思维方法：

第一，在公共决策及政策分析过程中，分析者经常面对不适宜采用定量分析技术的情况。例如教育、福利、卫生、文化、城市规划、环境保护等问题，这些问题涉及广泛的社会、政治、文化、组织因素和宗教、民族、意识形态、伦理道德因素，使得定量分析难以进行或难以收到预期的效果，因而必须靠非理性或创造性思维方法及价值分析来加以研究。

第二，有的公共政策问题尽管可以用定量分析方法来解决，但仍然存在某些难以量化的因素。因此，当一个公共政策问题包含社会、政治、组织、意识形态、伦理道德因素时，就不能单纯靠理性或定量分析方法解决，必然结合创造性思维尤其是专家的经验、直觉、灵感和判断来进行分析和解决。

第三，即使是那些能够进行定量分析的问题，在进行定量分析以前，也要注意听取专家的意见，充分利用他们的直觉和判断，否则定量分析有可能失去方向或意义。因为并非每个政策分析者都具备与问题有关的所有方面的知识，因此，他们需要请教有关方面的专家，听取专家的意见与判断。

由此可见，非理性或创造性思维方法对于政策研究方法论的重要意义就在于，它们可以弥补理性方法尤其是定量分析方法的不足，凭借专家以及决策者的直觉、判断、智慧和经验，根据政策问题的性质及其所处的外部环境，通过直观归纳，对相关政策问题的过去、现在的状况、发展变化的过程进行综合研究，找出其一般的发展、变化规律，从而对问题及环境的未来发展趋势做出预测判断，并在此基础上提出解决问题的可行性方案，供决策者参考。近半个世纪以来的政策分析实践表明，非理性方法或创造性思维在政策研究中发挥着越来越重要的作用。这是它能够迅速发展并且与定量分析技术并驾齐驱的一个重要原因。

创造性思维的各种基本形式（如直觉、灵感、判断和顿悟等）在政策研究过程的各个环节中都起着重要作用。例如，直觉（预感、洞察力、直觉判断等）在政策研究过程中的作用就在于帮助研究者和决策者构造问题，分析问题的原因、性质并界定问题的边界，预测问题及环境的变化，抓住该问题与其他问题及环境的联系，形成政策未来的大致图景；帮助决策者和研究者确定政策目标和形成方案。有时，解决政策问题的方案及所要达到的目标并不是靠严格的逻辑分析获得的，相反，是决策者、研究者和咨询者的直觉捕获的。直觉还有助于方案的抉择，有时多种方案的优劣靠理性分析是难以确定和选择的，这时候决策者及研究者可以靠直觉和经验做出抉择。又如，灵感（顿悟）对政策研究过程中的作用也是十分明显的，它有助于启发思路，提供新设想或解决问题的新途径，并在方案的论证、比较和抉择中提供线索。

当然，任何事物都是矛盾的统一体，创造性思维也不例外。创造性思维有上述积极作用，但同时也有一定的消极作用。尽管创造性思维是逻辑性与非逻辑性的统一，但它在逻辑的基础上更倾向强调非逻辑性。创造性思维与非创造性思维或习惯性思维最大的区别在于新颖性，新颖性源于创造性思维从非常规的角度去思考问题，得出非常规的或以前所没有的成果及问题的解决方法。但这些新构想、新方法除了创新性外，还可能有谬误性。纽约大学心理学教授詹·布鲁勃指出："直觉可以把你带入真理的殿堂，但如果你只停留在直觉上，也可使你陷入死角。"① 直觉能起启发作

① 转引自周道生、陶晓春：《实用创造学》，80页，南京，南京师范大学出版社，2000。

用，但没有证实功能，因为它本身就是飘忽不定的：既无充分的事实根据，又未走完正常的推理程序，它本身都还有待证明。因而通过创造性思维获得的成果未能通过验证而直接运用于政策实践活动中，则可能带来意想不到的错误。在政策执行过程中，虽然有政策实验阶段，但政策目标、政策方案不能在实验中被精确验证，且政策实验的环境与政策执行的环境也存在差异；另一方面，政策实验在现实政策活动中还未受到足够的重视，创造性思维的成果根本未能得到充分检验。

四、创造性思维的培养

"创新是一个民族的灵魂"（江泽民语）。任何一个组织的生存都离不开创造性，离开了创造性，组织就失去了发展的动力。纵观人类历史，我们可以发现，一个政府充满活力、勇于改革、善于创新，则会引导一个国家飞速发展；反之，一个政府因循守旧、死板僵化则会导致一个国家的衰弱甚至灭亡。尽管说创造性思维存在一定缺陷，但这并不能改变它在政策分析中的作用与地位。因而，要使政府的各项政策取得较大的效率与效益，决策者及政策研究者要有活跃的创造性思维，决策组织或研究组织则应具备创造性氛围。

那么，决策者及政策研究者如何培养创造性思维呢？我们认为，要注意如下几点：

1. 保持"年轻"的心态，敢于创新和承担责任

很难想象，一个打算创造新构想的人，在通向成功的道路上却抱有消极的心态。决策者及政策分析者在面对政策问题时，应采取积极应对的态度，要有一种为人民服务的责任心，以政策效益、效率最大化为目标，满足人民的需求，促进社会的进步。决策者及政策研究者若以消极、敷衍了事的心态解决政策问题，不关心国家的政策资源，不重视政策后果，就很难保证他们会积极运用创造性思维去分析政策、解决问题。同时，政策分析过程中运用创造性思维存在政策失误的可能性，这就需要决策者及政策研究者有承担风险的勇气。政策失误可能给个人带来政治、经济甚至法律上的责任，因此决策者及政策研究者往往忽略政策中变化了的因素，乐于遵循守旧，认为依照前例、采用一贯的政策方法会得到更高的安全系数。

总之，没有积极的创造欲望，没有为人民负责的责任心，即使有健全的决策系统，有超一流的知识库，也不能保证政策分析的正确性。

2. 注意收集、贮存信息

对于个人而言，思维的成败部分取决于大脑中贮存的有关信息的多寡。① 我们产生的几乎所有的观念都是通过提取大脑中贮存的信息这样一种方式获得的。对于组织，则应强调建立信息网的重要性。决策者及政策研究的所有工作都离不开信息。信息是政府实施管理、推行行政事务的基础，是决策者科学决策的依据。政策问题的各种要素是动态的，而不是静止不变的。能否有真实、全面、及时的信息，是创造性思维能否产生有效作用的前提条件。决策者及政策研究者平时要善于积累信息，积极思考各种社会问题及政策问题。许多著名学者、科学家在谈论直觉、灵感等创造性思维形式时，都认为直觉、灵感不是凭空产生的，而是平时努力钻研、踏实积累的结果。车尔尼雪夫斯基形象地说道："灵感是一个不喜欢造访懒汉的客人。"同时，政府应建立一个全国性的信息网，实现决策信息共享，因为政府决策所涉及的信息往往十分巨大，单靠决策者及政策研究者个人是难以掌握的。

3. 克服从众心理，不盲从群体思维

大多数人都有一种从众心理，在群体活动中，每个人的活动目标都应该符合群体目标，当一个人的活动偏于群体的活动时，会感受到群体的压力，在这种压力的作用下，个体行为与群体目标或多数成员的行为会产生趋同现象。从个人角度而言，从众心理受智力、情绪、自信度、性格特点、个人能力等因素影响；从外部环境而言，从众心理受群体的人际关系、群体竞争性、群体凝聚力、群体成员的共同性等因素影响。政策过程是决策层全部内部成员相互协作的过程。由于政府官僚体制的特性，强调下级对上级的服从，强调领导权威，更容易形成从众心理。一个政策研究者虽有其独到的见解，但如果不由自主地赞同或屈从群体或权威的看法，放弃自己最初的想法，使自己的思想沿着他人的思路轨迹运行。久而久之，会限制研究者的独立分析能力，抑制自己的创造性思维。因此，政策

① 参见［美］吉尔福特：《创造性才能——它们的性质、用途与培养》，142页，北京，人民教育出版社，1991。

研究者应独立自主地把握创造契机，大胆提出自己在政策分析中的新见解、新构想。

4. 在决策系统内培养一种质疑现状的文化

组织积极为创造性思维活动提供一个良好的空间，其中包括培养一种质疑现状的文化。在政策分析过程中，很容易产生守旧思想及服从权威，而决策组织要产生更多的新构想，就应鼓励正当的质疑。质疑并不等于全盘否定，一个新想法、新构想总有不完善之处，质疑能够使新构想得到补充与完善，而且相互质疑可以进一步激发决策者及政策研究者的创造性思维。

5. 决策领导者的支持

决策领导者在政策分析中扮演最关键的角色。政策问题的界定、政策目标的确立以及政策方案的选择，决策领导者都有最后的决断权。政策咨询系统提供相关信息供决断者选择，决断者的支持鼓励将极大地激发其他成员大胆运用创造性思维；反之，决断者对新构想持冷漠、拒绝的态度，将会扼杀政策研究者的创新积极性。决断者支持创新，首先应善于聆听。对新的想法的最大鼓励就是创造者知道有人尤其是领导聆听并加以考虑。甚至对某些“匪夷所思”的构想，领导者都应给予必要的尊重；其次，做新构想的捍卫者。新的构想需要强有力的捍卫者。决断者是最理想的捍卫者。商鞅变法若没有秦孝公的强力支持就难以取得成功。新构想与根深蒂固的规则会产生激烈的冲突，新的构想还可能损害既得利益者的利益，没有决断者的支持与保护，即使是最佳的创见有时也难以与根深蒂固的传统思想及保守势力相抗衡。

6. 鼓励组织学习

彼得·圣吉在《第五项修炼》的开篇即指出：为什么在许多团体中，每个成员的智商都在120以上，而整体智商却只有62？企业不能再只靠像福特·史隆或华生那样伟大的领导者一夫当关、运筹帷幄和掌控全局，未来真正出色的企业，将是能够设法使各阶层人员全心投入，并有能力不断学习的组织。① 一个组织不学习，将会变得僵化与保守。一个决策者也应该坚持学习。彼得·圣吉提出的五项修炼即自我超越、改善心智模式、

① 参见［美］彼得·圣吉：《第五项修炼》，3页，上海，三联书店出版社，1994。

建立共同愿景、团体学习及系统思考，同样适合政府决策组织。通过学习，决策系统才能不断更新知识，掌握不断变化的信息，改善原有的思维方法与思维模式，促进创造性思维的发挥。

第三节 创造性思维的方法

"方法"一词，来源于希腊文的"沿"和"途"。因此，从词义上说，"方法"的含义是指沿着正确的道路行进的意思，即人类活动的具体方式、组织程序、操作手段和表达形式的总和。托马斯·库恩在《科学革命的结构》一书中，将创造性思维方法定义为"由旧范式向新范式的过渡"①。在政策研究或政策分析过程中，建立在直觉、判断、灵感和类比等形式基础上的创造性思维方法的应用相当广泛，很难将这些方法加以系统、全面的概括与总结，我们仅仅简要介绍几种比较成熟和常用的创造性思维方法。

一、专家预测法

专家预测法又称专家决策法、专家评优法，是以专家的创造性思维（如直觉、灵感、判断和顿悟等）来获取未来信息的一种直观型决策方法。现代管理决策所必须遵循的一条重要原则就是邀请各类专家进入决策过程，吸收他们的创造性思维，这既是社会化大生产和人类决策实践活动不断发展的客观要求，也是进行科学决策的重要保证。一方面，日益复杂化的社会使得决策者面临诸多越来越难以解决的政策问题，遇到复杂多样的公共事务。因此，任何一个决策者凭自己的知识经验、能力和智慧是远远无法适应现代决策发展要求的，必须借助"外脑"，充分利用专家个人或群体的智慧和力量，力图通过专家个体之间的信息交流产生"思维共振效应"，进行创造性思维活动，并在此基础上形成政策研究成果尤其是政策方案。另一方面，专家能够从大量的感性经验资料中准确地抓住事物

① ［美］托马斯·库恩：《科学革命的结构》，90页，上海，科学技术出版社，1980。

发展的客观规律，找到各种随机现象之间的相互联系，从而对事物的未来做出判断，专家的这种创造性思维在政策决策中可以发挥重大作用。

依据专家人数，一般将专家决策法分为两大类：一类是以专家个人对预测对象的发展趋势及状况做出判断的个人判断法；另一类是通过召集一定数量的专家一起开会，从而对某一问题共同做出判断的专家会议法。

1. 个人判断法

个人判断法（individual judgement）又称作个人头脑风暴法（individual brain storming），是指依靠专家的微观智能结构对政策问题及其所处环境的现状和发展趋势、政策方案及其可能结果等作出判断的一种创造性政策研究方法。这种方法一般先征求专家个人的意见、看法和建议，然后对这些意见、看法和建议加以归纳、整理而得出一般结论。

这种方法的最大优点是能够最大限度地发挥专家的微观智能结构效应，充分利用个人的创造力，同时，这种方法能够保证专家在不受外界影响，没有心理压力的条件下，充分发挥个人的判断和创造力。但是，个人判断法受专家个人的智能结构、专家的知识面和知识深度、占有资料的多少、信息来源及其可靠性、对预测对象兴趣的大小乃至偏见等因素所囿，缺乏相互启发的氛围，因此难免带有一定的局限性。

2. 专家会议法

专家会议法又称集团头脑风暴法，是指依靠一定数量专家的创造性思维来对决策对象未来的发展趋势及其状况作出集体判断的创造性思维方法。头脑风暴法是由美国著名工程学家亚历克斯·奥斯本（Alex F. Osbern）作为加强创造性的一个手段而创立的，“可用来针对潜在的问题解决方案提出大量建议”①，与个人判断法相比，它具有以下特点和优势：能够发挥若干专家所组成的团体的宏观智能结构效应，而且这种效应往往大于团体中各个成员单独创造能力的总和，即集思广益、信息放大，发挥一组专家的共同智慧，产生专家智能互补效应；它使专家交流信息、相互启发，产生“思维共振”作用，可在较短的时间内取得可喜的创造性成果，有利于创新；专家团体所拥有及提供的知识和信息量比单个专家所拥有的知识和信息量大得多；专家团体所拥有及提供的备选方案比单个

① Alex F. Osbern, Your Creative Power. New York: Charles Scribner, 1948.

成员单独思考及提供的备选方案更多、更全面和更合理。

专家会议法（集团头脑风暴法）在现代管理决策中占有极为重要的地位，已广泛应用于军事决策、行政管理决策等领域中，成为管理决策的一种有效方式，其最明显的优势在于当缺少足够的统计数据和没有类似经验可以借鉴的情况下，能够起到非常有效的预测效果。专家会议法往往被用于项目规模宏大且环境条件复杂的预测情况，但该方法也不是万能的，也存在一些局限，主要表现在：参加会议的人数有限，代表不够充分；权威的影响较大，权威一旦发表意见，其他成员往往会顺其思路发表意见，产生所谓的“乐队效应”；由于自尊心等心理因素的影响，容易出现固执己见、感情用事、听不得不同意见等现象；专家的语言表达能力和信息接受能力对会议中的意见交流也会构成很大影响。“头脑风暴法（专家会议法）不是根据逻辑的一致性或比较的合理性，而是根据所有小组人员的共识进行评价，以达成共识作为构建问题的评价标准，其局限性在于它可能压制对问题本质的冲突，从而排斥产生和评价其他潜在的合适的意见、目标和战略机会。”①

（集团）头脑风暴法有两种基本的类型②：直接头脑风暴法和质疑头脑风暴法。直接头脑风暴法又称作畅谈会法或智力激励法，它由奥斯本于1939年首创，其实质是会议成员通过相互启发和信息交流，产生思维共振，以引发更多的创造性设想。质疑头脑风暴法也是一种集体产生设想的方法，与直接头脑风暴法所不同的是，它需要先后召开两次会议：第一次会议完全遵守直接头脑风暴法的原则，第二次会议则是对第一次会议提出的已经系统化的设想进行质疑。对设想进行质疑是评价设想的现实可行性的一个专门程序，包括全面评价所设想的问题，编制一个评论意见一览表以及可行性设想一览表，评估评价意见以形成实际可行的最终设想一览表。

为了使头脑风暴法能够产生更显著的成效，奥斯本提供了一组头脑风暴法须遵循的原则：（1）排除批评。不到稍晚的时候，对新观点做出相反的判断即予以阻止。（2）欢迎畅所欲言。观点越不合常理越好，驾驭野性的思想总比虚构不合常理的观点容易。（3）数量需要。观点的数量

① ［美］威廉·N·邓恩：《公共政策分析导论（第二版）》，190页。
② 下文如无特指，文中的“头脑风暴法”均指“集团头脑风暴法”。

越多，产生有效用的观点的可能性越大。（4）寻求合并的对象及改进的方法。除了拿出自己的观点以外，讨论的参与者还应当对如何改进其他人的观点提出建议或者对如何将两个或两个以上的观点组合成另外一种观点表明自己的看法。

根据中外学者的观点和政策实践的要求，我们认为要使头脑风暴法取得预想的结果，必须遵循以下几个方面的原则：

第一，创造一个良好的思维环境。在进行头脑风暴法时，应尽可能提供一个有助于把注意力高度集中于所讨论的问题的环境，它有助于思维共振的产生，进而产生一些最有价值的设想。而要创造一个良好的思维环境，一方面，专家会议法主持人和领导人必须充分发挥作用，支持和鼓励与会者解放思想，创造一种自由讨论的氛围，激发其想象力和创造力；另一方面要确定专家会议的最佳人数和会议的持续时间。经过这些年的发展，运用头脑风暴法的个人和团体都发现由 4 人 ~ 12 人组成的团体一起工作的效果最佳，确保组成团体的人数为单数或许是必要的；而且该专门小组应当包括一名组长、一名副组长、五名核心成员。讨论会的时间可以短到 15 分钟也可以长至 45 分钟。

第二，会议参加人员必须遵循会议的行为准则。为了获得真知灼见，采用头脑风暴法组织专家会议时，应遵循以下行为准则：提出议题的具体要求，限制议题范围，每一次讨论的题目不宜太窄或带有限制性，也不宜过于宽泛，并规定提出设想时所用的术语，使主题突出，而不至于漫无边际；会上严格禁止对别人的意见或建议评头论足，以免干扰创造性设想的产生；参加会议的人员不分尊卑，任意自由想象，产生的想法越新奇越好；发言要简练不要详述，因为拖延时间将会阻碍创造性活动的进行，冗长的阐述将有碍创造性气氛，使人感到压抑；会上不准私下交谈，使每个成员的意见都能充分表达，要让与会者都了解；每个成员只能发表自己的设想和看法，而不能替代别人发表意见，更不允许宣读事先准备好的建议一览表；等等。

第三，选择合乎要求的与会专家。由于头脑风暴法主要是借助与会专家的判断和直觉来进行决策，那么，选择合乎要求的专家在决策过程中就具有极其重大的意义，直接关系到决策的准确性和可靠性。选择专家应符合以下几个原则：（1）所选择的专家与所议的问题专业对口，专家专业构成合理，一般应由方法论学者（预测学领域的专家）、设想产生者（专业领域的专家）、分析者（专业领域的高级专家）、演绎者（具有较强逻辑思维能力的专家）等构成。（2）如果参加人员彼此认识，应从同一职位（职称或级别）的人员中选取，领导人员不应参加。经验告诉我们：应当由地位平等的人员组成一个小组，因为上级的存在可能会使下级的自由参与信心不足。（3）要有一个核心成员且核心成员的角色是不固定的。核心成员要在观点形成的过程中扮演高于平均技能水平的排头兵角色，而且这样一个小组的成员要不断进行更换。（4）遵循科学的步骤和顺序。顺利实现决策目标的重要保证是必须遵循一定的步骤和顺序，在具体实施头脑风暴法时，应采取以下几个步骤：准备，包括明确议题，挑选专家；“热身”；介绍问题，提出各种设想方案；对方案进行评价择优。

头脑风暴法作为一种思想创新的方法，早在400多年前的印度就萌芽了。印度教的教士在向信徒们传教时，就使用过与头脑风暴法相似的程序，自20世纪30年代末期以来，奥斯本将头脑风暴法这一分析技术不断推向成熟，它与那些象征性较强的（正式）会议相比，一次经过适当筹划的头脑风暴法讨论会可以在较短时间内产生多得多的新观点。因此，有人（头脑风暴法的赞同者）称这种方法是一种生成新观点和新思想的最好方法，而且一直以来该技术都被视为思想创新的方法。

二、德尔菲法

德尔菲法是一种直觉预测技术，它是由兰德公司的研究人员首先发明的，以古希腊神话中的神谕之地、可预卜未来的阿波罗神庙庙址“德尔菲”命名。1964年，兰德公司研究人员发表《长远预测研究报告》，开始将其应用于技术预测之中。作为一种直觉预测技术，最初是为军事策略问题的预测而设计的，后来逐步为政府部门和工商业所采用，并扩展到教育、科技、运输、开发研究、太空探测、住宅、预算和生活质量等领域。它最初强调利用专家对以经验数据为基础的预测进行证实，20世纪60年代开始用于价值预测问题，这种方法已经为美国、加拿大、英国、日本等国的分析人员广泛使用。

德尔菲法是采用匿名通信和反复征求意见的形式，向与所预测的问题有关领域的专家分别提出问题，是专家们在互不知晓、彼此隔离的情况下交换意见，而后将他们回答的意见综合、整理、归纳、匿名反馈给各个专家，再次征求意见，然后再加以综合反馈，这样经过多次反复循环、技术处理，最后得到一个比较一致且可靠性较大的预测结果。

德尔菲法是为了克服专家会议决策法的缺陷，在专家会议决策法的基础上发展起来的一种行之有效的决策方法，与专家会议法相比，德尔菲法具有以下三个特点：

（1）匿名性。德尔菲法采用函询调查的形式，被征询者（专家）彼此陌生，互不知晓，背靠背，不受学术权威、口才、劝说、资历、压力等因素的干扰，提出自己的观点，发表自己的意见，也可以在别人不知道的情况下改变自己的意见而无损于自己的面子和威望，从而维护自己的学术地位。

（2）有利于信息反馈和思想沟通。问题调查表的反馈使参加应答的专家及时了解集体的意见、目前的状况及集体的意见倾向，并据此做出各自判断。同时，信息反馈的匿名性也会使专家避免受到没有根据的判断或意见的影响，反对意见也不会受到压制，专家之间容易沟通思想，也容易形成新的判断，做出新的预测。

（3）德尔菲法预测结果易于统计。德尔菲法的一个重要特点是可以进行定量处理，只需对预测结果采用统一评定回答的分析方法，根据小组的回答计算出中位数和上下四分点，中位数代表小组的评价意见，上下四分点之间的间隔代表专家意见的偏差。所谓中位数和四分点是指把各位专家的决策结果按数值大小（一般是按预测时间的先后顺序）的次序进行排列，并将专家人数分成四等份。中分点的决策结果即为中位数，它表示有一半专家的决策小于它，而另一半人的决策结果则大于它，先于中分点的四分点的结果称为下四分数，简称下四分点，而后于中分点的四分点的结果则为上四分点。

传统德尔菲法强调这样几个基本原则：一是匿名原则。所有参与的专家，以个人身份发表意见，遵守匿名原则，不把身份公开；二是循环往复原则。由主持人收集参与者的意见并加以公开宣布，如此循环往复数次（一般为四个回合），允许参与者在参考别人判断的资料之后修正自己的看法；三是控制反馈原则。让参与者回答事先设计出的问卷，并使其对收集归纳出的判断论证作总体的衡量；四是团体回答统计原则。对所有参与者的意见作综合判断时，通常必须考虑中位数、趋势及次数分配等情况；五是专家共识原则。德尔菲法的主要目的是使专家达成共识，得出最后的预测结果。

作为一种费用低、效果好的决策方法，德尔菲法特别适用于缺乏客观信息时的长期预测和方案评估，为使专家意见有序化和便于统计，应用程序的有序化具有十分重要的意义，通常，完整的德尔菲法的工作程序包括以下几个步骤：

1. 设计意见征询表

既然德尔菲法是借助于函询调查方式来进行的，意见调查表就扮演着极为重要的角色，其设计好坏直接关系到决策结果的优劣。在设计意见征询表时，应当注意以下几个问题：

（1）向专家提供背景材料同时对德尔菲法做简要的说明。因为并非每一个专家都了解德尔菲法，即使有些专家对这一方法有所了解，但也难免会存在这样或那样的误解。

（2）问题含义要明确，用词要确切，避免使用含义模糊的语言。

（3）问题要有独立性、针对性，对一个问题的回答不应以对另一个问题的回答为条件，按等级排列，遵循先整体后局部、先简单后复杂的原则，以激起应答者回答问题的积极性。

（4）回答问题的方法要统一，应做到有助于应答人员做出评价，否则就难以对预测结果做出比较。此外，还应注意问题的数量，切忌领导者或领导小组的介入，从而影响决策结果的科学性。

2. 确定专家名单，组成专家调查小组

专家在德尔菲法中具有重要的意义，它在很大程度上直接关系到德尔菲法的成败。“物色专家是德尔菲法的一个关键步骤，因为它本身就是一种对于意见和价值进行判断的作业。”

如果应邀专家不具备与决策对象有关的广博知识，就不可能提出正确的意见和有价值的判断。在选择专家时，应该注意专家的专业结构、专家的规模等。

3. 在预测小组的领导下，发出和收回意见征询表

在设计好意见征询表和确定专家小组之后，就要向专家小组成员分别寄调查表，要求他们对调查问题做出解答并及时反馈给领导小组。这是一个需要数次往复的过程，具体的往复次数要视情况而定，一般经过以下四轮：

第一轮：把意见征询表寄给专家小组成员，请他们填写意见，预测工作小组收回调查表后计算出中位数和上下四分位数。

第二轮：将第一轮得到的中位数及上下四分位数的数值反馈给每位专家，要求他们以此为参考，重新填写意见，预测工作小组收到调查表后就要根据新的数据重新计算出中位数和上下四分位数。

第三轮：专家组的成员根据所得到的综合统计报告，对所给出的论据进行评论并重新进行预测和陈述理由。专家小组各成员的重新评价和论证再次返回给研究小组，研究小组计算出新的中位数和上下四分点，并综合各方面提出的论证，而后再次返回给应答者。

第四轮：应答者再次进行预测，并根据研究小组的要求做出或不做出新的论据。研究小组根据回答，再次计算出每一事件的中位数和四分点。如此轮番征询数次，直到专家们的意见大致相近为止，并得出最终的带有相应中位数和四分点的事件一览表。

4. 统计结果分析

在调查过程结束之后，组织者需要对统计结果的价值取向和可信度做出结论，决定是否将其作为政策依据或参考。因决策对象的不同、统计结果的显示与方法亦有所不同，通常使用的具体方法有直观图、文字表达、列表格等。

德尔菲法是目前使用的最广泛的分析方法之一，是系统分析方法在认知领域内的一种有益延伸，它突破了传统数量分析的限制，为决策者科学决策提供了思路和多种方案供选择的可能性，由于这种方法费用低、适应性强，特别适用于客观材料或数据缺少情况下的长期预测或其他方法难以进行的技术预测，它能够对未来发展中的各种“可能出现”和“期待出现”的前景做出概率估计，因而在决策实践中获得广泛应用。

但是，德尔菲法同其他任何决策方法一样，虽然有较大的科学性，但也存在着一些不足，有待于进一步发展与完善，其缺陷主要有：（1）受主观因素和认识上的限制较大。由于参加应答的各个专家的学识渊博程度不同，各有所持的标准，心理状态亦存在差别，因此，有时即使是对同一事件进行决策，也往往会得到差别较大的结果。（2）理论上缺乏深刻的逻辑论证。由于德尔菲法专家的评价是建立在直观经验的基础上，缺乏理论逻辑的严密论证，因而所得出的方案、结论常常是不稳定的。（3）影响重大问题的突破。由于德尔菲法是以人们的传统观念对决策对象的发展趋势进行推断的，再加上专家们不能面对面展开思想交锋，有些专家仍然无法摆脱“潮流效应”的影响，因而对于那些超前的新思想的产生和确立，往往难以做出准确的预测。

随着科学技术的发展与进步，特别是20世纪60年代以来，德尔菲法决策实践的不断广泛深入，一些政策分析者或组织团体如兰德公司在传统的德尔菲技术基础上加入价值分析等因素，对经典的德尔菲法作了一些修正，发展出政策德尔菲法，突破了传统德尔菲法的局限，由此派生出各种各样的改良方法，以便分析复杂的政策问题。具有代表性的有两类：一类是保持原德尔菲法的基本概念和技术方法的特性，只是局部地改变某些环节，如增加向专家提供与其专业有关的更为广泛的背景材料，减少应答的轮次等；另一类是除了保持传统德尔菲法的循环反复和控制反馈两个原则外，修改或改进了其他几项原则，如有选择的匿名、有选择的反馈、在函询基础上引入公开争论、回答统计的两极化、冲突的建构和电子计算机的辅助等，它试图创造新的程序来解决复杂的政策问题。按它的一个创立者的说法：德尔菲法最初是为解决技术问题，寻求同类专家小组之间达成一致而建立的；而在另一方面，政策德尔菲法则试图就重大政策问题的潜在解决方案产生尽可能相互对立的意见；这个政策问题不需要专家，只需要掌握充分信息的建议者及裁判。因此，德尔菲法在不断地发展，它仍然是政策决策预测过程中最简便、费用最低、结果最可靠的创造性思维方法之一。①

三、脚本写作

近年来，脚本这个词很流行。脚本原是电影、戏剧中的术语，用来描

① 关于政策德尔菲法的讨论，可以参看如下论著：Murray Turoff, “The Design of a Policy Delphi, Technological and Social Change”. 2, No. 2 (1970); Harold A. Linstone and Murray Turoff (ed.), The Delphi Method: Techniques and Application. New York: Addison-Wesley, 1975; William N. Dunn, Public Policy Analysis: An Introduction. Englewood Cliffs, N. J.: Prentice-Hall, 1994. pp. 243-244.

述环境的未来情景。在公共政策分析中，脚本是对设想实现所要分析、设计和评估的系统或政策需要的各种条件的描述或预言。作为一种创造性思维方法，脚本写作（scenario writing）就是准备一系列的从现在到未来的某个时候的假设可信事件的逻辑序列。脚本写作是综合运用决策者自己已有的知识、技术和经验，并依靠直觉、灵感、判断和顿悟等非理性或超理性思维，从现在到未来某个时候一系列假设可信事件的逻辑来编写若干脚本的构思和写作过程。它必须回答的问题是：决策者要实现的目标在5年、10年、20年或更长时间中与环境之间有多大的相关性；为了改进和实现这些目标以确保它们适应未来的环境，必须采用哪些措施。脚本有各种表现形式，在一些场合下，脚本可能由计算机的语言来加以表达，而在另一些场合，它看起来可能像一篇历史论文，有丰富的细节，传达的不仅是有形的状况，而且有作者的语调和心情。

现在我们正生活在一个不确定性日益增长的时代，我们不可能拟定一套概率很大的假定，因而也不可能编写一部可以高度信赖的未来脚本。因此，脚本有其不同于其他政策分析方法的特征：一方面，脚本写作以一系列的假设为基础，而不是以某一假设作基础，这些假设是对未来特定时间内（3年、5年、10年、20年等）的系统、政策及环境的发展趋势、采取的措施的预测；另一方面，由于未来的系统、政策及环境存在着各种不确定的因素，而任何脚本只能描述一种可能的前景。因此，在政策分析中，往往要编写几个可能的脚本，而不只是编写单一的脚本，因为脚本的用途不是对未来终极目标进行情景分析，而是对一个漫长过程的不同阶段进行情景预测。

一些脚本规定典型的任务、典型的条件和典型的限制即构思和起草的合理性、可能性和有代表性的“无突变”脚本，它基于的假定是：当前的趋势将不受重大干扰而延续到未来，在选择、附加与脚本有关的假定时，要考虑到他们的类似性和内部延续性，它们通常选来为“无突变”脚本两边的一些脚本的主要参数提供结果，这样就确定了一个范围，在这一范围内可以合理地期望可能出现的结果。人们对未来情况设想得越大，不确定性就越大，就越不可能符合“无突变”脚本的设想，所以另一些脚本注意考虑引入突发事件，对未来不确定性情景变化作“灵敏度”分析，规定对独特的、不可能的甚至是极端的未来情景拟定新的政策方案，一般至少需要两种脚本。

一个常见的做法是同时准备三个脚本，“无突变”的脚本A（即假定不会产生重大改变的未来情况的脚本）、备选脚本B和C（条件可能发生大的变化、时间更长、范围更广的脚本）。在公共政策分析中，许多决策方法都可以用脚本写作法。时间序列法显然在确定“无突变”脚本中起着主要作用，德尔菲法可用来为备选脚本选择假定，而动态模拟或交叉影响法可用来做分析，由于脚本写作法是使一系列预测方法服从总体环境研究的方法，所以决策者可以因环境的不同而加以选择。

脚本写作作为政策分析中的一种有用的创造性思维方法，具有以下独特的优点：（1）脚本写作为研究者提供关于未来的洞见或信息，克服定性分析和定量分析分离对立的弊端，综合运用各种政策分析方法，让研究者弄清某项特殊政策的潜在结果；（2）脚本写作作为一种对各种假定的未来情景的预测分析，既适应确定性情景下的政策分析，又适合不确定性或风险性情景下的政策分析，可以帮助分析者更好地处理问题的各个方面，以辨别出一种可能状况中的各种因素，并消除不相干的因素；（3）脚本写作作为一种极其灵活的富有弹性的创造性思维方法，可以提醒未来可能出现的危险，提供灵敏的未来预测；（4）脚本写作作为一种有用的创造性思维，从经济学角度来讲，成本适中，费用较低，能使决策者做出比较实用、有效益的行动方案；（5）脚本写作最典型的运用场合是用来探索潜在的军事和外交上可能出现的危机情况，除了在军事、外交、政策分析上的应用之外，脚本写作也被用于其他领域（如组织行为研究）。它能为决策者指明哪些变量应当优先加以考虑，对于决策者来说有特殊的价值。

脚本主要是一种交流手段，一个好的分析脚本——通过对实际数据运用逻辑和想象拓展了可能的世界——已被证明在军事、工业、商业中预测偶然性是非常有用的，从某种意义上来说，脚本写作可以应用于几乎所有的政策问题领域。

当然，作为一种创造性思维方法，脚本写作也存在着不足，如脚本编写者通常编写三个脚本，而决策者一般把“无突变”脚本作为最可能实现的预测而忽视含有可能发生的新因素的其他脚本；编写者很少采用系统化的方法而导致其可靠性的不足；脚本写作这种创造性思维方法已被滥用，甚至经常被当作科学幻想一类的代名词。

四、运筹博弈

1994年的诺贝尔经济学奖授予了约翰·纳什（John Nash）、约翰·豪尔绍尼（John Harsanyi）和泽尔滕（R. Selten）三人，表彰他们在博弈论的发展及其在经济学领域的应用中所做出的开创性贡献，这意味着博弈论的重要性得到了学术界的公认。

博弈论的出现与发展是一个渐进演变的过程，它作为一门学科而确立的标志是美国数学家冯·诺伊曼（Von Neuman）与奥斯卡·摩根斯坦因（Oskar Morgenstern）在1944年出版的《博弈论与经济行为》一书，而其基本思想则滥觞已久。例如，在人们非常熟悉的“石头、剪刀、布”的游戏中，在四人进行的扑克牌游戏中和在各种广为流传的棋谱中，我们面临的问题是：对方如何行动？而我将如何应对才是最佳？这实际上就涉及了博弈论的核心问题，即博弈论以对方的行为作为自己决策的依据，并寻求最佳。

博弈论（game theory），又译作对策论、游戏论。它是一门研究相互影响着的局中人进行策略选择时的行为规律的科学。20世纪初期是博弈论的萌芽阶段，其研究对象主要是从竞赛与游戏中引申出来的严格竞赛博弈，即二人零和博弈；50年代是博弈论的成长期，这一时期，博弈论的研究队伍开始扩大，兰德公司在圣莫尼卡开业，在随后的多年里，那里成为博弈论的研究中心；60年代是博弈论的成熟期；不完全信息与非转移效用联盟博弈的扩充使理论变得更具广泛应用性；70年代至今是博弈论的丰富壮大时期。博弈论在所有领域尤其是经济领域和政策分析领域得到重大突破，博弈论开始对其他学科的研究产生强有力的影响，计算机技术的飞速发展使得研究复杂且涉及大规模的博弈模型发展起来。在国外，博弈论已成为博大精深的体系，广泛应用于经济学、政治学、军事决策、计算机科学、政策科学等研究，政策科学中的运筹博弈这一创造性思维方法正是博弈论运用到公共分析中的产物，是两门学科整合的结果。

博弈论最初起源于军事领域。在20世纪中期，由于第二次世界大战的硝烟散去不久以及美苏对立的背景，博弈论的重要应用领域是军事战术问题及冷战策略，它可用来描述从多头垄断竞争到裁军等种种表现不一的现实问题，50 年代，随着合作博弈理论、非合作博弈理论的进一步发展，经济学、政策分析逐渐成为博弈论最重要的应用领域，“人们常说的‘上有政策，下有对策’生动地反映了政策分析的博弈特征”①。政策制定者（政府）和政策执行者（公众或企业）作为博弈双方，他们有各自的目标和利益，并经常出现冲突或不一致，这样，就可以用博弈论的方法来解释和分析公共政策的制定与调整、公众的反应及对策、政策的有效性与一致性等问题。

运筹博弈（operational gaming）是由人参与的模拟活动，博弈的局中人（参加者）通过扮演各种角色来相互影响，从而模拟个人、团体或社会经济部门的行为。它包括四个基本元素：博弈的参加者（player）、策略空间（strategy space）、博弈的次序（the order of play）、博弈的信息（information），任何一个完整的博弈行为都包括上述四个要素。

运筹博弈的两种基本类型是人—机博弈（man-machine gaming）和人—人博弈（manual gaming）。前者是同时使用计算机和人工的博弈类型，其中包含了计算机和在一个被研究的系统中扮演角色的人。例如，人们已经在实验室中研究了军事后勤的某些部分的运作，通过让分析者扮演决策者的角色而进行。后者本质上是一种实验，在实验中，人们力求了解决策者的行为，并通过观察模拟者在控制条件下的活动来改善他们的行为，它是不需要由计算机模拟而由人直接参与的博弈。奎德在《公共决策分析》中曾用一个研究对付有组织犯罪的政策选择的博弈例子来说明这种博弈方法的应用。②

运筹博弈还可以按照其他标准而划分为不同的类型。例如，按博弈方划分可分为单人博弈和多人博弈；按策略空间划分可分为有限策略博弈和无限策略博弈；按进行博弈的次序划分可分为静态博弈和动态博弈；按得益信息划分可分为完全信息博弈与不完全信息博弈；按得益情况划分可分为零和博弈与非零和博弈。

运筹博弈论的政策分析步骤可以概括如下：（1）根据发现的政策问

---

① 姚海鑫：《经济政策的博弈论分析》，15 页，北京，经济管理出版社，2001。

② E. S. Quade, Analysis for Public Decision (3rd ed.). New York: Elsevier Science Publishing Co., Inc., 1989, pp. 201-202.

题，明确政策目标和变量；（2）分析政策实施对象作为博弈参与者的特点，给出不同政策对象在特定政策环境（政策环境应当能够用政策变量来规划）条件下的行动空间、策略空间和效用函数；（3）根据政策对象的效用函数求博弈的均衡状态，这一均衡可以作为对政策后果的一种预测；（4）通过均衡解与政策目标的比较优化政策质量，直到达到一个满意的结果或者因找到满意的结果而否定一项政策措施。

运筹博弈作为一种解决公共政策现实问题的理论工具，具有重大的方法论作用。它突出了政策分析活动中多个利益主体的行为所产生的相互作用和影响的分析，应用博弈论的理论、方法有可能得到社会系统中个人与团体行为的较为真实的描述，并对公共政策实施的后果做出较为准确的预测；博弈论大大开阔了我们的眼界，为决策理论的发展提供了一个有趣的思路，拓宽了政策科学方法论的研究领域，特别是在冲突情境下进行决策时，它发挥的作用更为明显。就运筹博弈的发展趋势而言，博弈论在决策领域的影响将不断扩大。

作为一种理论工具，博弈论也有自己的缺陷：博弈论通常只被社会科学家视为一种分析思路或研究工具，而非政府官员进行决策的行动指南；博弈论所强调的条件与现实生活还有着很大的距离，决策方案的选择很少像博弈局势那样简单；更重要的是，决策者很难清楚地知道或真正了解他们从可选方案中所能得到的确切收益以及他们的对手可能做出的行动选择；最后，局中人在选择策略做出理性决策时存在着许多障碍，博弈论排斥政策参与者的情感、意志、经验等心理因素的影响，是在纯理性的假设前提下分析人的策略行为的，这显然难以真实、全面地描述、解释人们的动机行为，容易由于形式化的偏差而导致决策失误，这都限制了博弈论在公共政策分析中的进一步广泛运用。

在短短数十年的发展过程中，博弈论以其新颖的思路、完整严密的体系给公共政策分析带来一股新风，使决策者能更好地面对非程序性决策。博弈论的思想既简单又复杂，既生动又抽象，现在最关键的问题是怎样才能使这些闪光的思想在决策实践中得到有效应用，这也是博弈论创造性思维方法面临的最大挑战。

上面我们介绍了政策研究中的几种创造性思维方法，这些方法常常被人们称为定性分析方法。应当注意，这些创造性思维方法属于超理性的方法，但它们并不排斥理性或定量分析方法的运用。正如台湾学者伍启元在《公共政策》一书中所说的："非理性不是指没有理性，而是指没有办法达到理性方法所追求的最佳最适的解决办法，并且没有办法达到有限理性方法所追求的次佳次适的或可满意的解决办法。但决策者还是会利用精细的计算和科学方法，去分析若干部门的政策的。"[①] 无论是专家决策技术还是脚本写作和运筹博弈，都少不了定量分析技术以及数学模型和计算机技术的恰当运用。简言之，这些创造性思维方法是理性分析与非理性分析、定量方法与定性方法的有机综合。

案例

"一国两制"的伟大构想[②]

"一国两制"方针的产生，有一个长期酝酿的过程。当初，是为了解决台湾问题而提出的。

1979年1月1日，全国人大常委会发表的《告台湾同胞书》指出："我们的国家领导人已经表示决心，一定要考虑现实情况，完成祖国统一大业，在解决统一问题时尊重台湾现状和台湾各界人士的意见，采取合情合理的政策和办法，不使台湾人民蒙受损失。"邓小平在全国政协举行的座谈会上发表重要讲话，指出台湾和祖国大陆和平统一的问题已提到具体日程上来了。

同年1月底，邓小平访问美国时在华盛顿发表谈话指出："用什么方式解决台湾归回祖国的问题，那是中国的内政。""我们不再用'解放台湾'这个提法了。只要台湾回归祖国，我们将尊重那里的现实和现行制度。"

同年3月29日，邓小平在向来访的香港总督麦里法介绍中国政府对台方针时说："我们始终考虑到台湾的特殊地位，不改变那里的社会制度，不影响那里人民的生活水平，甚至作为一个地方政府可拥有广泛的自

---

① 伍启元：《公共政策》，460页。

② 资料来源：王寅城：《香港的回归》，北京，新华出版社，1997。

治权，拥有自卫武装力量。当然不能有两个中国，也不能有一个半中国。”至于香港问题，他也指出：香港是中国领土的一部分，但“我们把香港作为一个特殊地区、特殊问题来处理，到了1997年，香港问题不管如何解决，香港的特殊地位都可以得到保证，就是在本世纪和下世纪初相当长的时间内，香港可以搞它的资本主义，我们搞我们的社会主义，因此请各国投资者放心。”同年4月11日，全国政协主席邓颖超在京举行的记者招待会上也重申了这个政策。她指出：“我们根据毛主席周总理的遗愿，一再声明，在解决我国统一问题的时候，将尊重台湾的现状和现行制度，采取合情合理的政策和方法，不使台湾人民蒙受损失，不改变台湾人民的生活方式，也不影响外国在台湾的经济利益。”当时，虽然“一国两制”的方针还未正式提出来，但是，在台湾和香港回归祖国后，可以继续保持现行的资本主义制度，这一点已是明白无误地昭告天下了。

历史跨入80年代，中国人民面临三大历史任务：第一，在国际事务中反对霸权主义，维护世界和平；第二，台湾回归祖国，实现祖国统一；第三，加紧经济建设，就是加紧四个现代化建设。在实现祖国统一这个任务中，除了台湾问题，就是收回香港和澳门。由于香港新界地区的租约到1997年6月30日届满，到时，英国继续管制新界的“法律根据”也将不复存在，英国便没有理由再赖着不走。而新界的面积占整个香港地区的92%，经过几十年的发展，已经同香港岛和九龙半岛南部地区密不可分。因此，“九七”问题并不是一个新界问题，而是整个香港地区的问题。对这一点，无论是中国政府还是英国政府，彼此都是心知肚明的。

随着1997年的日益临近，香港问题的解决已无可回避，迫在眉睫。如前所述，通过和平谈判，收回香港，是中国政府的一贯方针。正是基于这一方针，中共中央和邓小平同志高瞻远瞩，创造性地提出了“一国两制”的伟大构想。这一构想最初是为解决台湾问题而提出，但由于“九七”的临近，便首先在解决香港问题上加以运用。

1981年9月30日，全国人大常委会委员长叶剑英根据中共中央的决定，向新华社记者发表谈话，全面阐述了中国政府关于台湾回归祖国，实行和平统一的方针政策（又称“九条方针”）。这九条方针是“共产党和国民党两党对等谈判，实行第三次合作，共同完成祖国统一大业；互通音讯，开展贸易，增进了解，双方共同为通邮、通商、通航、探视、旅游以及开展学术、文化、体育交流提供方便，达成有关协议；国家实现统一后，台湾可以作为特别行政区，享有高度自治权，并可保留军队，中央政府不干预台湾地方事务；台湾现行社会、经济制度不变，生活方式不变，同国外的经济、文化关系不变……”这九条方针已明确指出了在台湾回归后，在一个统一的国家里，台湾可以实行同大陆不同的社会制度。至此，“一个国家，两种制度”的方针轮廓已清晰可见。

1982年1月，邓小平同志在会见外国朋友时指出：叶剑英委员长就台湾问题发表的“九条方针”，实际上就是“一个国家，两种制度”，在国家实现统一的大前提下，国家主体实行社会主义制度，台湾实行资本主义制度。“两制是可以允许的，他们不要破坏大陆的制度，我们也不要破坏他们那个制度。”

同年2月，中共中央总书记胡耀邦在粤闽工作座谈会上谈到香港工作时说：“现在我们除了实行经济上对外开放的政策之外，还要在不远的将来，用另一种方式，即一个国家允许两种制度的方式，去解决统一台湾和收回香港、澳门的问题。这是我们在新的历史条件下应当采取的正确方针。”为了贯彻落实这一方针，使之具体化、法律化，符合香港的历史和现实情况，并有利于香港未来的繁荣和稳定，中共中央和国务院决定成立有国务院港澳办公室成员（其中包括现任国务院港澳事务办公室主任鲁平）和新华社香港分社成员参加的调查小组，多次赴港，深入各个阶层进行调查研究，后来拟定了中国政府1997年之后对香港的基本方针政策。(即后来的“十二条”政策)。1984年5月，第六届全国人大第二次会议通过的《政府工作报告》正式提出在祖国统一后，可以实行“一个国家，两种制度”的方针。至此，以“一国两制”的方针来解决香港回归问题便已经成为了我们国家的一项基本国策。

事实证明，“一国两制”保证了香港、澳门顺利回归，也保证了香港、澳门继续保持繁荣稳定，同时它为解决国际争端提供了新模式。“一国两制”的方针，是中国共产党和中国政府运用马克思主义原理，同中国统一的实际相结合的伟大创造。

思考题

1. 简述理性、有限理性和渐进主义的含义与要点。

2. 什么是创造性性思维？如何看待它在政策分析中的地位与作用？

3. 创造性思维有哪些基本方法及技术？

4. 用例子说明头脑风暴法、德尔菲法和脚本写作法的应用。

5. 分析上述案例，指出创造性思维在“一国两制”构想的形成过程中的作用。

第十六章

结论：走向公共决策的科学化、民主化和法制化

实现公共决策的科学化、民主化和法制化是我国政治体制改革及社会主义民主政治建设的一个基本任务，也是我国社会主义市场经济发展的内在要求，这正是政策科学研究的核心主题。随着经济全球化日益深入，科学技术日新月异，综合国力竞争日趋激烈，各国都越来越重视政策科学的发展，使自己能更好地抓住机遇，迎接挑战，发展壮大。我国已确立起社会主义市场经济体制的基本框架，当前改革正处于攻坚阶段，发展处于关键时期，而与市场经济的运行相适应，必须建立起一套有效的政府宏观调控机制，以弥补市场缺陷，纠正市场失灵，这对政府的公共决策提出了更高的要求。因此，在当前国际国内形势迅速变化的情况下，在党的十六大已吹响全面建设小康社会的号角的形势下，研究如何加快我国公共决策科学化、民主化和法制化的步伐，改善

我国的公共决策系统，提高公共政策的制定和执行的质量，具有重要的现实意义。

一、市场经济与公共决策

市场经济是一种由市场来配置社会资源的经济运行方式，或者说，是一种按供求机制配置资源的一种经济体制，而社会主义市场经济则是一种在坚持公有制和按劳分配占主导地位的条件下，通过宏观调控下的市场机制，在全社会内有效地配置资源的经济体制或经济运行方式。它由三个基本环节所构成：具有自主经营、自负盈亏、自我约束和自主发展的企业主体、完善的市场竞争体系、宏观的调控体系。

1．市场经济的基本特征

与传统的计划经济相比，社会主义市场经济具有以下几个方面的特征：

（1）微观经济主体行为自主化。在市场经济中，作为微观经济主体的企业必须是自主经营、自负盈亏、自我发展、自我约束的法人实体和市场竞争主体。为参与市场竞争，它具有独立的商品生产经营者的全部自主权和独立的经济利益，完全按照自己的经济利益和意志自主地从事生产经营活动。这同计划经济体制下那种受政府严格管制，成为政府附属物，丧失行为自主性的企业主体是格格不入的。

（2）资源配置市场化。在市场经济条件下，社会资源的配置主要是通过市场机制的调节加以实现的，各市场主体在市场机制的调节下，主要是在价格机制的调节下，相互竞争、自主选择，从而实现社会资源的优化配置。而在计划经济时代，社会资源的配置基本上是通过行政命令的方式实现的。

（3）宏观调控间接化。在市场经济中，政府的经济职能主要是弥补市场的缺陷，对经济和社会实行间接的宏观调控，而不像计划经济那样，政府直接干预企业生产经营的具体事务。

（4）经济管理法制化。在市场经济中，为培育健全的市场体系，维护正常的市场秩序，必须通过法律制度和监督体系来规范和约束政府与市场主体的行为。依法行政、依法决策是市场经济的必然要求。而在计划经济体制下，政府主要是借助于行政命令的方式来进行经济管理的，人治色彩很浓。

此外，市场经济还具有平等性、风险性、开放性等计划经济所不具有的特性。正是市场经济的这些特征，决定了市场经济条件下公共决策的新的特点，并对公共决策提出了更高的要求。

2. 两种基本的决策类型

到目前为止，我国已经初步建立起了社会主义市场经济体制的基本框架，经济增长和社会稳定取得了历史性的成就，但依然处在由传统的计划经济体制向社会主义市场经济体制的转轨变型过程中。

在市场经济条件下，存在着两种基本的决策类型：一种是市场决策，另一种是非市场决策（公共决策）。所谓的市场决策也就是市场主体（主要是企业和个人）根据市场供求关系来决定私人物品（private goods）的生产和供应，即企业决定生产什么、如何生产和为谁生产；作为消费者的个人决定购买什么、消费什么产品和服务等。所谓的非市场决策或公共决策则是国家或政府部门为公共物品（public goods）的生产及供应，为宏观调控经济及社会的运行而做出的决策。这两种决策在决策的主体、决策的对象、决策的过程、决策的原则和决策的方式等方面都是不同的。

（1）就决策主体来说，在市场决策中，决策的主体是作为市场主体的企业和个人（当然，政府部门有时也可以成为独立的市场主体），而公共决策中的决策主体则是执政党、国家或政府部门及其官员，即党政机关及其工作人员。

（2）就其决策对象及过程来说，市场决策通过市场过程选择资源在私人物品之间的配置。在市场过程中，企业按供求关系决定生产什么、如何生产和为谁生产，个人或消费者则依自己的偏好和收入，通过一定的市场秩序，用货币选票来决定自己所需的私人物品的数量，而公共决策则通过政治过程决定资源在不同公共物品之间的配置，在政治过程中，作为投票人和选民的消费者按政治程序投票决定公共物品的产量。

（3）就决策原则来说，市场选择或决策基本上遵从自愿交换的原则，消费者所消费的物品正好是他自己所需要的数量，不多也不少；而公共决策作为一种政治决策，带有一定的强制性，消费者或投票人要遵从少数服从多数的原则，因此，他们中的一部分人往往要接受他们不喜欢的公共物品，支付他们所不愿支付的税收。

（4）就决策方式来说，在市场决策中，消费者为需方，厂商为供方，各经济单位之间存在着竞争，竞争与市场机制促使厂商去满足消费者的需求，实现社会经济效益；而在公共决策中，需方为投票人或选民（居民与厂商），供方为政府机构，各方面由类似于竞争的民主联系在一起，民主程序促使政府努力为投票人或选民服务。

3. 市场经济对公共决策提出的新要求

由此可见，在市场经济条件下，政府的公共决策范围显然缩小了，它不再包揽市场决策，不再直接干预或决定私人物品的生产和消费。然而，这并不意味着市场经济条件下政府的决策任务减轻了，决策简单化了，相反，正因为公共决策与市场决策的分离以及市场经济的其他特征，使得政府的公共决策更加复杂和困难，社会主义市场经济对公共决策提出了新的、更高的要求。这主要表现在如下几个方面：

（1）市场经济对公共决策的科学化提出了更高的要求。这是因为：一是伴随着社会主义市场经济体制的建立和完善，政府的行政管理体制也在相应地进行变革和调整。为了适应市场经济的要求，充分发挥市场对资源的优化配置作用，政府对经济乃至社会事务的管理逐渐地由微观管理和直接管理变为宏观管理和间接管理。相对于微观管理和直接管理来说，政府在宏观管理和间接管理中进行的决策更具有政策导向性和发展方向性，一般属于管理层次较高、管理幅度较大、管理范围较广的决策，因而其战略性、非常规性较强，风险性较大。而这样的决策一旦失误，将会贻害无穷。这就意味着市场经济的建立和完善对公共决策的科学化要求更高、更强烈了。二是市场经济具有开放性，因而必然会突破国界向世界发展。当前，在经济全球化浪潮的激荡下，特别是我国加入 WTO 成为世界经济大家庭中的一员的时代背景下，我国的市场经济必然会以前所未有的步伐，全方位、多层次地融入世界市场发展的潮流。所以，我国将会面临更为激烈的国际竞争，而国际竞争的重要方面之一就是政府管理水平的竞争，政府管理水平的竞争在相当程度上又体现在政府公共决策能力上。因此，我国要在激烈的国际竞争中立于不败之地，要求政府必须及时掌握国内外市场的供求动向和价格变化，了解世界经济贸易发展态势，准确判断经济条件、社会条件的变化，并在此基础上对国内经济、社会事务做出有效决策。这就十分强烈、迫切地要求政府提高公共决策的科学化水平。

（2）市场经济对公共决策的民主化提出了更高的要求。在计划经济体制下，政企不分、政事不分、微观管理和直接管理与宏观管理和间接管理不分，政府一身二任，既是管理者又是经营者和操作者。这种情况有可能使决策主体受利益驱动做出不利于其他经营者的决策，从而损害行政决策应有的公正性和社会性。在市场经济建立和完善的过程中，随着政企、政事、微观管理和宏观管理、直接管理和间接管理的逐步分开，作为社会主体的个人、企业、部门和地方都有了各自独立的利益，而政府成了独立于各种利益主体之外的真正管理者，它只代表公共利益、国家利益和人民利益。因此，各种利益主体为了争取更多的利益，其政治参与意识以及对政治民主化的要求显著增强，它们要求更多地参与决策和公共事务的管理，要求政务公开，并通过这些途径力争政府在公共决策过程中能够反映、兼顾他们的利益。因而，在新体制下，公共决策所要处理的这种利益关系呈现更为复杂的局面，这就要求必须提高公共决策的民主化程度，要求决策者从整个社会的共同利益出发，通过各种渠道倾听各阶层人士的呼声，公正地面对各种社会主体。

（3）市场经济对公共决策的法制化提出了更高的要求。在计划经济体制下，权力集中于政府，政府的管理涵盖了社会生活的各个方面，并通过单纯的行政命令来实现这种管理，各种社会主体基本上没有独立的利益，丧失了独立性，因而此时公共决策的法制化程度非常低，公共决策基本上是通过长官权威“拍板”、一锤定音的形式实现的，带有强烈的人治色彩。而市场经济是一种法制经济，它要求所有参与市场的政府部门、社会组织和个人都要严格按照法律、法规行事，公共决策的法制化正是为了规范政府的决策行为，它是市场经济的必然要求。这是因为，在市场经济条件下，各种利益关系复杂化了，各种社会主体都有自己独立的利益，并通过各种各样的民主途径来维护和增进这种利益。各级政府即便是为了实现公共利益、国家利益和社会利益，也不能任意侵犯、践踏各种社会主体的利益，否则就会违背市场经济的要求，妨碍市场经济的健康发展。因此，为了防止决策部门做出危及其他社会主体利益的决策，并保障各种社会主体维护和增进这种利益的民主权益，就必须制定一系列的法律、法规来规范政府的决策行为，使公共决策依法进行。

此外，由于公共决策过程本身的复杂性及困难，使得即使在市场体制相当完善的情况下，也难以避免公共决策的失误。这是因为：第一，要将分散的、对立的个人利益及偏好综合成为公共利益往往是困难的，甚至是不可能的。按照公共选择理论奠基人布坎南的观点，在公共决策中实际上并不存在根据公共利益进行选择的过程，而只存在各种特殊利益之间的“缔约”过程。第二，即使现实中存在着一些利益比较一致的情况，现存的各种决策体制和决策方式因其各自的缺陷而难以达到最优的或理想的政策。第三，决策信息的不完全性。决策信息的获取总是困难而且需要成本的，因而许多政策实际上是在信息不充分的情况下做出的，这就难免出现决策失误。第四，人们的“短视效应”。由于政策效果的复杂性，选民和政治家较易倾向于选择具有急功近利的政策而舍弃那些具有长远效益的政策。公共决策过程本身的这些复杂性和困难的存在，更要求我们加快公共决策的科学化、民主化和法制化的步伐。

二、我国公共决策的现状

现在，让我们回过头来看看我国公共决策的现状，对它作一番简要的实证分析，看看它的科学化、民主化和法制化程度如何，是否适应社会主义市场经济发展和现代化建设以及全面建设小康社会的需要。

可以说，决策和政策问题是党和国家的生命线，也是人民群众的生命线。中国共产党在长期的革命和建设实践中，高度重视决策问题，把决策和政策的正确与否提高到革命和建设能否取得成功的高度来认识，党的三代领导核心都深刻地洞悉到了这一点。毛泽东同志早就指出：“政策和策略是党的生命，各级领导同志务必充分注意，万万不可粗心大意。”邓小平同志对于改革开放以来的政策制定工作高度重视，强调要实事求是，一切从人民的利益出发，按照人民拥护不拥护，人民赞成不赞成，人民高兴不高兴，人民答应不答应来决定我们的事情。江泽民同志特别强调要实现决策的科学化和民主化。他提出要逐步形成深入了解民情，充分反映民意，广泛集中民智的决策机制，推进决策科学化、民主化，提高决策水平和工作效率。

建国五十多年来，特别是改革开放二十多年来，我国的现代化建设取得了举世瞩目的成就。党和国家制定出了一系列正确的政策、战略和策略，使革命和建设事业取得了一个又一个的重大胜利，并积累了丰富的成功决策经验。特别是党的十一届三中全会以来，党和国家不断地探索适应于社会主义现代化建设和改革开放要求的公共决策的民主化、科学化和法制化的道路，着手进行政治及行政体制的改革，将决策的科学化和民主化当作政治体制改革以及社会主义民主政治建设的一个重要环节、内容、任务或目标，在朝着决策的科学化、民主化以及法制化前进的征途上大大迈进了一步。这主要表现在：

（1）真正确立了我国社会主义的公共决策的根本指导思想和原则，将以经济建设为中心，建设具有中国特色社会主义作为政府公共决策的根本指导思想，消除了以往以“阶级斗争为纲”的公共决策指导思想，并消除了随着各种政治斗争及意识形态领域的指导思想的变化而变化的弊端。同时，在实践中总结出成功的决策经验、理论和方法，坚持实事求是的思想路线，确立民主集中制的组织原则，发扬调查研究的优良作风，采用“从群众中来，到群众中去”的基本方法，创立循序渐进、“摸着石子过河”的政策制定模式，以“三个有利于”、“生产力标准”作为检验政策的标准，以“三个代表”重要思想作为决策的逻辑指南和最终归宿，确立了一系列行之有效、具有中国特色的公共决策的基本原则和方法。

（2）公共决策体制的改革与完善。随着政治体制改革的深入，开始着手解决决策体制及决策过程中的一些长期存在的困扰性因素，如鲜明提出从决策体制上解决党政决策职责不分，权力过分集中的弊端；提出克服决策过程中的主观主义、经验主义和个人独断专行的作风与行为；提倡尽可能采用科学、合理的决策程序及方法，最大限度地集中群众的智慧和力量，反映人民群众的要求、愿望和利益等等。注意改革和完善公共决策体制以及一些具体制度，例如，初步建立了决策中枢系统、决策信息系统、决策监控系统、决策执行系统四位一体的现代决策机制，同时在中央和地方的党政、政企关系上，有了一定突破，实行党政分开、政企分开、权力下放，加强宏观调控的同时也适当扩大地方政府因地制宜的经济决策权；过去由党委包揽大量的行政事务，实行“一元化领导”，现在则由政府决策，还政于政；以前政府对企业管制过死，现在企业的自主经营、自负盈亏的独立法人地位和市场竞争主体地位大大增强，企业有了较大的经营自主权。各级党政决策机关都积极完善重大决策的规则和程序，建立社情民意反映制度，建立了与群众利益密切相关的重大事项社会公示制度和社会听证制度，进行专家咨询，实行了决策的论证制和责任制，防止决策的随意性。

（3）建立健全专门的政策研究机构。从1981年开始，从中央到县以上的地方各级党政机关（军队大军区以上的领导机关）相继设立了专门的政策研究室，作为党政机关的决策研究、咨询和参谋的机构，这些政策研究机构的职能定位就是为决策提供信息搜集、咨询建议、调查研究及方案论证以辅助决策。同时，鼓励和扶持作为体制外或民间的政策研究组织，即各种各样的智囊团，充分利用大学、科研机构以及各种学术团体的政策研究力量。各种体制外的民间政策研究组织逐渐增多，各种咨询公司应运而生，而且大学科研机构的政策研究力量也得到充实，不少综合性大学建立了公共政策研究中心之类的组织。

（4）逐步采用现代化的决策方法、程序和技术。在现实的公共决策实践中，逐步采用现代化的决策程序及方法，对许多重大的经济、技术和社会改革，进行了现代化决策的尝试，即采取有组织的群众参与、专家咨询、多种方案的比较择优、多方面的可行性论证的现代决策程序及方法，有效地保证这些政策取得好的或较好的效果，避免了重大失误。例如，系统论、信息论、控制论（“老三论”）以及耗散结构论、协同论、突变论（“新三论”）等科学方法论为决策行为提供了新的方法论及分析手段；计算机作为电子时代的逻辑和计算工具，极大地影响了决策过程，绝大部分市、县及发达地区的乡镇已经联网，实现了信息资源共享；问卷调查、数据统计、模型分析已越来越多地在决策中被采用，决策过程中宏观、系统、定量分析内容逐渐增多，研究、评估、论证的成分明显增大。改革开放以后的许多重大决策，如农村改革和发展、价格体系改革、沿海地区梯次开放、三峡工程等都是在集中专家及各方面意见的基础上权衡利弊，最终形成决策的。时至今日，不经过深刻的调查研究不做决策、不经过系统的咨询论证不做决策、不经过充分征求各方面意见不做决策的“三不”原则开始成为越来越多的决策者的自觉意识。

然而，我国现有的公共决策体制基本上是在计划经济体制的基础上形成和发展起来的。迄今为止仍有诸多缺陷或不足，不能适应于社会主义市场经济和现代化建设发展的迫切需要。从总体上看，我国目前正处于由传统决策体制向现代决策体制的转变时期。尽管改革开放以来，我国传统的公共决策体制已经动摇，我们已经向现代化的决策体制迈进了一大步，但传统的决策体制及决策模式并未彻底消除，现代化的决策体制并未最终确立起来。目前我国公共决策中存在的主要问题可以归纳为下列几个方面：

（1）公共决策系统及机构方面存在缺陷。按照现代决策理论及政策科学的观点，现代化的公共决策系统是信息、参谋（咨询）、决断和监督等子系统分工合作、密切配合的有机系统。尽管我国现代化的公共决策系统已开始发育，但还很不成熟。这主要表现在：

1）决策系统未能很好地协调统一，决断、信息、咨询和监督等子系统职责不明，界限不清，互相牵制，影响了决策的效率和科学性。例如，决策中的谋与断的关系未能处理好，决策者常以行政强制手段迫使咨询者违背决策的科学规律而为其主观决策服务，而咨询者有时也越权以决策者的身份做出决策。

2）决策主体权力、职责及范围划分不甚明确，缺乏规范化的制度设计。党政不分、政企不分、中央和地方的权限划分不够明确，人大最高决策权功能萎缩等现象还时而存在。

3）由于没有成文规定的权威地位，政治体制内的政策研究机构在组织、人事、经费、行政关系上受制于各级党政机关，失去独立性，难以例行辅助决策的应有之职，几乎成为起草稿子与文件的秘书处。

4）体制外或民间的政策研究组织发育缓慢，不仅数量少，而且功能不全，它们与决策子系统及官方政策研究组织往往缺乏制度化的联系，其研究力量未能充分参与到公共决策事务之中。在个别地方或部门，民间的政策研究组织及专家咨询往往只被当作政策论证的工具，甚至被用来“装门面”。

（2）公共决策还未实现从经验决策到科学决策的根本性转变。尽管我国目前的公共决策采用了大量的新兴科学理论和科学技术手段，但从根本上而言，实现科学决策还任重而道远。

1）决策者决策观念滞后。“一言堂”、“个人说了算”仍是不少决策中的习惯定式，相当数量的领导干部对科学方法和现代技术手段进入决策领域的战略意义缺乏理解，仍用狭隘的眼光判断事物，实行指挥行政，以至单凭个人好恶、情绪意志、“拍胸脯、拍脑袋、拍屁股”的决策现象屡见不鲜。

2）决策程序尚不规范。在实践中，没有根据理想的公共决策过程包括从问题界定、目标确定、方案设计、结果预测、方案比较择优到最终研究及评价等一系列功能环节进行科学规范决策。不经过深入的调查研究，不经过系统的咨询论证，不充分征求各方面的意见，即进行决策，此类现象还不时发生。

3）现代化的决策方法、手段应用不充分。尽管系统论、信息论、控制论等一系列新兴理论为决策行为提供了新的方法论，但在实际决策中的应用还不够普遍；虽然计算机网络通讯已较发达，但资源共享的广度和深度仍不够，信息资源为实现决策科学化发挥的作用还不十分明显。

（3）政策科学理论研究滞后于决策实践。我国政策科学界虽然取得了有目共睹的成就，但滞后于现代化建设实践。一是在消化吸收国外先进的政策研究理论、方法和技术方面，目前还停留在介绍西方一些经典著作的层面，不但没有归纳总结出一套能植根于中国、适合中国国情的政策理论、方法、技术，而且对西方最前沿的研究动态关注不够，落后于世界潮流。二是我国的基础理论研究薄弱。加强基础理论研究是促进政策科学发展，实现决策科学化、法制化、民主化的力量源泉，由于对这个问题重视不够，对人才吸引力不大，目前真正有价值的研究成果寥寥。西方著名思想库的政策研究和咨询的一个成功经验就是重视基础理论和方法论研究，鼓励出高层次的学术成果，非常有利于政策研究水平的提高。

（4）政策研究人员整体素质不高。由于我国的一些政策研究组织的参谋咨询功能弱化，并不是真正意义上的智囊团，而且其法律地位模糊，缺乏权威性，这些组织往往成为决策论证的工具和撰稿的秘书班子，其人员素质要求不高，常成为安置人员就业的场所，甚至当作“养老基地”。而且由于工作环境不佳，待遇不高，缺乏独立自主性，其研究成员不受重视等，使党政部门的政策研究机构难以引进并留住人才，造成我国的政策研究队伍存在着年龄老化、观念滞后、知识结构不合理、缺乏自主创造性等积弊，政策人员的整体素质亟待提高。

三、推进我国公共决策的科学化、民主化和法制化

按照社会主义市场经济发展的内在要求以及解决目前我国公共决策存

在的问题，必须下大力气，加快我国公共决策的科学化、民主化和法制化的步伐，改善公共决策系统及其运行，提高公共政策制定及执行的质量，形成与社会主义市场经济体制相适应的宏观调控体系，促进社会主义市场经济体制的完善和现代化建设的顺利发展。

所谓的决策科学化是指决策者及其他参与者充分利用现代科学技术知识及方法特别是公共决策（政策科学）的理论和方法并采用科学合理的决策程序来进行决策。所谓的决策民主化是指必须保障广大人民群众和各种社会团体以及政策研究组织能够充分参与公共决策的过程，在政策中反映广大人民群众的根本利益和要求，并在决策系统及其运行中，形成民主的体制、程序和气氛。所谓的决策法制化是指通过宪法和法律来规定和约束决策主体的行为、决策体制和决策过程，特别是通过法律来保障广大人民群众参与公共决策的民主权利，并使党政机关及领导者的决策权力受到法律的和人民群众的有效监督。科学化、民主化与法制化是现代公共决策的三个相互联系、密切配合的方面：民主化是现代公共决策的基础，科学化是现代公共决策的主导，而法制化则是现代公共决策的保证。

当前，我们可以从下列几个主要方面入手，来改进公共决策系统，提高公共决策的科学化、民主化和法制化的水平。

1. 更新思想观念是前提

观念是行动的先导，当前我们必须大力提倡科学、民主、法制精神，摒弃一切不适应时代要求和市场经济发展的旧观念，树立现代化的决策观念。就科学化而言，要树立专家咨询观念，采用科学的决策程序、决策方法技术，建立合理的决策体制等；就民主化而言，要树立民主集中制观念、集体决策观念、决策监督等观念；就法制化而言，要树立有法可依、有法必依、执法必严、违法必究的法制理念。不但要健全规范决策的法律制度，而且要依法办事，建立决策责任机制，对于违法人员，坚决追究其法律责任并予以惩罚，保证决策依法进行。

2. 完善公共决策体制是根本

现代科学决策与传统经验决策的一个重要区别就在于决策单元是由信息系统、咨询系统、决策系统、执行系统和监控系统构成的有机系统，各子系统各司其职、相互独立又密切配合、相互协调，共同实现决策功能。

对于公共决策体制的完善和发展，需从下面几个维度努力：

（1）针对当前我国决策中枢系统中存在的主要问题，一是将决策主体的职责分开，明确政党系统和人大各自的决策权限、职责、范围，使各决策主体的决策权界限明晰，减少侵权渎职行为；二是要健全各级政府决策会议制度，并使其与行政首长负责制有机地结合起来，兼顾公平和效率；三是建立行政决策责任制，健全相应的奖惩制度。

（2）针对当前我国决策信息系统中存在的主要问题（如网络系统尚不健全，覆盖面也比较狭窄，一般信息过多过滥，使用信息偏少，时效性差等），一是要大力扶持信息产业，兴建一批全国性和地区性的信息库、信息研究中心。规范操作规程，健全工作制度，形成一个快捷、高效、灵敏的信息运作机制和一个多层次的、全方位的信息网络系统。二是要提高信息管理人员的素质，增加对信息价值辨识的能力和整合能力。三是要加大对信息设施的投资力度，搞好“硬件”建设。大力推广应用技术，应用现代化的方法和手段，对各类信息进行收集、加工、存储和传输，为决策中枢系统和咨询系统提供充足、准确、适用的信息。

（3）针对当前我国决策咨询系统中存在的主要问题，一是要完善体制内政策研究组织，从法律上保障其应有地位，在法律和制度上明确赋予其独立地位，从经费、人事、行政隶属关系等方面，使其能按决策科学的内在规律，客观公正地研究政策问题，提供咨询、建议；二是要促进体制外的政策研究组织发展，使其作为一种民主参与力量，在决策中发挥积极作用，与体制内的政策研究组织相辅相成，产生正向合力，形成强大的决策参谋后盾；三是政府应借鉴国外建立脑库、思想库的做法，成立顾问机构，聘请社会各界具有真才实学的专家、学者担任政府顾问，帮助解决行政管理中的重大问题；四是谋与断相对分离，决策者要正确处理与智囊人员的关系，既要发扬民主、尊重知识、尊重人才，让其畅所欲言，营造一种民主、平等、协商的气氛，又要博采众长，善于决断拍板。

3. 扩大民主参与是基础

要推进决策的民主化，可以采取如下几个措施：

（1）决策者必须从人民的根本利益出发，以“人民拥护不拥护”、“人民赞成不赞成”、“人民高兴不高兴”、“人民答应不答应”作为决策的出发点和依据。决策要如小平同志所说的，“都要以是否有助于人民的富裕幸福……作为衡量做得对或不对的标准”①。

（2）决策者要有民主的品质。决策者决策时要实事求是，调查研究，相信群众和依靠群众，善于开展批评和自我批评，注意倾听专家学者和人民群众的意见，使民主决策成为其行为的内在规范和应该具备的素养。

（3）决策中枢要实行民主。行政首长在决策中不能搞“一言堂”、“家长制”和“个人说了算”，把个人凌驾于领导集体之上，以个人意见代替集体智慧，用经验决策代替科学决策，而应坚持民主集中制，实行“集体领导，民主集中，个别酝酿，会议决定”，在领导班子内充分发扬民主。有如江泽民同志所说：“要增强领导班子的凝聚力和战斗力，必须健全集体领导和个人分工负责相结合的制度。主要领导同志要有魄力，尤其要有全局思想和民主作风，要懂得尊重别人，尊重集思广益，坚持重大问题集体讨论决定。每个领导成员既要根据集体的决定和分工，切实履行自己的职责，又要关心全局的工作，积极参与集体的领导。”②

（4）决策过程要充分实行民主。党政机关要加强与人民代表的联系，重视人民群众的信访工作，建立社会协商对话制度，拓宽群众参政议政渠道，结合电子政府的推行，利用政府网页和“市长电子邮箱”等形式，充分发挥人民群众及社会各界参与决策的功能，提高决策透明度，让人民群众广泛参政议政，监督政府工作，同时，注重发挥政策研究组织等智囊团的作用，进行科学、民主决策。

4. 提高决策者的素质是关键

（1）决策者要有坚定的政治立场。决策者要加强政治修养，努力提高政治素养，坚定政治立场，要讲政治，包括政治方向、政治立场、政治观点、政治纪律、政治鉴别力、政治敏锐性，只有讲政治，才能高屋建瓴统揽全局，在决策中坚持正确的政治方向，贯彻执行党的基本路线。

（2）养成求实的工作态度。决策者要从实际出发，把实事求是作为决策工作的出发点和立足点，正确处理局部利益和全局利益、眼前利益和长远利益、个人利益和国家集体利益之间的关系，不热衷于上项目、铺摊子、搞政绩工程、做表面文章，而要尊重科学、尊重真理、尊重群众首创

① 《邓小平文选》，第3卷，23页。

② 资料来源：《人民日报》，1998-04-02。

精神，从实际出发，踏实工作。

（3）培育科学的创新精神。决策作为一种面向未来的活动，作为一种创造性、探索性和开拓性的实践活动，其活动过程就是不断打破旧框框的束缚，不断研究新情况，解决新问题的过程，因而决策者要解放思想，实事求是，勇于探索，开拓进取，有破旧立新的胆识，有勇于改革的大气魄，这样才能取得更大成绩。

（4）丰富自己的知识储备。公共决策以社会公共事务为对象，涉及多学科、多行业、多领域，是一个极为复杂的系统工程，要求决策者必须有较宽的知识面和较高的知识素养，因此，决策者只有不断学习，丰富自己的知识储备，才能正确认识事物发展的客观规律，提高科学决策能力。

5. 健全法制规范是保证

要保证决策科学化、民主化的实现，使公共决策更加合理或至少避免重大失误，必须有一套较为完善的法律、规则。在这方面我们可以借鉴作为当代西方经济学的最新分支之一的公共选择理论的政治改革观点。该理论的奠基人布坎南认为，要改进政府—政治过程（公共决策或公共选择过程），就必须改革相关的规则，改革政治游戏的框架，因为一切游戏都由它的规则所限定，一场较佳的游戏只产生于改变了的规则。他着重从立宪的角度分析政府公共决策的规则和约束经济的和政治的行动者的规则与限制条件。这有一定的合理性。在我国目前由计划经济向市场经济过渡或转变的时期，必须加强法制建设，特别注意公共决策的法制化建设，完善决策体制及各项决策规则，使公共决策纳入法制化的轨道。可以采取的措施有：

（1）依法确立决策权力的合理结构和科学合理的决策程序。依法确立决策权力的合理结构即以法律的形式规定各种决策主体的决策权力，实行合理分权，建立起多方位、多层次的决策权力体系；依法确立公正合理的公共决策程序，既以法律的形式将这种科学合理的决策程序固定下来。当然，这并不是说一定要制定一部关于决策的法律法规，而是应在有关法律法规（如行政组织法、行政程序法、国家公务员法、刑法的有关法律条文）中，对政府决策权力的行使进行规范，使行政机关及其领导的决策行为有法可依。

（2）强化决策的法律监督机制，建立健全决策者的责任制。保证依法决策，做到违法必究，明确规定决策者的法律义务和责任，使之对其决策行为负责。江泽民同志指出，我们的权力是人民赋予的，一切干部都是人民的公仆，必须受到人民和法律的监督。我国相继颁布了《中华人民共和国行政复议条例》、《中华人民共和国行政监察法》、《中华人民共和国行政处罚法》，应进一步建立健全行使权力的制约机制，坚持公平、公正、公开的原则，保证政府和机关人员切实依法行事，对不遵守决策规则或法律而导致失误的，要追究其法律责任。

（3）健全民主机制，规定政策参与者的资格、权利和义务。要保障广大人民群众参与公共决策的民主权益，并使决策咨询特别是专家咨询制度化，这方面可以借鉴香港的强制咨询的做法。领导凭经验、想当然，决策前不进行认真的调查研究，不广泛发扬民主，不从实际出发，主观臆断，以至给国家集体造成重大损失的事屡见不鲜，这种情况必须杜绝。

（4）增强全民法制意识。缺乏法律意识是我国法制建设中的薄弱环节，法律意识对于依法办事，依法律己，依法维护自己的合法权益，以法律为准绳进行决策活动具有重要意义。实践的经验也说明，即使有了比较健全和完善的法律和制度，如果人们的法律意识和法律观念淡薄，思想政治素质低，再好的法律和制度也会因为得不到遵守而不起作用，甚至形同虚设。因此，必须坚持不懈地抓好法律宣传工作，提高公民特别是领导干部的法律观念，提高他们依法办事的能力，为公共决策的法制化奠定坚实的基础。

总之，为了适应社会主义市场经济和现代化建设发展的迫切需要，必须深入进行行政体制改革和政治体制改革，优化或改善公共决策系统，提高公共政策制定与执行质量，尽快实现公共决策的科学化、民主化与法制化，形成与市场机制相配套的宏观调控机制。

案例

营造民主的政策环境：中国村民自治案例①

现代公共政策活动与传统公共政策活动最根本的区别，就在于公共政

① 资料来源：董郁玉、施滨海：《政治中国》，196～215页，北京，今日中国出版社，1998。

策制定和实施过程的民主化。民主化的公共政策活动必须以民主化的公共政策环境为基础。我国党和政府在营造民主的政策环境方面初见成效，中国村民自治是最好的说明。

（一）村民要求自治

河北省井任县梁家村地处深山区，是有名的贫困村。一首民谣，“山好水好空气好，只见哥哥不见嫂”，道出了梁家村的辛酸。1990 年，退伍军人、党员梁洪才带领一群村民到镇里联名告状，请求调整村民领导班子。镇政府领导毫不犹豫地拒绝了他们的要求。理由是：村干部没有功劳也有苦劳，如果由着群众性子来，势必引起连锁反应，影响其他村村干部的情绪和工作。群众无奈，采取“持久战”，三天两头到镇里去“磨”。

一天，梁洪才在镇政府桌子上偶然发现一本小册子——《中华人民共和国村民委员会组织法（试行）》。他打开一看，句句说到他心坎上。他把这本小册子“偷”走了。回村后，给大伙一念，大家都觉得有了法律支持，咱就去告镇里不按法律办事，不让搞民主选举。于是，兵分三路：一路到镇上，一路上县民政局，一路去县委组织部。在村民的强大攻势下，镇政府招架不住了，答应民主选举村干部。1990 年 1 月 9 日，梁家村村民每户出一名代表到小学参加选举。全村 159 户，有 130 人参加投票，这是“文化大革命”后到会人数最多的一次。选举结果：梁洪才当选村委会主任。在他的带领下，不长时间，荒山植树 120 亩，修防渗渠 1 480 米，修路 1 500 米……

福建省拓荣县黄柏乡的一个山村，村委会选举的那一天，有人明知故问：“我们是不是一定要选举推荐的人？”主持人坦白回答：“按选民意志办事。”选举结果，参加投票数 487 张，领导看中的候选人只得了 130 张，有一位未被列入候选人名单的村民，却以 352 张票当选。村民说：“群众的眼睛是雪亮的。”

据民政部基层政权建设司宁立华的调查报告，在新一届村委会换届选举中，约有 15% 的上届村委会主任落选；新当选的村委委员中，70% 以上具有初中文化程度；党员所占比例，辽宁为 71%，河北为 82%，上海为 91%；村委会主任平均年龄，山东为 39 岁，江苏为 40 岁，河南为 41 岁。村委会班子素质普遍提高，年龄普遍降低，呈现出朝气蓬勃的新面貌。

（二）选举中的种种创举

在民主选举实践中，群众的创造力是无限的。早在延安时期，老百姓就发明了“豆选”，即每个候选人一只碗，村民同意谁就在谁碗里放一颗豆子。“文化大革命”后推行村民自治以来，群众又有种种创造，使选举程序更加完善。

1．“海选”。这是吉林省贵梨树县群众的发明。“海”在东北方言中有“大”、“多”、“漫无目标”的意思。“海选”与“指选”、“派选”不同，它是村民委员会选举提名候选人时，把提名权放手交给每个村民，发给选民一张白纸，由选民自由填写候选人，然后以得票多少为序列出候选人名单。吉林省第四次换届选举村委会时，有60%县市采取海选，甘肃省有76%的村庄海选，湖南省湘潭市达到100%。

2．竞选演说。河北省固安县大韩一村是一个以回民为主的民族村，1997年3月村委会换届选举。党支书胡义臣和原村委会主任李国路作为新一届村委会两位候选人，在选举投票前先后登台演说，提出各自的村民自治方案。尤其是李国路作为新一届候选人，对于修路、建学校、落实民族政策等项目详尽地作了说明，最终以多数票当选。在现场观摩的欧盟10国使节对此给予高度评价。公开竞选，胜者光明磊落，失败者心服口服。

福建省拓荣县西源村1993年10月27日选举，到晚间5时40分投票结果揭晓，魏进亮以微弱多数票当选。当着全村人的面，另一名候选人魏岩灼握住他的手说：“你胜了！”魏进亮回答：“你也输得很光彩！”全场报以热烈掌声。

3．秘密划票间。1987年，台湾籍全国人大代表黄顺兴在庄严的人民大会堂高举起双手，执意要求设立秘密划票间，并且在众目睽睽之中形单影只走进秘密划票间，一时间成了新闻热点。如今，在各地村委会选举时，投票站普遍设立了秘密划票间，村民可自由表达意志。

4．函投。因在外经商、打工等不能回村参加选举的村民，以前是采取委托投票，近年来一些地方改为“函投”，即把选票提前寄给在外地做工的选民，由本人填写后寄回村选举领导小组，在选举日，当众打开投票信，与其他选票一起唱票。湖南省祁东县新一轮村委会选举，全县43万张选票就有1万多张为“函投”选票。

5．流动票箱。这是为有病、行动不便和居住零散的村民设立的，由选民把选票亲自投入票箱，到会场统一统计选票。

6. 村民代表会议。通常每10户~20户推荐一名代表，平均每村有村民代表二三十人，由村民会议授权，行使村民会议的部分职权，对村里的公共事务及时作出决策，并对村委会实行民主监督，直至弹劾，罢免村委会干部。目前，全国已有半数以上的村建立了村民代表会议。这是一种代议制形式，是在村民大会很难定期召开的条件下，实行有效的民主管理和民主监督的重要方式。

7. 村务公开。凡与村民利益直接相关的公共事务，如计划生育、电费、水费、宅基地批拨、征收提留、干部任期目标、村财务开支等，定期张榜公布。“给村民一个明白，还干部一个清白。”这是民主监督的有效形式。

（三）村民自治法治化

中国村民自治建设既是基层政治民主化过程，也是基层民主法治化、有序化过程。

1979年，五届人大二次会议颁布《全国人民代表大会和地方各级人民代表大会选举法》，规定直接选举扩大到县一级，变等额选举为差额选举。

1980年，四川广汉县恢复设立了全国第一个乡政府——向阳乡人民政府。同年冬，广西宜山县出现全国第一个村民委员会，取代生产大队。1983年中央文件规定在农村全面恢复乡政府，人民公社体制宣告结束。

1982年，新宪法中第一次规定村民委员会是农村基层群众性自治组织。而以前的生产大队、生产队是人民公社政社合一体制的延伸，是基层政权的组成部分。

1987年11月24日，全国人大常委会以113票赞成，1票反对，6票弃权，通过《村民委员会组织法（试行）》。规定村民委员会由村民直接选举产生，每届任期3年，其成员可连选连任。目前，已有25个省市区制定了本地《村民委员会组织法实施办法》，福建、河北、湖南等省还制定了《村民委员会选举法》。

1997年全国已有18个省市区的农村进行了3轮村委会直选。福建、黑龙江两省进入第4轮选举，其他地区经历了2轮选举。

1997年，江泽民在中共十五大政治报告中指出：“扩大基层民主，保证人民群众直接行使民主权利，依法管理自己的事情，创造自己的幸福生活，是社会主义民主最广泛的实践。”

（四）民主是否符合中国国情的争论

中国农村的村民自治引起了政界和学术界人士的疑问和争论，中心问题是民主是否符合中国国情？具体争论的方面主要是：

1. 经济落后能不能发展民主？有些人觉得，当前我国经济发展水平落后，更需要效率，需要独裁，民主还是遥远的明天的事情。另一些人不赞同这种观点。民政部基层政权建设司范瑜指出，民主与经济发展有关系，但没有必然的联系，富强社会可能是专制的，贫穷社会也可能是民主的。反之亦然。因为民主作为一种社会管理体制，一种生活方式，无论贫富都可以使用。例如，1940—1960 年间，智利、菲律宾、印度的民主化程度大大超过其经济发展水平而“应该”具有的程度，西班牙、联邦德国和日本的民主化程度却低于其经济发展水平。我国天津的大邱庄经济很发达，“庄主”禹作敏却很霸道；相反，一些很穷的山村的民主选举和村民自治搞得很好。华中师范大学的强厚安指出，禹作敏私设公堂致死人命的教训，就在于失去民主监督。村民自治和民主监督是防止能人走向腐败和犯罪的重要制约因素。

2. 现阶段农民只关心经济，不关心民主？一些人认为，在当前经济落后的条件下，农民渴望发展经济，渴望把蛋糕做大些，自己能多分些，他们不会太关心一点点的流失。另一些人认为，正因为现在蛋糕做得不大，如果自己那一点来之不易的劳动果实不正常地流失掉，农民会更心疼，更计较，蛋糕的分法可能比蛋糕大小更加牵动人心。中国社会科学院公共政策研究中心王振耀分析：联产承包责任制实行以前，几乎所有的农村资源都掌握在集体和国家手里，农民每年要向集体和国家要分配；现在，多数农村资源已掌握在农民手里，国家和集体反过来每年要向农民收税和提留等，集体兴办公益事业如修路、建学校，都要靠农民的人力和财力，因此，农民更加理直气壮地关心向他们收取的资金的去处。《乡镇论坛》总编米有果认为，土地承包后，村委会还掌握一些公共资源如宅基地、提留等的处置权，农民关心监督它的分配和使用。所以，当前农民不是没有民主要求。

3. 中国民众是否具备民主素质和自治能力？当初人大常委会审议村委会组织法时，有人就担心村民自治是不是一种“政治浪漫主义”？民政部范瑜认为，公民受教育程度越高，对于实行民主就越有好处。但是，在村庄这样的社区内，需要民主解决的问题，如选举村干部、村务公开、兴办公益事业等，村民对个人权益和公共权益还是完全能够做出明智判断和选择的。《人民日报》驻山西记者阎晓明指出，如果说包产到户和乡镇企业造就了一批农民企业家的话，那么，村民自治可望造就一批“草根”政治家。

4. 民主会不会导致混乱？这是人们对村民自治和民主的最大担心。这需要对当前农村形势有一个基本估计。华中师范大学徐原教授指出，目前不少地方干群关系紧张，基层组织凝聚力下降。重要的原因是村民平时难以参与村务管理，干部失去监督，腐化堕落，积累起来的强烈不满情绪，一旦有外部政治动员，就可能以非理性的难以控制的方式发泄出来，而以民主方式选举村干部，治理村务和财务，能够避免矛盾的积累和激化。1993 年，四川省仁寿县因强制农民交钱修路而出现大规模的农民闹事，有人到相邻的彭山县串联。彭山县农民说：“我们这里的公益事业，都是村民代表会议决定的，政府只是提出建议，我们怎能反对政府?”这以后，彭山县委书记调到仁寿县，依然用民主手段，很快解决了矛盾，修好了路。仔细分析一下就会发现，有的村之所以乱，大都不是因搞民主造成的，恰恰是干部的不民主，或对干部缺乏民主监督造成的。而“乱村”正是靠民主方法实现安定团结的。

（五）中国民主建设的渐进历程

中国社会科学院公共政策研究中心史卫民研究员认为，中国村民自治建设十年来取得了很大成绩，但是还有不少缺陷。全国农村建立了村委会的还只有 60% ~70%，而村委会中实行村务公开，民主管理的只有 10%。在实行村民自治的地方也出过问题。例如，贿选：某村有 520 人，一赌博成性的个体户以每张 10 元的价格购得 204 张选票。他扬言：“只要大家能把我选上，我还会给更多的钱。”（《人民日报》1996 年 5 月 21 日公布了这件事。）干扰选举：山西省平陆县前村恶霸裴安军勾结官员和社会上的黑势力操纵选举，当选为前村村委会主任、乡县人大代表。最后是几位老党员越级上告，一直到惊动了省委书记胡富国，才把这位“民选”的村委会主任拉下马（《山西日报》1996 年 6 月 13 日、15 日公布了这件事）。但是，在村民自治发展较快较好的省，例如山东、吉林、福建等省，乡一级的直选开始正式试点。1987 年，当时的全国人大常委会委员长彭真说过："他们把一个村的事情管好了，逐渐就会管一个乡的事情，把一个乡的事情管好了，逐渐就会管一个县的事情，逐渐锻炼，提高议政能力。"周恩来早在 1957 年的《政府工作报告》中就曾提出设想："在条件成熟的时候逐步地在县以上的各级也实行直接选举。"邓小平在 1987 年 4 月 16 日会见香港特别行政区基本法起草委员会委员时指出："即使搞普选，也要有一个逐步的过渡，要一步一步来。大陆在下个世纪，经过半个世纪以后可以实行普选。"所以，只要坚持"渐进"的战略方针，中国的民主政治建设就一定能不断扩大和不断发展，就一定能实现公共政策制定和实施的民主化。

思考题

1. 什么是市场决策与非市场决策？

2. 建设社会主义市场经济以及加入 WTO 对我国公共决策提出了哪些新要求？

3. 如何评价和看待我国公共决策取得的成就及存在的问题？

4. 从理论与实践的结合上论述如何推进我国公共决策的科学化、民主化和法制化。

5. 从上述案例中可以得到哪些关于推进我国公共决策的科学化、民主化和法制化的启示？

参考文献

[美] 卡尔·帕顿，大卫·沙维奇. 政策分析和规划的初步方法（2版）. 北京：华夏出版社，2001

[美] 威廉·N·邓恩. 公共政策分析导论（2版）. 北京：中国人民大学出版社，2002

[美] 查尔斯·E·林德布洛姆. 政策制定过程. 北京：华夏出版社，1988

[美] 詹姆斯·E·安德森. 公共决策. 北京：华夏出版社，1990

[美] R. M. 克朗. 系统分析和政策科学. 北京：商务印书馆，1987

[美] 史蒂文·凯尔曼. 制定公共政策. 北京：商务印书馆. 1990

[美] 叶海卡·德洛尔. 逆境中的政策制定. 上海：上海远东出版社，1996

［美］E. R. 克鲁斯克等主编．公共政策辞典．上海：上海远东出版社，1992

［美］查尔斯·林德布洛姆．政治与市场：世界的政治—经济制度．上海：上海三联书店出版社，1994

［美］S. S. 那格尔主编．政策研究百科全书．北京：科学技术文献出版社，1990

［美］丹尼尔·W·布罗姆利．经济利益与经济制度——公共政策的理论基础．上海：上海三联书店，上海人民出版社，1996

［英］J. E. 米德．国际经济政策理论．1 卷．北京：商务印书馆，1990

［荷］J. 丁伯根．经济政策：原理与设计．北京：商务印书馆，1988

［德］瓦尔林·欧根．经济政策的原则．上海：上海人民出版社，2001

［意］尼古拉·阿克塞拉．经济政策原理：价值与技术．北京：中国人民大学出版社，2001

［日］大岳秀夫．政策过程．北京：经济日报出版社，1992

［日］乐师寺泰藏．公共政策．北京：经济日报出版社，1991

［日］小林良彰．公共选择．北京：经济日报出版社，1989

［日］迁中丰．利益集团．北京：经济日报出版社，1991

［日］三宅一郎．投票行动．北京：经济日报出版社，1991

［日］长谷川启之，梁小民等．经济政策的理论基础．北京：中国计划出版社，1995

［美］查尔斯·沃尔夫．市场或政府．北京：中国发展出版社，1994

［美］赫伯特·A·西蒙．管理决策新科学．北京：中国社会科学出版社，1982

［美］赫伯特·A·西蒙．管理行为．北京：北京经济学院出版社，1986

［美］R. I. 斯蒂尔曼主编．公共行政学．北京：中国社会科学出版社，1988

［澳］欧文·E·休斯．公共管理导论（2 版）．北京：中国人民大学出版社，2001

［美］特里·C·库珀．行政伦理学——实现行政责任的途径（4 版）．北京：中国人民大学出版社，2001

［美］保罗·C·纳特，罗伯特·W·巴可夫. 公共和第三部门组织的战略管理. 北京：中国人民大学出版社，2001

［美］加布里埃尔·A·阿尔蒙德等. 比较政治学：体系、过程和政策. 上海：上海译文出版社，1987

［美］格林斯坦，波尔斯比编. 政治学手册精选（上、下卷）. 北京：商务印书馆，1996

［美］乔·萨托利. 民主新论. 北京：东方出版社，1993

［美］戴维·伊斯顿. 政治体系：政治学状况研究. 北京：商务印书馆，1993

［美］约翰·罗尔斯. 正义论. 上海：上海译文出版社，1991

［美］托马斯·戴伊. 谁掌管美国. 北京：世界知识出版社，1980

［美］托马斯·戴伊等. 民主的嘲讽. 北京：世界知识出版社. 1991

［美］塞缪尔·P·亨廷顿. 变革社会中的政治秩序. 上海：上海三联书店，1989

［美］威廉·F·韦斯特. 控制官僚——制度制约的理论与实践. 重庆：重庆出版社，2001

［美］汉密尔顿，杰伊，麦迪逊. 联邦党人文集. 北京：商务印书馆，1980

［美］F. J. 克莱因. 美国联邦与州法院制度手册. 北京：法律出版社，1988

［美］杰罗斯·巴伦，托马斯·迪恩斯. 美国宪法概论. 北京：中国社会科学出版社，1995

［英］约翰·洛克. 政府论. 北京：商务印书馆，1964

［英］J. S. 密尔. 代议制政府. 北京：商务印书馆，1982

［法］孟德斯鸠. 论法的精神. 北京：商务印书馆，1961

［美］杰罗姆·巴伦等. 美国宪法概论. 北京：中国社会科学出版社，1995

［美］伦纳德·西尔克等. 美国的权势集团. 北京：商务印书馆，1994

［美］詹姆斯·M·布坎南. 自由、市场和国家. 北京：北京经济学院出版社，1988

［美］詹姆斯·M·布坎南，戈登·塔洛克. 同意的计算——立宪民

主的逻辑基础. 北京：中国社会科学出版社，2000

［美］詹姆斯·M·布坎南，理查德·A·马斯格雷夫. 公共财政与公共选择：两种截然不同的国家观. 北京：中国财政经济出版社，2000

［美］曼瑟尔·奥尔森. 集体行动的逻辑. 上海：上海三联书店，上海人民出版社，1995

［美］肯尼思·约瑟夫·阿罗. 社会选择：个性与多准则. 北京：首都经济贸易大学出版社，2000

［美］肯尼斯·约瑟夫·阿罗. 社会选择与个人价值. 成都：四川人民出版社，1987

［美］丹尼斯·C·缪勒. 公共选择. 北京：商务印书馆，1992

［美］丹尼斯·C·缪勒. 公共选择理论. （2 版）. 北京：中国社会科学出版社，1999

［澳］休·史卓顿，莱昂内尔·奥查德. 公共物品、公共企业和公共选择. 北京：经济科学出版社，2000

［美］乔·B·史蒂文斯. 集体选择经济学. 上海：上海三联书店、上海人民出版社，1999

［德］柯武刚，史漫飞. 制度经济学：社会秩序与公共政策. 北京：商务印书馆，2000

［英］马尔科姆，卢瑟福. 经济学中的制度——老制度主义和新制度主义. 北京：中国社会科学出版社，1999

［荷］汉斯·范登·德尔，本·范·韦尔瑟芬. 民主与福利经济学. 北京：中国社会科学出版社，1999

［美］道格拉斯·C·诺思. 经济史中的结构与变迁. 上海：上海三联书店，上海人民出版社，1994

［美］V. 奥斯特罗姆，D. 菲尼，H. 波希特编. 制度分析与发展的反思. 北京：商务印书馆，1996

［美］R. 科斯等. 财产权利与制度变迁——产权学派与新制度学派译文集. 上海：上海三联书店，上海人民出版社，1994

［美］保罗·A·萨缪尔森，威廉·D·诺德豪斯. 经济学（12 版）. 北京：中国发展出版社，1992

［美］斯蒂格利茨. 经济学（上、下）. 北京：中国人民大学出版社，1997

［美］曼昆．经济学原理（上、下）．北京：三联书店，北京大学出版社，2001

［英］马克·布劳格等．经济学方法论的新趋势．北京：经济科学出版社，2000

［美］唐·埃思里奇．应用经济学研究方法论．北京：经济科学出版社，1998

［德］格哈德·伊宁．货币政策理论——博弈论方法导论．北京：社会科学文献出版社，2002

［日］植草益．微观规制经济学．北京：中国发展出版社，1997

［美］约翰·J·格林．公共部门财务管理．北京：经济管理出版社，2001

［美］查尔斯·T·亨格瑞，乔治·福斯特．成本会计．北京：中国人民大学出版社，2000

［美］斯蒂格利茨．经济学．北京：中国人民大学出版社，1998

［美］桑贾伊·普拉丹．公共支出分析的基本方法．北京：中国财政经济出版社，2000

［美］大卫·N·海曼．公共财政——现代理论在政策中的应用（6版）．北京：中国财政经济出版社，2001

［美］阿马蒂亚·森．以自由看待发展．北京：中国人民大学出版社，2002

［美］约翰·纳什．纳什博弈论论文集．北京：经济管理出版社，2000

［英］哈里·琼尼，卜里安·特惠斯．用于计划决策的技术预测．上海：复旦大学出版社，1984

［英］J. S. 密尔．代议制政府．北京：商务印书馆，1982

［美］弗兰克·梯利．伦理学导论．南宁：广西师范大学出版社，2002

［英］边沁．道德与立法原理导论．北京：商务印书馆，2000

［美］A. H. 马斯洛．人类价值新论．石家庄：河北人民出版社，1988

［美］艾伦·格沃斯等．伦理学要义．北京：中国社会科学出版社，1991

［英］乔治·爱德华·穆尔．伦理学．北京：中国人民大学出版社，1985

［法］亨利·勒帕日．美国新自由主义经济学．北京：北京大学出版社，1985

［美］加里·S·贝克尔．人类行为的经济分析．上海：上海三联书店，1993

［奥］L. 贝塔朗菲．一般系统论．北京：社会科学文献出版社，1987

［美］E. 拉茨洛．用系统的观点看世界．北京：中国社会科学出版社，1985

［英］W. I. B. 贝弗里奇．科学研究的艺术．北京：科学出版社，1979

［美］J. P. 吉尔福特．创造性才能——它们的性质、用途与培养．北京：人民教育出版社，1990

［美］弗莱蒙特·E·卡斯特，詹姆斯·E·罗森茨韦克．组织与管理——系统方法与权变方法（4版）．北京：中国社会科学出版社，2000

［美］罗宾斯．组织行为学．北京：中国人民大学出版社，1997

［美］约翰·W·纽斯特罗姆，基斯·戴维斯．组织行为学（10版）．北京：经济科学出版社，2000

［美］杰夫利·S·哈里森，卡隆·H·圣约翰．组织战略管理（2版，英文版）．大连：东北财经大学出版社，1998

［美］彼得·德鲁克．新现实——走向21世纪．北京：中国经济出版社，1993

［美］哈罗德·孔茨等．管理学（9版）．北京：经济科学出版社，1993

联合国开发计划署评估办公室编．计划管理者手册：面向结果的监督与评估．北京：科学出版社1999

英国海外开发署编．发展中国家项目评估（经济学家指南）．北京：中国计划出版社，1996

中国社会科学院公共政策研究中心等编．中国公共政策分析（2001年卷、2002年卷）．北京：中国社会科学出版社，2001，2002

北京太平洋国际战略研究所编．领袖的外脑——世界著名思想库．北京：中国社会科学出版社，2000

中国社会科学杂志社编．社会科学与公共政策．北京：社会科学文献

出版社，2000
伍启元．公共政策．香港：商务印书馆，1989
林水波，张世贤．公共政策．台北：五南图书出版公司，1995
朱志宏．公共政策．台北：三民书局，1995
张世贤．公共政策析论．台北：五南图书出版公司，1986
郭俊次编著．国家政策学．台北：龙人文教公益基金会，1991
丘昌泰．政策科学之理论与实际——美国与台湾经验．台北：五南图书出版公司，1998
张金马主编．政策科学导论．北京：中国人民大学出版社，1992
陈庆云编著．公共政策分析．北京：中国经济出版社，1996
郑新立主编．现代政策研究全书．北京：中国经济出版社．1991
郭巍青，卢坤建．现代公共政策分析．广州：中山大学出版社，2000
陈振明主编．政策科学原理．厦门：厦门大学出版社，1993
陈振明主编．公共政策分析．北京：中国人民大学出版社，2002
陈振明编著．政策科学．北京：中国人民大学出版社，1998
陈振明主编．政治学：概念、理论和方法．北京：中国社会科学出版社，1999
陈振明．政治学前沿．福州：福建人民出版社，2000
陈振明．公共管理前沿．福州：福建人民出版社，2002
朱崇实，陈振明主编．公共政策．北京：中国人民大学出版社，1999
张曙光主编．中国制度变迁的案例研究（第1集）．上海：上海人民出版社，1996
乔迪编著．兰德决策．成都：天地出版社，2001
陈宝森，侯玲．美国总统与经济智囊．北京：世界知识出版社，1996
杨胜群，田松年主编．共和国重大决策的来龙去脉．南京：江苏人民出版社，1994
中共中央文献研究室编．三中全会以来的重大决策．北京：中央文献出版社，1994
李道揆．美国政府与美国政治．北京：中国社会科学出版社，1990
谭君久．当代各国政治体制——美国．兰州：兰州大学出版社，1998
陈哲夫．监察与监督．北京：北京大学出版社，1994

林勋健. 西方政党是如何执政的. 北京：中共中央党校出版社，2001
蔡定剑. 中国人民代表大会制度. 北京：法律出版社，1998
孙哲. 左右未来——美国国会的制度创新和决策行为. 上海：复旦大学出版社，2001
李寿祺. 集团利益与美国政治. 北京：中国社会科学出版社，1988
席来旺. 美国的决策及其中国政策透析. 北京：九州图书出版社，1999
魏杰. 宏观经济政策学通论. 北京：中国金融出版社，1990
朱东平. 经济政策论. 上海：立信会计出版社，1995
樊纲. 渐进改革的政治经济学分析. 上海：上海远东出版社，1996
姜波克等. 开放经济下的政策搭配. 上海：复旦大学出版社，1999
姜波克等. 开放经济下的货币市场调控. 上海：复旦大学出版社，1999
巴曙松. 中国货币政策有效性的经济学分析. 北京：经济科学出版社，2000
刘溶沧. 中国财政政策货币政策理论与实践. 北京：中国金融出版社，2001
贺卫. 寻租经济学. 北京：中国发展出版社，1999
梁小民. 西方经济学教程. 北京：中国统计出版社，1998
盛洪. 现代制度经济学. 北京：中国轻工业出版社，2002
郭霖. 经济学——行为与政策分析. 厦门：厦门大学出版社，1996
葛家澍主编. 成本会计. 沈阳：辽宁人民出版社，2000
葛家澍主编. 管理会计. 沈阳：辽宁人民出版社，2000
高培勇编著. 公共部门经济学. 北京：中国人民大学出版社，2001
张三力主编：投资项目后评价. 北京：中国石化出版社，2001
郭庆旺. 财政理论与政策——当前若干重大问题探讨. 北京：经济科学出版社，2000
姚海鑫. 经济政策的博弈论分析. 北京：经济管理出版社，2001
蔡玉峰. 政府和企业的博弈分析. 北京：中国经济出版社，2000
沈泰昌. 系统分析和管理决策. 北京：中国展望出版社，1984
方福前. 公共选择理论：政治的经济学. 北京：中国人民大学出版

社，2000
汪翔，钱南. 公共选择理论导论. 上海：上海人民出版社，1993
钱学森等. 论系统工程. 长沙：湖南科学技术出版社，1982
汪应洛主编. 系统工程导论. 北京：机械工业出版社，1982
汪应洛. 系统工程. 北京：机械工业出版社，1986
汪应洛. 系统工程理论方法与应用. 北京：高等教育出版社，1992
钱学森，许国志，王寿云. 论系统工程. 长沙：湖南科学技术出版社，1982
顾培亮. 系统分析与协调. 天津：天津大学出版社，1998
李建华，傅立. 现代系统科学与管理. 北京：科技文献出版社，1996
谭跃进. 定量分析方法. 北京：中国人民大学出版社，2002
谭跃进，陈英武. 系统工程原理. 长沙：国防科技大学出版社，1999
舒炜光主编. 科学认识论. 1～3卷. 长春：吉林人民出版社，1989—1991
黄顺基，刘大椿等主编. 科学技术哲学引论. 北京：中国人民大学出版社，1991
陈振明. 法兰克福学派与科学技术哲学. 北京：中国人民大学出版社，1992
黄顺基，苏越，黄展骥. 逻辑与知识创新. 北京：中国人民大学出版社，2002
周道生，陶晓青. 实用创造学. 南京：南京师范大学出版社，2002
周洪森. 站在巨人的肩膀上——名家论创新. 上海：复旦大学出版社，2001
张康之. 寻找公共行政的伦理视角. 北京：中国人民大学出版社，2002
刘军宁. 民主与间接民主. 北京：生活·读书·新知三联书店，1998
何怀宏. 伦理学是什么. 北京：北京大学出版社，2002
鲍家豪. 决策文化论. 上海：上海三联书店，1997
罗国杰，宋希仁. 西方伦理思想史. 北京：中国人民大学出版社，1985

吴祖明. 中国行政道德论纲. 武汉：华中科技大学出版社，2001

吴灿新. 当代中国伦理精神——市场经济与伦理精神. 广州：广东人民出版社，2002

李世英等. 市场经济条件下的政府官员道德建设. 北京：中国人民公安大学出版社，2002

《国外社会科学》编辑部编. 软科学研究. 北京：社会科学文献出版社，1985

单天伦主编. 当代美国社会科学. 北京：社会科学文献出版社，1993

王兴成，秦麟征主编. 国外社会科学政策研究. 北京：社会科学文献出版社，1993

Daniel Lerner and Harold D. Lasswell, The Policy Sciences: Recent Development in Scope and Method. Standford, CA: Standford University Press, 1951

Harold D. Lasswell, A Preview of Policy Sciences. New York: American Elsevier, 1971

——The Decision Process: Seven Categories of Functional Analysis. College Park, MD: Bureau of Governmental Research, University of Maryland, 1956

Yehezke Dror, Public Policymaking Reexamined. Scranton, Pennsylvania: Chandler, 1968

——Ventures in Policy Sciences: Concepts and Application. New York: American Elsevier, 1971

——Design for Policy Sciences. New York: American Elsevier, 1971

——Policymaking Under Adversity. New Jersey: Transaction, Inc., 1986

Stuart S. Nagel and Miriam K. Mills, Professional Development in Policy Sciences. Westport, Connecticut: Green Wood Press, 1993

William N. Dunn and Rita Mae Kelly (ed.), Advances in Policy Studies Since 1950 (Vol. 10 of Policy Studies Review Annual). New Brunswick, NJ: Transaction Books, 1992

Charles E. Lindblom, The Policy-Making Process. Englewood Cliffs, NY: Prentice-Hall Inc., 1968

James E. Anderson, Public Policy-making. New York: Holt, Rinehart and

Winston, 1979

Thomas Dye, Understanding Public Policy (6th ed.). Englewood Cliffs, New Jersey: Prentice-Hall Inc., 1987

Edward S. Quade, Analysis for public Decision (3rd ed.). New York: American Elsvier, 1989

William N. Dunn, Public Policy Analysis: An Introduction (2nd ed.), Englewood Cliffs, New Jersey: Prentice-Hall Inc., 1994

David L. Weimer and Aidan R. Vining. Policy Analysis: Concepts and practice (3rd ed.). Englewood Cliffs, New Jersey: Prentice-Hall Inc., 1998

Charles O. Jones, An Introduction to the Study of Public Policy (3rd ed.). Monterey, California: Brooks/Cole Publishing Company, 1984

Edward S. Quade and W. J. Boucher (ed.), System Analysis and Policy Planning: Application in Defense. New York: Elsevier Science Publishing Company, Inc., 1968

Edith Stokey and Richard Zeckhauser, A Primer for Policy Analysis. New York: Norton, 1978

W. Ira Sharkansky, Policy Analysis in Political Science. Chicago: Markham Publishing Co., 1970

Alice Rivlin, Systematic Thinking for Social Action, Washington, DC: The Brookings Institution, 1976

Carl V. Patton and David S. Sawicki, Basic Methods of Policy Analysis and Planning. (2nd Ed) Englewood Cliffs, NJ: Prentice-Hall Publishers, 1993

Sturt S. Nagel (ed.), Encyclopedia of Policy Studies. New York: Marcel Dekker, 1983

Aaron Wildavsky, Speaking Truth to Power: The Art and Craft of Policy Analysis. New Brunswick: Transaction Publishers, 1993

Richard I. Hofferbert, The Reach and Grasp of Policy Analysis. Tuscaloosa, Alabama: The University of Alabama Press, 1990

Randall B. Ripley, Policy Analysis in Political Science. Chicago: Nelson-Hall Publishers. 1985

Mark R. Daniels, Terminating Public Programs. Armonk, New York: M. E. Sharpe, 1997

Talib Younis (ed.), Implementation In Public Policy. Dartmouth, 1990

Graham T. Allison, Essence of Decision: Explaining the Cuban Missile Crisis. Boston: Little, Brown and Company, 1971

Graham T. Allison and Philip D. Zelikow, Essence of Decision: Explaining the Cuban Missile Crisis (2nd ed.). Addison Wesley Longman, 1999

Mancur Olson, The Logic of Collective Action: Public Goods and The Theory of Groups. Cambridge, Massachusetts: Harvard University Press, 1965

Jonh Rawls, A Theory of Justice (revised edition). Cambridge, Massachusetts: The Belknap Press of Harvard University Press, 1999

Jay M. Shafritz and Albert Hyde (ed.), Classics of Public Administration (4th ed). Hancourt: Brace College Publishers, 1997

Eugen J. Meehan, Ethics for Policy-making: A Methodological Analysis. Westport, CT: Greenwood Press, 1990

Charles Garofalo and Dean Geuras, Ethics in The Public Service: The Moral Mind at Work, Washington, D. C.: Georgetown University Press, 1999

Terr L. Cooper, The Responsible Administrator: An Approach to Ethics for the Administrative Role (4th ed), San Francisco: Jossey-Bass Publishers, 1998

Sarah Banks, Ethics and Values in Social Work. New York: Palgrave, 2001

Eugene J. Mechan, Ethics for Policymaking. Greenwood Press, 1990

William N. Dunn, "Introduction" in Values, Ethics, and the Practice of Policy Analysis, ed. by William N. Dunn, Lexington, MA: Lexington, Books, 1983

Peter John, Analyzing Public Policy. London: Wellington House, 1998

Michael Howlett and M. Ramesh, Studying Public Policy: Policy Cycles and Policy Subsystems. Oxford: Oxford University Press, 1995

B. Guy Peters and Frans K. M. van Nispen (ed.), Public Policy Instruments, Cheltenham: Edward Elgar, 1998

B. Guy Peters, American Public Policy: Promise and Performance (4th ed). Chatham, New Jersey: Chatham House Publishers, Inc., 1996

John M. Levy, Essential Microeconomics for Public Policy Analysis. Westport, Connecticut: Praeger, 1995

Jeffrey L. Pressman and Aaron Wildavsky, Implementation: How Great Expectations In Washington Are Dashed In Oakland (3rd ed). Berkeley: University of California Press, 1984

Paul A. Sabatier (ed.), Theories of the Policy Process. Boulder, Colorado: Westview Press, 1999

Davis B. Bobrow and John S. Dryzek, Policy Analysis by Design. Pittsburgh, Pa.: University of Pittsburgh Press, 1987

Duncan Macrae, Jr. and Dale Whittington, Expert Advice for Policy Choice: Analysis and Discourse. Washington, D. C.: Georgetown University Press, 1997

Evert Vedung, Public Policy and Program Evaluation. New Brunswich, New Jersey: Transaction Publishers, 1997

Peter W. House and Roger D. Shull, Rush To Policy: Using Analytic Techniques in Public Sector Decision Making. New Brunswich, New Jersey: Transaction Publishers, 1988

Ralph L. Keeney, Value-focused Thinking: A path to Creative Decision-making. Cambridge, Massachusetts: Harvard University Press, 1992

Brian W. Hogwood and Lewis A. Gunn, Policy Analysis for the Real World. Oxford: Oxford University Press, 1984

Eugene Bardach, The Eight-Step Path of Policy Analysis: A Handbook for Practice. Berkeley, CA: Berkeley Academic Press, 1996

Duncan Macrae, Jr., The Social Function of Social Science. New Haven, CT: Yale University Press, 1976

James G. March & Herbert A. Simon, Organizations (2nd. ed.). Cambridge, Massachusetts: Blackwell Publishers, 1993

Edwin Mansfield, Managerial Economics and Operations Research: Techniques, Application, Cases (5th. ed.). New York: W. W. Norton & Company, 1987

Thomas Kuhn, The Structure of Scientific Revolution (2nd. ed.). Chicago: University of Chicago Press, 1971

George J. Mceall and George H. Weber (ed.), Social Science and Public Policy: The Roles of Academic Disciplines in Policy Analysis. Port Washington, N Y: Associated Faculty Press, 1984

R. C. Amacher etc. (ed.), The Economic Approach to Public Policy (Selected Reading). Ithaca, N Y: Cornell University Press, 1976

K. Eyestone, The Thread of Public Policy: A Study In Policy Leadership. Indianapolis: Bobbs-Merrill, 1971

——From Social Issues to Public Policy. New York: John Wiley & Sons, 1978

Dennis C. Mueller, Public Choice (Ⅱ). Cambridge: Cambridge University Press, 1989

Paul A. Samuelson, Foundation of Economic Analysis. Cambridge, Massachusetts: Harvard University Press, 1983

N. Gregory Mankiw, Macroeconomics (3rd ed). New York: Wroth Publishers, 1992

W. A. Niskanen, Bureaucracy and Representative Government. Chicago: Aldine-Atherton, 1971

Alex F. Osborn, Your Creative Power, New York: Charles Scribner, 1948

Alex F. Osborn, Applied Imagination, Principles and Procedures of Creative Problem-solving. (3rd ed.), New York: Scribner's, 1963

Robert F. Drake, The Principles of Social Policy. New York: Palgrave, 2001

Robert. A. Heineman, William. T. Bluhm, Steven. A. Peterson, Edward. N. Kearny, The World of Policy Analyst, Catham: Catham House Publisher, Inc. 1997

K. J. Arrow, Social Choice and Individual Values, New Haven CT: Yale University Press 1963

L. V. Bertalanffy, Trends in General Systems Theory. New York: Niley, 1972

Ida R. Hoos, Systems Analysis in Public Policy: A Critique. University of California Press, 1972

P. Checklard, Systems Thinking, Systems Practice. John Wiley & Sons, 1981

J. Fitgerald, Fundamentals of System Analysis. John Wiley & Sons, 1981

Tadao Miyakawa, The Science of Public Policy: Essential reading in policy sciences I. New York: Routledge, 1999.

Lionel Orchard and Hugh Stretton, Public Choice, Cambridge Journal of Economics, Vol. 21, No. 3, May 1997

Alan Peacock, Public Choice Analysis in Historical Perspective. Cambridge University Press, 1992

Robert E. Goodin: The Politics of Rational Man, John Wiley & Sons, 1976

Russell Hardin: Collective Action. The Johns Hopkins University Press, 1982

Nobel Foundation comp: Nobel Lectures in Economic Sciences (1981 – 1990). World Scientific Publishing Co. Ltd., Singapore, 1992

Dale Whittington and Duncan MacRae, Jr., "The Issue of Standing in Cost-Benefit Analysis" Journal of Policy Analysis and Management 5, no. 4 (Summer 1986)

Stevens Michael "Public Investment Programs". Washingtom. D. C, April The world Bank, 1994

R. A Musgrave, The theory of public finance. New York: Mcgrow Hill, 1959

Dennis C. Mueller, "The 'Virginia School' of Public Choice", in The Public Approach to Politics, Edward Elgar Publishing Ltd., 1993

Harold A. Listone and Murray Turoff (eds.), The Delphi Method: Techniques and Application. New York: Addison-Wesley. 1975

Walter J. Oleszek, Congressional Procedures and the Policy Process. Congressional Quarterly Inc. Washington, D. C.: CQ Press, 1981

Joseph P. Harris, Congressional Control of Administration. NY: Greenwood Press, 1964

D. Easton, The Political System. New York: Kropf, 1953

H. D. Lasswell and A. Kaplan, Power and Society, New Haven, CT: Yale University Press, 1970

人大版公共管理类教材

公共管理类专业教材——学科基础课教材

书名	作者
现代管理学原理（第三版）（“十一五”国家级规划教材）	娄成武　魏淑艳
一般管理学原理（第四版）	张康之　周　军
管理学基础（第三版）	方振邦
政治学原理（第三版）	景跃进　张小劲
现代政治学原理（第四版）	石永义　刘玉萼　张　璋
公共管理学（第二版）	陈振明
公共管理学——一种不同于传统行政学的研究途径（第二版）	陈振明
公共管理学（第三版）（数字教材版）（“十二五”国家级规划教材）	蔡立辉　王乐夫
公共管理学（精编版）	王乐夫　蔡立辉
公共管理学（第三版）	张康之　郑家昊
公共管理概论（第二版）	朱立言　谢　明
公共政策导论（第六版）（数字教材版）	谢　明
公共政策概论（第二版）	谢　明
公共政策学——政策分析的理论、方法和技术（“十一五”国家级规划教材）	陈振明
公共政策学（第二版）	杨宏山
政策科学——公共政策分析导论（第二版）	陈振明
公共经济学（第三版）（“十二五”国家级规划教材）	高培勇
公共经济学教程	秦立建
政府经济学（第四版）（“十一五”国家级规划教材）	郭小聪
政府经济学（第四版）	潘明星　韩丽华

公共管理类专业教材——方法课教材

书名	作者
公共管理研究方法	何兰萍　张俊艳
行政学研究方法与应用案例	萧鸣政　等
管理定量分析：方法与技术（第三版）	刘兰剑

公共管理类专业教材——行政管理、公共事业管理专业教材

书名	作者
行政法学导论（第二版）	姜晓萍
公共部门人力资源管理（第四版）	孙柏瑛　祁凡骅
公共部门人力资源开发与管理（第五版）（“十二五”国家级规划教材）	孙柏瑛　祁凡骅
公共部门人力资源管理（第三版）	滕玉成　于　萍
公共部门人力资源管理概论（第二版）	方振邦
公共部门人力资源管理案例	周均旭
行政管理学（第五版）（数字教材版）	郭小聪
公共行政学（第五版）	彭和平
公共行政学（第二版）	张康之　张乾友
行政学导论（第三版）	齐明山

书名	作者
行政管理学导引与案例	陈季修
管理心理学（第三版）	范逢春
公共组织行为学（第三版）（“十一五”国家级规划教材）	孙　萍　张　平
公共组织学（第四版）	李传军
行政组织学（第二版）	张　昕　李　泉
公共组织理论	陆明远　冯　楠
公共事业管理概论（第三版）	朱仁显
公共组织财务管理（第三版）（“十一五”国家级规划教材）	王为民
国家公务员制度（第五版）（数字教材版）（“十二五”国家级规划教材）	舒　放　贾自欣
国家公务员制度概论（第二版）	刘碧强　郗永勤
公务员制度概论	李如海
公务员制度	温志强　王彦平　郝雅立
当代国家公务员制度：理论与实践	胡春艳
行政领导学（第三版）	朱立言　李国梁
领导学（第五版）	邱霈恩
领导学	孙　健
现代市政学（第五版）（数字教材版）	王佃利
市政管理学（第五版）（“十一五”国家级规划教材）	杨宏山
社区管理（第四版）	汪大海　魏　娜　郇建立
社区管理原理与案例	魏　娜
电子政务教程（第三版）（“十一五”国家级规划教材）	赵国俊
电子政府与电子政务（第二版）（“十一五”国家级规划教材）	张锐昕
行政伦理学教程（第四版）（“十二五”国家级规划教材）	张康之　李传军
公共危机管理概论（第二版）	王宏伟
公共危机管理	唐　钧
当代中国政府与政治（第二版）	景跃进　陈明明　肖　滨
当代中国政府与行政（第三版）	魏　娜　吴爱明
地方政府学概论（第二版）	方　雷
地方政府管理（第二版）	陈瑞莲　张紧跟
管理秘书实务（第三版）	赵锁龙
行政秘书学	唐　钧
公文写作与处理	赵国俊
机关管理的原理与方法（第三版）	赵国俊　陈幽泓
公共部门绩效管理（第二版）	方振邦
政府绩效管理（第二版）	方振邦　葛蕾蕾
政府绩效评估	蔡立辉
政府公共关系（第二版）（“十一五”国家级规划教材）	廖为建　张　宁
西方行政学理论概要（第二版）（“十一五”国家级规划教材）	丁　煌
公共行政学史（第二版）	何艳玲
西方公共管理名著导读	汪大海
文化管理学（第三版）（“十二五”国家级规划教材）	孙　萍
文化创意产业导论	魏鹏举
卫生事业管理（第二版）（“十一五”国家级规划教材）	李　鲁
现代公用事业管理	崔运武

公共管理类专业教材——劳动与社会保障专业教材

书名	作者
社会保障概论（第七版）	孙光德　董克用
社会保障学	戴卫东
劳动经济学（“十一五”国家级规划教材）	董克用　刘　昕
劳动法与社会保障法	黎建飞
社会保险学（第四版）	孙树菡　朱丽敏
社会保障基金管理	李春根
社会保障国际比较	仇雨临

公共管理类专业教材——土地资源管理专业教材

书名	作者
土地经济学（第八版）（“十一五”国家级规划教材）	毕宝德
土地法学（第二版）	严金明
土地资源学	张正峰　赵文武
土地资源管理学（第二版）	张正峰
国土空间规划学	张占录　张正峰
国土空间规划学导论	刘润秋　唐　鹏
不动产估价（第二版）（“十一五”国家级规划教材）	叶剑平　曲卫东
土地信息系统	曲卫东　韩　琼
地籍管理（第五版）（“十一五”国家级规划教材）	谭　峻　林增杰

公共管理类专业教材——城市管理专业教材

书名	作者
城市管理学（第四版）	杨宏山
城市管理学：公共视角	陆　军 等
城市经济学（第二版）	叶裕民　周　麟
城市总体规划原理	郐艳丽　田　莉
中国城市管理史概论	郑　国

公共管理类专业教材——应急管理专业教材

书名	作者
应急管理导论：原理与案例	李燕凌　朱正威 张海波　章文光
应急管理概论	王宏伟
应急管理理论与实践	唐　钧
突发事件风险管理	张小明
应急管理新论	王宏伟
新媒体时代的应急管理与危机公关	唐　钧
公共安全风险治理	唐　钧

公共管理硕士（MPA）教材——核心课教材

书名	作者
全国公共管理硕士（MPA）核心课程教学指导纲要	全国公共管理专业学位研究生教育指导委员会
社会主义建设理论与实践（第三版）	李景治　蒲国良
公共管理英语（修订版）	顾建光
学术规范和论文写作	胡宏伟
公共管理学（第三版）（全国优秀教材二等奖）	张成福　党秀云
公共管理学原理（修订版）	陈振明
公共管理导论	竺乾威　朱春奎　李瑞昌
公共政策分析	陈振明
公共政策分析导论	陈振明
公共政策分析概论（修订版）	谢　明
公共部门经济学（第三版）	高培勇　崔　军
公共经济学	唐任伍
行政法学（修订版）	皮纯协　张成福
行政法学概论（第三版）	胡锦光
非营利组织管理概论（修订版）	王　名
非营利组织管理	王　名　王　超
公共管理伦理学（修订版）	张康之
社会研究方法	陈振明
电子政务理论与方法（第五版）	金江军
公文写作概论	高永贵

公共管理硕士（MPA）教材——专业方向必修课、选修课教材

书名	作者
公务员制度教程（第六版）	舒　放　王克良
比较政府与政治（修订版）	卓　越
当代中国政府与政治（第三版）	吴爱明　朱国斌　林　震
公共部门人力资源管理及案例教程（第三版）	陈天祥
公共部门绩效评估（修订版）	卓　越
公共部门危机管理（第三版）	张小明
应急管理通论（第二版）	李雪峰
公共部门战略管理（修订版）	陈振明
MPA 学位论文写作指南	汪大海

中国人民大学出版社　管理分社

教师教学服务说明

中国人民大学出版社管理分社以出版工商管理和公共管理类精品图书为宗旨。为更好地服务一线教师，我们着力建设了一批数字化、立体化的网络教学资源。教师可以通过以下方式获得免费下载教学资源的权限：

- ★ 在中国人民大学出版社网站 www.crup.com.cn 进行注册，注册后进入“会员中心”，在左侧点击“我的教师认证”，填写相关信息，提交后等待审核。我们将在一个工作日内为您开通相关资源的下载权限。

- ★ 如您急需教学资源或需要其他帮助，请加入教师 QQ 群或在工作时间与我们联络。

中国人民大学出版社　管理分社

教师 QQ 群： 648333426（工商管理）　114970332（财会）
648117133（公共管理）
教师群仅限教师加入，入群请备注（学校+姓名）

联系电话： 010-62515782，82501868，82501048，62514760

电子邮箱： glcbfs@crup.com.cn

通讯地址： 北京市海淀区中关村大街甲 59 号文化大厦 1501 室（100872）

管理书社　　人大社财会　　公共管理与政治学悦读坊

图书在版编目（CIP）数据

政策科学：公共政策分析导论/陈振明主编. 2 版.
北京：中国人民大学出版社，2004
（公共管理与政治学系列）
ISBN 978-7-300-02592-6

Ⅰ. 政…
Ⅱ. 陈…
Ⅲ. 公共政策-分析-高等学校-教材
Ⅳ. D0

中国版本图书馆 CIP 数据核字（2003）第 072376 号

公共管理与政治学系列
政策科学
——公共政策分析导论（第二版）
陈振明　主编

出版发行	中国人民大学出版社		
社　址	北京中关村大街 31 号	邮政编码	100080
电　话	010－62511242（总编室）		010－62511770（质管部）
	010－82501766（邮购部）		010－62514148（门市部）
	010－62511173（发行公司）		010－62515275（盗版举报）
网　址	http://www.crup.com.cn		
经　销	新华书店		
印　刷	天津鑫丰华印务有限公司	版　次	1998 年 9 月第 1 版
开　本	720 mm×1000 mm　1/16		2003 年 9 月第 2 版
印　张	43.25 插页 2	印　次	2025 年 6 月第 24 次印刷
字　数	682 000	定　价	78.00 元